TOPOGRAPHIE DES TERRORS

TOPOGRAPHIE DES TERRORS

GESTAPO, SS UND REICHSSICHERHEITSHAUPTAMT IN DER WILHELM- UND PRINZ-ALBRECHT-STRASSE
EINE DOKUMENTATION

IMPRESSUM

Topographie des Terrors – Gestapo, SS und Reichssicherheitshauptamt in der Wilhelm- und Prinz-Albrecht-Straße. Eine Dokumentation. Katalogband zur gleichnamigen Präsentation, Ausstellungshalle Niederkirchnerstraße 8, 10963 Berlin, www.topographie.de

Herausgeber:
Stiftung Topographie des Terrors
Vertreten durch:
Prof. Dr. Andreas Nachama

Wissenschaftliche Bearbeitung und Recherche:
Klaus Hesse (Bilddokumente, Redaktion)
Dr. Kay Kufeke (Vertiefungsstationen, Medien)
Andreas Sander (Textdokumente, Medien)

Einleitungstexte:
Prof. Dr. Peter Steinbach

Wissenschaftliche Beratung:
Prof. Dr. Gerhard Paul

Katalogessays:
Dr. Andrej Angrick, PD Dr. Bernward Dörner, Dr. Peter Klein, Prof. Dr. Gerhard Paul, PD Dr. Dieter Pohl, PD Dr. Sybille Steinbacher, Prof. Dr. Michael Wildt

Biographien in Vertiefungsstationen:
Dr. Andrej Angrick, Dr. Holger Berschel, Erich Kasberger, Dr. Peter Klein, Prof. Dr. Gerhard Paul, Dr. Carsten Schreiber

Mitarbeit wissenschaftliche Recherche:
Dr. Miriam Y. Arani, Tobias Hillmer, Dr. Kurt Schilde, Marie Warnecke, Sebastian Weinert

Lektorat Ausstellung, Katalog, Essays:
Klaus Hesse, Annette Vogler
Mitarbeit Lektorat:
Dr. Kay Kufeke, Andreas Sander

Englische Übersetzung Ausstellung, Katalog, Essays:
Dr. Pamela Selwyn
weitere Übersetzungen: Phil Hill (S. 406–417; Audiotexte), Dr. Lee Holt (S. 58–69, 182–188, 358–365), Dr. Christina Oberstebrink (Vertiefungsstationen)

Ausstellungsarchitektur:
Heinle, Wischer und Partner, Berlin
Ursula Wilms

Grafik Ausstellung, Katalog:
Braun Engels Gestaltung, Ulm
Gerhard Braun, Alexander Fackler, Eike Beck

Realisation Medien in Vertiefungsstationen:
Lehmann & Werder Museumsmedien, Berlin

Produktionsdaten Ausstellung, Katalog:
Margret Schmitt; Kurt Blank-Markard, Berlin

Beratung der Stiftung bei Grafik und Layout:
Margret Schmitt, Berlin

Druck:
Eberl Print, Immenstadt

Bildtechnik:
Grieger Professionelle Bildtechniken, Düsseldorf

© 2010 Stiftung Topographie des Terrors, Berlin und die Urheberrechteinhaber. Alle Rechte vorbehalten. Ausstellung und Katalog basieren teilweise auf der unter Leitung von Prof. Dr. Reinhard Rürup 1987 erarbeiteten Urfassung der gleichnamigen Dokumentation.

ISBN 978-3-941772-06-9

Gefördert durch den Beauftragten der Bundesregierung für Kultur und Medien und den Regierenden Bürgermeister von Berlin, Senatskanzlei – Kulturelle Angelegenheiten.

In Fällen, in denen Rechteinhaber nicht ermittelt werden konnten, bittet der Herausgeber um entsprechende Mitteilung zur Kompensation von Urheberrechtsansprüchen.

Umschlagabbildung: Die Berliner Innenstadt, undatiert (um 1947), mit den Ruinen der Zentralen von Gestapo, SS und Reichssicherheitshauptamt, heute „Topographie des Terrors". © Senator für Bau- und Wohnungswesen (Hg.), Planungsgrundlagen Ideenwettbewerb Hauptstadt Berlin, Berlin 1957

Umschlagabbildung (Rückseite): Hauptportal des Geheimen Staatspolizeiamtes, Prinz-Albrecht-Straße 8, Berlin, undatiert (um 1936). © bpk, Berlin

INHALT

Einführung — 6

Prolog: Der historische Ort 1933–1945 — 10

1 DIE NATIONALSOZIALISTISCHE MACHTÜBERNAHME — 14
1.1 1933: Terror und „Gleichschaltung" — 16
1.2 Gestapo: Die Geheime Staatspolizei — 28
1.3 „Volksgemeinschaft": Die Deutschen zwischen Führerglaube, Alltag und Terror — 40

Bernward Dörner: Zwischen Führermythos, Alltag und Völkermord – Die Deutschen und das NS-Regime — 58

2 INSTITUTIONEN DES TERRORS — 70
2.1 Reichsführer-SS: Himmlers SS-Staat — 72
2.2 Chef der Deutschen Polizei: Himmlers „Staatsschutzkorps" — 88
2.3 Das Reichssicherheitshauptamt — 126
2.4 „Schutzhaft": Instrument des Terrors — 146
2.5 Die Konzentrationslager der SS — 156

Gerhard Paul: Das Gestaposystem – Struktur und Dynamik einer Weltanschauungsexekutive — 170

Peter Klein: Funktionselite des Terrors – Regional leitende Beamte der Geheimen Staatspolizei im Reich und im besetzten Osteuropa — 182

3 TERROR, VERFOLGUNG UND VERNICHTUNG IM REICHSGEBIET — 190
3.1 „Staatsfeinde": Politische Gefangene in der Prinz-Albrecht-Straße 8 — 192
3.2 „Rassenpolitischer Hauptfeind": Die deutschen Juden — 204
3.3 „Zigeuner": Die Sinti und Roma — 218
3.4 Die Verfolgung „Asozialer" — 226
3.5 Die Verfolgung Homosexueller — 234
3.6 Der Krankenmord — 242
3.7 Zwangsarbeiter und sowjetische Kriegsgefangene — 254

Michael Wildt: Polizei der „Volksgemeinschaft" – Terror und Verfolgung im Deutschen Reich 1933–1945 — 274

4 SS UND REICHSSICHERHEITSHAUPTAMT IN DEN BESETZTEN GEBIETEN — 286
4.1 Polen 1939–1945 — 288
4.2 Sowjetunion 1941–1944 — 306
4.3 Nord-, West-, Süd- und Mitteleuropa 1938–1945 — 322

Dieter Pohl: SS und Reichssicherheitshauptamt in Europa 1938–1945 – Polizeiliche Kontrolle – rassistische Umgestaltung – Vernichtungskrieg — 346

Andrej Angrick: Verlängerter Arm des Reichssicherheitshauptamtes – Das mittlere und untere Führungspersonal lokaler Mordkommandos von Sicherheitspolizei und SD „im Osten" — 358

5 KRIEGSENDE UND NACHKRIEGSZEIT — 366
5.1 1945: Das Ende des SS-Staates — 368
5.2 Verfolgt, verschont, integriert: Täter von SS und Polizei nach 1945 — 378

Sybille Steinbacher: Strafverfolgung, Schonung, Reintegration – Vom Nach- und Überleben der Täter von SS und RSHA in den deutschen Nachkriegsgesellschaften — 406

Epilog: Der historische Ort nach 1945 — 418

Anhang — 424

EINFÜHRUNG

Das ab 1987 als „Topographie des Terrors" bekanntgewordene Gelände war der Zentralort von Planung und Lenkung der meisten NS-Verbrechen. Hier waren zwischen 1933 und 1945 mit dem Geheimen Staatspolizeiamt, der Reichsführung-SS und dem Reichssicherheitshauptamt die wichtigsten Institutionen des nationalsozialistischen Terrorapparates von SS und Polizei untergebracht. Im Krieg teils zerstört, nach Kriegsende durch Abriss und Umnutzung unkenntlich gemacht und in Vergessenheit geraten, wurde dieser historische Ort seit Beginn der achtziger Jahre wiederentdeckt und im historischen Gedächtnis Berlins und der Bundesrepublik Deutschland schrittweise neu verankert. Aus einem teils brachliegenden Areal im Schatten der Berliner Mauer wurde schließlich eine jährlich hunderttausende Besucher anziehende Dokumentationsstätte der NS-Verbrechen.

Mit der Eröffnung des Neubaus und des neugestalteten Geländes tritt das Projekt nach fast 23 Jahren provisorischer Existenz in eine neue Arbeitsphase ein. Das Programm des Lernortes „Topographie des Terrors" basiert gleichwohl auf den Empfehlungen der Fachkommission, die der Senat von Berlin Ende der achtziger Jahre berufen hatte, um aus dem Ausstellungsprojekt der 750-Jahr-Feier eine Dauereinrichtung werden zu lassen. Unter Leitung von Professor Dr. Reinhard Rürup haben die Mitglieder der Fachkommission die konzeptionelle Traditionslinie für die aktuelle Gestaltung und Nutzung des Ortes erarbeitet.

Die „Topographie des Terrors" ist ein authentischer Ort der deutschen und der europäischen Zeitgeschichte in der Mitte Berlins. Als „Ort der Täter" bleibt er das erste Exponat des Projektes. Deshalb bleibt auch bei der neuen Dauerausstellung der Ortsbezug erhalten. Seinen baulichen Ausdruck findet er unter anderem im Sichtbezug aus der Ausstellungshalle auf den historischen Ort. Dieser wird in nördlicher Richtung begrenzt von den Überresten der Berliner Mauer. Sie wird, mit dem ihr vorgelagerten historischen Gehweg der ehemaligen Prinz-Albrecht-Straße, in die Neugestaltung des Ortes integriert. Die Mauer verdeutlicht unübersehbar den historischen Zusammenhang von NS-Terrorherrschaft in Europa, Kaltem Krieg und deutscher Teilung als Folgen des von Hitler-Deutschland ausgehenden Zweiten Weltkrieges.

Wie ihre Vorläufer ist die neue Dauerausstellung keine inszenierte Präsentation mit Originalexponaten, sondern eine historische Dokumentation, die sich vorwiegend fotografischer und schriftlicher Quellen bedient. Auf begrenztem Raum kann und will sie keine Universalgeschichte des Nationalsozialismus und seiner Verbrechen und auch keine Gesamtdarstellung des „SS-Staates" zeigen. Angesichts des begrenzten Zeitbudgets vieler Besucher steht vielmehr die kompakte Vermittlung der Geschichte des Ortes im Mittelpunkt. Er soll kommentiert und „zum Sprechen" gebracht werden. Weniger ist hier mehr.

Das Projekt „Topographie des Terrors" hat sich in mehreren Etappen entwickelt. Alle Diskurse nach 1986 können positiv bewertet werden, ging es doch endlich nicht mehr um die Verdrängung der NS-Geschichte, sondern um die angemessenen Formen ihrer kritischen Aufarbeitung. Der damalige Bericht der Fachkommission wurde öffentlich diskutiert, für die bauliche Umsetzung ein Wettbewerb veranstaltet. Prämiert wurde der Entwurf Peter Zumthors: Seine Realisierung musste 2004 als gescheitert betrachtet und aufgegeben werden. Erneut entwickelte sich eine kritische Diskussion darüber, ob der Bericht der Fachkommission Jahre später noch Grundlage eines neuen, letzten Wettbewerbes sein könne. Nach einer intensiv geführten öffentlichen (Fach-)Debatte wurden die ursprünglichen, konzeptionellen Grundlagen des weiteren Umgangs mit dem Ort jedoch bestätigt. Vorstellungen, auf dem Areal ein großes Universalmuseum und Forschungszentrum zur Gesamtgeschichte des Nationalsozialismus und seiner Verbrechen zu errichten, wurden dagegen mit großer Mehrheit von (politischer) Öffentlichkeit und Fachwelt abgelehnt.

Aus dem Charakter des Areals als „Ort der Täter" folgt für die Konzeption der Dauerausstellung zwingend die Fokussierung auf die Täter von SS und Polizei und die von ihnen begangenen Verbrechen in Deutschland und in Europa. Dies ist nötig, vor allem aber möglich, weil die Geschichte der Opfer bereits dezentral gewürdigt wird: in den zahlreichen Dokumentations- und Gedenkeinrichtungen auf dem Boden der Bundesrepublik und über ihre Grenzen hinaus noch an vielen anderen Orten; im Berlin-Brandenburger Raum unter anderem im Haus der Wannsee-Konferenz, in den Gedenkstätten Sachsenhausen und Ravensbrück, in der Gedenkstätte Deutscher Widerstand und bei der Stiftung Denkmal für die ermordeten Juden Europas.

Die Empfehlung der Fachkommission sah seinerzeit vor: Die neue Dauerausstellung solle nicht wesentlich umfangreicher sein als das 1987 begründete, mehrfach überarbeitete und zuletzt 2007 neugefasste Provisorium. Sie sollte auch weiterhin adressatenübergreifend einem mittlerweile vor allem international geprägten, in der Regel nur eingeschränkt über Vorwissen verfügenden Publikum den besonderen historischen Stellenwert des Ortes vermitteln.

Die im vorliegenden Katalog dokumentierte Ausstellung hat ihr Angebot weiter differenziert. Möglichkeiten vertiefter Beschäftigung bestehen für den Besucher unter anderem durch verschiedene Medien wie Lesemappen, Datenbanken mit täterbezogenen, hinsichtlich der Häftlinge des Hausgefängnisses der Gestapo auch auf deren Opfer orientierten, (gruppen-)biographischen Informationen. Hinzu treten vielfältige Arbeitsmöglichkeiten in der Spezialbibliothek des Hauses.

Zudem wird die Annäherung an den Ort und an die in ihm aufgehobene Geschichte nicht ausschließlich durch die Dauerausstellung, die Open-Air-Präsentation im Ausstellungsgraben und den Geländerundgang ermöglicht. Der Neubau bietet nun auch die adäquate Infrastruktur in Gestalt modern ausgestatteter Seminarräume und Auditorien, um interessierten Gruppen die Vor- und Nachbereitung des Ausstellungsbesuches durch qualifiziert begleitete Seminar- und Gruppenarbeit anzubieten. Dort und in den Auditorien wird zudem durch ein inhaltlich diversifiziertes Veranstaltungsprogramm die schon seit Jahren unter provisorischen Umständen geleistete Arbeit unter verbesserten Bedingungen fortgesetzt. Die vor Ort zugänglichen, verschiedenen Ausstellungsangebote sind somit in einen produktiven Kontext komplementärer Angebote eingebettet.

Die Dauerausstellung ist aus ihren bewährten Vorläuferfassungen entwickelt worden, wurde aber neu strukturiert und thematisch erweitert. Nach wie vor vermittelt sie in komprimierter und exemplarischer Darstellung grundlegende Informationen zu den zwischen 1933 und 1945 an diesem Ort angesiedelten Zentralen von SS und Gestapo und zu den von diesen Institutionen, ihren Führern und ihrem Personal ausgehenden Verbrechen, die diese nicht allein in Deutschland, sondern vor allem in vielen Ländern Europas verübten.

Die Ausstellungstafeln sind als „Tafelband" ausgelegt. Sie trennen Bild- und Textdokumente als eigenständige Quellengattungen. Die Fotografien sind leicht erhaben montiert. Als ausschnitthafte historische Momentaufnahmen sollen sie sich von den sie kontextualisierenden Begleittexten abheben; die Textdokumente liegen lesefreundlich auf Pulten.

Die in den Katalogband zur Ausstellung aufgenommenen Essays ausgewiesener Fachleute repräsentieren in komprimierter Form den aktuellen Stand zu ausgewählten Aspekten der einschlägigen historischen (Täter-)Forschung. Sie ergänzen vertiefend Ausstellungstexte und -dokumente im Sinne eines sie „ummantelnden" wissenschaftlichen Kommentars. Auch am Tafelband finden sich farblich hervorgehobene, kurze Statements ausgewiesener Historiker, die die dort aufgerufenen Themen in stark verdichteter Form zusammenfassend bewerten. Zeugnissen der NS-Terrorinstitutionen und ihrer Protagonisten entnommene Zitate repräsentieren schlaglichtartig Selbstverständnis, Außendarstellung und politisch-ideologische Programmatik der Täter.

Sogenannte Medienkerne („Cubes") sind als Resultat der Beratung durch die in den Stiftungsgremien vertretenen Fachleute aufgenommen worden. Sie visualisieren beispielsweise die Entwicklung des Apparates von SS und Polizei im NS-Herrschaftssystem in Europa in Gestalt grafisch verdichteter, sequentieller Projektionen, um ein Gegengewicht zur statischen Präsentationsweise des Tafelbandes zu schaffen. Filme und „O-Töne" werden in der Ausstellung nur zurückhaltend eingesetzt. In vom Tafelband zwar separierten, aber mit dem Ausstellungsrundgang verklammerten „Vertiefungszonen" werden sie dagegen in größerem Umfang angeboten und textlich erschlossen.

Der Aspekt der Annäherung an den „Ort der Täter" findet sich im fotografischen Quellenmaterial des Tafelbandes leitmotivisch in Form zeitgenössischer Einzel- und Gruppenaufnahmen von Tätern von SS und Polizei. Es handelt sich um offiziell, offiziös und privat fotografiertes Bildmaterial, das deren Selbst- und Außendarstellung diente. Aus heutiger Perspektive überwiegen, vor allem hinsichtlich des „Täterfußvolkes", noch vielfach klischeehaft geprägte Bilder. Einschlägige fotografische Dokumente sollen den Tätern deshalb ein konkretes Gesicht geben, sie der Anonymität und Mythisierung entziehen und den Besucher mit fotografischen Eindrücken der professionellen Milieus der Täter konfrontieren. Der Versuch, in knappen Umrissen eine Kollektivphysiognomie von Tätern und Taten in fotografischen Bildquellen, eingedenk quellenkritischer Vorbehalte, für den Besucher exemplarisch greifbar zu machen, durchzieht das Tafelband bis in das Schlusskapitel.

Mit der Eröffnung der neuen Dauerausstellung „Topographie des Terrors" endet zwar eine wichtige Phase des Projektes; die Arbeit an der neuen Präsentation hat damit aber eigentlich erst begonnen. Als „work in progress" werden aus ihrem Themenspektrum künftig ausführliche Exkurse, neue Sonder- und Wechselausstellungen, erarbeitet. Im Mittelpunkt wird dabei die Aufarbeitung der Geschichte der NS-Herrschaft in den verschiedenen, von der Wehrmacht zwischen 1938 und 1945 besetzten europäischen Ländern stehen, die in der Hauptausstellung nur angedeutet, nicht aber vertieft werden kann.

Die Ausstellung wäre ohne die pionierhaften Vorarbeiten der Mitglieder der Fachkommission und ihres Vorsitzenden, des langjährigen wissenschaftlichen Direktors der Stiftung, Professor Dr. Reinhard Rürup, undenkbar. Auch in der neuen Präsentation wird dies ablesbar bleiben. Besonderer Dank gilt aber auch den Mitgliedern der Gremien der Stiftung, die in den letzten Jahren, im Internationalen Beirat unter der Leitung von Professor Dr. Peter Steinbach, beratend tätig wurden und wichtige konzeptionelle Weichenstellungen mitgetragen haben. Die Verantwortung für die Detaildarstellung liegt bei den Kuratoren, den ausgewiesenen eingeladenen Autoren und nicht zuletzt bei der Leitung des Hauses. Dank gebührt an dieser Stelle dem Bundesamt für Bauwesen und Raumordnung, dem Bundesbauministerium, der Senatsverwaltung für Stadtentwicklung sowie besonders den beiden Zuwendungsgebern des Projektes, der Senatskanzlei – Kulturelle Angelegenheiten des Landes Berlin und dem Beauftragten der Bundesregierung für Kultur und Medien. Dank dafür, dass es möglich wurde, nach dem Neuanfang 2004/05 für die Stiftung Topographie des Terrors endlich ein funktionales Gebäude und ein kongenial erarbeitetes Konzept der Gestaltung des umgebenden Geländes nach den Plänen der Architektin Ursula Wilms und des Landschaftsarchitekten Heinz W. Hallmann zu realisieren. Frau Wilms gebührt besonderer Dank, weil sie darüber hinaus die Gestaltung der Dauerausstellung im Neubau, der Open-Air-Präsentation und des Geländerundganges, zusammen mit dem Büro Braun Engels Gestaltung, übernommen hat. Keine geringere Anerkennung kommt Professor Heinz W. Hallmann zu, dem, in Zusammenarbeit mit allen übrigen Beteiligten, die so zurückhaltende wie prägnante Entwicklung des historischen Ortes zu einem funktionalen, ästhetisch überzeugenden und atmosphärisch eindrücklichen Gesamtensemble gelungen ist.

Bleibt am Ende der Wunsch, dass die gemeinsame Arbeit der letzten Jahre in eine Publikumsresonanz einmünden möge, die die langjährigen Erfolge des Provisoriums „Topographie des Terrors" dauerhaft noch zu übertreffen vermag.

Prof. Dr. Andreas Nachama
Geschäftsführender Direktor der Stiftung Topographie des Terrors

PROLOG: DER HISTORISCHE ORT 1933–1945

Auf dem heute als „Topographie des Terrors" bezeichneten Gelände hatten zwischen 1933 und 1945 mit den Zentralen der Geheimen Staatspolizei, des Sicherheitsdienstes (SD) der SS, der Reichsführung-SS und dem Reichssicherheitshauptamt die wichtigsten Institutionen des NS-Terrors ihren Sitz.

Das Areal zwischen Prinz-Albrecht-Straße, Wilhelmstraße, Anhalter Straße und Stresemannstraße, um 1934.
10037 © Landesarchiv Berlin

Das Geheime Staatspolizeiamt in der
Prinz-Albrecht-Straße 8, undatiert (um 1933).

10034 © Bundesarchiv, Koblenz, 183-R97512

Das Reichssicherheitshauptamt in der
Wilhelmstraße 102, undatiert (um 1941/42).

10035 © Brandenburgisches Landesamt für Denkmalpflege/
Meßbildarchiv, Zossen

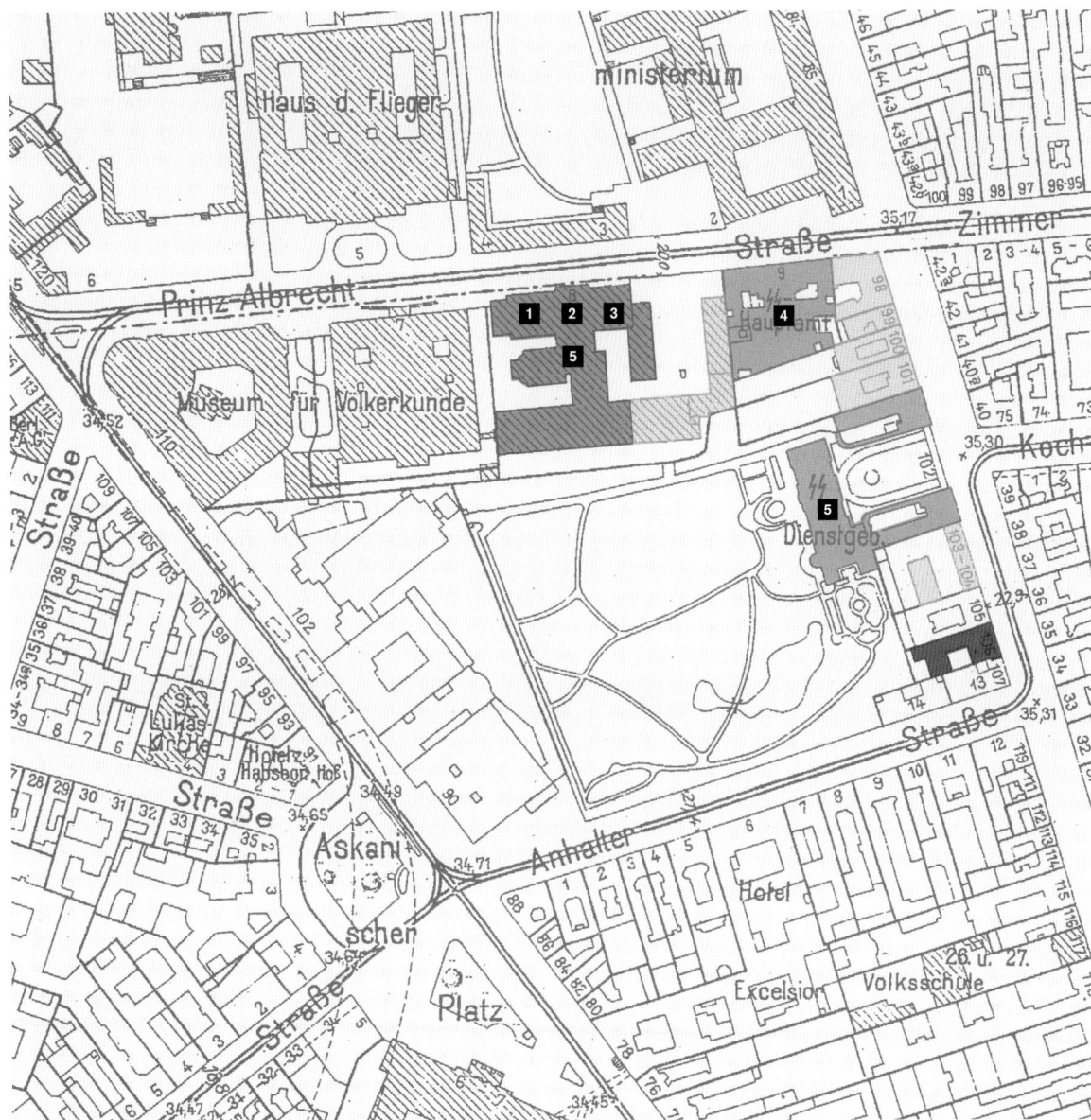

Lageplan, 1938. Die von SS, Gestapo und SD genutzten Gebäude in der Prinz-Albrecht- und der Wilhelmstraße sind farblich gekennzeichnet, die zentralen Adressen sind dunkelgrau markiert.

Der Raumbedarf für eine steigende Zahl von Mitarbeitern führte dazu, dass Ende der dreißiger Jahre bis auf die Wilhelmstraße 105 und 107 sowie die ehemaligen Gebäude des Kunstgewerbe- und des Völkerkundemuseums die gesamte Bebauung des Areals von Gestapo/RSHA (Prinz-Albrecht-Str. 8, Wilhelmstr. 98, 99), SS (Prinz-Albrecht-Str. 9, Wilhelmstr. 100) und SD/RSHA (Wilhelmstr. 101, 102, 103/104, 106) genutzt wurde.

10031 © Stiftung Topographie des Terrors, Berlin

■ Oktober 1932
■ Mai 1933
■ Ende 1934
■ bis 1938

1 Der Reichsführer-SS und Chef der Deutschen Polizei im Reichsministerium des Innern
Prinz-Albrecht-Straße 8

2 Der Chef der Sicherheitspolizei und des SD
Prinz-Albrecht-Straße 8

3 Persönlicher Stab Reichsführer SS
Prinz-Albrecht-Straße 8

4 Reichsführung-SS (u. a. SS-Hauptamt)
Prinz-Albrecht-Straße 9

5 Reichssicherheitshauptamt
Prinz-Albrecht-Straße 8
Wilhelmstraße 102

1 DIE NATIONALSOZIALISTISCHE MACHTÜBERNAHME

Hitlers Ernennung zum Reichskanzler leitete die Zerstörung der Demokratie von Weimar ein. Gewaltenteilung, Grundrechte, Pressefreiheit, Pluralismus und Föderalismus wurden abgeschafft. Die Nationalsozialisten proklamierten eine neue Ordnung: das „Dritte Reich". SA- und SS-Männer wurden zu Hilfspolizisten ernannt, die von der Schusswaffe Gebrauch machen sollten. Viele SA-Lokale wurden zu Folterstätten, wo politische Gegner der NSDAP festgehalten und misshandelt wurden. Der NS-Terror entfaltete sich öffentlich, um lähmenden Schrecken zu verbreiten. Manche Zeitgenossen hatten sich das Ausmaß der Gewalt nicht vorstellen können, die zur Errichtung der NS-Diktatur führte. Andere teilten Hitlers politische Ziele oder erwarteten sein rasches Scheitern.

Nach wenigen Monaten waren Parteien, Gewerkschaften und Verbände zerschlagen, verboten oder aufgelöst, die Länder „gleichgeschaltet". Zu Säulen des neuen NS-Einheitsstaates wurden die SS und die „Gestapo" – die Geheime Staatspolizei.

Führende Nationalsozialisten im Berliner Hotel Kaiserhof nach Adolf Hitlers Ernennung zum Reichskanzler, 30. Januar 1933.
V.l.n.r.: Otto Wagener (Leiter der wirtschaftspolitischen Abteilung der NSDAP), Wilhelm Kube (Fraktionsvorsitzender der NSDAP im Preußischen Landtag), Hans Kerrl (Präsident des Preußischen Landtages), Wilhelm Frick (Reichsminister des Innern), Joseph Goebbels (Gauleiter der Berliner NSDAP), Adolf Hitler (Reichskanzler), Ernst Röhm (Stabschef der SA), Hermann Göring (Präsident des Reichstages, preußischer Innenminister, Reichsminister ohne Geschäftsbereich), Richard Walter Darré (Chef des Rasse- und Siedlungshauptamtes der SS, Leiter des Agrarpolitischen Amtes der NSDAP), Heinrich Himmler (Reichsführer-SS, kommissarischer Polizeipräsident von München), Rudolf Heß (Vorsitzender der Politischen Zentralkommission der NSDAP, Reichsminister ohne Geschäftsbereich).
11003 © ullstein bild, Berlin

1.1 1933: Terror und „Gleichschaltung"

Nach seiner Ernennung zum Reichskanzler kündigte Hitler Neuwahlen an und festigte mit „Notverordnungen" seine Machtstellung. Der Reichstagsbrand am 27. Februar 1933 war Anlass, durch eine „Notverordnung" die Grundrechte abzuschaffen. Neben NS-Gegnern anderer Parteien wurden tausende Kommunisten verhaftet, ihre Parteibüros durchsucht und geschlossen, Zeitungen verboten. Nachdem Hitlers NSDAP bei der Reichstagswahl am 5. März 1933 nicht die erhoffte absolute Mehrheit erreichte und nur in einer Koalition mit den Deutschnationalen regieren konnte, ermächtigte ihn der Reichstag am 23. März, Gesetze auch selbst zu schaffen. Das „Ermächtigungsgesetz" wurde mit den Stimmen vieler Abgeordneter anderer Parteien angenommen – mit Ausnahme der SPD-Fraktion. Alle Abgeordneten der KPD und 26 der SPD waren zu dieser Zeit bereits verhaftet oder geflohen.

Der NS-Terror richtete sich gegen frühere Gegner. Oppositionelle Journalisten, Schriftsteller und Künstler wurden terrorisiert, Juden diffamiert, verfassungstreue Beamte ihrer Stellen beraubt. Der Boykott jüdischer Geschäfte am 1. April 1933 wurde als Reaktion auf ausländische Propaganda gerechtfertigt. Die Gewerkschaften wurden Anfang Mai zerschlagen. Wenig später machte das Verbot aller Parteien außer der NSDAP Deutschland zum Einparteienstaat. Presse, Rundfunk, Kunst und Wissenschaft wurden „gleichgeschaltet".

Die Errichtung der NS-Diktatur war möglich, weil große Teile der deutschen Gesellschaft die Weimarer Republik und den Versailler Vertrag ablehnten und sich vor bürgerkriegsähnlichen Zuständen fürchteten. Sie sahen in Hitler den Garant innerer Sicherheit und Ordnung. So wurde übersehen, dass sich im April 1933 mit dem preußischen Geheimen Staatspolizeiamt eine immer mehr an Macht gewinnende Sonderbehörde bildete, die auf die Beherrschung der deutschen Gesellschaft zielte. Ihr stellvertretender Chef wurde 1934 Heinrich Himmler, Reichsführer-SS und „Politischer Polizeikommandeur der Länder".

Nach seiner Ernennung zum Reichskanzler wird Adolf Hitler in Berlin bei der Fahrt durch die Wilhelmstraße von dort versammelten Nationalsozialisten umjubelt, 30. Januar 1933.

11304 © SZ Photo, München

MACHTÜBERNAHME UND „GLEICHSCHALTUNG" 1933–1934

1933

30.1. Hitler wird Reichskanzler einer Regierung der „nationalen Konzentration" (NSDAP, DNVP, „Stahlhelm", Parteilose)

28.2. „Reichstagsbrandverordnung" setzt Grundrechte außer Kraft. Massenverhaftungen („Schutzhaft")

5.3. Reichstagswahlen: NSDAP 43,9 Prozent, DNVP 8 Prozent

5.–9.3. NS-Machtübernahme in den noch nicht nationalsozialistisch regierten Ländern und den Kommunen

20.3. Himmler gibt Errichtung des Konzentrationslagers Dachau bekannt, weitere Lager folgen. Bis 30.4. erfolgen in Preußen circa 30 000 Festnahmen, bis 30.10. reichsweit bis zu 100 000 Inhaftierungen, bis zu 600 Morde an politischen Gegnern durch SA und SS

23.3. Reichstag beschließt „Ermächtigungsgesetz". Alle kommunistischen und 26 sozialdemokratische Abgeordnete sind in „Schutzhaft" oder geflohen

31.3. „Vorläufiges Gesetz zur Gleichschaltung der Länder mit dem Reich"

1.4. Reichsweiter antijüdischer Boykott

7.4. „Gesetz zur Wiederherstellung des Berufsbeamtentums": Entlassung vor allem von Juden aus dem Staatsdienst

7.4. „Zweites Gesetz zur Gleichschaltung der Länder mit dem Reich"

2.5. Zerschlagung der Gewerkschaften

22.6. Verbot der SPD

27.6.–5.7. Selbstauflösung aller übrigen Parteien

14.7. „Gesetz gegen die Neubildung von Parteien" etabliert Einparteiensystem (NSDAP)

12.11. Reichstagswahlen (NSDAP-Einheitsliste: 92,2 Prozent, ungültig: 7,8 Prozent) und Volksabstimmung über Völkerbundaustritt Deutschlands (Ja: 95,1 Prozent)

1934

30.6.–2.7. Reichsweit werden zahlreiche hohe SA-Führer sowie konservative und andere NS-Gegner durch SS und Gestapo erschossen. Amtliche Opferzahl: 83, vermutlich aber gab es hunderte weitere Ermordete

3.7. „Gesetz über Maßnahmen der Staatsnotwehr" legalisiert diese Morde

1.8. „Gesetz über das Oberhaupt des Deutschen Reiches" vereinigt Ämter des Reichspräsidenten und des Reichskanzlers

2.8. Nach dem Tod des Reichspräsidenten von Hindenburg wird Hitler zum „Führer und Reichskanzler". Sofortige Vereidigung der Wehrmacht auf seine Person

Ein Beamter der Schutzpolizei und ein durch eine Armbinde als Hilfspolizist gekennzeichneter SS-Mann auf Streifengang am Tag der Reichstagswahl, Berlin, 5. März 1933.

21307 © Bundesarchiv, Koblenz, 102-14381

Eine Abordnung der Berliner Schutzpolizei marschiert bei einer Kundgebung der NSDAP auf, Berlin, undatiert (vermutlich März 1933).

11010 © Bundesarchiv, Koblenz

Wahlplakat der NSDAP zur Reichstagswahl am 5. März 1933.

In einem Klima von Gewalt und Rechtsunsicherheit erhielten NSDAP (43,9 Prozent) und Deutschnationale Volkspartei (DNVP, 8 Prozent) eine knapp zur Regierungsbildung ausreichende Mehrheit der abgegebenen Stimmen.

11307 © Bundesarchiv, Koblenz, 002-042-157

Als Hilfspolizisten eingesetzte SA-Männer erhalten Handfeuerwaffen, Berlin, Februar/März 1933.

11006 © Bundesarchiv, Koblenz, 102-02974A

Bericht des „Völkischen Beobachters" über Verhaftungen von Kommunisten und Sozialdemokraten, 10. März 1933.

Die im nationalsozialistischen Propagandastil gehaltene Meldung legitimiert die Verhaftung und Ermordung von Gegnern des Nationalsozialismus als Reaktion auf „kommunistische Übergriffe".

11327 Völkischer Beobachter, Nr. 70, 11.3.1933

Die „Verordnung des Reichspräsidenten zum Schutz von Volk und Staat" (die sogenannte Reichstagsbrandverordnung) vom 28. Februar 1933.

11005 Reichsgesetzblatt 1933, Teil I, Nr. 17

1.1 | 1933: Terror und „Gleichschaltung"

Schlagzeile im „Völkischen Beobachter", dem Zentralorgan der NSDAP, zur Annahme des sogenannten Ermächtigungsgesetzes im Reichstag am 23. März 1933.

11312 Völkischer Beobachter, Nr. 83, 24.3.1933

Das „Gesetz zur Behebung der Not von Volk und Reich", das sogenannte Ermächtigungsgesetz, vom 24. März 1933.

11011 Reichsgesetzblatt 1933, Teil I, Nr. 25

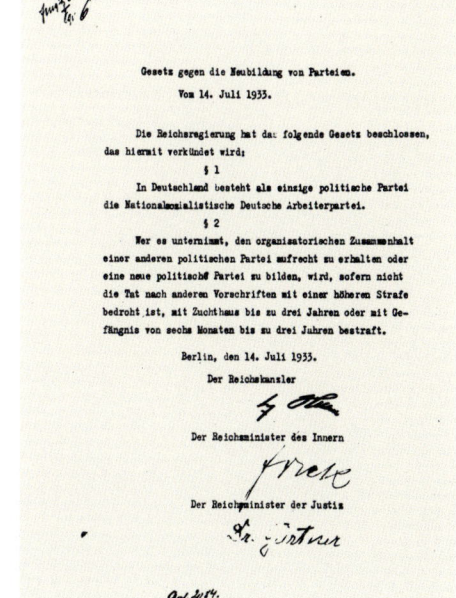

Das „Gesetz gegen die Neubildung von Parteien" vom 14. Juli 1933.

Es stellte die Aufrechterhaltung der bis dahin bestehenden Parteiorganisationen wie auch Parteineugründungen unter Strafe und ließ lediglich den Bestand der NSDAP „als einzige politische Partei" in Deutschland zu.

11326 K. J. Ruhl, Brauner Alltag, Düsseldorf 1981

Eine Razzia von Polizei und SS-Hilfspolizei in Berlin-Mitte, undatiert (vermutlich März 1933).

11013 © Bundesarchiv, Koblenz, 102-02940A

Politische Gegner der Nationalsozialisten werden unter der Bewachung von SA-Hilfspolizisten dazu gezwungen, nach der Reichstagswahl vom 5. März Wandparolen der KPD abzuwaschen, Dortmund, März 1933.

11020 Foto: privat © Stiftung Topographie des Terrors, Berlin

Doppelposten der SS vor dem Haupteingang zum „Haus des Rundfunks", Berlin, undatiert (Anfang März 1933).

11517 © SZ Photo, München

„Wie die Stimmung des August 1914 war die des Jahres 1933 die eigentliche Machtgrundlage für den kommenden Führerstaat. Es war ein sehr verbreitetes Gefühl der Erlösung und Befreiung von der Demokratie. Was macht eine Demokratie, wenn eine Mehrheit des Volkes sie nicht mehr will? Man wollte etwas wirklich Neues: eine Volksherrschaft ohne Parteien, eine populäre Führergestalt."

SEBASTIAN HAFFNER, JOURNALIST UND PUBLIZIST, 1987

11519 Gekürzter Auszug: S. Haffner, Von Bismarck zu Hitler. Ein Rückblick, München 1987

Öffentliche Demütigung des in „Schutzhaft" genommenen SPD-Kreistagsabgeordneten Hermann Weidemann durch SA-Männer, Hofgeismar, 2. Mai 1933.

Die SA führte Weidemann mit einem umgehängten Namensschild und auf einem Ochsen sitzend in einem Prangerumzug durch Hofgeismar, wo das Opfer als sozialdemokratischer Stadtverordneter tätig war. Zahlreiche Schaulustige folgten ihm.

11022 © Stadtmuseum (Abt. Judaica Hassiaca, Bildarchiv), Hofgeismar

„Hitler kombinierte mit der neu gewonnenen staatlichen Macht den Druck von der Straße, den SA- und SS-Verbände in einer schwer entwirrbaren Mischung von gelenkter und spontaner Aktion ausübten. Skrupellos wurde der Terror als politische Waffe genutzt, lähmte die Gegner und verlieh den nationalsozialistischen Maßnahmen eine unerhörte Durchschlagskraft."

LUDOLF HERBST, HISTORIKER, 1996

11313 Gekürzter Auszug: L. Herbst, Das nationalsozialistische Deutschland 1933–1945, Frankfurt am Main 1996

Antijüdischer Terror durch die SS, Duisburg, vermutlich 24. März 1933.

Mordechei Bereisch, Rabbiner der Duisburger ostjüdischen, orthodoxen Gemeinde, wird von der SS durch die Innenstadt getrieben und geschlagen. Man zwingt ihn und zwei andere Juden, eine schwarz-rot-goldene Flagge (Symbol der demokratischen Weimarer Republik) zu tragen. Eine Zuschauermenge verfolgt die öffentliche Demütigung.

Der Prangermarsch war einer von insgesamt vier sogenannten Judenumzügen in Duisburg im März 1933.

11324 © Stadtarchiv Duisburg

Öffentliche Demütigung verhafteter prominenter Sozialdemokraten durch SS-Männer, Karlsruhe, 16. Mai 1933.

In einem Prangerumzug wurden die in „Schutzhaft" genommenen Dr. Ludwig Marum (ehemaliger badischer Minister und Reichstagsabgeordneter der SPD), Dr. Adam Remmele (ehemaliger badischer Minister, Staatspräsident und SPD-Reichstagsabgeordneter) sowie weitere bekannte SPD-Politiker in das Konzentrationslager Kislau übergeführt. Marum, Jurist jüdischer Abstammung, wurde dort am 29. März 1934 von Angehörigen der Wachmannschaft erdrosselt.

11017 © Stadtarchiv Karlsruhe

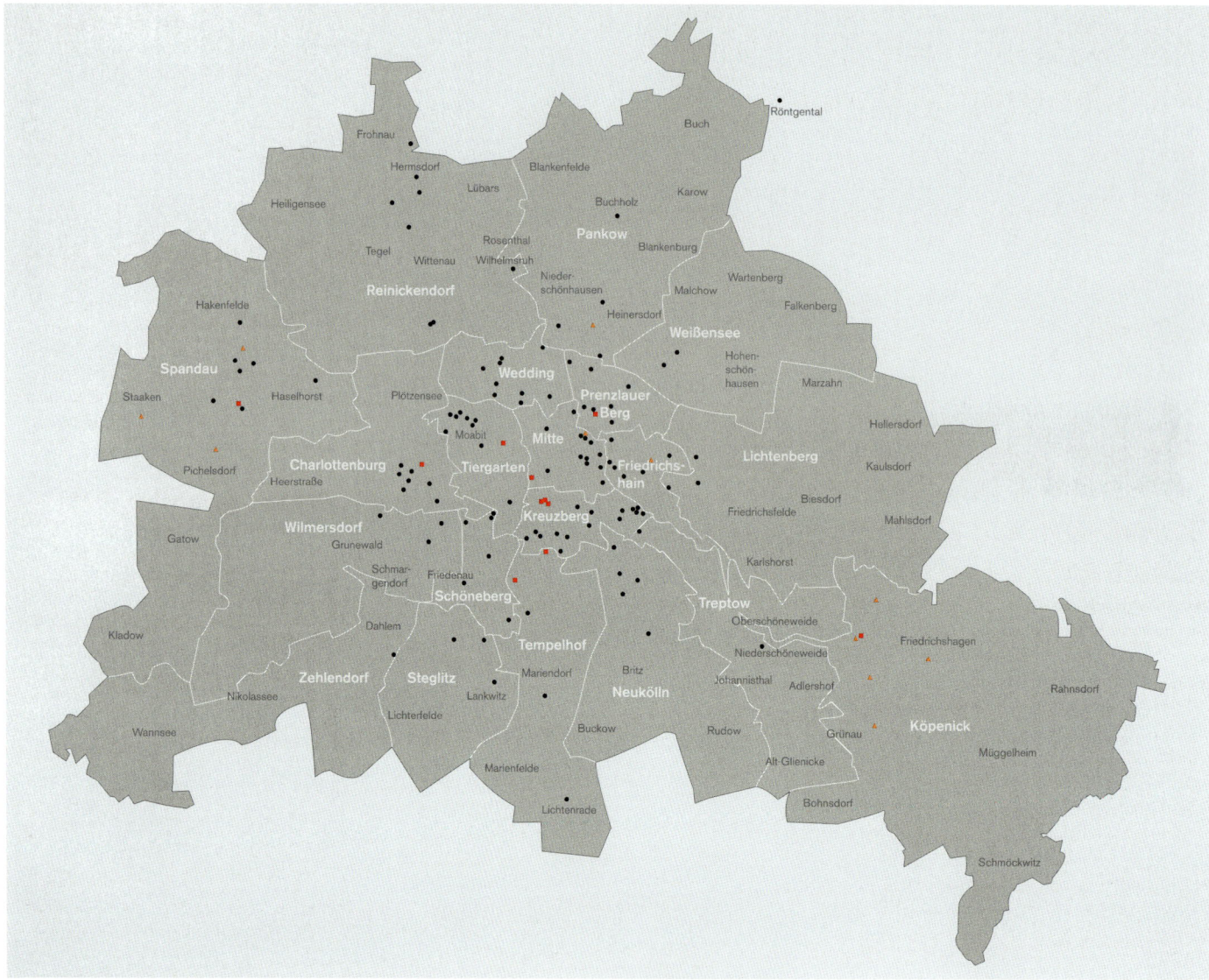

Karte mit Standorten von „wilden", das heißt nichtstaatlichen Konzentrationslagern, Haft- und Folterstätten von SA und SS in Berlin, 1933/34.

Im Zuge der dem Reichstagsbrand folgenden Terrorwelle wurden allein in Berlin an über 150 Orten bis Ende 1933 mehrere tausend politische Gegner der Nationalsozialisten festgehalten, misshandelt und in zahlreichen Fällen auch ermordet. Es waren überwiegend kleine „Sturm"- oder Verkehrslokale der SA, in die meist in der Nachbarschaft lebende NS-Gegner verschleppt wurden. Hinzu kamen größere Unterkünfte wie unter anderem die Kaserne der SA-Feldpolizei in der General-Pape-Straße. Die Karte unterscheidet zentrale Haft- und Folterstätten, die über mehrere Wochen genutzt wurden, sowie SA-Heime, „Sturmlokale" und Treffpunkte, in denen es zumindest vereinzelt zu Inhaftierungen und Misshandlungen kam.

11025 © Stiftung Topographie des Terrors, Berlin, nach: H. Bräutigam / O. C. Gliech, Nationalsozialistische Zwangslager in Berlin, Berlin 1987

■ **Zentrale Haft- und Folterstätten**

Bezirk Charlottenburg
SA-Kaserne Rosinenstraße, „Maikowski-Haus", Rosinenstraße 4, heute: Loschmidtstraße 6–8

Bezirk Köpenick
Amtsgericht Köpenick, Amtsgerichtsgefängnis, Stabsquartier SA-Standarte 15, Gefängnis Hohenzollernplatz 5, heute: Mandrellaplatz 6

Bezirk Kreuzberg
Führung der SA-Gruppe Berlin-Brandenburg, Hedemannstraße 31/32

Geschäftsstelle der SA-Untergruppe Berlin-Ost, Hedemannstraße 5/6

SA-Heim „Gutschowkeller", auch: „Blutburg" (Blood Castle), Friedrichstraße 234

Bezirk Mitte
Führung der SA-Gruppe Berlin-Brandenburg, Voßstraße 19

Bezirk Prenzlauer Berg
SA-Kaserne Wasserturm, zwischen Kolmarer und Knaackstraße

Bezirk Spandau
Standartenwache der Spandauer SA, Nebengebäude des Spandauer Rathauses, Potsdamer Straße, heute: Carl-Schurz-Straße

Bezirk Tempelhof
Kasernenkomplex General-Pape-Straße, Gebäude H, Unterkunft der Feldpolizei der SA-Gruppe Berlin-Brandenburg, heute: Werner-Voß-Damm 54a

Ehemaliges Militärgefängnis („Columbia"), später: Konzentrationslager „Columbia", Columbiastraße 1–3, heute: Columbiadamm

Bezirk Tiergarten
„Ulap" (Universum Landesausstellungspark), Zentrale Einrichtung SA-Sturmbann II/ Standarte 16, zwischen Invalidenstraße and Alt-Moabit

▲ **Haft- und Folterstätten, die über mehrere Wochen genutzt werden**

● **SA-Heime, „Sturmlokale" und Treffpunkte, in denen es vereinzelt zu Misshandlungen kam**

1.1 | 1933: Terror und „Gleichschaltung"

Öffentliche Verbrennung der Bücher von Autoren, die als „undeutsch" diffamiert wurden, durch Mitglieder des Nationalsozialistischen Deutschen Studentenbundes auf dem Berliner Opernplatz (heute: Bebelplatz), 10. Mai 1933.
Im Rahmen der Kampagne „Wider den undeutschen Geist!" der Deutschen Studentenschaft fanden im Mai 1933 öffentliche Schauverbrennungen „undeutschen" Schrifttums unter anderem in fast allen deutschen Hochschulstädten statt.

11026 © Bundesarchiv, Koblenz, 102-14597

Verhaftete Regimegegner in einem provisorischen Gewahrsam der SA-Hilfspolizei, Berlin, vermutlich 6. März 1933.
Als Aufnahmeort des Fotos wird die Haftanstalt Plötzensee vermutet. Die Angabe kann jedoch nicht als gesichert gelten.

10051 Foto: Georg Pahl (zugeschrieben) © Bundesarchiv, Koblenz, 102-02920A

Öffentliche Demütigung eines Regimekritikers durch die SS, Neustadt bei Coburg, 21. September 1933.
Der Kinobesitzer Karl Kiesewetter hatte sich in der Öffentlichkeit kritisch über das NS-Regime geäußert. Er wurde denunziert und mit einem umgehängten Prangerschild mit dem Text: „Ich habe die Regierung beleidigt" von SS-Männern durch Neustadt geführt.

11018 © Staatsarchiv Coburg

1.2 Gestapo: Die Geheime Staatspolizei

Die Zerstörung des Rechtsstaates ging mit der Übernahme der Polizei durch die Nationalsozialisten einher. Ihr kam entscheidende Bedeutung für die NS-„Machtergreifung" zu. Die Grundrechte wurden zunächst eingeschränkt, dann ganz aufgehoben. Zeitungen wurden zensiert, Versammlungen verboten. Wer sich der „nationalen Revolution" hätte entgegenstellen können, sollte eingeschüchtert oder „ausgeschaltet" werden. Razzien mit tausenden Verhaftungen, bei denen die Polizei durch SA- und SS „Hilfspolizisten" verstärkt wurde, richteten sich zuerst gegen die Kommunisten. Aber auch andere Gegner der NSDAP wurden bedroht, misshandelt, öffentlich gedemütigt und verhaftet.

Während die NS-Führung daran ging, den Polizeiapparat politisch zu „säubern" und zum willigen Werkzeug umzugestalten, wurde im April 1933 in Preußen eine Sonderbehörde unter dem preußischen Ministerpräsidenten Hermann Göring aufgebaut: das Geheime Staatspolizeiamt („Gestapa") mit Dienstsitz in der Berliner Prinz-Albrecht-Straße 8. Ihm wurde die neugeschaffene Geheime Staatspolizei („Gestapo"), die in den preußischen Regierungsbezirken nachgeordnete „Staatspolizeistellen" einrichtete, unterstellt.

Auch in Bayern entstand im Frühjahr 1933 unter dem „Reichsführer-SS" Heinrich Himmler ein neuartiger Polizeiapparat, der das dort errichtete Konzentrationslager Dachau, in dem politische Gegner inhaftiert wurden, einschloss. Nachdem Himmler im übrigen Reichsgebiet als „Politischer Polizeikommandeur der Länder" bereits die Leitung der politischen Polizei übernommen hatte, wurde er 1934 von Göring zum Inspekteur, dann zum stellvertretenden Chef der preußischen Gestapo ernannt. Reinhard Heydrich, Chef des Sicherheitsdienstes (SD) der SS, wurde Leiter des Geheimen Staatspolizeiamtes. Himmler strebte die Zentralisierung aller Polizeiaufgaben unter seiner Führung an. In wenigen Jahren verband er staatliche Polizei, SS und SD und schuf so die Grundlage für den „SS-Staat".

Hauptportal des Geheimen Staatspolizeiamtes, Prinz-Albrecht-Straße 8, um 1936.

12004 © bpk, Berlin

Südflügel der ehemaligen Kunstgewerbeschule in der Prinz-Albrecht-Straße 8, Blick nach Norden, 1931.
Links am Bildrand die Rückfront des Nordflügels der späteren Gestapozentrale. In den Dachateliers und den darunterliegenden Räumen des Südflügels wurden Häftlinge von der Gestapo vernommen. In den Atelierräumen im Erdgeschoss des Südflügels richtete die Gestapo ein sogenanntes Hausgefängnis ein.
12003 © Bundesarchiv, Koblenz

Die Halle im Mitteltrakt der ehemaligen Kunstgewerbeschule, Prinz-Albrecht-Straße 8, ab 1933 Sitz des Geheimen Staatspolizeiamtes, mit Büsten des preußischen Ministerpräsidenten Hermann Göring sowie Adolf Hitlers (r.), um 1936.
12006 © Bundesarchiv, Koblenz 102-16180

Rudolf Diels (1900–1957), erster Leiter des preußischen Geheimen Staatspolizeiamtes, 1933.
Diels war ab 1930 im Innenministerium mit Sonderaufgaben zur Bekämpfung der Kommunistischen Partei Deutschlands (KPD) betraut und vom kommissarischen preußischen Innenminister Hermann Göring Ende Februar 1933 auch zum Leiter der Abteilung Politische Polizei im Berliner Polizeipräsidium bestimmt worden.
12309 © SZ Photo, München

Die noch in der Nacht des Reichstagsbrandes in „Schutzhaft" genommenen Carl von Ossietzky, Ernst Torgler und Ludwig Renn im Polizeipräsidium Berlin, 1. März 1933.
Ossietky (Publizist, Chefredakteur der „Weltbühne", Friedensnobelpreisträger 1935), Torgler (Fraktionsführer der Kommunistischen Partei Deutschlands, KPD, im Reichstag) und Renn (Schriftsteller, KPD-Mitglied) wurden vom Leiter der Gestapo Rudolf Diels der Presse präsentiert. Die Gesichter von Torgler und Ossietzky weisen Spuren von Misshandlungen auf.

Das Foto wurde am 8. April 1933 im „Illustrierten Beobachter" der NSDAP als Teil eines Artikels veröffentlicht, der die Haftbedingungen für in „Schutzhaft" genommene Gegner des Nationalsozialismus beschönigte. Die Überschrift lautete: „Hinter schwedischen Gardinen: Auslandsjournalisten besuchen Kommunisten in den Berliner Internierungsanstalten."
12010 © ullstein bild, Berlin

> **„Es muß höchste Ehre und Auszeichnung sein, der Politischen Polizei angehören zu dürfen. Es gibt noch Zehntausende, die Feinde geblieben sind, auch wenn sie den Arm hochheben und gleichgeschaltet sind."**
> **Heinrich Himmler, 1934**

12013 Gekürzter Auszug: Völkischer Beobachter, Norddeutsche Ausgabe, Nr. 111, 21.4.1934

Schaffung eines Geheimen Staatspolizeiamtes

Berlin, 27. April.

Wie wir erfahren, hat der Preußische Ministerpräsident Goering im Zuge seines Programms zur Reorganisierung der preußischen Polizei und in Fortsetzung seiner umfassenden Maßnahmen zur Niederkämpfung des Bolschewismus und anderer staatsfeindlicher Bestrebungen die bisher dem Polizeipräsidium angegliederte Politische Polizei abgetrennt und sie zu einer selbständigen Behörde gemacht.

Das so geschaffene Staatspolizeiamt, dessen Tätigkeit durch ein Gesetz vom 26. April d. J. geregelt ist, wird dem Preußischen Minister des Innern unmittelbar unterstellt. Die Aufgabe des Geheimen Staatspolizeiamtes besteht in der Erforschung und Bekämpfung aller staatsgefährlichen politischen Bestrebungen im gesamten preußischen Staatsgebiet. Hierzu werden ihm nicht nur die anderen Polizeibehörden unterstellt, sondern auch eigene Exekutivorgane zugeteilt.

Das Geheime Staatspolizeiamt hat seinen Sitz in Berlin SW 11, Prinz-Albrecht-Straße 8. In Berlin übernimmt das Geheime Staatspolizeiamt eine Reihe wichtiger Funktionen, die bisher der Polizeipräsident ausgeübt hat, wie z. B. die Pressepolizei. Das Geheime Staatspolizeiamt hat seine Tätigkeit bereits aufgenommen.

Bericht des „Völkischen Beobachters", Berliner Ausgabe, vom 27. April 1933 über die Gründung des Geheimen Staatspolizeiamtes.

12002 Völkischer Beobachter, Nr. 118, 28.4.1933

Die Tätigkeit der Politischen Polizei
Eine Erklärung des Oberregierungsrats Diels

Berlin, 12. April.

Der Leiter der Politischen Polizei, Oberregierungsrat Diels, äußerte sich über die überaus segensreiche Tätigkeit der Politischen Polizei, die in enger Zusammenarbeit mit den erstklassig ausgerüsteten und schlagkräftigen Außenkommandos der Abteilung Wecke es dahin gebracht habe, daß die Zahl der politischen Überfälle in Berlin auf ein noch nie dagewesenes Maß gesunken sei. Das Preußische Innenministerium wird demnächst eine Statistik der politischen Überfälle herausgeben, die auch Vergleiche mit früheren Jahren bringt. Diese Statistik dürfte der Öffentlichkeit zeigen, daß es einer zielbewußten Polizei-Führung, die auch entschlossen sei, mit Rücksichtslosigkeit und auch entschlossen sei, mit Rücksichtslosigkeit und Energie durchzugreifen, gelungen wäre, endlich den Terror, dem viele Gegenden Berlins seit Jahren ausgesetzt waren, zu brechen. Es müsse aber auch dahin kommen, daß die Bevölkerung von sich aus bereit sei, die Arbeit der Polizei zu unterstützen.

Über das Schicksal der politischen Schutzhäftlinge befragt, teilte Oberregierungsrat Diels mit, daß die Aufgabe der bereits eingerichteten oder noch einzurichtenden Konzentrationslager die sei, die Häftlinge durch entsprechende Beschäftigung geistig und körperlich wieder so weit zu ertüchtigen, um sie zu vollwertigen Mitgliedern der menschlichen Gesellschaft zu machen.

Bericht des „Völkischen Beobachters", Zentralorgan der NSDAP, vom 12. April 1933, eine Erklärung des Leiters der politischen Polizei in Preußen, Rudolf Diels, zu deren „segensreicher Tätigkeit" betreffend.

12502 Völkischer Beobachter, Nr. 104/105, 14./15.4.1933

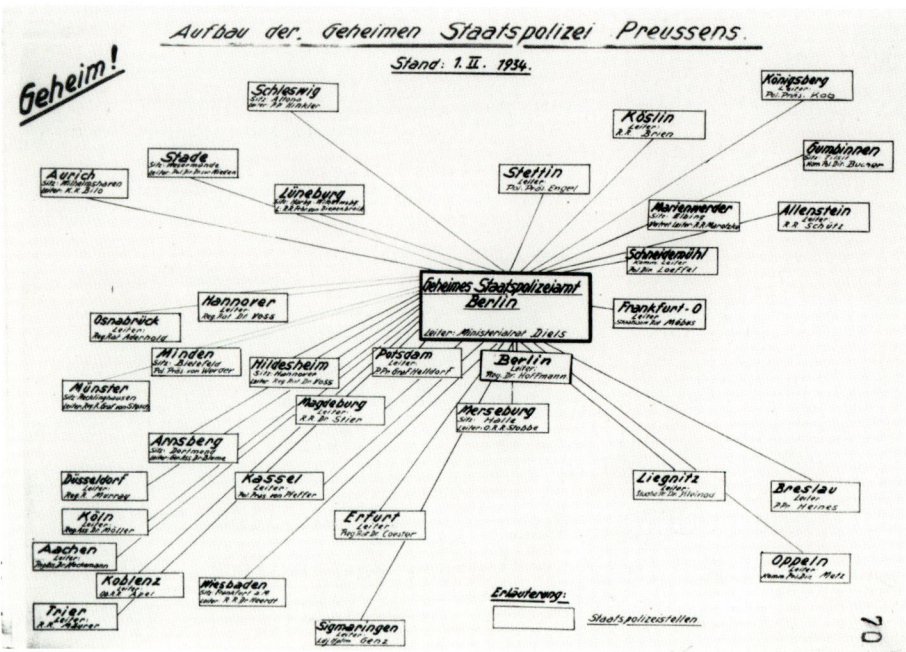

Der Aufbau der Gestapo in Preußen mit den nachgeordneten regionalen Staatspolizeistellen, 1. Februar 1934.

12015 Bundesarchiv, Berlin

Erfolgreiche Unterdrückung kommunistischer Wühlarbeit
Die Tätigkeit der Geheimen Staatspolizei am Wahltag

Berlin, 14. November.

Nach den Beobachtungen des Geheimen Staatspolizeiamtes war für die Wahl und Volksabstimmung vom vergangenen Sonntag mit einem verstärkten Einsetzen der durch die nachdrückliche polizeiliche Bekämpfung seit längerer Zeit nahezu lahmgelegten kommunistischen Flugblatt-, Handzettel- und Schmierpropaganda zu rechnen. Durch Rundverfügung an alle Staatspolizeistellen des Staatsgebiets, insbesondere durch Anweisungen im Bereich des Geheimen Staatspolizeiamtes im Bezirk Groß-Berlin war daher rechtzeitig Vorkehrung getroffen, um eine zielbewußte und schlagkräftige Unterbindung der kommunistischen Wahlpropaganda namentlich in den letzten Nächten vor der Wahl und am Wahltage selbst zu gewährleisten.

Neben dem vom Polizeipräsidenten von Berlin angeordneten verstärkten Einsatz der Schutzpolizei und aus dem gesamten Kriminalbeamtenbestand des Geheimen Staatspolizeiamtes und der Polizeiabteilung z.b.V. Wecke wurden mehrere hundert Beamte in Zivil eingesetzt, um in den noch kommunistisch durchsetzten Stadtgebieten gegen Flugblattverteiler, Redner und andere Propagandisten der K.P.D. nachdrücklichst einzuschreiten. Auch die S.A.-Gruppe Berlin-Brandenburg wurde um tatkräftige Mithilfe durch Einsatz von S.A.-Angehörigen in Zivilkleidung gebeten. Mit voller Absicht wurde davon abgesehen, geschlossene Formationen uniformierter Beamten- oder S.A.-Abteilungen ebenso uniformierte Streifen einzusetzen, da mit Sicherheit zu erwarten stand, daß etwaige kommunistische Propagandisten bei der Annäherung uniformierter Beamter oder S.A.-Angehöriger flüchten würden. In dankenswerter Weise sind die vom Geheimen Staatspolizeiamt im Einvernehmen mit der Polizeiabteilung Wecke und der S.A.-Gruppe Berlin-Brandenburg getroffenen Vorkehrungen durch die freiwillige Unterstützung der N.S.B.O. und der politischen Leitung der Partei in weitestem Maße gefördert worden. Auch von dieser Seite haben freiwillige Helfer in großem Umfang die Tätigkeit des Geheimen Staatspolizeiamtes im Stadtgebiet Groß-Berlin unterstützt.

Die Zweckmäßigkeit der vom Geheimen Staatspolizeiamt getroffenen Maßnahmen und die Richtigkeit seiner Erwartungen bezüglich der kommunistischen Propaganda am Vortag zur Wahl sind durch die Ereignisse vollauf bestätigt worden. Es wurde eine Anzahl Kommunisten festgenommen, die den Zeitpunkt der Sammlung der nationalen Bewegung zu dem vom Führer befohlenen Appell für die Zwecke ihrer staatsfeindlichen Bestrebungen propagandistisch wahrnehmen wollten. Ausschließlich und allein durch die allmählich in weite Kreise gedrungene Kenntnis von dem verschärften Schießerlaß des Preußischen Ministerpräsidenten zu erklären ist die Tatsache, daß mit einer Ausnahme in keinem Falle kommunistische Flugblattverteiler es wagten, auf Anruf des verfolgenden Polizeibeamten zu flüchten. Die Erschießung eines kommunistischen Flugblattverteilers in Dortmund erfährt eine besondere Beleuchtung durch den Umstand, daß es sich bei der Erschießung um einen achtundzwanzigmal vorbestraften Menschen handelt. Aus allen Teilen des Reiches liegt nunmehr die Bestätigung vor, daß die Wahl vollkommen ruhig verlaufen ist.

Bericht des „Völkischen Beobachters", Zentralorgan der NSDAP, vom 14. November 1933 über den Einsatz der Geheimen Staatspolizei anlässlich der Reichstagswahl und Volksabstimmung vom 12. November 1933.

12312 Völkischer Beobachter, Nr. 319, 15.11.1933

Der Kampf gegen Staatsfeinde
Große Polizeiaktion gegen Kommunisten im Harz

Braunschweig, 3. Oktober.

Seit einigen Wochen wurde von der Polizei in Blankenburg und Umgebung festgestellt, daß der Kommunismus wiederum eine außerordentlich rege Tätigkeit entfaltete. Nachdem das Landespolizeiamt Braunschweig einige Zeit das Treiben der kommunistischen Unterwelt beobachtet und Anhaltspunkte über den Personenkreis, der die Wühlarbeit leitete, gesammelt hatte, griff es mit einer überraschenden Aktion zu.

In den frühen Morgenstunden wurden zu gleicher Zeit in zahlreichen Ortschaften im Gebiet von Blankenburg (Harz)-Halberstadt Haussuchungen vorgenommen. In der Hauptsache erstreckte sich die Aktion auf die Orte Blankenburg, Elbingerode, Wernigerode, Stiege und insbesondere auch Halberstadt. Dabei wurden sechzig Personen festgenommen. Auf Grund der sofort vorgenommenen Vernehmungen wurden dann weitere 30 Personen verhaftet. Die Ermittlungen ergaben, daß die kommunistische Partei in dem genannten Gebiet völlig neu aufgebaut und wohl organisiert war. Es wurde eine vollkommen eingerichtete behelfsmäßige Druckerei beschlagnahmt.

Nach Abschluß der Ermittlungen der Polizei wurden die Verhafteten am Freitag in Blankenburg dem Schnellrichter vorgeführt. Das Schnellgericht verurteilte 63 Kommunisten. Fünf Kommunisten wurden wegen Hochverratsverdachts in Untersuchungshaft genommen. Gegen vier mußte das Verfahren wegen Mangels an Beweisen eingestellt werden. Sieben Personen wurden freigesprochen. Die 63 Verurteilten erhielten eine Gesamtstrafe von 108¼ Jahren Zuchthaus und 12 Jahren Gefängnis.

Bericht des NSDAP-Zentralorgans „Völkischer Beobachter" vom 3. Oktober 1933 über Polizeiaktionen gegen Kommunisten.

11308 Völkischer Beobachter, Nr. 277, 4.10.1933

Razzia im Südwesten Berlins

Berlin, 3. Oktober.

Das Geheime Staatspolizeiamt ließ im Laubengelände am Teltow-Kanal, im Südwesten der Reichshauptstadt, Ortsteil Lichterfelde-West und Zehlendorf, begrenzt durch Teltowstraße, Parkfriedhof, Goerz-Fabrikgebäude, Berliner Straße, Straße I, am Hafen, eine Durchsuchung nach Waffen, Druckschriften usw. von der Landespolizeigruppe Wecke z.b.V. vornehmen.

Die Polizeikolonne traf um 6.45 Uhr überraschend an Ort und Stelle ein und nahm sofort die Abriegelung vor. Gleichzeitig begann die vorher bis ins einzelne eingestellte Suchtruppe mit ihrer Tätigkeit in dem etwa 3 Kilometer ausgedehnten Gelände. Es wurden eine große Anzahl Waffen und belastendes Material sowie eine ungeheure Menge Druckschriften gefunden, ferner ein Vorrat von Morphium-Ampullen.

Eine der zwangsgestellten Personen gab zu, einer Reorganisation der früheren K.P.D., dem „Rotdeutschland" anzugehören. Die Person wurde eingeliefert. Die Durchsuchung war um 9.55 Uhr beendet.

Bericht des „Völkischen Beobachters", Zentralorgan der NSDAP, vom 3. Oktober 1933 über eine vom preußischen Geheimen Staatspolizeiamt mit der Schutzpolizei durchgeführte, gegen Kommunisten und illegale kommunistische Propagandatätigkeit gerichtete Razzia in einem Industriegebiet in Berlin-Lichterfelde/Zehlendorf.

12012 Völkischer Beobachter, Nr. 277, 4.10.1933

Preuß. Gesetzsammlung 1933. Nr. 29, ausgegeben am 27. 4. 33.

(Nr. 13877.) **Gesetz über die Errichtung eines Geheimen Staatspolizeiamts. Vom 26. April 1933.**

Das Staatsministerium hat das folgende Gesetz beschlossen:

§ 1.

(1) Zur Wahrnehmung von Aufgaben der politischen Polizei neben den oder an Stelle der ordentlichen Polizeibehörden (§ 2 Abs. 1 des Polizeiverwaltungsgesetzes vom 1. Juni 1931 — Gesetzsamml. S. 77 —) wird das Geheime Staatspolizeiamt mit dem Sitze in Berlin errichtet. Es hat die Stellung einer Landespolizeibehörde und untersteht unmittelbar dem Minister des Innern.

(2) Die sachliche und örtliche Zuständigkeit des Geheimen Staatspolizeiamts regelt der Minister des Innern.

(3) Die Vorschriften des Polizeiverwaltungsgesetzes vom 1. Juni 1931 über die Anfechtung landespolizeilicher Verfügungen finden mit der Maßgabe Anwendung, daß für Klagen im Verwaltungsstreitverfahren gegen Verfügungen des Geheimen Staatspolizeiamts stets der Bezirksausschuß in Berlin zuständig ist.

§ 2.

Das Geheime Staatspolizeiamt kann im Rahmen seiner Zuständigkeit alle Polizeibehörden um polizeiliche Maßnahmen ersuchen.

§ 3.

Die zur Durchführung dieses Gesetzes erforderlichen Vorschriften erläßt der Minister des Innern, und zwar, soweit es sich um Vorschriften über Zahl und Art der dem Geheimen Staatspolizeiamte zuzuteilenden Beamten und Angestellten handelt, im Einvernehmen mit dem Finanzminister.

§ 4.

Dieses Gesetz tritt mit dem Tage nach seiner Verkündung in Kraft.

Berlin, den 24. April 1933.

(Siegel.) **Das Preußische Staatsministerium.**

Göring, Popitz.

zugleich für den Minister des Innern.

Das vorstehende, vom Preußischen Staatsministerium beschlossene Gesetz wird hiermit verkündet.

Berlin, den 26. April 1933.

Für den Reichskanzler:
Der Preußische Ministerpräsident.
Göring.

Gesetz über die Errichtung eines Geheimen Staatspolizeiamtes vom 26. April 1933.

Das Gesetz machte das Geheime Staatspolizeiamt zur Sonderbehörde, die dem preußischen Minister des Innern direkt unterstellt war und als Landesbehörde gleichrangig mit den Regierungspräsidenten und dem Polizeipräsidenten von Berlin war.

12007 Preußische Gesetzessammlung, 1933, Nr. 29

Preußische Gesetzsammlung

| 1933 | Ausgegeben zu Berlin, den 1. Dezember 1933. | Nr. 74 |

Tag	Inhalt	Seite
30. 11. 33.	Gesetz über die Geheime Staatspolizei	413
16. 11. 33.	Polizeiverordnung, betreffend Verbot des Verkehrs mit Gefangenen	414
18. 11. 33.	Anordnung des Justizministers über die Bildung gemeinschaftlicher Anerbengerichte	414
Hinweis auf nicht in der Gesetzsammlung veröffentlichte Rechtsverordnungen		415

(Nr. 14033.) Gesetz über die Geheime Staatspolizei. Vom 30. November 1933.

Das Staatsministerium hat das folgende Gesetz beschlossen:

§ 1.

(1) Die Geheime Staatspolizei bildet einen selbständigen Zweig der inneren Verwaltung. Ihr Chef ist der Ministerpräsident. Mit der laufenden Wahrnehmung der Geschäfte beauftragt der Ministerpräsident den Inspekteur der Geheimen Staatspolizei.

(2) Im Falle der Behinderung wird der Ministerpräsident als Chef der Geheimen Staatspolizei durch den Staatssekretär im Staatsministerium vertreten.

(3) Der Inspekteur der Geheimen Staatspolizei ist zugleich Leiter des Geheimen Staatspolizeiamts.

§ 2.

Zum Aufgabengebiet der Geheimen Staatspolizei gehören die von den Behörden der allgemeinen und der inneren Verwaltung wahrzunehmenden Geschäfte der politischen Polizei. Welche Geschäfte im einzelnen auf die Geheime Staatspolizei übergehen, wird durch den Ministerpräsidenten als Chef der Geheimen Staatspolizei bestimmt.

§ 3.

(1) Die bisher von dem Ministerium des Innern wahrgenommenen Geschäfte der politischen Polizei gehen mit dem Inkrafttreten dieses Gesetzes auf das Geheime Staatspolizeiamt über.

(2) Die Landes-, Kreis- und Ortspolizeibehörden haben in den Angelegenheiten der Geheimen Staatspolizei den Weisungen des Geheimen Staatspolizeiamts Folge zu leisten.

§ 4.

Der Finanzminister ist ermächtigt, zur Durchführung dieses Gesetzes den Staatshaushaltsplan zu ändern.

§ 5.

Die Bestimmungen des Gesetzes vom 26. April 1933 (Gesetzsamml. S. 122) treten insoweit außer Kraft, als sie diesem Gesetz entgegenstehen.

§ 6.

Dieses Gesetz tritt mit dem Tage der Verkündung in Kraft.

Berlin, den 30. November 1933.

(Siegel.)   Das Preußische Staatsministerium.

Göring   Popitz
zugleich als Minister des Innern.

Gesetz über die Geheime Staatspolizei vom 30. November 1933.

Die Gestapo wurde aus dem Innenministerium ausgegliedert und direkt dem preußischen Ministerpräsidenten Hermann Göring unterstellt, der dem Inspekteur der Gestapo die Wahrnehmung der laufenden Geschäfte übertrug.

12014 Preußische Gesetzessammlung, 1933, Nr. 74

Ansprache des damaligen Leiters des preußischen Geheimen Staatspolizeiamtes und Inspekteurs der Geheimen Staatspolizei, Rudolf Diels (Bildmitte, im Profil, Hand in der Manteltasche), vor Schutzhäftlingen des Konzentrationslagers Börgermoor, die zur Entlassung vorgesehen waren, 22. Dezember 1933.
1933 wurden im Rahmen der für Preußen angeordneten Weihnachtsamnestie aus den Emslandlagern Börgermoor und Esterwegen I und II etwa 1 200 politische Häftlinge entlassen.

Die NS-Propaganda bemühte sich, Existenz und Funktion der Konzentrationslager zu „legitimieren" und die Haftbedingungen zu verharmlosen. Auch das hier gezeigte Foto ist in diesem Kontext entstanden. Tatsächlich jedoch gehörten Misshandlungen bis hin zum Mord bereits 1933 zum Lageralltag.

12011 © Bundesarchiv, Koblenz, 183-R27601

„Mit der erforderlichen Autonomie ausgestattet, konnte die politische Polizei dem ‚Führer' dadurch in die Hände arbeiten, dass sie unzählige angebliche Staats- und Volksfeinde verfolgte, die dieser zu Zielgruppen bestimmt hatte. Doch hatte nicht allein Hitler, sondern auch der Polizeiapparat die meiste Zeit über in der Bevölkerung breiten Rückhalt. Ohne diese Unterstützung hätte die politische Polizei eine weit geringere repressive Kapazität besessen."
IAN KERSHAW, HISTORIKER, 1991

12717 Gekürzter Auszug: I. Kershaw, Hitlers Macht. Das Profil der NS-Herrschaft, München 1992.

Politische Gefangene beim Hofgang unter Polizeibewachung in einem Berliner Justizgefängnis, undatiert (März 1933).
Das Foto wurde am 8. April 1933 im „Illustrierten Beobachter" der NSDAP als Teil eines Artikels veröffentlicht, der die Haftbedingungen für in „Schutzhaft" genommene Gegner des Nationalsozialismus beschönigte. Die Überschrift lautete: „Hinter schwedischen Gardinen: Auslandsjournalisten besuchen Kommunisten in den Berliner Internierungsanstalten."

12513 © ullstein bild, Berlin

Reinhard Heydrich, Chef des Sicherheitsdienstes (SD) der SS, undatiert (April 1934).
Als Polizeipräsident von München und politischer Polizeikommandeur in Bayern machte Heinrich Himmler Heydrich zum Leiter der Münchener und der bayerischen politischen Polizei. Beide wechselten nach dem 20. April 1934 nach Berlin.

12321 © Bundesarchiv, Koblenz, 152-50-05

Der preußische Ministerpräsident Hermann Göring übergibt im Hörsaal der ehemaligen Kunstgewerbeschule in der Prinz-Albrecht-Straße 8, dem Sitz des preußischen Geheimen Staatspolizeiamtes, die Leitung der Gestapo an Heinrich Himmler (r., in SS-Uniform), Berlin, 20. April 1934.

In der ersten Reihe der Zuhörer, 4. v. l. (hochschauend), der spätere Chef der Reichskriminalpolizei, Arthur Nebe. Im Hintergrund (halb verdeckt links hinter Göring) Himmlers Amtsvorgänger Rudolf Diels.

12017 © Bundesarchiv, Koblenz

Titelseite des Zentralorgans der NSDAP zur Ernennung Heinrich Himmlers zum Inspekteur der preußischen Gestapo, „Völkischer Beobachter", Norddeutsche Ausgabe, 21. April 1934.

12316 Völkischer Beobachter, Norddeutsche Ausgabe, Nr. 111, 21.4.1934

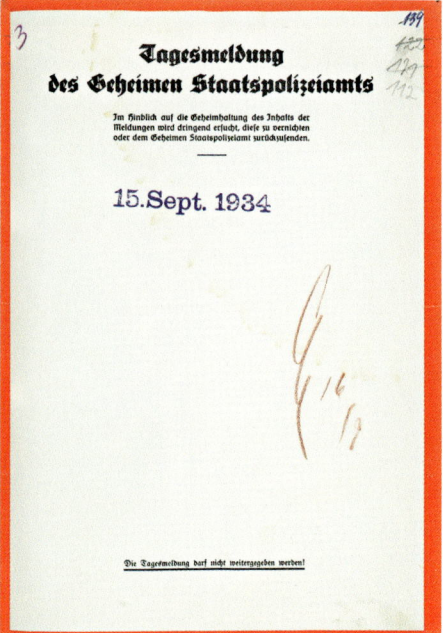

Auszug aus der „Tagesmeldung des Geheimen Staatspolizeiamts" vom 15. September 1934.

Die Gestapo hatte ein aufwändiges Meldewesen entwickelt. Täglich verfassten die einzelnen Gliederungen Tätigkeitsberichte an die Zentrale. Hier wurden zusammenfassende Berichte erstellt, die andere Reichsbehörden zur Kenntnis erhielten.

12019a Bundesarchiv, Berlin

Der Leiter Berlin, den 30. November 1934.
des Geheimen Staatspolizeiamts
B.Nr. 54 758 I 1 A.

Nachstehender Erlass des Herrn Preussischen Ministerpräsidenten vom 20. 11. 1934 - St.M. P. 1317 - wird allen Dienststellen zur Kenntnis und Beachtung zugeleitet:

"Der Preussische Ministerpräsident Berlin, den 20. November 1934.
Chef der Geheimen Staatspolizei.
St.M.P. 1317.

Aus organisatorischen Gründen habe ich mich veranlasst gesehen, den Inspekteur der Geheimen Staatspolizei, Herrn Reichsführer SS H i m m l e r , mit meiner Vertretung auch in den Angelegenheiten der Geheimen Staatspolizei zu betrauen, deren Bearbeitung bisher unter Einschaltung des Preussischen Staatsministeriums erfolgte. Der Inspekteur der Geheimen Staatspolizei wird die Geschäfte der gesamten Preussischen Geheimen Staatspolizei nunmehr unter alleiniger Verantwortung mir gegenüber führen. Der Schriftwechsel erfolgt in den Angelegenheiten, die ich mir vorbehalten habe, unter der Firma "Preussische Geheime Staatspolizei. Der stellvertretende Chef und Inspekteur".

Indem ich hiervon Kenntnis gebe, bitte ich, den Schriftwechsel in allen Angelegenheiten der Preussischen Geheimen Staatspolizei nunmehr unmittelbar und ausschliesslich an das Geheime Staatspolizeiamt, Berlin SW 11, Prinz-Albrecht-Str.8, zu richten.

gez. G ö r i n g ."

Dem Herrn Preussischen Ministerpräsidenten sind zur Unterrichtung auch weiterhin zuzuleiten:

An
. alle Dienststellen
im Hause.

Mitteilung des Leiters des Geheimen Staatspolizeiamtes, Reinhard Heydrich, vom 30. November 1934, einen Erlass des preußischen Ministerpräsidenten Hermann Göring zur Erweiterung der Kompetenzen Heinrich Himmlers als Inspekteur der Geheimen Staatspolizei betreffend.

Der Erlass übertrug Himmler als stellvertretendem Chef und Inspekteur der Geheimen Staatspolizei faktisch die Leitung der Gestapo, deren Chef Hermann Göring nur noch pro forma blieb.

12018a Bundesarchiv, Berlin

Dr. Merkel (Verteidiger der Gestapo):
Sind die politischen Polizeien der deutschen Länder 1933 mit Parteileuten besetzt worden?

Best:
Nein, sie wurden mit den Beamten der bisherigen Polizeibehörden besetzt. Nur wenige Angestellte sind in jener Zeit neu eingestellt worden.

Dr. Merkel:
Waren die leitenden Beamten Parteileute?

Best:
Das war in den einzelnen Ländern verschieden. Zum Teil waren es sogar Beamte, die in der Vergangenheit ganz anderen Richtungen und Parteien angehört hatten. (…)

Dr. Merkel:
Warum haben dann diese Beamten unter der nationalsozialistischen Regierung weiter Polizeidienst versehen?

Best:
Weil es für einen deutschen Beamten eine Selbstverständlichkeit war, dem Staat weiter zu dienen auch bei Wechsel der Regierung, solange er dazu überhaupt in der Lage ist.

Dr. Merkel:
Sind diese Beamten später ausgeschaltet und durch Nationalsozialisten ersetzt worden?

Best:
Nein, diese Herren haben sogar meistens eine sehr gute Karriere gemacht und hohe Posten erhalten.

Aus der Zeugenaussage von Dr. Werner Best (ehemaliger Stellvertreter Reinhard Heydrichs) vor dem Internationalen Militärgerichtshof in Nürnberg am 31. Juli 1946.

12020 IMT (Hg.), Der Prozeß gegen die Hauptkriegsverbrecher, Band XX, Nürnberg 1948

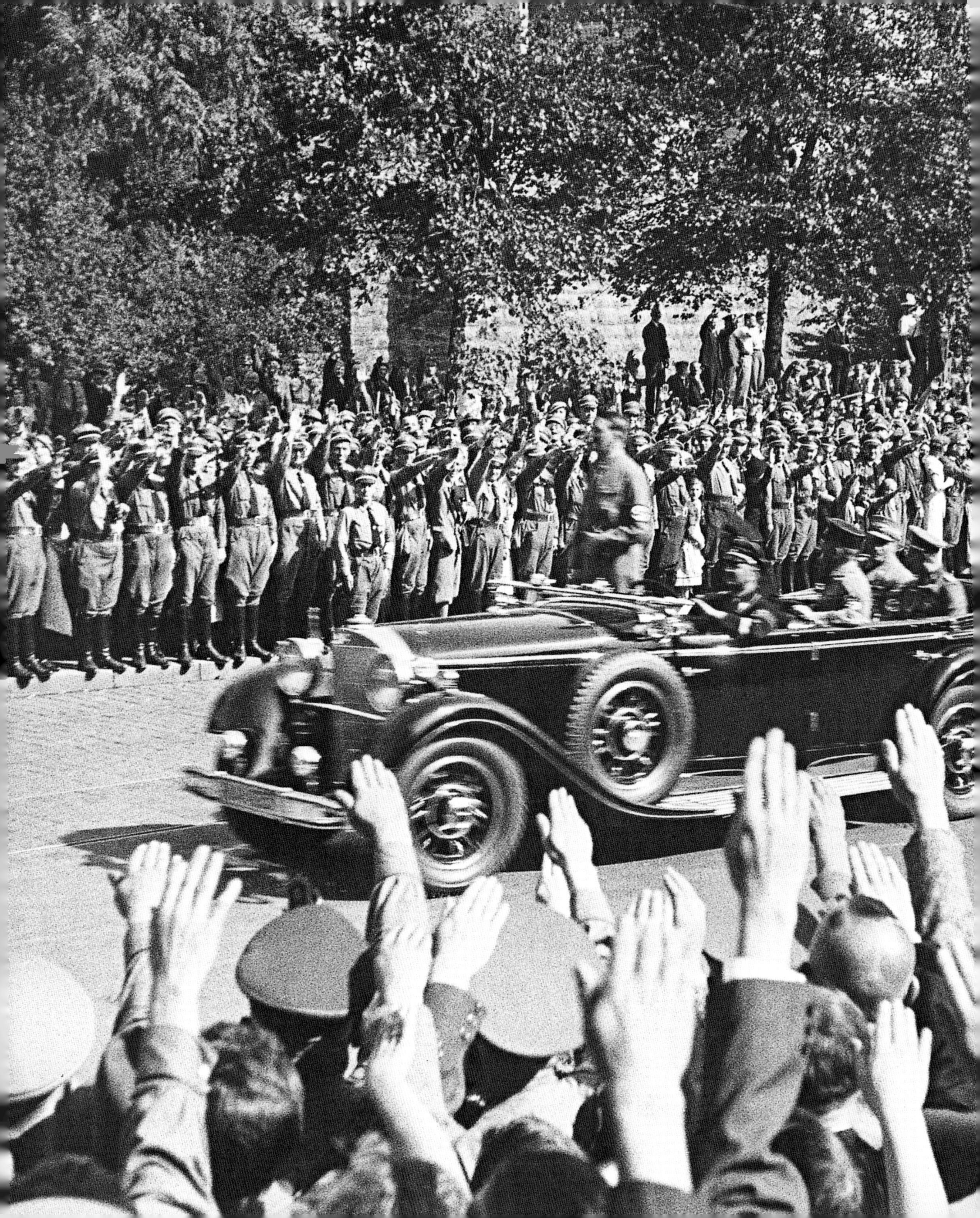

1.3 „Volksgemeinschaft": Die Deutschen zwischen Führerglaube, Alltag und Terror

Die NS-Führung proklamierte das Ende der Klassengegensätze. An ihre Stelle sollte die „Volksgemeinschaft" treten. Massenveranstaltungen und Aufmärsche mobilisierten die Bevölkerung. Militante Aktionen grenzten jene aus, die als politische Gegner oder als „Rassenfeinde" definiert oder aus anderen Gründen „aus der Volksgemeinschaft ausgeschlossen" wurden. „Mensch ist nicht gleich Mensch" – so begründete die NS-Führung die Ausgrenzung und Verfolgung Andersdenkender. Wer sich der NS-Propaganda explizit und konsequent verweigerte lief Gefahr, als „Staatsfeind" oder „Volksfeind" betrachtet, öffentlich diffamiert und schließlich entrechtet und verfolgt zu werden. Jene, die sich den politischen und sozialen Normen des Regimes offen verweigerten, wurden öffentlich an den Pranger gestellt und gedemütigt.

Frühe wirtschaftliche Erfolge sollten die Deutschen politisch lähmen und auf Hitlers Ziele einschwören. Sinkende Arbeitslosenzahlen, Autobahn- und Wohnungsbauprogramme sowie bescheiden wachsende Einkommen und Konsummöglichkeiten der Deutschen verschleierten, dass Hitlers Wirtschaftsprogramm und die damit verbundene Aufrüstung der Vorbereitung auf den Krieg dienten. Die NS-„Volksgemeinschaft" sollte Ausdruck in einer Sozialpolitik finden, die „Volksgenossen" unterstützte. Das „Winterhilfswerk" (WHV) weckte den Eindruck, Bedürftige erführen breite Unterstützung. WHV-Straßensammlungen sollten vergessen machen, dass alle Beschäftigten zwangsweise einen Teil ihres Einkommens spendeten, der wie eine Steuer vom Lohn einbehalten wurde. Die Deutschen wurden als „Volksgenossen" angesprochen, um sie von anderen abzugrenzen, die außerhalb dieser Gemeinschaft gestellt wurden.

Die Bereitschaft der meisten Deutschen zur Anpassung führte dazu, dass viele die Ziele der NS-Führung nicht nur teilten, sondern diese aktiv vertraten – oft um den Preis der politischen Denunziation anderer bei der Gestapo.

Inszenierung des charismatischen „Führers": Adolf Hitler und Publikum während des Reichsparteitages der NSDAP in Nürnberg, undatiert (wohl 1935).
Die private Aufnahme stammt von einem am Parteitag teilnehmenden NSDAP-Ortsgruppenleiter.
13003 Foto: privat © Stiftung Topographie des Terrors, Berlin

„Deutscher Gruß": Menschenmenge vor der Reichskanzlei auf dem Wilhelmplatz anlässlich der Rückkehr Adolf Hitlers nach Berlin nach dem Ende der Münchener Konferenz und der Beilegung der „Sudetenkrise", Berlin, 1. Oktober 1938.

13305 © akg-images, Berlin

Plakatpropaganda zur Volksabstimmung am 19. August 1934 über die Zusammenlegung der Ämter des Reichspräsidenten und des Reichskanzlers, Berlin, August 1934.
Nach dem Tod des Reichspräsidenten Paul von Hindenburg und auf der Grundlage des „Gesetzes über das Oberhaupt des Deutschen Reiches" hatte Adolf Hitler die Ämter des Reichspräsidenten und Reichskanzlers in seiner Person vereinigt. Er firmierte fortan als „Führer und Reichskanzler". Das nachträgliche Plebiszit bestätigte diese Maßnahme mit 89,9 Prozent Ja-Stimmen.

13002 © ullstein bild, Berlin / Roger-Viollet, Paris

Inszenierung von „Volksgemeinschaft" und Führerkult: Adolf Hitlers Fahrzeugkolonne auf dem Weg zur zentralen Massenveranstaltung am „Tag der nationalen Arbeit" im Lustgarten, Berlin, 1. Mai 1936.
Hinter Hitlers Fahrzeug ein Kamerawagen, rechts davon, teils verdeckt, das Fahrzeug mit Hitlers SS-Leibwächtern des „Führerbegleitkommandos".

13004 © SZ Photo, München

1.3 | „Volksgemeinschaft": Die Deutschen zwischen Führerglaube, Alltag und Terror

Führerkult: Adolf Hitler als Idol der Massen beim Reichserntedankfest, 3. Oktober 1937.

Das vom NS-Regime zum gesetzlichen Feiertag erklärte Erntedankfest fand seit 1933 jährlich, zuletzt 1937, als vor allem an die Landbevölkerung gerichtete Großveranstaltung mit zuletzt 1,2 Millionen Teilnehmern auf dem von Albert Speer als Festplatz hergerichteten Bückeberg bei Hameln statt.

13308 Foto: Heinrich Hoffmann © bpk, Berlin / Bayerische Staatsbibliothek, München

Führerkult: Adolf Hitler als Ehrengast beim Deutschen Turn- und Sportfest, Breslau, 31. Juli 1938.

13006 © SZ Photo, München

Wallfahrtsort der Führerbegeisterung: Massenandrang von Neugierigen und Verehrern vor Adolf Hitlers „Haus Wachenfeld", dem späteren „Berghof", am Obersalzberg bei Berchtesgaden, undatiert (1934/35).

13007 © SZ Photo, München

Privatheit in Zeiten der Diktatur: Deutsches Urlaubsglück mit Hakenkreuzen, undatiert (um 1939).

13310 © ullstein bild, Berlin

Nachbarschaft von Alltag und Terror: Der sommerliche Tanzgarten im Europahaus an der späteren Saarlandstraße (zuvor und heute: Stresemannstraße) in Berlin, undatiert (um 1933/34).

Nur etwa 100 Meter von dem Vergnügungslokal entfernt befand sich seit 1933 das „Hausgefängnis" der Gestapo in der Prinz-Albrecht-Straße 8.

13318 © akg-images, Berlin

Politik und Alltag: Uniformierte Nationalsozialisten, „Stahlhelm"-Angehöriger (vorn, 2. v. l.) und zivil gekleidete Fahrgäste auf dem Oberdeck eines öffentlichen Nahverkehrsbusses der BVG, Berlin 1933.

13017 Foto: James Abbe © Bodo von Dewitz / Brooks Johnson, Shooting Stalin. Die „wunderbaren" Jahre des Fotografen James Abbe (1883–1973), Köln 2004

Konformitätsübung im zivilen Alltag: Passanten heben vor dem Ehrenmal der während des nationalsozialistischen Putsches vom 9. November 1923 von der Polizei erschossenen „Blutzeugen" der NS-Bewegung an der Feldherrnhalle gegenüber dem Odeonsplatz den Arm zum „Deutschen Gruß", München, undatiert.
Jeder, der die kranzgeschmückte, von einer Ehrenwache der SS bewachte Gedenktafel an der östlichen Seite der Feldherrnhalle passierte, musste diese grüßen, gleich ob Fußgänger, Rad- oder Autofahrer.

13021 © Keystone, Hamburg

Nationalsozialistische Propagandatafel mit Hitler-Zitat auf einem in einem Umzug der SA mitgeführten Wagen, Dortmund, undatiert (um 1935).

13346 Foto: privat © Stiftung Topographie des Terrors, Berlin

Schuljungen, Zuschauer und örtliche Funktionäre von NSDAP und Deutscher Arbeitsfront (DAF) beim Singen der Nationalhymne oder des Horst-Wessel-Liedes während einer Feier zum „Tag der nationalen Arbeit", Dortmund-Dorstfeld, undatiert (1. Mai 1934).
Bei den Jungen handelt es sich möglicherweise um noch nicht uniformierte „Pimpfe" der Hitlerjugend.

13031 Foto: privat © Stiftung Topographie des Terrors, Berlin

Anpassung und Verweigerung: Schaulustige und Arbeiter der Werft Blohm & Voss während des Absingens der Nationalhymne und des Horst-Wessel-Liedes im Anschluss an eine „Führerrede", die Adolf Hitler anlässlich des Stapellaufes des Segelschulschiffes der Kriegsmarine „Horst Wessel" hielt, Hamburg, 13. Juni 1936.

Während alle Anwesenden mit gerecktem rechten Arm den obligatorischen „Deutschen Gruß" entbieten, verweigert ein einzelner Mann (etwas rechts von der Bildmitte, Kreis) den Gruß und verschränkt die Arme. Zum Foto liegen unterschiedliche, teils widersprüchliche Angaben zur Identität dieses mutigen Nonkonformisten vor. Sein Name war vermutlich August Landmesser.

13020 © SZ Photo, München

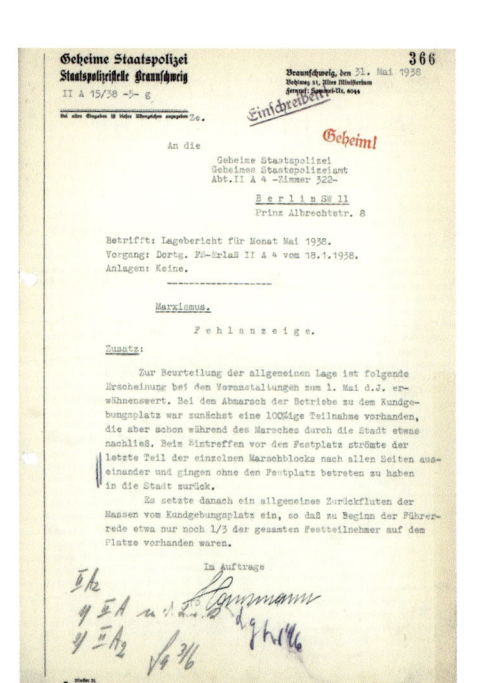

Lagebericht der Staatspolizeistelle Braunschweig an das Geheime Staatspolizeiamt in Berlin vom 31. Mai 1938, Beobachtungen bei der verdeckten Observation der Veranstaltungen zum 1. Mai betreffend.

Im Gegensatz zum offiziellen Bild der NS-Propaganda partizipierten nicht wenige Deutsche, die sich etwa als Betriebsangehörige aus Opportunismus oder unter Zwang veranlasst sahen, an nationalsozialistischen Großveranstaltungen teilzunehmen, offenbar nur pflichtgemäß und kaum über das nötige Mindestmaß an Mitwirkung hinaus.

22326 Bundesarchiv, Berlin

„Betriebsgefolgschaften": Die Belegschaften von Betrieben auf dem Marsch zum Festgelände der zentralen Großveranstaltung zum „Tag der nationalen Arbeit", Berlin, 1. Mai 1935.

22526 © SZ Photo, München

Kriegserfolge und Gegnertätigkeit

Nach übereinstimmenden Meldungen aus dem gesamten Reichsgebiet ergibt sich zur Zeit zu dieser Frage folgendes Bild: Unter dem Eindruck der großen politischen Ereignisse und im Banne der militärischen Erfolge hat sich im gesamten deutschen Volke eine bisher noch nicht erreichte innere Geschlossenheit und enge Verbundenheit von Front zu Heimat herausgebildet. Der Tätigkeit der Gegnergruppen ist überall der aufnahmefähige Boden entzogen: Alles schaut dankbar und mit Vertrauen auf den Führer und seine von Sieg zu Sieg eilende Wehrmacht. Gegnerisches Wirken stößt überall auf scharfe Ablehnung: Der überwiegend verbreitete gesunde Abwehrwille der Bevölkerung verschließt sich wirksam hetzerischen und miesmacherischen Einflüssen. Man beachtet sie entweder gar nicht oder lehnt sich empört dagegen auf.

Ein weiteres Moment für die allgemeine Abnahme der Gegnertätigkeit liegt in der fruchtbaren Auswirkung der in den Kriegsgesetzen angedrohten schweren Strafen und in dem schnellen Zugreifen der staatlichen Exekutive.

Innerhalb der früher kommunistisch und marxistisch eingestellten Kreise kann von einer organisierten Gegnertätigkeit nicht mehr die Rede sein. Hier haben die Kriegserfolge besonders lähmend gewirkt und größtenteils Ansätze zu gegnerischen Einflüssen im Keime erstickt. Nur mehr vereinzelt kommt es noch zu völlig unbedeutenden Meckereien, Wandbeschmierungen, Verbreitung ausländischer Nachrichten oder Verteilung von Hetzschriften- und Zetteln.

Innenpolitischer Stimmungsbericht des Sicherheitsdienstes (SD) der SS, „Meldungen aus dem Reich" (Auszug), Nr. 99, 24. Juni 1940.

13039 H. Boberach (Hg.), Meldungen aus dem Reich, Bd. 4, Herrsching 1984

Die vorliegenden Meldungen bestätigen erneut, daß durch Stalingrad im ganzen Volke eine starke und tiefgreifende nationale Besinnung ausgelöst worden ist. […] Auch die nationalsozialistischen Volksgenossen wären, so heißt es in den Meldungen, in ernster Besorgnis um die Zukunft, einer Kritik an den inneren Verhältnissen aufgeschlossen und überschritten dabei selbst die bisher bedingungslos respektierten Grenzen.

Innenpolitischer Stimmungsbericht des Sicherheitsdienstes (SD) der SS, „Meldungen aus dem Reich" (Auszug), Nr. 358, 11. Februar 1943.

13040 H. Boberach (Hg.), Meldungen aus dem Reich, Bd. 12, Herrsching 1984

Die pessimistische Meinung über die Gesamtkriegslage hält bei einem sehr großen Teil der Bevölkerung nach wie vor an. Diese Stimmung ist offenbar nicht eine Folge der Lage an allen Fronten, sondern vor allem auch darauf zurückzuführen, daß sich die Bevölkerung in der ursprünglich gehegten Hoffnung, Invasion und Vergeltung würden den Ablauf des Krieges beschleunigen und ihn noch in diesem Jahre beenden, getäuscht sieht. Die Bevölkerung ist zwar von der kämpferischen Überlegenheit des deutschen Soldaten überzeugt, bringt aber immer wieder zum Ausdruck, daß die deutsche Wehrmacht, wie man aus allen Nachrichten erkennen könne, des konzentrierten und massierten Einsatzes der gegnerischen Kräfte an den vielen Fronten nicht Herr zu werden vermag. (Mitteldeutschland)

Innenpolitischer Stimmungsbericht des Sicherheitsdienstes (SD) der SS, „Meldungen aus den SD-Abschnittsbereichen", 14. Juli 1944.

13740 H. Boberach (Hg.), Meldungen aus dem Reich, Bd. 17, Herrsching 1984

„Als das Horst-Wessel-Lied gesungen wurde, habe ich natürlich als alter Demokrat die Hand nicht erhoben. Die Frau stand neben mir. Sie sang eifrig mit und hob ihre Hand hoch. Die hat mich dann angezeigt. Ich mußte dann vorreiten beim Landrat Rothmund. Dann sagte er zu mir: ‚Was haben Sie da gemacht?' Sag ich: ‚Ich hab gar nichts gemacht.' Dann sagte er: ‚Das ist es ja gerade! Wir haben doch jetzt eine andere Zeit. Da müssen Sie doch die Hand hochheben!'"

Zeitzeugenbericht (Auszug), nach 1945

13029 Gekürzter Auszug: E. Teichert, Mosbach im 3. Reich. Zeitzeugen berichten aus der Nazizeit, Mosbach 1995

Propagandistische Inszenierung: Die zentrale Großveranstaltung zum „Tag der nationalen Arbeit" im Lustgarten, Berlin, 1. Mai 1936.
Das Foto entstand kurz nach der Ankunft Adolf Hitlers (in der mittigen Laufgasse zu erkennen, mit ausgestrecktem Arm die angetretene Formation der Wehrmacht abschreitend).

13024 © SZ Photo, München

Maiaufmarsch von Betriebsbelegschaften („Gefolgschaften") und NS-Organisationen zum „Tag der nationalen Arbeit" in Dortmund-Dorstfeld, undatiert (1935).
Im Vordergrund ein von der Deutschen Arbeitsfront (DAF) errichtetes Denkmal mit dem Symbol der DAF, einem das Hakenkreuz umschließenden Zahnrad, Hitler-Zitat und DAF-Losung: „Jeder Schaffende gehört in die DAF".

13022 Foto: privat © Stiftung Topographie des Terrors, Berlin

> „Wie konnte ein im Nachhinein so offenkundig betrügerisches, größenwahnsinniges und verbrecherisches Unternehmen wie der Nationalsozialismus ein derart hohes Maß an innenpolitischer Integration erreichen? Hitler, die Gauleiter der NSDAP, ein Gutteil der Minister, Staatssekretäre und Berater agierten als klassische Stimmungspolitiker. Sie erkauften sich öffentlichen Zuspruch oder wenigstens Gleichgültigkeit jeden Tag neu. Auf der Basis von Geben und Nehmen errichteten sie eine jederzeit mehrheitsfähige Zustimmungsdiktatur."
>
> **GÖTZ ALY, HISTORIKER, 2005**

13536 Gekürzter Auszug: G. Aly, Hitlers Volksstaat. Raub, Rassenkrieg und nationaler Sozialismus, Frankfurt am Main 2005

**Aufmarsch zum „Tag der nationalen Arbeit"
in Dortmund-Dorstfeld, undatiert (um 1935).**
Vorn eine Kapelle der „Sturmabteilung" (SA)
der NSDAP, dahinter vermutlich Veteranen eines
„Krieger-Verbandes".

13023 Foto: privat © Stiftung Topographie des Terrors, Berlin

**Kinder entbieten den „Deutschen Gruß", bei
Nürnberg, undatiert (wohl September 1935).**
Das private Foto wurde von einem Parteifunktionär
der NSDAP auf der Reise zum Reichsparteitag nach
Nürnberg aufgenommen.

13027 Foto: privat © Stiftung Topographie des Terrors, Berlin

**Formation des Bundes Deutscher Mädel (BDM)
bei einer Veranstaltung der NSDAP in Dortmund-
Dorstfeld, undatiert (um 1936).**

13026 Foto: privat © Stiftung Topographie des Terrors, Berlin

**„Tanz unter dem Maibaum" der NS-Gemeinschaft
„Kraft durch Freude", einer Unterorganisation
der Deutschen Arbeitsfront (DAF), in einer
Berliner Brauerei, 1938.**

13025 © Keystone, Hamburg

„Ein Volk hilft sich selbst!", Plakataufruf des
Winterhilfswerks des Deutschen Volkes, Entwurf
Max Reimer, undatiert (vermutlich 1937/38,
nach anderen Angaben 1933/34).
Das Winterhilfswerk unterstand dem Amt für Volkswohlfahrt der NSDAP und war durch Sammel- und Spendenkampagnen, Lotterien und eine Vielzahl in großem Maßstab propagierter Aktivitäten sozialpolitisch-karitativ tätig.

13034 © Deutsches Historisches Museum, Berlin

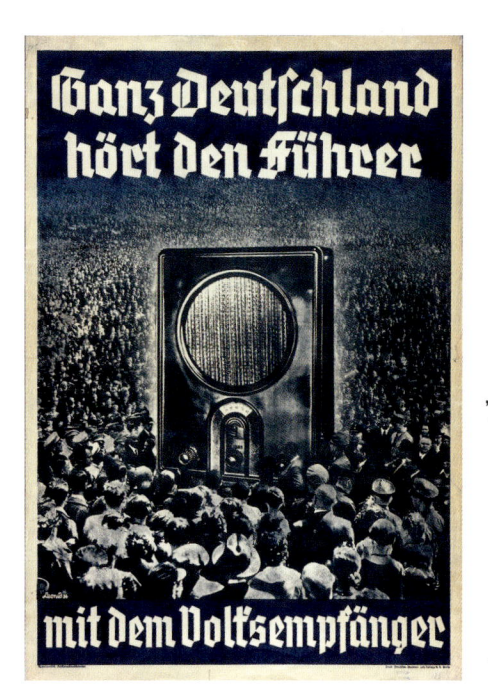

Werbebroschüre der NS-Organisation
„Kraft durch Freude" für den KDF-Wagen, 1938.
Der Erwerb war nur über den Kauf von Sparmarken möglich. Zur Serienfertigung des „Volkswagens" kam es nie. Nach Kriegsbeginn wurde er nur für die Wehrmacht produziert.

13012 © Deutsches Historisches Museum, Berlin

„Ganz Deutschland hört den Führer mit dem
Volksempfänger", Werbeplakat, 1933.
Der „Volksempfänger", ein technisch einfach konzipiertes, gegenüber Markengeräten stark verbilligtes Kurz- und Langwellenradio, ließ seit 1933 die Zahl der Rundfunkteilnehmer in Deutschland signifikant steigen. Für die NS-Propaganda wurde das Radio neben dem Film zu einem der wichtigsten Instrumente der Massenbeeinflussung.

13330 © Bundesarchiv, Koblenz, 003-022-025

Was gab euch der Führer?

Der Führer gab euch Arbeit
Zahl der beschäftigten Arbeiter und Angestellten: 1932 .... 11,5 Millionen
1938 .. über 19 Millionen

Der Führer gab euch Brot
Einkommen der Arbeiter, Angestellten und Beamten:
1932 ..... 26 Milliarden RM.
1937 ..... 39,5 Milliarden RM.

Der Führer gibt euch Wohnungen
Die Wohnungsbautätigkeit ergab: 1932 ..... 159 000 neue Wohnungen
1937 ..... 340 000 neue Wohnungen

Der Führer gab euch Ehestandsdarlehen
Von August 1933 bis Ende 1937 wurden 878 000 Ehestandsdarlehen im Gesamtbetrage von weit über einer halben Milliarde RM. ausgezahlt.
Dadurch stieg die Zahl der Eheschließungen von 1932 .... 500 000
auf 1937 .... 620 000

Der Führer gibt euch Kinderbeihilfen
1938 werden für 2 Millionen Kinder Beihilfen gezahlt.
Die Zahl der Geburten stieg von 1932 .... 970 000
auf 1937 .... 1 270 000

Der Führer gab euch Freizeit und Erholung
Mit „Kraft durch Freude" reisten seit 1934: 22,5 Millionen Schaffende.

Alle Schaffenden Deutschlands bekennen sich zu ihm und stimmen am 10. April mit Ja!

An die „schaffenden" Deutschen gerichteter Aufruf zur Beteiligung an den Reichstagswahlen am 10. April 1938, undatiert (1938).

Die Reichstagswahl war mit der nachträglichen Volksabstimmung über den im März 1938 vollzogenen „Anschluss" Österreichs an das Deutsche Reich verbunden, für den über 99 Prozent mit Ja stimmten. Der Aufruf propagiert eine sozialpolitische Erfolgsbilanz Adolf Hitlers und des NS-Regimes seit der Machtübernahme.

13332a–b Stiftung Topographie des Terrors, Berlin

Stahlarbeiter und andere Beschäftigte der Krupp-Werke in Essen während der reichsweiten Rundfunkübertragung einer „Führerrede" Adolf Hitlers, 27. März 1936.

13013 © ullstein bild, Berlin

Propaganda-Umzug der SA im Rahmen der „Reichsstraßensammlung" für das NS-Winterhilfswerk unter den Parolen „Volksgemeinschaft unsere Stärke, Helfen unsere Kraft" und „Ein Volk hilft sich selbst", Berlin, 6. November 1937.

13035 © ullstein bild, Berlin

Inszenierter Konsens von „Führer" und „Volksgemeinschaft": Propagandistisch gelenkte, aber auch authentische Massenbegeisterung vor der Reichskanzlei bei Adolf Hitlers Rückkehr nach Berlin nach dem militärischen Sieg über Frankreich, Wilhelmplatz, 6. Juli 1940.

13043 © SZ Photo, München

1.3 | „Volksgemeinschaft": Die Deutschen zwischen Führerglaube, Alltag und Terror

Zustimmung noch im Angesicht der tiefgreifenden Krise des NS-Regimes: fanatische NS-Anhänger während der „Durchhalterede" von Joseph Goebbels im Berliner Sportpalast, 18. Februar 1943.
Goebbels hielt seine Rede nur etwas mehr als zwei Wochen nach dem Untergang der 6. Armee der Wehrmacht in Stalingrad. Das Foto zeigt vermutlich den Moment, in dem das Publikum Goebbels Frage „Wollt ihr den totalen Krieg?" mit einem frenetisch herausgeschrieenen „Ja!" beantwortete.
13344 © ullstein bild, Berlin

„Unter dem Gesichtspunkt der Erfahrungsgeschichte durchlief das ‚Dritte Reich' eine Phase konsolidierter Herrschaft, in der sich die Ideologie der ‚Volksgemeinschaft' für weite Teile der Bevölkerung als attraktiv zu erweisen schien. Die wirtschaftliche Aufwärtsentwicklung und die wachsenden Konsummöglichkeiten spielten eine zentrale Rolle, wichtiger aber war das veränderte Lebensgefühl: Die große Mehrheit der Deutschen glaubte an nationalen ‚Wiederaufstieg' und individuelle Aufstiegschancen, an künftige Größe und ein besseres Leben für sich und kommende Generationen. Zwar bedurfte es ihrer unentwegten Mobilisierung – aber wo diese erfolgte, war die ‚Volksgemeinschaft' mehr als ein Mythos."
NORBERT FREI, HISTORIKER, 2005

13548 Gekürzter Auszug: N. Frei, 1945 und wir. Das Dritte Reich im Bewußtsein der Deutschen, München 2005

Inszenierte öffentliche Demütigung zweier Lehrer sowie eines Steuerberaters und Buchprüfers durch die örtliche SA und SS auf dem Marktplatz von Coburg, 30. September 1933.
Die Gründe für die Bloßstellung der Opfer sind bei den an Coburger Schulen tätigen Lehrern den Texten der ihnen umgehängten Tafeln zu entnehmen. „Ich habe mich über einen SA-Führer beschwert!" und: „Ich habe den Schülern verboten, Heil Hitler zu sagen!" Der Text der Tafel des dritten Opfers (rechts) ist nicht überliefert.

13347 © Staatsarchiv Coburg

Öffentliche Anprangerung eines Mannes, der beim Referendum über den Austritt Deutschlands aus dem Genfer Völkerbund am 12. November 1933 mit Nein gestimmt hatte, Nagold, November 1933.
Bei den Uniformierten handelt es sich um SS-Männer. Der Tafeltext lautet: „Ich habe Nein gestimmt. Ich bin ein Volksverräter!" Die Volksabstimmung über den Völkerbundaustritt (Wahlbeteiligung: 96,3 Prozent) ergab 95,1 Prozent Ja- und 4,9 Prozent Nein-Stimmen. Am selben Tag stattfindende Wahlen zum Reichstag ergaben 7,8 Prozent ungültige und 92,2 Prozent Stimmen für die NSDAP-Einheitsliste.

21010 © Stadtarchiv, Nagold

„Ich habe ein Christenmädchen geschändet!", öffentliche Anprangerung eines jüdischen Studenten wegen angeblicher sogenannter Rassenschande durch die SA, Marburg, 19. August 1933.
Dem Prangerzug marschiert ein Musikzug der SA voran, eine bei öffentlichen Demütigungen von Juden und politischen Gegnern in den ersten Jahren des NS-Regimes häufig geübte Praxis, um Schaulustige anzulocken.

13014 © Archiv der Stabsstelle Presse- und Öffentlichkeitsarbeit der Stadt Marburg

1.3 | „Volksgemeinschaft": Die Deutschen zwischen Führerglaube, Alltag und Terror

Auf dem Ulmer Marktplatz werden einer 19-Jährigen aus dem Landkreis Göppingen wegen ihrer Beziehung zu einem französischen Kriegsgefangenen von einem örtlichen Friseur öffentlich die Haare abgeschnitten, Ende August 1940.

Die Frau wurde später zu einem Jahr Zuchthaus und zwei Jahren „Ehrverlust" verurteilt. Das Foto der belustigt zuschauenden Menschenmenge erschien am 28. September 1940 mit der Bildlegende „Spott und Verachtung standen in den Mienen der Tausenden geschrieben" im „Ulmer Sturm/Ulmer Tagblatt". Zusammen mit dem Artikel „Dummes Geschwätz um eine Ehrlose" stellte dies offenbar eine Reaktion auf Kritik von Teilen der Bevölkerung an der brachialen Zurschaustellung des Opfers dar.

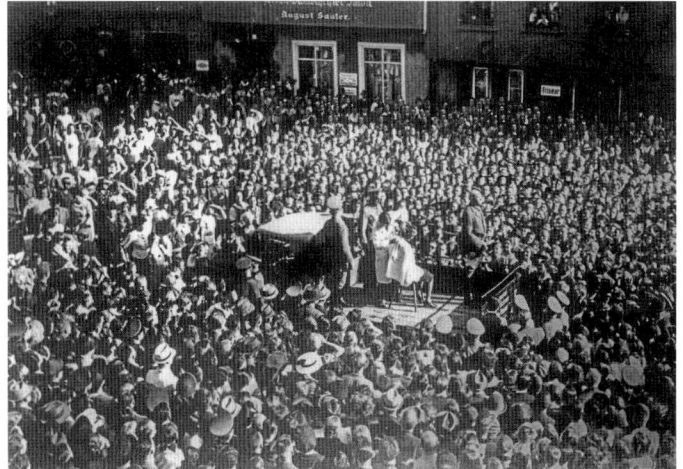

13315a © Stadtarchiv Ulm 13315b © Archiv der Südwest Presse, Ulm

Pressebericht über die öffentliche Einschüchterung von Bürgern, die trotz des antijüdischen Boykotts vom 1. April 1933 in jüdischen Geschäften kauften, durch SS und SA auf dem Opernplatz in Kassel, „Hessische Volkswacht", 4. April 1933.

Unter dem Titel „Kassel boykottiert die Juden" zeigt der Artikel das Foto eines von SS und SA durch eine Stacheldrahtumzäunung symbolisch inszenierten Konzentrationslagers, in dem sich ein Maulesel befindet. Die zeitgenössische Bildlegende offenbart die mit der Aktion beabsichtigte Einschüchterung abweichenden Verhaltens und kritischer Resistenz nicht nationalsozialistisch gesinnter Deutscher: „Konzentrationslager für widerspenstige Staatsbürger, die ihre Einkäufe bei Juden tätigen', hieß es auf dem Schild, das dieses drohende Gitter auf dem Operplatz erklärte. Die Kasselaner haben sich von morgens bis abends darüber gefreut!"

13311 Hessische Volkswacht, 4.4.1933

Anprangerung von Bürgern, die „beim Juden gekauft" hatten, „Nordische Rundschau", Kiel, 8. August 1935.

Es war verbreitete Praxis der Nationalsozialisten, Käufer, die den antijüdischen Boykott ignorierten, zu fotografieren und die Fotos in der Lokalpresse zu veröffentlichen.

13337 Nordische Rundschau, Nr. 183, 8.8.1935

„Volksgemeinschaft im NS-Regime war gleichermaßen durch Inklusion der ‚arteigenen' Volksgenossen wie durch Exklusion bestimmt, das heißt radikale Grenzziehung gegenüber ‚Volksfeinden', ‚Gemeinschaftsfremden', ‚Rassegegnern'. Vor allem gegen Juden richtete sich die Exklusionspolitik des Regimes. Im nationalsozialistischen Volksgemeinschaftsprojekt nahm die antisemitische Politik einen zentralen Stellenwert ein."
MICHAEL WILDT, HISTORIKER, 2008

13736 Gekürzter Auszug: Michael Wildt, Geschichte des Nationalsozialismus, Göttingen 2008

Zwei deutsche Frauen, denen man intime Kontakte zu Kriegsgefangenen vorwarf, werden durch SA-Leute und NSDAP-Funktionäre öffentlich gedemütigt, Reichenbach/Vogtland, 4. Oktober 1941.

Nachdem ihnen die Köpfe kahlgeschoren wurden, führte man beide in einem Prangermarsch durch die Stadt. Der Text der ihnen umgehängten Tafeln lautete: „Ich wurde aus der Volksgemeinschaft ausgestoßen, weil ich mich mit Kriegsgefangenen abgegeben habe."

13036a–b © Stadtarchiv Reichenbach/Vogtland

„Ich bin aus der Volksgemeinschaft ausgestoßen", öffentliche Demütigung zweier Frauen, denen man intime Beziehungen zu Zwangsarbeitern oder Kriegsgefangenen vorwarf, möglicherweise in Linz, undatiert (um 1940).

In Uniform vermutlich ein Angehöriger der Geheimen Staatspolizei. Rechts neben dem Uniformierten ein die Szene fotografierender Mann. Teil dieser Prozeduren, die in den Jahren 1940 und 1941 von der NSDAP inszeniert wurden, war jeweils das Kahlscheren der Frauen auf öffentlichen Plätzen vor einer großen Zuschauermenge und der sich anschließende Prangermarsch der Kahlgeschorenen durch die Stadt.

13042 © SZ Photo, München

Bernward Dörner

Zwischen Führermythos, Alltag und Völkermord
Die Deutschen und das NS-Regime

Millionen Deutsche haben den nationalsozialistischen „Führer", der sie in einen Weltkrieg und in beispiellose Verbrechen führte, in der Zeit des „Dritten Reiches" nicht nur geliebt, sondern geradezu vergöttert. Adolf Hitler war einer der populärsten deutschen Politiker. Täglich erhielt er Post von Verehrerinnen und Bittstellern. Sein Porträt hing, aus freien Stücken, in vielen deutschen Wohnungen. Seine Reden wurden mit Spannung erwartet und aufmerksam verfolgt. Millionen Nationalsozialisten und begeisterte Anhänger des NS-Systems haben Hitler „entgegengearbeitet", das heißt, ihn mit Engagement und Eigeninitiative unterstützt. Im „Dritten Reich" herrschende Missstände schrieben Regimeanhänger gerne der NSDAP und ihren „braunen Bonzen" zu. Der Staats- und Parteichef galt dagegen als „größter Feldherr aller Zeiten", selbst fehlerlos („Wenn das der Führer wüsste …") und genialisch über allem stehend. Die große Mehrheit der deutschen Bevölkerung hat sich zweifellos mit der von Hitler dominant repräsentierten NS-Herrschaft und der vom Regime propagierten, vermeintlich die sozialen Gegensätze überwindenden „Volksgemeinschaft" in hohem Maße identifiziert.

Führergläubigkeit und Systemstabilität

Hitlers Popularität erreichte nach dem Sieg über Frankreich im Juni 1940 ihren Höhepunkt. Die Misserfolge in der „Luftschlacht" gegen England dämpften bereits die nationale Euphorie. Mit dem offenkundigen Scheitern des „Blitzkrieges" gegen die Sowjetunion begann die Akzeptanz des NS-Regimes ab Spätherbst 1941 verstärkt zu sinken. Doch erst mit der militärischen Katastrophe von Stalingrad 1942/43 und den ihr noch folgenden Rückschlägen schwand der Rückhalt rapide, den das Regime und sein „Führer" in der Bevölkerung genossen. Nicht wenige Deutsche glaubten dennoch weiterhin an ihr Idol und zögerten auch deshalb, das von ihm repräsentierte politische System in Frage zu stellen. Wichtiger war jedoch der Umstand, dass auch jene, die nach der Kriegswende zunehmend zweifelten, mehrheitlich loyal weiterkämpften und -arbeiteten. Die sich verschärfende Repression des Regimes, „nationales Pflichtbewusstsein" und nicht zuletzt auch die Angst vor den Konsequenzen bei einer Niederlage des „Dritten Reiches" ließen sie trotz Bombenkrieg und wachsender Erschwernisse des Kriegsalltages „durchhalten" bis zum Untergang. Angesichts der vor allem in Polen und der Sowjetunion verübten deutschen Verbrechen fürchteten viele Deutsche massive Vergeltungsmaßnahmen der Alliierten. Erst als ganz Deutschland in Trümmern lag, wollten die allermeisten von ihrer früheren Führerbegeisterung nichts mehr wissen. Die Führerbilder wurden rechtzeitig entsorgt und viele Deutsche machten nun Hitler allein nicht nur für die totale Niederlage, sondern auch für den Mord an den Juden verantwortlich, von dem man „nichts gewusst" habe. Desillusioniert, enttäuscht und Strafe fürchtend suchte man sich von ihm und allem Belastenden zu distanzieren.

Vor der Machtübernahme war Hitler umstritten

Angesichts dieser fatalen Führergläubigkeit weiter Teile der deutschen Gesellschaft während des „Dritten Reiches" wird oft übersehen, dass die Zustimmung für die Nationalsozialisten noch wenige Jahre vor der Machtübernahme gering war. Die NSDAP war in der Weimarer Republik lange eine kleine Partei mit geringem Wählerzuspruch. Noch bei der Reichstagswahl im Mai 1928 konnte sie nur 2,6 Prozent der Stimmen auf sich vereinigen. Damals hielten viele die NSDAP für eine der zahlreichen Splitterparteien, für ein soziales Sammelbecken verkrachter Existenzen ohne jede Perspektive.

Doch mit der einsetzenden Weltwirtschaftskrise konnten die Nationalsozialisten schnell ihren Stimmenanteil vervielfachen: Bei der Reichstagswahl vom 14. September 1930 erzielte die NSDAP bereits 18,3 Prozent der Stimmen. Im Juli 1932 wurde sie mit Abstand zur stärksten Partei im Reich: 37,4 Prozent der Wähler, 13,7 Millionen Deutsche, hatten für sie votiert. Dass diese Zustimmung auch Hitler persönlich galt, zeigt das Ergebnis bei der Wahl zum Reichspräsidenten im April 1932. Gegen den amtierenden Reichspräsidenten Paul von Hindenburg, den von vielen Deutschen verehrten „Helden" der Schlacht von Tannenberg 1914, konnte Hitler 13,4 Millionen Stimmen (36,8 Prozent) für sich gewinnen.

Der dramatische Aufstieg der NSDAP ist in der deutschen Parteiengeschichte ohne Parallele. Er war möglich, weil weite Teile der deutschen Gesellschaft die Weimarer Republik innerlich ablehnten und schließlich ihre Hoffnungen auf die Partei Hitlers setzten. Vor allem in ländlich-protestantischen, nur wenig industrialisierten Regionen mit geringen Arbeiteranteilen wie Schleswig-Holstein, Mittelfranken, Ostpreußen, Pommern und Niederschlesien kam die NSDAP deshalb schon vor 1933 zu absoluten Mehrheiten. In den NSDAP-Hochburgen Rothenburg ob der Tauber und Ansbach gaben bei der Reichstagswahl vom Juli 1932 83 Prozent beziehungsweise 76 Prozent der Wahlteilnehmer den Nationalsozialisten ihre Stimme.

Weite Teile der Wählerschaft versagten sich jedoch den Nationalsozialisten. Wähler aus dem Arbeitermilieu stimmten bis zum Ende der Republik in ihrer großen Mehrheit für SPD und KPD. Auch das Zentrum und die Bayerische Volkspartei, Parteien des katholischen Milieus, blieben in ihren Wahlergebnissen weitgehend stabil. Infolgedessen verfehlte die NSDAP ihr Mehrheitsziel in industriell geprägten und katholischen Regionen deutlich. So konnte sie bei der letzten uneingeschränkt freien Reichstagswahl im November 1932 in den Wahlkreisen Berlin (22,5 Prozent), Köln-Aachen (17,8 Prozent), Düsseldorf West (24,2 Prozent) und Westfalen Nord (22,3 Prozent) nur weniger als ein Viertel der Wähler für sich gewinnen.

Die Mehrzahl der Deutschen hat in freien Wahlen ihr Kreuz auf dem Wahlzettel nicht bei den Nationalsozialisten gemacht. Selbst bei der Reichstagswahl am 5. März 1933, die nach der Machtübernahme Hitlers unter irregulären Bedingungen abgehalten wurde, verfehlte die NSDAP mit 43,9 Prozent die angestrebte absolute Mehrheit. Hitler war in der Weimarer Zeit umstritten, er polarisierte die Bevölkerung. Auch deshalb blieb die NSDAP, obwohl sie die weitaus stärkste Partei im Reichstag war, bis zum Januar 1933 in der Opposition.

Machtübernahme und Herrschaftsetablierung

Erst als Reichspräsident Paul von Hindenburg Adolf Hitler am 30. Januar 1933 zum Reichskanzler ernannte, gelangten die Nationalsozialisten an die Hebel der staatlichen Macht. Die konservativen Funktionseliten ermöglichten die verhängnisvolle Transformation der deutschen Politik auch dadurch, dass sie bereit waren, in Hitlers Kabinett einzutreten. Diese Form der Machtübertragung war die entscheidende Voraussetzung dafür, dass die Nationalsozialisten nun „ganz legal", das heißt ohne Putsch, ohne offenen Bürgerkrieg und ohne unüberbrückbare „Spaltung der Nation", den Staatsapparat für ihre politischen Ziele instrumentalisieren konnten. Propaganda und Terror, schon in der Weimarer Zeit zentrale Mittel der nationalsozialistischen Politik, konnten nun, auf völlig veränderter Grundlage, beim Aufbau und bei der Sicherung der NS-Herrschaft zusammenwirken.

Das geschickte Zusammenspiel dieser beiden Herrschaftsinstrumente spiegeln exemplarisch die Maßnahmen des Regimes am 21. März 1933. Der NS-Chefpropagandist Joseph Goebbels inszenierte diesen Tag, anlässlich der Eröffnung des neuen Reichstages, als „Tag von Potsdam". Propagandistisch zentral verkörpert wurde er durch den symbolträchtigen Händedruck zwischen dem hochbetagten Vertreter der traditionellen Kräfte des „alten Reiches", Paul von Hindenburg, und dem Führer der als „jung" und „dynamisch" geltenden NS-Bewegung, Adolf Hitler. Aufgeführt wurde das nationale „Rührstück" an einem symbolträchtigen Ort, am Grabe Friedrichs des Großen in der Potsdamer Garnisonskirche. Die Veranstaltung wurde im deutschen Rundfunk live übertragen. Die Schüler hatten schulfrei. Millionen verfolgten in ganz Deutschland die Rundfunkübertragungen in tausenden von lokalen Feierstunden.

„Deutscher Gruß": Menschenmenge vor der Reichskanzlei auf dem Wilhelmplatz anlässlich der Rückkehr Adolf Hitlers nach Berlin nach dem Ende der Münchener Konferenz und der Beilegung der „Sudetenkrise", Berlin, 1. Oktober 1938.

13305 © akg-images, Berlin

An diesem Tag zeigte sich bereits sehr deutlich, wie stark die hier mit großem Aufwand inszenierte „Volksgemeinschaft" in weiten Teilen der deutschen Gesellschaft auf positive Resonanz stieß. Eine sich hiermit verbindende nationale Aufbruchstimmung steigerte die Tendenz zur Identifikation mit dem neuen Regime. Mit der Begeisterung wuchs auch der kollektive Opportunismus der Deutschen. Er trug wesentlich dazu bei, dass dem nationalen Taumel nur wenig entgegengesetzt wurde. Allein in den ersten Wochen nach der Ernennung Hitlers beantragten etwa eine Million Deutsche ihre Aufnahme in die NSDAP. Zwischenzeitlich musste ein Aufnahmestopp verkündet werden. Bis Ende des Jahres 1934 verdreifachte sich die Zahl der Mitglieder der NSDAP auf circa 2,5 Millionen. Keine deutsche Stadt wollte bei den Loyalitätsbekundungen für die neue Regierung fehlen. Tausende Gemeinden ernannten Hitler zu ihrem Ehrenbürger. Wichtige Straßen und Plätze erhielten seinen Namen. Kaum ein Verband, der in den Wochen nach der Machtübernahme der neuen Führung nicht eine Ergebenheitsadresse übersandte.

Gleichzeitig gingen von der neuen Staatsführung massive Terrormaßnahmen aus oder wurden von ihr geduldet. Quasi im Windschatten der nationalen Feierstimmung weitete man die Verfolgung politischer Gegner und Andersdenkender zügig aus. In Dachau bei München und in Oranienburg bei Berlin wurden am 20. und 21. März 1933 die ersten größeren Konzentrationslager eingerichtet. SA und SS, die paramilitärischen Verbände der Nationalsozialisten, errichteten diese und weitere, schon bald gefürchtete Lager zunächst vor allem für die Gegner der Nationalsozialisten aus der Arbeiterbewegung. Doch schnell wurde klar, dass unter ungünstigen Umständen sich hier jeder wiederfinden konnte, der sich nicht in die von den Nationalsozialisten verkündete „Volksgemeinschaft" einordnete oder der gar aufbegehrte. Verfolgung und Terror entwickelten sich teils auf offener Straße, teils abseits der Öffentlichkeit, doch hielt sie das Regime nicht nur bewusst nicht geheim, sondern exerzierte sie häufig ostentativ vor aller Augen. Die Errichtung der Lager, über die schon bald Gerüchte in der Bevölkerung umgingen, wurde in der Tagespresse gemeldet und der Bevölkerung zynisch-euphemistisch als notwendige harte „Umerziehung" jener „erklärt", die sich der „nationalen Revolution" in den Weg gestellt hatten oder dies noch taten.

Unterstützung von Propaganda und Terror durch gesetzgeberische Maßnahmen

Gezielte Eingriffe des NS-Gesetzgebers in das Justizwesen ergänzten Propaganda und Terror. So wurden am „Tag von Potsdam" drei wichtige Notverordnungen erlassen. Durch die Schaffung eines neuen Straftatbestandes konnten kritische Äußerungen nun als „heimtückischer Angriff" auf die neue „Regierung der nationalen Erhebung"

Führerkult: Adolf Hitler als Ehrengast beim Deutschen Turn- und Sportfest, Breslau, 31. Juli 1938.

13006 © SZ Photo, München

kriminalisiert werden. Die Einrichtung von Sondergerichten in allen Oberlandesgerichtsbezirken zielte darauf ab, die Aburteilung unerwünschter Äußerungen schnell und unkompliziert zu ermöglichen. Eine Amnestieverordnung verhalf nationalsozialistischen Straftätern zur Freiheit. Die Amnestie diente nicht zuletzt auch dazu, den Druck auf oppositionelle Kräfte zu erhöhen. Viele der amnestierten NS-Gewalttäter wirkten schon bald nach ihrer Freilassung – als offizielle „Hilfspolizisten" in SA- oder SS-Uniform – an der Verfolgung und Misshandlung von Regimegegnern mit.

Weil man Hitler lange unterschätzte, glaubten auch die deutschnationalen Bündnispartner der NSDAP, sie könnten „ihn sich engagieren" und ihm und seiner Bewegung Grenzen setzen. Tatsächlich wurden jedoch die Konservativen, nicht die Nationalsozialisten, aus der Regierung gedrängt. Deshalb konnte Hitlers Partei nun Deutschland noch entschiedener nach ihren ideologischen Vorstellungen ausrichten. Als folgenreich sollte sich erweisen, dass durch die „Reichstagsbrandverordnung" vom 28. Februar 1933 die Grundrechte de facto beseitigt wurden. „Staatsfeinde" konnten nun nach Belieben auf unbestimmte Zeit „legal" in „Schutzhaft" genommen werden. Zehntausende wurden schon im ersten Jahr des NS-Regimes in Konzentrationslager (Schutzhaftlager) verschleppt, vor allem Kommunisten, Sozialdemokraten, Pazifisten und Juden, aber auch bereits gesellschaftliche Außenseiter, sogenannte „Gemeinschaftsfremde", „Asoziale", Homosexuelle. Dies erfüllte zugleich die Funktion, Millionen, die noch keine begeisterten Anhänger des Regimes waren, massiv einzuschüchtern. Parallel wurde durch die Staatsführung, die NSDAP und die schnell „gleichgeschalteten" Medien und Verbände eine Propaganda im Sinne der Nationalsozialisten entfacht, der sich kaum entgehen ließ. Sie sollte alte und neue NS-Anhänger mobilisieren, dem indifferenten Teil der Bevölkerung „Orientierung" geben, Skeptiker gewinnen, Gegner verunsichern und in Furcht versetzen. Den NS-Terror nahmen die meisten Deutschen hin oder sie unterstützten ihn, weil sie glaubten, Hitler führe sie, ohne „Staats- und Volksfeinde", in eine bessere Zukunft.

Zur Akzeptanz des Regimes

Freie Wahlen gab es im „Dritten Reich" nicht, ebenso wenig wie Umfragen in der Bevölkerung, aus deren Ergebnissen sich die gesellschaftliche Anerkennung des NS-Regimes in Deutschland bestimmen ließe. Dennoch ist eine Einschätzung auf der Basis zeitgenössischer Quellen möglich. Zahlreiche Dokumente unterschiedlichster Provenienz wie NS-„Lageberichte", Briefe, Tagebücher, Berichte ausländischer Diplomaten und Korrespondenten stimmen dahingehend überein, dass der Rückhalt der Nationalsozialisten nach der Machtübernahme rasch zunahm. Schon bald stand die große Mehrheit der Bevölkerung, trotz Unzufriedenheit auf einzelnen Politikfeldern, loyal hinter dem Regime. Da ein Teil der Deutschen auch nach 1933 noch an freien Wahlen und Abstimmungen, zum Beispiel in der Freien Stadt Danzig und im Saargebiet, teilnehmen konnte, lassen sich daraus Hinweise auf die Akzeptanz des nationalsozialistischen Deutschland bei den dort lebenden Deutschen gewinnen. So wuchs der Stimmenanteil für die NSDAP bei den Wahlen zum Parlament („Volkstag") der Freien Stadt Danzig, welche als eigenes staatliches Gebilde unter dem Mandat des Völkerbundes stand, von 16,4 Prozent im Jahr 1930 auf 50,5 Prozent im Mai 1933 und schließlich auf 59,3 Prozent im April 1935. Das Wahlverhalten der in Danzig lebenden Deutschen, die über die Verhältnisse im „Reich" zumeist gut informiert waren, zeigt einerseits, dass ein erheblicher Teil der dortigen Wähler, auch nach der NS-Machtübernahme im Reich, die NSDAP parteipolitisch nicht bevorzugte. Andererseits ist die Tatsache unabweisbar, dass die NS-Partei nach der Etablierung der Diktatur im „Reich" auch in freien Wahlen unter Aufsicht des Völkerbundes wachsende absolute Mehrheiten erzielte.

Zustimmung noch im Angesicht der tiefgreifenden Krise des NS-Regimes: fanatische NS-Anhänger während der „Durchhalterede" von Joseph Goebbels im Berliner Sportpalast, 18. Februar 1943.

Im Saarland, das seit 1920 von Frankreich verwaltet wurde, stimmten im Januar 1935 90,7 Prozent der Saarländer für den Anschluss an das Deutsche Reich. Dabei verfügte die NSDAP in dieser Region vor 1933, wie auch die Landesratswahlen im Saargebiet im März 1932 zeigten, nur über eine geringe Wählerunterstützung. Dennoch wollte die überwältigende Mehrheit der Saarländerinnen und Saarländer Anfang 1935 lieber in einem von Nationalsozialisten diktatorisch regierten Einparteien-Deutschland leben als im demokratischen Frankreich oder in einem eigenständigen, demokratischen Saargebiet.

Das Wahl- und Abstimmungsverhalten der Deutschen in Danzig und im Saarland verweist auf die wachsende Akzeptanz von Hitlers NS-Regime, in höchst unterschiedlichen Regionen östlich und westlich des Deutschen Reiches. Auch bei Wahlen in Litauen und der Tschechoslowakei wurden „volksdeutsche" Parteien, die für den „Anschluss" an NS-Deutschland plädierten, von der überwältigenden Mehrheit der dort lebenden Deutschen gewählt. Sicherlich war das Wahl- und Abstimmungsergebnis in den genannten Regionen stark von den spezifischen Lebensbedingungen der Deutschen außerhalb des Deutschen Reiches beeinflusst. Trotzdem weisen diese unter unterschiedlichsten Verhältnissen in freien Wahlen abgegebenen Voten eine entscheidende Übereinstimmung auf: die Bereitschaft, im „Reich" zu leben, nicht nur obwohl, sondern auch weil es von Nationalsozialisten regiert wurde. Nicht zuletzt deshalb lassen die außerhalb des Reichsgebietes erzielten Wahlergebnisse indirekt auch Rückschlüsse auf den Grad der Akzeptanz der NS-Herrschaft innerhalb des Reichsgebietes zu.

Verhängnisvolle Erfolge

Grundlegend für den tragfähigen Konsens zwischen dem NS-Regime und der Mehrheit der Deutschen waren jene Entwicklungen und Ereignisse, die in der zeitgenössischen Rezeption als „Erfolge" Hitlers und seines Regimes empfunden wurden. Deren Bedingungen, Begleiterscheinungen und Folgen wurden von den meisten Zeitgenossen nur unzureichend bedacht oder ignoriert. Die Mehrheit der Deutschen, auch diejenigen, die dem Regime partiell reserviert gegenüberstanden, ließ sich durch die wirtschafts- und außenpolitische Erfolgsbilanz des „Dritten Reiches" blenden. Gemessen an den kollektiven Krisenerfahrungen in den Jahren der Weimarer Demokratie stärkten die Belebung der Konjunktur, die spektakuläre Abnahme, ja Beseitigung der Arbeitslosigkeit, die wachsenden Gewinne für die Unternehmen und die, wenn auch bescheiden sich bessernden Konsummöglichkeiten der Beschäftigten, der Rückgang bei Insolvenzen und nicht zuletzt die erfolgreiche Revision des Versailler Vertrages das Ansehen Hitlers und des NS-Regimes nachhaltig. Dass die Nationalsozialisten dabei die Staatsfinanzen ruinierten und letztlich ihr gesamtes Programm der Aufrüstung und Kriegsvorbereitung diente, wurde von den meisten Deutschen gerne übersehen oder verdrängt.

Nach den bitteren Erfahrungen des Ersten Weltkrieges gab es auch im NS-Deutschland bis Mitte September 1939 bei den meisten Deutschen keine Kriegsbegeisterung. So wurde die Zustimmung zu Hitlers Führerschaft gerade durch die aus deutscher Sicht „friedliche" Beilegung der Sudentenkrise 1938 noch gestärkt, aufkeimende Zweifel im Keim erstickt. Die spektakulären, wenig verlustreichen militärischen Erfolge der deutschen „Blitzkriegs"-Phase des Zweiten Weltkrieges erzeugten dann einen nationalen Begeisterungstaumel. Die Zerschlagung Polens und der schnelle Sieg gegen Frankreich wurden als so nie erwartete, gleichwohl von Millionen ersehnte Revanche für die Niederlage von 1918 empfunden. Als nach dem Überfall auf die Sowjetunion schon im Frühherbst 1941 deutlich wurde, wie grausam und verlustreich der Feldzug, vor allem aber wie unsicher sein Ausgang würde, sanken Zustimmung und Zuversicht für Hitlers Krieg dramatisch. Dass die deutschen Soldaten und die Zivilbevölkerung dennoch jahrelang im NS-Vernichtungskrieg verlässlich funktionierten, hat den Krieg verlängert und den NS-Völkermord erst möglich gemacht. Die außerordentlich hohe Einsatzbereitschaft der Wehrmachtssoldaten erklärt sich deutlich stärker als aus der Angst vor Terror und Strafe aus einem hohen Maß an Identifikation mit dem nationalsozialistischen Deutschland und seinem „Führer".

Denunziationsbereitschaft und Systemstabilität

Angesichts der breiten Zustimmung für das NS-Regime kann eine erhebliche Denunziationsbereitschaft in der deutschen Gesellschaft, die für die Festigung und Absicherung der nationalsozialistischen Herrschaft von großer Bedeutung war, nicht wirklich überraschen. Die Zahl der bei der Gestapo eingehenden Anzeigen war zeitweise so hoch, dass in NS-Medien wiederholt vor unbedachten Mitteilungen an die Behörden gewarnt werden musste. Auch wenn andererseits vieles darauf hindeutet, dass nur eine Minderheit der Bevölkerung tatsächlich ein vermeintliches Fehlverhalten von Nachbarn, Kollegen und selbst von Familienangehörigen bei Behörden und Parteistellen „meldete", so war die Zahl der Anzeigen doch so groß, dass in allen gesellschaftlichen Bereichen grundsätzlich mit Denunzianten gerechnet werden musste. Denn es reichte aus, wenn auch nur ein Anwesender ein vom Regime verbotenes Verhalten wie Hilfe für Juden, „Rassenschande", Umgang mit „Fremdarbeitern", „Feindsenderhören", regimekritische Äußerungen et cetera Stellen von Partei und Staat mitteilte.

Ohne die Bereitschaft von Millionen aufmerksamer „Volksgenossen" aus den verschiedensten, häufig privaten Motiven, durch ihre Anzeige Verfolgungsprozesse auszulösen, wären der staatlichen Repression, trotz der schnellen Ausweitung des Gestapoapparates und seiner de facto uneingeschränkten Kompetenzen, relativ enge Grenzen gesetzt gewesen. Denn die Personalstärke von Geheimer Staatspolizei und Sicherheitsdienst (SD) der SS reichte bei weitem nicht dazu aus, die Bevölkerung flächendeckend zu observieren. Die Gestapo konzentrierte sich auf die Beobachtung und Verfolgung klar definierter „Feindgruppen" wie Juden und Kommunisten. Erst dadurch, dass aus der deutschen Gesellschaft massenhaft, sei es aus Neid, Missgunst, Fanatismus, Opportunismus oder Wichtigtuerei, vom „Denunziationsangebot" des NS-Staates Gebrauch gemacht wurde, erhielt das Regime eine bis in die Privatsphäre der Deutschen reichende Wirkungs- und Sanktionsmacht.

Die Deutschen und die Judenverfolgung

Angesichts der erst spät erschütterten Übereinstimmung zwischen dem NS-Regime und der Mehrheit der Deutschen konnte die von einem fanatischen Antisemitismus angetriebene nationalsozialistische Führung die Judenverfolgung ohne nennenswerte gesellschaftliche Widerstände vorantreiben. Die Ausgrenzung der Juden aus der „Volksgemeinschaft", die seit der Machtübernahme Schritt für Schritt realisiert wurde, wurde von weiten Teilen der deutschen Gesellschaft hingenommen, mit Desinteresse begleitet, wenn nicht sogar ausdrücklich begrüßt. Zur Akzeptanz dieses Prozesses trug bei, dass die fortschreitende Entrechtung der „Nichtarier" durch eine zunehmend populäre Obrigkeit erfolgte, an deren Spitze der als charismatisch empfundene „Führer" stand. Zudem erfolgten die Ausgrenzungsschritte auf dem Gesetzes- und Verwaltungswege, kurz, alles schien – wenn man nicht kritisch nachdachte – auf typisch deutsche Art „seine Ordnung" zu haben. Mindestens 2 000 antisemitische Gesetze und Verordnungen sind im Zuge dieser Politik zwischen 1933 und 1945 in Kraft gesetzt worden. Sie dienten dazu, die unter NS-Herrschaft lebende jüdische Minderheit zu stigmatisieren, zu diskriminieren und zu enteignen. Das strategische Ziel der Judenverfolgung hieß zunächst: Vertreibung der Juden aus Deutschland.

Zwei deutsche Frauen, denen man intime Kontakte zu Kriegsgefangenen vorwarf, werden durch SA-Leute und NSDAP-Funktionäre öffentlich gedemütigt, Reichenbach/Vogtland, 4. Oktober 1941.

13036a–b © Stadtarchiv Reichenbach/Vogtland

Die Radikalisierung der Judenverfolgung wurde im Wechselspiel mit militanten antisemitischen Aktionen, die bewusst den bestehenden Rechtsrahmen überschritten, gezielt forciert. Der Boykott jüdischer Geschäfte, Ärzte und Rechtsanwälte vom 1. April 1933 diente der Stigmatisierung der jüdischen Minderheit und ihrer Isolierung in der Gesellschaft. Die Aktion stieß in Teilen der Bevölkerung zwar auf Unbehagen, verfehlte ihre Absicht letztlich jedoch nicht. Die „Nichtarier" wurden markiert, eingeschüchtert und von den meisten „Volksgenossen" fortan gemieden. Boykottbrecher wurden öffentlich angeprangert und als „Judenknechte" diffamiert. Das wenige Tage später in Kraft gesetzte Berufsbeamtengesetz vom 7. April 1933 verhängte Berufsverbote gegen Juden, Sozialdemokraten und Kommunisten, die aus dem Öffentlichen Dienst entfernt wurden. Juden sollte generell die berufliche Existenzgrundlage genommen werden.

Die „Nürnberger Gesetze", die auf dem NSDAP-Parteitag am 15. September 1935 verkündet wurden, wurden allgemein hingenommen oder begrüßt. Das „Reichsbürgergesetz" machte die Juden beziehungsweise die als solche Definierten zu Bürgern zweiter Klasse. Gleichzeitig schuf es die entscheidende juristische Grundlage für den weiter fortschreitenden Entrechtungsprozess. Das „Gesetz zum Schutze des deutschen Blutes und der deutschen Ehre", das Eheschließungen zwischen Juden und „Ariern" verbot und sexuelle Beziehungen zwischen ihnen kriminalisierte, suchte die jüdische Minderheit bis in den Privatbereich zu isolieren und aus dem gesellschaftlichen Leben der „Volksgemeinschaft" auszuschließen.

Von großer Bedeutung für die Resonanz der Verfolgungsmaßnahmen in der Bevölkerung war, dass von der Verdrängung, Entrechtung und Ausplünderung der Juden sehr viele Deutsche direkt oder indirekt materiell profitierten. Arbeitsplätze, vor allem aber Wohnungen, Möbel, Unternehmen und Immobilien wechselten, meist weit unter Wert, den Besitzer – so lange, bis die jüdische Minderheit völlig ausgeplündert war.

Der überfallartig inszenierte Pogrom vom 9./10. November 1938 enthielt implizit bereits die Vernichtungsdrohung: Jüdische Gotteshäuser wurden niedergebrannt, gesprengt, abgerissen, Kultgegenstände zerstört, „Nichtarier" in ihren Wohnungen bedroht, misshandelt und ermordet. Circa 30 000 jüdische Männer wurden als Geiseln in die Konzentrationslager Dachau, Buchenwald und Sachsenhausen verschleppt. Die neue Stufe der Verfolgung war dadurch gekennzeichnet, dass nunmehr reichsweit, vom Regime gewollt, zentral gesteuert, öffentlich und demonstrativ, physische Gewalt in einer bis dahin ungekannten Dimension gegen die jüdische Minderheit angewandt wurde, während die Täter grundsätzlich unbestraft blieben. Bis dahin waren zwar seit den ersten Monaten der NS-Herrschaft wiederholt individuelle Gewalttaten gegen Juden, darunter auch Morde, verübt worden, doch waren sie grundsätzlich lokal oder regional begrenzt.

Der Novemberpogrom ließ bereits erkennen, dass dem Leben von Juden durch den NS-Staat immer weniger Wert beigemessen wurde. So wies das Reichsjustizministerium im Einvernehmen mit dem Geheimen Staatspolizeiamt die Generalstaatsanwälte Mitte November 1938 an, Tötungen und schwere Körperverletzungen nur dann zu verfolgen, wenn „eigensüchtige" Motive vorlägen und die Gestapo entsprechend an die Staatsanwaltschaften herantrete. „Politisch" motivierte Morde ohne Bereicherungsabsicht – weit über hundert Jüdinnen und Juden wurden während der „Kristallnacht" getötet – sollten entkriminalisiert werden und unbestraft bleiben.

Die offene und durch kein Gesetz legitimierte antijüdische Gewalt konnte keinem Deutschen unbekannt bleiben. Sie wurde in den Zentren der Städte und Gemeinden als angeblich spontaner Ausdruck des „Volkszorns", häufig vor hunderten Zuschauern,

Schaulustige und Anwohner beobachten den Brand der Synagoge in Ober-Ramstadt, 10. November 1938.
32009 Foto: privat © Archiv des Museums Ober-Ramstadt

inszeniert. Tatsächlich waren die Täter SA- und SS-Leute, unterstützt zum Teil auch von Angehörigen der Hitlerjugend. Nicht wenige Deutsche nahmen durchaus Anstoß an den Gewalttaten. Im Zentrum der vom Regime ermittelten Reaktionen in der Bevölkerung stand jedoch zumeist nicht die Empörung über das menschliche Unrecht, das den Juden widerfuhr. Man nahm vielmehr Anstoß daran, dass wertvolle und der Bewirtschaftung unterliegende, knappe Güter „ohne Sinn und Verstand" zerstört worden waren.

Während in den Jahren zuvor Vernichtungsdrohungen gegen die Juden noch nicht von der Staatsführung selbst verkündet wurden und auf Deutschland beschränkt waren, änderte sich dies Anfang 1939. Hitler drohte am 30. Januar 1939 in einer Rede vor dem gleichgeschalteten „Reichstag" explizit mit der „Vernichtung der jüdischen Rasse in Europa". Hitlers Rede wurde vom Rundfunk übertragen, in allen Zeitungen wörtlich oder fast wörtlich abgedruckt, in der „Deutschen Wochenschau" in den Kinos gezeigt und als Broschüre vertrieben. Die Absicht zum Genozid scheint rückblickend in diesen Äußerungen unüberhörbar zum Ausdruck zu kommen. Die Zeitgenossen jedoch verstanden sie damals zumeist noch nicht wörtlich.

Allerdings kam Hitler immer wieder in seinen öffentlichen Ansprachen an das deutsche Volk auf seine Drohung vom Januar 1939 zurück, allein vier Mal im Jahre 1942: am 30. Januar, 24. Februar, 30. September sowie am 8. November 1942 erinnerte er seine Landsleute, während die europäischen Juden bereits ermordet wurden, immer wieder an seine „Prophezeiung".

Auf dem Weg in den Genozid

Der gegen die Juden gerichtete Vernichtungsgedanke hatte mit der Entfesselung des Zweiten Weltkrieges eine neue Stufe erreicht. Bereits während und nach dem „Polenfeldzug" wurden Juden von deutschen Soldaten und Polizisten – häufig aus eigenem Antrieb und ohne Befehl – gedemütigt, verletzt und ermordet. Bis Ende 1939 wurden etwa 7000 jüdische Zivilisten von deutschen Einheiten getötet. Etwa 60 000 Angehörige der polnischen Intelligenz wurden von Gestapo, SS und Polizeiformationen gezielt ermordet.

Dass das NS-Regime nicht davor zurückschreckte, unerwünschte Personengruppen systematisch zu töten, wurde für viele Deutsche mit den im Reichsgebiet durchgeführten „Euthanasie"-Maßnahmen unübersehbar. Weit über 70 000 kranke und behinderte Menschen wurden ab Januar 1940 in speziell dafür eingerichteten Tötungsanstalten umgebracht. Hitler hatte den Feldzug gegen das „lebensunwerte Leben" durch ein Ermächtigungsschreiben heimlich autorisiert. Ein Gesetz, das die Tötung der Behinderten und Kranken offiziell „legalisiert" hätte, erschien der NS-Führung politisch nicht opportun. Es hätte im Reichsgesetzblatt veröffentlicht werden müssen. Die Geheimhaltung der gezielten Tötung Wehrloser wäre damit von vornherein unmöglich gewesen. Das Regime versuchte durch sein heimliches Vorgehen, Unruhe in der Bevölkerung und Proteste auch aus dem Ausland zu vermeiden.

Die Bemühungen um Geheimhaltung scheiterten jedoch auf ganzer Linie. Der Kranken- und Behindertenmord wurde schnell zu einem offenen Geheimnis. Buchstäblich alles, was hatte geheim bleiben sollen, wurde von der Bevölkerung erörtert: die Tatsache der gewaltsamen Tötung, die Tötungsmethode vorwiegend durch Gas, die geographische Lage der Tötungsanstalten sowie die oft dilettantischen Geheimhaltungsversuche der Verantwortlichen. Nachdem die meisten Deutschen früher oder später erfahren hatten, dass eine ganze Bevölkerungsgruppe auf staatlichen Befehl und unter Verletzung geltender Gesetze sowie gegen alle christlichen und humanistischen Wert- und Moralvorstellungen umgebracht wurde, waren diesem Regime nun auch andere Mordkampagnen zuzutrauen. Mancher fragte sich zu Recht, ob der NS-Staat, wenn er schon vor unschuldigen „Ariern" nicht haltmache, Juden verschonen würde. Doch konnten solche Überlegungen verdrängt werden, da man als Nichtjude von dem drohenden Unheil ja nicht betroffen war. Was erhebliche Teile der Bevölkerung jedoch sehr beunruhigte, war die Vorstellung, eben auch als „Arier" unter bestimmten Umständen – krank, behindert, kriegsverletzt, gebrechlich, „unproduktiv" – staatlicherseits ohne große Umstände heimlich getötet zu werden. Dies trug dazu bei, dass nach Protesten aus Kirchenkreisen, insbesondere nach den mutigen Predigten des Bischofs von Münster, die „Euthanasie"-Maßnahmen im August 1941 offiziell eingestellt wurden. Den Mord an den Behinderten setzte das Regime allerdings mit anderen Mitteln und unter erhöhter Geheimhaltung fort.

Vernichtungskrieg und Holocaust

Der Krieg gegen die Sowjetunion wurde von Anfang an als Vernichtungskrieg geführt. Der „Kommissarbefehl" ordnete die völkerrechtswidrige Ermordung von „Politoffizieren" der Roten Armee an. Von insgesamt 5,7 Millionen sowjetischen Kriegsgefangenen starben etwa 3,3 Millionen in deutschem Gewahrsam, weil die Wehrmacht sie an Hunger, Kälte und Krankheiten gezielt zugrunde gehen ließ.

Mit dem Überfall auf die UdSSR nahm die nationalsozialistische „Judenpolitik" einen eindeutig eliminatorischen Charakter an. Der systematische Massenmord an den Juden in den okkupierten Gebieten als Teil des NS-Vernichtungskrieges erfolgte unter grauenhaften Umständen vor allem durch Massenerschießungen. Bis März 1942 hatten die Mordeinheiten von SS und Polizei über 600 000 Juden in den okkupierten sowjetischen Gebieten umgebracht.

Während des Zweiten Weltkrieges dienten insgesamt mehr als 18 Millionen Deutsche in der Wehrmacht. Allein im Jahr 1943 standen über 13 Millionen Personen im Dienst der deutschen Streitkräfte und ihres Gefolges. Die meisten von ihnen wurden zumindest zeitweise auf polnischem und sowjetischem Gebiet eingesetzt, also dort, wo der weitaus größte Teil der Holocaustopfer ermordet wurde. Nicht nur Polizei und SS, sondern nicht selten auch Wehrmachtsangehörige waren an Massenerschießungen von Juden und „Zigeunern" – auch von Frauen und Kindern – beteiligt. Wie weit Wehrmachtsangehörige in Verbrechen gegen die Zivilbevölkerung und in den Judenmord involviert waren, hing von vielen Faktoren ab: davon, zu welchem Truppenverband sie gehörten, wo sie zu welchem Zeitpunkt eingesetzt wurden, welche Dienststellung und welchen Dienstgrad sie hatten, aber auch von ihrem persönlichen Verhalten.

Nicht wenige der „im Osten" eingesetzten Soldaten haben am Genozid unmittelbar und direkt teilgenommen. Die Mehrheit der Soldaten hat jedoch nicht physisch an Massenerschießungen von jüdischen Männern, Frauen und Kindern mitgewirkt. Wesentlich höher ist die Zahl der Augenzeugen der häufig von grauenhaften Szenen und Morden begleiteten Räumungen von Ghettos und jüdischen Wohngebieten sowie der Massenerschießungen. Doch auch diejenigen, die nicht freiwillig zu Zuschauern oder unfreiwillig zu Augenzeugen wurden, erfuhren früher oder später von den Mordtaten. Durch nicht selten prahlerische Berichte und herumgezeigte Fotos von Tätern und Zeugen, mit denen sie auf dem Weg in die Heimat, zum Beispiel auf der Fahrt in den Front- oder Genesungsurlaub, tagelang in vollen Eisenbahnzügen zusammensaßen, wurden der systematische Charakter und das Ausmaß der Judenerschießungen immer offensichtlicher.

Nach und nach erhielten die meisten Wehrmachtsangehörigen auf die eine oder andere Weise Kenntnis vom Judenmord. Über sie gelangten Informationen über den Genozid auch an die „Heimatfront".

Deportation in den Tod

Die Deportationen aus Deutschland „nach Osten" erfolgten ab Mitte Oktober 1941. Sie zielten darauf ab, dass keiner der Juden überleben sollte. Damit korrespondierte, dass in jenen Tagen die Politik der Vertreibung der jüdischen Minderheit definitiv beendet wurde. Das am 23. Oktober 1941 verhängte Auswanderungsverbot für Juden markiert eine dramatische Zäsur in der NS-„Judenpolitik". Mitte November 1941 wurden die Kommunalbehörden darauf hingewiesen, dass nunmehr ein Auswanderungsstopp für Juden gelte.

Dass die deutschen Juden „in den Osten" deportiert wurden, konnte nicht lange geheim bleiben. Zum Teil erfolgten die „Evakuierungen" in aller Öffentlichkeit. In Lemgo wurden die letzten Juden unter großer Beachtung der Bevölkerung vom dortigen Marktplatz aus abtransportiert. Auch in Heidelberg mussten sich die Juden vor ihrer Deportation auf einem zentralen Platz einfinden. Berliner und Würzburger Juden führte man am hellen Tag durch die Stadt zum Bahnhof. Aber auch wenn die Deportationen häufig eher „diskret" erfolgten – bei anbrechender Dunkelheit, von Nebenbahnhöfen und in Personenwaggons – sprach sich die Abschiebung der jüdischen Minderheit doch schnell herum. Und selbst diejenigen, die solche Gerüchte zunächst nicht erreichten, mussten früher oder später feststellen, dass die von Juden genutzten Häuser und Wohnungen und ihre Arbeitsplätze eines Tages verwaist waren. Zudem war kaum zu übersehen, dass jüdisches Hab und Gut öffentlich versteigert wurde.

Mit der Behauptung, die Deportierten würden „umgesiedelt" oder in „Arbeitslager" eingeliefert, versuchte man die Verschleppung der ehemaligen Nachbarn und Kollegen – darunter Greise, Kranke und Kinder –, vor allem aber das ihnen zugedachte Schicksal zu verschleiern. Dabei griffen die Protagonisten des Genozids fast durchgängig auf die von ihnen intern entwickelten Tarnbegriffe zurück. Euphemismen sollten die Opfer täuschen und gleichzeitig für die nichtjüdische Bevölkerung eine fiktive Kulisse amtlicher Ordnung und „Normalität" errichten helfen, die den „arischen" Nachbarn Nachfragen und Gewissensbisse ersparte.

Die Deutschen und der Judenmord

Der Mord an den europäischen Juden ging von Deutschland aus und wurde nur dort in Gang gesetzt, wo die Deutschen direkt oder indirekt herrschten. Der Genozid wurde von der NS-Führung als Staatsverbrechen, jedoch unter Einbeziehung großer Teile der deutschen Gesellschaft realisiert. Da die Ermordung jüdischer Frauen und Kinder, trotz des verbreiteten Antisemitismus, gleichwohl erhebliche Unruhe in Teilen der Gesellschaft auslösen konnte, betrieb das NS-Regime die Vollstreckung des Genozids als „Geheime Reichssache".

Die Geheimhaltungsbemühungen waren ein wesentlicher, nicht wegzudenkender Bestandteil der Umsetzung des Genozids. Sie täuschten die Opfer, schützten die Täter und schonten die Zeugen. Selbstverständlich konnten sie nur für eine gewisse Zeitspanne wirken und niemals lückenlos funktionieren. Ein solches Menschheitsverbrechen, an dem Zehntausende beteiligt waren und dem Millionen zum Opfer fielen, ließ sich auf die Dauer

Angehörige der Wehrmacht und SS-Männer als Zuschauer und Fotografen der Erhängung russischer Partisanen, Sowjetunion, undatiert (vermutlich 1941/42).

40002 © Bundesarchiv, Koblenz, 101I-287-0872-28A

nicht geheim halten. Nach und nach gelangten immer mehr Informationen über die physische Vernichtung der Juden auch zu wenig informierten und politisch unbedarften „Volksgenossen" sowie in entlegene Regionen. Als Informationsquellen dienten der Bevölkerung, neben eigenen Beobachtungen, Briefe und Feldpostbriefe, Fotos, Berichte von Soldaten, Polizisten, Zivilverwaltungsangehörigen und Zivilisten aus Polen und der Sowjetunion, Mitteilungen von „Fremdarbeitern", Berichte von „Feindsendern" wie BBC, Radio Moskau und US-Sendern, alliierte Flugblätter und, nicht zuletzt, auch die wiederholten öffentlichen Vernichtungsdrohungen der NS-Führung gegen die Juden in den NS-Medien.

Auf die Dauer war es deshalb für die Deutschen immer schwerer möglich, den Judenmord zu übersehen. Doch der Zeitpunkt und das Ausmaß des Wissens um den Genozid unterschieden sich gesellschaftlich. Personen mit Kontakten zu Juden waren grundsätzlich über deren Lage schneller und besser informiert als Personen, die nicht über solche Verbindungen verfügten. NSDAP-Mitglieder und Angehörige des öffentlichen Dienstes, die mit der Entrechtung, Ausbeutung und Verfolgung der „Nichtarier" befasst waren, verfügten über genauere Informationen als die übrige Bevölkerung. Im Osten Deutschlands, näher an den Tatorten des Holocausts, wusste man tendenziell mehr als im Westen, im „Generalgouvernement" in Polen mehr als im „Altreich". Ein Ost-West-Gefälle ist in diesem Sinne erkennbar. So überrascht es auch nicht, dass Soldaten, Polizisten und Zivilverwaltungsangehörige, die „im Osten" eingesetzt wurden, zunächst mehr von den Verbrechen wussten als Menschen an der „Heimatfront". Doch durch sie gelangten langsam aber stetig Informationen über die Vorgänge in Polen und der Sowjetunion auch westwärts, in alle Teile Deutschlands.

Als sich im Dezember 1942 die Hinweise auf den Judenmord verdichteten, wuchs die Unruhe in der deutschen Gesellschaft. Dies belegen geheime NS-Lageberichte, aktenkundig gewordene Äußerungen von „Volksgenossen", Eingaben an NS-Behörden und Tagebücher. Die politischen und moralischen Bedenken gegen die völkermörderische „Lösung der Judenfrage" nahmen zu, vor allem angesichts der sich weiter verschlechternden militärischen Lage des „Dritten Reiches". Die Ermordung der Juden wurde schließlich wie der NS-Krankenmord zu einem offenen Geheimnis. Immer mehr Deutsche rechneten deshalb damit, dass alle im NS-Herrschaftsbereich lebenden Juden umgebracht werden sollten. Die Auswirkungen des Genozids wurden nun, im Zusammenhang mit dem Kriegsgeschehen, dem Kriegsausgang und dem unsicheren eigenen Schicksal zum Thema des heimlichen Diskurses der Bevölkerung. Schon in Hinblick auf das monströse Verbrechen an unschuldigen Opfern, darunter Frauen und Kinder, schien Gleichgültigkeit nunmehr, zumindest folgenlos, kaum noch möglich. So wurden aus religiösen und ethischen Gründen sowie aus tagespolitischen, taktischen Opportunitätserwägungen schwere Bedenken gegen den Völkermord laut. Mochten viele Deutsche, nicht zuletzt auch aus Angst, eine indifferente Haltung des Wegsehens gegenüber den Opfern an den Tag gelegt haben, so war ihre Einstellung hiervon nun immer weniger geprägt.

Die deutsche Gesellschaft war in dieser Krisensituation allerdings gespalten, wie insbesondere aus Justiz- und Polizeiakten deutlich wird. Die zeitgenössischen Quellen verweisen einerseits darauf, dass viele Deutsche die Ermordung der Juden aktiv gebilligt oder billigend in Kauf genommen haben. Andererseits wird auch erkennbar, dass ein erheblicher Teil der Deutschen die völkermörderische Eskalation der nationalsozialistischen Judenverfolgung grundsätzlich ablehnte. Nicht zuletzt auch aus Angst vor der Repression des NS-Staates wie vor der befürchteten Vergeltung für die ungeheuren Verbrechen fanden jedoch auch jene Deutsche, die den Völkermord ablehnten, keinen Ausweg aus ihrer fatalen Systemloyalität. Von einer entschiedenen, umfassenden

Bernward Dörner | Zwischen Führermythos, Alltag und Völkermord

Verweigerung der Eliten wie von einem Aufstand der Massen gegen das NS-Regime blieb Deutschland weit entfernt. Der Umstand, dass das NS-Regime nach der Kriegswende 1943 Widerstandsversuche durch Gestapo und Justiz unnachsichtig verfolgte, trug hierzu bei. Kompromittiert nicht nur durch die eigenen Eliten und die nationalsozialistische Führung, sondern auch durch ihr persönliches Verhalten – schließlich hatte die Mehrheit der „Volksgenossen" Hitler lange verehrt, viele hatten seine antisemitische Politik begrüßt, nicht wenige hatten von ihr profitiert –, blieb die Mehrheit der Deutschen bis zum völligen Zusammenbruch des NS-Regimes loyal.

Weiterführende Literatur

Götz Aly, Hitlers Volksstaat. Raub, Rassenkrieg und nationaler Sozialismus, Frankfurt am Main 2005.

Frank Bajohr/Dieter Pohl, Der Holocaust als offenes Geheimnis. Die Deutschen, die NS-Führung und die Alliierten, München 2006.

Ders./Michael Wildt (Hg.), Volksgemeinschaft. Neue Forschungen zur Gesellschaft des Nationalsozialismus, Frankfurt am Main 2009.

Bernward Dörner, Die Deutschen und der Holocaust. Was niemand wissen wollte, aber jeder wissen konnte, Berlin 2007.

Richard Evans, Das Dritte Reich, 3 Bde., München 2004–2009.

Norbert Frei, Der Führerstaat. Nationalsozialistische Herrschaft 1933 bis 1945, München 1987.

Saul Friedländer, Die Jahre der Vernichtung. Das Dritte Reich und die Juden 1939–1945, München 2006.

Robert Gellately, Die Gestapo und die deutsche Gesellschaft. Die Durchsetzung der Rassenpolitik 1933–1945, Paderborn 1993.

Eric A. Johnson, Der nationalsozialistische Terror. Gestapo, Juden und gewöhnliche Deutsche, Berlin 2001.

Ian Kershaw, Der Hitler-Mythos. Führerkult und Volksmeinung, Stuttgart 1999.

Ders., Hitler, 2 Bde., Stuttgart 1999–2000.

Peter Longerich, „Davon haben wir nichts gewusst!" Die Deutschen und die Judenverfolgung 1933–1945, München 2006.

Klaus-Michael Mallmann/Gerhard Paul, Herrschaft und Alltag. Ein Industrierevier im Dritten Reich, Bonn 1991.

Hans Mommsen/Susanne Willems (Hg.), Herrschaftsalltag im Dritten Reich. Studien und Texte, Düsseldorf 1988.

Bernd Stöver, Volksgemeinschaft im Dritten Reich. Die Konsensbereitschaft der Deutschen aus der Sicht der sozialistischen Exilberichte, Düsseldorf 1993.

Michael Wildt, Volksgemeinschaft als Selbstermächtigung. Gewalt gegen Juden in der deutschen Provinz 1919 bis 1939, Hamburg 2007.

Der Autor

Bernward Dörner, geb. 1956, PD Dr. phil., Historiker, Privatdozent am Zentrum für Antisemitismusforschung der Technischen Universität Berlin.

Veröffentlichungen (Auswahl): Die Deutschen und der Holocaust. Was niemand wissen wollte, aber jeder wissen konnte, Berlin 2007; NS-Herrschaft und Denunziation. Anmerkungen zu Defiziten in der Denunziationsforschung, in: Historische Sozialforschung 26 (2001), H. 2/3, S. 55–69; Deutsche Justiz und Judenmord. Todesurteile gegen Judenhelfer in Polen und der Tschechoslowakei (1942–1944), in: Norbert Frei/Sybille Steinbacher/Bernd C. Wagner (Hg.): Ausbeutung, Vernichtung, Öffentlichkeit. Studien zur nationalsozialistischen Lagerpolitik, München 2000, S. 249–263; „Heimtücke": Das Gesetz als Waffe. Kontrolle, Abschreckung und Verfolgung in Deutschland 1933–1945, Paderborn u. a. 1998.

2 INSTITUTIONEN DES TERRORS

Mit dem Geheimen Staatspolizeiamt in der Prinz-Albrecht-Straße 8, der benachbarten Reichsführung-SS und dem Reichssicherheitshauptamt (RSHA) in der Wilhelmstraße 102 lagen in Berlin die Zentralen des Terrors von SS, Sicherheitsdienst (SD) und Gestapo im Deutschen Reich und in den von der Wehrmacht besetzten Ländern Europas. Hier befand sich der Dienstsitz des Reichsführers-SS und Chefs der Deutschen Polizei. Heinrich Himmler verkörperte Machtwillen, Willkür und weltanschaulichen Führungsanspruch. Auch der Chef der Sicherheitspolizei, des SD und des RSHA, Reinhard Heydrich, und sein Nachfolger Ernst Kaltenbrunner, verstanden sich als „Kämpfer" für die nationalsozialistische Weltanschauung. Sie leiteten die am Rand des Berliner Regierungsviertels gelegene Schalt- und Schnittstelle des SS-Staates.

Besprechung in Heinrich Himmlers Dienstzimmer im Gebäude des Geheimen Staatspolizeiamtes in der Prinz-Albrecht-Straße 8, Berlin, um 1936.
Von links: Werner Lorenz, später Leiter der „Volksdeutschen Mittelstelle"; Reinhard Heydrich, Heinrich Himmler und Karl Wolff, Chef des Persönlichen Stabes Reichsführer-SS.
20002 © bpk, Berlin

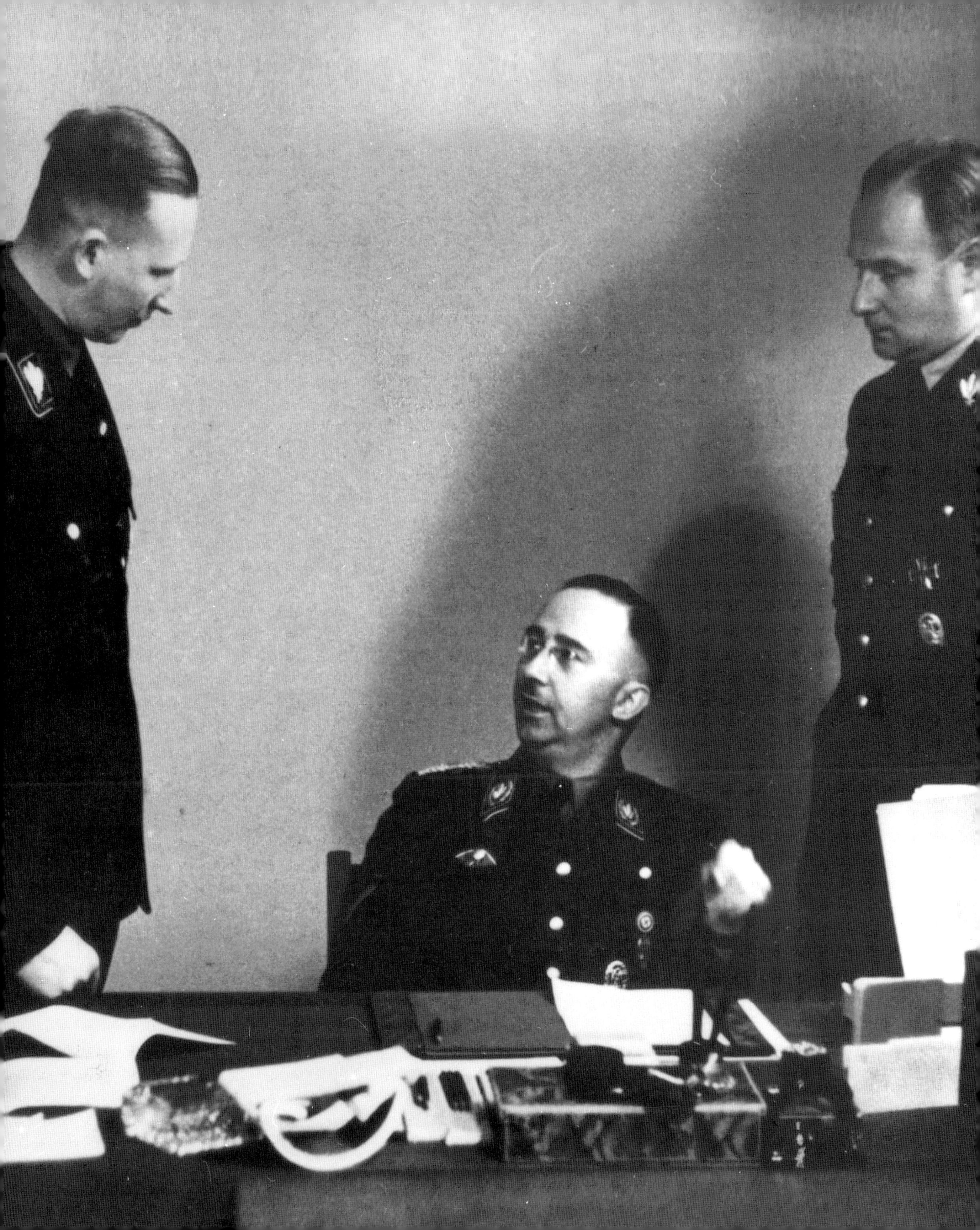

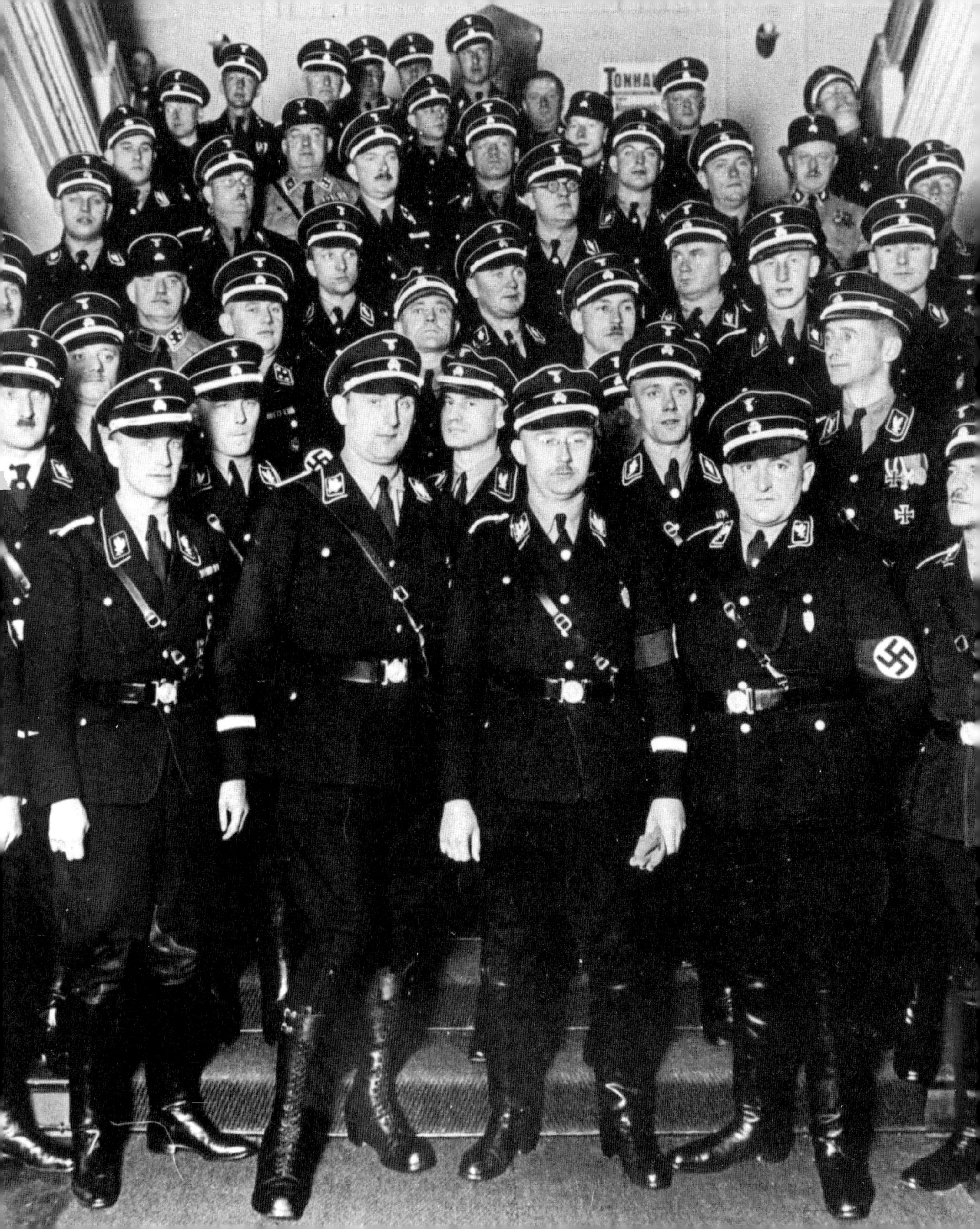

2.1 Reichsführer-SS: Himmlers SS-Staat

Heinrich Himmler gehörte seit 1922/23 zu Hitlers engen Gefolgsleuten. 1929 wurde er zum „Reichsführer" der „Schutzstaffel" – der SS – ernannt. In der SS, die zunächst als Teil der NSDAP-Parteimiliz, der „Sturmabteilung" (SA), zahlenmäßig nicht ins Gewicht fiel, sah Hitler seine treue „Führerelite". Auch Himmler betrachtete die SS als politischen Orden und die SS-Männer und SS-Führer als „nationalsozialistische Elite". Als im Zuge der „Röhm-Affäre" 1934 die SA an Bedeutung verlor, wurde die SS zu einer eigenen Parteigliederung aufgewertet. In der von Himmler betriebenen Verklammerung mit der Polizei wurde sie zum Symbol nationalsozialistischer Unterdrückung.

Neben der Allgemeinen SS gab es SS-Sonderformationen wie die Wachmannschaften der Konzentrationslager („Totenkopfverbände"), die SS-Verfügungstruppe und während des Krieges die Waffen-SS, deren Angehörige sich als „politische Soldaten" und militärische Elite empfanden. Himmler verlangte von Polizei und SS, die er zu einem NS-„Staatsschutzkorps" verschmelzen wollte, die rigorose Bekämpfung aller politischen Gegner des Nationalsozialismus und aus rassenideologischen Gründen die Verfolgung vor allem der Juden. In den von der SS betriebenen Konzentrationslagern sollten sie und alle anderen vom NS-Staat zu „Staats- und Volksfeinden" erklärten Menschen gebrochen und isoliert oder vernichtet werden.

Politische und rassenideologische Ziele erklären auch die Beteiligung der SS am Terror gegen die Bevölkerung der besetzten Länder, insbesondere in Osteuropa. Einsatzgruppen aus SS, SD und Polizei ermordeten insbesondere in Polen und der Sowjetunion all jene, die als „rassisch minderwertig" – wie Juden und „Zigeuner" –, als „slawische Untermenschen" oder aus politischen Gründen als Gefährdung der deutschen Herrschaft galten. Die SS wurde darüber hinaus zur treibenden Kraft bei der „Germanisierung" der eroberten Ostgebiete, die das künftige deutsche „Ostimperium" bilden sollten.

Treffen hochrangiger SS-Führer, vermutlich im „Braunen Haus", der Parteizentrale der Nationalsozialistischen Deutschen Arbeiterpartei (NSDAP), München, Oktober 1932.
Erste Reihe, 3. v. r. Heinrich Himmler; 4. v. r. der spätere Chef der Ordnungspolizei, Kurt Daluege; dritte Reihe, 2. v. r. der spätere Chef der Sicherheitspolizei und des SD, Reinhard Heydrich.

21005 © ullstein bild, Berlin/Roger-Viollet, Paris

Angehörige der Allgemeinen SS in Konstanz, undatiert (1931/32).

Vermutlich aufgrund des unter anderem auch in Baden seit dem 11. Juli 1931 bestehenden Uniformverbotes für SA und SS tragen die SS-Männer statt ihrer Uniform Zivilkleidung.

21004 Stadtarchiv Konstanz

„Garantieren kann ich, dass, solange ich die SS führe, in einem Krieg es keinen Drückeberger oder einen Menschen, der auch nur in Gedanken eine Revolution macht, gibt. Wir würden ohne jedes Erbarmen sein. Da ist es dann gleichgültig, wenn in einer Stadt 1000 auf die Decke gelegt werden müssen. Ich würde es tun, und ich würde von Ihnen erwarten, dass Sie das ausführen."

Heinrich Himmler, 1938

Rede Himmlers vor SS-Gruppenführern im „Führerheim" der Standarte „Deutschland", München, 8. November 1938.

Gekürzter Auszug: B. F. Smith/A. F. Peterson, Heinrich Himmler. Geheimreden 1933 bis 1945 und andere Ansprachen, Frankfurt am Main/Berlin/Wien 1974

Öffentliche Demütigung des Bauunternehmers H. L. durch die SS, Rendsburg, Juni 1933.
Begleitet von singenden SS-Männern wurde H. L. durch Rendsburg geführt. Der anprangernde Tafeltext lautete: „Ich war ein Betrüger und Blutsauger an der Rendsburg[er] Bevölkerung und an seinen Arbeitern unter dem roten System."

Das Bild entstammt einem Fotoalbum der Rendsburger SS.

21011 Foto: privat © Jüdisches Museum, Rendsburg

Festnahme und öffentliche Demütigung des sozialdemokratischen Oberbürgermeisters Ernst Böhme durch als Hilfspolizisten agierende SS-Männer, Braunschweig, 25. März 1933.
Böhme wurde eine rote Schärpe umgelegt, er wurde im Prangermarsch durch die Stadt ins Gefängnis geführt und später von der SS auch körperlich misshandelt.

21003 © Stadtarchiv Braunschweig

Territoriale Verteilung der Oberabschnitte der Allgemeinen SS im Reichsgebiet mit Standorten von SS-„Totenkopfverbänden", SS-Verfügungstruppe, SS-Weihestätten, SS-„Junkerschulen" und SS-Wirtschaftsunternehmen, 1939.

21327 Nach: W. Hilgemann, Atlas zur deutschen Zeitgeschichte 1918–1968, München 1986

„Großdeutsches Reich" (1939)

Allgemeine SS:
- Ost SS-Oberabschnitt
- Weihestätte der SS

SS „Totenkopfverbände":
- SS-„Totenkopfstandarte"
- SS-E-Sturmbann
- Konzentrationslager

SS-Verfügungstruppe:
- SS-Standarte
- II. Btl. Standort eines Bataillons / eines Sturmbannes einer Standarte
- SS-„Junkerschule"

SS-Unternehmen:
- Aus weltanschaulichen Gründen von der SS betreute Stätte

Deutsche Erd- und Steinwerke GmbH (DEST):
- Steinbruch- oder Granitwerk
- Ziegelwerk
- Unternehmen der deutschen Ausrüstungswerke GmbH (DAW)
- Einrichtungen der deutschen Versuchsanstalt für Ernährung und Verpflegung GmbH
- Unternehmen verschiedener Art
- Sudetenquell GmbH

2.1 | Reichsführer SS: Himmlers SS-Staat

Heinrich Himmler, Reichsführer-SS und Chef der Deutschen Polizei, an seinem Schreibtisch in der Prinz-Albrecht-Straße 8, Berlin, undatiert (um 1936).

Geboren 1900 in München als Sohn eines Gymnasiallehrers, 1918 Offiziersanwärter, kein Fronteinsatz. Nach dem Abitur 1919 Student der Agrarwissenschaft an der Technischen Universität München, 1922 Abschluss als Diplomlandwirt. Ab 1922/23 im rechtsradikalen Lager in Bayern aktiv, 1923 Teilnahme am Hitler-Putsch in München, anschließend hauptamtliche Betätigung in der NSDAP. 1929 Ernennung zum Reichsführer-SS. 1933 zunächst Kommissarischer Polizeipräsident Münchens und Chef der bayerischen politischen Polizei. Bis 1934 übernahm er die Leitung aller politischen Polizeien im Reich und die Organisation der Konzentrationslager der SS. 1936 unterstanden ihm als Chef der deutschen Polizei neben der SS und deren Sicherheitsdienst (SD) die Geheime Staatspolizei, die Kriminalpolizei und mit der Ordnungspolizei auch alle übrigen Polizeisparten. 1939 wurde er „Reichskommissar für die Festigung deutschen Volkstums" und 1943 Reichsinnenminister. 1944 übernahm er schließlich als Befehlshaber des Ersatzheeres auch militärische Funktionen. Im Mai 1945 nahm er sich in britischer Haft das Leben.

21021 Foto: Friedrich Franz Bauer © bpk, Berlin

Heinrich Himmler in seinem Dienstzimmer im Geheimen Staatspolizeiamt in der Prinz-Albrecht-Straße 8, Berlin, undatiert (um 1936).

Rechts Himmlers persönlicher Stabschef Karl Wolff.

21019 Foto: Friedrich Franz Bauer © bpk, Berlin

Das frühere Hotel Prinz Albrecht in der Prinz-Albrecht-Straße 9, ab 1934 Sitz der Reichsführung-SS und des Persönlichen Stabes Himmlers, undatiert (1932/33).

21018 © SZ Photo, München

Angehörige des lokalen SS-Sturmes im Mai-Umzug der NSDAP-Ortsgruppe Dortmund-Dorstfeld, undatiert (vermutlich Mai 1934).

21306 Foto: privat © Stiftung Topographie des Terrors, Berlin

Von der SS besetzte Geschäftsstelle der Sozialdemokratischen Partei Deutschlands (SPD) im vogtländischen Reichenbach, Ende März 1933.
Die alte sozialdemokratische Fassadenbeschriftung „Volkshaus" ist entfernt unter Belassung der Buchstaben „SS". Die Beflaggung zeigt Hakenkreuzfahne, SS-Sigrunenbanner und die deutschnationale Reichskriegsflagge. Wie vielfach auch andernorts im Reichsgebiet wurde das Gebäude nach der Reichstagswahl vom 5. März von als Hilfspolizei eingesetzter SS und SA besetzt und als „Durchgangslager Reichenbach" vorübergehend zum Schutzhaftlager für politische Gegner umfunktioniert. Diese waren Misshandlungen und Folter ausgesetzt. Im April 1933 wurde der Reichstagsabgeordnete der Kommunistischen Partei Deutschlands (KPD) Albert Janka dort ermordet.

21012 © Stadtarchiv Reichenbach

„Das theoretische Element spielte in der SS eine Nebenrolle; das Tragende und Verbindende war stattdessen eine bestimmte Mentalität. So bestand die Erziehung der SS in Beeinflussung der Mentalität: durch Handhabung des Dienstes, des Zusammenlebens, den Jargon und ähnliches. Auf diese Weise erlernte der SS-Mann die Grundhaltung des Kämpfers um des Kampfes Willen; ohne Überlegung gehorchen; Härte als Abhärtung, aber auch als Verhärtung gegenüber allen mitmenschlichen Regungen; Verachtung der Minderwertigen und Hochmut gegenüber allen, die nicht dem Orden angehörten; Kameradschaft und Kameraderie; dass es kein ‚unmöglich' geben darf. Hinzu kamen vereinfachte und verabsolutierte Gegnervorstellungen: ‚der Jude', ‚der Bolschewismus', der ‚östliche Untermensch'."
HANS BUCHHEIM, HISTORIKER, 1967

21372 Gekürzter Auszug: H. Buchheim, Befehl und Gehorsam, in: ders., M. Broszat/H.-A. Jacobsen/H. Krausnick, Anatomie des SS-Staates, Bd. 1, München 1967

2.1 | Reichsführer SS: Himmlers SS-Staat

Hochrangige SS-Führer neben den Feldzeichen der SS-Standarten während des Reichsparteitages der Nationalsozialistischen Deutschen Arbeiterpartei (NSDAP) in der Luitpoldarena, Nürnberg, September 1935.

21028 © SZ Photo, München

Heinrich Himmler (1. v. l.), inspiziert schlesische SS-Standarten, vermutlich Liegnitz, 26. Mai 1934.
2. v. l. Karl Wolff, Himmlers Adjutant.

21017 © bpk, Berlin

Gratulationscour der Führung von SS und Polizei zum Geburtstag Hermann Görings, Berlin, 12. Januar 1939.

V.l.: August Heißmeyer (Chef des SS-Hauptamtes), Kurt Daluege (Chef der Ordnungspolizei), Heinrich Himmler (Reichsführer-SS und Chef der Deutschen Polizei), Reinhard Heydrich (Chef der Sicherheitspolizei und des SD), Arthur Nebe (Chef der Reichskriminalpolizei), Karl Wolff (Chef des Persönlichen Stabes Reichsführer-SS), Werner Best (Chef des Amtes I im Hauptamt Sicherheitspolizei und Stellvertreter Heydrichs), Werner Lorenz (Leiter der „Volksdeutschen Mittelstelle"), Ludolf von Alvensleben (Adjutant Himmlers), unbekannt.

21047 © bpk, Berlin

Veranstaltung des „Freundeskreises Himmler" (auch: „Freundeskreis Reichsführer-SS") im Palais Prinz Albrecht, 1937.

Erste Reihe v.r.: Kurt Schmitt (ehemaliger Reichswirtschaftsminister, ehemaliger Vorstandsvorsitzender der Allianz AG, Mitglied des Aufsichtsrates der Allianz AG, Aufsichtsratsvorsitzender der AEG, Vorstandsvorsitzender der Münchner Rückversicherungs-Gesellschaft), Carl Vincent Krogmann (Erster Bürgermeister der Freien und Hansestadt Hamburg), Ewald Hecker (Präsident der Industrie- und Handelskammer Hannover), Reinhard Heydrich, Karl Rasche (Vorstandsmitglied der Dresdner Bank), Heinrich Himmler und August Rosterg (Generaldirektor der Wintershall AG).

21044 Foto: Friedrich Franz Bauer © bpk, Berlin

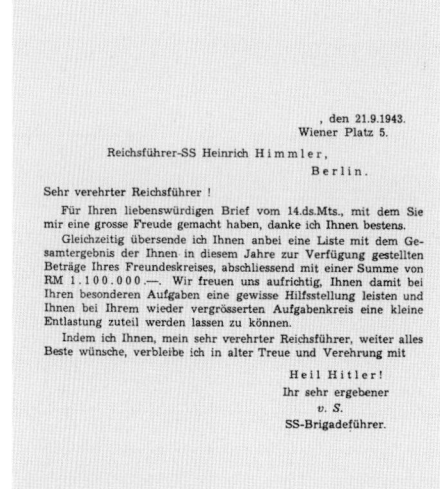

Schreiben des Bankiers Kurt Freiherr von Schröder an Heinrich Himmler, betreffend Spenden aus Industrie- und Wirtschaftskreisen für den „Freundeskreis Himmler" (auch: „Freundeskreis Reichsführer-SS"), 21. September 1943.

21045a–b IMT (Hg.), Der Prozeß gegen die Hauptkriegsverbrecher, Bd. XXXVI, Nürnberg 1949

Öffentliche Vereidigung von Anwärtern der SS-Verfügungstruppe auf Adolf Hitler vor der Feldherrnhalle auf dem Odeonsplatz in Anwesenheit Hitlers und Heinrich Himmlers, München, 9. November 1938.
21024 © SZ Photo, München

SS-Männer zerstören die Synagoge in Hof an der Saale, (Abbildung links), 10. November 1938.
Die Trümmer der Inneneinrichtung werden abtransportiert und öffentlich verbrannt (Abbildung rechts).
21030a–b Fotos: Photo Eckart, Hof © Stadtarchiv Hof/Saale

Abfahrt französischer Freiwilliger der Waffen-SS vom Gare de l'Est, Paris, September 1943.
Im Zuge der von Heinrich Himmler forcierten Expansion der Waffen-SS wurden während des Krieges „antibolschewistisch" gesinnte ausländische Freiwillige geworben. So etwa bestand die Division „Charlemagne" (Karl der Große) aus Franzosen.
21060 © Roger-Viollet, Paris

Freiwilligenanwerbeplakat für den Dienst in der Waffen-SS, 1941.
Das über Jahre bei der Rekrutierung aufrechterhaltene Prinzip der Freiwilligkeit wurde aufgrund der personellen Expansion der Waffen-SS und ihrer hohen Verluste in den letzten Kriegsjahren teilweise aufgegeben.
21056 Grafik: Ottomar Anton © Bundesarchiv, Koblenz, 003-025-013

Besuch Heinrich Himmlers bei der an der Ostfront eingesetzten Waffen-SS-Division „Wiking", September/Oktober 1942.
Neben deutschem Rahmenpersonal bestand diese Einheit vor allem aus SS-Freiwilligen skandinavischer Länder, unter anderem aber auch aus Flamen und Niederländern.
21051 Foto: Möbius © Bundesarchiv, Koblenz, 101III-Moebius-148-06

Auf einem LKW aufgesessene Soldaten der „Totenkopf"-Division der Waffen-SS an der sogenannten Ostfront, Nordrussland, Sommer 1941.
Diese Einheit wurde in ihren Anfängen teilweise aus den Bewachungsmannschaften der SS-Konzentrationslager rekrutiert.
21551 © ullstein bild, Berlin

2.1 | Reichsführer SS: Himmlers SS-Staat

Im Studio eines örtlichen Fotografen aufgenommenes Erinnerungsfoto von Angehörigen der zum damaligen Zeitpunkt in Frankreich stationierten 1. SS-Panzerdivision „Leibstandarte-SS Adolf Hitler", undatiert (1942 oder 1944).

Zum Foto liegt keine Ortsangabe vor.

21043 © Roger-Viollet, Paris

Angehörige einer an der sogenannten Ostfront eingesetzten Einheit der Waffen-SS, Sowjetunion, März 1944.

21057 © bpk, Berlin/Bayerische Staatsbibliothek, Archiv Heinrich Hoffmann, München

Private Erinnerungsaufnahme von Angehörigen einer Einheit der Waffen-SS, undatiert.

Zum Foto liegt keine Ortsangabe vor.

21052 © Museum für Zeitgeschichte (ehem. Revolutionsmuseum), Moskau

„Volksdeutsche" Freiwillige aus Ungarn in einer Kaserne der Waffen-SS, undatiert (um 1944).

Über dem Gebäudeportal als Transparent der SS-Wahlspruch „Meine Ehre heißt Treue".

21070 © Österreichische Nationalbibliothek, Bildarchiv Austria

DAS IMPERIUM DER SCHUTZSTAFFEL STAND 1944

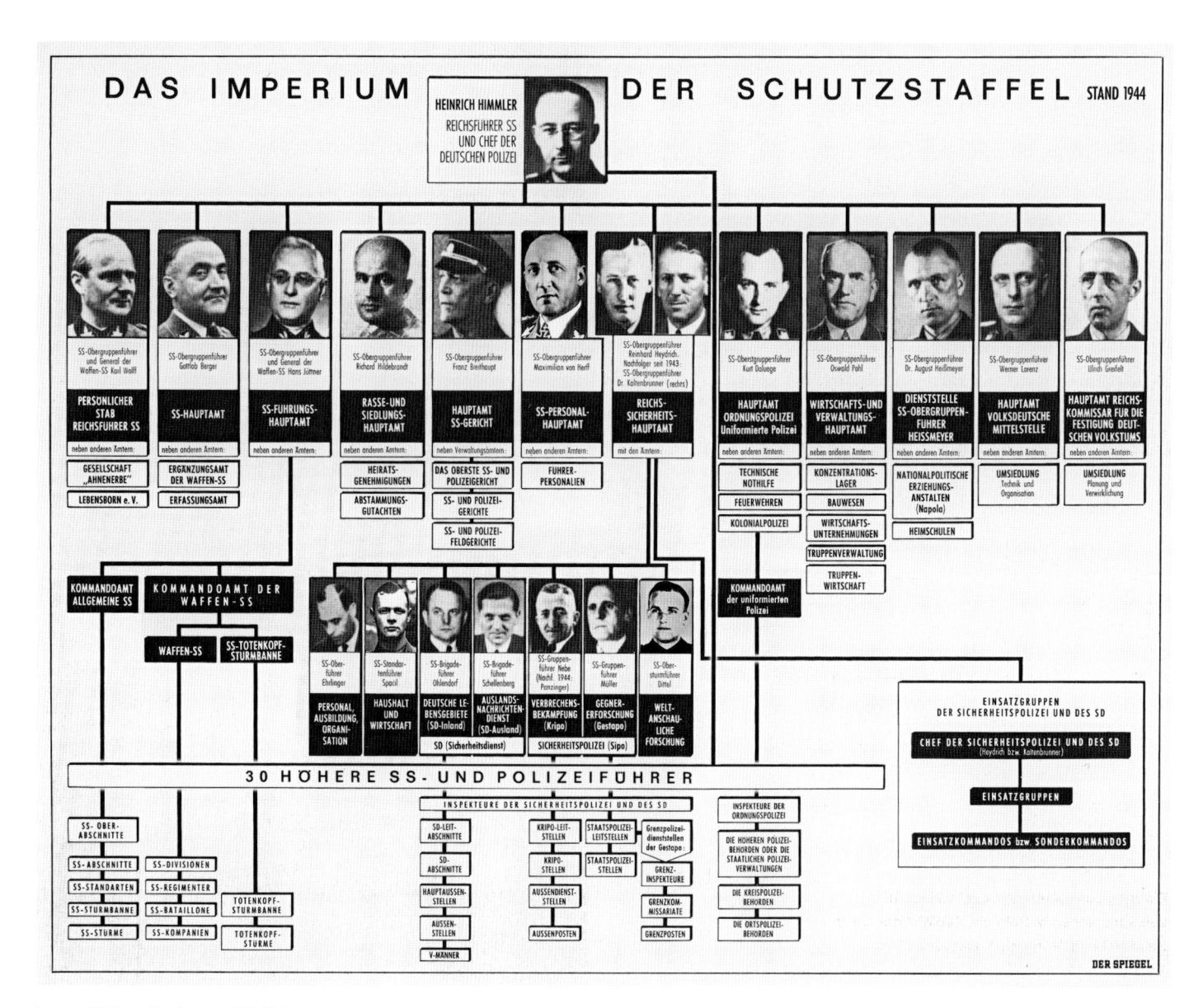

HEINRICH HIMMLER
REICHSFÜHRER SS UND CHEF DER DEUTSCHEN POLIZEI

SS-Obergruppenführer und General der Waffen-SS Karl Wolff	SS-Obergruppenführer Gottlob Berger	SS-Obergruppenführer und General der Waffen-SS Hans Jüttner	SS-Obergruppenführer Richard Hildebrandt	SS-Obergruppenführer Franz Breithaupt	SS-Obergruppenführer Maximilian von Herff	SS-Obergruppenführer Reinhard Heydrich. Nachfolger seit 1943: SS-Obergruppenführer Dr. Kaltenbrunner (rechts)	SS-Obergruppenführer Kurt Daluege	SS-Obergruppenführer Oswald Pohl	SS-Obergruppenführer Dr. August Heißmeyer	SS-Obergruppenführer Werner Lorenz	SS-Obergruppenführer Ulrich Greifelt
PERSÖNLICHER STAB REICHSFÜHRER SS	SS-HAUPTAMT	SS-FÜHRUNGS-HAUPTAMT	RASSE- UND SIEDLUNGS-HAUPTAMT	HAUPTAMT SS-GERICHT	SS-PERSONAL-HAUPTAMT	REICHS-SICHERHEITS-HAUPTAMT	HAUPTAMT ORDNUNGSPOLIZEI Uniformierte Polizei	WIRTSCHAFTS- UND VERWALTUNGS-HAUPTAMT	DIENSTSTELLE SS-OBERGRUPPEN-FÜHRER HEISSMEYER	HAUPTAMT VOLKSDEUTSCHE MITTELSTELLE	HAUPTAMT REICHS-KOMMISSAR FÜR DIE FESTIGUNG DEUTSCHEN VOLKSTUMS

Die zwölf Hauptämter der SS, 1944.

Karl Wolff war bereits seit dem 23. September 1943 Höchster SS- und Polizeiführer Italien. Seine Funktionen im Hauptamt Persönlicher Stab Reichsführer-SS übernahm sein vormaliger Stellvertreter Rudolf Brandt.

21066 © Der Spiegel, Nr. 3, 1967 / Stiftung Topographie des Terrors, Berlin

„**Dem Reichsführer-SS obliegt die Ausschaltung von solchen volksfremden Bevölkerungsteilen, die eine Gefahr für das Reich und die deutsche Volksgemeinschaft bedeuten.**" Adolf Hitler, 1939

21073 Gekürzter Auszug: „Führererlass" zur Ernennung Himmlers zum „Reichskommissar für die Festigung Deutschen Volkstums", 7.10.1939, Bundesarchiv, Berlin

Sachbearbeiter des „Rasse- und Siedlungshauptamtes" (RuSHA) der SS, vermutlich im Berliner Dienstgebäude in der Kreuzberger Hedemannstraße 24, 1938.

Das RuSHA bearbeitete unter anderem Abstammungsnachweise und Heiratsgesuche von SS-Angehörigen. „Rasseexperten" des Amtes waren an der „rassenpolitischen" Selektion in den besetzten Ostgebieten beteiligt und erstellten darüber hinaus „Juden und Judenmischlingskarteien" für Deutschland und Westeuropa.

21034 © bpk, Berlin

Eingang zum „Auffanglager" Galatz der „Volksdeutschen Mittelstelle (VoMi)" der SS in Galatz/Galaţi, Rumänien, Oktober 1940.

Als „Reichskommissar für die Festigung deutschen Volkstums" (RKF) war Heinrich Himmler für die Repatriierung „Volksdeutscher" unter anderem aus den 1940 von der Sowjetunion annektierten rumänischen Gebieten Bessarabiens und der Nordbukowina verantwortlich. Durchgeführt wurden diese und andere Umsiedlungsaktionen von der „VoMi" und dem Stabshauptamt des RKF.

21065 © Roger-Viollet, Paris

„Volksdeutsche Umsiedler" aus Galizien warten nach ihrer Ankunft auf dem örtlichen Bahnhof darauf, zu den ihnen zugewiesenen Hofstellen vertriebener Polen gebracht zu werden, Schwarzenau bei Gnesen/Gniezno, sogenannter Reichsgau Posen („Warthegau"), 1940.

Die Männer tragen umgehängt Registriernummern der zugewiesenen Hofstellen. In schwarzer Uniform SS-Männer.

21068 Foto: Wilhelm Holtfreter © Bundesarchiv, Koblenz, 1470

Karteikartenvordruck (Rückseite) des „Rassen-
amtes" der SS zur Erfassung „rassenkundlicher"
persönlicher Merkmale zur Bestimmung des
„Rassenwertes", undatiert.

21535 Bundesarchiv, Berlin / bpk, Berlin

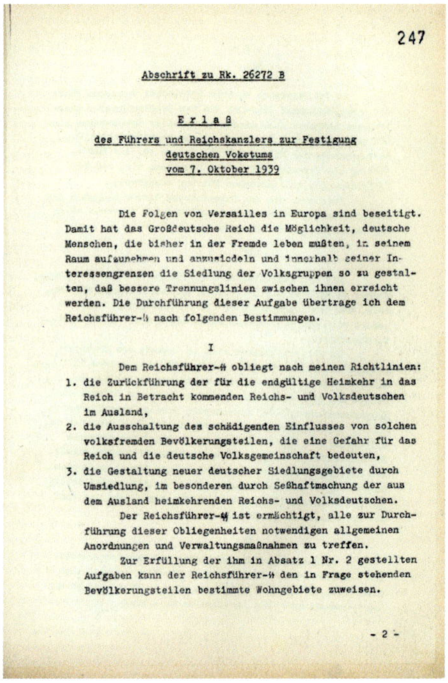

„Führererlass" zur Ernennung Heinrich Himmlers
zum „Reichskommissar für die Festigung
deutschen Volkstums", 7. Oktober 1939.

Himmler übernahm in der Folge die Federführung
bei der „Germanisierung" des eroberten „Ostraumes"
unter anderem in Polen, später auch in der
Sowjetunion.

21069 © Bundesarchiv, Koblenz, 0107

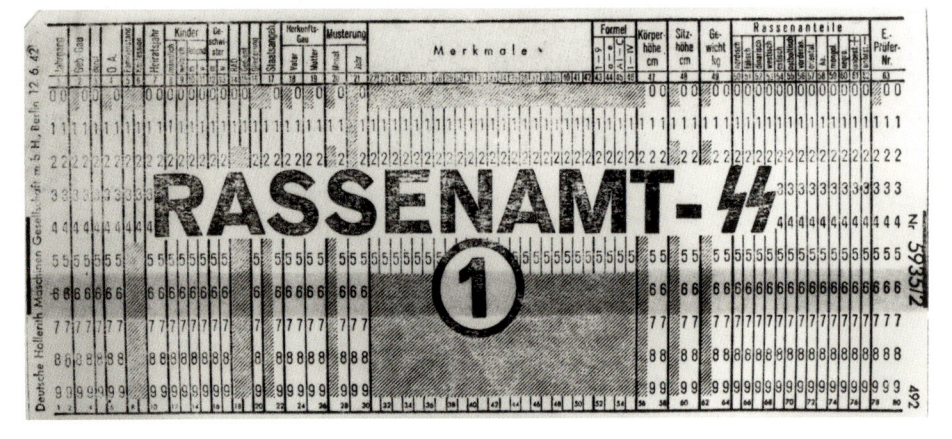

Zur elektromechanischen Datenerfassung
und -verarbeitung entwickelte Hollerith-
Lochkarte, wie sie im „Rassenamt-SS"
(später: „SS-Rasse- und Siedlungshauptamt")
zur Erfassung und Auswertung „rassischer"
Merkmale benutzt wurde, undatiert.

21335 bpk, Berlin

2.1 | Reichsführer SS: Himmlers SS-Staat

Heinrich Himmler (vorn, 3. v. l.), „Reichskommissar für die Festigung deutschen Volkstums" (RKF), eröffnet in der Staatlichen Hochschule für Bildende Künste die Ausstellung „Planung und Aufbau im Osten", Berlin, 20. März 1941.
2. v. l. der „Stellvertreter des Führers" Rudolf Heß; 4. v. l., neben Himmler, der damalige Stabsleiter von Heß und spätere Chef der Parteikanzlei der NSDAP, „Sekretär des Führers" und Reichsleiter Martin Bormann. Rechts neben Bormann, halb verdeckt, der Leiter der Hauptabteilung Boden und des Planungsamtes beim RKF, der maßgeblich an der Erarbeitung des sogenannten Generalplanes Ost beteiligte Konrad Meyer. Im Hintergrund, links, Himmlers damaliger persönlicher Adjutant Joachim Peiper. Hinten rechts wahrscheinlich Rudolf Lange, damals stellvertretender Leiter der Staatspolizeileitstelle Berlin. Der von Himmler 1941 beauftragte „Generalplan Ost" sah die „Germanisierung" des militärisch eroberten „Ostraumes" durch deutsche Großsiedlungsprojekte und Siedlungsstützpunkte sowie die Vertreibung von annähernd 30 Millionen Bewohnern als Angehörige sogenannter minderwertiger slawischer Rassen vor.
21067 © Bundesarchiv, Koblenz, 0022

Dienstgebäude der Einwandererzentralstelle (EWZ) Lodsch (Łódź, „Litzmannstadt") des Reichsführers-SS (RFSS), undatiert (Herbst/Winter 1940).
Heinrich Himmler hatte als RFSS und „Reichskommissar für die Festigung deutschen Volkstums" (RKF) Reinhard Heydrich als Chef der Sicherheitspolizei und des SD mit der polizeilichen Einbürgerung „umgesiedelter Volksdeutscher" beauftragt. Die EWZ, eine Institution des RKF, unterstand dem Reichssicherheitshauptamt und war für Einbürgerung und Ansiedlung der Umsiedler verantwortlich.
21069 © Bundesarchiv, Koblenz, 0107

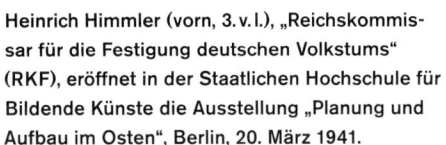

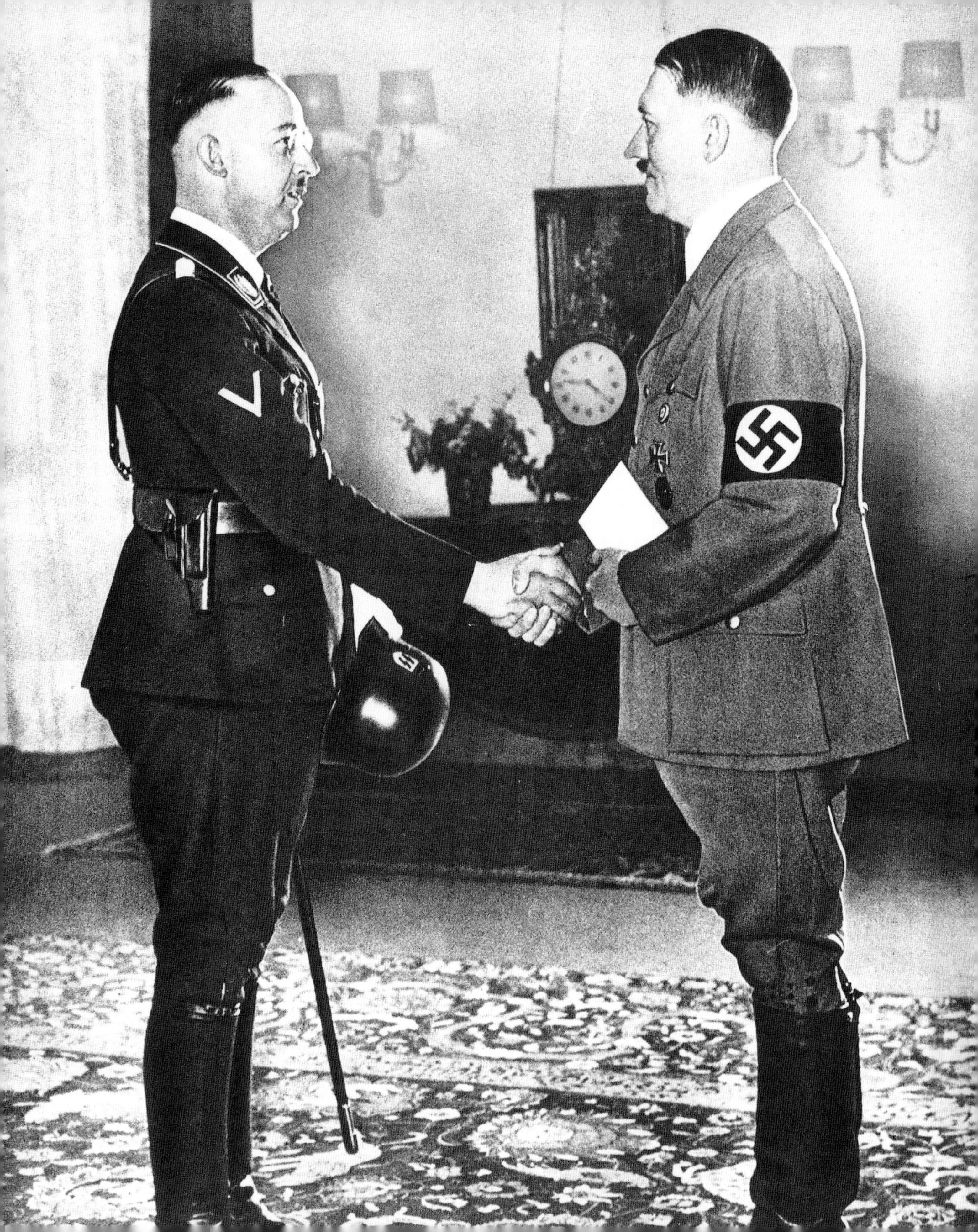

2.2 Chef der Deutschen Polizei: Himmlers „Staatsschutzkorps"

Seit 1934 führte Heinrich Himmler auch die Geheime Staatspolizei (Gestapo) des Deutschen Reiches. 1936 wurde er zum „Chef der Deutschen Polizei" ernannt, die er in Hauptämter gliederte. Reinhard Heydrich leitete das Hauptamt Sicherheitspolizei mit Kriminalpolizei und Geheimer Staatspolizei. Kurt Daluege wurde Leiter des Hauptamtes Ordnungspolizei, dem Schutzpolizei, Gendarmerie und alle übrigen Polizeisparten unterstanden. Die Gestapodienststellen konnten jederzeit auf alle anderen Polizeistellen zurückgreifen und in kurzer Zeit hunderte von Polizeibeamten mobilisieren. Dadurch entstand in der Öffentlichkeit das Gefühl, die Gestapo habe eine besondere Machtstellung. Insgesamt waren 1935 in Preußen in 34 Staatspolizeistellen nur 3 818 Gestapobeamte und -mitarbeiter tätig.

Ihre Macht wurde jedoch als bedrohlich empfunden, weil sich die Gestapo auf viele Denunzianten stützen konnte. Gestapoverhöre sollten nicht nur Tatbestände kriminalistisch aufklären, sondern Vorgeladene, die als „politisch unzuverlässig" galten, einschüchtern und abschrecken. Die Verhörmethoden waren rigide. Sie steigerten sich zur Misshandlung von Häftlingen und Folter. Häufig folgte der Festnahme die Einweisung in ein Konzentrationslager. Während des Krieges ging die Gestapo immer häufiger zur „Sonderbehandlung", das heißt zur gezielten Ermordung ihrer Gefangenen über.

So verbreitete sich das Bild einer mit der SS verklammerten Polizeibehörde, die an keine Normen gebunden war, weil sie beanspruchte, den „Führerwillen" zu vollstrecken, den Staat zu schützen und die „innere Sicherheit" zu gewährleisten. Die Gestapo verfolgte politische Gegner des NS-Regimes, Juden, Sinti und Roma, Zwangsarbeiter, „Wehrkraftzersetzer" und alle, die sich Anordnungen des Regimes widersetzten oder es offen kritisierten. Die Gestapo wurde zum sichtbaren Träger des NS-„Maßnahmenstaates", der sich in der Bekämpfung seiner Gegner weder an Recht noch Gesetz gebunden fühlte.

Adolf Hitler überreicht Heinrich Himmler die Ernennungsurkunde zum Reichsführer-SS und Chef der Deutschen Polizei im Reichsministerium des Innern, Berlin, 17. Juni 1936.

22003 © SZ Photo, München

Bericht über die Amtseinführung des Reichsführers-SS Heinrich Himmler als Chef der Deutschen Polizei durch den Reichsminister des Innern, Wilhelm Frick, am 17. Juni 1936 in Berlin, „Völkischer Beobachter", 19. Juni 1936.

22305 Völkischer Beobachter, Nr. 171, 19.6.1936.

„Die nationalsozialistische Polizei leitet ihre Befugnisse nicht aus Einzelgesetzen, sondern aus der Wirklichkeit des nationalsozialistischen Führerstaates und aus den ihr von der Führung gestellten Aufgaben her. Ihre Befugnisse dürfen deshalb nicht durch formale Schranken gehemmt werden."

Heinrich Himmler, 1937

22004 H. Pfundtner (Hg.), Dr. Wilhelm Frick und sein Ministerium, München 1937

Bericht über die Ernennung des Reichsführers-SS, Heinrich Himmler, zum Chef der Deutschen Polizei durch Adolf Hitler am 17. Juni 1936, „Völkischer Beobachter", 18. Juni 1936.

22519 Völkischer Beobachter, Nr. 170, 18.6.1936.

2.2 | Chef der Deutschen Polizei: Himmlers „Staatsschutzkorps"

Geheimes Staatspolizeiamt (Gestapa), Prinz-Albrecht-Straße 8, Berlin, undatiert (um 1936).

Im Mai 1933 bezog das am 26. April 1933 gegründete preußische Gestapa das Gebäude. Es blieb bis Kriegsende Befehlszentrale der Geheimen Staatspolizei (Gestapo) im Reich und im besetzten Europa. Ab 1939 war es als Amt IV des Reichssicherheitshauptamtes dessen zentrale Dienstadresse.

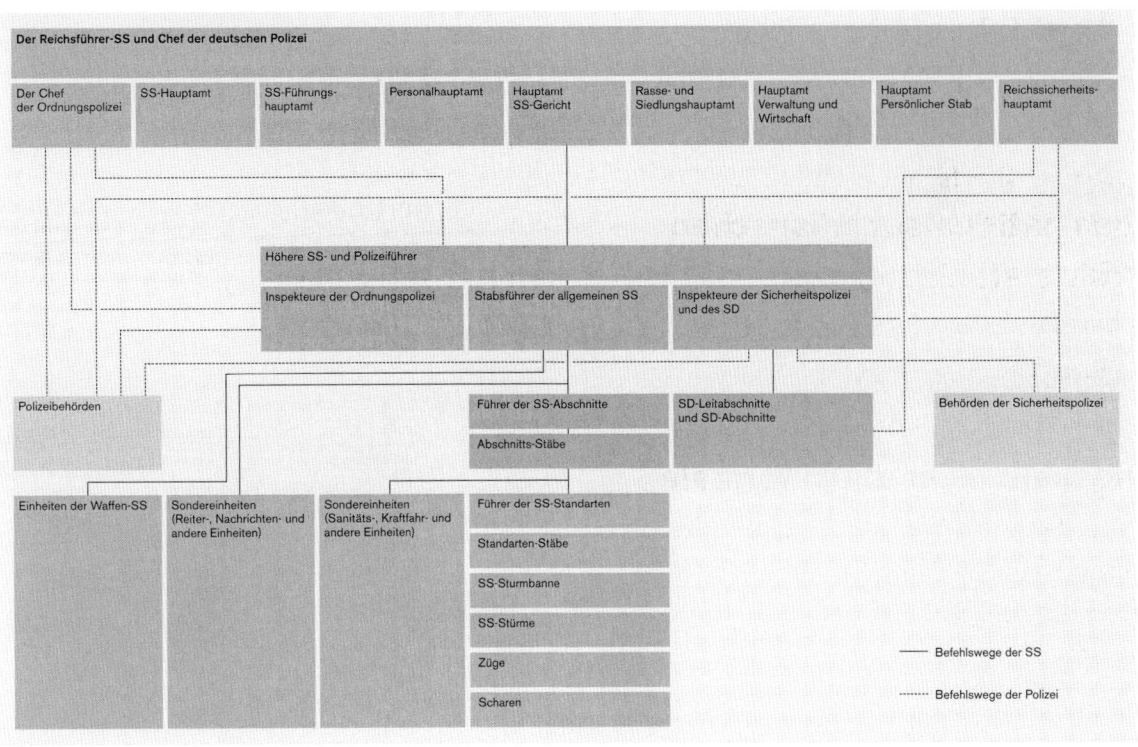

22018 © bpk, Berlin

Der Aufbau von SS und Polizei, 1941.

22008 Nach: W. Best, Die deutsche Polizei, Darmstadt 1941

Erlass über die Einsetzung Heinrich Himmlers als Chef der Deutschen Polizei im Reichsministerium des Innern, 17. Juni 1936.

22010 Reichsgesetzblatt 1936, Teil I, Nr. 55

Ernennung von Kurt Daluege zum Chef der Ordnungspolizei und von Reinhard Heydrich zum Chef der Sicherheitspolizei, 26. Juni 1936.

22011 Bundesarchiv, Berlin

VERKLAMMERUNG VON POLIZEI UND SS 1933–1943

1933

9.3. Reichsführer-SS Heinrich Himmler wird Polizeipräsident von München, der Chef des Sicherheitsdienstes (SD) der SS, Reinhard Heydrich, Leiter der politischen Polizei.

1.4. Himmler wird Politischer Polizeikommandeur Bayerns (politische Polizei und Konzentrationslager).

26.4. 1. Gestapo-Gesetz: Errichtung des preußischen Geheimen Staatspolizeiamtes (Gestapa) in Berlin unter Rudolf Diels.

30.11. 2. Gestapo-Gesetz: Gestapo wird selbständige Polizeisonderbehörde.

November 1933 – Januar 1934: Himmler übernimmt die politischen Polizeien der Länder (außer in Preußen und Schaumburg-Lippe).

1934

20.4. Himmler wird Inspekteur der preußischen Gestapo.

22.4. Heydrich wird Chef des preußischen Geheimen Staatspolizeiamtes (Gestapa).

30.6. Himmler und der SS werden die Konzentrationslager unterstellt.

20.7. Die SS wird selbständige Gliederung der NSDAP; Himmler ist als Reichsführer-SS Hitler „persönlich und unmittelbar" unterstellt.

1936

10.2. 3. Gestapo-Gesetz: Gestapoaktivitäten unterliegen keiner richterlichen Kontrolle.

17.6. Ernennung Himmlers als Reichsführer-SS zum Chef der deutschen Polizei im Reichsministerium des Innern.

17.6. SD-Chef Reinhard Heydrich wird Chef der Sicherheitspolizei (Gestapo und Kripo), Kurt Daluege Chef der Ordnungspolizei (übrige Polizeisparten).

20.9. Preußisches Landeskriminalpolizeiamt (LKPA) unter Arthur Nebe übernimmt reichsweit die Leitung der Länderkriminalpolizeien.

1937

10.5. Beginn der Verschmelzung von SS und Ordnungspolizei

16.7. Bildung des Reichskriminalpolizeiamtes unter Arthur Nebe aus dem preußischen LKPA.

1938

11.11. Sicherheitsdienst (SD) der SS wird staatlich sanktioniert.
Funktion: Gegnerermittlung zur Unterstützung von Gestapo und Kripo.

1939

27.9. Gründung des Reichssicherheitshauptamtes (RSHA) der SS unter Heydrich als Verklammerung des Sicherheitsdienstes (SD) mit der Sicherheitspolizei (Gestapo und Kripo).

1943

30.1. Ernst Kaltenbrunner wird Nachfolger Heydrichs als Chef des RSHA.

24.8. Himmler wird als Nachfolger Wilhelm Fricks Reichsminister des Innern.

GESTAPO

Gruppenaufnahme von Angehörigen der Flensburger Gestapo bei einem Ausflug, 21. Mai 1936.
Die Originalbeschriftung lautet: „Himmelfahrtstour der Stapo 1936."

22320 Foto: privat © Slg. Gerhard Paul, Flensburg / Stiftung Topographie des Terrors, Berlin

„Zur Bekämpfung der Staatsfeinde gehört das bedingungslose Erfassen der nationalsozialistischen Idee. Die Männer der Staatspolizei müssen absolut gleichgerichtet in ihrer geistigen Haltung sein. Sie müssen sich als kämpferisches Korps fühlen. Das ist der Grund, warum sehr viele Beamte der Staatspolizei gleichzeitig SS-Führer oder -Männer sind."

Reinhard Heydrich, 1936

22007 Gekürzter Auszug: R. Heydrich, Die Bekämpfung der Staatsfeinde, in: Deutsches Recht, H. 7/8, 6. Jg. 15.4.1936

Beamte der Gestapo Flensburg beim Übungsschießen mit ihren Dienstwaffen, Flensburg, 30. Juni 1936.

22036 Foto: privat © Slg. Gerhard Paul, Flensburg / Stiftung Topographie des Terrors, Berlin

Die „Gestapo"

Der „Völkische Beobachter" bringt im Rahmen der Woche der N.S.-Presse heute folgenden Leitaufsatz über Entstehung, Bedeutung und Aufgaben der Geheimen Staatspolizei:

(Für einen Teil der Auflage wiederholt)

Eine der am meisten beredeten und am wenigsten gekannten Einrichtungen des nationalsozialistischen Staates dürfte die Geheime Staatspolizei sein. Serien von Zeitungsaufsätzen und ganze Bücher werden ihr im Ausland gewidmet, in denen eine geheimnisvolle, weltumspannte Organisation geschildert und Hunderte und aber Hunderte von Gestapo-Agenten „entlarvt" werden. Im Inlande hört das Geraune um die im Hintergrund wirkende „Macht" der Geheimen Staatspolizei nicht ab, — bei den Trägern schlechter Gewissen in verständlicher Furcht, bei den um Staat und Bewegung Besorgten in oft zu hoffnungsvollen Wünschen. In Wahrheit ist die Geheime Staatspolizei eine ebenso notwendige wie sachlich-nüchterne Einrichtung, die eine wahre Darstellung ihres Wesens und ihrer Aufgaben verträgt und wünscht.

Die Geheime Staatspolizei — richtiger: die Geheimen Staatspolizeien der deutschen Länder — ist nach der nationalsozialistischen Revolution in sämtlichen deutschen Ländern gleichzeitig aus zwingender Notwendigkeit geschaffen worden. In Preußen war ihr Schöpfer der Ministerpräsident Göring, der noch jetzt der Chef der Geheimen Staatspolizei ist. In Bayern war der Schöpfer der Bayerischen Politischen Polizei der Reichsführer S.S. Himmler, der zugleich in den übrigen außerpreußischen Ländern den Aufbau der Politischen Polizeien anregte und leitete. Ihre einheitliche Zusammenfassung erfuhren die Politischen Polizeien aller Länder, als Ministerpräsident Göring den Reichsführer S.S. Himmler, der inzwischen in sämtlichen außerpreußischen Ländern zum Politischen Polizeikommandeur jedes einzelnen Landes ernannt worden war, im Frühjahr 1934 zum stellvertretenden Chef der Preußischen Geheimen Staatspolizei ernannte. Von diesem Augenblick an war eine einheitliche Führung und damit eine einheitliche Praxis und — soweit möglich — ein gleichmäßiger Ausbau der Politischen Polizeien aller Länder gewährleistet. Diese allein auf persönlicher Initiative und Führung beruhende Zusammenfassung, die nicht durch eine formale „Verreichlichung" begünstigt wurde, kann insbesondere hinsichtlich der Gleichrichtung der politischen Praxis in allen Teilen des Reiches für die Konsolidierung der Ordnung und für die Beruhigung der Öffentlichkeit nicht hoch genug gewertet werden.

Die so gestaltete Geheime Staatspolizei ist in erster Linie ein regulärer kriminalpolizeilicher Behördenapparat, dem die besondere Aufgabe der Verfolgung von Verbrechen und Vergehen gegen den Staat — vor allem die Verfolgung des Hoch- und Landesverrats — obliegt. Die Aufgabe der Geheimen Staatspolizei ist, diese Vergehen und Verbrechen aufzuklären, die Täter zu ermitteln und sie der gerichtlichen Bestrafung zuzuführen. Die Zahl der bei dem Volksgerichtshof ständig anhängigen Strafverfahren wegen hochverräterischer Unternehmen — insbesondere von Kommunisten und anderen Marxisten — und wegen Landesverrats ist das Ergebnis dieser Arbeit der Geheimen Staatspolizei.

Der Staat darf sich aber nicht damit zufriedengeben, bereits begangene Verbrechen des Hoch- und Landesverrats aufzuklären und die Täter zu bestrafen. Viel wichtiger ist, der Begehung derartiger Straftaten vorzubeugen und damit die Wurzeln dieser dem Staate drohenden Gefahren zu vernichten. Deshalb ist ein weiteres großes Aufgabengebiet der Geheimen Staatspolizei die vorbeugende Bekämpfung aller dem Staate und der Staatsführung drohenden Gefahren.

Mag die Verfolgung politischer Delikte die Aufgabe der Kriminalpolizei aller Zeiten und aller Länder gewesen sein — auch der Weimarer Staat hatte in den Abteilungen IA seiner Polizeibehörden eine solche auf politische Delikte spezialisierte Kriminalpolizei —, so ist die Geheime Staatspolizei als vorbeugendes Kampfinstrument gegen die dem Staate drohenden Gefahren ihrem Wesen nach unlösbar mit dem nationalsozialistischen Führerstaat verbunden. Denn seit der nationalsozialistischen Revolution ist jeder offene Kampf und jede offene Opposition gegen den Staat und gegen die Staatsführung verboten. Die Gegner des Führers und der nationalsozialistischen Idee sind aber, insbesondere soweit sie im Auftrage ausländischer Zentralen im Reich tätig sind, mit dem Verbot ihrer Organisationen und ihrer Zeitungen keineswegs beseitigt worden, sondern haben sich lediglich in andere Formen des Kampfes gegen den Staat zurückgezogen. Wo die Regierungen des demokratisch-parlamentarischen Systems gegnerische Parteien, Fraktionen und Kampfbünde in der Öffentlichkeit sich betätigen sahen, muß der nationalsozialistische Staat die unterirdisch gegen ihn kämpfenden Gegner in illegalen Organisationen, in getarnten Vereinigungen, in den Zusammenschlüssen wohlmeinender Volksgenossen und selbst in den eigenen Organisationen der Partei und des Staates aufspüren, überwachen und unschädlich machen, — und zwar bevor sie dazu gekommen sind, eine gegen das Staatsinteresse gerichtete Handlung wirklich durchzuführen. Diese Aufgabe, mit allen Mitteln den Kampf gegen die geheimen Staatsfeinde zu führen, wird keinem Führerstaat je erspart bleiben, weil immer die staatsfeindlichen Mächte von ihren auswärtigen Zentralen her irgendwelche Menschen in diesem Staate sich dienstbar machen und zum unterirdischen Kampf gegen den Staat einsetzen werden. Aus diesem Grunde ist ein Kampfinstrument gegen diese Staatsfeinde für den Führerstaat eine organische Notwendigkeit, die nicht ohne schwerste Gefahr vernachlässigt werden darf.

Die vorbeugende Tätigkeit der Geheimen Staatspolizei besteht in erster Linie in der umfassenden Beobachtung der Tätigkeit aller Staatsfeinde im Reichsgebiet. Da die Geheime Staatspolizei neben ihr in erster Linie obliegenden Vollzugsaufgaben diese Beobachtung der Staatsfeinde nicht in dem notwendigen Maße durchführen kann, tritt als ergänzend der Sicherheitsdienst des Reichsführers S.S., der vom Stellvertreter des Führers als der politische Nachrichtendienst der Bewegung eingesetzt wurde, zur Seite und stellt damit einen großen Teil der von ihm mobilisierten Kräfte der Bewegung in den Dienst der Staatssicherheit.

Die Geheime Staatspolizei trifft auf Grund der Beobachtungsergebnisse gegen die Staatsfeinde die erforderlichen polizeilichen Vorbeugungsmaßnahmen. Die wirksamste Vorbeugungsmaßnahme ist zweifellos die Freiheitsentziehung, die in der Form der „Schutzhaft" verhängt wird, wenn zu befürchten ist, daß die freie Betätigung der betreffenden Person in irgendeiner Weise die Staatssicherheit gefährden werde. Die Anwendung der Schutzhaft ist durch Richtlinien des Reichs- und Preußischen Ministers des Innern und durch ein besonderes Haftprüfungsverfahren der Geheimen Staatspolizei so geregelt, daß, — soweit es die Aufgabe des vorbeugenden Kampfes gegen die Staatsfeinde zuläßt — ausreichende Garantien gegen ein Mißbrauch der Schutzhaft gegeben sind. Vor allem aber hat die einheitliche Erziehung und die Gleichrichtung der Praxis bei allen Behörden der Geheimen Staatspolizei dazu geführt, daß die Erfolge der Anwendung der Schutzhaft die gelegentlich nicht zu vermeidenden Härten unendlich aufwiegen.

Während kurzfristige Schutzhaft in Polizei- und Gerichtsgefängnissen vollzogen wird, nehmen die der Geheimen Staatspolizei unterstehenden Konzentrationslager diejenigen Schutzhäftlinge auf, die für längere Zeit aus der Öffentlichkeit herausgenommen werden müssen. Den größten Stamm der Insassen der Konzentrationslager bilden diejenigen kommunistischen und sonstigen marxistischen Funktionäre, die nach den gemachten Erfahrungen in Freiheit sofort ihren Kampf gegen den Staat wieder aufnehmen würden.

Weitere polizeiliche Vorbeugungsmaßnahmen gegen staatsfeindliche Bestrebungen bestehen in der Auflösung von Verbänden, in dem Verbot und der Auflösung von Versammlungen und Zusammenkünften, im Verbot von Schriften aller Art und dergleichen.

In der Anwendung der polizeilichen Vorbeugungsmaßnahmen ist die Geheime Staatspolizei ein notwendiges und wirksames Instrument in der Hand der Staatsführung, durch das der Wille der Staatsführung überall da durchgesetzt werden kann, wo andere Zweige des Staatsapparates sich nicht durchsetzen können oder nicht eingesetzt werden sollen.

Da auch der N.S.D.A.P. und ihren Führern durch gesetzliche Bestimmungen ein besonderer Schutz gewährt wird, obliegt der Geheimen Staatspolizei auch die Verfolgung von Delikten gegen diese Gesetze und der vorbeugende Schutz der Partei und ihrer Führer.

Die Aufgaben der Geheimen Staatspolizei können nur von Menschen erfüllt werden, die ganz in der nationalsozialistischen Weltanschauung leben und die Verwirklichung der nationalsozialistischen Idee als ihr eigenes Lebensziel betrachten. Deshalb ist es das Bestreben der Führung der Geheimen Staatspolizei, aus den Angehörigen der Geheimen Staatspolizei nicht nur einen einwandfrei und erfolgreich arbeitenden Behördenapparat, sondern ein weltanschaulich und kameradschaftlich fest in sich geschlossenes Staatsschutzkorps neuer Prägung zu schaffen. Das äußere Zeichen dieser inneren Geschlossenheit ist die schwarze Uniform der S.S., die schon heute von einem großen Teil der Beamten und Angestellten der Geheimen Staatspolizei getragen wird.

Alle Angehörigen der Geheimen Staatspolizei sind sich bewußt, daß ihnen mit dem steten Kampf gegen die negativen und zerstörenden Erscheinungen die schwerste, aber zugleich eine der ehrenvollsten und notwendigsten Aufgaben im nationalsozialistischen Staate auferlegt ist. Sie fühlen sich bewußt als der Schnittpunkt von Staat und Bewegung, indem sie bestrebt sind, tadellos arbeitender Behördenapparat die Anordnungen der Staatsführung und die Verwirklichung der Gesetze reibungslos zu vollziehen, — indem sie sich aber zugleich als der Teil der nationalsozialistischen Bewegung fühlen, der noch heute Brust an Brust mit den Gegnern der Kampfzeit ringt und so die Erfolge der nationalsozialistischen Revolution verteidigt.

Die Geheime Staatspolizei weiß, daß sie mit ihrer Arbeit, in der sie unmittelbar und mittelbar zahllosen Menschen weh tun muß, weder Liebe noch Dank gewinnt. Sie erstrebt ebensowenig äußere Anerkennung und Ehrung.

„Leitaufsatz" im „Völkischen Beobachter" über Entstehung, Bedeutung und Aufgaben der Geheimen Staatspolizei vom 23. Januar 1936.

Der nicht namentlich gezeichnete Beitrag stammt vermutlich von Reinhard Heydrichs Stellvertreter Werner Best.

22306 Völkischer Beobachter, Nr. 23, 23.1.1936

**2. Kriminal-Assistenten-Anw.-Lehrg. (Stapo)
i. d. Führerschule der Sicherheitspolizei, Bln.-Charlbg.
Mai - Juni 1937.**

Erinnerungsaufnahme eines Anwärter-Lehrganges von Kriminal-Assistenten der Gestapo in der „Führerschule" der Sicherheitspolizei, Berlin-Charlottenburg, Juni 1937.

In der ab 1929 für das Polizei-Institut genutzten ehemaligen Kaserne der kaiserlichen Gardes du Corps in der Schloßstraße 1 wurde der Führer-Nachwuchs unter anderem für die Kommissarlaufbahn von Gestapo und Kripo ausgebildet. Zahlreiche Absolventen (sogenannte Charlottenburger) machten nach 1949 Karriere in den Kriminalpolizeien des Bundes und der Länder.

22027 © Bundesarchiv, Berlin

„Eine politische Polizei, die den politischen Gesundheitszustand des deutschen Volkskörpers überwacht, jedes Krankheitssymptom erkennt, die Zerstörungskeime feststellt und mit jedem geeigneten Mittel beseitigt. Das ist die Idee der politischen Polizei im völkischen Führerstaat." Werner Best, Stellvertreter Heydrichs, 1936

22023 Gekürzter Auszug: W. Best, Die Geheime Staatspolizei, in: Deutsches Recht, H. 7/8, 6. Jg., 15.4.1936

2.2 | Chef der Deutschen Polizei: Himmlers „Staatsschutzkorps"

Gesetz über die Geheime Staatspolizei vom 10. Februar 1936.

Die Gestapo unterlag nicht der Verwaltungsgerichtsbarkeit. Sie war jeder gerichtlichen Kontrolle entzogen.

22009 Preußische Gesetzessammlung, 1936, Nr. 5

Bericht des „Völkischen Beobachter", Zentralorgan der NSDAP, vom 30. Juni 1936 über die Neuorganisation und Zentralisierung der deutschen Polizei.

22906 Völkischer Beobachter, Nr. 183, 1.7.1936

„Das Bild der Gestapo als einer allmächtigen, allgegenwärtigen und allwissenden Geheimpolizei ist richtig und falsch zugleich. Richtig, weil Himmlers und Heydrichs Geheimpolizei mit Sonderrechten ausgestattet war wie keine Polizei in der deutschen Geschichte zuvor und danach. Falsch, weil dieses Bild die Existenz einer omnipotenten Polizei unterstellt, die es so niemals gab. Die Gestapo war nicht nur ein Herrschaftsinstrument in den Händen der SS, sie war zugleich eine Organisation, die vielfältig in der deutschen Gesellschaft verankert war und deren Effizienz der fortgesetzten Zuarbeit der Bürger bedurfte."

GERHARD PAUL UND KLAUS-MICHAEL MALLMANN, HISTORIKER, 1995

22516 Gekürzter Auszug: G. Paul/K.-M. Mallmann, Auf dem Wege zu einer Sozialgeschichte des Terrors. Eine Zwischenbilanz, in: dies. (Hg.), Die Gestapo. Mythos und Realität, Darmstadt 1995

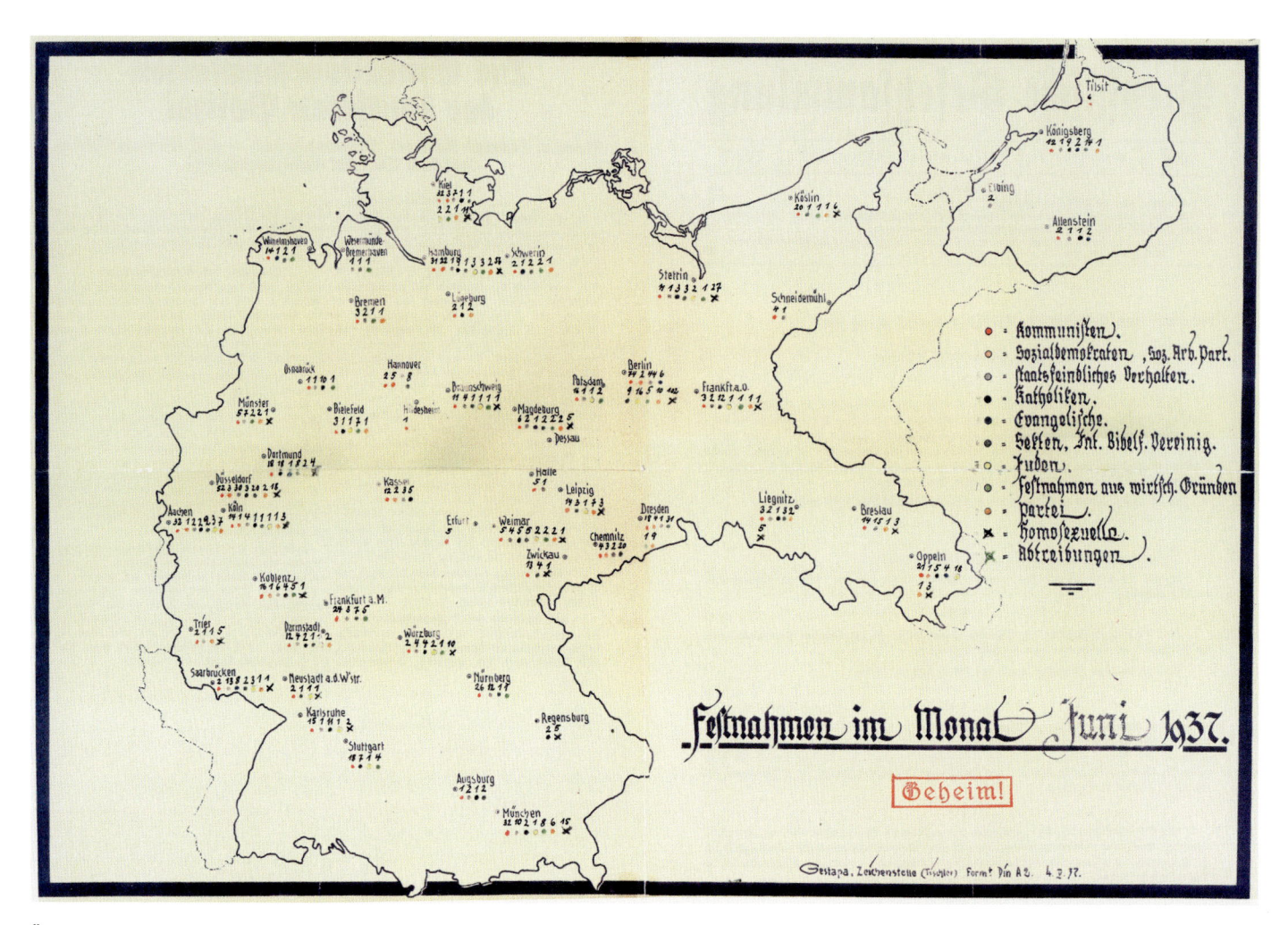

Übersichtskarte des Geheimen Staatspolizeiamtes zu den Festnahmen durch die Staatspolizei(leit)stellen im Juni 1937.
Anlage zum Monatsbericht des Chefs der Sicherheitspolizei und des SD an den preußischen Ministerpräsidenten vom 20. Juli 1937.
22037 Bundesarchiv, Berlin

Anonymes Denunziationsschreiben (Auszug) an die Staatspolizeistelle Berlin der Geheimen Staatspolizei, 30. Dezember 1935.
Der wegen illegaler politischer Betätigung denunzierte Walter Kossack wurde im Februar 1936 von der Gestapo verhaftet und im Oktober 1936 vom „Volksgerichtshof" zu drei Jahren Zuchthaus verurteilt.
13041 Bundesarchiv, Berlin

„Bitte höflichst u. dringend folgende Mitteilung die sich auf ganz ernsthafte Wahrheit beruht zu untersuchen, und so schnelle als möglich eingreifen zu wollen. […] Der Kaufmann Walter Kossack, Wohnung Berlin W. Kurfürstenstraße 37 vorn II betätigt sich andauernd als Spitzel des roten Frontkämpfer Bundes […] jetzt ist er wieder seit Montag, den 23. Dez. 35 mit einem früheren KPD. Reichstagsabgeordneten auf falschem Paß, wie er zu Hause angab zur Bahn auf Spionage gefahren […]. Dieser Kossack […] ist […] ein ganz großer Judenfreund. Ich kann […] meinen Namen nicht angeben, da ich mein Leben für diesen Staatsverbrecher fürchte, bitte aber dringend diese meine Angaben Glauben zu schenken und schnellstens eingreifen zu wollen, denn solches Subjekt darf nicht noch den Staat und die Wohlfahrt ausnutzen. Das muß aufhören daß ehrliche anständige Mitmenschen das mit ansehen. Der muß seine verdiente Strafe bekommen dieser Volksverräter. Also bitte Eile tut not."

Abschrift

Fernschreiben

Berlin Nue 243 404 9.11. 23.55 - Se -

An alle Stapoleitstellen - an Leiter oder Stellvertreter -

- Dieses FS. ist sofort und auf dem schnellsten Wege vorzulegen.

— Geheim — **Geheim!**

1.) Es werden in kürzester Frist in Ganz Deutschland Aktionen gegen Juden, insbesondere gegen deren Synagogen stattfinden. Sie sind nicht zu stören, jedoch ist im Benehmen mit der Ordnungspolizei sicherzustellen, daß Plünderungen und sonstige besondere Ausschreitungen unterbunden werden können.

2.) Sofern sich in Synagogen wichtiges Archivmaterial befindet ist dieses durch eine sofortige Maßnahme sicherzustellen.

3.) Es ist vorzubereiten die Festnahme von etwa 20 bis 30 000 Juden im Reiche. Es sind auszuwählen vor allem vermögende Juden. Nähere Anordnungen ergehen noch im Laufe dieser Nacht.

4.) Sollten bei den Aktionen Juden im Besitze von Waffen angetroffen werden, so sind die schärfsten Maßnahmen durchzuführen. Zu den Gesamtaktionen können herangezogen werden, Verfügungstruppen der SS. sowie allgemeine SS. Durch entsprechende Maßnahmen ist die Führung der Aktionen durch die Stapo auf jeden Fall sicherzustellen. Plünderungen, Diebstähle usw. sind auf jeden Fall zu verhindern. Für die Sicherstellung von Materialien ist sofort mit der zuständigen SD. Ober= und Unterabschnitten - Führung - Verbindung aufzunehmen.

Zusatz für Stapo Köln: In der Synagoge Köln befindet sich besonders wichtiges Material. Dies ist durch schnellste Maßnahmen im Benehmen mit SD. sofort sicherzustellen.

+ Gestapa roem. 2 Müller +

7th ARMY DOCUMENT CENTER 36/2

Abschrift des Fernschreibens des Geheimen Staatspolizeiamtes in Berlin an die nachgeordneten Staatspolizei(leit)stellen vom 9. November 1938, die Durchführung des Novemberpogroms (sogenannte Reichskristallnacht) betreffend.

22339 IMT (Hg.), Der Prozeß gegen die Hauptkriegsverbrecher vor dem Internationalen Militärgerichtshof, Bd. XXV, Nürnberg 1949

Abschrift aus Akten der Staatspolizeistelle Würzburg

Fernschreiben Nr. 14660

+ Berlin NUE 247 163 15.11.38 - RU. -

An alle Stapoleit.- und Stapostellen. -

Dringend - sofort vorlegen. -

Zum Zwecke der Erfassung aller im Laufe der Protestaktion festgenommenen Juden beim Geh. Stapoamt ordne ich folgendes an:

1) Für jeden Festgenommenen Juden ist möglichst umgehend ein Formular auszufüllen, das folgende Angaben zu enthalten hat:
Name der Stapo(leit)stelle, Datum der Ausstellung, Vor- und Zuname des Juden, Geburtszeit und -Ort, Beruf, Familienstand, Staatsangehörigkeit, Religion, Wohnort, Tag der Festnahme, wo z.Zt. untergebracht, ggfs. wann und in welches KZL. überführt. -

2) Weiter sind für jeden Festgenommenen Juden 2 der üblichen blauen Karteikarten auszufüllen. -

3) Die Formulare, die dort im Abzugverfahren hergestellt werden können, sind mit den Karteiblättern sukzessive an das Geh. Stapoamt, Referat II D, einzusenden. -

4) Diese Erfassung der Festgenommenen Juden hat möglichst bis spätestens 20.11.38 abgeschlossen zu sein. -

5) Rückfragen bei den KZL. nach etwa fehlenden Einzelangaben zu Ziffer 1) sind zu vermeiden. -

Diese fehlenden Angaben können später nachgeholt werden. -

GESTAPA II D ++

Anordnung der Abteilung II (Innerpolitische Angelegenheiten) im Geheimen Staaspolizeiamt zur Erfassung der im Laufe der „Protestaktionen" (d. i. der November-Pogrom, 9./10. November 1938) verhafteten Juden, 15. November 1938.

22013 Bundesarchiv, Berlin

Mehrere Gestapo- und Kripobeamte überwachen den Abtransport jüdischer Männer in das Konzentrationslager Dachau, Baden-Baden, 10. November 1938.

Das Foto zeigt den Marsch der in „Schutzhaft" genommenen Juden von der Polizeihauptwache (rechts im Bild) zum Bahnhof. Die Beamten von Gestapo und Kripo laufen rechts neben der Gefangenenkolonne in Zivilkleidung zwischen und neben uniformierten SS-Männern und Polizisten mit. Vorausgegangen war die mehrstündige öffentliche Anprangerung und Demütigung der Opfer durch SS, Gestapo und Polizei.

22038 Foto: Josef Coeppicus © Stadtarchiv Baden-Baden

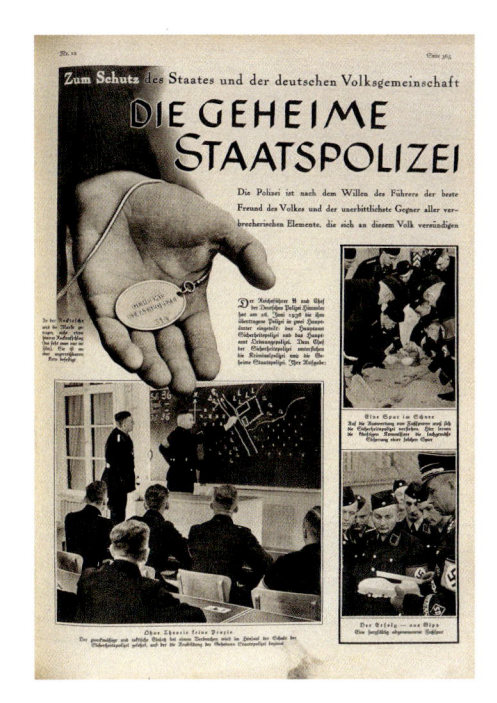

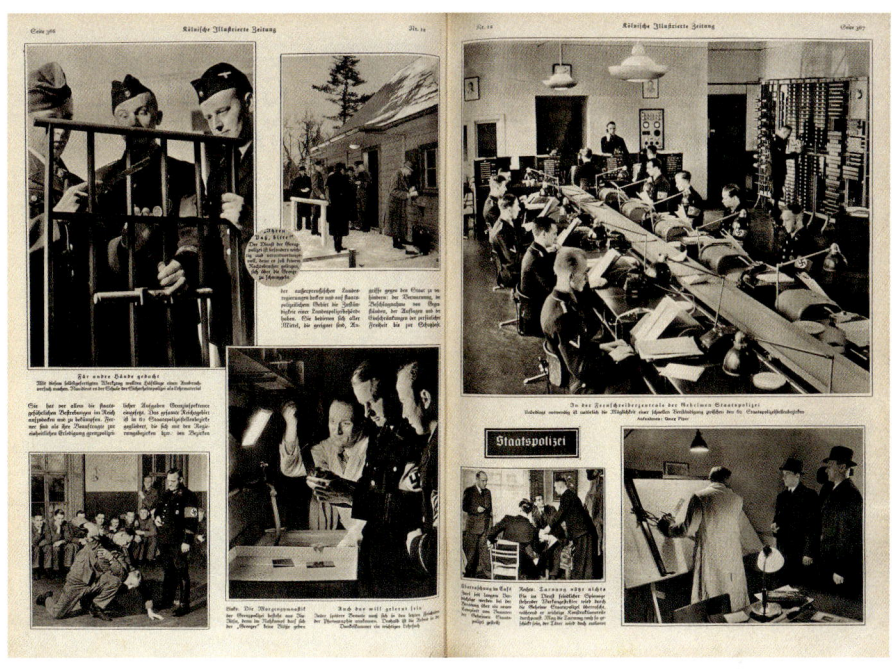

**Bildreportage „Die Geheime Staatspolizei",
„Kölnische Illustrierte Zeitung", 23. März 1939.**
Neben arrangierten Aufnahmen zeigt der Bericht
eine Abbildung des Betriebes in der zentralen
Fernschreiberstelle im Geheimen Staatspolizeiamt
in der Prinz-Albrecht-Straße 8. Der Text stilisiert
die Gestapo zur allwissenden und omnipotenten
Sonderpolizeibehörde im Dienst der NS-„Volksgemeinschaft".
22040a–b Kölnische Illustrierte Zeitung, Nr. 12, 23.3.1939

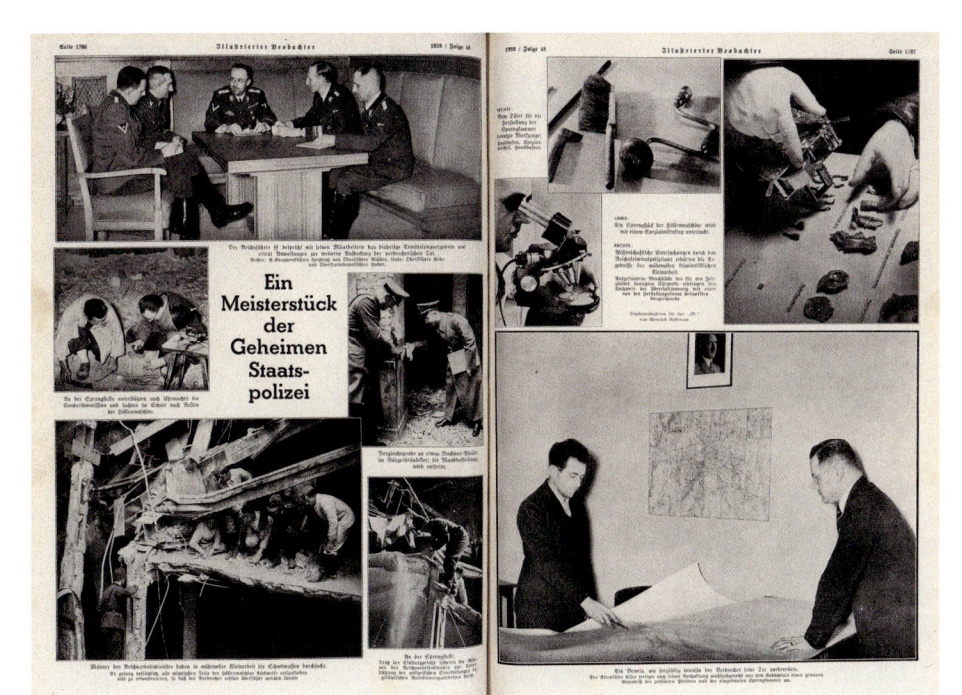

**Bildreportage der nationalsozialistischen
Parteiillustrierten „Illustrierter Beobachter"
über die Ermittlungen der „Zentralkommission:
Anschlag München", 30. November 1939.**
Nach dem Attentat Georg Elsers auf Adolf Hitler am
8. November 1939 im Münchener Bürgerbräukeller
hatten Geheime Staatspolizei und Kriminalpolizei
eine Zentralkommission eingerichtet.

Das erste Bild der Reportage entstand in der
Münchener Gestapozentrale im Wittelsbacher Palais,
wo erste Vernehmungen Elsers nach dessen Festnahme stattfanden. Die letzte Aufnahme zeigt Elser
in der Berliner Gestapozentrale in der Prinz-Albrecht-
Straße 8 mit Friedrich Panzinger, 1944 Nachfolger
Arthur Nebes als Chef der Reichskriminalpolizei.
22042 Illustrierter Beobachter, Nr. 48, 30.11.1939

Besprechung am Tag nach dem Attentat Georg Elsers auf Adolf Hitler vom 8. November 1939, München, 9. November 1939.

Von links: Franz-Josef Huber (Chef der Gestapo Wien), Arthur Nebe (Chef des Reichskriminalpolizeiamtes), Heinrich Himmler (Reichsführer-SS und Chef der Deutschen Polizei), Reinhard Heydrich (Chef des Reichssicherheitshauptamtes) sowie Heinrich Müller (Chef des Geheimen Staatspolizeiamtes). Die Aufnahme entstand im Wittelsbacher Palais, dem Dienstgebäude der Gestapo München.

22041 © Bundesarchiv, Koblenz, 183-R98680

Juden aus Lörrach und Umgebung in der in einem Schulgebäude eingerichteten „Sammelstelle" der Geheimen Staatspolizei vor ihrer Deportation, 22. Oktober 1940.
Bildmitte, in Uniform, zwei Angehörige der Sicherheitspolizei und des SD (Unterführer-Dienstgrade). Am Fenster des Nachbarhauses und im Hof gaffende Neugierige. Das Foto wurde von einem an der „Aktion" beteiligten Kriminalbeamten gemacht.

Am 22. Oktober wurden in Baden aus 138 Dörfern und Städten mehr als 5 600 Juden deportiert. Die Opfer wurden anschließend mit Sonderzügen in das Lager Gurs in der von der Wehrmacht noch unbesetzten Zone Frankreichs transportiert.

22045 Foto: Gustav Kühner © Stadtarchiv Lörrach

Kontrolle des Handgepäcks einer zur Deportation bestimmten Jüdin durch Gestapobeamte im Sammellager auf dem Killesberg, Stuttgart, Ende November 1941.
In der „Ehrenhalle des Reichsnährstandes" sammelte die Staatspolizeileitstelle Stuttgart 1 000 Menschen, die für die erste Deportation von Juden aus Württemberg und Hohenzollern nach Riga am 1. Dezember 1941 vorgesehen waren.

22046 © bpk, Berlin

Deportation von Wiesbadener Juden, Wiesbaden, 30. August 1942.

Bevor die Deportierten auf dem Wiesbadener Schlachthofgelände den Deportationszug (im Hintergrund) besteigen, kontrolliert ein Gestapobeamter (am Tisch sitzend) anhand der Transportliste die Vollzähligkeit der Opfer. Weitere Gestapobeamte: 1. v. r. (mit Hut), 2. v. r., 1., 3. und 4. v. l.

22051 © Foto-Rudolph, Zeitgeschichtliches Bildarchiv, Wiesbaden

Deportation von Wiesbadener Juden, Wiesbaden, 29. August 1942.

Die Aufnahme entstand im Hof der von der Gestapo zur „Sammelstelle" umfunktionierten Synagoge in der Friedrichstraße. Alte Männer und Frauen warten auf ihre Durchsuchung und Registrierung. Bei den im Hof abgebildeten vier Männern in Zivil auf und neben dem Treppenabsatz und bei dem Uniformierten am Bildrand handelt es sich um Gestapobeamte.

22050 © Yad Vashem, Jerusalem

2.2 | Chef der Deutschen Polizei: Himmlers „Staatsschutzkorps"

Eingang zur „Evakuierungsstelle der Geheimen Staatspolizei" in dem Gartenlokal Platz'scher Garten, Würzburg, 25. April 1942.
Die von einem Gestapobeamten gemachte Aufnahme zeigt die Verladung des Gepäcks der Deportationsopfer. Am Eingang, ganz rechts, in Zivil, vermutlich ein Gestapomann, 2.v.r. ein uniformierter Posten der Ordnungspolizei.

An diesem Tag wurden 852 Juden aus Würzburg und Franken vom Nebenbahnhof Aumühle nach Krasnystaw im „Generalgouvernement" transportiert und dann nach Krasniczyn gebracht.

22048 Foto: Hermann Otto © Staatsarchiv, Würzburg

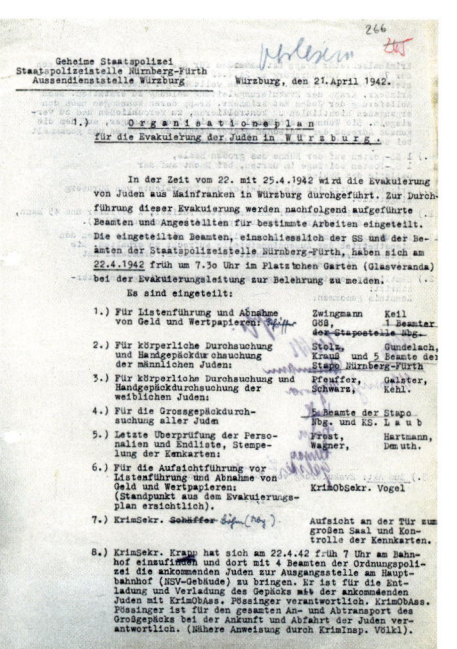

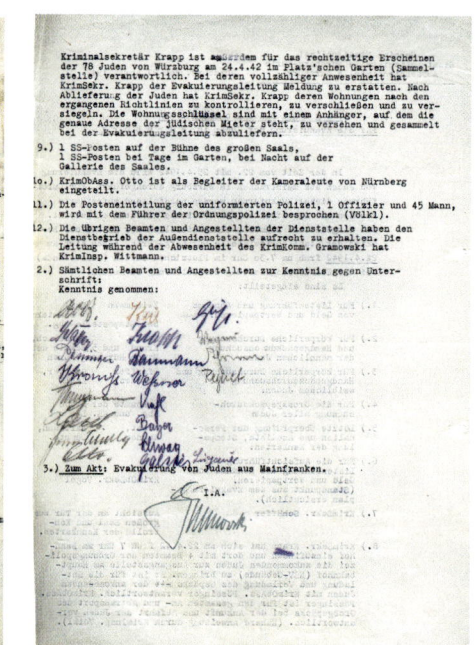

Organisationsplan der Gestapo-Außendienststelle Würzburg für die dritte Deportation von Juden aus Franken, 21. April 1942.

22015a–b Staatsarchiv, Würzburg

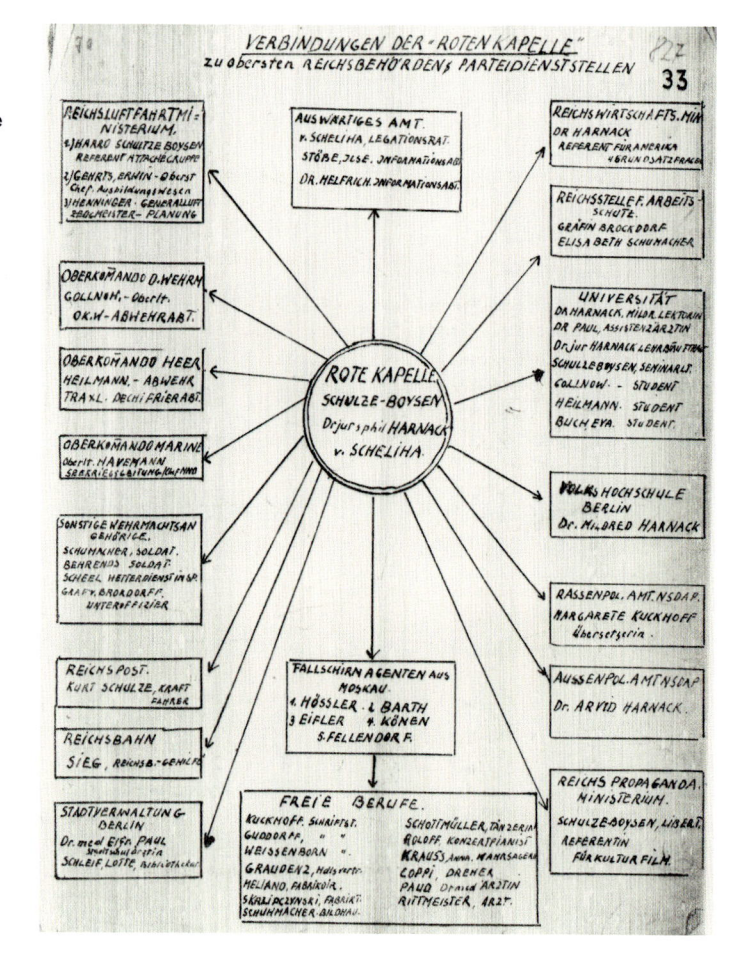

„Verbindungen der Roten Kapelle", Skizze aus dem Abschlussbericht zu den Ermittlungen des Reichssicherheitshauptamtes gegen die von der Gestapo als „Rote Kapelle" bezeichnete Widerstandsgruppe, 22. Dezember 1942.

22053 Bundesarchiv, Berlin

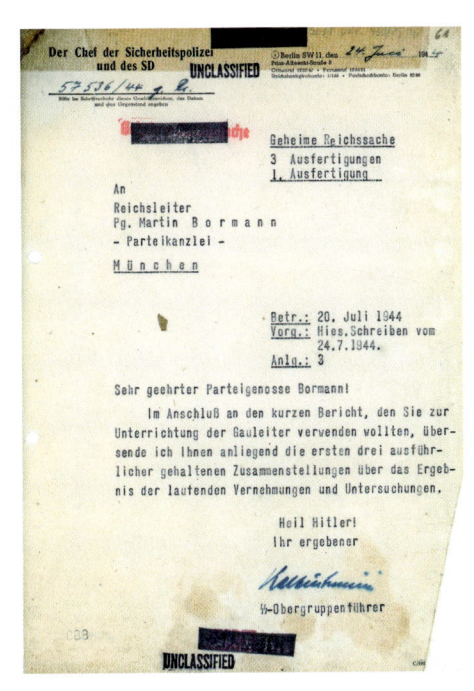

An den Leiter der Parteikanzlei der NSDAP, Reichsleiter Martin Bormann, gerichtetes Schreiben des Chefs der Sicherheitspolizei und des SD, Ernst Kaltenbrunner, vom 24. Juli 1944, die Ermittlungen des „Sonderstabes" der Gestapo nach dem Anschlag auf Adolf Hitler am 20. Juli 1944 betreffend.

Die sogenannten Kaltenbrunner-Berichte des Reichssicherheitshauptamtes (RSHA) gingen über Bormann an Hitler. Verfasst hatte sie der Leiter des Referats III C 4 des RSHA, Walter von Kielpinski, der für die Auswertung der Verhörprotokolle der nach dem Attentat verhafteten Verdächtigen verantwortlich war. Die bis zum Dezember 1944 zunächst täglich, später wöchentlich erstellten Berichte fassten die Ergebnisse der zahlreichen in diesem Kontext ermittelnden Sondergruppen aus mehreren 100 Beamten des RSHA zusammen.

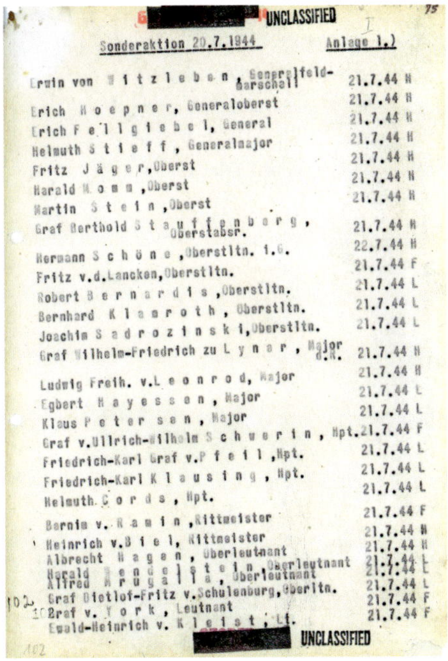

22317a–c Bundesarchiv, Berlin

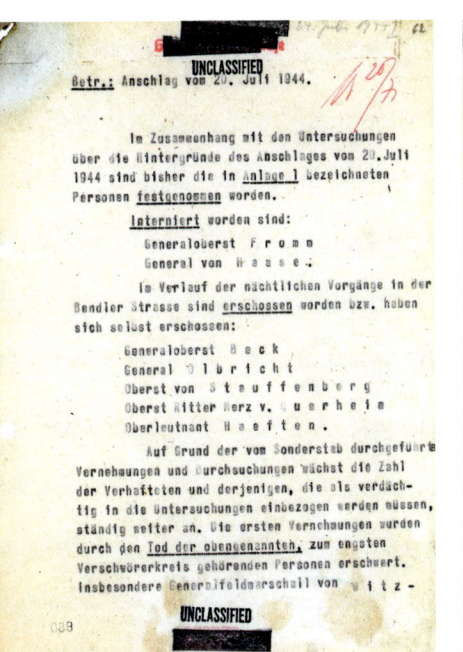

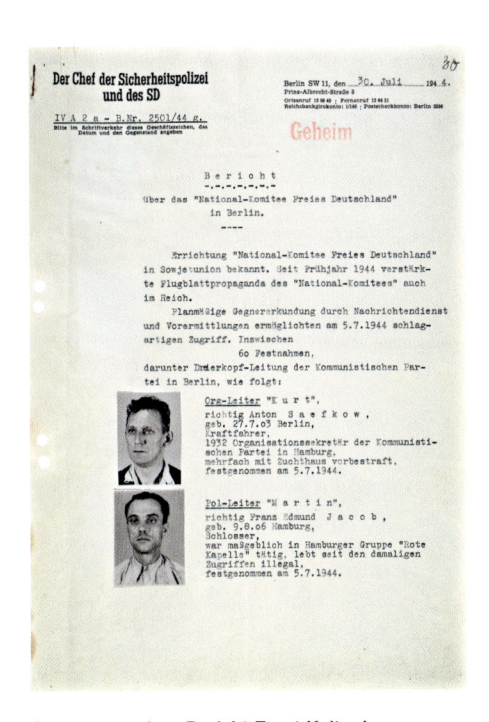

Auszug aus dem Bericht Ernst Kaltenbrunners, Chef der Sicherheitspolizei und des SD, über die Ermittlungen gegen das National-Komitee Freies Deutschland (NKFD) in Berlin und Festnahmen von Angehörigen dieser Widerstandsgruppe durch die Gestapo, 30. Juli 1944.

22016 Bundesarchiv (SAPMO), Berlin

Heinrich Himmler im Gespräch mit Adolf Hitler bei einem Spaziergang am Obersalzberg bei Berchtesgaden, 3. April 1944.
Grundsätzliche Weichenstellungen in der Verfolgungs- und Vernichtungspolitik von SS und Polizei wie auch einzelne Verfolgungsmaßnahmen bis hin zu Mordbefehlen gegen prominente Einzelpersonen nahm Himmler in der Regel erst vor, nachdem er diese Hitler zur Entscheidung vorgelegt und im persönlichen Gespräch mit ihm erörtert hatte.
22347 Foto: Walter Frentz © Sammlung Hanns-Peter Frentz, Berlin

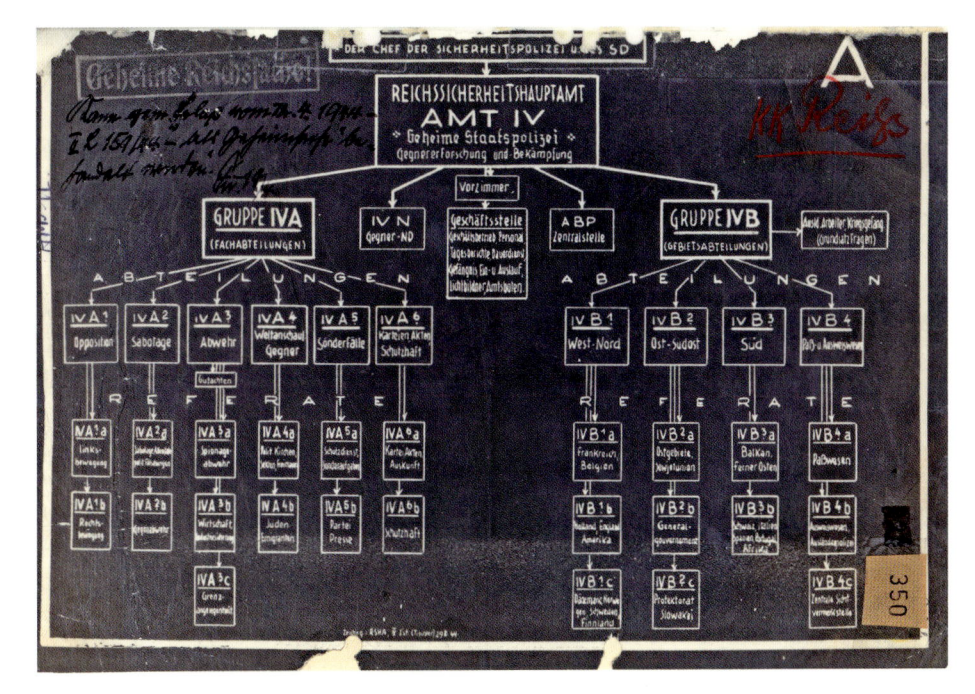

Anlage zum Geschäftsverteilungsplan des Reichssicherheitshauptamtes, die Organisation des Amtes IV (Geheimes Staatspolizeiamt) betreffend, 1944.

22055 Bundesarchiv, Berlin

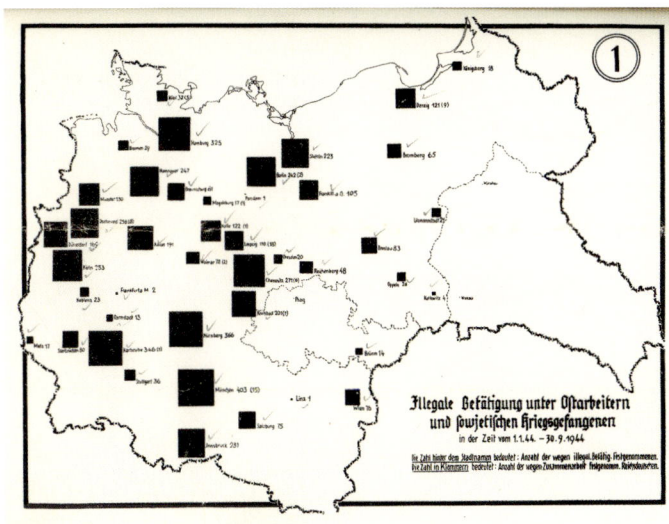

Im Reichssicherheitshauptamt erstellte Kartendarstellung zur illegalen Betätigung unter osteuropäischen Zwangsarbeitern im Reichsgebiet im Zeitraum 1. Januar bis 30. September 1944, Anlage zu den „Meldungen wichtiger staatspolitischer Ereignisse", Nr. 4, 22. November 1944.

Die jeweils hinter dem Städtenamen aufgeführte Zahlenangabe nennt die Zahl der wegen illegaler Betätigung festgenommenen Zwangsarbeiter.
In Klammern die Angabe der Zahl der wegen Zusammenarbeit festgenommenen „Reichsdeutschen".

22054 Bundesarchiv, Berlin

Führende Köpfe des Reichssicherheitshauptamtes (RSHA) als Besucher des ersten Prozesses vor dem „Volksgerichtshof" gegen Beteiligte am Umsturzversuch des 20. Juli, Berlin, 7./8. August 1944.

1. Reihe, 4. v. l., in Zivil, Ernst Kaltenbrunner, der Chef des RSHA; 1. Reihe, 6. v. l., in Zivil, vermutlich Heinrich Müller, Chef des Amtes IV (Geheimes Staatspolizeiamt) des RSHA.

22356 © Bundesarchiv, Koblenz, 151-15-12

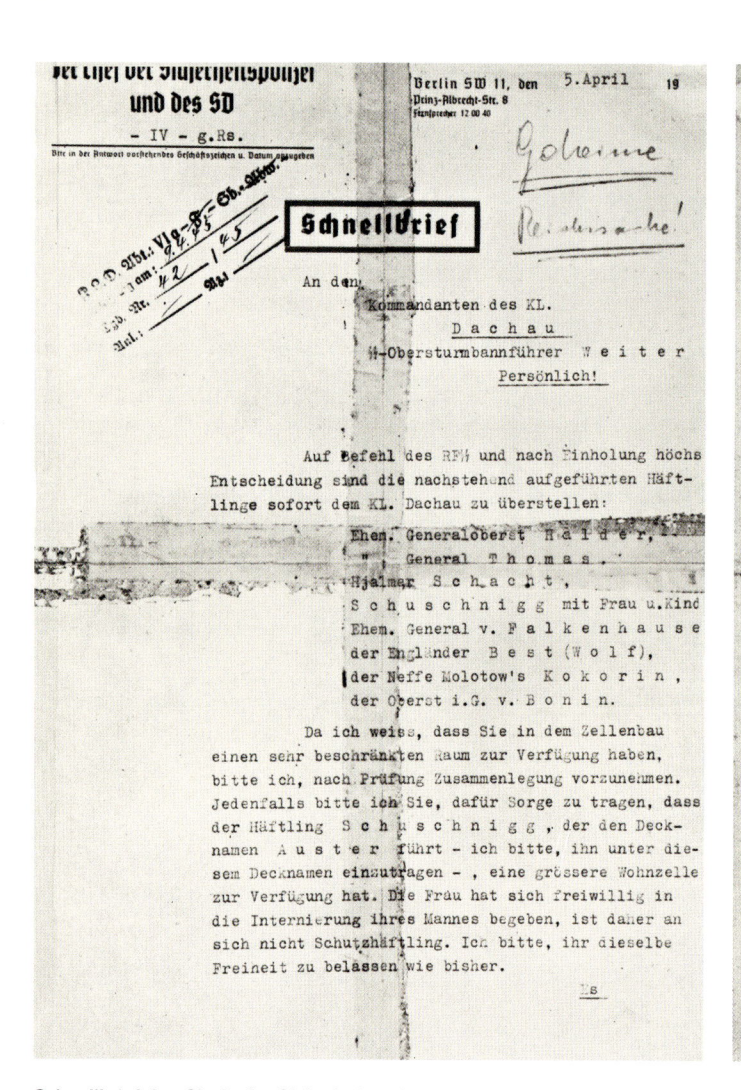

Schnellbrief des Chefs der Sicherheitspolizei und des SD an den Kommandanten des Konzentrationslagers Dachau, den „Schutzhäftling ‚Eller'" (d. i. der Hitler-Attentäter Georg Elser) betreffend, 5. April 1945.

22043a–b P.S. Best, The Venlo Incident, 1951

Zusammenstellung (Auszug) der in den Tagesrapporten der Staatspolizei(leit)stellen gemeldeten Festnahmen im Monat August 1942, (vermutlich) September 1942.

22052 Bundesarchiv, Berlin

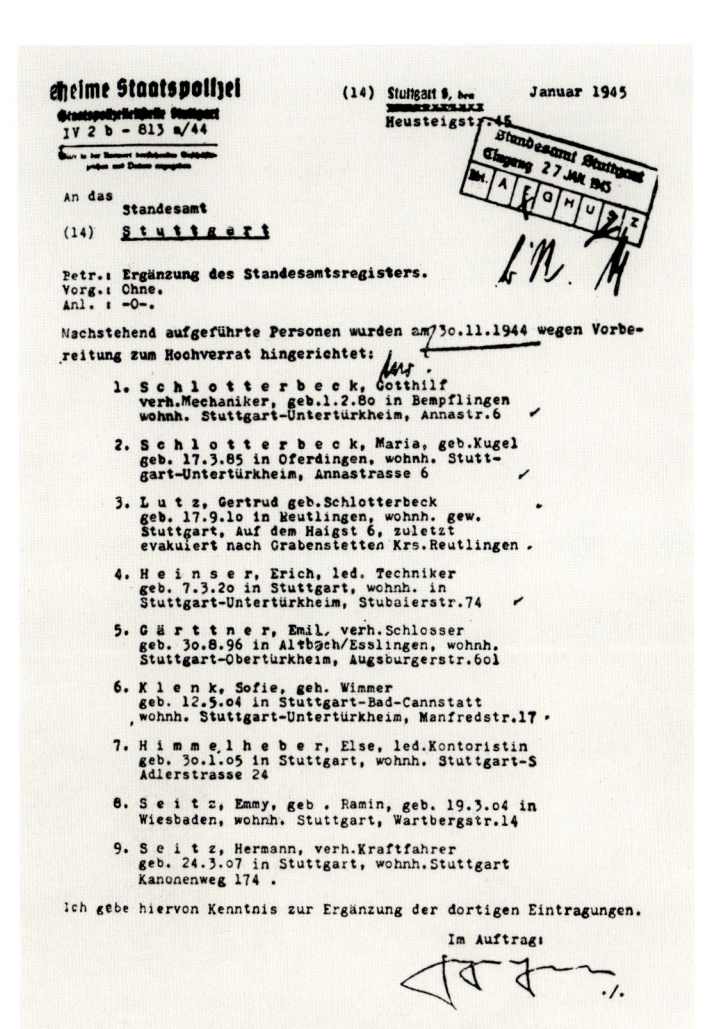

Mitteilung der Staatspolizeileitstelle Stuttgart an das Standesamt Stuttgart von Januar 1945 (vor dem 27.1.1945), die „Ergänzung des Standesamtsregisters" nach der Hinrichtung von neun Personen am 30. November 1944 betreffend.

Bei den im Konzentrationslager Dachau Erschossenen handelte es sich um Angehörige einer kommunistischen Widerstandsgruppe in Stuttgart.

22058 © ullstein bild, Berlin

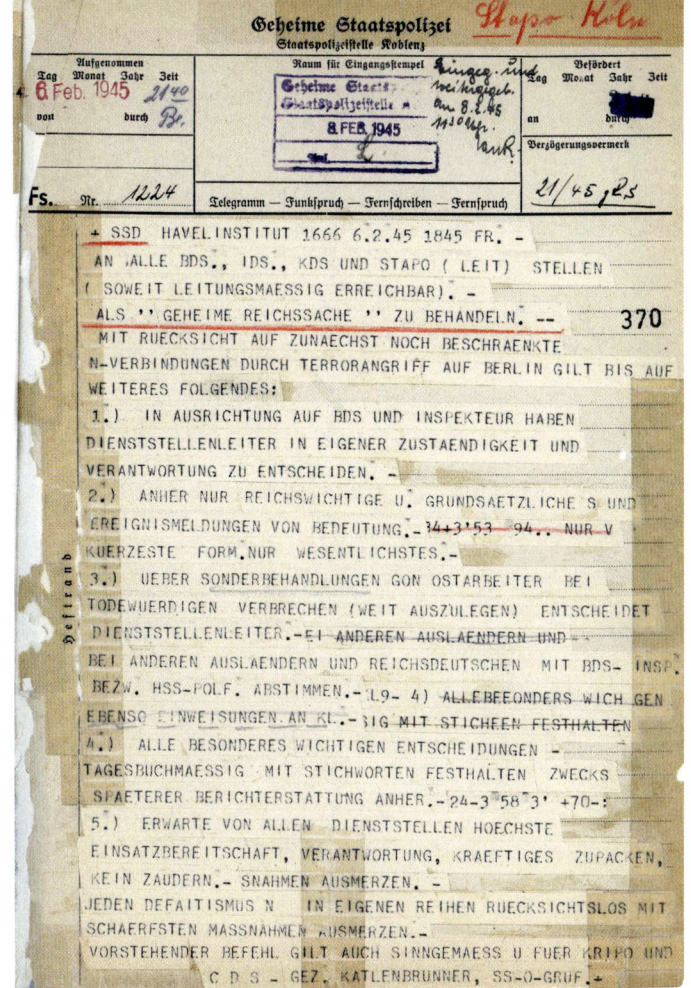

Fernschreiben des Chefs der Sicherheitspolizei und des SD, Ernst Kaltenbrunner, an nachgeordnete Dienststellen mit Verhaltensmaßregeln angesichts des zusammenbrechenden Kommunikationsnetzes des Reichssicherheitshauptamtes, 6. Februar 1945.

22057 Bundesarchiv, Berlin

KRIMINALPOLIZEI

Spendenaufruf zum NS-Winterhilfswerk am „Tag der Deutschen Polizei", 29. Januar 1939.
Das Plakat stilisiert die Arbeit der Kriminalpolizei als unpolitischen, im Dienste der Allgemeinheit stehenden „Kampf gegen das Verbrechertum" und aufopferungsvollen Dienst an der NS-„Volksgemeinschaft".

22362 Grafik: Helmuth Ellgaard © Bundesarchiv, Koblenz, 003-016-056

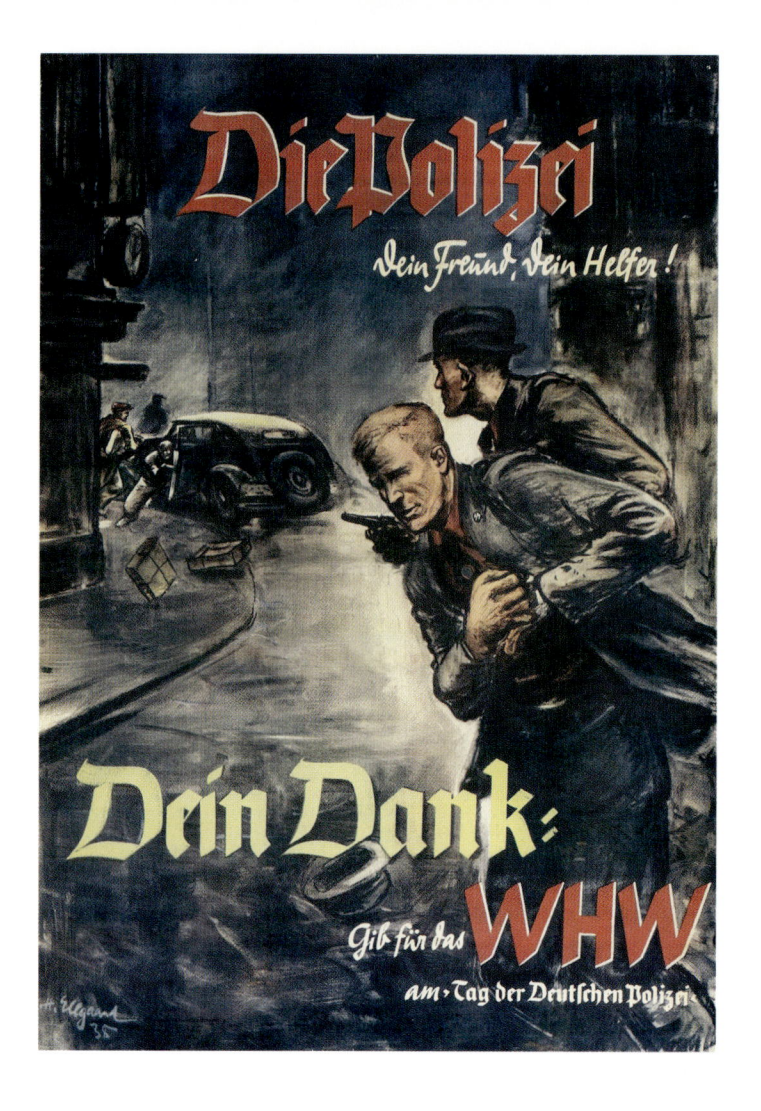

„Genau wie jeder äußere Feind mit militärischen Mitteln abgewehrt würde, so wird jeder, der die Volksgemeinschaft von innen heraus stört oder angreift, polizeilich bekämpft. Schwergewicht der Aufgabe ist die vorbeugende Verbrechensbekämpfung. Die Reichskriminalpolizei ist verpflichtet, die Gemeinschaft vor Schaden durch kriminelle Volksfeinde zu schützen." Paul Werner, stellvertretender Chef der Reichskriminalpolizei, 1939

22395 Gekürzter Auszug: P. Werner, Nationalsozialistische Verbrechensbekämpfung, in: Festschrift zur Einweihung des Reichskriminalpolizeiamtes, Berlin, 31.8.1939

Arthur Nebe, Chef des Amtes V (Kriminalpolizei) im Reichssicherheitshauptamt, in seinem Dienstzimmer im Neubau des Reichskriminalpolizeiamtes, Werderscher Markt, Berlin, 1939.

22061 © Bundesarchiv, Koblenz

Der kriminaltechnisch modernst ausgestattete Neubau des Reichskriminalpolizeiamtes (Amt V des Reichssicherheitshauptamtes) am Werderschen Markt 5–6 in Berlin, 1939.

In dem im August 1939 eingeweihten Gebäude war auch das Kriminaltechnische Institut (KTI) der Reichskriminalpolizei untergebracht.

22067 © ullstein bild, Berlin

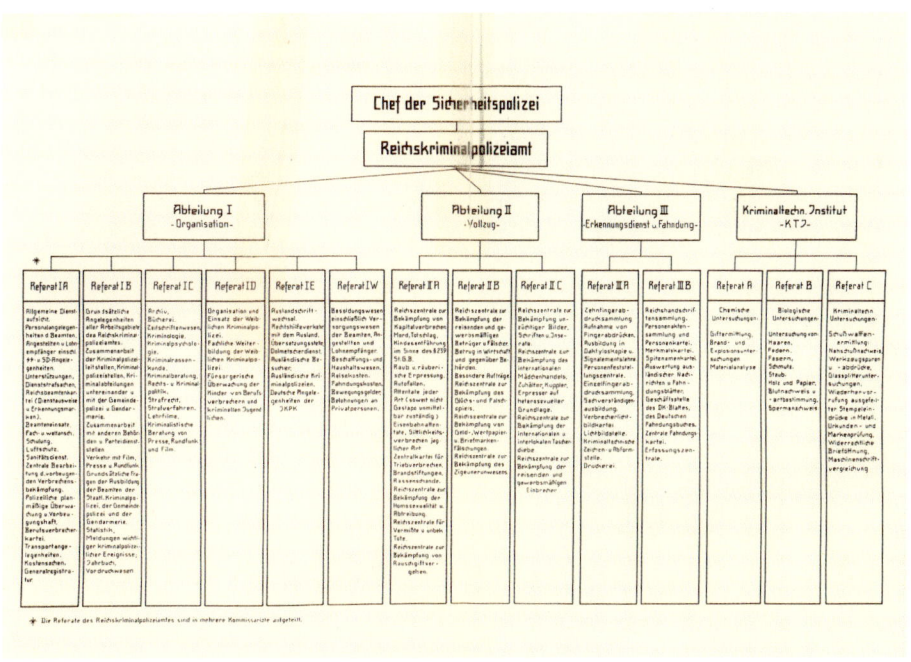

Geschäftsverteilungsplan des Reichskriminalpolizeiamtes in Berlin, August 1939.

22564 Festschrift zur Einweihung des Reichskriminalpolizeiamtes, 31.8.1939

Erinnerungsaufnahme der Absolventen eines Lehrganges von Kriminalassistentenanwärtern in der „Führerschule" der Sicherheitspolizei in Berlin-Charlottenburg, Juni 1937.

In der ab 1929 als Polizei-Institut genutzten ehemaligen Kaserne der kaiserlichen Gardes du Corps in der Schloßstraße 1 wurde der Führer-Nachwuchs unter anderem für die Kommissarlaufbahn von Gestapo und Kripo ausgebildet. Zahlreiche Absolventen (sogenannte Charlottenburger) machten nach 1949 Karriere in den Kriminalpolizeien des Bundes und der Länder.

22063 © Bundesarchiv, Berlin

„Die Machtübernahme durch die NSDAP markiert für die Kripo Kontinuität und fundamentalen Bruch zugleich. Was das NS-Regime 1933/34 realisierte – generelle Verschärfung der Strafjustiz, Sicherungsverwahrung, Vorbeugungshaft und planmäßige Überwachung von Berufsdelinquenten durch die Polizei – hatten Kriminalisten schon in den 1920er Jahren öffentlich gefordert. Der Bruch lag in der Praxis. Den Strategen der Verbrechensbekämpfung unter den Kriminalisten waren vor 1933 in der Praxis von am Rechtsstaat orientierten Kräften Grenzen gezogen worden, die unter dem NS-Regime fortfielen. Den Kriminalisten öffnete sich eine de facto rechtsfreie Zone unbeschränkter Willkür."

PATRICK WAGNER, HISTORIKER, 1996

22573 Gekürzter Auszug: P. Wagner, Volksgemeinschaft ohne Verbrecher. Konzeptionen und Praxis der Kriminalpolizei in der Zeit der Weimarer Republik und des Nationalsozialismus, Hamburg 1996

Vom Kriminalbeamten zum Organisator des Massenmordes: Christian Wirth, 1940 mitverantwortlich für Krankenmorde in den NS-„Euthanasie"-Tötungsanstalten im Reichsgebiet, 1942/43 für die Vernichtungslager Bełżec, Sobibór und Treblinka, undatiert (um 1938).

Geboren 1885, Sohn eines Küfermeisters, Volksschule. 1910 Polizeidienst, Teilnahme am Ersten Weltkrieg: Unteroffizier, hohe Kriegsauszeichnungen. 1919 Kriminalpolizei, 1932 Inspektor, 1938 Kommissariatsleiter beim Württembergischen Landespolizeipräsidium. Wirth hatte sich früh der NS-Bewegung angeschlossen und war als Polizeibeamter berufs- und verbandspolitisch aktiv. 1939 wurde er in die SS übernommen.

Ab Ende 1939 war Wirth unter anderem als Inspekteur für die Organisation der NS-Krankenmorde in den „Euthanasie"-Tötungsanstalten Grafeneck, Brandenburg/Havel, Hartheim/Linz und Hadamar verantwortlich. Ab Ende 1941 war er für den Aufbau des Vernichtungslagers Bełżec, ab Mitte 1942 als Inspekteur für die Vernichtungslager Bełżec, Sobibór und Treblinka im Rahmen der „Aktion Reinhardt" genannten Ermordung von über 1,5 Millionen Juden in Polen eingesetzt. Ab September 1943 war Wirth, Major der Polizei, SS-Sturmbannführer und Kriminalrat, in den Großraum Triest kommandiert. Dort war er für die Bekämpfung der italienischen Widerstandsbewegung und die Einrichtung des Konzentrationslagers San Sabba in Triest verantwortlich, in dem über 3 000 Menschen ermordet wurden. Wirth fiel am 26. Mai 1944 vermutlich einem Partisanenanschlag zum Opfer.

22072 © Bundesarchiv, Berlin

Albert Widmann, Referatsleiter V D 2 (Chemie und Biologie) im Kriminaltechnischen Institut (KTI) des Reichskriminalpolizeiamtes (RKPA), undatiert (um 1938).

Geboren 1912 als Sohn eines Lokomotivführers. Studium der Chemie an der TH Stuttgart, Assistent am Organisch-Pharmazeutischen Institut. 1937 NSDAP-Eintritt, 1938 Promotion, Anstellung als Wissenschaftlicher Mitarbeiter im KTI des RKPA, Aufnahme in die SS. Während der Vorbereitung der NS-„Euthanasie" („Aktion T4") beriet das KTI die Hauptverantwortlichen hinsichtlich geeigneter Mordmittel für die Massentötungen.

Widmann schlug die Verwendung von reinem CO-Gas vor. Er organisierte die Beschaffung von Kohlenmonoxydgas beim Hersteller I.G. Farben. Widmann nahm 1940 an einer „Probevergasung" von Kranken im alten Zuchthaus Brandenburg teil, gab technische Anweisungen an beteiligte Ärzte und war im Zuge der „Aktion T4" an der Verwertung des Zahngoldes Ermordeter beteiligt. 1944 bearbeitete er die Bestellungen tödlicher Medikamente wie Luminal durch die weiterhin aktiven „Euthanasie"-Stätten.

1941 war er an der Erprobung von Mordtechniken an geistig behinderten Anstaltsinsassen in Weißrussland durch die Einsatzgruppe B unter Führung des Leiters der Reichskriminalpolizei, Arthur Nebe, beteiligt. 1944 arbeitete Widmann unter anderem an der Entwicklung von vergifteter Munition für Handfeuerwaffen, die in einem tödlichen Menschenversuch an Insassen des Konzentrationslagers Sachsenhausen getestet wurde.

Nach Kriegsende wurde er nur kurzzeitig interniert und arbeitete später als Chefchemiker eines Lackherstellers. Im Januar 1959 wurde er verhaftet und in Düsseldorf wegen der Giftmunitionsversuche wegen Beihilfe zum Mord zu einer fünfjährigen Freiheitsstrafe verurteilt. Widmann ging in Revision und wurde im Oktober 1962 zu drei Jahren und sechs Monaten verurteilt. Unter anderem wegen seiner Beteiligung an den NS-„Euthanasie"-Morden wurde er 1962 in Stuttgart angeklagt und im September 1967 zu einer Freiheitsstrafe von sechs Jahren und sechs Monaten verurteilt. Nach Anrechnung verbüßter Straf- und Untersuchungshaft wurde die Reststrafe gegen Zahlung von 4 000 D-Mark an eine gemeinnützige Einrichtung der Behindertenpflege ausgesetzt.

22073 © Bundesarchiv, Berlin

SICHERHEITSDIENST (SD)

Reinhard Heydrich schreitet bei einem Besuch der „Führerschule" der Sicherheitspolizei und des Sicherheitsdienstes in Prag die Front angetretener Lehrgangsteilnehmer von Gestapo, Kripo und SD ab, 1. April 1942.

22098 © bpk, Berlin

Angehörige unter anderem des Sicherheitsdienstes (SD) der SS (in schwarzer Uniform) vor einer Razzia in der Verwaltung der Jüdischen Gemeinde Wiens, 18. März 1938.
Vorne rechts in Uniform, mit Blick zum Fotografen, Adolf Eichmann, Leiter der nach dem „Anschluss" Österreichs eingerichteten „Zentralstelle für jüdische Auswanderung" in Wien. Das Foto entstand vermutlich im Hof des Innenministeriums.

22093 Foto: Friedrich Franz Bauer © bpk, Berlin

Walter Schellenberg, Chef des Amtes VI (SD-Ausland) des Reichssicherheitshauptamtes, undatiert (um 1941).

22088 Foto: Alber © Bundesarchiv, Koblenz, 101 III-Alber-178-04A

Otto Ohlendorf, Chef des Amtes III (SD-Inland) des Reichssicherheitshauptamtes, undatiert (um 1942).

22387 © SZ Photo, München

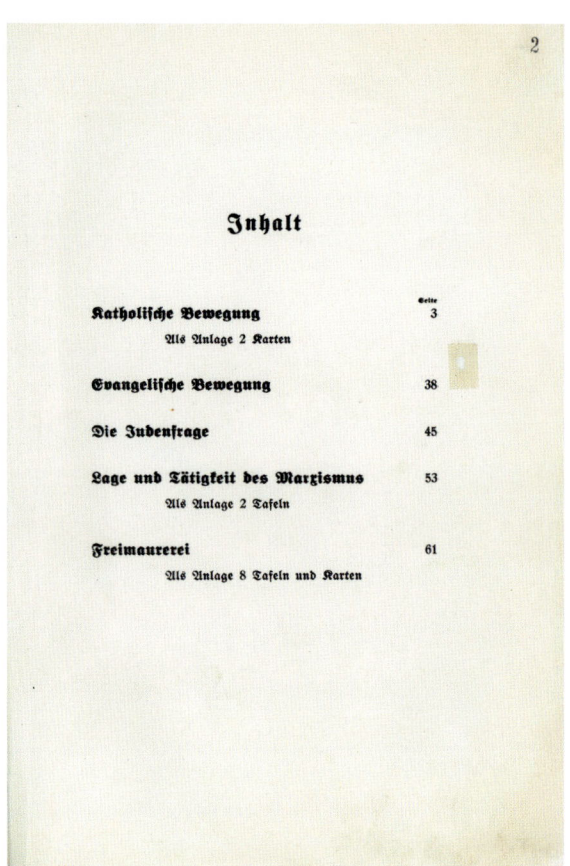

Auszug aus dem Lagebericht des Chefs des Sicherheitsamtes des Reichsführers-SS, Reinhard Heydrich, für Mai/Juni 1934.
Seit dem 1. Januar 1935 firmierte das Sicherheitsamt als SD-Hauptamt.
22082a–b Bundesarchiv, Berlin

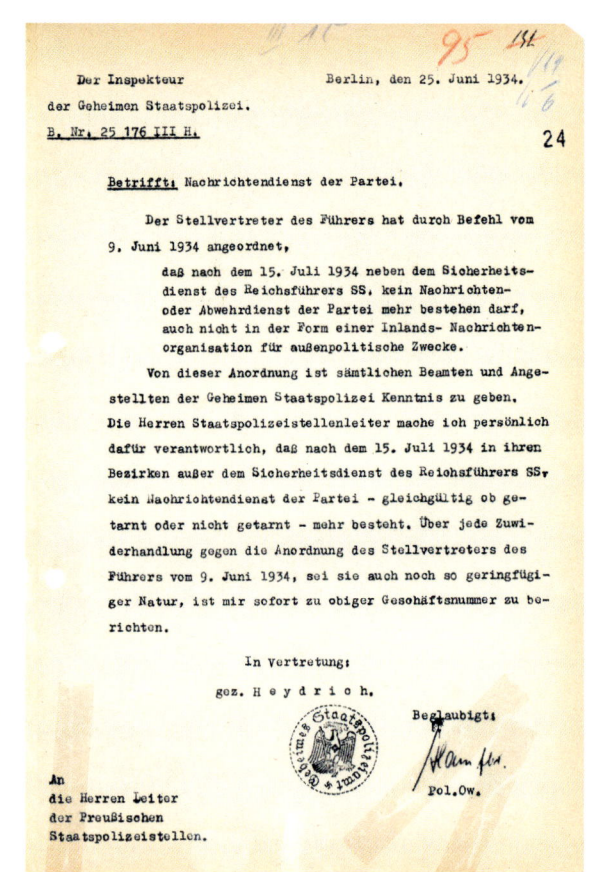

Mitteilung des Inspekteurs der preußischen Gestapo an die preußischen Staatspolizeistellen, die Anordnung des „Stellvertreters des Führers", Rudolf Heß, zum künftigen Status des Sicherheitsdienstes (SD) betreffend, 25. Juni 1934.
22081 Bundesarchiv, Berlin

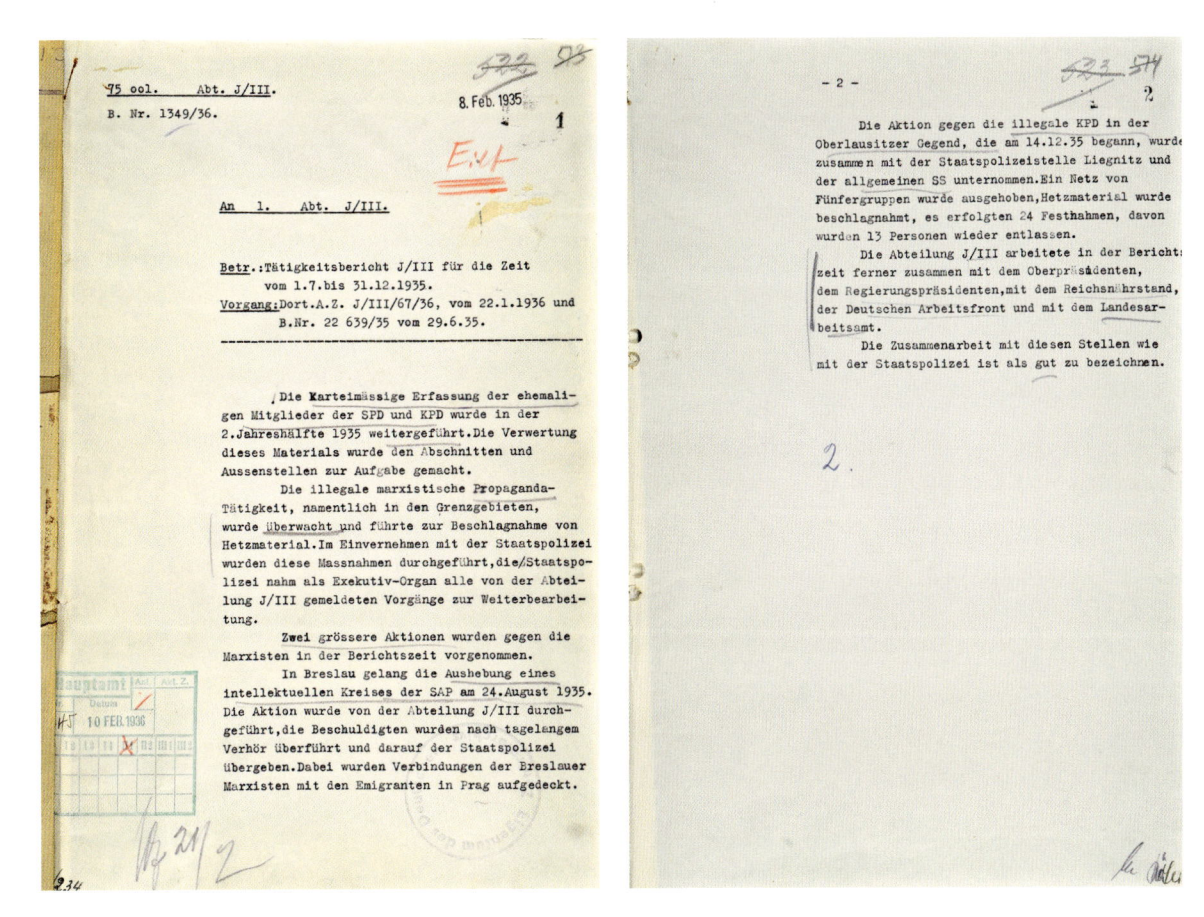

Tätigkeitsbericht der Abteilung J/III, Information (Inland), für die Zeit vom 1. Juli bis 31. Dezember 1935, 8. Februar 1936.

Beim Datumsstempel rechts oben ist fälschlicherweise das Jahr 1935 verwendet worden.

22102a–b Bundesarchiv, Berlin

„Die Staatspolizei wird unterstützt durch die nicht mit Exekutivbefugnis versehene Parteinachrichtenorganisation, den Sicherheitsdienst des Reichsführers-SS. Dieser ist ein Zweig der Gesamt-SS, dem die nachrichtenmäßige Erforschung und Überwachung der ideenmäßigen Gegner des Nationalsozialismus übertragen ist."

Reinhard Heydrich, 1936

22089 Gekürzter Auszug: R. Heydrich: Die Bekämpfung der Staatsfeinde, in: Deutsches Recht, H. 7/8, 6. Jg., 15.4.1936

Luftaufnahme der ausgedehnten Anlage der späteren „Führerschule" der Sicherheitspolizei und des Sicherheitsdienstes (SD), Bernau, um 1930.

Die als Bundesschule des Allgemeinen Deutschen Gewerkschaftsbundes bis 1930 erbaute Anlage wurde ab 1933 als „Reichsführerschule" der NSDAP und der Deutschen Arbeitsfront genutzt. Ab 1936 wurden dort Anwärter und Angehörige des leitenden Dienstes von Sipo und SD geschult.

Die von SD und Gestapo fingierten „Überfälle" unter anderem auf den Rundfunksender Gleiwitz und die Zollstation Hohenlinden, die Adolf Hitler den Vorwand zum Überfall auf Polen lieferten, wurden 1939 unter anderem in Bernau vorbereitet.

22394 © Bauhausarchiv, Berlin/Baudenkmal Bundesschule Bernau e.V.

Erinnerungsaufnahme von Lehrgangsteilnehmern der Sicherheitspolizei und des Sicherheitsdienstes (SD) in der „Führerschule" der Sicherheitspolizei in Berlin-Charlottenburg, 1942.

22327 © NIOD, Amsterdam

„Da die direkte Verfolgung der Opposition Aufgabe der Politischen Polizei blieb, dehnte der SD seine Beobachtungstätigkeit auf die Kreise der deutschen Bevölkerung aus, die vorerst nicht Schwerpunkt der Gestapo-Arbeit waren – Juden, Freimaurer, die Kirche. Sie wurden ‚wissenschaftlich' erfasst, analysiert und katalogisiert. Der SD lieferte damit die materiellen und ideologischen Grundlagen für die Verfolgung weiterer Bevölkerungskreise durch die Sicherheitspolizei. Entscheidend war aber, dass er sich konzeptionell eine Monopolstellung in der Juden- und Rassenpolitik der Sicherheitsorgane erarbeiten konnte, die seinen Anspruch, ‚Elite' zu sein und Konzeptionen in Praxis umzusetzen, unterstrich."

JENS BANACH, HISTORIKER, 1998

22586 Gekürzter Auszug: J. Banach, Heydrichs Elite. Das Führerkorps der Sicherheitspolizei und des SD 1936–1945, Paderborn, München, Wien, Zürich 1998

2.2 | Chef der Deutschen Polizei: Himmlers „Staatsschutzkorps"

**Titelblatt der „Meldungen aus dem Reich",
Nr. 185, 12. Mai 1941.**
Ab Oktober 1939 informierte der Sicherheitsdienst (SD) regelmäßig in themenspezifischen Berichten die NS-Nomenklatura über die Stimmung in der Bevölkerung und die innenpolitische Lage.
22100 Bundesarchiv, Berlin

Politisch gespannt ist nach wie vor die Lage im Protektorat. Der Träger der Opposition ist weitgehend die tschechische Intelligenz. Die tschechische Studentenschaft schaltet sich immer stärker in deutschfeindliche Aktionen ein. So wurden in der Nacht vom 19. auf den 20. Oktober in verschiedenen Teilen Brünns deutsche Anschriften übermalt. In einem Fall wurden zwei Höhrer [sic!] der tschechischen Hochschule in Brünn [Brno] auf frischer Tat gestellt. In der tschechischen Universität in Prag wurde ein Flugblatt zum 28.10. verbreitet, das mit den Worten endet: „Unser Leitspruch sei am 28.10.: Deutsche hinaus!"

Auszug aus dem „Bericht zur innenpolitischen Lage", Nr. 9, 27. Oktober 1939.
22104 H. Boberach (Hg.), Meldungen aus dem Reich 1938–1945. Die geheimen Lageberichte des Sicherheitsdienstes der SS, Bd. 2, Herrsching 1984

Als das offenbar schwerwiegendste Problem gelten die Anzeichen einer Verwahrlosung der Jugendlichen in allen Altersstufen und Bevölkerungskreisen. In Großstadt- und Industriegebieten wird darüber geklagt, daß die sittlich-moralische Haltung vor allem der unorganisierten Jugendlichen im Alter von 16 bis 19 Jahren bedenklich schlecht sei. Es wird immer wieder berichtet, daß bei Anbrechen der Dunkelheit sich Jugendliche herumtreiben, um gemeinsam Passanten, insbesondere weibliche Personen, zu belästigen. Die wieder erlaubten öffentlichen Tanzveranstaltungen werden sehr stark von Jugendlichen beiderlei Geschlechts besucht. In den Gasthäusern, vor allem auch auf dem Lande und in Kleinstädten, lassen sie durch übermäßigen Alkoholgenuß, Zigarettenrauchen und Kartenspiel jedes Gefühl für die Gegenwartslage vermissen.

Auszug aus dem „Bericht zur innenpolitischen Lage", Nr. 11, 3. November 1939.
22105 H. Boberach (Hg.), Meldungen aus dem Reich 1938–1945. Die geheimen Lageberichte des Sicherheitsdienstes der SS, Bd. 2, Herrsching 1984

Theater
Das gemeinsame Kennzeichen aller größeren Theater im Reich ist die verhältnismäßig hohe Besucherzahl. Die großen Bühnen sind z. T. immer ausverkauft. Schwieriger liegen die Verhältnisse bei kleineren Theatern und Wanderbühnen, die abgelegenere Landstriche betreuen und z. T. unter mangelnder Propaganda oder ungeeigneten Vorführungsräumen zu leiden haben.

Film
Die Filmtheater haben nach wie vor innerhalb der Kulturveranstaltungen den stärksten Besuch. Trotz der ruhigeren Kriegslage besteht für die Wochenschauen ein brennendes Interesse. Sehr großer Beliebtheit erfreut sich der kurze Tonstreifen um den Hamsterer und Meckerer, der jeweils in das Filmprogramm eingeschoben wird. Die Landbevölkerung zeigt sich außerordentlich dankbar für die verstärkte Arbeit der Gaufilmstellen. Unter den Spielfilmen finden besonders Militärfilme die Anerkennung aller Bevölkerungsschichten, so vor allem der Fliegerfilm D III 88, aber auch ältere Filme, die nun in der Provinz ihre Verbreitung finden, wie „13 Mann und eine Kanone", „Pour le merite" und der alte U-Boot-Film „Morgenrot". Der Robert Koch-Film ist zu einem positiven Erlebnis fast des ganzen Volkes geworden.

Musik
Die Entwicklung der Musik steht im Zeichen planmäßig durchdachter und inhaltlich wertvoller Konzertveranstaltungen, wobei die Besucherfrequenz in verschiedenen Landstrichen allerdings erheblich schwankt. In den größeren Städten finden klassische Musikdarbietungen starken Anklang, während in den Landbezirken leichte Unterhaltungsmusik bevorzugt wird. Die verstärkte Pflege und Propagierung der Hausmusik findet im Volk starken Rückhall.

Auszug aus dem „Bericht zur innenpolitischen Lage", Nr. 24, 4. Dezember 1939.
22106 H. Boberach (Hg.), Meldungen aus dem Reich 1938–1945. Die geheimen Lageberichte des Sicherheitsdienstes der SS, Bd. 3, Herrsching 1984

In vielen Städten des Reiches tauchten in letzter Zeit auch zahlreiche kommunistische Schmierereien auf. Im Leuna-Werk entdeckte man z. B. die Inschriften „Nieder mit Hitler!" und „Rotfront". An einer Wand des NAB-Werkes in Schwandorf (Obpf.) stand u. a.: „Die Nazis sind Arbeitermörder. Hitler ist zum Arbeitermörder geworden. Nieder mit dem Hitlerismus!" Im Gelände des Dortmund-Hörder Hüttenvereins wurde an einer Wand die Aufschrift „KPD" festgestellt. Ferner kamen aus Bielefeld, Breslau, Dresden, Düsseldorf, Koblenz, Magdeburg, München, Münster, Plauen, Würzburg, Meldungen über solche staatsfeindlichen Schmiereien. (Staatspolizeiliche Erhebungen sind in allen bisher angeführten Fällen im Gange.)

Auszug aus den „Meldungen aus dem Reich", Nr. 70, 29. März 1940.
22108 H. Boberach (Hg.), Meldungen aus dem Reich 1938–1945. Die geheimen Lageberichte des Sicherheitsdienstes der SS, Bd. 4, Herrsching 1984

Zum bisherigen Einsatz polnischer Zivilarbeiter:

Auf dem Gebiete des Arbeitseinsatzes in der Landwirtschaft wird in den Meldungen immer wieder die schleppende Entwicklung, die die Vermittlung polnischer Zivilarbeiter aus dem Generalgouvernement und den angegliederten Ostgebieten nimmt, hervorgehoben. Die mit der Durchführung des Arbeitseinsatzes betrauten oder in Berührung stehenden Dienststellen und Behörden weisen allgemein darauf hin, daß die Aktion bisher nicht den Erfolg gezeitigt habe, der vorausgesehen wurde und in Anbetracht der starken Mangellage notwendig war. Aus fast allen Reichsgebieten laufen Meldungen ein, daß nur ein Teil des im Januar 1940 vordringlichst gemeldeten Bedarfs hätte sichergestellt werden können.

Auszug aus den „Meldungen aus dem Reich", Nr. 87, 14. Mai 1940.
22107 H. Boberach (Hg.), Meldungen aus dem Reich 1938–1945. Die geheimen Lageberichte des Sicherheitsdienstes der SS, Bd. 4, Herrsching 1984

ORDNUNGSPOLIZEI

Vermutlich gegen polnische Juden gerichtete Razzia einer Einheit der Ordnungspolizei, bei Lublin, undatiert (1939/40).
Um Fluchtversuche zu erschweren, mussten die Gefangenen sich bäuchlings vor einem Zaun auf den Boden legen.

Bei der Bildsequenz handelt es sich um private Aufnahmen eines beteiligten Polizisten.

22125a–b Fotos: privat © Stiftung Topographie des Terrors, Berlin

Festnahme und öffentliche Demütigung
polnischer Juden im Zuge einer Razzia der
Ordnungspolizei, bei Lublin, undatiert (1939/40).

Bei dem Foto handelt es sich um die private
Aufnahme eines an der Aktion beteiligten Polizisten.

22129 Foto: privat © Stiftung Topographie des Terrors, Berlin

„Die Ordnungspolizei im Kriegseinsatz",
Plakat zum mit dem NS-Winterhilfswerk (WHV)
gekoppelten „Tag der deutschen Polizei",
29. Januar 1941.

22960 Grafik: R. Seyfried © bpk, Berlin

Während der Neuvereidigung der Wiener Polizei nach dem „Anschluss" Österreichs besichtigt Heinrich Himmler (Mitte) eine deutsche Einheit der Ordnungspolizei, Wien, 15. März 1938.

Vorn links Himmlers Stabschef Karl Wolff, rechts dahinter Ernst Kaltenbrunner, Staatssekretär für das Sicherheitswesen in der Regierung Seyß-Inquart und wenig später Höherer SS- und Polizeiführer Donau und Wien. In Zivil Josef Bürckel, Reichskommissar für die Wiedervereinigung Österreichs mit dem Reich, kommissarischer Leiter der NSDAP in Österreich und späterer Gauleiter von Wien. Hinter Himmler Reinhard Heydrich, Chef der Sicherheitspolizei und des SD, rechts neben Himmler der Chef der Ordnungspolizei Kurt Daluege.

22122 © Institut für Zeitgeschichte, Universität Wien

Deportation von Juden: Beamte der Schutzpolizei bewachen die Opfer auf dem Marsch durch die Stadt zum Bahnhof, Brandenburg an der Havel, 1942.

22130 © Stadtarchiv Brandenburg an der Havel

Der Chef der Ordnungspolizei, Kurt Daluege (Mitte), im Gespräch mit Offizieren der Ordnungspolizei, undatiert (Spätsommer 1941).
2. v. r. der damalige Höhere SS- und Polizeiführer Russland-Nord, Hans Adolf Prützmann.

Kurt Daluege, geboren 1897 als Sohn eines Beamten. Kriegsfreiwilliger im Ersten Weltkrieg, Notabitur 1917. 1922 Studium an der TH Berlin, 1924 Diplomingenieur. 1923 NSDAP-Eintritt. Bis 1926 bei der Berliner Stadtreinigung als Bauleiter und Ingenieur. Ab 1926 stellvertretender NSDAP-Gauleiter, Leiter der Berliner SA. Ab 1930 Führer der Berliner SS. 1932 NSDAP-Abgeordneter im Preußischen Landtag.

1933 Mitglied des Reichstages, Chef der kasernierten Landespolizei in Preußen. 1934 Leiter der Polizeiabteilung im Reichsinnenministerium. 1936 als Chef des Hauptamtes Ordnungspolizei Übernahme aller Polizeisparten außer der Gestapo und der Kripo. 1942 bis 1943 als SS-Oberstgruppenführer und Generaloberst der Polizei Nachfolger Reinhard Heydrichs als „Stellvertretender Reichsprotektor von Böhmen und Mähren", 1943 krankheitshalber aus dem Dienst ausgeschieden. 1945 Inhaftierung, 1946 Auslieferung an die ČSR, am 23. Oktober 1946 in Prag hingerichtet.

22524 © Bundesarchiv, Koblenz, 85/44725

„Ordnungspolizei und Sicherheitspolizei im Kriegseinsatz", Plakat zum mit dem NS-Winterhilfswerk (WHV) gekoppelten „Tag der deutschen Polizei", 29. Januar 1941.

22523 Grafik: Atelier Albrecht © bpk, Berlin

„Dem ‚Hauptamt Ordnungspolizei', das von Kurt Daluege geleitet wurde, unterstanden die städtischen Schutzpolizeieinheiten (Schupo), die Gendarmerieverbände auf dem Lande sowie die Gemeindepolizei der kleineren Orte. Bei Kriegsbeginn 1939 hatte die Ordnungspolizei eine Stärke von 131 000 Mann. Die Einberufungen wurden schrittweise ausgedehnt, so dass die Ordnungspolizei 1940 auf 244 500 Mann angewachsen war. Die Ordnungspolizei entwickelte sich rasch zu einem wichtigen Reservoir von Einsatzkräften, die zur Niederhaltung des von Deutschland besetzten Europa gebraucht wurden."
CHRISTOPHER R. BROWNING, HISTORIKER, 1992

22528 Gekürzter Auszug: C. R. Browning, Ganz normale Männer. Das Reserve-Polizeibataillon 101 und die „Endlösung" in Polen, Reinbek bei Hamburg 1993

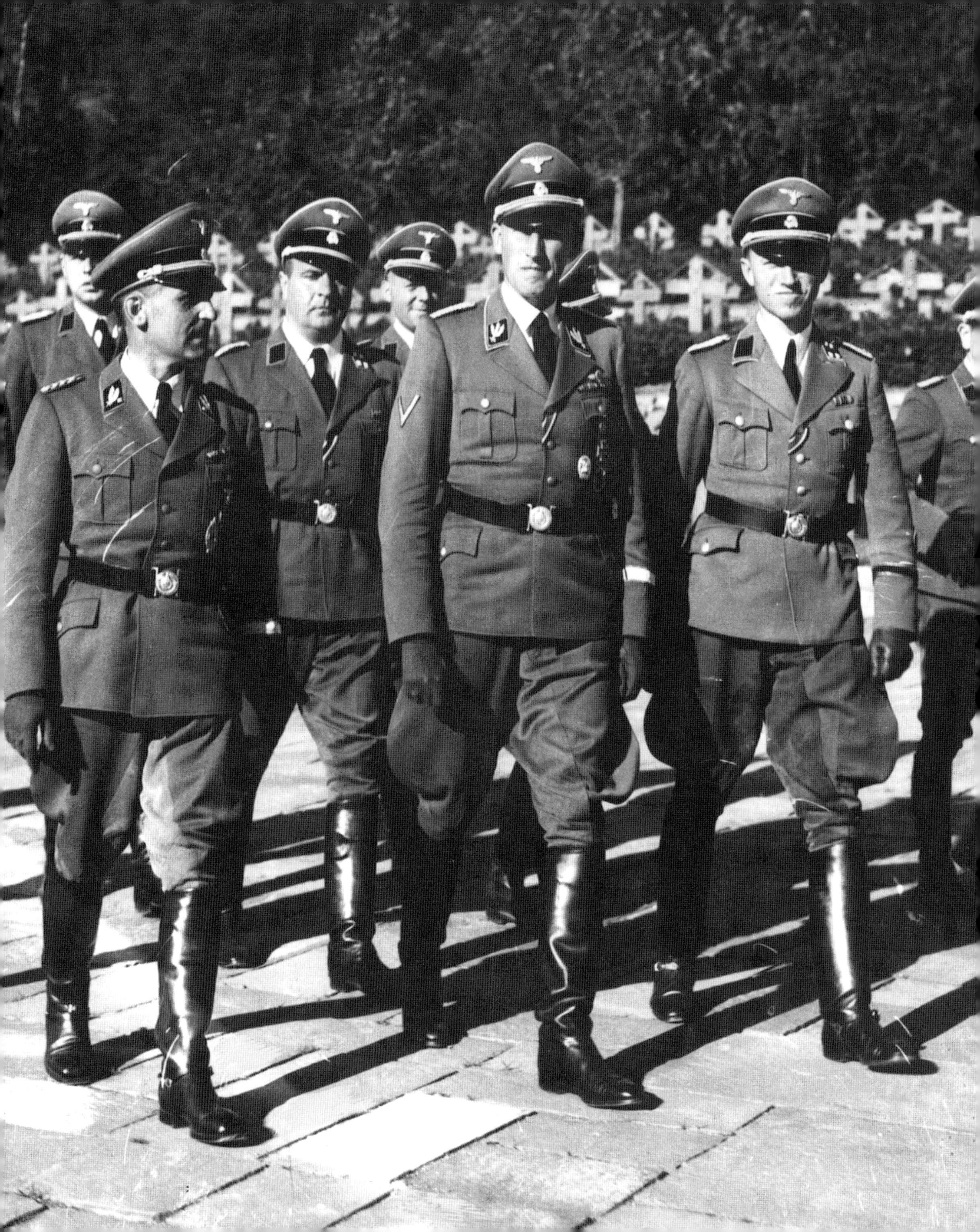

2.3 Das Reichssicherheitshauptamt

Um jede innerparteiliche Opposition zu unterbinden, wurde als Nachrichtendienst der NSDAP der „Sicherheitsdienst" der SS geschaffen. Seit 1931 leitete Reinhard Heydrich den „SD". Er wollte neben „inneren Gegnern" auch „äußere Feinde" der Partei überwachen und bekämpfen. Deshalb kam dem SD besondere Bedeutung bei der Etablierung des NS-Staates zu. Er sammelte Informationen im ganzen Reichsgebiet und unterrichtete die NS-Führung mit den „Meldungen aus dem Reich" über Reaktionen auf politische Ereignisse und Stimmungen in der Bevölkerung. Dabei stützte er sich auf ein Netz von Informanten, die sich oft zugleich als Denunzianten betätigten.

Seit 1934 residierte die Leitung des SD in der Berliner Wilhelmstraße in unmittelbarer Nachbarschaft zur Gestapozentrale. Im Reich wurden SD-Außenstellen eingerichtet, die zu SD-(Ober)Abschnitten zusammengefasst wurden und seit 1935 dem Sicherheits-Hauptamt unterstanden. 1937 wurden die Arbeitsbereiche von Gestapo und SD klar getrennt. Die Gestapo nahm staatliche Exekutivfunktionen wahr, der SD sammelte im In- und Ausland vor allem Informationen. Reinhard Heydrich, seit 1943 Ernst Kaltenbrunner, leiteten beide Institutionen in Personalunion.

1939 wurden Gestapo, Kriminalpolizei und SD zum Reichssicherheitshauptamt (RSHA) verschmolzen, das Heydrich als Chef der Sicherheitspolizei und des SD unterstellt wurde. 1944 wurden über 50 000 RSHA-Angehörige gezählt: 31 374 Gestapobeamte, 12 792 Kriminalbeamte und 6 482 SD-Leute. Das RSHA lenkte während des Krieges die NS-Verfolgungspolitik. Es organisierte die Deportationen der deutschen Juden und der jüdischen Bevölkerung in den besetzten Ländern in die SS-Vernichtungslager „im Osten". Seinen Befehlen folgten auch die mobilen Einsatzgruppen und die stationären Dienststellen von Sicherheitspolizei und SD im besetzten Ausland, denen weitere hunderttausende Juden, „Zigeuner" und politische Gegner zum Opfer fielen.

Inspektionsreise des Chefs des Reichssicherheitshauptamtes (RSHA), Reinhard Heydrich, nach Oslo, undatiert (3.–7. September 1941).
Heydrich (3. v. r.) besuchte auch die Kriegsgräber deutscher Gefallener. Links neben ihm der Chef des Amtes IV im RSHA (Geheime Staatspolizei), Heinrich Müller (4. v. l.). Hinter Müller der spätere Chef des Amtes VI des RSHA (SD-Ausland), Walter Schellenberg (2. v. l.). 2. v. r. der Befehlshaber der Sicherheitspolizei und des SD in Norwegen, Heinrich Fehlis.
23008 © Norges Hjemmefrontmuseum, Oslo

Die Führung des SS- und Polizeiapparates, Heinrich Himmler (l.) und Reinhard Heydrich (2. v. l.), mit Himmlers Stabschef Karl Wolff (2. v. r.), Obersalzberg bei Berchtesgaden, vermutlich 16. August 1939.

Bei diesem Treffen wurden zwischen Himmler, Heydrich und Adolf Hitler zahlreiche Fragen des Einsatzes von Polizei und SS bei dem bevorstehenden Angriff auf Polen erörtert. Das Foto entstammt einer 16-mm-Filmsequenz. Sie wurde von Eva Braun aufgenommen, die Hitler in der Nacht vor dem gemeinsamen Suizid am 30. April 1945 heiratete.

23002 © bpk, Berlin

„Das RSHA muß als eine spezifisch nationalsozialistische Institution neuen Typs gesehen werden, die unmittelbar mit der nationalsozialistischen Vorstellung der ‚Volksgemeinschaft' und ihrer staatlichen Organisation verbunden war. Das Reichssicherheitshauptamt bildete demnach den konzeptionellen wie exekutiven Kern einer weltanschaulich orientierten Polizei, die ihre Aufgaben politisch verstand, ausgerichtet auf rassische ‚Reinhaltung' des ‚Volkskörpers' sowie die Abwehr oder Vernichtung der völkisch definierten Gegner, losgelöst von normenstaatlichen Beschränkungen, in ihren Maßnahmen allein der im ‚Führerwillen' zum Ausdruck kommenden Weltanschauung verpflichtet."
MICHAEL WILDT, HISTORIKER, 2002

23516 Gekürzter Auszug: M. Wildt, Generation des Unbedingten. Das Führungskorps des Reichssicherheitshauptamtes, Hamburg 2002

2.3 | Das Reichssicherheitshauptamt

Interieur des für den Chef der Sicherheitspolizei und des SD und Chef des Reichssicherheitshauptamtes vorgesehenen Dienstzimmers im Palais Prinz Albrecht, undatiert (vermutlich 1942).
Reinhard Heydrichs Dienstsitz in der Wilhelmstraße 102 war zuvor aufwendig renoviert worden.

23004 © Brandenburgisches Landesamt für Denkmalpflege/Messbildarchiv, Zossen

Das Palais Prinz Albrecht, Wilhelmstraße 102, Berliner Dienstsitz des Chefs des Reichssicherheitshauptamtes, undatiert (1941/42).

23003 © Brandenburgisches Landesamt für Denkmalpflege/Messbildarchiv, Zossen

Der Chef der Sicherheitspolizei und des SD

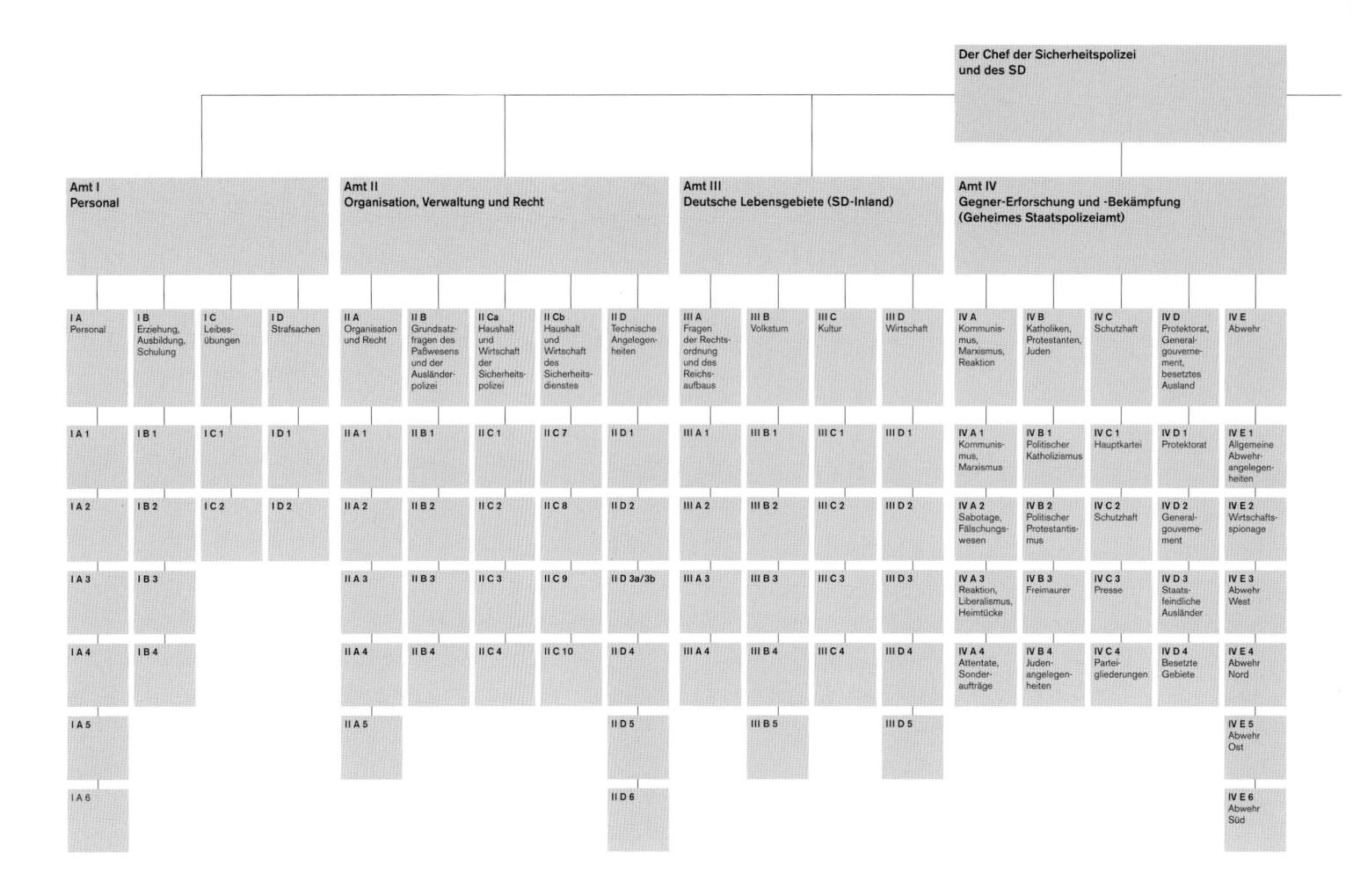

Amt I – Personal
- **I A** Personal
  - I A 1
  - I A 2
  - I A 3
  - I A 4
  - I A 5
  - I A 6
- **I B** Erziehung, Ausbildung, Schulung
  - I B 1
  - I B 2
  - I B 3
  - I B 4
- **I C** Leibesübungen
  - I C 1
  - I C 2
- **I D** Strafsachen
  - I D 1
  - I D 2

Amt II – Organisation, Verwaltung und Recht
- **II A** Organisation und Recht
  - II A 1
  - II A 2
  - II A 3
  - II A 4
  - II A 5
- **II B** Grundsatzfragen des Paßwesens und der Ausländerpolizei
  - II B 1
  - II B 2
  - II B 3
  - II B 4
- **II Ca** Haushalt und Wirtschaft der Sicherheitspolizei
  - II C 1
  - II C 2
  - II C 3
  - II C 4
- **II Cb** Haushalt und Wirtschaft des Sicherheitsdienstes
  - II C 7
  - II C 8
  - II C 9
  - II C 10
- **II D** Technische Angelegenheiten
  - II D 1
  - II D 2
  - II D 3a/3b
  - II D 4
  - II D 5
  - II D 6

Amt III – Deutsche Lebensgebiete (SD-Inland)
- **III A** Fragen der Rechtsordnung und des Reichsaufbaus
  - III A 1
  - III A 2
  - III A 3
  - III A 4
- **III B** Volkstum
  - III B 1
  - III B 2
  - III B 3
  - III B 4
  - III B 5
- **III C** Kultur
  - III C 1
  - III C 2
  - III C 3
  - III C 4
- **III D** Wirtschaft
  - III D 1
  - III D 2
  - III D 3
  - III D 4
  - III D 5

Amt IV – Gegner-Erforschung und -Bekämpfung (Geheimes Staatspolizeiamt)
- **IV A** Kommunismus, Marxismus, Reaktion
  - IV A 1 Kommunismus, Marxismus
  - IV A 2 Sabotage, Fälschungswesen
  - IV A 3 Reaktion, Liberalismus, Heimtücke
  - IV A 4 Attentate, Sonderaufträge
- **IV B** Katholiken, Protestanten, Juden
  - IV B 1 Politischer Katholizismus
  - IV B 2 Politischer Protestantismus
  - IV B 3 Freimaurer
  - IV B 4 Judenangelegenheiten
- **IV C** Schutzhaft
  - IV C 1 Hauptkartei
  - IV C 2 Schutzhaft
  - IV C 3 Presse
  - IV C 4 Parteigliederungen
- **IV D** Protektorat, Generalgouvernement, besetztes Ausland
  - IV D 1 Protektorat
  - IV D 2 Generalgouvernement
  - IV D 3 Staatsfeindliche Ausländer
  - IV D 4 Besetzte Gebiete
- **IV E** Abwehr
  - IV E 1 Allgemeine Abwehrangelegenheiten
  - IV E 2 Wirtschaftsspionage
  - IV E 3 Abwehr West
  - IV E 4 Abwehr Nord
  - IV E 5 Abwehr Ost
  - IV E 6 Abwehr Süd

Die Organisationsstruktur des Reichssicherheitshauptamtes, Stand 1. März 1941.

23010 © Stiftung Topographie des Terrors, Berlin

Amt V
Verbrechensbekämpfung (Reichskriminalpolizeiamt)

V A Kriminalpolitik und Vorbeugung
- V A 1
- V A 2
- V A 3

V B Einsatz
- V B 1
- V B 2
- V B 3

V C Erkennungsdienst und Fahndung
- V C 1
- V C 2

V D Kriminaltechnisches Institut der Sicherheitspolizei
- V D 1
- V D 2
- V D 3

Amt VI
Ausland (SD-Ausland)

VI A Allgem. auslandsnachrichtendienstliche Aufgaben
- VI A 1
- VI A 2
- VI A 3
- VI A 4
- VI A 5
- VI A 6

VI B deutsch-italienisches Einflußgebiet
- VI B 1
- VI B 2
- VI B 3
- VI B 4
- VI B 5
- VI B 6
- VI B 7
- VI B 8
- VI B 9
- VI B 10

VI C Osten, russisch-japanisches Einflußgebiet
- VI C 1
- VI C 2
- VI C 3
- VI C 4
- VI C 5
- VI C 6
- VI C 7
- VI C 8
- VI C 9
- VI C 10
- VI C 11

VI D Westen, englisch-amerikanisches Einflußgebiet
- VI D 1
- VI D 2
- VI D 3
- VI D 4
- VI D 5
- VI D 6
- VI D 7
- VI D 8
- VI D 9

VI E Erkundung weltanschaulicher Gegner im Ausland
- VI E 1
- VI E 2
- VI E 3
- VI E 4
- VI E 5
- VI E 6

VI F Technische Hilfsmittel
- VI F 1
- VI F 2
- VI F 3
- VI F 4
- VI F 5
- VI F 6
- VI F 7

Amt VII
Weltanschauliche Forschung und Auswertung (SD)

VII A Materialerfassung
- VII A 1
- VII A 2
- VII A 3

VII B Auswertung
- VII B 1
- VII B 2
- VII B 3
- VII B 4
- VII B 5
- VII B 6

VII C Archiv, Museum, Sonderaufträge
- VII C 1
- VII C 2
- VII C 3

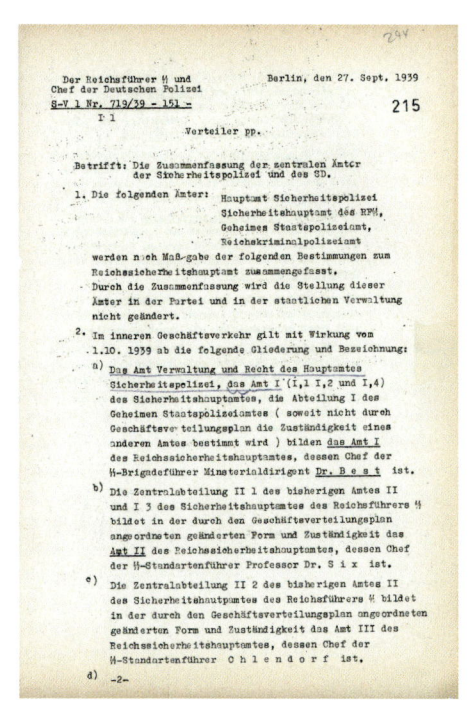

Erlass des Reichsführers-SS (RFSS) und Chefs der Deutschen Polizei, Heinrich Himmler, über die Bildung des Reichssicherheitshauptamtes (RSHA), 27. September 1939.

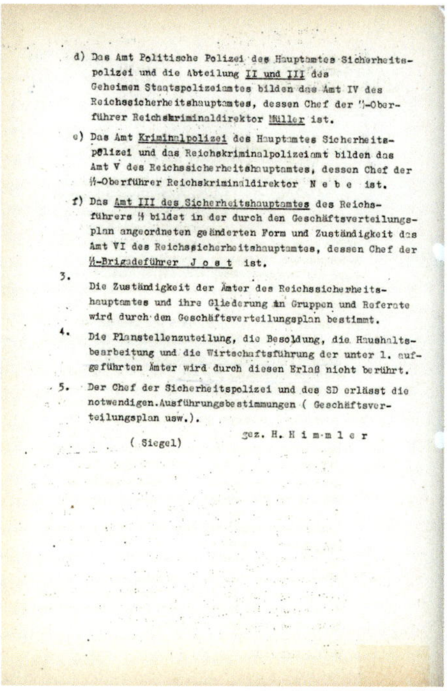

23006a–b Bundesarchiv, Berlin

Erlass des Chefs der Sicherheitspolizei und des SD, Reinhard Heydrich, über die Bezeichnungen der Ämter des Reichssicherheitshauptamtes im Geschäftsverkehr, 27. September 1939.

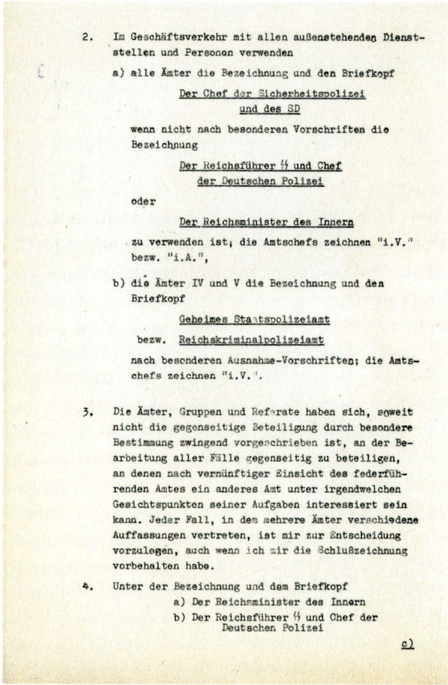

23007a–c Bundesarchiv, Berlin

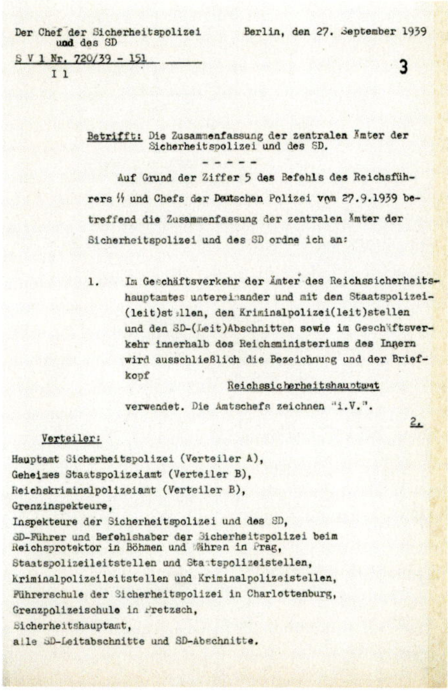

Reinhard Heydrich (1904–1942), erster Chef des Reichssicherheitshauptamtes (RSHA), undatiert (um 1940).

Geboren in Halle an der Saale als Sohn eines Opernsängers und Komponisten. Besuch des katholischen Reform-Realgymnasiums. 1922 Eintritt in die Marine, 1928 als Oberleutnant zur See nach einem Ehrengerichtsverfahren aus der Marine entlassen. 1931 Eintritt in die Nationalsozialistische Deutsche Arbeiterpartei (NSDAP) und die SS. Im August 1931 mit dem Aufbau der nachrichtlichen Abteilung im SS-Oberstab (München) beauftragt, 1932 Chef des Sicherheitsdienstes (SD) des Reichsführers-SS.

Ab März 1933 kommissarischer Leiter der politischen Abteilung der Polizeidirektion München, Leiter der bayerischen politischen Polizei. Ab April 1934 Leiter des preußischen Geheimen Staatspolizeiamtes. Ab 1936 Chef der Sicherheitspolizei und des SD. Mit Bildung des RSHA im September 1939 dessen Chef. Ab September 1941 für die Dauer der Erkrankung des Reichsprotektors von Böhmen und Mähren mit dessen Vertretung beauftragt. Am 4. Juni 1942 starb Heydrich an den Folgen eines Attentates in Prag.

23311 © SZ Photo, München

Ernst Kaltenbrunner (1903–1946), 1943 Nachfolger Reinhard Heydrichs als Chef des Reichssicherheitshauptamtes (RSHA), 1944.

Geboren in Ried (Innkreis/Österreich) als Sohn eines Rechtsanwalts. 1926 Promotion zum Dr. iur., 1930 Eintritt in die Nationalsozialistische Deutsche Arbeiterpartei (NSDAP), 1931 in die SS.

Ab März 1938 Staatssekretär für öffentliche Sicherheit im österreichischen Kabinett von Arthur Seyß-Inquart. Nach dem „Anschluss" Österreichs an das Deutsche Reich Führer des SS-Oberabschnittes Donau, zugleich Höherer SS- und Polizeiführer (HSSPF) für dasselbe Gebiet. Ab 30. Januar 1943 Chef der Sicherheitspolizei und des SD sowie Chef des RSHA. Vom Internationalen Militärgerichtshof (IMT) in Nürnberg 1946 zum Tode verurteilt und hingerichtet.

23012 © Bundesarchiv, Berlin

Werner Best (1903–1989), undatiert (1936/37).

Geboren in Darmstadt als Sohn eines Postinspektors. 1927 Promotion zum Dr. iur. Ab 1929 Amtsrichter in Hessen. 1930 Eintritt in die Nationalsozialistische Deutsche Arbeiterpartei (NSDAP), im November 1931 Eintritt in die SS, im Dezember 1931 aus dem hessischen Staatsdienst entlassen. 1931–1933 Kreisleiter und Landtagsabgeordneter der NSDAP.

Ab März 1933 Staatskommissar für das Polizeiwesen in Hessen. Ab Juli 1933 Landespolizeipräsident von Hessen. Ab Januar 1935 Abteilungsleiter im Geheimen Staatspolizeiamt. Ab 1936 Chef des Amtes I (Verwaltung und Recht) im Hauptamt Sicherheitspolizei und Vertreter des Chefs der Sicherheitspolizei und des SD. Bei Bildung des Reichssicherheitshauptamtes (RSHA) im September 1939 Chef des Amtes I (Personal). 1940–1942 Kriegsverwaltungschef im Stab des Militärbefehlshabers in Paris. Von November 1942 bis Kriegsende Reichsbevollmächtigter für Dänemark in Kopenhagen.

1948 in Dänemark wegen Kriegsverbrechen zum Tode verurteilt, im August 1951 begnadigt. Anschließend Tätigkeit als Anwalt, 1953–1972 unter anderem als Justitiar des Stinnes-Konzerns. Best lobbyierte vor allem über politische Kontakte zur Freien Demokratischen Partei (FDP) für eine Generalamnestie für NS-Täter. 1969 vorübergehende Inhaftierung im Zuge der Ermittlungen gegen ehemalige Angehörige des RSHA. Die unter anderem in der Bundesrepublik anhängigen Verfahren wurden 1972 wegen Verhandlungsunfähigkeit ausgesetzt, 1982 eingestellt. Die Vorbereitung eines neuen Strafverfahrens ab 1987 nahm so viel Zeit in Anspruch, dass es erst am 5. Juli 1989 zum Antrag auf Eröffnung eines Verfahrens wegen Mordes an 8 723 Menschen in Polen im Kontext der Aktionen der sogenannten Einsatzgruppen kam. Zwei Wochen zuvor, am 23. Juni 1989, war Best gestorben.

23013 © Bundesarchiv, Berlin

Bruno Streckenbach (1902–1977), undatiert (1943/44).
Geboren in Hamburg als Sohn eines Zollbeamten. Besuch des Realgymnasiums bis zur Unterprima. 1919 Eintritt in ein Freikorps. Ausbildung zum Kaufmann in einer Hamburger Importfirma. 1930 Eintritt in die Nationalsozialistische Deutsche Arbeiterpartei (NSDAP) und die SA, 1931 in die SS.

Ab September 1933 Leiter der politischen Polizei in Hamburg. Ab Dezember 1933 Angehöriger des Sicherheitsdienstes (SD). Ab Februar 1938 Inspekteur der Sicherheitspolizei und des SD im Wehrkreis X (Hamburg). Ab 1939 Chef der Einsatzgruppe I in Polen. Befehlshaber der Sicherheitspolizei und des SD für das sogenannte Generalgouvernement in Polen. Ab Januar 1941 Chef des Amtes I (Personal) im RSHA. Im Dezember 1942 auf eigenen Wunsch zur Waffen-SS versetzt.

1952 in Moskau wegen Kriegsverbrechen zu 25 Jahren Arbeitslager verurteilt. Im Oktober 1955 in die Bundesrepublik Deutschland entlassen. Gegen ihn eingeleitete Verfahren wegen NS-Verbrechen wurden 1976 wegen dauernder Verhandlungsunfähigkeit eingestellt.
23014 © Bundesarchiv, Berlin

Heinrich Müller (1900–1945?), undatiert (1942).
Geboren in München als Sohn eines Polizeibeamten. Ausbildung als Flugzeugmonteur. Teilnahme am Ersten Weltkrieg, zuletzt als Unteroffizier. Nach Kriegsende Eintritt in den Polizeidienst in Bayern, seit 1929 Politische Abteilung.

Im April 1934 Eintritt in die SS und Versetzung zum preußischen Geheimen Staatspolizeiamt in Berlin. Wegen seiner früheren Tätigkeit in der bayerischen politischen Polizei Bedenken der Münchener NSDAP gegen seinen Parteieintritt. Müller wurde erst 1939 Mitglied der NSDAP. 1939–1945 Chef des Amtes IV (Gegnererforschung und -bekämpfung, d. i. das Geheime Staatspolizeiamt) im Reichssicherheitshauptamt.

Müllers Verbleib bei Kriegsende ist nach wie vor unklar. Sein weiteres Schicksal wurde zum Gegenstand vielfältiger Vermutungen und Spekulationen und ist bis heute ungeklärt.
23015 © Bundesarchiv, Berlin

Arthur Nebe (1894–1945), undatiert (um 1941).
Geboren in Berlin als Sohn eines Volksschullehrers. Nach dem Notabitur Kriegsfreiwilliger und dekorierter Offizier im Ersten Weltkrieg. 1920 als Kriminalkommissaranwärter Eintritt in den Berliner Polizeidienst, ab 1923 Kriminalkommissar. Bis 1933 Leiter des Raubdezernates der Berliner Kriminalpolizei. Daneben Studium der Medizin und Volkswirtschaft. 1931 Eintritt in die Nationalsozialistische Deutsche Arbeiterpartei (NSDAP), in die SA und förderndes Mitglied der SS. 1932 Mitgründer der Fachschaft Kriminalpolizei innerhalb der nationalsozialistischen Beamten-Arbeitsgemeinschaft.

Ab April 1933 als Kriminalrat im Geheimen Staatspolizeiamt. Ab Mai 1934 im preußischen Innenministerium Führung der Geschäfte des Landeskriminalpolizeiamtes (LKPA), ab 1935 dessen Leiter. Im Dezember 1936 Übernahme von der SA in die SS. Im September 1936 Übernahme der fachlichen Leitung der Kriminalpolizeien aller deutschen Länder. Ab Juli 1937 Chef des Reichskriminalpolizeiamtes (d. i. die Umwandlung des preußischen LKPA). Von 1939–1944 Chef des Amtes V (Verbrechensbekämpfung, d. i. das Reichskriminalpolizeiamt) im RSHA. Von Juni bis November 1941 Chef der Einsatzgruppe B in der Sowjetunion. Konspirierte mit am Umsturzversuch des 20. Juli 1944 beteiligten Gruppierungen. Tauchte im Juli 1944 unter. Im Januar 1945 wurde Nebe denunziert und verhaftet, im März 1945 vom „Volksgerichtshof" zum Tode verurteilt und hingerichtet.
23316 Foto: Kurt Alber © Bundesarchiv, Koblenz, 101III-Alber-096-34

Friedrich Panzinger (1903–1959), undatiert (um 1937).

Geboren in München. 1919 Anwärter für den mittleren Polizeidienst im Münchener Polizeipräsidium. 1927 Abitur, anschließend Jura-Studium, 1932 Referendarsexamen.

Im Juli 1933 Eintritt in die SA. Ab 1934 Regierungsassessor und Kriminalkommissar im Polizeipräsidium München. Im Mai 1937 Eintritt in die Nationalsozialistische Deutsche Arbeiterpartei (NSDAP). Im Oktober 1937 Versetzung zur Staatspolizeileitstelle Berlin. Im April 1939 Aufnahme in die SS. Von August 1940 bis September 1941 Verbindungsführer (Attaché der Sicherheitspolizei) des Reichssicherheitshauptamtes (RSHA) zum Chef der bulgarischen Polizei in Sofia. Als enger Mitarbeiter und Vertrauter des Amtschefs Heinrich Müller wird er im Oktober 1941 Leiter der Gruppe IV A („Kommunismus, Marxismus, Reaktion") im RSHA, das heißt im Geheimen Staatspolizeiamt. Von August 1943 bis Mai 1944 Befehlshaber der Sicherheitspolizei und des SD im Reichskommissariat „Ostland" (Baltikum und Nordrussland). Nach dem 20. Juli 1944 als Nachfolger Nebes Chef des Amtes V (Verbrechensbekämpfung, d.i. das Reichskriminalpolizeiamt) im RSHA.

Ab 1945 in sowjetischer Kriegsgefangenschaft. 1952 in Moskau zu zwei mal 25 Jahren Zwangsarbeit verurteilt. 1955 in die Bundesrepublik Deutschland entlassen. Nach Vorermittlungen 1956–1959 Verfahrenseröffnung wegen Mitwirkung bei Massentötungen sowjetischer Kriegsgefangener. 1959 Selbstmord angesichts der bevorstehenden Verhaftung.

23017 © Bundesarchiv, Berlin

Otto Ohlendorf (1907–1951), undatiert (1937/38).

Geboren in Hoheneggelsen bei Hildesheim als Sohn eines Bauern. Studium der Rechts- und Wirtschaftswissenschaften. 1925 Eintritt in die Nationalsozialistische Deutsche Arbeiterpartei (NSDAP), 1926 in die SS.

Ab Oktober 1933 Assistent am Institut für Weltwirtschaft in Kiel, ab Januar 1935 Abteilungsleiter am Institut für angewandte Wirtschaftswissenschaften in Berlin. Ab 1936 Wirtschaftsreferent beim Sicherheitsdienst (SD). Im Reichssicherheitshauptamt (RSHA) 1939–1945 Chef des Amtes III (Deutsche Lebensgebiete), SD-Inland. In dieser Funktion unter anderem verantwortlich für die SD-„Meldungen aus dem Reich". Von Juni 1941 bis Juni 1942 Leiter der Einsatzgruppe D in der Sowjetunion. Neben seiner Tätigkeit im RSHA ab 1943 Geschäftsführer des Komitees für Außenhandel im Reichswirtschaftsministerium.

Im Einsatzgruppenprozess des Militärgerichtshofes II (NMT) der Vereinigten Staaten 1948 zum Tode verurteilt, 1951 hingerichtet.

23018 © Bundesarchiv, Berlin

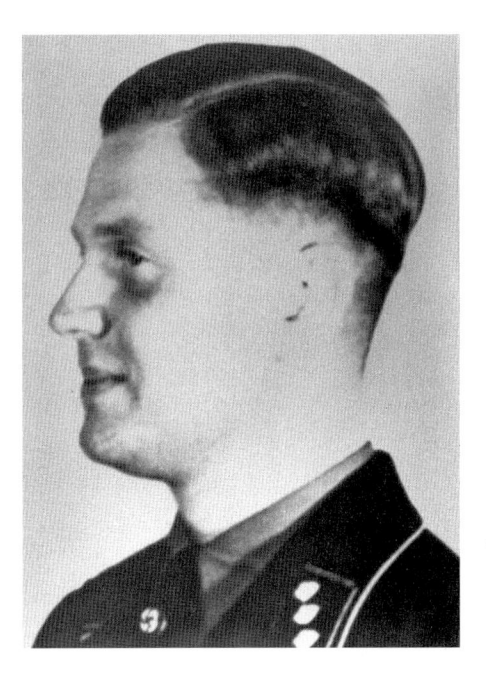

Walter Schellenberg (1910–1952), undatiert (1935/36).

Geboren in Saarbrücken als Sohn eines Fabrikanten. Studium der Rechts- und Staatswissenschaften. Referendariats- und Assessorenausbildung des höheren Verwaltungsdienstes.

Im März 1933 Eintritt in die SS, im April 1933 in die Nationalsozialistische Deutsche Arbeiterpartei (NSDAP). 1934 Eintritt in den Sicherheitsdienst (SD). Referendariat bei der Staatspolizeistelle Frankfurt am Main und im Geheimen Staatspolizeiamt (Gestapa) in Berlin. Nach dem zweiten juristischen Examen 1936 als Assessor in das Gestapa übernommen. De facto im SD-Hauptamt, Zentralabteilung I/1, tätig. Ab September 1939 Gruppenleiter IV E (Spionageabwehr Inland) im Reichssicherheitshauptamt (RSHA). Im Juni 1942 wird er Chef des Amtes VI (SD-Ausland).

Bei Kriegsende setzte sich Schellenberg mit Teilen der SS- und RSHA-Führung in den Raum Flensburg ab. Verschiedene Aufträge und Initiativen zu beziehungsweise Separatverhandlungen mit den Westalliierten und andere geheimdienstliche Sonderaufträge. Bis Mitte Juni 1945 in Schweden bei Graf Folke Bernadotte. Stellte sich dort dem US-Militärattaché. Durch den Militärgerichtshof IV (NMT) der Vereinigten Staaten 1949 zu sechs Jahren Freiheitsstrafe verurteilt. Im Dezember 1950 vorzeitig entlassen, 1952 in Turin verstorben.

23021 © Bundesarchiv, Berlin

Heinz Jost (1904–1964), undatiert (um 1938).

Geboren in Holzhausen bei Homberg (Hessen) als Sohn eines Apothekers. 1927 Eintritt in die Nationalsozialistische Deutsche Arbeiterpartei (NSDAP), Betätigung als Ortsgruppenleiter, Kreispropagandaleiter und Organisationsleiter. 1929 Eintritt in die SA. Ab 1931 Rechtsanwalt in Lorsch.

Ab März 1933 kommissarischer Polizeidirektor in Worms, ab Oktober 1933 in Gießen. Ab Juli 1934 hauptamtlicher Mitarbeiter des Sicherheitsdienstes (SD) bei gleichzeitigem Übertritt von der SA zur SS. Ab Januar 1936 Chef des Amtes III (Abwehr) im SD-Hauptamt. Nach Errichtung des Reichssicherheitshauptamtes bis 1942 Chef des Amtes VI (SD-Ausland). Ab 1942 Führer der Einsatzgruppe A sowie Befehlshaber der Sicherheitspolizei und des SD im Reichskommissariat „Ostland". Bevollmächtigter des Reichsministers für die besetzten Ostgebiete beim Oberkommando der Heeresgruppe A. Ab April 1944 zur Waffen-SS.

1945 Gefangennahme. 1948 durch den Militärgerichtshof II (NMT) der Vereinigten Staaten zu lebenslangem Freiheitsentzug verurteilt. Nach Reduktion der Strafe auf zehn Jahre im Dezember 1951 vorzeitig entlassen. Anschließend unter anderem als Immobilienmakler tätig.

23020 © Bundesarchiv, Berlin

Erich Ehrlinger (1910–2004), undatiert (1934/35).

Geboren in Giengen an der Brenz als Sohn eines Beamten. Studium der Rechts- und Staatswissenschaften. Im Mai 1931 Eintritt in die SA. Gerichtsreferendar beim Amtsgericht Tübingen.

Im März 1934 wird er hauptamtlich für die SA tätig. Im Juni 1935 Eintritt in den Sicherheitsdienst (SD) und Übernahme in die SS. Ab September 1935 Stabsführer bei der Zentralabteilung II 1 („Juden – Konfessionen – Gegner") des SD-Hauptamtes. 1938/39 Aufbau der SD-Dienststellen in Wien und Prag. Ab September 1939 bis April 1940 Mitglied eines Einsatzkommandos in Polen sowie Abteilungsleiter beim Kommandeur der Sicherheitspolizei und des SD in Warschau. 1940/41 im Sonderauftrag von Heinrich Himmler als Berater Vidkun Quislings in Oslo tätig. Rückkehr in das Reichssicherheitshauptamt (RSHA) im März 1941. Ab Juni 1941 Führer des Einsatzkommandos 1b der Einsatzgruppe A. Er wurde im Januar 1942 zum Kommandeur, im September 1943 zum Befehlshaber der Sicherheitspolizei und des SD in Kiew ernannt. Ab August 1943 Chef der Einsatzgruppe B. Ab Oktober 1943 Befehlshaber der Sicherheitspolizei und des SD in Minsk. Ab April 1944 Chef des Amtes I (Personal) des RSHA.

Bei Kriegsende setzte sich Ehrlinger mit Teilen der RSHA-Führung nach Schleswig-Holstein ab. Er tauchte mit falscher Identität unter, 1952 stellte er sich. Tätigkeiten als Buchhalter und Empfangschef einer Spielbank. 1954 erstmals vernommen, 1958 Festnahme. Vom Schwurgericht Karlsruhe 1961 zu zwölf Jahren Zuchthaus verurteilt. Das Urteil wurde nicht rechtskräftig, der Haftbefehl im Oktober 1965 außer Vollzug gesetzt. 1969 wurde das Verfahren wegen dauernder Verhandlungsunfähigkeit eingestellt.

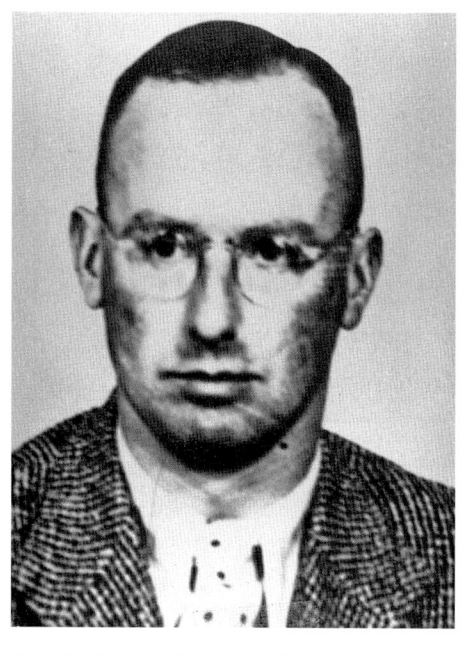

23019 © Bundesarchiv, Berlin

Hans Nockemann (1903–1941), undatiert (um 1935).

Geboren in Aachen als Sohn eines Kaufmanns. 1929 Promotion zum Dr. iur., 1931 Gerichtsassessor. Im April 1932 Eintritt in die Nationalsozialistische Deutsche Arbeiterpartei (NSDAP), im Mai 1932 in die SA.

Ab Mai 1933 Justitiar, politischer Sachbearbeiter und Pressereferent beim Regierungspräsidenten in Aachen, zugleich Leiter der Staatspolizeistelle für den Regierungsbezirk Aachen. Ab 1935 Leiter der Staatspolizeistelle für die Regierungsbezirke Köln und Koblenz. Ab 1939 Inspekteur der Sicherheitspolizei und des SD in Düsseldorf. Im Mai und Juni 1940 Befehlshaber der Sicherheitspolizei und des SD in Den Haag. Danach Chef des Amtes II (Organisation, Verwaltung und Recht) im Reichssicherheitshauptamt. Ab Juni 1941 zur Waffen-SS. Gefallen im Dezember 1941.

23022 © Bundesarchiv, Berlin

Josef Spacil (1907–1967), undatiert (um 1935).
Geboren in München, Kaufmann. 1931 Eintritt in die SS, 1932 in die Nationalsozialistische Deutsche Arbeiterpartei (NSDAP). Ab Juli 1931 arbeitete er in der Finanzverwaltung der SS.

Ab 1934 war er im Stab des Reichsführers-SS tätig, ab 1935 im SS-Hauptamt, ab 1936 Verwaltungsführer im SS-Übungslager Dachau. Ab 1938 Wirtschafts- und Verwaltungsführer im SS-Oberabschnitt Donau. Von August bis Oktober 1941 SS-Wirtschafter im Stab des Höheren SS- und Polizeiführers (HSSPF) „Russland-Nord", dann beim HSSPF „Russland-Süd". Ab März 1944 Chef des Amtes II (Organisation, Verwaltung und Recht) im Reichssicherheitshauptamt.

1945 Zeuge im Nürnberger Hauptkriegsverbrecherprozess. Kaufmännischer Angestellter in München. Ein gegen ihn anhängiges Ermittlungsverfahren wurde 1967 eingestellt.

23023 © Bundesarchiv, Berlin

Franz Alfred Six (1909–1975), undatiert (um 1943).
Geboren in Mannheim als Sohn eines Möbelhändlers. 1929 Mitglied des NS-Schülerbundes. Im Mai 1930 Eintritt in die SA und die Nationalsozialistische Deutsche Arbeiterpartei (NSDAP).

1934 Promotion zum Dr. phil., Institutsassistent in Heidelberg, Amtsleiter in der Reichsführung der Deutschen Studentenschaft in Berlin. 1935 hauptamtlicher Angehöriger des Sicherheitsdienstes (SD), Übernahme in die SS. Ab 1937 Abteilungsleiter im SD-Hauptamt. 1936 Habilitation, ab 1939 Dekan der neuen auslandswissenschaftlichen Fakultät der Berliner Universität. Ab Januar 1941 Chef des Amtes VII (Weltanschauliche Forschung und Auswertung) des Reichssicherheitshauptamtes, ab Juni/Juli 1941 Kommandeur des „Vorkommandos Moskau" der Einsatzgruppe B. 1942 Leiter der Kulturpolitischen Abteilung im Auswärtigen Amt.

Vom Militärgerichtshof II (NMT) der Vereinigten Staaten 1948 zu 20 Jahren Freiheitsstrafe verurteilt. 1952 vorzeitig aus der Haft entlassen.

23024 © Bundesarchiv, Berlin

Paul Dittel (1907–1976?), undatiert (um 1937).
Geboren in Mittweida als Sohn eines Volksschullehrers. Studium der Philosophie, Geschichte, Geographie und Anglistik. 1932 arbeitet er als Hauslehrer und in anderen Positionen in Großbritannien.

1933 Eintritt in die Nationalsozialistische Deutsche Arbeiterpartei (NSDAP) und die SA. Verfasser von Gutachten für den Sicherheitsdienst (SD) in Leipzig, ab Juni 1935 hauptamtlich im SD tätig. 1935 Promotion zum Dr. phil. Im SD-Hauptamt verantwortlich für das Freimaurer-Archiv. 1938 Stellvertreter von Alfred Six als Leiter der Hauptabteilung I 32 (Freimaurer-Archiv, Museum, Bücherei, Wissenschaftliche Forschungsstelle). Nach Gründung des Reichssicherheitshauptamtes (RSHA) Leiter des Referates II A 3 (Archiv, ab 1940: VII C 1). 1943 Nachfolger von Six als Chef des Amtes VII (Weltanschauliche Forschung und Auswertung) im RSHA.

23025 © Bundesarchiv, Berlin

Übersichtskarte mit Ausgangsorten von Deportationszügen nach Auschwitz (unvollständig).

23033 © Stiftung Topographie des Terrors, Berlin, nach: Rat für den Schutz der Denkmäler des Kampfes und des Martyriums (Hg.), Auschwitz – faschistisches Vernichtungslager, Warschau 1981

Fernschreiben des Reichssicherheitshauptamtes (Referat IV B 4) an die Befehlshaber beziehungsweise Beauftragten des Chefs der Sicherheitspolizei und des SD in den Niederlanden, Belgien und Frankreich vom 29. April 1943, die Vermeidung „beunruhigender Eröffnungen" gegenüber den zu deportierenden Juden betreffend.

23043a–b NIOD, Amsterdam

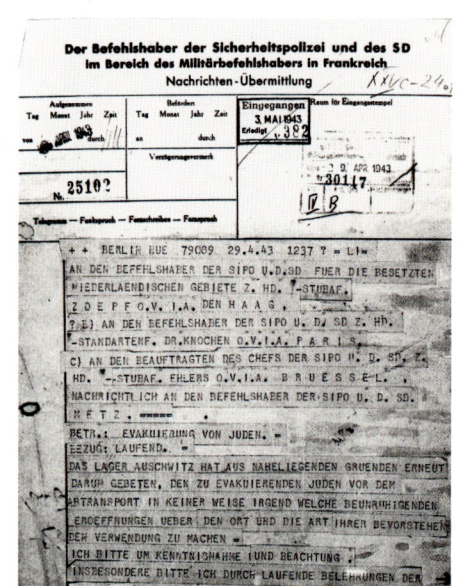

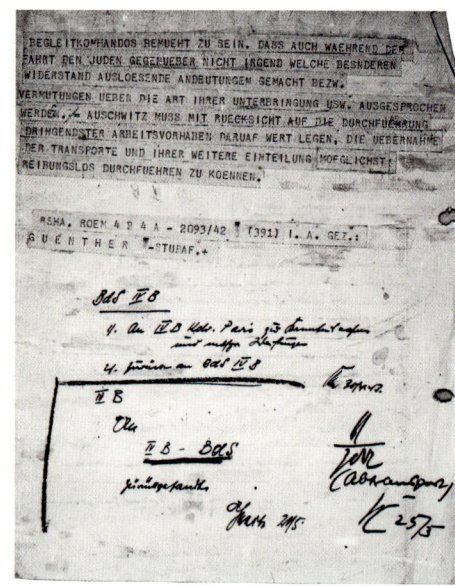

DIE WANNSEE-KONFERENZ

1941   22.6. Deutscher Überfall auf die Sowjetunion, Beginn des systematischen Massenmordes an den sowjetischen Juden durch sogenannte Einsatzgruppen der Sicherheitspolizei und des SD.

31.7. Reinhard Heydrich wird beauftragt, die „Gesamtlösung der Judenfrage" im deutschen Einflussgebiet in Europa vorzubereiten. Er und das von ihm geleitete Reichssicherheitshauptamt (RSHA) erhalten die Federführung bei der „Endlösung der Judenfrage".

1942   20.1. „Wannsee-Konferenz": Auf Einladung Heydrichs treffen sich leitende Mitarbeiter staatlicher Behörden und von Dienststellen der NSDAP mit führenden Vertretern von SS und Gestapo zu einer Konferenz im Berliner Gästehaus des RSHA-Chefs, Am Großen Wannsee 56/58. Ziel des Treffens ist die Abstimmung der Zusammenarbeit dieser Stellen bei der Organisation der Deportation und Ermordung der jüdischen Bevölkerung im deutschen Machtbereich in Europa.

Der Tagungsort der sogenannten Wannsee-Konferenz vom 20. Januar 1942, die Villa Am Großen Wannsee 56/58, undatiert (Nachkriegsaufnahme).

23031 © ullstein bild, Berlin

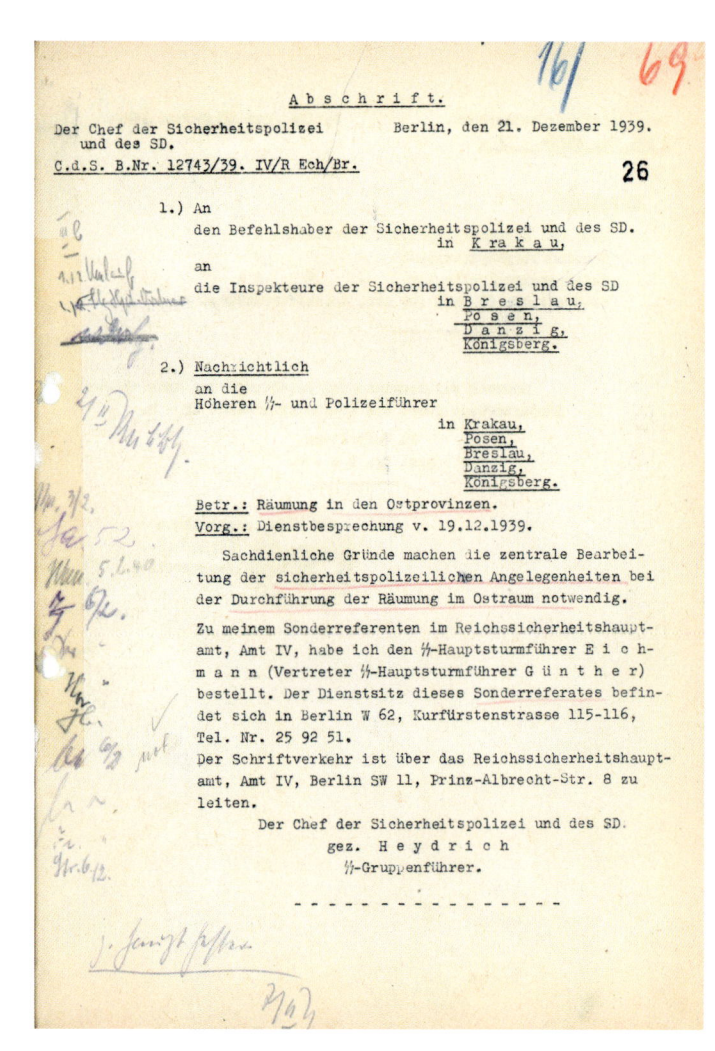

Schreiben des Chefs der Sicherheitspolizei und des SD, Reinhard Heydrich, vom 21. Dezember 1939, die Ernennung Adolf Eichmanns zum Sonderreferenten im Reichssicherheitshauptamt (RSHA) für die sicherheitspolizeilichen Angelegenheiten bei der „Durchführung der Räumungen im Ostraum" betreffend.

23335 Bundesarchiv, Berlin

Adolf Eichmann, als Leiter des Referates IV B 4 im Amt IV (Geheimes Staatspolizeiamt) des Reichssicherheitshauptamtes (RSHA) einer der Hauptverantwortlichen für die technische Durchführung und Organisation der „Endlösung der Judenfrage", undatiert (um 1942).

Eichmann wurde 1906 in Solingen als Sohn eines Buchhalters geboren und wuchs in Linz (Donau) auf. 1932 trat er in die österreichische NSDAP und SS ein.

Ab 1934 Angestellter des SD-Hauptamtes in Berlin, Referat II 112 („Judenangelegenheiten"). Ab 1938 war er für den Aufbau einer „Zentralstelle für jüdische Auswanderung" in Wien, dann in Prag, schließlich in Berlin verantwortlich und übernahm anschließend im Geheimen Staatspolizeiamt des RSHA das sogenannte Judenreferat IV B 4.

Er konnte nach Kriegsende untertauchen und sich bis zu seiner Entdeckung und Entführung durch den israelischen Geheimdienst in Argentinien 1960 jeder Strafverfolgung entziehen. 1961 wurde er in Jerusalem von einem israelischen Gericht zum Tode verurteilt und 1962 hingerichtet.

23034 Bundesarchiv, Berlin

Nach Ankunft eines Deportationstransportes ungarischer Juden müssen sich die Opfer auf der Rampe des Vernichtungslagers Auschwitz-Birkenau zur „Selektion" aufstellen, undatiert (Ende Mai/Anfang Juni 1944).

Die Insassen des Zuges stammten aus dem ungarischen Karpatho-Ruthenien, die meisten aus dem Ghetto Beregszász/Berehovo. Frauen und Kinder (links) und Männer (rechts) wurden auf ihre Arbeitsfähigkeit geprüft, nicht arbeitsfähige ermordet. Das Foto entstammt einer Bilddokumentation der SS. Die Aufnahmen wurden als „Auschwitz-Album" bekannt.

23048 Foto: Ernst Hoffmann (oder Bernhard Walter) © bpk, Berlin

„Juden: Am 21.4. Gesamtfestnahmezahl aus Einzelaktionen 7 580, Gesamtfestnahmezahl aus Sonderaktionen 100 038."

Edmund Veesenmayer, Reichsbevollmächtigter in Ungarn, 21. April 1944

43125 Bericht (gekürzter Auszug) des Reichsbevollmächtigten in Ungarn, E. Veesenmayer, an das Auswärtige Amt in Berlin zur Anzahl in Ungarn festgenommener Juden, 21.4.1944, Politisches Archiv des Auswärtigen Amtes, Berlin

Auszüge aus dem im Reichssicherheitshauptamt angefertigten Protokoll der Besprechung über die „Endlösung der Judenfrage" am 20. Januar 1942.

23032 a, b, e, f Politisches Archiv des Auswärtigen Amtes, Berlin

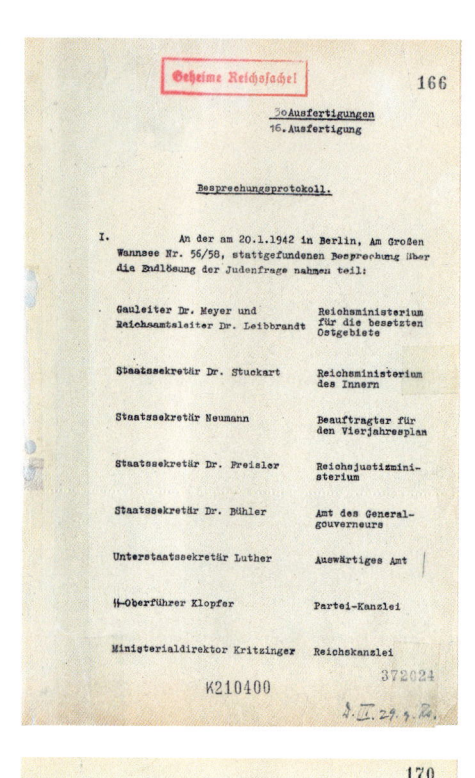

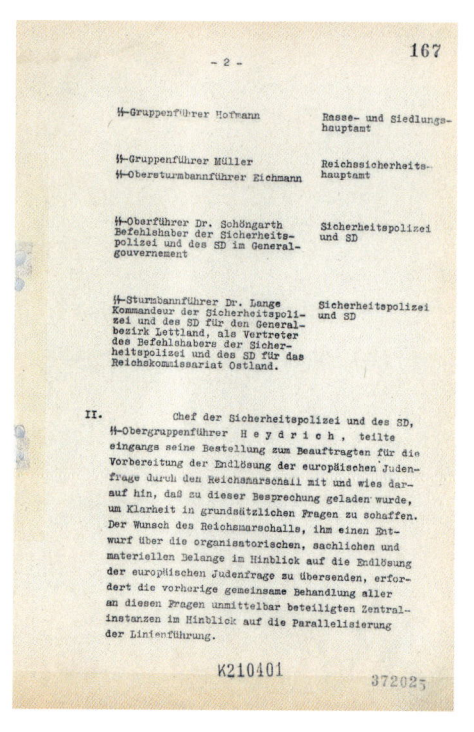

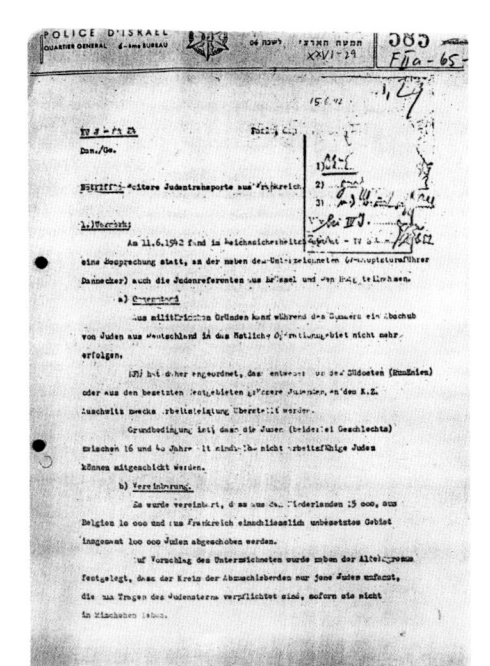

Vermerk des „Judenreferenten" beim Befehlshaber der Sicherheitspolizei und des SD in Paris, Theodor Dannecker, vom 15. Juni 1942 über eine Besprechung im Reichssicherheitshauptamt am 11. Juni 1942, die Deportation belgischer, holländischer und französischer Juden betreffend.

23045a CDJC, Paris

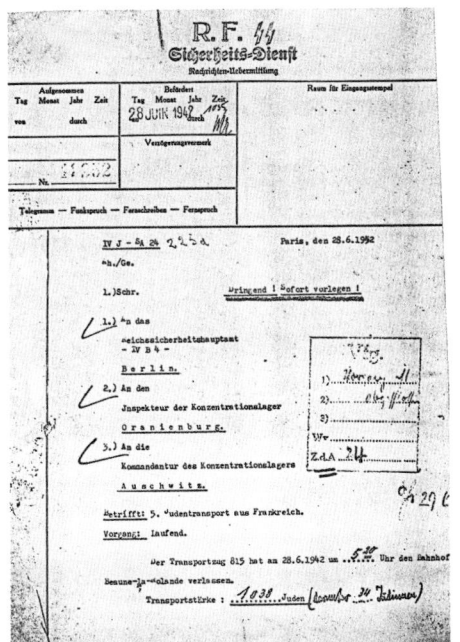

Meldung des „Judenreferenten" beim Befehlshaber der Sicherheitspolizei und des SD in Paris, Theodor Dannecker, über die Abfahrt eines Deportationszuges aus Beaune-la-Rolande, 28. Juni 1942.

23046a CDJC, Paris

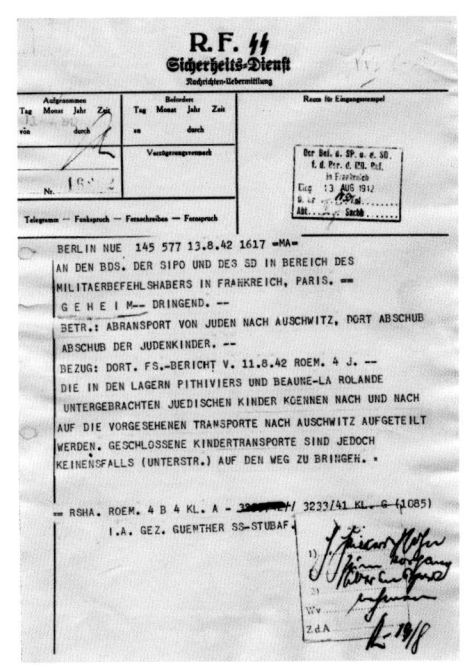

Fernschreiben des Reichssicherheitshauptamtes (Referat IV B 4) vom 13. August 1942 an den Befehlshaber der Sicherheitspolizei und des SD in Paris, die Deportation jüdischer Kinder aus Frankreich in das Konzentrationslager Auschwitz betreffend.

23047 CDJC, Paris

Theodor Dannecker, als Angehöriger des „Judenreferates" IV B 4 des Reichssicherheitshauptamtes (RSHA) einer der engeren Mitarbeiter Adolf Eichmanns, undatiert (um 1940).

Geboren 1913 in Tübingen als Sohn eines Kaufmanns. Nach Besuch einer Handelsschule und kaufmännischer Lehre 1932 Aufnahme in die SS und Eintritt in die NSDAP.

Ab Ende 1934 hauptamtlicher SS-Angehöriger, 1935 Übernahme in den Sicherheitsdienst (SD) der SS, ab März 1936 „Judenreferent" beim SD-Oberabschnitt „Südwest" in Stuttgart. 1937 Versetzung zum „Judenreferat" des SD-Hauptamtes in Berlin, 1939 Übernahme in das „Judenreferat" des Amtes IV (Geheimes Staatspolizeiamt) des RSHA. Von 1940 bis 1942 in Frankreich, 1943 in Bulgarien, von 1943 bis Anfang 1944 in Italien und anschließend in Ungarn war Dannecker dort jeweils einer der Hauptverantwortlichen für die Deportation der Juden in die Vernichtungslager in Polen.

Er wurde im Dezember 1945 von der US Army verhaftet und nahm sich wenig später in der Haft das Leben.

23035 © Bundesarchiv, Berlin

Friedrich Boßhammer, unter anderem als „Judenberater" beim Befehlshaber der Sicherheitspolizei und des SD (BdS) in Verona hauptverantwortlich für die Deportation von Juden aus Italien in die Vernichtungslager, undatiert (um 1938).

Boßhammer wurde 1906 in Opladen als Sohn eines Schlossers und späteren Reichsbahnbeamten geboren. Nach dem Abitur und dem Studium der Rechtswissenschaft 1935 zweite juristische Staatsprüfung.

1933 Eintritt in die NSDAP und die SA, 1937 Aufnahme in die SS und Tätigkeit beim Sicherheitsdienst (SD) der SS. Bis 1941 bei den Gestapostellen in Wiesbaden und Kassel tätig, ab Januar 1942 beim „Judenreferat" IV B 4 des Reichssicherheitshauptamtes in Berlin unter Adolf Eichmann. Ende April 1945 mit falschen Papieren als Wehrmachtsangehöriger kurzzeitig in amerikanischer Kriegsgefangenschaft.

Nachdem er zunächst unter falschem Namen in Westdeutschland gelebt hatte, wurde er von 1947 bis 1948 in einem alliierten Internierungslager inhaftiert. Nach Durchlaufen des Entnazifizierungsverfahrens ab 1952 als Rechtsanwalt tätig. 1968 wurde Boßhammer verhaftet und angeklagt. 1972 zu einer lebenslänglichen Freiheitsstrafe verurteilt, verstarb er noch im Jahr der Verurteilung.

23036 © Bundesarchiv, Berlin

Kurt Lischka, von 1940 bis 1943 einer der Hauptverantwortlichen für die Deportation der Juden in Frankreich, undatiert (um 1935).

Lischka wurde als Sohn eines Bankangestellten 1909 in Breslau geboren. Nach dem Abitur Studium der Rechtswissenschaft und Abschluss mit dem zweiten juristischen Staatsexamen 1934.

Nach Aufnahme in die SS 1933 und einer Tätigkeit als Anwalt und Notar 1935 Übernahme durch das Geheime Staatspolizeiamt in Berlin. 1937 Eintritt in die NSDAP, ab 1938 Referatsleiter „Judenangelegenheiten" im Geheimen Staatspolizeiamt und bis 1939 Leiter der „Reichszentrale für jüdische Auswanderung". 1940 Leiter der Staatspolizeistelle Köln, von November 1940 bis 1943 stellvertretender Dienststellenleiter beim Befehlshaber der Sicherheitspolizei und des SD (BdS) in Paris. Ab 1944 im Reichssicherheitshauptamt Leiter des Referates IV D (unter anderem „Protektorat Böhmen und Mähren"). Im April 1945 mit anderen RSHA-Funktionären Flucht von Berlin nach Schleswig-Holstein, wo er als Landarbeiter untertauchte. Im Dezember 1945 Verhaftung durch die britische Militärpolizei und Überstellung an die französischen Militärdienststellen. 1947 Auslieferung an die Tschechoslowakei, dort in Haft. Im August 1950 Ausreise in die Bundesrepublik. 1950 in Frankreich in Abwesenheit zum Tode verurteilt. Von 1957 bis zum Ruhestand 1976 als Prokurist einer Samengroßhandlung in Köln tätig. 1979 Anklage wegen der während seiner Dienstzeit in Paris erfolgten Deportation von zehntausenden jüdischen Opfern in 57 sogenannten RSHA-Transporten nach Auschwitz. 1980 wegen Mitverantwortung für die Ermordung von 33 592 Menschen zu einer zehnjährigen Freiheitsstrafe verurteilt, 1985 vorzeitig entlassen. Er verstarb 1987.

23039 © Bundesarchiv, Berlin

Wilhelm Zoepf, einer der Hauptverantwortlichen für die Deportation der Juden in den besetzten Niederlanden, undatiert (um 1938).

Zoepf wurde 1908 als Sohn eines Justizbeamten in München geboren. Nach dem Abitur Studium der Rechtswissenschaft.

1936 zweites juristisches Staatsexamen. 1933 Eintritt in die NSDAP, 1937 Aufnahme in die SS, 1940 zum Reichssicherheitshauptamt. Ab 1941 war Zoepf zunächst Leiter der „Zentralstelle für jüdische Auswanderung" in Amsterdam, dann des „Judenreferates" der Gestapo beim Befehlshaber der Sicherheitspolizei und des SD (BdS) in Den Haag.

Nachdem er nach 1945 unbehelligt geblieben und als Sporttherapeut und Registrator eines Unternehmens tätig gewesen war, wurde Zoepfs Aufenthalt 1959 durch Nachforschungen niederländischer Stellen ermittelt und die Bundesrepublik von den Niederlanden um Einleitung eines Strafverfahrens ersucht. 1967 wurde Zoepf, zusammen mit seinem Ex-Vorgesetzten Wilhelm Harster und seiner ehemaligen engen Mitarbeiterin Gertrud Slottke, in München wegen Beihilfe zum gemeinschaftlichen Mord in 55 382 Fällen zu einer Freiheitsstrafe von neun Jahren verurteilt.

23038 © Bundesarchiv, Berlin

Herbert Hagen, einer der Hauptverantwortlichen unter anderem für die Deportation der Juden in Frankreich, undatiert (um 1941).

Geboren 1913 in Neumünster als Sohn eines Zollinspektors. 1932 Abitur, danach kaufmännische Lehre ohne Abschluss.

1933 Aufnahme in die SS, ab 1934 beim Sicherheitsdienst (SD)-Hauptamt in Berlin tätig, 1937 bis 1939 dort Leiter des „Judenreferates" II 112. 1937 Eintritt in die NSDAP. 1939 Versetzung in das Amt VI (SD-Ausland) im Reichssicherheitshauptamt. 1940 bis 1942 Studium der Politik- und Staatswissenschaft. Ab 1940 verschiedene Verwendungen bei Dienststellen der Sicherheitspolizei und des SD im besetzten Frankreich, 1942 persönlicher Referent beim Höheren SS- und Polizeiführer (HSSPF) in Paris, Carl Oberg. Nach der Räumung Frankreichs ab September 1944 beim HSSPF „Alpenland" in Kärnten.

Von 1945 bis 1948 in britischer, zeitweise auch französischer Kriegsgefangenschaft und Internierung, anschließend als leitender kaufmännischer Angestellter in Industriebetrieben tätig. 1955 durch ein französisches Militärgericht in Abwesenheit zu lebenslanger Zwangsarbeit verurteilt, wurde Hagen 1979 zusammen mit Kurt Lischka und Ernst Heinrichsohn angeklagt und 1980 durch das Kölner Landgericht wegen Beihilfe zum Mord an 70 790 Menschen zu einer zwölfjährigen Freiheitstrafe unter Anrechnung der Internierung verurteilt. Nach vier Jahren wurde er vorzeitig entlassen. Hagen verstarb 1999.

23340 © Bundesarchiv, Berlin

„Von den Führungsangehörigen des RSHA wurde mehr verlangt als die bloße Ausführung von Befehlen. An diesem zentralen Ort der Verfolgungs- und Vernichtungspolitik des NS-Regimes brauchte es keine subalternen Beamten, sondern engagierte politische Männer. Diese Täter waren keineswegs sadistische oder psychopathische Massenmörder, sondern weltanschaulich überzeugt von dem, was sie taten. Sie stammten nicht vom Rand als vielmehr aus der bürgerlichen Mitte der Gesellschaft."
MICHAEL WILDT, HISTORIKER, 2002

23511 Gekürzter Auszug: M. Wildt, Generation des Unbedingten. Das Führungskorps des Reichssicherheitshauptamtes, Hamburg 2002

Geschäft wegen Preiswuchers
polizeilich geschlossen.

Geschäftsinhaber in Schutzhaft
in Dachau.

Der Politische Polizeikommandeur Bayerns
gez. Himmler

2.4 „Schutzhaft": Instrument des Terrors

„Schutzhaft" suggeriert, dass die Polizei den Verhafteten vor der Willkür des Mobs schützt. In der NS-Zeit wandelte sich die Bedeutung des Begriffes. Nicht der Inhaftierte, sondern der nationalsozialistische Staat sollte vor angeblichen „Volks- und Staatsfeinden" geschützt werden. Mit der „Schutzhaft" nutzte der NS-Staat eines seiner berüchtigsten, Furcht und Schrecken verbreitenden Mittel der Repression. Es wurde zum Inbegriff der Entrechtung des Menschen im totalitären Staat.

Die Staatspolizeistellen konnten die Inhaftierung missliebiger, oftmals durch Denunziation als „auffällig" bezeichneter Personen beantragen. Formal bestätigte diesen Antrag, der zuvor im Schutzhaftreferat des Geheimen Staatspolizeiamtes in Berlin geprüft wurde, der Chef der Sicherheitspolizei und des SD – also die Führung der Gestapo. Angeordnet werden konnte die „Schutzhaft" aber auch persönlich von Heydrich und Himmler. Gerichte konnten ihre Verhängung, die auch im Anschluss an eine bereits verbüßte Haftstrafe im Justizgewahrsam ausgesprochen wurde, nicht überprüfen und nicht rückgängig machen. Schutzhaftbefehle galten als Ausdruck politischer Willkür und polizeilicher Allmacht der Gestapo.

„Schutzhaft" macht deutlich, wie weit sich der NS-„Maßnahmenstaat" von gesetzlichen Normen löste. Weil die „Schutzhaft" in Konzentrationslagern vollstreckt wurde, gilt sie als Sinnbild des zerstörten Rechtsstaates, der den Einzelnen gerade vor dem willkürlichen Zugriff des Staates schützen sollte. So wurde die „Wiederherstellung des Rechtsstaates" zur zentralen Forderung des Widerstandes gegen den NS-Staat. Während des Krieges intensivierte sich die Repression der Gestapo. Seit Mai 1943 konnten örtliche Gestapostellen Verhaftete eigenverantwortlich und unmittelbar in die Konzentrationslager einweisen. Mehrere hunderttausend Schutzhaftbefehle wurden vermutlich ausgestellt. Allerdings kann die Gesamtzahl nur geschätzt werden.

Zettelanschlag am Schaufenster eines Einzelhandelsgeschäftes in München, Mai 1933.
Der Text lautet: „Geschäft wegen Preiswuchers polizeilich geschlossen. Geschäftsinhaber in Schutzhaft in Dachau. Der politische Polizeikommandeur Bayerns. Gez. Himmler." Heinrich Himmler ließ durch die politische Polizei Münchens über 200 Groß- und Einzelhändler wegen angeblich überhöhter Butterpreise in „Schutzhaft" nehmen.
24002 Foto: Kurt Huhle © Stadtarchiv München, Historisches Bildarchiv

Schutzhaftbefehl gegen Eberhard Hesse, 24. April 1936.

Gewöhnlich verwendete die Gestapo für Schutzhaftbefehle das gleiche farbige Papier (hellrot, rosa) wie die Justiz für Haftbefehle, später wurden auch weiße Formulare benutzt. Dieser Haftbefehl wurde von Reinhard Heydrich, Leiter des Geheimen Staatspolizeiamtes, persönlich unterzeichnet. Zeitweilig wurden seine Unterschriften wegen der großen Zahl zu unterschreibender Schutzhaftbefehle technisch erstellt.

24003 © Stiftung Topographie des Terrors, Berlin

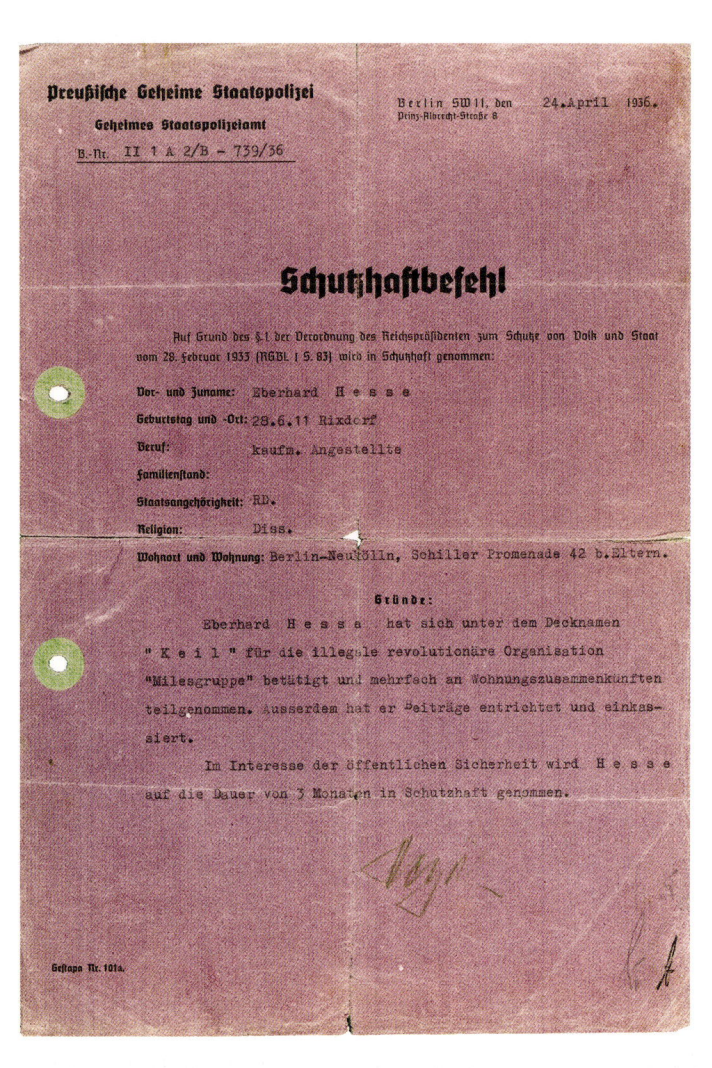

Unter der Schlagzeile „Alle Führer der freien Gewerkschaften in Schutzhaft" berichtete der „Berliner Börsen-Courier" über die reichsweite Besetzung der Gewerkschaftshäuser durch SA und SS und die Verhaftung aller führenden Gewerkschafter, 2. Mai 1933.

24312 Berliner Börsenkurier, Nr. 202, 2.5.1933

Bericht des „Völkischen Beobachters" vom 19. Dezember 1933 über die Häftlingsentlassungen anlässlich des „Gnadenerlasses" des Preußischen Ministerpräsidenten.

24309 Völkischer Beobachter, Nr. 354, 20.12.1933

2.4 | „Schutzhaft": Instrument des Terrors

Eine Stunde unter Schutzhäftlingen

Besuch im Konzentrationslager Breitenau

Hinter dem deutschen Volke liegt eine Zeit, die angefüllt ist mit Not und Entbehrungen jeglicher Art und, was noch viel schlimmer ist, eine Zeit, der man nicht gedenken kann, ohne daß einem die Schamröte ins Gesicht steigt, eine Zeit, in der die Teile des Volkes, die deutsch dachten, verhöhnt und verspottet lassen mußten, von Menschen, denen deutsches Denken fremd geworden war, die gefangen waren in dem Irrwahn der Internationale. Zwei Anschauungen standen sich gegenüber: der Marxismus und der Nationalsozialismus, die beide von deutschen Menschen getragen wurden. Dazu kam die radikalste Form des Kommunismus, der den deutschen Sozialisten von ausländischen Drahtziehern eingeimpft wurde und zu einer Verhetzung führte, wie sie ein Volk bisher wohl niemals erlebte.

Diese Zeit liegt zu kurz hinter uns, daß es sich erübrigt, an Einzelheiten zu erinnern. Aber eins dürfen wir nicht vergessen: den Kampf, der dem Marxismus geführt wurde, den roten Terror und die vielen Kämpfer, die für Deutschlands Freiheit ihr Leben ließen.

Der Staat, der eigentlich berufen war, mit allen ihm zur Verfügung stehenden Mitteln gegen die Volksverderber vorzugehen, versagte vollkommen, mußte zusehen, wie seine Vertreter sich in denselben Gedankengängen bewegten wie die verhetzten Teile des Volkes. So erlebten wir 14 Jahre deutscher Geschichte, die für jeden, der etwas deutsch für Sauberkeit besitzt, eine Schmach bedeuten, bis endlich der Geist mit voller Wucht den Sieg davontrug und der Nationalsozialismus die Macht ergriff und hart zufaßte bei denen, denen Deutschland nichts, die Internationale aber alles war.

Warum Konzentrationslager?

Die nationalsozialistische Revolution wird den Sieg davontragen. An dieser Tatsache kann niemand zweifeln. Das deutsche Volk hat sich fast ausnahmslos zur nationalen Idee bekannt. Aber noch leben unter uns die Funktionäre der SPD. und KPD., die noch nicht erkennen wollen, daß in Deutschland der echte deutsche Geist wieder erwacht ist, der nichts wissen will von Internationaler Verbrüderung. Noch gibt es genug Drahtzieher, die glauben, ihre Wühlarbeit fortsetzen zu können zum weiteren Schaden unseres Vaterlandes. Sie unschädlich zu machen bzw. ihnen die Möglichkeit zu nehmen, ihre Ideen, oder besser gesagt, ihre Lehren, die ihnen von Fremden eingetrichtert wurden, zu verbreiten, ist mit eine Hauptaufgabe des neuen Staates, wenn er der Gefahr einer neuen Verhetzung seiner Bürger entgehen will.

Zugleich mit der Machtergreifung versicherte man sich der Funktionäre der SPD. und KPD., die versuchten, das, was sie früher unter dem Schutz des Staates getan hatten, jetzt heimlich fortzuführen zu können. Diese Leute in Gefängnisse zu stecken, wäre sicherlich nicht der richtige Weg gewesen, um sie mit dem Wesen des neuen Deutschland bekannt zu machen.

Man richtete deshalb Konzentrationslager ein, in denen die Häftlinge sich frei bewegen können und in denen sie, die durch langjährige Erwerbslosigkeit an politischen Agitatoren geworden waren, irgend einer Beschäftigung nachgehen und sich durch das Zusammenleben mit den SA.-Leuten und durch Vorträge und Diskussionen in die Idee des Nationalsozialismus einleben können.

Ein Teil der Häftlinge mußte in den Lagern untergebracht werden, um sie vor ihren eigenen Genossen zu schützen, die den Verrat und den Betrug, die an ihnen verübt wurden, erkannt hatten.

Selbstverständlich sollen die Konzentrationslager keine Dauereinrichtung sein. Sie haben lediglich den Zweck, die unsauberen Elemente unschädlich zu machen und sie gegebenenfalls, das muß angestrebt werden, zu Staatsbürgern zu machen, die in die neue Form der Volksgemeinschaft willig eintreten.

Ein Rundgang durch das Lager

Das Polizeigefängnis in Kassel war für die 40 Häftlinge, die für unseren Bezirk in Frage kamen, zu klein geworden, sodaß man daran denken mußte, ein Konzentrationslager einzurichten, um die Häftlinge aus dem engen Kerker heraus zu holen und sie wieder in ein geregeltes Arbeitsverhältnis zu bringen. Die Wahl fiel auf Breitenau, einem kleinen Dörfchen an der Main-Weser-Bahn bei Grifte/Guxhagen, in dem sich seit vielen Jahren eine Korrektionsanstalt befindet. Ein Teil der Gebäude dieser Anstalt wurde für die Zwecke des Lagers hergerichtet und zwar nämlich der Teil, der die schönsten und luftigsten Räume aufweist.

Etwa 40 Funktionäre der SPD. und KPD. (30 aus Kassel und 10 aus den Landgemeinden) wurden hier untergebracht.

Als Wache wurde ihnen ein Polizei-Oberwachtmeister und 15 Hilfspolizisten aus der SA. zugewiesen.

*

Auf Einladung des Polizeipräsidenten zu Kassel besichtigten gestern Vertreter der Kasseler Presse das Konzentrationslager. Um es gleich zu sagen,

die Häftlinge haben es gut

und haben, abgesehen von einigen belanglosen Beschwerden, die aber immer vorkommen, über nichts zu klagen. Für die Wachmannschaften wurden besonders zuverlässige und für diesen Dienst besonders befähigte SA.-Leute ausgesucht, die sich sehr gut mit den Häftlingen verstehen.

Grundsatz in der Behandlung der Häftlinge ist nicht der Drill, sondern gegenseitiges Verstehen.

Die Autorität muß selbstverständlich gewahrt werden, aber nicht dadurch, daß man zu Machtmitteln greift, sondern daß man durch eine verständnisvolle Behandlung zeigt, daß die Häftlinge auch Volksgenossen sind, wenn sie sich auch in staatsfeindlichem Sinne betätigt haben.

Den Inhaftierten stehen große luftige Räume zur Verfügung, in denen sie gemeinsam mit der Wachmannschaft ihr Essen einnehmen.

In den Schlafsälen herrscht peinliche Ordnung und Sauberkeit. Die Trennung in zwei Gruppen wurde vorgenommen, um die Radikalen von denen, die sich Mühe geben, die Idee, die zu dem Umschwung in unserem Vaterlande geführt hat, zu verstehen.

Jede Beschwerde wird genau geprüft und, wenn sie berechtigt ist, wird auch sofort Abhilfe geschaffen.

Eine Entlassung kann selbstverständlich nur dann in Frage kommen, wenn die zuständige Behörde die Gewißheit hat, daß sich der Betreffende nicht mehr staatsfeindlich betätigt.

Am Tage helfen die Häftlinge bei der landwirtschaftlichen Arbeiten der Anstalt. Außerdem roden sie Ödland oder helfen am Wegebau.

Alle Arbeiten, die von ihnen ausgeführt werden, sind zusätzlich, so daß niemand dadurch geschädigt wird.

Zum Teil werden durch sie Arbeiten fertiggestellt, die im Freiwilligen Arbeitsdienst begonnen wurden, aber nach der Auflösung der offenen Lager des Freiwilligen Arbeitsdienstes nicht beendet werden konnten.

Selbstverständlich wird keinem der Häftlinge eine Arbeit zugemutet, die er aus gesundheitlichen Gründen nicht erfüllen könnte. Vor der Einlieferung ins Lager, die nur durch das Polizeipräsidium zu Kassel erfolgen kann, wird jeder genau von dem Polizeiarzt untersucht.

Die Verpflegung ist reichlich und gut.

Das geht schon daraus hervor, daß die Wachmannschaft dasselbe Essen bekommt wie die Häftlinge.

Für Unterhaltung in der arbeitsfreien Zeit ist hinreichend gesorgt worden. Den Häftlingen stehen eine große Anzahl Zeitungen zur Verfügung. Besondere Veranstaltungen im Rundfunk werden durch Lautsprecher im Aufenthaltsraum übertragen. Es ist geplant, durch Vorträge und anschließende Diskussion die Inhaftierten mit dem Wesen des Nationalsozialismus genau bekanntzumachen.

Bei dem Rundgang sah man unter den Häftlingen manch bekanntes Gesicht von Leuten, die früher einmal im Kasseler Stadtparlament eine bedeutende Rolle spielten und deren Namen mit den schwerzen Birken des Marxismus in Kassel unlösbar verbunden sind. Aber es wird ihnen nichts nachgetragen, auch sie werden gut behandelt, was man ihnen auch anerkennt wird.

Ob es uns wohl auch so gut ergangen wäre, wenn nicht der Nationalsozialismus, sondern der Marxismus den endgültigen Sieg davongetragen hätte?

Mtzl.

„Eine Stunde unter Schutzhäftlingen", Bericht über einen „Besuch im Konzentrationslager Breitenau", „Kasseler Post", 23. Juni 1933.

Das Lager Breitenau gehörte zu den frühen Konzentrationslagern. Von Juni 1933 bis März 1934 waren dort 470 politische Häftlinge interniert.

24017 Kasseler Post, 23.6.1933

Abtransport von Schutzhäftlingen aus dem Polizeigefängnis in Eberbach am Neckar, undatiert (Frühjahr 1933).

24008 © Stadtarchiv Eberbach

Einlieferung von Schutzhäftlingen in das Konzentrationslager Dachau, April 1933. Im Hintergrund Angehörige der SS-Wachmannschaft.

24010 © bpk, Berlin

Auszug aus dem Erlass des preußischen Ministers des Innern über die Vollstreckung der „Schutzhaft", 14. Oktober 1933.

Der Erlass richtete sich gegen die Inhaftierung von Schutzhäftlingen in von der SA und SS betriebenen „wilden" Konzentrationslagern, die bis Ende 1933 in staatliche Regie übergeführt wurden.

24011 Bundesarchiv, Berlin

Erlass des Reichsministers des Innern zu Bestimmungen über die „Schutzhaft", 25. Januar 1938.

Mit dem Erlass wurde die weitgehend unbeschränkte Handhabung der „Schutzhaft" durch das Geheime Staatspolizeiamt bei der Verfolgung politischer Gegner bestätigt und erweitert.

24016b, c Bundesarchiv, Berlin

Nach dem Novemberpogrom („Reichskristallnacht") seit dem 10. November 1938 festgenommene jüdische Schutzhäftlinge auf dem Appellplatz des Konzentrationslagers Buchenwald, undatiert (November 1938).
Die Schutzhäftlinge tragen noch ihre Zivilkleidung, sind aber nach der Ankunft in Buchenwald bereits kahlgeschoren worden.
24027 © AJJDC, New York

„Die Schutzhaft ist dazu da, um Volk und Staat vor jeder staatsfeindlichen Tätigkeit zu schützen. Aufgabe der Geheimen Staatspolizei ist es, gegen Staatsfeinde die schärfsten Mittel anzuwenden, auch nach der Entlassung aus der Strafhaft."

H. J. Tesmer, Leiter des Schutzhaftreferates im Geheimen Staatspolizeiamt, 1936

24004 Gekürzter Auszug: H. J. Tesmer: Die Schutzhaft und ihre rechtlichen Grundlagen, in: Deutsches Recht, H. 7/8, 6. Jg., 15.4.1936

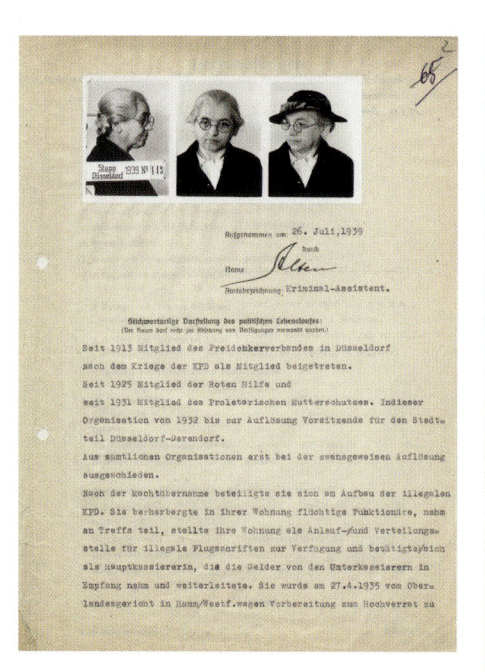

Auszug aus dem Personalbogen der Gestapo zu Elisabeth Plücker, angelegt am 26. Juli 1939.

Elisabeth Plücker (1881–1942), Mitglied kommunistischer Organisationen, wurde am 16. Juli 1934 wegen illegaler Betätigung verhaftet und zu fünf Jahren Zuchthaus verurteilt. Nach Ablauf der Strafhaft wurde sie von der Gestapo in „Schutzhaft" genommen und in das Konzentrationslager Ravensbrück gebracht. Am 10. November 1942 verstarb sie im KZ Auschwitz.

24531 Landesarchiv NRW, Abteilung Rheinland, Düsseldorf

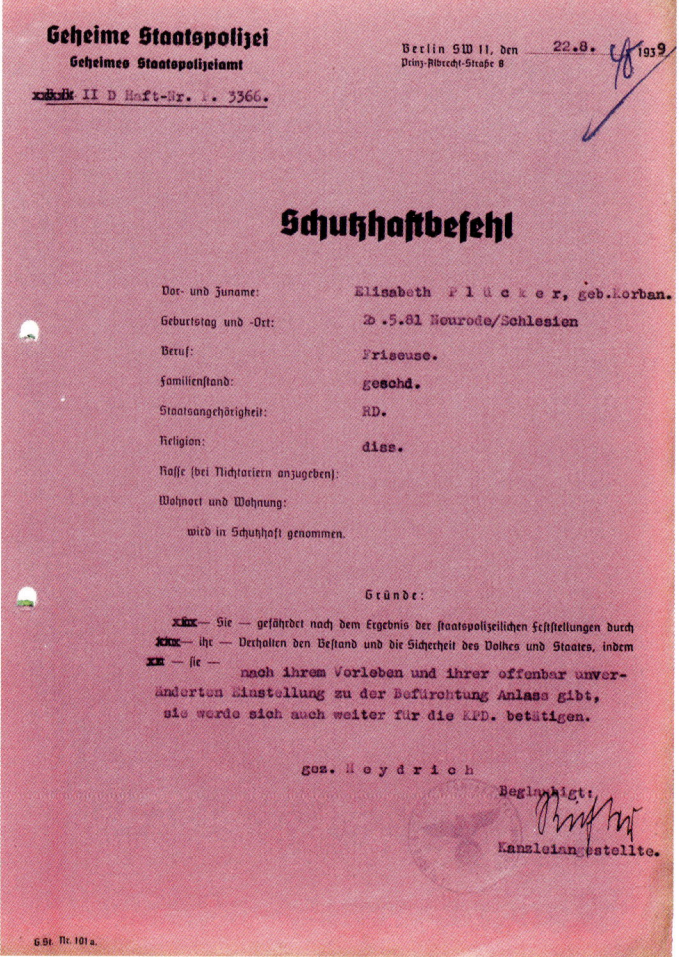

Schutzhaftbefehl gegen Elisabeth Plücker vom 22. August 1939.

24035 Landesarchiv NRW, Abteilung Rheinland, Düsseldorf

Schlussvermerk der Staatspolizeileitstelle Düsseldorf in der zu Elisabeth Plücker angelegten Schutzhaftakte, 19./20. November 1942.

24042 Landesarchiv NRW, Abteilung Rheinland, Düsseldorf

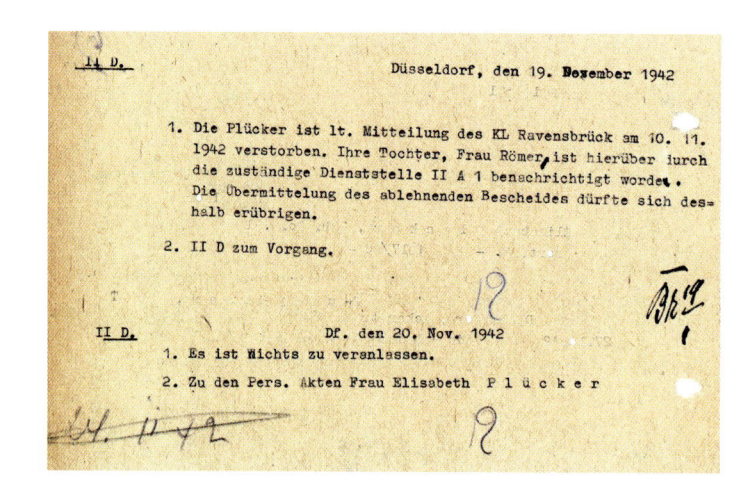

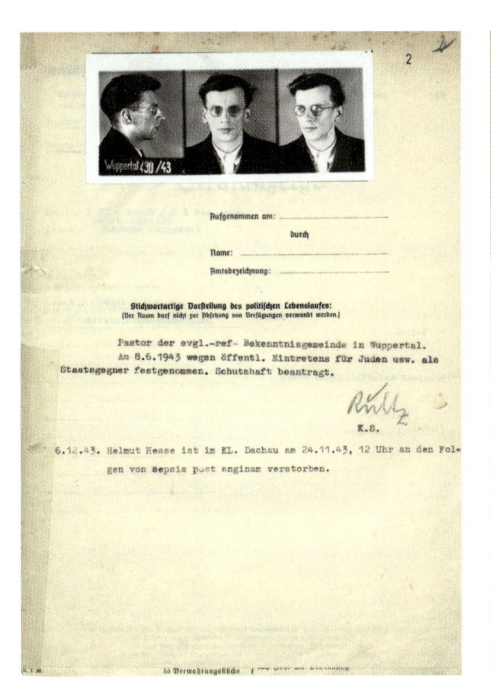

Auszug aus dem Personalbogen der Gestapo zu Pastor Helmut Hesse, angelegt am 8. Juni 1943.

24051 Landesarchiv NRW, Abteilung Rheinland, Düsseldorf

Festnahmemeldung der Gestapo Wuppertal zu Pastor Helmut Johannes Hesse, 8. Juni 1943.

Hesse hatte öffentlich für die Juden gebetet und in Predigten eine Verbindung zwischen den alliierten Luftangriffen auf Wuppertal und der NS-Judenverfolgung hergestellt. Er wurde daraufhin mehrfach denunziert, zusammen mit seinem Vater Hermann Albert Hesse verhaftet und starb am 24. November 1943 im Konzentrationslager Dachau, weil ihm dort wichtige Medikamente entzogen wurden.

24050 Landesarchiv NRW, Abteilung Rheinland, Düsseldorf

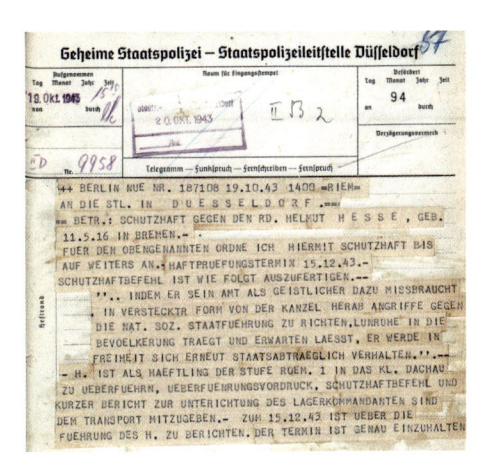

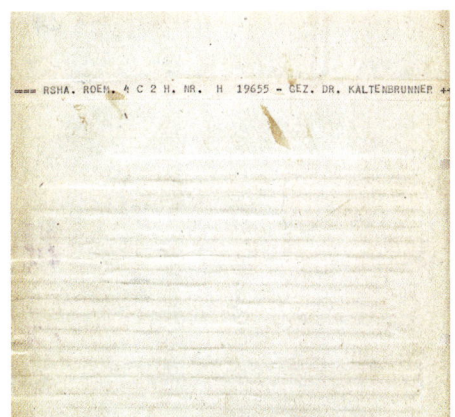

Anordnung von „Schutzhaft" gegen Pastor Helmut Hesse durch das Reichssicherheitshauptamt, 19. Oktober 1943.

24053a–b Landesarchiv NRW, Abteilung Rheinland, Düsseldorf

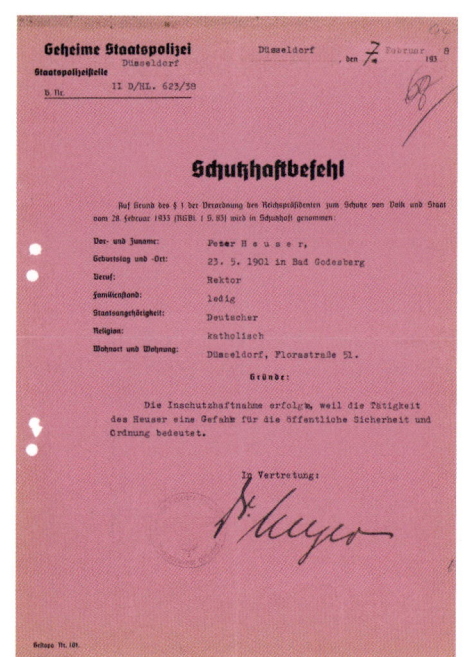

Schutzhaftbefehl gegen Peter Heuser, Leiter der Bischöflichen Hauptarbeitsstelle für die Katholische Aktion in Düsseldorf, 7. Februar 1938.

24020 Landesarchiv NRW, Abteilung Rheinland, Düsseldorf

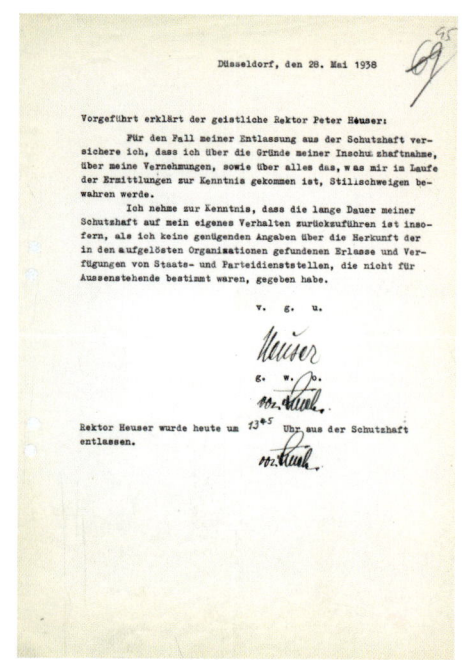

Erklärung des Schutzhäftlings Peter Heuser vom 28. Mai 1938, nach seiner Entlassung über die Vernehmungen und Haftbedingungen Stillschweigen zu bewahren.

24320 Landesarchiv NRW, Abteilung Rheinland, Düsseldorf

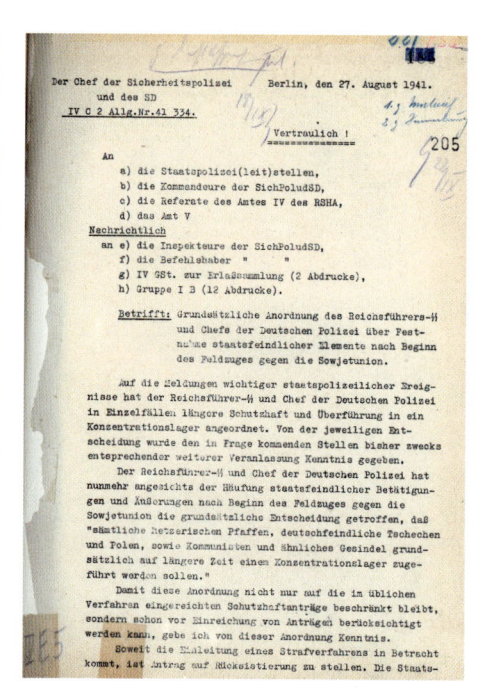

Vom Chef der Gestapo, Heinrich Müller, in Vertretung gezeichneter Erlass des Chefs des Sicherheitspolizei und des SD, Reinhard Heydrich, vom 27. August 1941, die Inschutzhaftnahme „staatsfeindlicher Elemente" nach Beginn des Krieges gegen die Sowjetunion betreffend.

24022a Bundesarchiv, Berlin

„Sie gefährdet nach dem Ergebnis der staatspolizeilichen Feststellungen durch ihr Verhalten den Bestand und die Sicherheit des Volkes und Staates, indem sie dadurch, dass sie einer aus dem Ghetto in Riga geflüchteten Jüdin in ihrer Wohnung Unterschlupf gewährt, behördliche Massnahmen sabotierte und erwarten läßt, sie werde die Freiheit weiterhin zur Schädigung der Belange des deutschen Volkes und Reiches mißbrauchen." Schutzhaftbefehl (Auszug) gegen Helene Krebs, 1942

24025 Schutzhaftbefehl der Gestapo gegen Helene Krebs, 6.11.1942, Landesarchiv NRW, Abteilung Rheinland, Düsseldorf

2.4 | „Schutzhaft": Instrument des Terrors

Häftlinge eines Arbeitskommandos des Konzentrationslagers Sachsenhausen, vermutlich Februar 1941.
An der Fassade des im Hintergrund zu erkennenden Torhauses des Lagers der Schriftzug „Schutzhaftlager".
24328 © Popperfoto / Getty Images

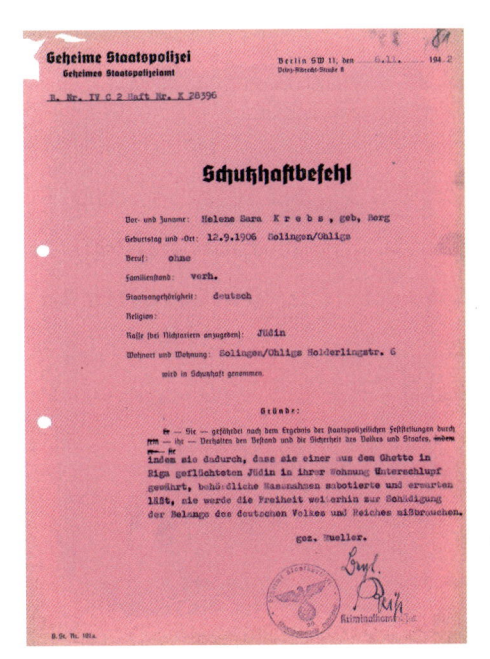

Schutzhaftbefehl gegen Helene Krebs wegen Unterstützung einer aus dem Ghetto Riga geflüchteten Jüdin, 6. November 1942.
Helene Krebs war am 17. August 1942 verhaftet worden. Sie starb bereits am 3. Januar 1943 im Konzentrationslager Auschwitz. Ab Januar 1939 mussten alle deutschen Juden, die keinen „anerkannten jüdischen" Vornamen trugen, die Zwangsvornamen „Sara" oder „Israel" als offiziellen Namensbestandteil annehmen.
24026 Landesarchiv NRW, Abteilung Rheinland, Düsseldorf

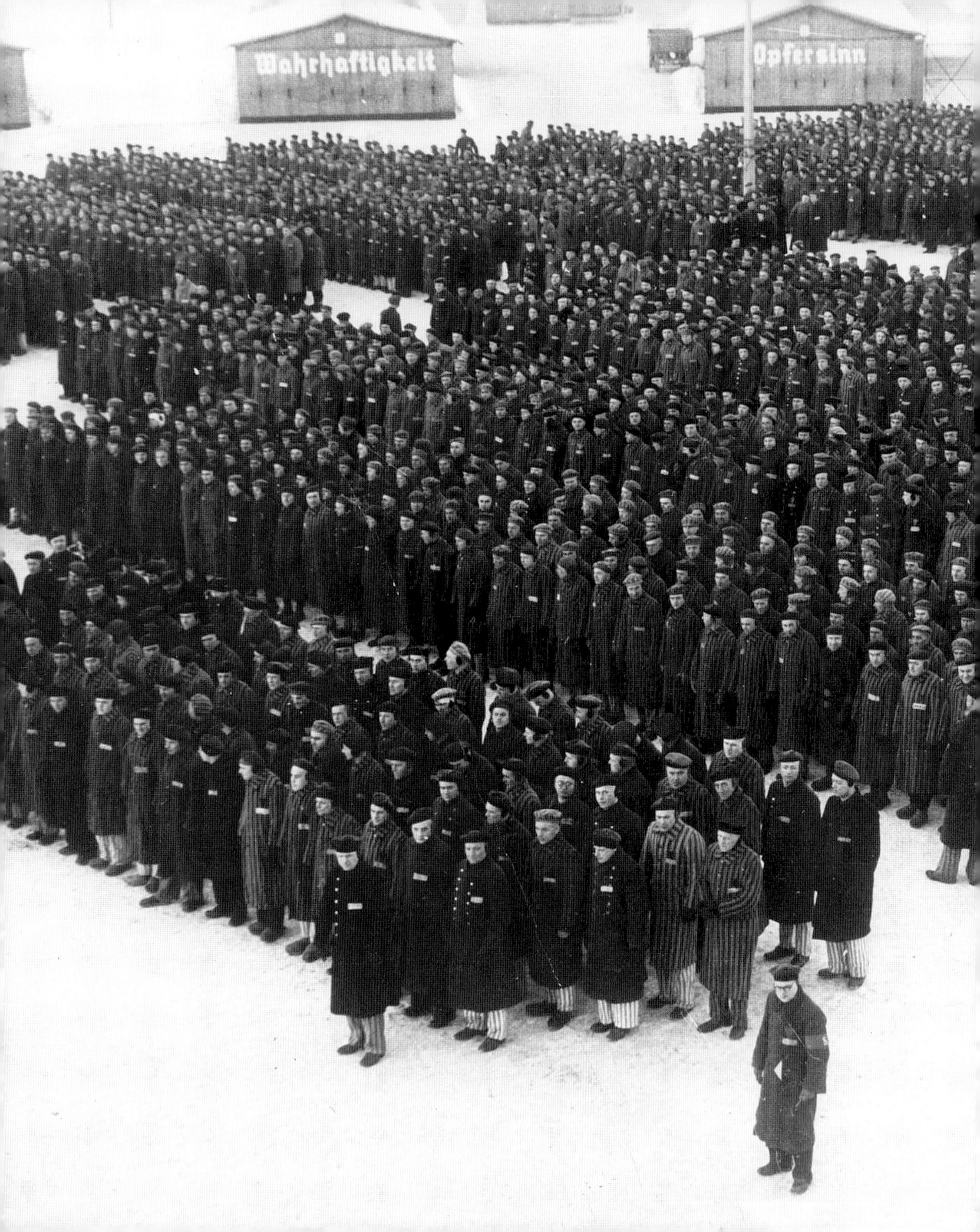
Wahrhaftigkeit
Opfersinn

2.5 Die Konzentrationslager der SS

Unmittelbar nach Hitlers Ernennung zum Reichskanzler richtete sich der NS-Terror gegen politische Gegner der NSDAP. Man misshandelte und demütigte sie auf offener Straße oder verschleppte sie in frühe Konzentrationslager von SA, SS und Polizei in SA-Lokalen und anderen „geeigneten" Gebäuden. Im März 1933 ordnete Reichsführer-SS Heinrich Himmler in Bayern die Errichtung des Konzentrationslagers Dachau an. Auch in Preußen und anderen Ländern bauten die Innen- und Polizeiverwaltungen Konzentrations- und „Schutzhaftlager", abgekürzt „KL" oder „KZ", auf.

Im Juli 1934 wurden die frühen Lager aufgelöst und Konzentrationslager neuen Typs errichtet. Ihren Ausbau kontrollierte Theodor Eicke als Inspekteur der Konzentrationslager. Er organisierte die Bewachung und den Betrieb der Lager durch die SS-„Totenkopfverbände". Die im Juli 1933 noch über 27 000 betragende Zahl der KZ-Häftlinge war zwei Jahre später auf ca. 4 000 gesunken. Ab 1935 starteten Gestapo und Kriminalpolizei Aktionen gegen „Asoziale", „Arbeitsscheue" und „Berufsverbrecher". Die Zahl der KZ-Insassen stieg so bis 1939 auf ca. 20 000 Menschen in sechs großen Konzentrationslagern, die zum Begriff des Schreckens wurden.

Die Zahl der Häftlinge stieg drastisch weiter an. Zunehmend wurden sie als „Arbeitssklaven" in Eigenbetrieben der SS rücksichtslos ausgebeutet. Himmler sprach sogar von der „Vernichtung durch Arbeit". Auch Industriekonzerne beantragten die Zuweisung von Häftlingen als billige Arbeitskräfte. Ein dichtes Netz von 25 Haupt- und etwa 1200 Nebenlagern mit im Januar 1945 ca. 700 000 meist nichtdeutschen Häftlingen entstand. Darunter waren auch die Vernichtungslager, die wie Auschwitz-Birkenau nur einen Zweck hatten: Menschen auszusondern („Selektion"), Nichtarbeitsfähige sofort zu ermorden und ihre Leichname zu beseitigen. Neben den Konzentrationslagern entstanden noch viele Sonderlager von Gestapo, Kriminalpolizei, Polizei- und Justizverwaltungen für Jugendliche, Arbeitsverweigerer und „Zigeuner".

Häftlingsappell im Konzentrationslager Sachsenhausen bei Berlin, vermutlich Februar 1941.
Auf den Stirnseiten der Baracken sind die Worte „Wahrhaftigkeit", „Opfersinn", „und" zu lesen. Es handelt sich um Bestandteile eines über die Häftlingsbaracken verteilten, auch in anderen Konzentrationslagern verwendeten und einer Rede Heinrich Himmlers entlehnten Leitspruchs, den dieser an die Häftlinge gerichtet wissen wollte. Er lautete: „Es gibt einen Weg zur Freiheit. Seine Meilensteine heißen: Gehorsam, Fleiß, Ehrlichkeit, Ordnung, Sauberkeit, Nüchternheit, Wahrhaftigkeit, Opfersinn und Liebe zum Vaterlande!"

25009 © Popperfoto / Getty Images

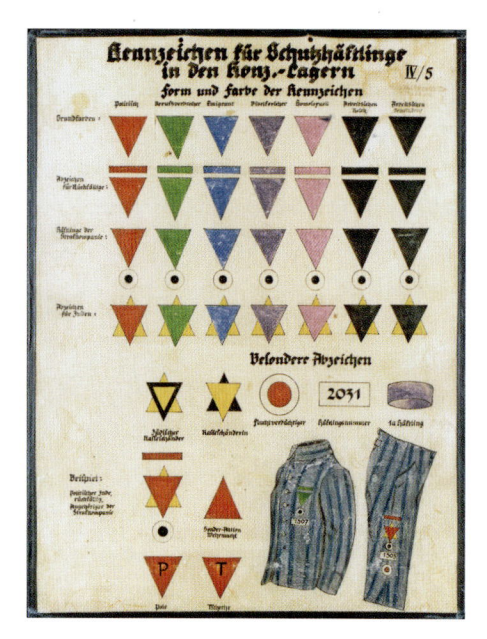

Lehrmaterial für SS-Wachmannschaften: Abbildungstafel mit Kennzeichen (Aufnäher) für Schutzhäftlinge in den Konzentrationslagern, undatiert.
Seit 1938 wurden die Häftlinge in allen Konzentrationslagern nach Haftgrund und „Rassenzugehörigkeit" kategorisiert. Mit einer Vielzahl von Unterkategorien wurden weitere Kennzeichnungen vorgenommen.

25305 © Bundesarchiv, Koblenz, 146-1993-051-07

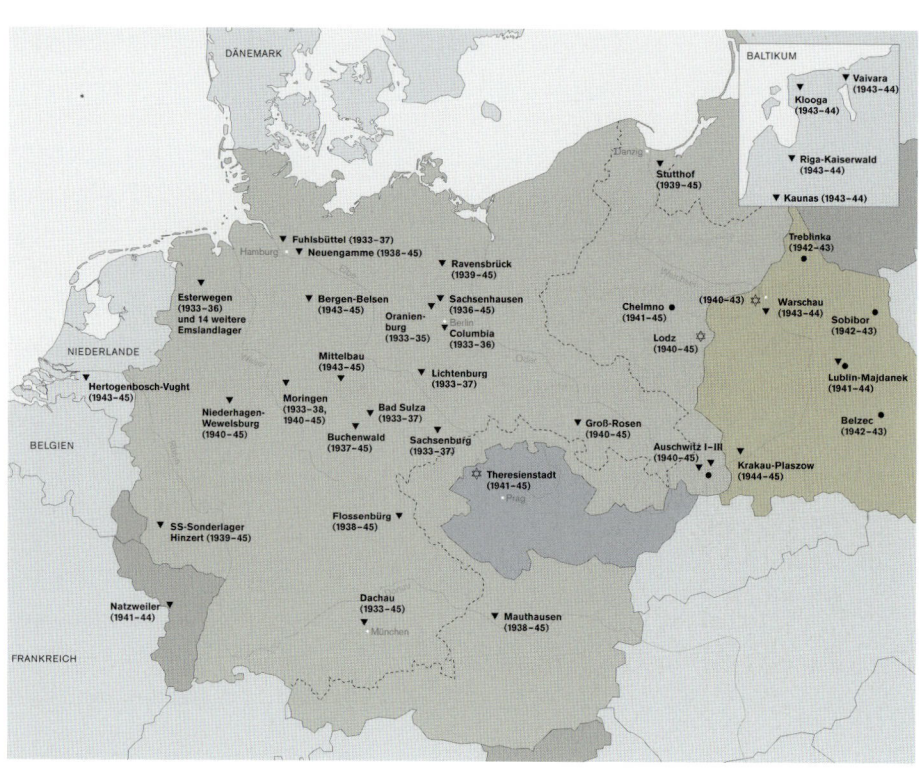

Die wichtigsten Konzentrationslager und Ghettos im Deutschen Reich und in den besetzten Ländern Europas.

25002 © Internationaler Suchdienst des Roten Kreuzes, Arolsen / Stiftung Topographie des Terrors, Berlin

▼ Konzentrationslager (ohne Außenlager und -kommandos)
✡ Groß-Ghetto
● Vernichtungslager

Appell der Schutzhäftlinge in dem zum damaligen Zeitpunkt noch der SA unterstehenden Konzentrationslager Oranienburg, Frühjahr 1933.
Das erste dort für Gegner des Nationalsozialismus provisorisch eingerichtete Schutzhaftlager befand sich auf einem ehemaligen Brauereigelände.

25309 © Landesarchiv Berlin

2.5 | Die Konzentrationslager der SS

Verharmlosende, auf politische Legitimierung des NS-Terrors zielende Bildreportage über das Konzentrationslager Dachau in der Zeitschrift „Der Bayerische Heimgarten", 22. Juni 1933.

Das im März 1933 eingerichtete Lager Dachau wurde in der NS-Presse mehrfach als Musterkonzentrationslager dargestellt und unter anderem in Bildreportagen verharmlosend inszeniert. Bis zum April 1945 waren hier über 200 000 Häftlinge inhaftiert, von denen mehr als 40 000 ermordet wurden oder auf andere Weise zu Tode kamen.

25307a–c Der Bayerische Heimgarten, Nr. 25, 22.6.1933

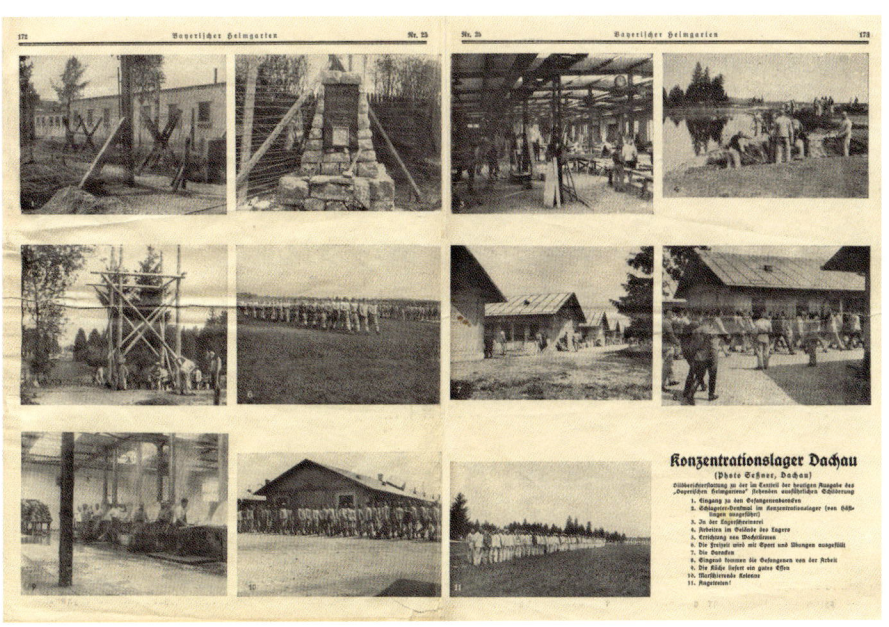

Besichtigung eines Wegweisers zum Konzentrationslager Dachau beim Besuch des Lagers durch den Reichsführer-SS Heinrich Himmler und den „Stellvertreter des Führers" Rudolf Heß, 8. Mai 1936.
Die zweite Abbildung zeigt Himmler (l.) und Heß (r.), die erste Abbildung (v. l.) Himmlers Chefadjutanten Karl Wolff, Himmler und Heß.

Der mit Hakenkreuz und Sigrunen der SS gestaltete öffentliche Wegweiser verbildlichte verharmlosend die politische Funktion der Lager aus der Sicht der NS-Propaganda: SS-Männer führen „Staats- und Volksfeinde", deren Gesichter Gemeinsamkeiten mit dem antisemitischen Bilderfundus der „Stürmer"-Presse aufweisen, der „verdienten Strafe" im Konzentrationslager zu.

25004a–b Foto: Friedrich Franz Bauer © bpk, Berlin

Heinrich Himmler bei einem Inspektionsbesuch im Konzentrationslager Mauthausen, April 1941.
Im Hintergrund, links, zahlreiche Häftlinge in gestreifter Häftlingskleidung.

25334 © Bundesarchiv, Koblenz, 192-108

Auszug aus der monatlichen Belegstärkemeldung des Konzentrationslagers Buchenwald vom 12. August 1938.

Die größte Häftlingsgruppe in diesem Monat stellten die im Zuge der Verhaftungsaktion „Arbeitsscheu Reich" im April und Juni von Gestapo und Kriminalpolizei festgenommenen „Asozialen".

25010 Thüringisches Hauptstaatsarchiv, Weimar

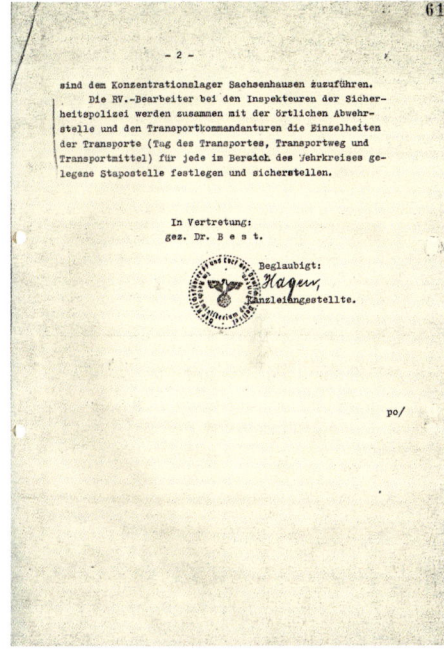

Schnellbrief des Chefs der Sicherheitspolizei und des SD zur Überführung der nach der „A-Kartei" festzunehmenden Personen in ein Konzentrationslager, 28. September 1938.

Die sogenannte A-Kartei verzeichnete jene politischen Gegner, die bei Kriegsbeginn sofort festgenommen und in den Konzentrationslagern isoliert werden sollten.

25011a–b Bundesarchiv, Berlin

SS-Doppelposten auf einem Wachtturm des Konzentrationslagers Sachsenhausen, vermutlich Februar 1941.
Der Turm ist mit einem schweren Maschinengewehr bestückt. Rechts im Bild Teile der äußeren Sicherungsanlagen mit Mauer, Postenweg und elektrisch geladenem Zaun.

25008 © Popperfoto / Getty Images

„Ich bin der Ansicht, dass wir einen großen Teil von politischen und kriminellen Verbrechern viele Jahre, mindestens aber bis sie sich an Ordnung gewöhnt haben, und zwar nicht, dass sie nach unserer Überzeugung ordentliche Menschen geworden sind, sondern gebrochen in ihrem Willen, in den Lagern behalten müssen. Es wird sehr viele geben, die wir niemals herauslassen dürfen." Heinrich Himmler, 1937

25308 Gekürzter Auszug: Rede Himmlers vor den SS-Gruppenführern am 8.11.1937, in: B. F. Smith / A. F. Peterson, Heinrich Himmler. Geheimreden 1933 bis 1945 und andere Ansprachen, Frankfurt am Main, Berlin, Wien 1974

Der Chef der Sicherheitspolizei
und des SD
IV C 2 Allg. Nr. 4865/40 g
            Berlin, den 2. Januar 1941.

Geheim!

An

    a) das Reichssicherheitshauptamt
       (Verteiler B),
    b) alle Staatspolizeileit- und -stellen,
    c) alle Kommandeure der Sicherheits-
       polizei und des SD,

N a c h r i c h t l i c h an

    d) alle Inspekteure der Sicherheitspolizei
       und des SD,
    e) den Inspekteur der Konzentrationslager
       (mit 15 Abdrucken für die Lager
       kommandanten),
    f) die Befehlshaber der Sicherheitspolizei
       und des SD in Krakau und Prag.

B e t r i f f t : Einstufung der Konzentrationslager.

Der Reichsführer-SS und Chef der Deutschen Polizei hat seine Zustimmung zu der Einteilung der Konzentrationslager in verschiedene Stufen, die der Persönlichkeit des Häftlings und dem Grad der Gefährdung für den Staat Rechnung tragen, erteilt. Danach werden die Konzentrationslager in folgende Stufen eingeteilt:

S t u f e I: Für alle wenig belasteten und unbedingt besserungsfähigen Schutzhäftlinge, außerdem für Sonderfälle und Einzelhaft, die Lager:
    D a c h a u ,
    S a c h s e n h a u s e n und
    A u s c h w i t z I
(Letzteres kommt auch zum Teil für Stufe II in Betracht.)

S t u f e I a: Für alle alten und bedingt arbeitsfähigen Schutzhäftlinge, die noch im Heilkräutergarten beschäftigt werden können, das Lager:
    D a c h a u .

S t u f e II: Für schwerer belastete, jedoch noch erziehungs- und besserungsfähige Schutzhäftlinge, die Lager:
    B u c h e n w a l d ,
    F l o s s e n b ü r g ,
    N e u e n g a m m e und
    A u s c h w i t z II.

S t u f e III: Für schwer belastete, insbesondere auch gleichzeitig kriminell vorbestrafte und asoziale, d. h. kaum noch erziehbare Schutzhäftlinge, das Lager:
    M a u t h a u s e n .

Ausgenommen von der Einweisung in die unter Ia angeführte Stufe sind alte und arbeitsunfähige Häftlinge, bei denen eine Krankenbehandlung erforderlich ist, und die deshalb in der hierfür vorgesehenen Abteilung des betreffenden Konzentrationslagers bleiben bzw. bei schwereren Fällen in die Krankabteilung des Konzentrationslagers Sachsenhausen überführt werden müssen.

Von einer Umgruppierung des Häftlingsbestandes nach der neuen Stufeneinteilung innerhalb der Lager muß wegen der z. Z. laufenden Maßnahmen zur Durchführung des Häftlingseinsatzes vorerst noch abgesehen werden. Neue Einweisungen werden dagegen künftig nach der Stufeneinteilung vorgenommen werden.

Ich ersuche daher, in Zukunft bei allen Anträgen auf Schutzhaftanordnung und Überführung in ein Konzentrationslager unter Berücksichtigung der Persönlichkeit des Schutzhäftlings und des Grades der Gefährdung des Staates durch den Häftling gleichzeitig Vorschläge hinsichtlich der Lagerstufe zu machen. Ich mache es dabei zur Pflicht, daß das gesamte politische und kriminelle Vorleben, Vorstrafen, Führung seit der Machtübernahme usw. zu Grunde gelegt werden und insbesondere Anträge auf Einweisung in die Stufe III in jedem Einzelfalle besonders eingehend begründet werden.

Dieser Erlaß ist für die Kreis- und Ortspolizeibehörden nicht bestimmt.

    gez. Heydrich.
    Beglaubigt:
    Unterschrift [unleserlich] Bl.
    Kanzleiangestellte.

Erlass des Chefs der Sicherheitspolizei und des SD, Reinhard Heydrich, über die Einstufung der Konzentrationslager und die Zuordnung von Häftlingsgruppen, 2. Januar 1941.

Schutzhäftlinge wurden nach dem Grad ihrer tatsächlichen oder unterstellten Gefährlichkeit für Staat und Partei und hinsichtlich ihrer sogenannten Erziehungs- und Besserungsfähigkeit in Stufen eingeteilt, denen einzelne Konzentrationslager zugeordnet wurden.

25012 Internationaler Militärgerichtshof (Hg.), Der Prozeß gegen die Hauptkriegsverbrecher vor dem Internationalen Militärgerichtshof, Bd. 26, Nürnberg 1947

Registrierung neu eingelieferter Schutzhäftlinge im Konzentrationslager Buchenwald bei Weimar, November 1938.

25031 © Yad Vashem, Jerusalem

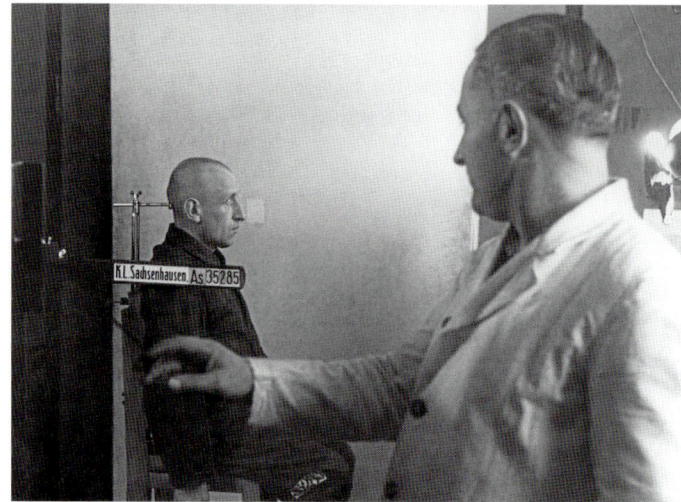

Erkennungsdienstliche Behandlung eines Schutzhäftlings als Teil der Aufnahmeprozedur im Konzentrationslager Sachsenhausen, vermutlich Februar 1941.

25036 © Interfoto, München

„Die meisten Insassen und Opfer des Konzentrationslager-Systems waren Angehörige der europäischen Nachbarländer. Der Anteil der Deutschen war bei Kriegsende marginal; unter ihnen überwogen die aus sozialen und rassischen Gründen Inhaftierten. Unter den ausländischen Häftlingen waren diejenigen aus der Sowjetunion und aus Polen die größten Gruppen. Die nationalsozialistischen Konzentrationslager waren ein Instrument zunächst zur Sicherung der Macht, dann zur Ausgrenzung und ‚Ausmerzung' der als ‚minderwertig' angesehenen Gruppen von Deutschen, schließlich zur Umsetzung der ‚völkischen Neuordnung' in Europa auf der Grundlage der deutschen Vorherrschaft."

ULRICH HERBERT, HISTORIKER, 2008

25535 Gekürzter Auszug: U. Herbert, Kalkül, Improvisation, Dynamik. Die Entwicklung des Systems der NS-Konzentrationslager 1933 bis 1945 – ein Überblick, in: Gedenkstättenrundbrief, Nr. 145, 10/2008

SS-Männer des Konzentrationslagers Auschwitz im SS-Erholungsheim Sola-Hütte, undatiert (Juli/August 1944).

Das seit 1940 vom Lagerpersonal genutzte Heim lag etwa 30 Kilometer vom Lagergelände entfernt, in der idyllischen Berglandschaft des Solatals.

25037 © USHMM, Washington

SS-Helferinnen („SS-Maiden") und SS-Männer des Konzentrationslagers Auschwitz im 30 Kilometer südlich des Lagers in idyllischer Berglandschaft gelegenen SS-Erholungsheim Sola-Hütte, undatiert (vermutlich 22. Juli 1944).

In der Bildmitte Karl Höcker, Adjutant des Lagerkommandanten Richard Baer.

25337 © USHMM, Washington

SS-Männer und Standortärzte des Konzentrationslagers Auschwitz, undatiert (Spätsommer 1944).

Links vorn Karl Höcker, Adjutant des Lagerkommandanten Richard Baer. Links, am Bankende, der in Auschwitz-Birkenau unter anderem an Selektionen von Juden und „Zigeunern" für den Tod in der Gaskammer beteiligte Dr. Fritz Klein. Auf der rechten Sitzbank, 3. v. r., mit Krawatte, Dr. Eduard Wirths, ranghöchster SS-Standortarzt, unter anderem verantwortlich für die Selektion alter, kranker und schwacher Häftlinge sowie für die Selektion von Häftlingen für medizinische Versuchsreihen.

25737 © USHMM, Washington

Erholung vom Massenmord im SS-Heim Sola-Hütte bei Auschwitz, undatiert (Spätsommer 1944).

V. l.: Richard Baer, Kommandant des Stammlagers Auschwitz; Dr. Josef Mengele, als Lagerarzt von Auschwitz-Birkenau unter anderem an Selektionen von Juden und „Zigeunern" für die Gaskammern beteiligt und verantwortlich für medizinische Experimente an Häftlingen; verdeckt Josef Kramer, Kommandant von Auschwitz-Birkenau; Rudolf Höß, langjähriger Lagerkommandant von Auschwitz und Auschwitz-Birkenau, seit 1943 Leiter der Amtsgruppe D im SS-Wirtschaftsverwaltungshauptamt in Berlin.

25335 © USHMM, Washington

Räumung von Trümmerschutt durch Häftlinge der 2. SS-Baubrigade des Konzentrationslagers Neuengamme nach einem Luftangriff, Obernstraße, Bremen, 20. Dezember 1943. Links ein zur Bewachung eingesetzter Polizist, am rechten Bildrand, in dunkler Kleidung und mit der Armbinde „Kapo", ein als Vorarbeiter eingesetzter „Funktionshäftling".

25016 Foto: Walter Cüppers © Staatsarchiv Bremen / KZ-Gedenkstätte Neuengamme

Arbeitskommando von Häftlingen des Konzentrationslagers Flossenbürg, undatiert.

25015 © ullstein bild, Berlin

Französische, belgische und niederländische KZ-Häftlinge bei der Arbeit an Verkabelungen für die sogenannte Vergeltungswaffe 2 (V2) im Außenlager „Dora" des Konzentrationslagers Buchenwald bei Nordhausen, Mai/Juli 1944.
Die Produktion der von der NS-Propaganda zur „Wunderwaffe" stilisierten Boden-Boden-Rakete erfolgte in unterirdischen Stollen und Tunneln, die von KZ-Häftlingen angelegt oder ausgebaut worden waren. Die aus technischen Gründen teilinszenierte Aufnahme wurde von Adolf Hitlers persönlichem Kameramann Walter Frentz gemacht.

25314 Foto: Walter Frentz © Sammlung Hanns-Peter Frentz, Berlin

Von der SS „auf der Flucht" erschossene Häftlinge des Konzentrationslagers Mauthausen, undatiert (1940–1945).
Die Aufnahmen wurden vom Erkennungsdienst der Lager-SS angefertigt. Die Wendungen „Auf der Flucht erschossen" oder „Freitod" wurden von der SS-Administration auch sprachregelnd benutzt, um die gezielte Ermordung von Häftlingen zu vertuschen. Vermutlich ist bei einem Teil dieser Aufnahmen davon auszugehen, dass Morde an Häftlingen von der SS als Fluchtversuche inszeniert und fotografisch dokumentiert wurden.

25022 © Bundesarchiv, Koblenz, 192-060, -065, -074, -075

SS-Personal des Konzentrationslagers Hinzert bei Trier, undatiert.

25032 © USHMM, Washington

Angehörige der SS-Wachmannschaft des Konzentrationslagers Dachau, undatiert (Frühsommer 1933).

21008 © Bundesarchiv, Koblenz, 152-01-16

2.5 | Die Konzentrationslager der SS

Wachmannschaften und Verwaltungspersonal des Konzentrationslagers Neuengamme, Dezember 1943.
Das Foto entstammt einer offiziellen Dokumentation des Lagers durch die SS. Es entstand während der „Julfeier", wie die Weihnachtsfeiern im germanisierenden Brauchtumsjargon der SS hießen. Auf den Tischen stehen von KZ-Häftlingen hergestellte „Julleuchter".
25030 © SZ Photo, München

Auszeichnung von SS-Männern des Lagerpersonals des Konzentrationslagers Neuengamme durch den Lagerkommandanten Max Pauly, undatiert (1942/43).
25029 © KZ-Gedenkstätte Neuengamme

Gerhard Paul
Das Gestaposystem
Struktur und Dynamik einer Weltanschauungsexekutive

Die Gestapo sei das Herz des nationalsozialistischen Terrors, die SS seine „Seele", befand der sozialdemokratische Jurist und Politikwissenschaftler Franz Neumann 1944 im amerikanischen Exil. Unter Heinrich Himmler als Reichsführer-SS hatte sich die SS zum wichtigsten Gestaltungsfaktor des NS-Regimes und zur wichtigsten Exekutive des „Führerwillens" entwickelt. Vor allem der von Reinhard Heydrich geführte Sicherheitsdienst (SD) der SS erwies sich als Denkfabrik einer nationalsozialistischen Umgestaltung der Gesellschaft und als organisatorische Keimzelle einer Staatlichkeit neuen Typs. Mit Hilfe von SS und SD war es Himmler gelungen, die wichtigsten staatlichen Exekutivorgane wie die Ordnungs- und die Kriminalpolizei mit der SS zu verkoppeln und genuin nationalsozialistische Institutionen wie die Gestapo und das Reichssicherheitshauptamt (RSHA) zu schaffen.

Die Gestapo war das wichtigste Teilstück der Exekution des „Führerwillens". Indes: *die* Gestapo gab es nicht. Sie war keine am grünen Tisch geplante und vor allem keine statische Institution. Sie entwickelte sich vielmehr aus ständig neuen Anforderungen heraus. Von ihren Aufgaben, ihren Strukturen und ihrer Praxis her war die Gestapo der ersten Jahre nach der NS-Machtübernahme etwas gänzlich anderes als der Gestapoapparat nach 1936 oder gar während des Krieges. In zwei Entwicklungssprüngen sowie in mehreren Radikalisierungsschüben veränderte sie sich vom Exekutivorgan der politischen Gegnerbekämpfung zum wichtigsten Organ der Durchsetzung eines rassistischen Gesellschaftsmodells.

Wie keine andere Institution bestimmt die Gestapo bis heute das Bild des „Dritten Reiches" als eines verbrecherischen Regimes. Tatsächlich jedoch war ihr Apparat eingebettet in ein institutionelles und gesellschaftliches Geflecht der Unterstützung, ohne die sie ihre Aufgaben nicht hätte realisieren können. Zentrale Charakteristika dieses hier als Gestaposystem bezeichneten Geflechtes waren: die Idee einer „völkischen Polizei", die Entgrenzung polizeilichen Handelns, eine ständige Veränderung der organisatorischen Strukturen sowie eine interne Radikalisierungsdynamik, die Arbeitsteilung des Terrors und dessen populäre Akzeptanz sowie ein alles überlagernder Mythos der Allgegenwart, der Allwissenheit und der Allmacht, der der Gestapo anhaftete und einen Teil ihrer Wirkungsmacht ausmachte.

Die Anfänge der Gestapo

Organisatorisch, personell und polizeipraktisch sowie in etlichen ihrer Feindbilder knüpfte die Gestapo an die politische Polizei der Weimarer Republik an. Diese hatte sich nach dem 30. Januar 1933 fast reibungslos von den neuen Machthabern funktionalisieren lassen. Der Plan Himmlers sah jedoch vor, die Zuständigkeiten der politischen Gegnerbekämpfung ganz in einer Hand zu konzentrieren, diese vollständig aus den Fesseln der inneren Verwaltung und des geltenden Rechts zu lösen, den gesamten Polizeiapparat unter seiner Führung zu zentralisieren und mit dem Geist der SS zu durchdringen.

Dieser Prozess nahm in den einzelnen Ländern unterschiedliche Gestalt und Geschwindigkeit an. Vorreiter der Entwicklung war Bayern, wo Himmler bereits am 1. April 1933 zum „Politischen Polizeikommandeur Bayerns" bestellt und wo mit der bayerischen politischen Polizei eine neue Polizeiformation geschaffen worden war. In Preußen schuf das „Gesetz über die Errichtung eines Geheimen Staatspolizeiamtes" vom 26. April 1933 mit dem Geheimen Staatspolizeiamt (Gestapa) eine neue Landespolizeibehörde, die indes noch dem preußischen Innenminister unterstand. Seinen Dienstsitz fand das Gestapa im ehemaligen Gebäude der Kunstgewerbeschule in der Prinz-Albrecht-Straße 8 in Berlin. Auch in den anderen Reichsteilen gelang es dem Reichsführer-SS im Laufe der nächsten Monate, die politischen Polizeien unter seine Kontrolle zu bringen. Seinen Abschluss fand dieser Prozess in Preußen, wo Himmler am 20. April 1934 zum Inspekteur, am 20. November dann auch zum stellvertretenden Chef der Gestapo ernannt wurde. Die Leitung des Gestapa lag bei seinem Intimus, dem Chef des Sicherheitsdienstes (SD) der SS, Reinhard Heydrich.

Das Gestapogesetz vom 26. April 1933 beinhaltete drei Neuerungen, die für die weitere Entwicklung konstitutiv waren. Zunächst bestimmte es als Aufgabe des Gestapa, wie in den Durchführungsbestimmungen mit Runderlass vom selben Tage formuliert, „alle staatsgefährlichen politischen Bestrebungen im gesamten Staatsgebiet zu erforschen, das Ergebnis der Erhebungen zu sammeln und auszuwerten". Die Gestapo verfügte damit über die Macht zu definieren, wer und was als „staatsgefährlich" und „volksfeindlich" anzusehen war. Praktische Grundlagen polizeilichen Handelns waren damit nicht tatsächliche Gesetzesverstöße, sondern Vermutungen über mögliche Gefährdungen. Nach Auffassung von NS-Polizeitheoretikern umfasste der Begriff der „staatsgefährlichen Bestrebung" „jedes aktive Verhalten, das in irgendeiner Form, mittelbar oder unmittelbar eine Staatsgefährlichkeit in sich schließt, aber noch keinen vollendeten strafbaren Angriff auf Partei und Staat darstellt". Die neue Polizei besaß damit präventiv-polizeilichen Charakter. Zweitens bestimmte das Gesetz, dass die neue Polizei „mit Hilfe von Außenstellen für die einzelnen Landespolizeibezirke (Staatspolizeistellen)" tätig werden sollte. Bei diesen flächendeckend zu bildenden und regional organisierten Polizeistellen handelte es sich im Kern um die bisherigen I A-Abteilungen (Politische Polizei) bei den Polizeipräsidien. Drittens wies das Gesetz der Gestapo eine Weisungsbefugnis gegenüber anderen Polizeibehörden und der oft aus SA-Angehörigen rekrutierten Hilfspolizei zu. Letztere sollte sich später noch als wichtiges Rekrutierungsreservoir der Gestapo erweisen. Eigenständige Exekutivbefugnisse besaß die Geheime Staatspolizei noch nicht.

Polizeipraktisch agierte das NS-Regime in den Anfangsjahren zunächst wie jede andere Diktatur, indem es den vorhandenen Polizeiapparat nutzte, um die politischen Gegner auszuschalten. Mit der „Verordnung zum Schutz von Volk und Staat" vom 28. Februar 1933 („Reichstagsbrandverordnung"), die zahlreiche Persönlichkeitsrechte einschränkte und die Reichsregierung ermächtigte, alle zur „Wiederherstellung der öffentlichen Sicherheit und Ordnung nötigen Maßnahmen" zu treffen, verfügten die Polizeibehörden über eine erheblich erweiterte Handlungsgrundlage und einen weiten Gestaltungsspielraum. Je nach politischer Lage konnten nun „nötige Maßnahmen" ergriffen werden.

Als wichtigstes maßnahmenpolitisches Instrument erwies sich das Institut der „Schutzhaft", die unter Umgehung der Gerichte von Polizei, aber auch von SA- und SS-Formationen massenhaft praktiziert und sowohl in staatlichen Gefängnissen als auch in „wilden" Schutzhaftlagern und den neugebildeten, der SS unterstehenden Konzentrationslagern vollstreckt wurde. Bereits am 21. März 1933 hatte Himmler als kommissarischer Polizei-

Geheimes Staatspolizeiamt (Gestapa), Prinz-Albrecht-Straße 8, Berlin, undatiert (um 1936).
22018 © bpk, Berlin

präsident von München die Errichtung eines ersten „politischen Konzentrationslagers" bei Dachau bekanntgegeben. Um der ausufernden Willkür im Umgang mit der „Schutzhaft" Einhalt zu gebieten, sah sich der Reichsminister des Innern allerdings 1934 gezwungen, die Handhabung der „Schutzhaft" durch das NS-Regime neu zu regeln und Parteidienststellen die Anordnung von „Schutzhaft" zu untersagen, ihren Vollzug auf staatliche Gefangenenanstalten und Konzentrationslager zu begrenzen und eine regelmäßige Überprüfung ihrer Notwendigkeit anzuordnen. Mit der Ernennung eines „Inspekteurs der Konzentrationslager" (IKL) 1934, angesiedelt ebenfalls in der Berliner Prinz-Albrecht-Straße 8 – wurden die frühen KZ aus der Verbindung mit der SA gelöst und der SS beziehungsweise der Gestapo unterstellt. 1942 wurden sie dann als Amtsgruppe D dem Wirtschafts- und Verwaltungshauptamt (WVHA) der SS angegliedert. In kürzester Zeit war so die institutionelle Basis des Gestaposystems geschaffen und im Berliner Gestapa eine zentrale Adresse gefunden worden, von der aus die Gestapo bald reichs- und europaweit agierte. Mit dem Institut der „Schutzhaft" und den Konzentrationslagern verfügte sie über effiziente Machtmittel der Herrschaftssicherung und zugleich über die nötigen Instrumente zur Durchsetzung der nationalsozialistischen Gesellschaftsutopie.

Einen ersten großen Radikalisierungsschub erfuhr die politische Polizei während der politischen Gegnerbekämpfung bis 1935/36. Bei Aktionen wie der reichsweiten Verhaftung von mehr als 1 500 ehemaligen KPD-Funktionären 1935 übte sie einen neuen, zunehmend rechtlicher Fesseln entkleideten Terror ein.

„Völkische Polizei" und „rassische Generalprävention"

Mit der Übernahme der preußischen Gestapo und der politischen Polizeien der anderen Länder durch Heinrich Himmler 1934 und dem weitgehenden Abschluss der politischen Gegnerbekämpfung 1935/36 wurde der teils chaotische und noch polykratisch praktizierte Terror in geregeltere Bahnen gelenkt und die Polizei zugleich auf neue Aufgaben ausgerichtet. Ab 1935 machten die polizeilichen Exekutivorgane daher einen ideologischen Wandlungsprozess durch, der ihre Aufgaben, ihre Wahrnehmung und das polizeiliche Selbstbild veränderte und die Gestapo letztlich von einer traditionellen, klassischen politischen Polizei zur enthemmten NS-„Rassenpolizei" werden ließ. Kern des neuen Selbstverständnisses war das biologistische Konzept einer „völkischen Polizei", das Ziel war die Verwirklichung des Wunschbildes einer „rassereinen Volksgemeinschaft".

Als Erster machte sich Gestapaleiter Reinhard Heydrich Gedanken über die „Wandlungen unseres Kampfes". Ihm zufolge waren die zerschlagenen Parteien lediglich „äußere Erscheinungsform[en] geistiger Kräfte" zur „Vernichtung unseres Volkes", die nach wie vor lebendig seien. Als treibende Kraft des Gegners ortete er das „Weltjudentum". Damit war nicht nur das Feindbild der politischen Polizei radikal ausgeweitet, sondern auch der Bezugsrahmen grundlegend verändert. Nicht mehr Staat und Recht, sondern Volk und „Rasse" sollten im Zentrum polizeilichen Denken und Handelns stehen. Im „völkischen Führerstaat", so der Justiziar und Chefideologe der Gestapo und spätere Stellvertreter Heydrichs, Werner Best, im Jahr 1936, diene alle staatliche Tätigkeit nicht dem Vollzug verfassungsmäßiger Gesetze, sondern der „Ausübung notwendiger Funktionen des Volksorganismus". Während die Wehrmacht als „Instrument des völkischen Selbstschutzes nach außen" fungiere, sei die Polizei das „neu geschaffene Instrument des inneren Selbstschutzes des Deutsches Volkes". Jeder Versuch, eine abweichende politische Auffassung durchzusetzen oder aufrechtzuerhalten, müsse „als Krankheitserscheinung, die die gesunde Einheit des unteilbaren Volksorganismus bedroht, ohne Rücksicht auf das subjektive Wollen seiner Träger ausgemerzt" werden. Best definierte die politische Polizei des NS-Regimes „als eine Einrichtung, die den politischen

Gesundheitszustand des deutschen Volkskörpers sorgfältig überwacht, jedes Krankheitssymptom rechtzeitig erkennt und die Zerstörungskeime […] feststellt und mit jedem geeigneten Mittel beseitigt".

Diese Vorstellungen hatten Konsequenzen für den Gegnerbegriff wie für das polizeiliche Handeln, das mit dem Begriff der „rassischen Generalprävention" beschrieben worden ist. Nach den Vorstellungen Himmlers, Heydrichs, Bests und anderer bestimmten nämlich nicht nachweisbare, sondern objektiv berechenbare und mögliche Verbrechen das Handeln der „völkischen Polizei". Der „Gegner" und „Staatsfeind" mutierte damit zur synthetisch erzeugten Kunstfigur des „Volksfeindes". Dieser unterschied sich von dem „Verdächtigen" anderer Geheimpolizeien darin, dass er nicht durch irgendeine von ihm ausgehende Aktion oder einen eigenen Plan, sondern durch die von ihm unbeeinflussbare Politik des Regimes sozusagen objektiv zum Gegner wurde. Diese Unschärfe des Gegnerbegriffs, nach der nicht nur Juden, sondern auch „Asoziale", Homosexuelle, Behinderte, „Fremdvölkische" und „Gemeinschaftsfremde" den Volkskörper bedrohen konnten, begründete in der Konsequenz eine Radikalisierungsdynamik, die immer mehr Gruppen der Gesellschaft unter Generalverdacht geraten ließ und die sich im Polizeialltag in einer ständigen Inflation der Aufgaben und einer daraus resultierenden wachsenden Machtfülle, gleichzeitig aber auch in einer zunehmenden Überforderung Bahn brach.

Im Begriff der „staatsgefährlichen Bestrebungen" war zudem die weiterführende Vorstellung einer präventiv agierenden sowie einer von allen rechtlichen Bindungen befreiten Polizei mitgedacht. Diese müsse forschend wie exekutiv tätig werden, bevor es zu einer tatsächlichen Gefährdung von Volk und Staat komme. Die „präventiv-politische Aufgabe einer Politischen Polizei", so Werner Best 1936, sei es daher, „die Staatsfeinde aufzuspüren, sie zu überwachen und im richtigen Augenblick unschädlich zu machen". Rechtlich-normative Begrenzungen etwa durch Persönlichkeitsrechte dürfe es dabei nicht geben. Die politische Polizei – so der Polizeitheoretiker und spätere Gestapochef Alfred Schweder – habe „erforderlichenfalls ohne besondere gesetzliche Ermächtigung […] im Rahmen ihrer Zuständigkeit nach freiem Ermessen die zur Erfüllung ihrer staatspolizeilichen Aufgaben erforderlichen Maßnahmen zu treffen […] mit jedem Mittel, das Erfolg verspricht".

In das Konzept einer präventiv und autonom agierenden „völkischen Polizei" war von Anbeginn die Kriminalpolizei einbezogen, deren biologistisches Verständnis von Kriminalität als zu eliminierender „schlechter Erbstrom" zahlreiche Anknüpfungspunkte zu nationalsozialistischen Vorstellungen bot. Als „Kriminalpolizei der Volksgemeinschaft" solle die Kripo, so deren Chef Arthur Nebe, „maßgeblich auch in die Formung des deutschen Menschen eingeschaltet werden". Im Gefolge der Eskalation der Kriminalprävention wurde die „Vorbeugungshaft" daher auch auf als „asozial" klassifizierte Bevölkerungsgruppen ausgeweitet.

Die Verkoppelung von SS und Polizei und die Radikalisierung polizeilichen Handelns

Begleitend zur ideologischen Neuformierung der Polizei wurde diese gleichzeitig von Himmler aus der inneren Verwaltung herausgelöst und 1936 reichsweit vereinheitlicht und zentralisiert. Struktur und Organisation, Vollmachten und Methoden der neuen Polizei, ihre selbständige Stellung gegenüber dem übrigen Behördenapparat und ihre tendenzielle Gleichrangigkeit mit der Wehrmacht ergaben sich aus dem politischen Konzept der „völkischen Polizei" und seiner Fiktion der Bedrohung des deutschen „Volkskörpers".

Gratulationscour der Führung von SS und Polizei zum Geburtstag Hermann Görings, Berlin, 12. Januar 1939.
21047 © bpk, Berlin

1936 fand die Entwicklung der Gestapo zur eigenständigen Institution des NS-Maßnahmenstaates in vier Schritten ihren Abschluss. Zunächst stattete das „Gesetz über die Geheime Staatspolizei" vom 10. Februar 1936 die Gestapo mit einer dreifachen Befugnis aus: mit einer Generalermächtigung, wonach diese nun alleine bestimmen konnte, was ihre Aufgaben seien und wer als „staatsgefährlich" anzusehen sei; mit einer reichsweiten Exekutivbefugnis, die es so im preußischen Gestapogesetz von 1933 noch nicht gegeben hatte und nach der die Gestapo nun „alle staatsgefährlichen Bestrebungen im gesamten Staatsgebiet" nicht nur zu erforschen, sondern auch selbständig zu „bekämpfen" habe; und schließlich mit der Kompetenz zur Verhängung der „Schutzhaft", die einschloss, dass Verfügungen der Gestapo nicht mehr der Nachprüfung durch Gerichte unterlagen. In der Konsequenz war damit ein breiter rechtsfreier Raum staatlichen Handelns geschaffen worden, der Willkür und Terror Tür und Tor öffnete.

Mit der Ernennung Himmlers als Reichsführer-SS zum „Chef der Deutschen Polizei im Reichsministerium des Innern" am 17. Juni 1936 durch Adolf Hitler fand in einem zweiten Schritt die Herauslösung der Polizei aus der inneren Verwaltung sowie die parallel von Himmler betriebene Zentralisierung der politischen Polizei ihren Abschluss. Damit unterstand ihm die Führung der gesamten deutschen Polizei einschließlich Schutzpolizei, Gendarmerie und Kriminalpolizei. Erst dies machte die weitere Festlegung der Polizei auch auf die rassenpolitischen Ziele der SS möglich.

Organisatorische Konsequenz der „Verreichlichung" der polizeilichen Kompetenzen unter Himmler war drittens eine Woche später die Bildung von zwei ihm direkt unterstellten Hauptämtern: des Hauptamtes Ordnungspolizei unter SS-Obergruppenführer Kurt Daluege, das die Schutzpolizei, die Gendarmerie, die Technische Nothilfe und die Feuerschutzpolizei umfasste, und des Hauptamtes Sicherheitspolizei (Sipo) unter Heydrich, in dem Gestapo und Kriminalpolizei ressortierten. In das Konzept der „völkischen Polizei" war damit nun auch die Kriminalpolizei als fester Bestandteil des NS-Repressionsapparates integriert, die bis zum Untergang des NS-Regimes nahezu 80 000 Menschen in Konzentrationslager einwies und als Teil der Einsatzgruppen der Sicherheitspolizei und des SD maßgeblich auch am Mord an den europäischen Juden beteiligt war. Eine personelle Fluktuation von Kripo-Beamten hin zur Gestapo, die sich in der neuen Polizei bessere Aufstiegsmöglichkeiten erhofften, hatte es bereits seit 1933 gegeben. In den Doppelnominationen von Himmler als Reichsführer-SS (RFSS) und Chef der Deutschen Polizei beziehungsweise von Heydrich als Chef der Sicherheitspolizei und des SD fand die Verkoppelung von Partei- und Staatsfunktionen sichtbaren Ausdruck. Allerdings verlief die Kooperation sowohl der verschiedenen Ämter untereinander als auch mit dem RFSS keineswegs so reibungslos, wie es nach außen den Anschein hatte.

Im August 1936 schließlich fand in einem vierten Schritt die reichsweite Vereinheitlichung der Gestapo statt. Alle politischen Polizeien trugen fortan die Bezeichnung „Geheime Staatspolizei". Im September 1936 wurde das Berliner Geheime Staatspolizeiamt unter Heydrich, das de facto die Abteilung Gestapo im Hauptamt Sicherheitspolizei bildete und nun auch als Ministerialbehörde des Innenministeriums agieren konnte, mit der Wahrnehmung der Aufgaben des politischen Polizeikommandeurs der Länder beauftragt und damit zur Reichszentrale aufgewertet. Zur Vereinheitlichung gehörte, dass die regionalen Stellen der Staatspolizei (Stapo) nun auch organisatorisch einheitlich gegliedert waren: Die Abteilung I war zuständig für Organisation und Verwaltung, Abteilung II für die politische Gegnerbekämpfung, Abteilung III für Abwehrfragen.

Gerhard Paul | Das Gestaposystem

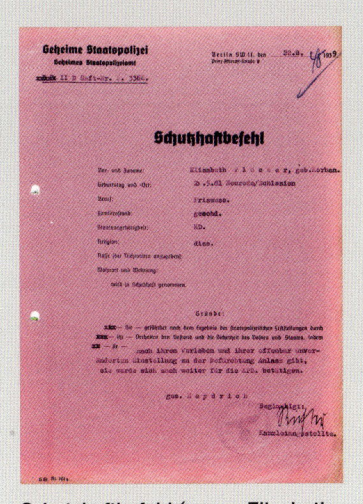

Schutzhaftbefehl (gegen Elisabeth Plücker), 22. August 1939.

24035 Landesarchiv NRW, Abteilung Rheinland, Düsseldorf

Organisatorisch verstärkt und abgesichert wurde der Einfluss der SS 1937 durch die Einrichtung der neugeschaffenen Höheren SS- und Polizeiführer (HSSPF), die zunächst im Reich und später in den besetzten Gebieten die gesamte SS- und Polizeimacht – teils in Konkurrenz zur Wehrmacht – koordinieren und führen sollten. Mit Beginn des Krieges erhielten die HSSPF erweiterte Kompetenzen bei der Etablierung der NS-Besatzungsherrschaft und der „rassischen Säuberung" im besetzten Europa.

Erst auf der Basis dieser organisatorischen Verkoppelung von Partei- und Staatsfunktionen konnte die von Himmler angestrebte Verschmelzung von SS und Polizei in Richtung eines „Staatsschutzkorps" weiter vorangetrieben werden. In eigenen Schulungszentren wie der „Führerschule" der Sicherheitspolizei in Berlin-Charlottenburg, der Grenzpolizeischule in Pretzsch beziehungsweise der Sicherheitspolizeischule in Fürstenberg wurden die Bediensteten von Gestapo und Kriminalpolizei in den folgenden Monaten in weltanschaulichen Schulungsprogrammen auf das Konzept der „völkischen Polizei" und der „rassischen Generalprävention" eingeschworen.

Der ideologischen Radikalisierung des Personals entsprach die Radikalisierung der polizeilichen Methoden. Vor der apokalyptisch gedachten Folie der Bedrohung des deutschen Volkskörpers forderte Werner Best, es müsse der politischen Polizei erlaubt sein, „jedes zur Erreichung eines notwendigen Zweckes geeignete Mittel anzuwenden". Letztlich war in Formulierungen wie diesen strukturell die weitere Entgrenzung der politisch-polizeilichen Methoden bis hin zum Massen- und Völkermord angelegt. Zu den genuinen Instrumenten staatspolizeilicher Arbeit zählte die seit 1933 praktizierte Methode der „verschärften" beziehungsweise der „technischen Vernehmung", wie die Geständniserpressung durch Folter euphemistisch hieß. Diese umfasste ein Bündel von Repressalien, darunter systematischer Schlafentzug und körperliche Gewalt. „Auf keinen Fall", so das Gestapa 1936 an seine nachgeordneten Dienststellen, dürfe die Anwendung „verschärfter Vernehmungsmethoden aktenkundig gemacht werden".

Als bedeutendstes Instrument polizeilichen Handels indes erwies sich das durch das Gestapogesetz von 1936 bestätigte Monopol zur Verhängung der „Schutzhaft". Die polizeiliche Verhängung eines unbefristeten Freiheitsentzuges ohne rechtsförmiges Verfahren fungierte im Polizeialltag als Allzweckwaffe: als wirksames Einschüchterungsinstrument, da niemand wusste, ob, wann und wie lange man in die Fänge der Gestapo geraten konnte, als Ermittlungsersatz, mit dem man sich des aufwendigen Nachweises eines schuldhaften Vergehens entledigen und bereits beim Vorliegen eines Anfangsverdachtes aktiv werden konnte sowie als Mittel polizeilicher Korrektur und nachträglicher Ergänzung gerichtlicher Urteile. Mit dem Übergang von der politischen Gegnerbekämpfung zur „rassischen Generalprävention" wurde die Schutzhaftpraxis seit 1937/38 zunehmend als Instrument der NS-Rassenpolitik genutzt. Ein Erlass von 1938 definierte die „Schutzhaft" daher auch als Instrument „zur Abwehr aller volks- und staatsfeindlichen Bestrebungen", die geeignet seien, „den Bestand und die Sicherheit des Volkes und des Staates [zu] gefährden". Vollzugsorte der Schutzhaft waren meist die der Inspektion der „KL" unterstehenden Konzentrationslager. Sie waren ab 1936 kontinuierlich ausgebaut worden, hatten sich mit ihren Nebenlagern und Außenkommandos seit Kriegsbeginn metastasenartig ausgebreitet und waren integrativer Bestandteil des deutschen Besatzungsapparates in Europa geworden. Schutzhaftmonopol und Konzentrationslager stellten damit den 1933 verhängten Ausnahmezustand auf Dauer.

Reinhard Heydrich schreitet bei einem Besuch der „Führerschule" der Sicherheitspolizei und des Sicherheitsdienstes in Prag die Front angetretener Lehrgangsteilnehmer von Gestapo, Kripo und SD ab, 1. April 1942.
22098 © bpk, Berlin

Erinnerungsaufnahme von Lehrgangsteilnehmern der Sicherheitspolizei und des Sicherheitsdienstes (SD) in der „Führerschule" der Sicherheitspolizei in Berlin-Charlottenburg, 1942.
22327 © NIOD, Amsterdam

Eine erste Einübung in das neue Polizeikonzept waren die gemeinsam von Gestapo und Kriminalpolizei 1937/38 durchgeführten Maßnahmen gegen „Asoziale", „Arbeitsscheue" und „Berufsverbrecher" sowie im November 1938 die zusammen mit Parteiformationen der NSDAP wie SA, SS und Nationalsozialistisches Kraftfahrkorps (NSKK) durchgeführten Aktionen der „Reichskristallnacht" gegen die jüdische Bevölkerung. Sie markierten den Übergang zur „rassischen Generalprävention" und damit den zweiten Radikalisierungsschub. Mit diesem Schritt hin zur präventiven Verbrechensbekämpfung sowie zur gesellschaftsbiologischen Sozialhygiene war der Weg zur „Reinigung des Volkskörpers" bereitet, der letztlich im Massen- und Völkermord münden sollte.

Das Reichssicherheitshauptamt als kämpfende Weltanschauungsexekutive

Kulminationspunkt der Verkopplung von Partei- und Staatsämtern war die Bildung des Reichssicherheitshauptamtes (RSHA) am 27. September 1939. Unter der Leitung Heydrichs fasste dieses nun die zentralen Ämter der Sicherheitspolizei und des SD zusammen. Um Synergieeffekte zu nutzen, bündelte es wissenschaftliche Forschung, Planung, Propaganda und exekutive Kompetenzen in einer Superbehörde, die sich als weltanschaulich-bürokratischer Motor der weiteren Radikalisierung erweisen sollte. Eine solchermaßen als Weltanschauungsexekutive geschaffene Einrichtung, die Politik als Feld der Gestaltung und der entschiedenen Tat verstand, entsprach am ehesten dem Idealbild einer nationalsozialistischen Verwaltung, wie sie Heydrich 1941 unter dem Begriff der „kämpfenden Verwaltung" skizziert hatte. Durch sie sollte das Prinzip des Kampfes in der Verwaltung verankert und diese auf das Ziel der Durchsetzung des rassistischen Neuordnungsprojektes verpflichtet werden.

Dem Leiter des RSHA unterstanden zunächst sechs, später sieben Ämter (I: Personal, II: Organisation, Verwaltung und Recht, III: Deutsche Lebensgebiete/SD-Inland, IV: Gegner-Erforschung und -Bekämpfung/Geheimes Staatspolizeiamt, V: Verbrechensbekämpfung/Reichskriminalpolizeiamt, VI: Ausland/SD-Ausland, VII: Weltanschauliche Forschung und Auswertung/SD). Hinzu kamen zahlreiche weitere Einrichtungen. Kern des RSHA und Prototyp einer aus den Fesseln normenstaatlicher Strukturen herausgelösten Weltanschauungsexekutive war das Gestapo-Amt IV unter Heinrich Müller. In einem Prozess der Selbstradikalisierung zog es ständig neue Kompetenzen an sich. Als nur Himmler unterstellte Einrichtung verband es eine nach „rassischer Generalprävention" strebende politische Konzeption sowie pragmatische, tagespolitische Sicherheitsüberlegungen mit bürokratischen Prinzipien und maßnahmenstaatlichen Exekutivbefugnissen. Die formal von Adolf Hitler angeführte Befehlskette gelangte auf der Ebene des Amtes IV in die operative Zone. Experten setzten hier Hitlers und die in seinem Auftrag von Himmler ausgegebenen allgemeinen Parolen in bürokratische und technische Verfahren, in rechtsförmige Anordnungen und Einsatzbefehle sowie in Kooperationen mit anderen Behörden um. Zugleich war das Gestapo-Amt IV als Zentrale für alle Stapostellen im Deutschen Reich wie in den besetzten Gebieten zuständig, deren interne Struktur nun dem Amt IV des RSHA angepasst und auf die Erfordernisse des Krieges ausgerichtet wurde.

Der totalitäre Anspruch des NS-Regimes setzte sich in der staatspolizeilichen Praxis in einer sich ständig beschleunigenden rechtlichen Entgrenzung von Gewalt um. Diese Enthegung führte mit Kriegsbeginn gleichsam selbstläufig zur inflationären Praxis der polizeilichen Urteilskorrektur durch Inschutzhaftnahme und der Unterstellung ganzer Populationen unter Polizeirecht sowie zur Bildung weiterer rechtsfreier Räume, etwa in Gestalt der „Arbeitserziehungslager". Diese fungierten als Willkür-Nischen der regionalen Gestapochefs, in denen diese nur mehr nach Abschreckungsmaximen agieren konnten. Der rechtlichen Entbindung korrespondierte die ständige Ausweitung des Zuständigkeits-

Massenerschießung durch Angehörige einer Einsatzgruppe der Sicherheitspolizei und des SD, unbekannter Ort (bei Winniza/Winnyzja?), undatiert (1941/42).

42009 © bpk, Berlin

bereiches. Zwar agierte die Gestapo von Anbeginn an auch außerhalb der Reichsgrenzen. Mit dem „Anschluss" Österreichs 1938 und der Besetzung des Sudetenlandes im gleichen Jahr wurde das Gestaposystem jedoch nun auch formell auf das weitere deutschsprachige Ausland übertragen, um sich zunächst mit der „Zerschlagung der Rest-Tschechei" 1939 und dem Überfall auf Polen schließlich auf weite Teile Europas auszudehnen. Hatte es mit dem Übergang zur „rassischen Generalprävention" bereits eine qualitative wie quantitative Ausweitung der staatspolizeilichen Gegnergruppen gegeben, so potenzierte die Ausdehnung des deutschen Herrschaftsbereiches seit 1938/39 die Zahl der als „Sicherheitsrisiko" definierten Populationen ins schier Unermessliche, da nun ganze nationale Gesellschaften sowie ein Millionenheer von Zwangsarbeitern und Kriegsgefangenen aus dem besetzten Ausland in den direkten Einflussbereich der Gestapo gelangten. Heydrichs „Grundsätze der inneren Staatssicherung während des Krieges" vom 3. September 1939, in denen dieser die „brutale Liquidierung" all jener Bestrebungen forderte, die die Geschlossenheit und den Kampfwillen des deutschen Volkes gefährdeten, leiteten eine weitere Entgrenzung des staatspolizeilichen Handelns ein. Hierzu zählte die außerjustizielle Befugnis zur Gefangenentötung in Form der „Sonderbehandlung" und die noch darüber hinausgehende Organisation und Durchführung von Massenmorden bis hin zum Völkermord. Durch Erlass vom 9. März 1940 wurden die Stapostellen angewiesen, insbesondere bei verbotenem Geschlechtsverkehr zwischen Polen und Deutschen sowie bei „besonders schwierigen Fällen" die „Sonderbehandlung" der Polen beim RSHA zu beantragen.

Wie die Tätigkeit des „Judenreferates" IV B 4 zeigt, war die Ausweitung der Aufgaben der Gestapo nur mehr durch Terror zu realisieren. Dabei entfaltete sich folgende Dynamik: Angesichts begrenzter personeller und organisatorischer Kapazitäten sowie sich ständig erweiternder Sicherheitsstandards begründete die sachliche und räumliche Ausdehnung der Zuständigkeitsbereiche des Amtes IV letztlich die tendenzielle Aushöhlung seiner Steuerungs- und Führungskapazitäten und damit der Macht des Amtes. Die hieraus resultierenden Sicherheitsdefizite wiederum verstärkten die amtsinterne Radikalisierung in Richtung Massenmord.

Dies spiegelte die Arbeit der RSHA-Angehörigen wider. Diese waren meist keine nur rein bürokratisch agierenden „Schreibtischtäter"; viele tauschten vielmehr ihre Schreibtischarbeit immer wieder gegen das Töten im Rahmen von Einsatzgruppen und Sonderkommandos oder die praktische „Betätigung" beispielsweise bei der Durchführung der Deportationen von Juden ein. Durch die beständige Rotation insbesondere der leitenden Funktionäre waren so konzeptionelle und bürokratische Planung und Genozid eng miteinander verzahnt. Unmittelbare persönliche Gewalterfahrungen, die Verrohung im „sicherheitspolizeilichen Einsatz", ein militanter Korpsgeist sowie die Selbstlegitimation durch paranoide Bedrohungsszenarien heizten die Radikalisierung zusätzlich an. Der seit Kriegsbeginn von lokalen Massakern zum Massenmord und zu einem flächendeckend organisierten, systematischen Genozid eskalierende, vom RSHA mitinitiierte und maßgeblich gesteuerte Mord an den Juden Europas markierte den dritten Radikalisierungsschub des Gestapoapparates.

Bausteine der Gestapomacht

Die Dynamik und Flexibilität von Strukturen und Handlungsmustern machte einen nicht unwesentlichen Teil der Wirkungsmacht des NS-Repressionsapparates aus. Erst sie ermöglichten es, auf die ständig sich ändernden Anforderungen und Sicherheitslagen zu reagieren. Mehr als alle anderen Einrichtungen des NS-Regimes waren Gestapo und

RSHA der Inbegriff einer dynamischen Herrschaftsorganisation. Ihre Personal- und Organisationsstrukturen, ihre exekutiven Aufgaben und ihre staatspolizeiliche Praxis waren nicht dogmatisch festgelegt, sondern befanden sich im ständigen Wandel. „Nur eine weitgehend dynamisch orientierte Polizei", so Schweder 1937, könne den Anforderungen des NS-Staates gerecht werden und nötige Maßnahmen flexibel nach politischen Notwendigkeiten treffen. Am präzisesten hat Best die neue Qualität des RSHA beschrieben, als er Flexibilität und Offenheit als prägende Organisationsprinzipien des neuen Amtes hervorhob. „Wir sind selbst eine wirkende Kraft in diesem Entwicklungsprozess und dürfen deshalb selbst *nicht* fertig und abgeschlossen sein *wollen*. Wir müssen unsere Organisation und Tätigkeit und unser Denken und Wollen beweglich und offen halten für alle Möglichkeiten und Notwendigkeit, die die Zukunft bringt. Dabei kann manchmal eine gewisse Unklarheit und Unübersichtlichkeit […] sich taktisch eher zum Vorteil als zum Schaden auswirken."

Organisatorisch befand sich der Gestapo-Apparat folgerichtig in einer ständigen Veränderung seiner Strukturen, die sukzessive neuen Anforderungen angepasst werden mussten, wodurch sich ständig neue Kooperationskonstellationen herausbildeten, die das Personal des RSHA zwischen Schreibtisch und „sicherheitspolizeilichem Einsatz" im In- und Ausland rotieren ließ, militärische und behördenmäßige Formen der Organisation und der Arbeitsweise miteinander verband sowie schließlich situativ passgenaue Formen der Besatzungsherrschaft entwickelte. Die höchste Ausprägung fanden staatspolizeiliche Dynamik und Mobilität zweifellos in den in einigen der besetzten Länder agierenden, mit einem Höchstmaß an Selbständigkeit und Eigenständigkeit ausgestatteten Einsatzgruppen beziehungsweise Einsatz- und Sonderkommandos der Sicherheitspolizei und des SD.

Ein weiterer Baustein der Gestapomacht waren institutionelle Kooperationen, denn trotz aller maßnahmenstaatlichen Kompetenzen blieb die lückenlose Überwachung der Gesellschaft ein Wunschtraum. Im statistischen Durchschnitt hatte ein Gestapomitarbeiter die Einwohnerschaft einer Kleinstadt zu observieren. Es gab zudem ganze Landstriche, in denen nie ein Gestapo-Angehöriger tätig war. Daran änderte auch der Krieg nichts. Vielmehr verschärfte er die personellen Defizite der Gestapo noch. Zwar erhöhte sich rein rechnerisch die Zahl der in den 52 Stapo-(Leit-)Stellen im „Altreich" sowie im „Protektorat" beschäftigten Gestapomitarbeiter bis zum Herbst 1941 auf 10 882 Personen einschließlich Ersatz- und Ergänzungskräften; das Observierungsverhältnis in Deutschland indes hatte sich zu diesem Zeitpunkt infolge der Abordnungen zum „sicherheitspolizeilichen Einsatz" im Ausland längst zugunsten der Verhältnisse in den angegliederten, annektierten und besetzten Gebieten verschoben. Mit ihrem Personal war die Gestapo weder im „Altreich" noch im besetzten Europa in der Lage, die ihr zugewiesenen Aufgaben allein aus eigener Kraft zu erfüllen.

Im „Altreich" bedurfte sie der Zuarbeit von Ordnungs- und Kriminalpolizei, von Parteiinstanzen sowie von kommunalen Behörden. Während des Krieges kam die Kooperation mit Wehrmacht und Geheimer Feldpolizei hinzu. Besonders in ländlichen Regionen trat die Gestapo oft nur im Gewand der Ordnungspolizei auf. Reichsweite Festnahmeaktionen wie nach dem Umsturzversuch vom 20. Juli 1944 waren nur mit ihrer Hilfe realisierbar. Judenverfolgung und -deportation wären ohne die Ordnungspolizei und die Zuarbeit der Allgemeinen SS nicht möglich gewesen. In den „Arbeitserziehungslagern" und in den Ghettos im Osten bildeten Ordnungspolizisten das Gros des Wachpersonals. Eine zentrale Rolle im Prozess der Vernichtung der Juden kam auch den Polizeibataillonen im Osten und den aus „landeseigenen", kollaborierenden Hilfskräften rekrutierten übrigen, „fremdvölkischen" Einheiten von Ordnungspolizei und SS zu. Parteiinstanzen der NSDAP

– vom Blockwart bis zur Kreisleitung – agierten zudem in Eigeninitiative als Schnüffler und als stets präsente Adressaten von Denunziationen im Nahbereich. Auch scheinbar unpolitische Behörden wie Bahn, Post, Finanzverwaltungen, Einwohnermelde-, Gesundheits- oder Arbeitsämter funktionierten als Zulieferer von Serviceleistungen und als ausführende Organe von Gestapo beziehungsweise RSHA. Hinzu kam der Werkschutz der großen Betriebe, der seit Ende 1937 unter sicherheitspolizeilicher Aufsicht stand und deren Leiter zugleich als „Hilfsorgan der Geheimen Staatspolizei" fungierten. In den Kontext institutioneller Kooperation gehört schließlich die Zusammenarbeit mit den politischen Polizeien der Anrainerstaaten Deutschlands vor 1939 und mit denen verbündeter und neutraler Staaten während des Krieges.

Daneben bildeten individuelle Denunziation und die Berichterstattung durch „V-Leute" die wohl wichtigste Ressource staatspolizeilichen Wissens. Erst die Denunzianten und „V-Leute" ermöglichten der Gestapo Einblicke in sich abschirmende Teile der Gesellschaft. In diesem Sinne bestand das Gestaposystem nicht nur aus seinen eigenen Beamten und Angestellten, sondern ebenso aus hunderttausenden Helfern und Helfershelfern aus Gesellschaft, Partei, staatlichen und kommunalen Einrichtungen. Die Gestapoverbrechen waren so immer arbeitsteilige Verbrechen, in die Teile der sie umgebenden Gesellschaft verstrickt waren. Dies gilt nicht nur für Deutschland, sondern in unterschiedlichem Umfang und häufig in abgeschwächter Form auch für weite Teile des besetzten Europa. Auch hier fanden Sicherheitspolizei, SD und SS fast immer genügend willige Helfer und Vollstrecker.

Ein nur schwer zu bestimmender Faktor der Wirkungsmacht der Gestapo gründete nicht in objektiven Strukturen und exekutiven Vollmachten, sondern in einem gezielt verbreiteten Mythos und in der Deutung der Gestapo durch die „Volksgenossen". Das populäre, die allgemeine Vorstellung über die Gestapo prägende Bild von Allmacht, Allwissenheit und Allgegenwart wurde von Anbeginn an systematisch verbreitet. So war bereits am 2. August 1933 in der Kieler „Nordischen Rundschau" unter der Überschrift „Stapo sieht, hört und weiß alles" zu lesen, wie effektiv die neue Polizei organisiert sei. Verstärkt wurde dieses Bild durch Gerüchte der „Volksgenossen". Für Heydrich stand daher fest, Gestapo und SD seien vom „raunenden und flüsternden Geheimnis des politischen Kriminalromans" umwoben. Es sei daher nur verständlich, dass man verhältnismäßig wenig mit ihnen zu tun haben wolle. Inhaltlich blieb das Gestapo-Image unübersichtlich, was Ängsten und Vermutungen zusätzlich Platz bot. All dies kompensierte teilweise strukturelle Machtdefizite der Gestapo.

Die Dezentralisierung der Gewalt und das Ende der Gestapo

War das Gestaposystem in einem Prozess der Zentralisierung von Kompetenzen entstanden, so war es mit sich ausdehnender Macht und daraus resultierenden Steuerungs- und Sicherheitsdefiziten schließlich gezwungen, seine zentralen Zuständigkeiten wieder abzugeben und sich selbst zu dezentralisieren. Exekutive Befugnisse wurden daher auf dem Höhepunkt der Macht des NS-Systems zunehmend wieder an die regionalen Stapostellen abgetreten und damit ein Prozess der pragmatisch begründeten Selbstentmachtung des RSHA eingeleitet, der den Terror auf untere Ebenen verlagerte und damit zugleich potenzierte. Seit Kriegsbeginn waren die Leiter der Stapostellen so beispielsweise befugt, eigene Orte des staatspolizeilichen Vollzugs in Gestalt von „Arbeitserziehungslagern" und erweiterten Polizeigefängnissen zu schaffen, wodurch eine zusätzliche regionale Repressionsebene neben Justiz und KZ entstand. 1941 wurde auch die Befugnis zur „verschärften Vernehmung", das heißt zur Anwendung von Folter bei Vernehmungen, in die Hände der regionalen Stapostellenleiter gelegt. Im November 1944 ermächtigte der Reichsführer-SS und Chef der deutschen Polizei diese schließlich auch, „Sonderbehandlungen" von Ausländern selbst anzuordnen beziehungsweise aus Gründen der Abschreckung auch „Sühne- und Vergeltungsmaßnahmen" an unbeteiligten und unschuldigen „Fremdarbeitern" vornehmen zu lassen. Den Höhepunkt fand der Prozess der Selbstentmachtung des RSHA im Februar 1945 mit der Generalermächtigung der Stapostellenleiter zur „Ausmerzung" jedweden Defätismus angesichts der militärischen Niederlage des NS-Regimes. Diese waren nun zu rücksichtslosem Vorgehen gegen all jene befugt, die am Ausgang des Krieges auch nur zweifelten. Spätestens jetzt befand sich das eigene Volk im Visier der Mordkommandos der Gestapo.

Die sogenannten Kriegsendphaseverbrechen der letzten Kriegswochen markierten den vierten und letzten Radikalisierungsschub des bereits in Agonie befindlichen Gestapoapparates. Dessen blutiger Terror war inzwischen vor der eigenen Haustür der Deutschen angekommen. Seine Erschießungsgruben lagen nun am Rande und häufig auch in der Mitte deutscher Städte. Die Insassen ganzer Gefängnisse wurden bei Herannahen der alliierten Armeen liquidiert. In aller Öffentlichkeit, wie im Oktober/November 1944 in Köln-Ehrenfeld und in den weitgehend nichtöffentlichen, rechtsfreien Räumen der „Arbeitserziehungslager" (AEL) wie Ende April 1945 im „AEL Nordmark" in Kiel, wurden Kriegsgefangene, Zwangsarbeiter, Juden und andere deutsche Häftlinge exekutiert. Mit der Auflösung der regionalen Stapostellen in mobile Einsatzgruppen, die zum Teil noch hinter der Front gegen die kriegsmüde Bevölkerung zum Einsatz kamen, sowie mit der Auflösung des RSHA in Evakuierungs- und Kampfgruppen fand das Gestaposystem sein Ende.

Weiterführende Literatur

Carsten Dams/Michael Stolle, Die Gestapo. Herrschaft und Terror im Dritten Reich, München 2008.
Robert Gellately, Die Gestapo und die deutsche Gesellschaft. Die Durchsetzung der Rassenpolitik 1933–1945, Paderborn 1993.
Gabriele Lotfi, KZ der Gestapo. Arbeitserziehungslager im Dritten Reich, Frankfurt am Main 2003.
Karin Orth, Das System der nationalsozialistischen Konzentrationslager. Eine politische Organisationsgeschichte, Hamburg 1999.
Gerhard Paul, Staatlicher Terror und gesellschaftliche Verrohung. Die Gestapo in Schleswig-Holstein, Hamburg 1996.
Ders./Klaus-Michael Mallmann (Hg.), Die Gestapo. Mythos und Realität, Darmstadt 1995.
Dies. (Hg.), Die Gestapo im Zweiten Weltkrieg. „Heimatfront" und besetztes Europa, Darmstadt 2000.
Johannes Tuchel/Reinold Schattenfroh, Zentrale des Terrors. Prinz-Albrecht-Straße 8, Hauptquartier der Gestapo, Berlin 1987.
Patrick Wagner, Hitlers Kriminalisten. Die deutsche Kriminalpolizei und der Nationalsozialismus, München 2002.
Michael Wildt, Generation des Unbedingten. Das Führungskorps des Reichssicherheitshauptamtes, Hamburg 2002.
Ders. (Hg.), Nachrichtendienst, politische Elite, Mordeinheit. Der Sicherheitsdienst des Reichsführers SS, Hamburg 2003.

Der Autor

Gerhard Paul, geb. 1951, Dr. phil., Professor für Geschichte und ihre Didaktik an der Universität Flensburg.

Veröffentlichungen (Auswahl): Gerhard Paul (Hg.), Das Jahrhundert der Bilder, Bd. 1: 1900–1949, Bd. 2: 1949 bis heute, Göttingen 2008/09; Visual History. Ein Studienbuch, Göttingen 2006; Krieg der Bilder – Bilder des Krieges. Die Visualisierung des modernen Krieges, Paderborn 2004; Gerhard Paul (Hg.), Die Täter der Shoah. Fanatische Nationalsozialisten oder ganz normale Deutsche?, Göttingen 2002; Gerhard Paul/Klaus-Michael Mallmann (Hg.), Die Gestapo. Mythos und Realität, Darmstadt 1995.

Peter Klein
Funktionselite des Terrors
Regional leitende Beamte der Geheimen Staatspolizei im Reich
und im besetzten Osteuropa

Seit ihrer Gründung rankte sich um die Geheime Staatspolizei (Gestapo) der Mythos einer Organisation, die zunächst das Deutsche Reich und später auch die von ihm besetzten Gebiete mit einem vielköpfigen, omnipräsenten und allmächtigen Terrornetz überzogen habe. Das bereits vom Chef der Sicherheitspolizei und des SD, Reinhard Heydrich, propagandistisch inszenierte und vielfach herbeigeschriebene, einschüchternde Bild der Omnipotenz seiner Geheimpolizei bestimmte noch nach dem Krieg die Vorstellung vieler Menschen von der Gestapo des „Dritten Reiches". Opportunismus, Mitläufertum und Gleichgültigkeit von Millionen Menschen gegenüber dem NS-Regime und seinen Verbrechen ließen sich so als verständliche Ohnmacht gegenüber einer übermächtigen Terrororganisation vordergründig entschuldigen. Resistenz oder gar Widerstand waren in der Erinnerung von Millionen Zeitgenossen und in der Wahrnehmung der Nachgeborenen undenkbar angesichts eines Heeres von Gestapobeamten, deren Dienst synonym stand für Überwachung und Folterhaft, Mord und Völkermord.

Erst seit den neunziger Jahren hat die historische Forschung den Gestapo-Apparat eingehender untersucht und seiner Legenden entkleidet. Dabei wurde auch das Personal der Geheimen Staatspolizei nachhaltiger in den Blick genommen. War die Gestapo bis dahin vorwiegend verwaltungsgeschichtlich-institutionell, in ihrer Entwicklung aus den politischen Polizeien der Länder während der Weimarer Republik zu einer zentralistisch aufgebauten, verselbständigten NS-Staatsschutzorganisation mit äußerst weitreichenden Befugnissen beschrieben worden, so standen nun andere Fragen im Mittelpunkt: Welchen sozialen Milieus und Altersgruppen entstammten die Mitarbeiter, aus welchen politischen Generationen rekrutierten sie sich? Welchen Bildungshintergrund hatten zum Beispiel die auf regionaler Ebene leitenden Gestapobeamten, welche Anforderungen wurden an sie gestellt? Handelte es sich bei ihnen um verkrachte, plebejische Existenzen, die ideologischer Fanatismus und persönliche Gewaltbereitschaft für den Dienst bei der Geheimen Staatspolizei qualifizierten? Oder waren andere Charakteristika für sie typisch?

Motivierte, junge Akademiker

Frühe, klischeebehaftete Interpretationen der Gestapomänner als finstere, primitive Schergen in Schlapphut und Ledermantel wurden von der sozialbiographisch orientierten Forschung bald in das Reich der Legende verwiesen. Denn Aufbau und reichsweite Zentralisierung der Geheimen Staatspolizei wurden auf personeller Ebene wesentlich bestimmt von der Integration einer wachsenden Gruppe neuer Mitarbeiter, die sich als junge Absolventen deutscher Hochschulen mit oft juristischem Abschluss und als Angehörige der Generation der etwa ab 1900 Geborenen charakterisieren ließ. Junge Männer also, deren Kindheit und Jugend vom Ersten Weltkrieg und der Kriegsniederlage, von der Novemberrevolution 1918, dem Zusammenbruch des Kaiserreiches und schließlich von den politischen und wirtschaftlichen Krisenerfahrungen in den Jahren der ersten deutschen Demokratie, der Weimarer Republik, geprägt worden waren. In den meisten „nationalen", bürgerlichen Familien wurden Kriegsniederlage, Revolution und Republik als für die Nation traumatische Ereigniskette empfunden. Die Niederlage resultierte angeblich aus einem aufgezwungenen Krieg, in dem Deutschland „im Felde unbesiegt" geblieben sei. Nur die wie ein „Dolchstoß" in den Rücken des Heeres geführte Revolution habe zum militärischen Zusammenbruch und zum Untergang der idealisierten Monarchie geführt. Für sehr viele Deutsche blieb vor diesem Hintergrund die demokratische Republik nicht nur ein ungeliebtes, sondern häufig verhasstes politisches System.

Die überwiegende Mehrheit der neuen Gestapoführungskräfte stammte aus solchen Familien. Sie waren während ihres Studiums in nationalkonservativen Studentenverbindungen aktiv und wiesen eine hohe politische Identifikation mit dem Nationalsozialismus als neuer und radikaler politischer Bewegung auf. Etliche regional leitende Gestapofunktionäre waren als Studenten oder Gymnasiasten Mitglieder konterrevolutionärer, rechtsradikaler Freikorps gewesen. Aus Opportunitätserwägungen ging die politische Übereinstimmung der späteren Gestapoführungskräfte mit dem Nationalsozialismus nicht immer mit einer frühen Mitgliedschaft in der NSDAP einher. Denn zwischen 1930 und 1932/33 konnte es durchaus hinderlich und wenig ratsam sein, sich als NS-Parteigenosse zu bekennen, wenn man sich etwa im juristischen Referendariat befand.

Neben der Bereitschaft, sich politisch mit dem Nationalsozialismus zu identifizieren, ist die wirtschaftliche Situation dieser Bildungs- und Altersgruppe in den frühen dreißiger Jahren als kausaler Faktor späterer Gestapozugehörigkeit zu berücksichtigen. Ab 1929 stellte der Arbeitsmarkt unter anderem für juristisch ausgebildete Akademiker kaum noch Karrierewege bereit, so dass die materielle Sicherheit einer Beamtenstellung in der Innen- oder Justizverwaltung für viele Absolventen umso erstrebenswerter wurde. Die Rekrutierungspraxis der expandierenden politischen Polizei des NS-Regimes traf insofern nicht nur auf ein breites, sondern auch auf ein außerordentlich motiviertes Rekrutierungspotential. Zahlreiche frühe Gestapoleiter schlugen direkt nach ihrem zweiten juristischen Staatsexamen die höhere Polizeilaufbahn bei der Gestapo ein. Dies entsprach den Vorstellungen des unter anderem für das Personalwesen der Geheimen Staatspolizei zuständigen Stellvertreter Reinhard Heydrichs, Werner Best, der für Leitungspositionen einschlägig ausgebildete Akademiker bevorzugte. Im Gegensatz zu Heydrich legte er weniger Wert auf ideologische Bekenntnisse der Bewerber, wenngleich eine Kombination beider Komponenten einen Anwärter gleichsam automatisch empfahl. Neben guter, beamtenrechtlich abgesicherter materieller Versorgung bot die Gestapo Karriereverläufe an, die sich hinsichtlich des Beförderungstempos und der langfristigen Perspektiven im Vergleich zum Laufbahnwesen der Kriminalpolizei der Weimarer Republik geradezu rasant entwickeln konnten.

Wertet man die Beförderungsabläufe der neuen akademischen Gestapoelite der Kriegsjugendgeneration aus, fällt auf, dass erste Leitungspositionen zum Beispiel als stellvertretende Leiter einer Gestapostelle häufig bereits im Alter zwischen 27 und 33 Jahren eingenommen wurden. Wenn man, wie etwa der 1908 geborene Helmuth Bischoff, der bereits als Schüler dem rechtsradikalen „Wikingbund" nahegestanden hatte und mit 22 Jahren als Student der NSDAP beigetreten war, ein zügig absolviertes, mit der großen juristischen Staatsprüfung abgeschlossenes und mit der Promotion zum Dr. iur. gekröntes Studium aufwies und sich 1934 bei der Geheimen Staatspolizei bewarb, dann stand einer beachtlichen Karriere nichts im Wege. Bischoff wurde bereits 1935 mit 27 Jahren Leiter der Gestapostelle in schlesischen Liegnitz.

Helmuth Bischoff, 1935 Leiter der Gestapostelle Liegnitz, undatiert (um 1935).
© Bundesarchiv, Berlin

Auch der 1904 geborene Wilhelm Scharpwinkel war nach seinem Jurastudium der NSDAP beigetreten, wenn auch erst Ende 1932, als die Partei zur stärksten Fraktion unter anderem im Reichstag geworden war. Er promovierte und leitete 1935/36 das Arbeitsamt Bottrop. Nach seinem Wechsel zur Geheimen Staatspolizei Ende 1936 war auch er nach nur zweieinhalb Jahren bereits zum stellvertretenden Chef der wichtigen Gestapoleitstelle Breslau aufgestiegen.

Weiterverwendung von Polizeiroutiniers

Im Verschmelzungsprozess der politischen Polizeien der Länder, an dessen Ende die Unterstellung unter die Zentralgewalt des Geheimen Staatspolizeiamtes in Berlin stand, rekrutierten sich die Kader regionaler Gestapostellen aber auch aus Beamten, die bereits vor der NS-Machtübernahme im Polizeidienst gestanden hatten. Junge, noch unerfahrene leitende Mitarbeiter konnten Dienstroutine nur entwickeln vor dem Hintergrund einer bereits funktionierenden Infrastruktur. Hier wird die zweite wichtige, mit den Jahren langsam kleiner werdende Gruppe jener Beamten empirisch fassbar, die trotz des politischen Systemwechsels von der Demokratie zur Diktatur auf ihren Posten verblieben oder aus anderen Polizeisparten zur Gestapo wechselten. Bei ihnen handelte es sich mehrheitlich um die ältere Generation der Kriegsteilnehmer, die im Laufe der zwanziger Jahre zur Polizei gegangen waren. Hierfür hatten oft wirtschaftliche Gründe den Ausschlag gegeben. Gelegentlich fanden sich darunter sogar Mitglieder demokratischer Parteien der „Systemzeit" bis 1933, denen dies aber offensichtlich nicht schadete. Ihr Fach- und Expertenwissen gab den Ausschlag für ihre weitere Verwendung im NS-„Maßnahmenstaat", wenn der Beamte sich vorher parteipolitisch nicht zu sehr exponiert hatte und bereit war, sozusagen die Farbe zu wechseln und sich uneingeschränkt mit dem Nationalsozialismus zu identifizieren. Die Wertschätzung des Fachwissens durch den expandierenden Gestapo-Apparat konnte so weit gehen, dass selbst Angehörige der politischen Polizeien der Republik übernommen wurden, zu deren Aufgaben die Beobachtung rechtsextremer Parteien und Verbände gehört hatte. Widerstand kam hier eher aus den Reihen der NSDAP, wenn diese Beamten später auch den Parteieintritt anstrebten. Nur in wenigen, spektakulären Einzelfällen gelang jedoch Beamten mit einer solchen politischen und dienstlichen Biographie der Aufstieg in zentrale oder regionale Spitzenpositionen der Gestapo. Kein Geringerer als der von Heydrich geschätzte, spätere Chef des Geheimen Staatspolizeiamtes, Heinrich Müller, hatte zeitweise der Bayerischen Volkspartei (BVP) nahegestanden. Müller, seit den zwanziger Jahren bei der Kriminalpolizei, war als Angehöriger der Politischen Polizei in München bis 1933 unter anderem auch für die Überwachung der NSDAP verantwortlich. Während er als Gestapobeamter rasch in die SS aufgenommen wurde, wurde sein Eintritt in die NSDAP aus Parteikreisen lange behindert. Auch Karrieren wie die des mit Müller befreundeten Franz Josef Huber, der noch 1926 als Polizeiassistent im mittleren Dienst der politischen Polizei Münchens die NSDAP überwachte und zwölf Jahre später bereits die große Staatspolizeileitstelle Wien führte, müssen als seltene Ausnahmen gelten. Gleichwohl illustrieren sie den Regelfall der Weiterverwendung von Polizeiangehörigen der Republik im NS-Staat, eine insgesamt erfolgreiche Personalstrategie, die seit dem März 1938 auch bei der Einrichtung von Gestapostellen in der „Ostmark", den dem Reich „angeschlossenen" ehemals österreichischen Gebieten, angewendet wurde.

Wilhelm Scharpwinkel,
u. a. stellvertretender Chef der
Gestapoleitstelle Breslau, undatiert.
© Bundesarchiv, Berlin

Weltanschauung, Korpsgeist, Aktivismus

Um der Funktionselite der Geheimen Staatspolizei anzugehören, hatten junge Akademiker einem bestimmten Anforderungsprofil zu entsprechen. Dazu gehörte ganz entscheidend, dass sie trotz ihrer juristischen oder staatswissenschaftlichen Ausbildung bereit waren, sich im Dienstalltag häufig lediglich an formaljuristischen Regeln zu orientieren. Ansonsten mussten sie aus einem der Effizienz verpflichteten, technokratischen Selbstverständnis heraus fähig sein, sich an Recht und Gesetz nur so weit gebunden zu fühlen, als es zur Erfüllung ihrer Aufgaben notwendig war. Sie mussten bereit sein, nach bestimmten Befehlen auch die fast völlig von Recht und Gesetz gelöste, ausschließlich zweckbestimmte „Führergewalt" des NS-„Maßnahmenstaates" zu exekutieren, ohne sich von Rechtsnormen oder moralischen Skrupeln daran hindern zu lassen. Bereits an den Universitäten war meist eine Interpretation des Staates als herrschaftstechnisches Instrument vermittelt worden, das durch Gesetze und Rechtsnormen quasi wertneutral, unabhängig zum Beispiel von der ethischen Legitimation staatlichen Handelns und politischer Herrschaft reguliert wurde. Vor allem den „national" eingestellten deutschen Studenten der Rechts- und der Staatswissenschaft war die übergeordnete Bedeutung demokratischer Werte und des daraus entstehenden Rechtsstaates eher selten vermittelt worden und politisch ohnehin suspekt. Stärker wurde der quasi absolute Wert des Obrigkeitsstaates, staatlichen Handelns an sich oder als Hüter „völkischer" Werte und Ordnungsmodelle gelehrt. Die antidemokratische, antirechtsstaatliche Definition des Staates als Teil des „Volkskörpers", der jenen wie ein Arzt unter anderem durch präventives polizeiliches Handeln gegen „Zerstörungskeime" und „innere Zersetzung" schützen sollte, war insofern zwar nicht grundlegend neu. Aber diese biologistische und völkische Sicht wurde ab 1933 zur herrschenden Lehre. Damit einher ging die Auffassung, dass die Polizei sich effizienzorientiert von rechtlichen Normen lösen dürfe und gleichsam müsse. Geheime Staatspolizei und Kriminalpolizei sollten in ihrer „Gegnerüberwachung und -bekämpfung" auch offensiv und präventiv gegen alle feindlichen Regungen einschreiten. Karriereorientierte Gestapoführer mussten diese Haltung teilen. Handlungsfreude aus politischer Überzeugung und Effizienzpragmatismus statt juristisch-bürokratischer Paragraphentreue waren von nun an gefragt.

Vor allem musste der Bewerber für den Leitenden Dienst bei der Gestapo bereit sein, den Dienstort häufig zu wechseln. Nicht selten rochierten die Anwärter auf regionale Spitzenpositionen vier bis fünf Mal im gesamten Reichsgebiet. Dabei wurde auf private, zum Beispiel familiäre Belastungen keine Rücksicht genommen. Der künftige Leiter sollte sein Organisations-, Inititiativ- und Improvisationstalent unter Beweis stellen. Gelegentlich hatte er neue Gestapodienststellen oder „Arbeitserziehungslager" einzurichten. Immer wieder kamen mit anderen Dienstorten neue, von der Gestapo zu überwachende, regional spezifische politische Kulturen und Milieus hinzu. Ein Einsatz in katholisch geprägten ländlichen Gegenden, in Grenzgebieten mit nationalen Minderheiten und ethnischen Konflikten, in Industriemetropolen oder -regionen mit starker Arbeiterbewegungstradition ermöglichten neue dienstliche Erfahrungen und boten Gelegenheit zur weiteren persönlichen Profilierung. Abordnungen und Versetzungen verhinderten eine klientelistische Nähe zu örtlichen Honoratioren und Funktionären. Defizite sozialer Identifikation durch ständigen Wechsel des Dienstortes beförderten gleichzeitig den kollektiven staatspolizeilichen Korpsgeist unter den Leitungsbeamten, der von den Personalstrategen der Sicherheitspolizei durchaus gewünscht war. So ließ sich im Sinne Heydrichs die staatspolizeiliche Gegnerbekämpfung ohne lokale Rücksichtnahmen am besten durchsetzen.

Otto Bovensiepen, u.a. Chef der Gestapoleitstelle Berlin und Befehlshaber der Sicherheitspolizei und des SD in Kopenhagen, undatiert.
© Bundesarchiv, Berlin

Dieses System radikalisierender Initiative verselbständigte sich aber auch. So etwa nach der Deportation der Juden aus Stettin in der Nacht vom 12. zum 13. Februar 1940, als etliche „Stapo"-Stellen bereits mit der Konzentrierung der jüdischen Bevölkerung in ihrem Gebiet begannen, weil sie deren baldige Verschleppung voraussahen. Erst ein Schnellbrief des Reichssicherheitshauptamtes beendete diese ungestümen, regionalen Eigeninitiativen bis auf weitere Weisungen. Auch persönliche Profilierungsversuche brachen sich bisweilen Bahn. Der Jurist Otto Bovensiepen war 1934 mit nur 28 Jahren zum kommissarischen Leiter der Gestapostelle Magdeburg berufen worden. Zwischen 1935 und 1941 wechselte er auf fünf verschiedene Leitungspositionen. Im März 1941 erreichte er mit dem Chefsessel der Gestapoleitstelle Berlin den vorläufigen Gipfel seiner Laufbahn. Dort fiel Bovensiepen allerdings ein Jahr später dem Reichsführer-SS und Chef der Deutschen Polizei, Heinrich Himmler, unangenehm auf, weil er seine Mitarbeiter ultimativ zum Austritt aus ihren kirchlichen Glaubensgemeinschaften aufgefordert hatte. Diesen Schritt zur ausschließlichen Identifikation eines Polizeiangehörigen mit der SS als politischem Treueorden wollte Himmler jedoch nur auf freiwilliger Basis. 1936 wählte etwa die Hälfte der Gestapostellenleiter diesen Schritt, wobei deutlich mehr Katholiken als Protestanten fortan als „gottgläubig" in ihren Personalakten geführt wurden.

Es ist evident, dass es sich beim leitenden Personal der Geheimen Staatspolizei in der Regel nicht um erbärmliche Kreaturen aus der sozialen Unterschicht handelte. Vielmehr waren es meist Akademiker, die, selbst wenn sie zunächst auch aus wirtschaftlichen Gründen zur Gestapo gekommen waren, mit politischer Überzeugung und hoher persönlicher Identifikation bereit waren, als kommende politisch-polizeiliche Elite von Himmlers „Staatsschutzkorps", gewissermaßen als „kreative" Führungskräfte des Terrors, Ideen und Initiative zu entwickeln. Leiter von Gestapodienststellen wurden qua Amt im Rahmen ihres „Dienstes" zu Tätern, weil sie zum Beispiel regelmäßig Folterverhöre als „verschärfte Vernehmungen", Freiheitsberaubungen als „Schutzhaft", Menschenverschleppungen als „Evakuierungen" oder Morde als „Sonderbehandlung" zu verantworten hatten. Vor diesem Hintergrund lassen sich unterschiedliche Typen von Tätern skizzieren.

Überzeugungs- und Exzesstäter im Reich und „im Osten"

Die Beamten der „Stapo"-Stelle in Würzburg hatten zum Beispiel anlässlich der Deportation der mainfränkischen Juden auf Befehl der vorgesetzten Nürnberger (Ge)stapostelle die Konzentration und Durchsuchung der Opfer in der Sammelstelle der Gestapo bis hin zum Marsch zum Bahnhof zu fotografieren. Bei den drei Verschleppungsaktionen zwischen November 1941 und April 1942 nach Riga und in den Distrikt Lublin wurden über einhundert Aufnahmen gemacht, die anschließend auf Karton aufgeklebt wurden. Bei der Kompilation der Fotos der dritten Verschleppungsaktion am 25. April 1942 beließ es der stellvertretende Gestapostellenleiter nicht beim Einkleben der Bilder. Er diktierte handschriftlich hinzugefügte, antisemitische Bildunterschriften zynischster Art, die die Juden als Mitglieder des „‚auserwählten' Volkes" und deren Gepäck als „jüdischen Tineff" beschrieben. Das Foto des Abmarsches der Deportierten ist mit einer Liedzeile aus einem bekannten schwäbischen Volkslied hämisch untertitelt: „... muß i denn, muß i denn zum Städtele hinaus ...".

Derlei dienstlich völlig unnötige Kommentare verdeutlichen, dass hier noch weitere Motive das befehlsgemäße Handeln leiteten. Hier dokumentierten sich polizeilicher Leistungsstolz, rassistische Überheblichkeit und expliziter, tendenziell sadistisch ausgeprägter Antisemitismus, so dass die Organisation der Deportationen nicht als bloße Tat im „Befehlsnotstand", sondern als politische Überzeugungstat zu werten ist. Gerade in den „Judenreferaten" der Gestapostellen muss eine große Anzahl „weltanschaulich gefestigter", wie es im SS-Jargon hieß, Überzeugungstäter gleichsam aus Passion gewirkt haben. In Zeugenaussagen und Überlebensberichten der Nachkriegszeit stößt man auf ein kaleidoskopisch vielfältiges Spektrum selbstherrlich und gnadenlos auftretender Sachbearbeiter und Referatsleiter der Gestapo, die einen grausam-schikanösen Dienstalltag entwickelt haben müssen. Zu trauriger Berühmtheit brachten es etwa Claus Göttsche in Hamburg, Georg Pütz in Düsseldorf oder Henry Schmidt in Dresden, die als jähzornige Schläger Angst und Schrecken verbreiteten.

Überzeugungstäter aus den Leitungsebenen der Gestapo konnten in den besetzten Ostgebieten jedoch noch weitaus radikaler agieren. Als Kommandeure der Sicherheitspolizei und des SD (KdS) dorthin abgeordnet, verfügten sie über einen erheblichen Aktionsspielraum, da sie aufgrund einer groben Rahmenbefehlslage handeln sollten. Der Dienstalltag eines KdS zum Beispiel im baltischen Reichskommissariat „Ostland" umfasste etwa folgende Aktivitäten: Neben der Durchführung der „Endlösung der Judenfrage" durch Massenmord galt es, Ruhe und Ordnung im besetzten Gebiet zu sichern, um das Land der deutschen Kriegswirtschaft nutzbar zu machen. Die Rahmenbefehlsvorgabe für den KdS reichte für ihn aus, um in eigener Initiative Judenmorde zu begehen, Ghettos einzurichten, Verdächtige aller Art festzunehmen und zu töten sowie jede kritische Regung gegen die deutsche Herrschaft mit drakonischen Strafen zu ahnden. Überfälle von Partisanen wirkten radikalisierend. Sie boten Anlässe, Juden und Zivilisten als „Bandenangehörige" zu töten.

Eine Prämisse blieb dabei stets handlungsleitend: Der Krieg gegen die Sowjetunion stellte für diese Täter die entscheidende weltanschauliche Auseinandersetzung zwischen dem Nationalsozialismus und seinem „Hauptfeind", dem „jüdischen Bolschewismus", dar. Die Gestapo-Elite handelte in der politisch-ideologischen Überzeugung, mit der Aufrechterhaltung geordneter Besatzungsverhältnisse und der Ausführung des Genozids zum „Schicksalskampf" des deutschen Volkes um seine „Zukunft" beizutragen. Dass sich bei derartiger persönlicher Befehlsmacht und ideologischer Selbststilisierung der eigenen Mörderrolle zahllose Exzesse „legitimieren" ließen, liegt nahe. Grenzen der Aktionswut der Gestapogewalttäter zeigten sich nur in Fällen wirtschaftlicher Selbstbereicherung und sexualpathologischer Sadismen, wie SS- und polizeigerichtliche Verfahren zeigen. Wer dagegen Wertsachen Ermordeter korrekt verbuchte, sich bei „verschärften Vernehmungen" nicht an Opfern geschlechtlich verging, sondern sozusagen „korrekt" folterte, wer also bei Anwendung brutalsten Terrors nach Himmlers Vorstellungen „anständig geblieben" war, der galt als geeignete „Führer"-Persönlichkeit der Gestapo.

Rudolf Lange etwa gehörte dazu. 1910 geboren, hatte er sein rechtswissenschaftliches Studium 1936 mit der zweiten Staatsprüfung abgeschlossen und promoviert. Nach kurzer Einarbeitungszeit am Geheimen Staatspolizeiamt in Berlin und dem Einsatz als Referatsleiter beim „Juden- und Kirchenreferat" der Gestapo in Wien führte sein Weg über Stuttgart, Erfurt und Weimar auf die Position des stellvertretenden Chefs der Gestapoleitstelle der Reichshauptstadt. Den Überfall auf die Sowjetunion machte er als Mitglied der Einsatzgruppe A der Sicherheitspolizei und des SD mit. Im Dezember 1941 wurde er zum KdS in Riga im besetzten Lettland ernannt. Dort setzte der 31-Jährige durch, dass auf Wunsch Heydrichs 1941/42 die Insassen von Deportationstransporten aus dem Reich, aus Wien und Theresienstadt dort einquartiert wurden. Weiter gelang es ihm, die Verfügungsgewalt über die lettischen und die deportierten Juden, die im Arbeitseinsatz standen, von der zivilen deutschen Arbeitsverwaltung zu übernehmen. Hinzu kamen weitere „Aufgaben" wie die Verhaftung einheimischer „Arbeitsverweigerer", die Zwangsgestellung von Arbeitskräften für das Reichsgebiet und die Überwachung nationalistischer Aktivitäten lettischer Kollaborateure. Bei gelegentlichen Inspektionen von „Judenlagern"

Claus Göttsche, Leiter des „Judenreferates" der Hamburger Gestapo, undatiert.
© Bundesarchiv, Berlin

Georg Pütz, „Judenreferent" der Düsseldorfer Gestapo, undatiert.
© Bundesarchiv, Berlin

Gestapokommissar Henry Schmidt, Leiter des „Judenreferates" der Gestapo Dresden, undatiert.
© Bundesarchiv, Berlin

Rudolf Lange, u. a. stellvertretender Chef der Gestapoleitstelle Berlin und Kommandeur der Sicherheitspolizei und des SD in Riga, undatiert (um 1941).
© Bundesarchiv, Berlin

erschoss Lange aus nichtigem Anlass ihm auffällige Insassen, Morde, die ihn als Exzesstäter ausweisen. Doch für das Reichssicherheitshauptamt handelte es sich bei ihm um einen erfolgreichen und qualifizierten Leitungsbeamten. Langes Anwesenheit bei der sogenannten Wannsee-Konferenz auf Einladung Heydrichs dokumentiert dies ebenso wie seine Beförderung zum SS-Standartenführer und Befehlshaber der Sicherheitspolizei im „Warthegau" 1945 und seine Kriegsauszeichnung mit dem „Deutschen Kreuz" in Gold. Ende Februar 1945 wurde Lange bei den Kämpfen um Posen schwer verwundet und beging Selbstmord.

Bilanz

Nach Kriegsende etablierte sich, vor dem Hintergrund des Kalten Krieges und der zunächst teils restaurativen inneren Entwicklung der Bundesrepublik, dort sehr rasch die apologetische Legende von Himmlers Polizeibeamten als reinen Befehlsempfängern, die sich den Weisungen des Reichssicherheitshauptamtes oder der Höheren SS- und Polizeiführer (HSSPF) nicht ohne Gefahr für Leib und Leben hätten entziehen können. Die Gewalt- und Überzeugungstäter unter ihnen seien Ausnahmeerscheinungen gewesen. Die anfängliche Konzentration der historischen Forschung auf die übergeordneten, totalitären Strukturen der NS-Herrschaft und die damals bei weitem überwiegende Meinung, Hitler, Himmler, Heydrich und andere NS-Protagonisten seien ausschließlich vor allem für den Völkermord verantwortlich gewesen, unterstützte die Entlastungsstrategien tausender direkt beteiligter ehemaliger Gestapotäter. Erst in den neunziger Jahren setzte sich eine sozialgeschichtliche Perspektive durch, in deren Folge die Beweggründe vor allem leitender Gestapoaktivisten einzel- und kollektivbiographisch nachhaltiger erforscht werden. Eine vorläufige knappe Bilanz lässt sich ziehen:
Die regional leitende Funktionselite der Geheimen Staatspolizei im Reich und in den besetzten Gebieten war in der Regel jung oder relativ jung. Sie war ideologisch vorgeprägt und meist akademisch gebildet. Sie ließ sich willig zur Exekution von NS-Verbrechen motivieren und nutzte dies vor und während des Krieges aus Karrieregründen zur persönlichen Profilierung als, im Jargon der Zeit, „unbarmherzig zupackende" Gestapoführer.

Weiterführende Literatur

Andrej Angrick/Peter Klein, Die „Endlösung" in Riga. Ausbeutung und Vernichtung 1941–1944, Darmstadt 2006.

Andrej Angrick/Klaus-Michael Mallmann (Hg.), Die Gestapo nach 1945. Karrieren, Konflikte, Konstruktionen, Darmstadt 2009.

Thomas Mang, „Gestapo-Leitstelle Wien – mein Name ist Huber", Münster 2004.

Gerhard Paul (Hg.), Die Täter der Shoah. Fanatische Nationalsozialisten oder ganz normale Deutsche?, Göttingen 2002.

Ders./Klaus-Michael Mallmann (Hg.), Die Gestapo. Mythos und Realität, Darmstadt 1995.

Dies., Die Gestapo im Zweiten Weltkrieg. „Heimatfront" und besetztes Europa, Darmstadt 2000.

Wege in die Vernichtung. Die Deportation der Juden aus Mainfranken 1941–1943. Begleitband zur Ausstellung des Staatsarchivs Würzburg, München 2003.

Michael Wildt, Generation des Unbedingten. Das Führungskorps des Reichssicherheitshauptamtes, Hamburg 2003.

Der Autor

Peter Klein, geb. 1962, Dr. phil., Historiker, wissenschaftlicher Angestellter bei der Hamburger Stiftung zur Förderung von Wissenschaft und Kultur.

Veröffentlichungen (Auswahl): Die „Gettoverwaltung Litzmannstadt" 1940–1944. Eine Dienststelle im Spannungsfeld von Kommunalbürokratie und staatlicher Verfolgungspolitik, Hamburg 2009; Andrej Angrick/Peter Klein, Die „Endlösung" in Riga. Ausbeutung und Vernichtung 1941–1944, Darmstadt 2006; Alfred Gottwaldt/Norbert Kampe/Peter Klein (Hg.), NS-Gewaltherrschaft. Beiträge zur historischen Forschung und juristischen Aufarbeitung, Berlin 2005; Peter Klein (Hg.), Die Einsatzgruppen in der besetzten Sowjetunion. Die Tätigkeits- und Lageberichte des Chefs der Sicherheitspolizei und des SD 1941/42, Berlin 1997.

3 TERROR, VERFOLGUNG UND VERNICHTUNG IM REICHSGEBIET

Berlin war nicht nur die Hauptstadt des „Dritten Reiches", sondern wegen der zahlreichen zentralen Stellen und Behörden von SS, Geheimer Staatspolizei, Sicherheitsdienst (SD), Kriminal- und Ordnungspolizei auch das Zentrum von Himmlers und Heydrichs SS-Staat. Die Überwachung und Verfolgung aller vom NS-Regime zu „Staats- und Volksfeinden" erklärten Deutschen und Menschen anderer Staatsangehörigkeit im Reichsgebiet wurde von hier gelenkt und mit anderen Dienststellen und Behörden des NS-Staates koordiniert. Die Befehle des Berliner Reichssicherheitshauptamtes an seine Gestapo-, Kripo- und SD-Dienststellen bewirkten die Inhaftierung und Ermordung politischer Gegner des Nationalsozialismus, die Deportation der deutschen Juden und der Sinti und Roma in die Vernichtungslager „im Osten", den Terror gegen Homosexuelle und sogenannte Asoziale, gegen ausländische Kriegsgefangene und Zwangsarbeiter und viele weitere Verbrechen des NS-Staates.

Deportation von Juden in Lörrach, 22. Oktober 1940: Juden aus Lörrach und Umgebung in der in einem Schulgebäude eingerichteten Sammelstelle der Geheimen Staatspolizei.
Bildmitte, in Uniform, zwei Unterführer-Dienstgrade der Gestapo, im Hof Gaffer und Neugierige. Die Opfer wurden anschließend mit Lastkraftwagen der Ordnungspolizei zum Bahnhof gebracht und mit Sonderzügen in das Lager Gurs in der von der Wehrmacht noch unbesetzten Zone Frankreichs transportiert. Am 22. Oktober wurden in Baden aus 138 Dörfern und Städten mehr als 5 600 Juden deportiert, darunter 62 Personen aus Lörrach. Das Foto wurde von einem an der Aktion beteiligten Kriminalbeamten gemacht.
30502 Foto: Gustav Kühner © Stadtarchiv, Lörrach

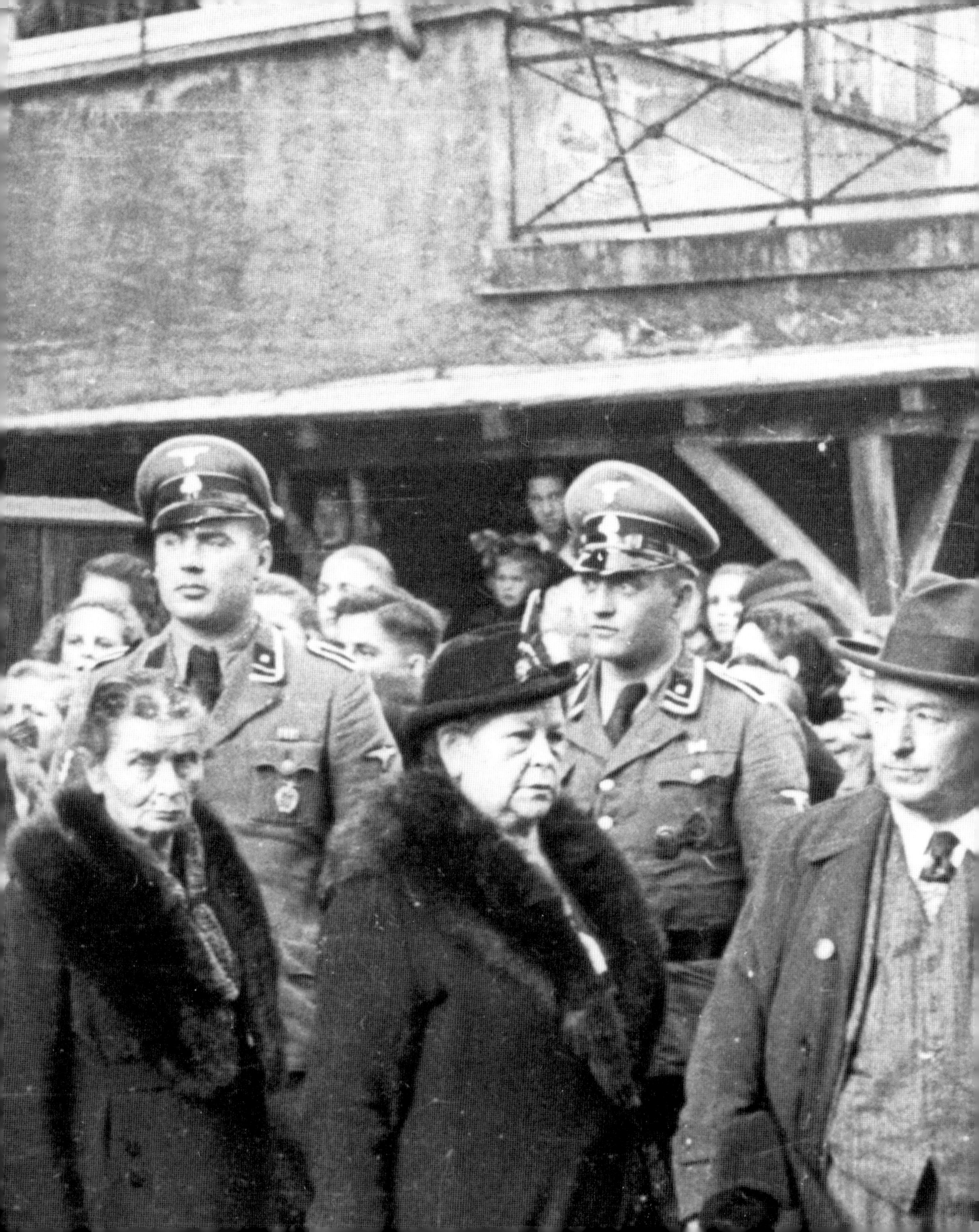

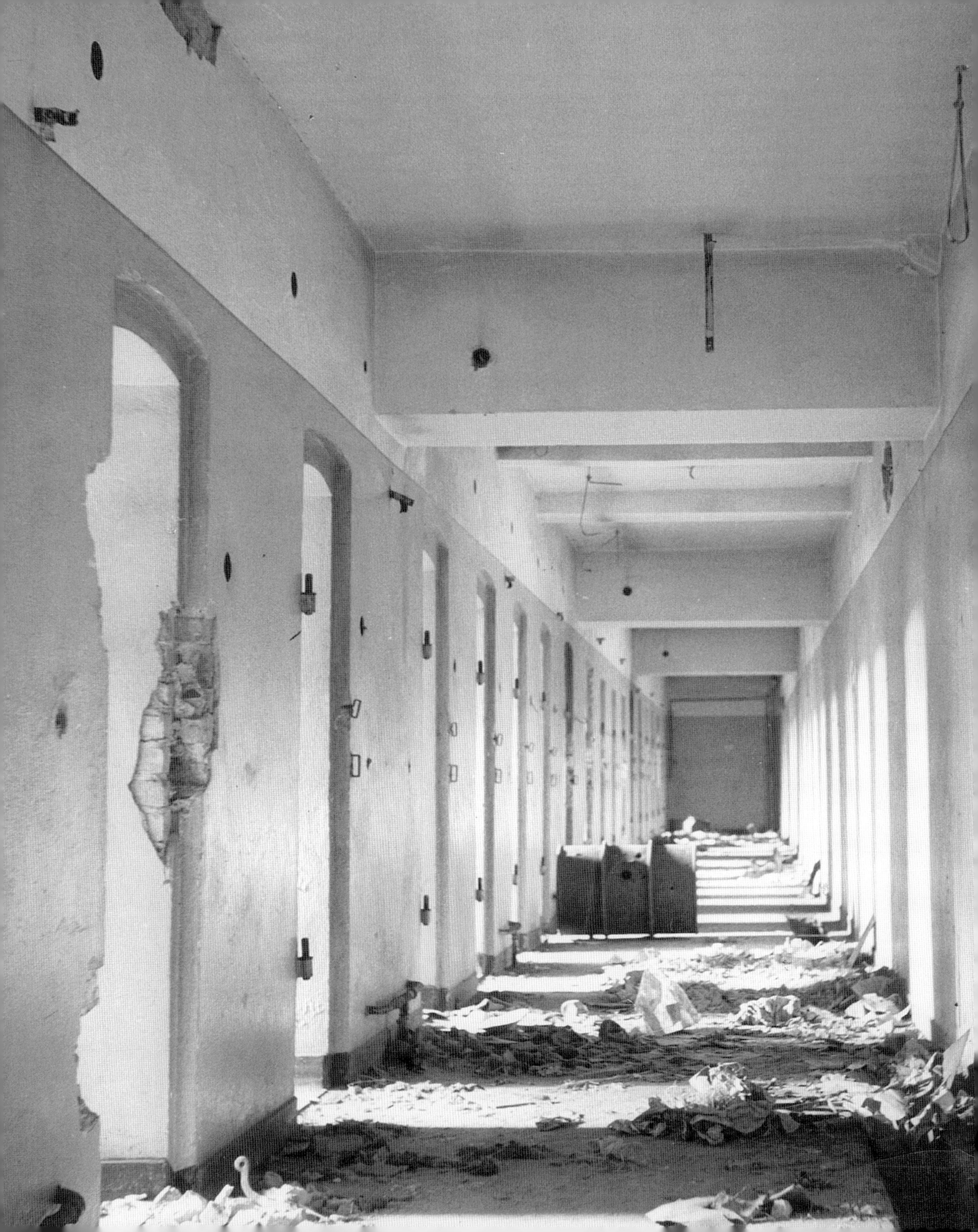

3.1 „Staatsfeinde": Politische Gefangene in der Prinz-Albrecht-Straße 8

Fast alle Gestapodienststellen des Reiches und der besetzten Länder verfügten über Zellen für politische Gefangene. Daneben wurden spezielle Untersuchungsgefängnisse der Gestapo in bereits bestehenden Haftanstalten eingerichtet. Seit dem Sommer 1933 gab es auch in der Reichszentrale der Gestapo, dem Geheimen Staatspolizeiamt in der Berliner Prinz-Albrecht-Straße 8, ein „Hausgefängnis". Viele Häftlinge wurden für Gestapoverhöre aus dem Polizeipräsidium, aus Berliner Haftanstalten, aus dem Berliner Konzentrationslager „Columbia", später aus dem KZ Sachsenhausen dorthin überstellt. Andere wurden länger – Tage, Wochen und Monate – inhaftiert, ehe sie nach Abschluss der Verhöre verlegt wurden. Das Hausgefängnis verfügte über 38 Einzelzellen und eine Gemeinschaftszelle. Die „verschärften Vernehmungen" fanden in den oberen Stockwerken statt: Häftlinge wurden geschlagen, gefoltert oder durch den Hinweis eingeschüchtert, ihre Angehörigen würden denselben Verhörmethoden wie sie ausgesetzt. Zahlreiche Gefangene versuchten, sich das Leben zu nehmen. Einigen gelang der Freitod.

Unter den Häftlingen fanden sich zunächst politische Gegner des NS-Staates, vor allem Kommunisten und Sozialisten. Im Laufe der Zeit wurden auch Juden, Homosexuelle und Angehörige christlicher Minderheiten wie die Zeugen Jehovas verhört. Zu den Inhaftierten gehörte 1939 Georg Elser, der am 8. November 1939 einen Bombenanschlag auf Hitler im Münchener Bürgerbräukeller versucht hatte, um den Krieg zu beenden. 1942 wurden im Hausgefängnis der Gestapozentrale viele Angehörige des Widerstandskreises um Arvid Harnack und Harro Schulze-Boysen verhört und gefoltert. Diesen Kreis nannte die Gestapo „Rote Kapelle" und prägte damit lange das Bild von einer Spionageorganisation der Sowjetunion.

Nach dem Attentat auf Hitler am 20. Juli 1944 wurden im Hausgefängnis viele der Regimegegner aus dem Kreis um Claus von Stauffenberg, Ludwig Beck, Helmuth James Graf von Moltke und Carl Goerdeler inhaftiert.

Zellengang des Hausgefängnisses im Geheimen Staatspolizeiamt, 1948.

31002 Foto: Norbert Leonard © SZ Photo, München

Auswahl politischer Gefangener, die in der Gestapozentrale ab 1933 vernommen wurden und meist auch im Hausgefängnis der Prinz-Albrecht-Straße 8 inhaftiert waren. Genannt ist jeweils, warum und wann Gefangene von der Gestapo vernommen und inhaftiert wurden.

Ausführliche biographische Angaben zu den Häftlingen des Gestapo-Gefängnisses in der Prinz-Albrecht-Straße 8 und zu den hier abgebildeten Personen finden Sie in der Vertiefungsstation der Ausstellung, Abschnitt 3.

© Alle erkennungsdienstlichen Gestapo-Fotos: Bundesarchiv, Berlin/Koblenz (53); bpk, Berlin (13); ullstein bild, Berlin (10); Archiv der sozialen Demokratie, Bonn (3); Archiv der Hoffnungstaler Anstalten, Lobetal; Franz-Neumann-Archiv, Berlin; Georg Elser Gedenkstätte, Königsbronn; Stadtarchiv und Stadthistorische Bibliothek Bonn; privat (7); andere (2)

Zitate: gekürzte Auszüge: E. Thälmann, Zwischen Erinnerung und Erwartung, Frankfurt am Main 1977; G. Kuckhoff, Vom Rosenkranz zur Roten Kapelle. Ein Lebensbericht, Berlin 1972; G. Banasch, Weihnachten in der Prinz-Albrecht-Straße, in: Petrusblatt. Katholisches Kirchenblatt für das Bistum Berlin, 1. Jg., Nr. 5, 30.12.1945

Franz Bobzien (1906–1941), Sozialist. Haft, Verhöre: März 1934

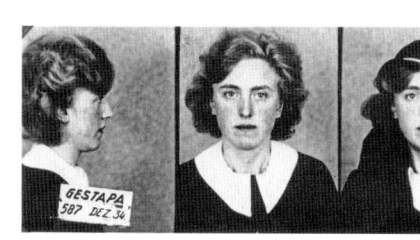

Elfriede Zarthe (1905–?), Sozialdemokratin. Verhöre: Dezember 1934

Willi Gleitze (1904–1994), Sozialdemokrat. Haft, Verhöre: Dezember 1933

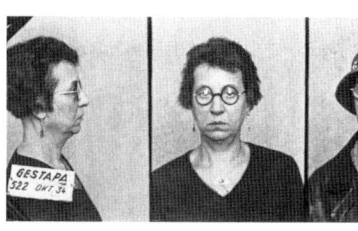

Ella Fricke (1878–?), Kommunistin. Verhöre: Oktober 1934

Edith Walz (1911–2004), Sozialistin. Haft, Verhöre: Dezember 1933

Alfred Nau (1906–1983), Sozialdemokrat. Haft, Verhöre: Dezember 1934

Franz Neumann (1904–1974), Sozialdemokrat. Verhöre: Januar 1934

Werner Pünder (1885–1973), Rechtsanwalt. Haft, Verhöre: April – Mai 1935

Ernst Thälmann (1886–1944), Kommunist. Haft, Verhöre: Januar 1934

„Dann wurde mir der Mund vorübergehend zugehalten und es gab Hiebe ins Gesicht und Peitschenschläge über Brust und Rücken." Ernst Thälmann über Misshandlungen bei der Vernehmung 1934 (aus der Haft überliefert)

Hermann Brill (1895–1959), Sozialdemokrat. Haft, Verhöre: März 1935/Herbst 1938

Karl Schütze (1880–1962), Sozialdemokrat. Verhöre: Dezember 1934

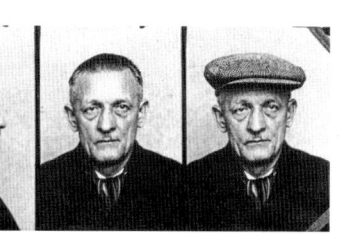

Gerhard Herkel (1911–?), Sozialist. Haft, Verhöre: Juni 1935

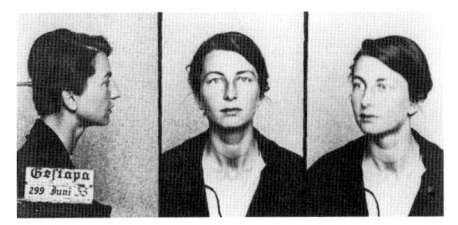

Linda Lecher (1912–),
Sozialistin. Verhöre: Juni 1935

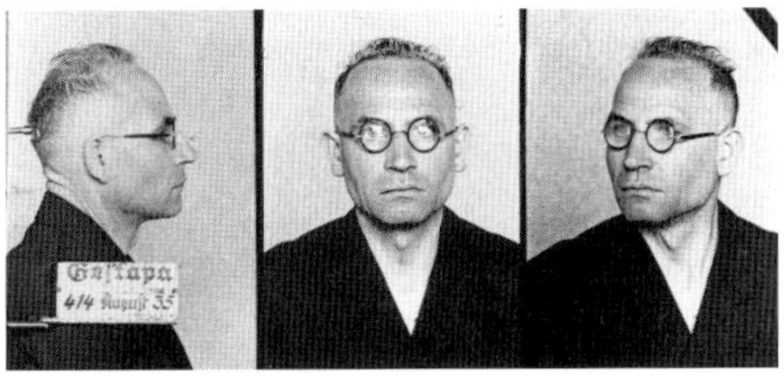

Albin Karl (1889–1976),
Gewerkschafter. Verhöre: August 1935

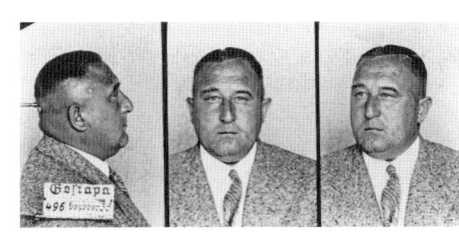

Karl Heinrich (1890–1945),
Sozialdemokrat. Haft, Verhöre: September 1935

Erich Bauer (1907–?),
Sozialist. Haft, Verhöre: Juni 1935

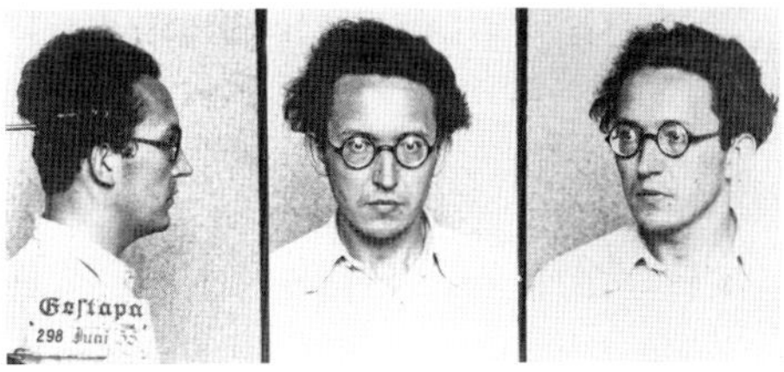

Kurt Ackermann (1891–1936),
Sozialdemokrat. Haft, Verhöre: September 1935

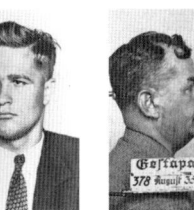

Karl Pieper (1893–?),
Gewerkschafter. Verhöre: Juli 1935

Erich Hanke (1911–2005),
Kommunist. Haft, Verhöre:
August 1935

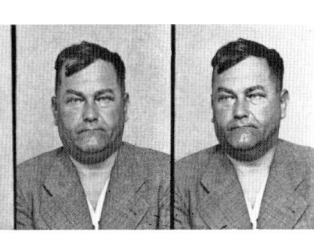

Wienand Kaasch (1890–1944),
Kommunist. Haft, Verhöre:
August 1935

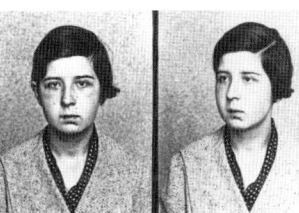

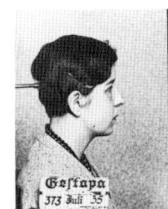

Käthe Jahn (1914–?),
Sozialdemokratin. Verhöre: Juli 1935

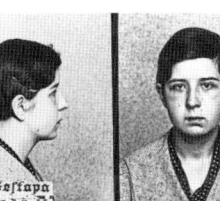

Rudolf Bergtel (1897–1981),
Kommunist. Haft, Verhöre:
August 1935

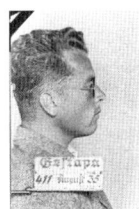

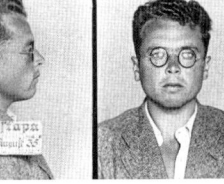

Walter Miertschke (1911–?),
Gewerkschafter. Verhöre: August 1935

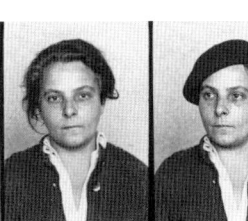

Edith Jacobssohn (1897–1978),
Widerstandskreis „Neu Beginnen".
Verhöre: Oktober 1935

Edith Taglicht (1901–1989),
Widerstandskreis „Neu Beginnen".
Verhöre: September 1935

Georgi Dimitroff (1882–1949), Kommunist. Haft, Verhöre: Dezember 1933 – February 1934

Dimitroff, Mitbegründer der Kommunistischen Partei Bulgariens, war ab 1929 Leiter des Westeuropa-Büros der Komintern in Berlin.

Am 9. März 1933 wurde er verhaftet und als einer der vermeintlichen Hintermänner des Reichstagsbrandes vom 27./28. Februar 1933 angeklagt. Der Prozess vor dem Reichsgericht in Leipzig endete am 23. Dezember 1933 mit einem Freispruch. Unmittelbar danach wurde er von der Gestapo in der Prinz-Albrecht-Straße 8 inhaftiert. Am 27. Februar 1934 durfte er nach Moskau ausreisen.

Dimitroff war 1935–1943 Generalsekretär der Komintern, 1946–1949 Ministerpräsident der Volksrepublik Bulgarien.

Theodor Haubach (1896–1945), Sozialdemokrat. Haft, Verhöre: November – Dezember 1934 und Mai 1936

Als Abiturient 1914 Kriegsfreiwilliger. Philosophie-Studium, Dr. phil. 1922 Eintritt in die Sozialdemokratische Partei Deutschlands (SPD), 2. Vorsitzender des Reichsbanners Schwarz-Rot-Gold. 1927/28 Mitglied der Hamburger Bürgerschaft. 1929/30 Leiter der Pressestelle im Reichsministerium des Innern. 1930–1932 Pressereferent des Berliner Polizeipräsidenten.

Im November 1933 kam Haubach für einige Monate in „Schutzhaft". Danach war er am Aufbau einer illegalen Reichsleitung des Reichsbanners beteiligt. Haubach wurde am 24. November 1934 erneut verhaftet und bis zum 21. Dezember 1934 in der Prinz-Albrecht-Straße 8 inhaftiert. Danach kam er in das Konzentrationslager „Columbia" und das KZ Esterwegen. Am 19. Mai 1936 wurde er wieder in die Gestapozentrale überstellt und nach einiger Zeit entlassen. Als Angehöriger des „Kreisauer Kreises" – für den Fall eines erfolgreichen Umsturzes war Haubach als Minister für Presse und Volksaufklärung vorgesehen – wurde er nach dem gescheiterten Attentat auf Adolf Hitler am 9. August 1944 verhaftet.

Am 15. Januar 1945 wurde Haubach vom „Volksgerichtshof" zum Tode verurteilt und am 23. Januar 1945 in der Strafanstalt Berlin-Plötzensee hingerichtet.

Werner Finck (1902–1978), Kabarettist, Schauspieler. Haft, Verhöre: Mai 1935

Gründer (1929) und Leiter (1931–1935) des Kabaretts Katakombe. Finck wurde im Mai 1935 in der Prinz-Albrecht-Straße 8 verhört, kam nach einigen Tagen in das Konzentrationslager „Columbia" und dann in das KZ Esterwegen. Am 1. Juli 1935 wurde er aus dem Konzentrationslager entlassen, wegen Vergehens gegen das „Heimtücke"-Gesetz angeklagt und am 26. Oktober 1935 freigesprochen. 1939 wurde er aus der Reichskulturkammer ausgeschlossen. Einer anschließenden Verhaftung entging Finck durch die Meldung als Kriegsfreiwilliger. 1942 wurde er erneut verhaftet, von März bis Dezember 1942 im Wehrmachtsuntersuchungsgefängnis Lehrter Straße inhaftiert und täglich in der Prinz-Albrecht-Straße 8 verhört, dann aber entlassen.

Nach Kriegsende arbeitete Finck als Autor, Kabarettist und Schauspieler.

Martin Niemöller (1892–1984), Pfarrer, Mitglied der Bekennenden Kirche. Haft, Verhöre: Juli 1938

Hochdekorierter U-Boot-Kommandant im Ersten Weltkrieg. Theologie-Studium, ab 1931 Pfarrer in Berlin-Dahlem.

Niemöller war 1933 Begründer des Pfarrernotbundes. Wegen seiner regimekritischen Haltung, die er auch in Predigten zum Ausdruck brachte, wurde Niemöller am 1. Juli 1937 verhaftet und am 2. März 1938 in einem Sondergerichtsverfahren zu sieben Monaten Festungshaft verurteilt, die durch die Untersuchungshaft als verbüßt galt. Dennoch wurde er in „Schutzhaft" genommen, im Konzentrationslager Sachsenhausen inhaftiert, am 15. Juli 1938 vorübergehend in die Prinz-Albrecht-Straße 8 gebracht und 1941 in das KZ Dachau überstellt. Bei Evakuierung des Lagers 1945 brachte ihn die Gestapo nach Südtirol. Dort wurde er am 5. Mai 1945 befreit.

1947–1964 war er Kirchenpräsident der Evangelischen Kirche in Hessen und Nassau.

Johann Georg Elser (1903–1945), Attentat auf Adolf Hitler 1939. Haft, Verhöre: November 1939

Möbel- und Kunsttischler. Ende der zwanziger Jahre war er vorübergehend Mitglied des Rotfrontkämpferbundes der Kommunistischen Partei Deutschlands (KPD).

Elser fasste im Herbst 1938 den Entschluss, Hitler zu töten. Eine Gelegenheit zum Attentat sah er bei der jährlichen Gedenkfeier am 8. November 1939 im Münchener Bürgerbräukeller aus Anlass des Putschversuches der Nationalsozialisten 1923 („Marsch auf die Feldherrnhalle" in München). Die von Elser konstruierte Zeitzünderbombe tötete sechs Teilnehmer. Hitler hatte den Saal früher verlassen und blieb unverletzt.

Bei dem Versuch, in die Schweiz zu entkommen, wurde Elser am selben Abend verhaftet und nach ersten Vernehmungen und Misshandlungen in der Staatspolizeileitstelle München in das Hausgefängnis der Gestapozentrale in der Prinz-Albrecht-Straße übergeführt. Als „Sonderhäftling" lieferte man ihn am 23. November 1939 in den Zellenbau des Konzentrationslager Sachsenhausen ein. Anfang 1945 wurde er in das KZ Dachau überstellt und dort am 9. April 1945 auf Anordnung des Leiters des Geheimen Staatspolizeiamtes ermordet.

Harro Schulze-Boysen (1909–1942), „Rote Kapelle". Haft, Verhöre: August – Dezember 1942.

Jura-Studium. Oberleutnant im Reichsluftfahrtministerium. Mitglied des Jungdeutschen Ordens, ab 1932 Herausgeber der Zeitschrift „Der Gegner".

Nach dem Verbot der Zeitschrift im April 1933 wurde Schulze-Boysen kurzzeitig verhaftet und von der SA misshandelt. 1934 Anstellung im Reichsluftfahrtministerium. Schulze-Boysen schrieb Artikel für die Untergrundzeitung „Die innere Front" und organisierte Flugblatt- und Klebeaktionen in Berlin. Aufgrund seiner Dienststellung hatte er Zugang zu militärischen Informationen, die er ab 1941 dem sowjetischen Geheimdienst übermittelte. Nach seiner Verhaftung am 31. August 1942 wurde Schulze-Boysen in die Prinz-Albrecht-Straße 8 gebracht, von der Gestapo verhört und gefoltert. Bis zu seiner Verurteilung am 19. Dezember 1942 blieb er im Hausgefängnis. Am 22. Dezember 1942 wurde er in der Strafanstalt Berlin-Plötzensee hingerichtet.

Robert Havemann (1910–1982), „Europäische Union". Haft, Verhöre: September – Oktober 1943

1932 Eintritt in die Kommunistische Partei Deutschlands (KPD), 1933 Mitarbeiter am Berliner Kaiser-Wilhelm-Institut für Physikalische Chemie und Elektrochemie, später am Pharmakologischen Institut der Universität Berlin, Dr. phil.

Havemann war ab 1933 im Widerstand tätig. Aus seinem Freundeskreis heraus wurde am 15. Juli 1943 die Widerstandsgruppe „Europäische Union" gegründet, die theoretisch-programmatisch Pläne einer sozialistischen Neugestaltung Deutschlands nach dem Sturz Adolf Hitlers entwarf und in der Illegalität lebende Juden und Zwangsarbeiter unterstützte. Havemann wurde am 5. September 1943 verhaftet, in die Prinz-Albrecht-Straße 8 gebracht und bis Ende Oktober 1943 dort inhaftiert. Am 16. Dezember 1943 verurteilte ihn der „Volksgerichtshof" zum Tode. Weil er „kriegswichtige" wissenschaftliche Arbeiten betreute, wurde das Urteil am 21. April 1944 ausgesetzt. Havemann wurde am 28. April 1945 im Zuchthaus Brandenburg-Görden befreit.

Nach Kriegsende hatte er eine Professur an der Berliner Humboldt-Universität inne und war Mitglied der DDR-Volkskammer. Wegen regimekritischer Aktivitäten erfolgte 1964 der Ausschluss aus der Sozialistischen Einheitspartei Deutschlands (SED) und die fristlose Entlassung von der Universität. Bis zu seinem Tod stand er als Dissident unter „Hausarrest".

Carl Friedrich Goerdeler (1884–1945), Umsturzversuch vom 20. Juli 1944. Haft, Verhöre: August 1944 – February 1945.

Jurist. Mitglied der Deutschnationalen Volkspartei (DNVP). 1920–1930 war er Zweiter Bürgermeister in Königsberg, ab 1930 Leipziger Oberbürgermeister.

Goerdeler blieb nach der nationalsozialistischen „Machtergreifung" im Amt und trat 1937 zurück, unter anderem aus Protest gegen die Entfernung des Denkmals für Felix Mendelssohn-Bartholdy. 1931 und 1934/35 Reichskommissar für die Preisbildung, ab 1937 Berater der Robert Bosch GmbH. Goerdeler war als Zentralfigur des konservativen Widerstandes maßgeblich an den Planungen für den 20. Juli 1944 beteiligt und nach einem erfolgreichen Umsturzversuch als Reichskanzler vorgesehen. Nach dem 20. Juli konnte Goerdeler zunächst untertauchen, wurde aber am 12. August 1944 denunziert, verhaftet und in die Prinz-Albrecht-Straße 8 eingeliefert. Er wurde am 8. September 1944 vom „Volksgerichtshof" zum Tode verurteilt und am 2. Februar 1945 in der Strafanstalt Berlin-Plötzensee hingerichtet.

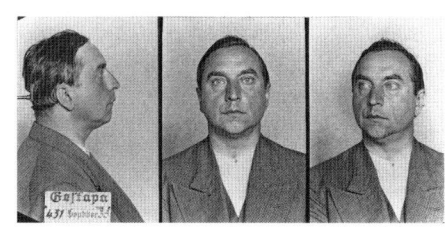

Alfons Paquet (1881–1944), Schriftsteller, Angehöriger der Quäker. Haft, Verhöre: September 1935

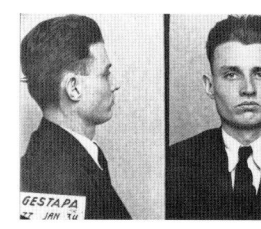

Wilhelm Agatz (1904–1957), Kommunist. Haft, Verhöre: Januar 1934/April – Juni 1939

Karl (Carlo) Mierendorff (1897–1943), Sozialdemokrat. Haft, Verhöre: Dezember 1937 – February 1938

„Zelle 15, die ich vier Monate bewohnte, hatte etliche Blutspuren an der Wand. Zu Vernehmungen begleitete mich ein SS-Posten ins oberste Stockwerk. Was wird es bloß wieder geben? Unterwegs flehte man die Fürbitte aller Heiligen an." Georg Banasch über seine Haft 1935/36, 1945

Georg Banasch (1888–1960), Katholischer Theologe. Haft, Verhöre: November 1935 – März 1936

Carl Herslow (1877–1965), Kurier der polnischen Widerstandsbewegung. Haft, Verhöre: Juli 1942 – April 1943

Karlrobert Kreiten (1916–1943), Pianist. Haft, Verhöre: Mai – Juli 1943

Ferdinand Friedensburg (1886–1972), Liberaler. Haft, Verhöre: Februar – Juni 1935

Erich Honecker (1912–1994), Kommunist. Haft, Verhöre: Dezember 1935

Berthold Jacob (1898–1944), Journalist. Haft, Verhöre: März 1935/1941–1943

Arvid Harnack (1901–1942), „Rote Kapelle". Haft, Verhöre: September – Dezember 1942

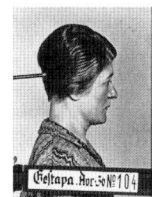

Johanna Bauerschäfer (1899–?), Sozialdemokratin. Verhöre: April 1936

Fritz Erler (1913–1967), Widerstandskreis „Neu Beginnen". Haft, Verhöre: November – Dezember 1938.

Kurt Schumacher (1895–1952), Sozialdemokrat. Haft, Verhöre: August – November 1939

Mildred Harnack-Fish, geb. Fish (1902–1943), „Rote Kapelle". Verhöre: September – Dezember 1942

Bernhard Zander (1901–), Sozialdemokrat. Haft, Verhöre: Juni 1936

Paul Gerhard Braune (1887–1954), Evangelischer Theologe. Haft, Verhöre: August – Oktober 1940

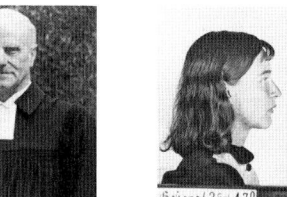

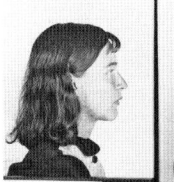

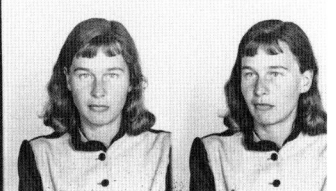

Libertas Schulze-Boysen, geb. Haas-Heye (1913–1942), „Rote Kapelle". Verhöre: September 1942.

Rudolf Breitscheid (1874–1944), Sozialdemokrat. Haft, Verhöre: Februar 1941 – Januar 1942

Günther Weisenborn (1902–1969), „Rote Kapelle". Haft, Verhöre: September – Oktober 1942/Januar – Juni 1943

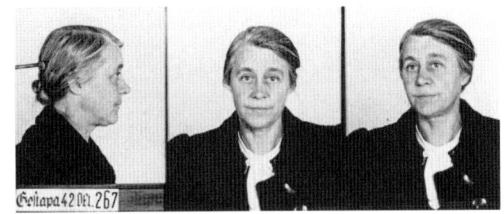

Klara Schabbel (1894–1943), „Rote Kapelle". Verhöre: Oktober 1942

Adam Kuckhoff (1887–1943), „Rote Kapelle". Haft, Verhöre: September 1942

Adolf Grimme (1889–1963), „Rote Kapelle". Haft, Verhöre: Oktober – November 1942.

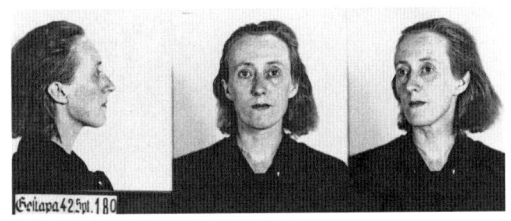

Greta Kuckhoff, geb. Lorke (1902–1981), „Rote Kapelle". Verhöre: September 1942

„Hinter jeder der fast bissig hervorgeschleuderten Fragen stand jetzt das Fallbeil. Ich wurde unruhig. Diese erste Vernehmung dauerte dreizehn Stunden." Greta Kuckhoff über ihre Vernehmung im Herbst 1942, 1972

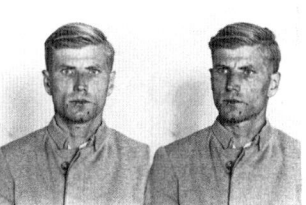

Kurt Schumacher (1905–1942), „Rote Kapelle". Haft, Verhöre: September – Dezember 1942

John Sieg (1903–1942), „Rote Kapelle". Haft, Verhöre: Oktober 1942

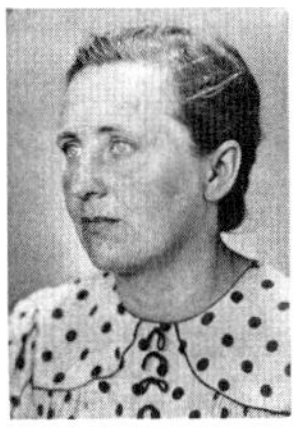

Charlotte Hundt, geb. Thiele (1900–1943), Sozialistin. Verhöre: Mai 1943

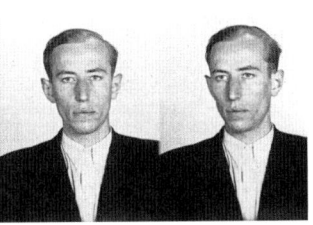

Heinrich Scheel (1915–1996), „Rote Kapelle". Haft, Verhöre: September 1942

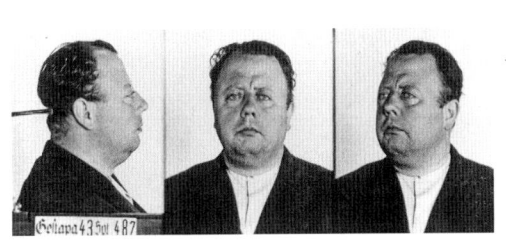

Herbert Richter (1901–1944), „Europäische Union". Haft, Verhöre: September – Oktober 1943

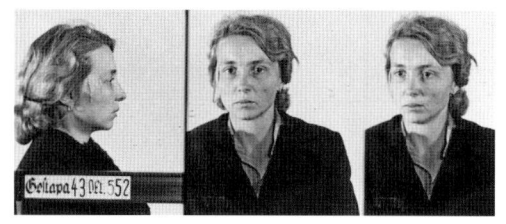

Galina Romanowa (1918–1944),
sowj. Zwangsarbeiterin, „Europäische Union".
Verhöre: Oktober – November 1943

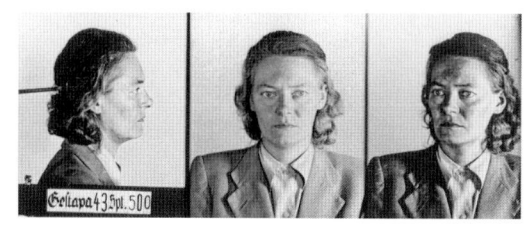

Elisabeth Kind (1907–?),
„Europäische Union". Verhöre:
September – Oktober 1943

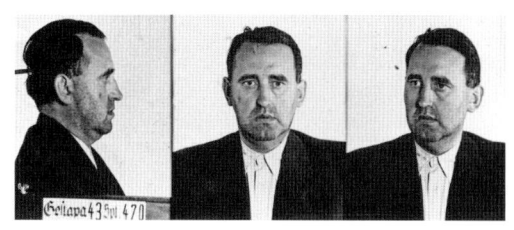

Georg Groscurth (1904–1944),
„Europäische Union".
Haft, Verhöre: September – November 1943

Alexej R. Kalenytschenko (1908–1944),
sowj. Zwangsarbeiter, „Europäische Union".
Haft, Verhöre: Oktober 1943

Max Josef Metzger
(1887–1944),
Katholischer Theologe.
Haft, Verhöre:
Juni – September 1943

Anneliese Groscurth (1910–1996),
„Europäische Union". Verhöre: September 1943

Konstantin Zadkevic (1910–1944),
sowj. Zwangsarbeiter, „Europäische Union".
Haft, Verhöre: Oktober 1943

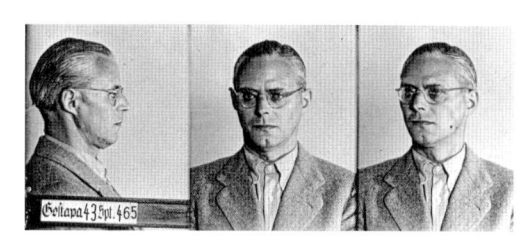

Paul Rentsch (1898–1944),
„Europäische Union". Haft, Verhöre:
September – Oktober 1943

Peter Sosulja (1912–?),
sowj. Zwangsarbeiter, „Europäische Union".
Verhöre: Oktober 1943

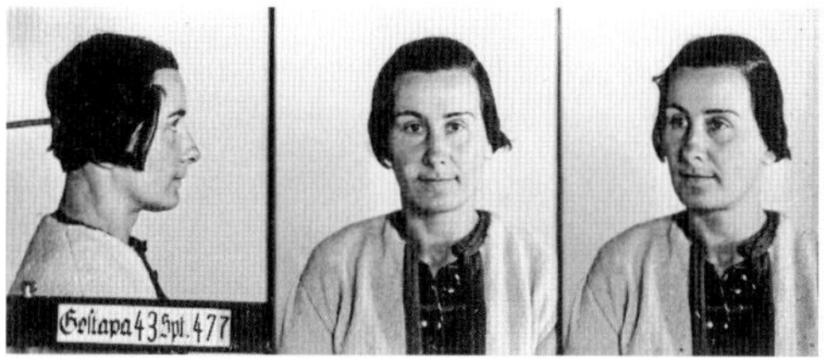

Margarete Rentsch (1906–2000),
„Europäische Union".
Haft, Verhöre: September 1943

Alexander Chomlow (1919–?),
sowj. Zwangsarbeiter, „Europäische Union".
Haft, Verhöre: Oktober – November 1943

Helmuth James Graf von Moltke (1907–1945), Widerstandskreis im Amt Ausland/Abwehr im OKW. Haft, Verhöre: Januar – Februar 1944

Friedrich Werner Graf von der Schulenburg (1875–1944), Umsturzversuch vom 20. Juli 1944. Haft, Verhöre: Juli – November 1944

Adam von Trott zu Solz (1909–1944), Umsturzversuch vom 20. Juli 1944. Haft, Verhöre: Juli 1944

Peter Graf Yorck von Wartenburg (1904–1944), Umsturzversuch vom 20. Juli 1944. Haft, Verhöre: Juli 1944

Hans Oster (1887–1945), Widerstandskreis im Amt Ausland/Abwehr im OKW. Haft, Verhöre: Juli 1944 – Februar 1945

Friedrich Gustav Jaeger (1895–1944), Umsturzversuch vom 20. Juli 1944. Haft, Verhöre: Juli – August 1944

Johannes Popitz (1884–1945), Umsturzversuch vom 20. Juli 1944. Haft, Verhöre: Juli 1944

Eugen Gerstenmaier (1906–1986), Umsturzversuch vom 20. Juli 1944. Haft, Verhöre: Juli 1944

Ulrich von Hassell (1881–1944), Umsturzversuch vom 20. Juli 1944. Haft, Verhöre: Juli – September 1944

Wilhelm Canaris (1887–1945), Widerstandskreis im Amt Ausland/Abwehr im OKW. Haft, Verhöre: Juli 1944 – Februar 1945

Marion Gräfin Yorck von Wartenburg, geb. Winter (1904–2007), Umsturzversuch vom 20. Juli 1944. Verhöre: August 1944

Eugen Bolz (1881–1945), Umsturzversuch vom 20. Juli 1944. Haft, Verhöre: August 1944

Fabian von Schlabrendorff (1907–1980), Umsturzversuch vom 20. Juli 1944. Haft, Verhöre: August 1944 – April 1945

Josef Müller (1898–1979), Widerstandskreis im Amt Ausland/Abwehr im OKW. Haft, Verhöre: September 1944 – Februar 1945

Julius Leber (1891–1945), Sozialdemokrat, Umsturzversuch vom 20. Juli 1944. Haft, Verhöre: Oktober 1944 – Januar 1945

Adolf Reichwein (1898–1944), Sozialdemokrat, Umsturzversuch vom 20. Juli 1944. Haft, Verhöre: Oktober 1944

Dietrich Bonhoeffer (1906–1945), Widerstandskreis im Amt Ausland/Abwehr im OKW. Haft, Verhöre: Oktober 1944 – Februar 1945

Hans von Dohnanyi (1902–1945), Widerstandskreis im Amt Ausland/Abwehr im OKW. Haft, Verhöre: Februar – März 1945

Anton Saefkow (1903–1944), Kommunist. Haft, Verhöre: Juli 1944

Franz Lange (1904–1985), Kommunist. Haft, Verhöre: April – Mai 1945.

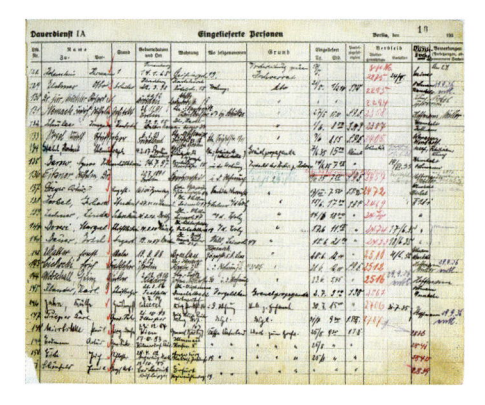

Auszug (Blatt 10) aus der sogenannten Sistiertenkladde (Haftbuch) des Marxismus-Dezernates des Geheimen Staatspolizeiamtes mit Einträgen vom 17. Mai bis zum 25. August 1935.

Das Marxismus-Dezernat war zuständig für die Verfolgung sozialistischer, nichtkommunistischer Parteien und Organisationen. Die „Sistiertenkladde" umfasst 30 Seiten und enthält 716 Namen von Häftlingen, die zur Vernehmung in die Gestapozentrale eingeliefert und zum Teil im Hausgefängnis inhaftiert wurden.

31952 Bundesarchiv, Berlin

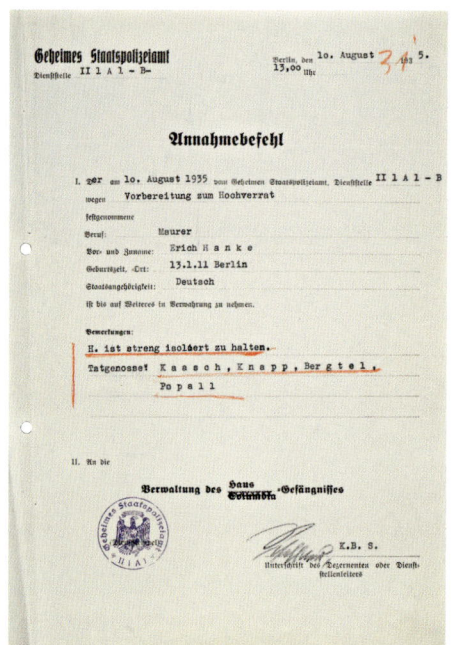

An die Verwaltung des Hausgefängnisses gerichteter „Annahmebefehl" des Dezernates II 1 A 1 (Kommunismus) des Geheimen Staatspolizeiamtes, die Inhaftierung Erich Hankes betreffend, 10. August 1935.

31053 Bundesarchiv, Berlin

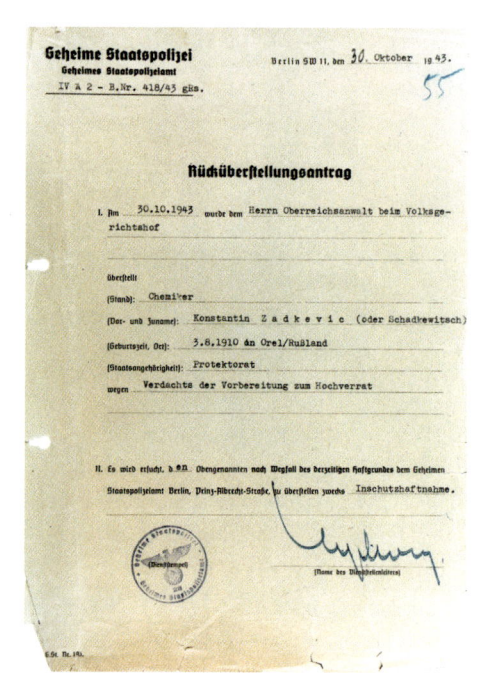

Rücküberstellungsantrag des Referates IV A 2 (unter anderem Sabotageabwehr) des Geheimen Staatspolizeiamtes für Konstantin Zadkevic, 30. Oktober 1943.

Mit einem Rücküberstellungsantrag stellte die Gestapo sicher, dass im Justizgewahrsam befindliche Häftlinge bei Freispruch oder Einstellung des Verfahrens wieder an die Gestapo übergeben wurden.

31055 Bundesarchiv, Berlin

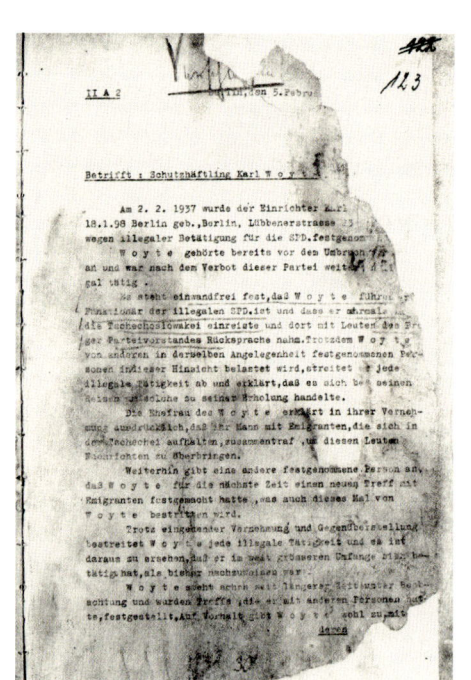

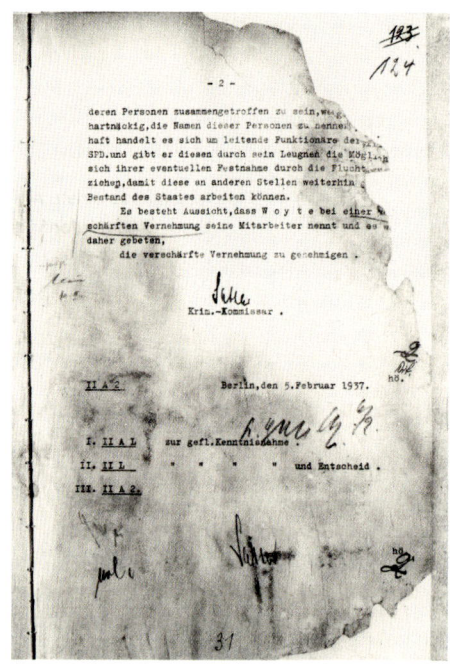

Antrag des Leiters des Dezernates II A 2, Bruno Sattler, an den Leiter der Hauptabteilung II auf Genehmigung der Durchführung einer „verschärften Vernehmung", 5. Februar 1937.

Für den Einsatz physischer Gewalt und die Durchführung einer „verschärften Vernehmung", so die Sprachregelung für Misshandlungen und Folter, gab es zynischerweise formale, bürokratische Regeln, in der Praxis wurden sie jedoch meist ignoriert.

31054a–b Bundesarchiv, Berlin

3.1 „Staatsfeinde": Politische Gefangene in der Prinz-Albrecht-Straße 8

Einzelzelle des Hausgefängnisses in der Prinz-Albrecht-Straße 8, 1948.
Rechts, in der Wand, der Haken an dem tagsüber die hochgeklappte Holzpritsche befestigt wurde. Nach Angaben des Fotografen Norbert Leonard handelt es sich um die Zelle, in der er selbst inhaftiert war. Die näheren Umstände seiner Inhaftierung 1942 sind bisher nicht bekannt.

Leonard (d. i. Wilhelm Levy, 1913–1971) wurde einer der bekanntesten deutschen Modefotografen der ersten Nachkriegsjahrzehnte.

31004 Foto: Norbert Leonard © Stiftung Topographie des Terrors, Berlin

Prinz-Albrecht-Straße. Ein gespenstischer Gang

„Wir klettern über gesprengte Bunkerwände und stehen in einem engen Hof, durch den zersplitterten Blechzaun schaut das ehemalige Luftfahrtministerium, heute Sitz der Ostzonenverwaltung. Seitlich ein Bau mit vergitterten Fenstern. Wir gehen hinein. Durch Gewölbe mit getroffenen, herunterhängenden Decken, vorbei am Lift, der wie ein Sarg aussieht, und stehen in einem langen Gang. Öffnung an Öffnung, Zellen! Ein Meter breit, drei Meter lang. Die Türen aus schwerem Eichenholz wurden wohl längst verheizt. Bis auf die Haken von den Bettstellen ist alles ausgeräumt. Auf dem Boden Haufen von Papieren. Hier also saßen sie, die Männer aller Schichten, aller Konfessionen, aller Provinzen und des Auslands, die die ärgsten Feinde des Regimes waren. Gefesselt und geschunden. In banger Erwartung, quälender Unruhe oder gelassener Ergebung, verzweifelnd, rebellierend, mutlos, mutig.
[…]
Mein Begleiter hat seinen Apparat gezückt. Mit zögernden, fast schleppenden Schritten betritt er die Zelle: ‚Da – hier steht es noch, ganz klein, mit Bleistift gekritzelt, es war verboten – hier steht es noch: ‚Nur Mut‘, das habe ich geschrieben,‘ sagt er und die Erregung übermannt ihn. Ein wenig zittert der Apparat in seinen Händen. Ein Vierteljahr hat er hier zugebracht, 1942, nachts an das Bett gefesselt."

Auszug aus einem Artikel der Journalistin Ursula von Kardorff über eine Begehung der Ruinen der Gestapo-Zentrale mit dem Fotografen Norbert Leonard, „Süddeutsche Zeitung", 7. Oktober 1948.

31304 Süddeutsche Zeitung, Nr. 86, 7.10.1948

Nach Süden, zum Gefängnishof gelegene Zellen des Hausgefängnisses im Geheimen Staatspolizeiamt, 1948.

31003 Foto: Norbert Leonard © Stiftung Topographie des Terrors, Berlin

Helft! Gebt für die Berliner Winterhilfe

Bis Sonnabend früh **10 Uhr** hat das Judentum Bedenkzeit!

Dann beginnt der Kampf!

Die Juden aller Welt wollen Deutschland vernichten!

Deutsches Volk!

Wehr Dich!

Kauf nicht beim Juden!

3.2 „Rassenpolitischer Hauptfeind": Die deutschen Juden

Den Nationalsozialisten galt „der Jude" als „Hauptfeind von Volk, Rasse und Staat". „Nicht-Arier" sollten aus der „Volksgemeinschaft" ausgegrenzt, vertrieben und schließlich vernichtet werden. Bereits 1933 enthielt das „Gesetz zur Wiederherstellung des Berufsbeamtentums" einen „Arierparagraphen". Entlassungen der „Nichtarier" aus dem öffentlichen Dienst waren die Folge. Juden galten nicht als „deutsche Volksgenossen". Für sie galten rassistische, diskriminierende Sondergesetze.

Schrittweise wurden sie aus dem Wirtschaftsleben verdrängt, ihre Geschäfte und Betriebe „arisiert". Deutsche Unternehmen nutzten die Notlage der Juden aus und bereicherten sich. Staatliche Stellen plünderten emigrierende Juden aus. Ihre Flucht vor Unrecht und Lebensgefahr wurde als „Auswanderung" bezeichnet. Am 9. November 1938 wurden in ganz Deutschland Synagogen angezündet, Geschäfte geplündert und Wohnungen verwüstet. Gestapo, SS und Polizei verschleppten 30 000 Juden in Konzentrationslager.

Seit 1938 bereitete die Gestapo die „Endlösung der Judenfrage" vor. Mit Kriegsbeginn fielen mit dem deutschen Vormarsch immer mehr Juden in ihre Hand. Zunächst in Polen, dann im Baltikum und Weißrussland wurden Ghettos eingerichtet, in die Juden aus Deutschland und den besetzten Gebieten deportiert wurden. Ihr Tod wurde dabei nicht nur in Kauf genommen, sondern angesichts unerträglicher Lebensbedingungen in den Ghettos angestrebt. Im Frühjahr 1941 wurden auf Anweisung Heydrichs, der die „Endlösung der Judenfrage" koordinierte, Einsatzgruppen von SS und Polizei gebildet. Zusammen mit anderen SS- und Polizeiverbänden und mit Duldung oder Unterstützung der Wehrmacht erschossen sie ab Juni 1941 in den rückwärtigen Gebieten der Ostfront weit über eine Million Menschen. 1941/42 wurden SS-Vernichtungslager der „Aktion Reinhardt" errichtet, in denen deportierte Juden systematisch ermordet wurden. Zuvor zog man ihr Vermögen zugunsten des Reiches ein. Auch diesen Raub organisierten SS und Gestapo.

Litfasssäule mit dem Aufruf der NSDAP-Gauleitung, Gau Groß-Berlin, zum antijüdischen Boykott am 1. April 1933, Berlin, undatiert (Ende März 1933).

32003 © bpk, Berlin

Ortseingang mit antijüdischer Propagandaparole, Deutschland, Sommer 1935.
Hunderte deutscher Ortschaften und tausende Einrichtungen des öffentlichen Lebens trugen solche, meist von der Nationalsozialistischen Deutschen Arbeiterpartei (NSDAP) und lokalen NS-Aktivisten initiierte Parolen, die Juden diskriminierten und ihnen den Zutritt oder die Benutzung untersagten.
32007 © bpk, Berlin

Boykottposten der SA vor dem Eingang des jüdischen Kaufhauses Wohlwert in der Sülmerstraße 9–11, Heilbronn, 1. April 1933.
Das Foto entstammt einem privaten Fotoalbum.
32004 Foto: privat © Stadtarchiv Heilbronn

Zweigstelle des antisemitischen NS-Wochenblattes „Der Stürmer", Danzig, undatiert (um 1937).
Im Schaufenster der Aushang der Zeitung, die ansonsten auch in Form öffentlicher Schaukästen („Stürmer-Kästen") überall verbreitet wurde.

Herausgeber war der fanatische Antisemit und Gauleiter der NSDAP in Mittelfranken, Julius Streicher.

32305 © Popperfoto/Getty Images

3.2 | „Rassenpolitischer Hauptfeind": Die deutschen Juden

Veröffentlichung der antijüdischen „Nürnberger Rassengesetze" im NSDAP-Zentralorgan „Völkischer Beobachter", 16. September 1935.

32308 Völkischer Beobachter, Nr. 259, 16.9.1935

Denkmal für den antisemitischen Publizisten, Verleger und „völkischen" Aktivisten Theodor Fritsch (1852–1933), Berlin-Zehlendorf, 7. September 1935.

Der fanatische Judenhasser publizierte in seinem Hammer-Verlag antisemitische Propagandaschriften, darunter das „Handbuch der Judenfrage" (1907).

Der Denkmalentwurf des Bildhauers Arthur Wellmann wurde an der Kreuzung Theodor-Fritsch-Allee (heute: Lindenthaler Allee) und Niklasstraße (Nähe Mexikoplatz) aufgestellt.

32006 © Bundesarchiv, Koblenz

Schaulustige und Anwohner beobachten den Brand der Synagoge in Ober-Ramstadt, 10. November 1938.

Die Feuerwehr schützte nur die Nebengebäude, löschte aber nicht.

32009 Foto: privat © Archiv des Museums Ober-Ramstadt

Zerstörte Schaufenster eines Geschäftes am Morgen nach dem Pogrom („Reichskristallnacht"), Berlin, 10. November 1938.
Links im Bild, Scherben zusammenfegend, vermutlich die jüdischen Besitzer oder dort Beschäftigte.
Es handelte sich um die Briefmarkenhandlung Viktor Weiss (rechts) und die Schneiderei „Schneiderkunst Herr und Dame E. Jacobowitz & Co." (links), beide Potsdamer Straße 26, Berlin-Tiergarten.
32314 © bpk, Berlin

Öffentliche Verbrennung von Synagogeninventar auf dem Marktplatz nach der Inbrandsetzung der zuvor geplünderten örtlichen Synagoge, Mosbach, 10. November 1938.
Im Publikum zahlreiche Jugendliche und Schulkinder.
32010 © Stadtarchiv Mosbach

In „Schutzhaft" genommene jüdische Männer und ihre sie begleitenden Frauen im Hof des Rathauses, Erlangen, 10. November 1938.
Links am Bildrand ein SA-Mann. Das Amateurfoto machte ein an der Verhaftungsaktion beteiligter Angehöriger des Nationalsozialistischen Kraftfahrkorps (NSKK).

32013 © Stadtarchiv Erlangen

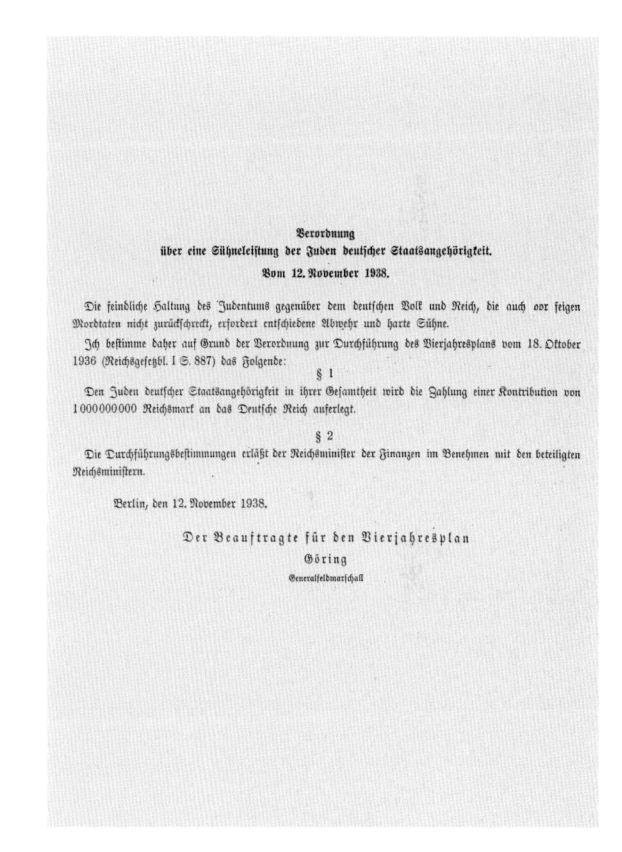

Am Tag nach der sogenannten Reichskristallnacht in „Schutzhaft" genommene jüdische Einwohner werden von SA-Männern durch die Straßen der Stadt zum Gefängnis geführt, Oldenburg, 10. November 1938.

32012 © bpk, Berlin

Verordnung vom 12. November 1938, die „Sühneleistung" der deutschen Juden betreffend.

32029 Reichsgesetzblatt, Teil I, 1938, Nr. 189

„**Seit Sonnabend werden die Berliner Juden zusammengetrieben; abends um 21.15 werden sie abgeholt und über Nacht in eine Synagoge gesperrt. Dann geht es nach Litzmannstadt und Smolensk. Man will es uns ersparen zu sehen, dass man sie einfach in Hunger und Kälte verrecken lässt und tut das daher in Litzmannstadt und Smolensk.**" Helmuth James Graf von Moltke, 21. Oktober 1941

32520 H. J. von Moltke, Briefe an Freya 1939–1945, München 1991

„Als Juden" kostümierte Mitarbeiter der Singener Aluminium-Werke in einem als Drache gestalteten Wagen des Fastnachtszuges, Singen, 1939.
Das in der NS-Propaganda gebräuchliche Stereotyp der Vernichtung der „jüdischen Gefahr" findet sich hier in Gestalt des judenverschlingenden Drachen.

32016 © Stadtarchiv Singen, Archiv der „Poppele"-Zunft

Verwertung jüdischen Eigentums: Bieter und Zuschauer vermutlich bei einer Versteigerung von Wäsche und Hausrat, die von deportierten Juden zurückgelassen werden mussten, Hanau, undatiert (1942).
Bei dem Fotografen handelte es sich um den damaligen Leiter der kommunalen Bildstelle Hanau.

32028 Foto: Franz Weber © Bildstelle Hanau

Deportation von Wiesbadener Juden, Wiesbaden, 29. August 1942.
Alte Männer und Frauen warten auf ihre Durchsuchung und Registrierung. Die Aufnahme entstand im Hof der von der Gestapo zur Sammelstelle gemachten Synagoge in der Friedrichstraße.

32027 © Yad Vashem, Jerusalem

Teilöffentliche Deportation von Juden in Eisenach, 9. Mai 1942.
Das Foto zeigt die Opfer auf dem Fußweg durch die Stadt zum Bahnhof, im Hintergrund zuschauende Anwohner und Passanten.

32026 © Stadtarchiv Eisenach

„Die Judenpolitik des Regimes war in der Bevölkerung vermutlich nicht populär. Aber sie war auch kein zentrales Thema; denn es gab vieles, weswegen man Hitler und den Seinen ‚Fehler' oder ‚Übertreibungen' nachzusehen bereit war. Angesichts der Dauerserie politischer Großereignisse und der wirtschaftlichen und sozialen Besserstellung der meisten Deutschen schien die Politik des Regimes gegenüber den Juden ein marginaler, im Verhältnis zu den Erfolgen der Nazis nachrangiger Aspekt zu sein. Diese Gleichgültigkeit, die Bereitschaft, die Verfolgung der Juden hinzunehmen, sie als unwichtig zu ignorieren – dies kennzeichnet die Haltung der ‚gewöhnlichen Deutschen' gegenüber den Juden in diesen Jahren mehr als alles andere."
ULRICH HERBERT, HISTORIKER, 1998

32319 Gekürzter Auszug: U. Herbert (Hg.), Nationalsozialistische Vernichtungspolitik 1939–1945, Frankfurt am Main 1998

Mit aufgenähten sogenannten Judensternen gekennzeichnete jüdische Familie, Berlin, undatiert (Ende September 1941).

Das Foto ist Bestandteil eines von der NS-Propaganda in Auftrag gegebenen Konvolutes von Aufnahmen, die mit dem Stern gekennzeichnete Passanten im Straßenbild zeigen. Für die deutsch besetzten Gebiete Europas liegen teils ähnliche, jeweils im Kontext der Kennzeichnungspflicht für Juden entstandene Aufnahmen vor.

32025 © SZ Photo, München

Dritte Deportation der Juden in Franken: Öffentlicher Fußmarsch der Deportierten von der Sammelstelle der Gestapo zum Nebenbahnhof Aumühle, Würzburg, 25. April 1942.

Links am Bildrand ein Gestapobeamter und ein Angehöriger der Allgemeinen SS, im Hintergrund zuschauende Passanten. Das Foto wurde von einem Gestapobeamten für eine offiziöse Dokumentation der Deportation gemacht.

32024 Foto: Hermann Otto © bpk, Berlin

Elfte Verordnung zum Reichsbürgergesetz.
Vom 25. November 1941.

Auf Grund des § 3 des Reichsbürgergesetzes vom 15. September 1935 (Reichsgesetzbl. I S. 1146) wird folgendes verordnet:

§ 1

Ein Jude, der seinen gewöhnlichen Aufenthalt im Ausland hat, kann nicht deutscher Staatsangehöriger sein. Der gewöhnliche Aufenthalt im Ausland ist dann gegeben, wenn sich ein Jude im Ausland unter Umständen aufhält, die erkennen lassen, daß er dort nicht nur vorübergehend verweilt.

§ 2

Ein Jude verliert die deutsche Staatsangehörigkeit

a) wenn er beim Inkrafttreten dieser Verordnung seinen gewöhnlichen Aufenthalt im Ausland hat, mit dem Inkrafttreten der Verordnung,

b) wenn er seinen gewöhnlichen Aufenthalt später im Ausland nimmt, mit der Verlegung des gewöhnlichen Aufenthalts ins Ausland.

§ 3

(1) Das Vermögen des Juden, der die deutsche Staatsangehörigkeit auf Grund dieser Verordnung verliert, verfällt mit dem Verlust der Staatsangehörigkeit dem Reich.

§ 4

(1) Personen, deren Vermögen gemäß § 3 dem Reich verfallen ist, können von einem deutschen Staatsangehörigen nichts von Todes wegen erwerben.

(2) Schenkungen von deutschen Staatsangehörigen an Personen, deren Vermögen gemäß § 3 dem Reich verfallen ist, sind verboten.

§ 7

(1) Alle Personen, die eine zu dem verfallenen Vermögen gehörige Sache im Besitz haben oder zu der Vermögensmasse etwas schuldig sind, haben den Besitz der Sache oder das Bestehen der Schuld dem Oberfinanzpräsidenten Berlin innerhalb von sechs Monaten nach Eintritt des Vermögensverfalls (§ 3) anzuzeigen.

§ 10

(1) Versorgungsansprüche von solchen Juden, die gemäß § 2 die deutsche Staatsangehörigkeit verlieren, erlöschen mit dem Ablauf des Monats, in dem der Verlust der Staatsangehörigkeit eintritt.

Berlin, den 25. November 1941.

Der Reichsminister des Innern
Frick

Der Leiter der Partei-Kanzlei
M. Bormann

Der Reichsminister der Finanzen
In Vertretung
Reinhardt

Der Reichsminister der Justiz
Mit der Führung der Geschäfte beauftragt:
Dr. Schlegelberger

Elfte Verordnung zum Reichsbürgergesetz (1935) vom 25. November 1941, den Verlust der deutschen Staatsangehörigkeit für deportierte Juden betreffend.

32031 Reichsgesetzblatt 1941, Nr. 133

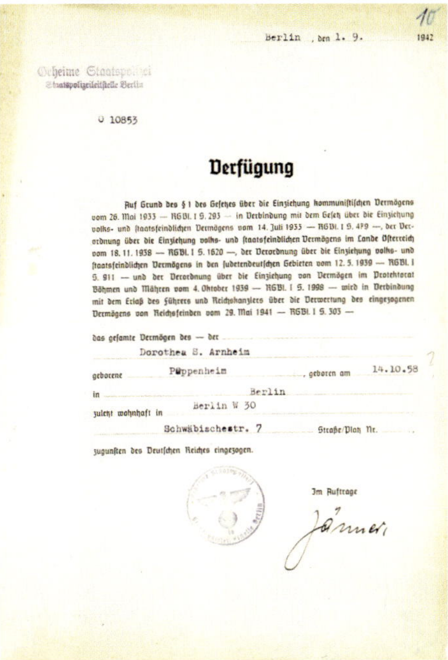

Verfügung des Geheimen Staatspolizeiamtes in Berlin zur Beschlagnahmung des Vermögens von Dorothea Arnheim, 1. September 1942.

Noch bevor Dorothea Arnheim ihre Vermögenserklärung abgegeben hatte, wurde bereits diese Verfügung von der Gestapo erlassen.

32035 Brandenburgisches Landeshauptarchiv, Potsdam

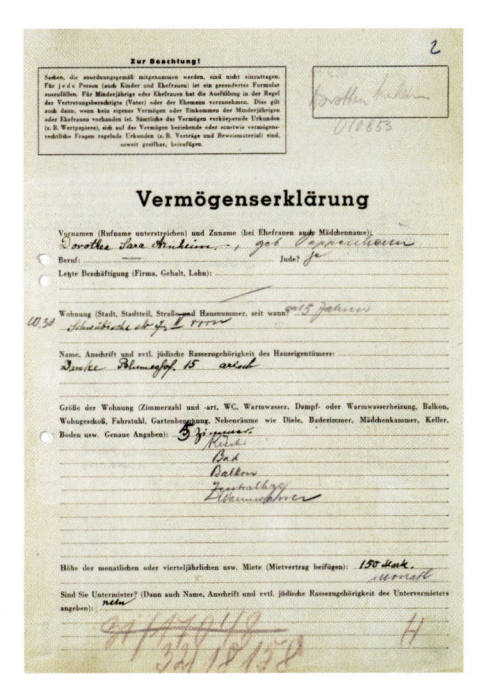

Auszug aus der Vermögenserklärung von Dorothea Arnheim, 21. September 1942.

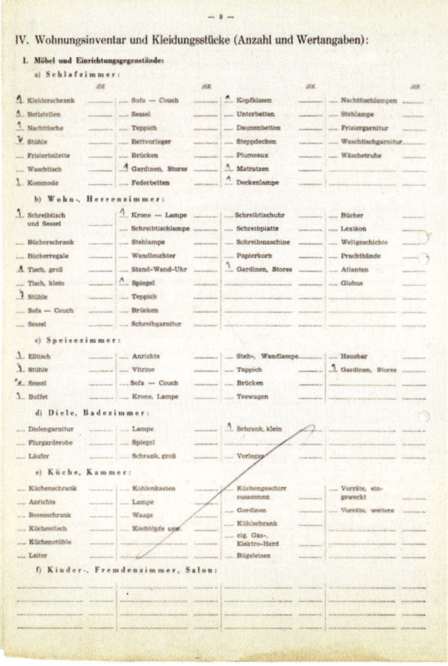

Dorothea Arnheim wurde Ende September 1942 nach Theresienstadt deportiert, wo sie am 1. November 1942 starb. Vor ihrer Deportation mussten Juden ihre Vermögensverhältnisse darlegen.

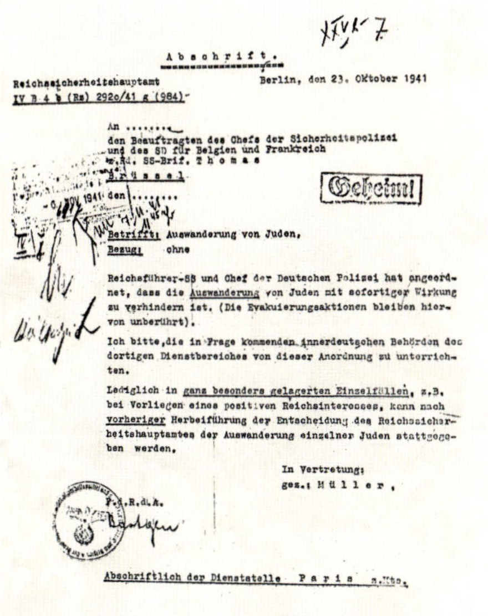

32036a, c Brandenburgisches Landeshauptarchiv, Potsdam

Erlass des Reichssicherheitshauptamtes zum Verbot der Auswanderung von Juden, 23. Oktober 1941.

32030 Institut für Zeitgeschichte, München

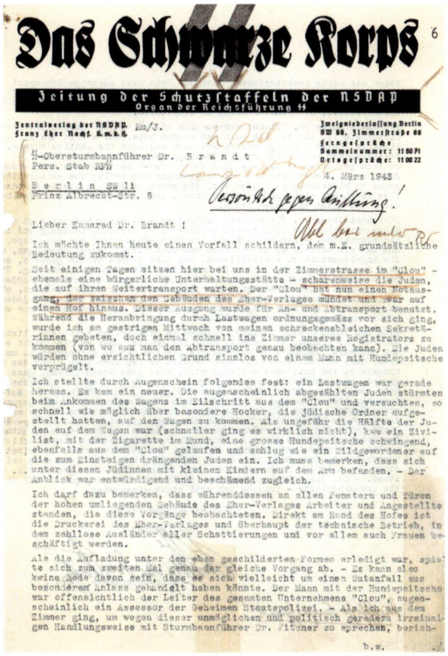

Schreiben des Schriftleiters der SS-Zeitung „Das Schwarze Korps", Rudolf aus den Ruthen, an den Chef des Persönlichen Stabes Reichsführer-SS, SS-Obersturmbannführer Dr. Rudolf Brandt, vom 4. März 1943, die Misshandlung von Juden während der Deportationen in Berlin („Fabrik-Aktion") betreffend.

32038a Bundesarchiv, Berlin

Ak. Nord　　　　　　　　　　　　　　Litzmannstadt, den 13. 11. 1941
– I a (J) –

Erfahrungsbericht:
Betrifft: Einweisung von 20 000 Juden und 5 000 Zigeunern in das Getto Litzmannstadt. Bezug: Sonderbefehle – S I a (J) – vom 14. 10. 41 und 5. 11. 41.

Juden:
In der Zeit vom 16. 10. 41 bis einschließlich 4. 11. 41 wurden auf dem Bahnhof Radegast 19 827 Juden aus dem Altreich in Empfang genommen und in das Getto eingewiesen. Die Juden (in der Mehrzahl ältere Frauen und Männer) trafen in 20 Transporten mit durchschnittlich 1000 Personen mit Sonderzügen der Reichsbahn (Personenwagen) in der vorgenannten Zeit täglich hier ein.

Es kamen an:
5 Transporte aus Wien	mit	5 000	Juden,
5 Transporte aus Prag	mit	5 000	Juden,
4 Transporte aus Berlin	mit	4 187	Juden,
2 Transporte aus Köln	mit	2 007	Juden,
1 Transport aus Luxemburg	mit	512	Juden,
1 Transport aus Frankfurt a. M.	mit	1 113	Juden,
1 Transport aus Hamburg	mit	1 034	Juden,
1 Transport aus Düsseldorf	mit	984	Juden,
20 Transporte	insgesamt	19 837	Juden. (...)

Auszug aus der „Transportliste" der Staatspolizeileitstelle Berlin für die Deportation von Berliner Juden am 26. Juni 1942.

32034 Brandenburgisches Landeshauptarchiv, Potsdam

Auszug aus dem Bericht eines Hauptmannes der Schutzpolizei der Abschnittskommandantur Nord, die Ankunft von Transporten Deportierter und deren Einweisung in das Ghetto „Litzmannstadt"/Łódź betreffend, November 13, 1941.

32032 N. Blumental (Hg.), Dokumenty i materiały z czasów okupacji niemieckiej w Polsce, Bd. III, Łódź 1946

Deportationsopfer besteigen einen Transportzug der Deutschen Reichsbahn, Bielefeld, 13. Dezember 1941.
Die Insassen dieses Transportes kamen aus den Regierungsbezirken Münster und Osnabrück sowie aus Bielefeld und Umgebung. Sie wurden in das Ghetto Riga deportiert.

Das Foto entstammt einer offiziellen Kriegschronik der Bielefelder Stadtverwaltung.

32023 © bpk, Berlin

Reichssicherheitshauptamt Berlin, den 20. Februar 1943.
IV B 4 a 2093/42g (391)

Richtlinien zur technischen Durchführung der Evakuierung von Juden nach dem Osten (KL Auschwitz)
Für die Evakuierung von Juden aus dem Reichsgebiet und Böhmen und Mähren nach dem Osten werden unter Aufhebung der bisher ergangenen Erlasse folgende Richtlinien, die in allen Punkten genau einzuhalten sind, aufgestellt:

I. Zuständige Dienststellen.
Die Durchführung obliegt den Staatspolizei(leit)stellen (in Wien wie bisher der Abwicklungsstelle der Zentralstelle für jüdische Auswanderung Wien in Zusammenarbeit mit der Staatspolizeileitstelle Wien, im Protektorat dem Befehlshaber der Sicherheitspolizei und des SD, Zentralamt für die Regelung der Judenfrage in Böhmen und Mähren, Prag). Aufgabe dieser Dienststellen ist neben der Konzentrierung und der personellen Erfassung des zu evakuierenden Personenkreises der Abtransport dieser Juden mit Sonderzügen der Deutschen Reichsbahn gemäß dem vom Reichssicherheitshauptamt im Benehmen mit dem Reichsverkehrsministerium aufgestellten Fahrplan und die Regelung der vermögensrechtlichen Angelegenheiten.
[…]
III. Transport.
Es empfiehlt sich, die zu evakuierenden Juden vor dem Abtransport zu konzentrieren. Transporte werden jeweils in Stärke von mindestens je 1 000 Juden nach dem im Einvernehmen mit dem Reichsverkehrsministerium erstellten Fahrplan, der den beteiligten Dienststellen zugeht, durchgeführt.
Es muß pro Person mitgenommen werden:
    Marschverpflegung für etwa 5 Tage,
    1 Koffer oder Rucksack mit Ausrüstungsgegenständen und zwar:
    1 Paar derbe Arbeitsstiefel,
    2 Paar Socken,
    2 Hemden,
    2 Unterhosen,
    1 Arbeitsanzug,
    2 Wolldecken,
    2 Garnituren Bettzeug (Bezüge mit Laken)
    1 Essnapf
    1 Trinkbecher
    1 Löffel und
    1 Pullover.
Nicht mitgenommen werden dürfen:
    Wertpapiere, Devisen, Sparkassenbücher usw.,
    Wertsachen jeder Art (Gold, Silber, Platin – mit Ausnahme
    des Eheringes),
    Lebendes Inventar,
    Lebensmittelkarten (vorher abnehmen und den örtlichen
    Wirtschaftsämtern übergeben).
Vor Abgabe der Transporte ist eine Durchsuchung nach Waffen, Munition, Sprengstoff, Gift, Devisen, Schmuck, usw. vorzunehmen. Für die Aufrechterhaltung von Ruhe und Ordnung während der Fahrt und die Reinigung der Wagen nach Verlassen des Zuges sind jüdische Ordner einzuteilen. Bei Abmeldung der Juden ist in den Melderegistern der Meldeämter nicht der Zielort, sondern lediglich „unbekannt verzogen" anzuführen.

IV. Transportbegleitung.
Für die Sicherung der Transporte ist jedem Transportzug eine entsprechend ausgerüstete Begleitmannschaft (in der Regel Ordnungspolizei in Stärke von 1 Führer und 15 Mann) zuzuteilen, die unter Hinweis auf die ständigen Fluchtversuche eingehend über ihre Aufgaben und die bei Fluchtversuchen zu treffenden Maßnahmen zu belehren sind.
Dem Führer der Begleitmannschaft muß eine für die den Transport empfangende Dienststelle bestimmte namentliche Liste der mitgeführten Personen in Zweifacher Ausfertigung ausgehändigt werden. In der Transportliste sind außer Personaldaten auch die Berufe anzuführen.
[…]
Im Auftrage:
gez.: Günther. Beglaubigt: Kanzleiangestellte.

Richtlinien des Reichssicherheitshauptamtes zur technischen Durchführung der Deportation von Juden nach Auschwitz, 20. Februar 1943.
32037 Yad Vashem Archives, Jerusalem

Lfd. Nr.	Zug-Nr.	Herkunft	Zahl der Insassen	Ankunftstag und -Ort		Hiervon getötet
1.	Da 201	Wien	1 000	11.5.1942	Minsk	mindestens 900
2.	Da 203	Wien	1 000	26.5.1942	Minsk	mindestens 900
3.	Da 204	Wien	998	1.6.1942	Minsk	mindestens 900
4.	Da 205	Wien	999	5./9.6.1942	Minsk	mindestens 900
5.	Da 206	Wien	1 000	15.6.1942	Minsk	mindestens 900
6.	Da 0	Königsberg	465	26.6.1942	Minsk	mindestens 400
7.	Da 220	Theresienstadt	1 000	17.7.1942	Minsk	mindestens 900
8.	Da 219	Köln	1 000	24.7.1942	Minsk	mindestens 900
9.	Da 222	Theresienstadt	993	10.8.1942	Maly Trostinec	mind. 900
10.	Da 223	Wien	1 000	21.8.1942	Maly Trostinec	mind. 900
11.	Da 224	Theresienstadt	1 000	28.8.1942	Maly Trostinec	mind. 900
12.	Da 225	Wien	1 000	4.9.1942	Maly Trostinec	mind. 900
13.	Da 226	Theresienstadt	1 000	12.9.1942	Maly Trostinec	mind. 900
14.	Da 227	Wien	1 000	18.9.1942	Maly Trostinec	mind. 900
15.	Da 228	Theresienstadt	1 000	25.9.1942	Maly Trostinec	mind. 900
16.	Da 230	Wien	547	9.10.1942	Maly Trostinec	mind. 500
Deportierte Personen:			15 002	davon sofort nach Ankunft getötet: 13 500		

Anmerkung: Die zunächst für Minsk vorgesehenen Transporte trugen die Kennziffern „Da 201"–„Da 218". Die Züge „Da 202" und „Da 207"–„Da 218" fielen jedoch aus. An ihre Stelle traten die Züge „Da 40" und „Da 219"–„Da 230", von denen „Da 221" in Baranowicze entladen wurde, während „Da 229" ausfiel.

Liste (erstellt 1978) von Deportationstransporten aus dem Reichsgebiet und dem „Protektorat Böhmen und Mähren" (ehem. ČSR) nach Minsk, Mai und Oktober 1942, und die Zahl der dort ermordeten Personen.
Die Opfer wurden kurz nach ihrer Ankunft im Lager Maly Trostinec und an anderen Orten ermordet. Zeitweilig wurden dazu auch mobile „Tötungseinrichtungen" („Gaswagen") eingesetzt.

42046 Nach: I. Sagel-Grande/H. H. Fuchs/C. F. Rüter, Justiz und NS-Verbrechen, Amsterdam 1978

GEGEN DIE DEUTSCHEN JUDEN GERICHTETE VERFOLGUNGS- UND ENTRECHTUNGSMASSNAHMEN 1933–1943 (AUSWAHL)

1933

1.4. Boykott jüdischer Geschäfte, Arztpraxen und Anwaltskanzleien durch SA und SS.

7.4. „Gesetz zur Wiederherstellung des Berufsbeamtentums": Entlassung „nichtarischer" Beamter.

14.7. „Gesetz über den Widerruf von Einbürgerungen und die Aberkennung der deutschen Staatsangehörigkeit" gegen nach 1918 eingebürgerte Juden aus den ehemaligen deutschen Ostgebieten.

22.9. „Reichskulturkammergesetz": Ausschaltung jüdischer Künstler und im Kulturbetrieb Tätiger.

4.10. „Schriftleitergesetz": Ausschaltung jüdischer Redakteure.

1935

21.5. „Wehrgesetz": „Arische Abstammung" wird Voraussetzung für den Wehrdienst.

15.9. Auf dem Reichsparteitag der NSDAP beschließt der Reichstag die sogenannten Nürnberger Gesetze: das „Reichsbürgergesetz" und das „Gesetz zum Schutze des deutschen Blutes und der deutschen Ehre" („Blutschutzgesetz").

14.11. „1. Verordnung zum Reichsbürgergesetz" definiert den Begriff Jude: Aberkennung des Wahlrechtes und öffentlicher Ämter, Entlassung aller jüdischen Beamten, Definition des Status als „Mischling".

14.11. „1. Verordnung zum Blutschutzgesetz": Verbot der Eheschließung zwischen Juden und „Mischlingen II. Grades".

1937

12.6. Geheimerlass Heydrichs: „Schutzhaft" für sogenannte Rasseschänder nach Abschluss des Gerichtsverfahrens.

1938

28.3. „Gesetz über die Rechtsverhältnisse der jüdischen Kultusvereinigungen": entzieht den jüdischen Gemeinden die Stellung als Körperschaften des öffentlichen Rechts.

22.4. „Verordnung gegen die Unterstützung der Tarnung jüdischer Gewerbebetriebe".

26.4. „Verordnung über die Anmeldung des Vermögens von Juden" über 5 000,– Reichsmark: bereitet Ausschaltung aus der Wirtschaft vor.

Juni: Finanzämter und Polizeireviere legen Listen vermögender Juden an.

14.6. „3. Verordnung zum Reichsbürgergesetz": Registrierung und Kennzeichnung jüdischer Gewerbebetriebe.

15.6. Sogenannte Juni-Aktion: circa 1 500 jüdische Bürger, die vorbestraft sind, einschließlich etwa wegen Verstößen gegen die Straßenverkehrsordnung Verurteilter, werden in „Schutzhaft" genommen (Konzentrationslager).

1938

23.7. Kennkarte für Juden ab 1.1.1939.

25.7. „4. Verordnung zum Reichsbürgergesetz": Streichung der Approbation jüdischer Ärzte ab 30.9.1938, weitere ärztliche Tätigkeit (Ausnahmen) als „Krankenbehandler" nur für Juden.

17.8. „2. Verordnung zur Durchführung des Gesetzes über Änderung der Familien- und Vornamen": jüdische Bürger müssen ab 1.1.1939 die Zwangsnamen „Israel" beziehungsweise „Sara" führen.

27.9. „5. Verordnung zum Reichsbürgergesetz": Zulassung jüdischer Rechtsanwälte erlischt zum 30.11.1938, weitere Tätigkeit ausschließlich für Juden als sogenannte jüdische Konsulenten.

5.10. Reisepässe von Juden werden mit einem „J"-Eintrag gekennzeichnet.

28.10. Ausweisung von über 15 000 sogenannten staatenlosen, teils lange in Deutschland lebenden ehemals polnischen Juden nach Polen. Attentat Herschel Grynszpans, dessen Eltern hiervon betroffen sind, auf den deutschen Gesandtschaftsrat Ernst vom Rath (Paris, 7.11.1938), der kurz darauf seinen Verletzungen erliegt.

9./10.11. Organisierter Pogrom in Deutschland („Reichskristallnacht"): zerstört werden Synagogen, Geschäfte, Wohnhäuser. Fast 100 Menschen werden ermordet, viele misshandelt. Über 26 000 männliche Juden werden in Konzentrationslager verschleppt.

12.11. „Verordnung über eine Sühneleistung der Juden deutscher Staatsangehörigkeit" in Höhe von einer Milliarde Reichsmark.

12.11. „Verordnung zur Ausschaltung der Juden aus dem deutschen Wirtschaftsleben": Schließung jüdischer Geschäfte und weitere, ähnliche Maßnahmen.

12.11. „Verordnung zur Wiederherstellung des Straßenbildes bei jüdischen Betrieben": zwingt die Juden, die am 9. und 10.11. erlittenen Schäden selbst zu tragen.

12.11. Verbot kultureller Veranstaltungen (Theater, Kino, Konzerte, Varietés, Ausstellungen, Zirkus).

15.11. Ausschluss jüdischer Kinder vom allgemeinen Schulbesuch.

28.11. „Polizeiverordnung über das Auftreten der Juden in der Öffentlichkeit": Einschränkung der Bewegungsfreiheit, Wohnbeschränkungen.

3.12. Einziehung der Führerscheine, Schaffung eines „Judenbanns" in Berlin.

1938

13.12. Verordnung über Zwangsveräußerung jüdischer Gewerbebetriebe, sogenannte Arisierung. Jüdisches Eigentum muss zu einem Spottpreis verkauft, der Erlös auf Sperrkonten eingezahlt werden. Diese Vermögen werden im Krieg durch das Deutsche Reich konfisziert.

1939

17.1. „8. Verordnung zum Reichsbürgergesetz": Erlöschen der Zulassung jüdischer Zahn- und Tierärzte sowie Apotheker.

30.4. „Gesetz über Mietverhältnisse mit Juden": bereitet Zusammenlegung jüdischer Familien in „Judenhäusern" vor.

1.9. Ausgangsbeschränkungen für Juden: im Sommer Ausgangssperre ab 21 Uhr, im Winter ab 20 Uhr.

23.9. Beschlagnahmung der Rundfunkgeräte.

12.10. Erste Deportationen aus der „Ostmark" (Österreich) und dem „Protektorat Böhmen und Mähren" (ehem. ČSR) nach Polen.

1940

12./13.2. Deportation der Stettiner Juden nach Polen (Distrikt Lublin).

20.4. Geheimerlass des Oberkommandos der Wehrmacht: Entlassung der „Mischlinge" und der Ehemänner von Jüdinnen.

22.10. Deportation der Juden aus Elsaß-Lothringen, dem Saarland, der Rhein-Pfalz und Baden nach Südfrankreich.

1941

1.9. „Polizeiverordnung über die Kennzeichnung der Juden": Einführung des „Judensterns" im Reich ab 19.9.1941.

17.10. Beginn der Deportation der deutschen Juden aus dem „Altreich" zunächst nach Łódź, Kowno, Minsk, Riga und in den Distrikt Lublin, später nach Auschwitz und Theresienstadt.

23.10. Auswanderungsverbot für Juden.

25.11. „11. Verordnung zum Reichsbürgergesetz": Einziehung jüdischen Vermögens nach der Deportation.

1942

26.3. Kennzeichnung jüdischer Wohnungen im Reich.

24.4. Verbot der Benutzung öffentlicher Verkehrsmittel.

30.6. Schließung der jüdischen Schulen im Reich.

1943

27.2. Deportation der in der Berliner Rüstungsindustrie beschäftigten deutschen Juden („Fabrik-Aktion").

1.7. „13. Verordnung zum Reichsbürgergesetz": Unterstellung der Juden im Reich unter Polizeirecht.

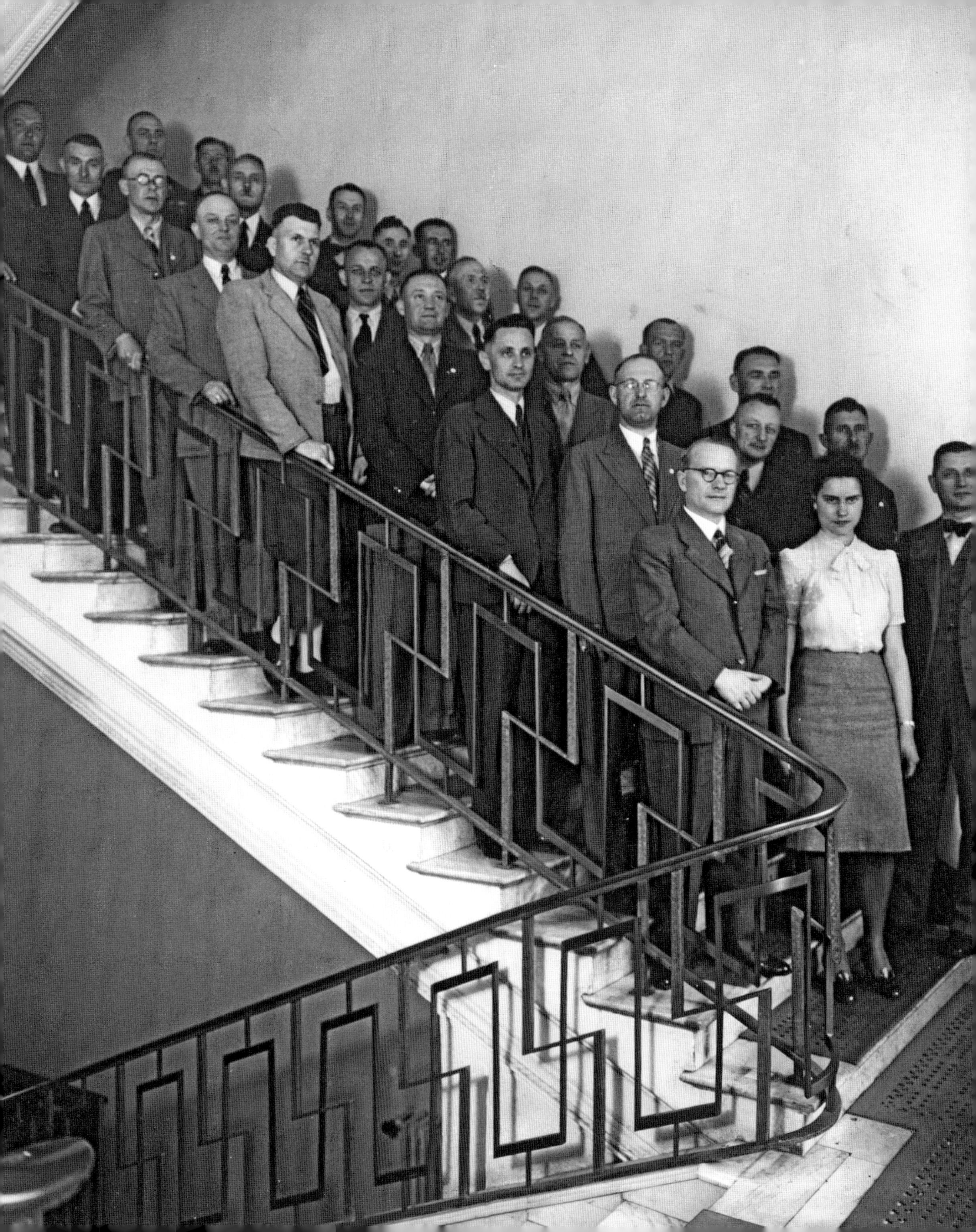

3.3 „Zigeuner": Die Sinti und Roma

Wie die Juden galten auch die Sinti und Roma den Nationalsozialisten als „Fremdrassige" und somit als „rassische" Gegner. „Zigeuner", wie die Sinti und Roma genannt wurden, waren bereits in der Weimarer Republik kriminalisiert und polizeilich erfasst worden. Nach 1933 wurden viele zwangsweise sterilisiert, pseudowissenschaftlichen „rassenbiologischen" Experimenten und anderen Zwangsmaßnahmen ausgesetzt, schließlich in Lagern konzentriert. Ihnen drohte dasselbe Schicksal wie den Juden: Sie sollten aus der deutschen Gesellschaft eliminiert werden.

Zunächst war ihre Vertreibung durch „Aussiedlung" geplant. Auf Anweisung des Reichssicherheitshauptamtes organisierten ab Mai 1940 örtliche Kriminalpolizeistellen die Deportation der Sinti und Roma in das „Generalgouvernement" in Polen. Dort erlitten sie ein ähnliches Schicksal wie die deportierten und ghettoisierten Juden. Viele Sinti und Roma starben infolge unerträglicher Lebensverhältnisse.

Im Spätherbst 1941 wurden 5 000 Roma aus dem Burgenland ins Ghetto „Litzmannstadt"/Łódź verschleppt und wenig später in „Kulmhof"/Chełmno ermordet. Auf Befehl Himmlers wurden ab Frühjahr 1943 etwa 23 000 Sinti und Roma in das Vernichtungslager Auschwitz-Birkenau deportiert. Die SS richtete dort ein „Zigeunerlager" ein. Die meisten Verschleppten wurden ermordet. Auch die Einsatzgruppen der Sicherheitspolizei und des SD erschossen in Osteuropa systematisch „Zigeuner". Man schätzt, dass insgesamt bis zu 500 000 europäische Sinti und Roma Opfer des Völkermords wurden.

In dem mit Hakenkreuzornamenten geschmückten Treppenhaus des Reichskriminalpolizeiamtes am Werderschen Markt aufgenommenes Gruppenfoto von Angehörigen der „Reichszentrale zur Bekämpfung des Zigeunerunwesens", Berlin, 28. Mai 1942. Die im Mai 1938 von Himmler dem Reichskriminalpolizeiamt angegliederte Reichszentrale erstellte unter anderem aus den bei der erkennungsdienstlichen Behandlung von „Zigeunern" gewonnenen Daten eine umfassende Zentralkartei.

33310 Foto: privat © Staatsarchiv Hamburg

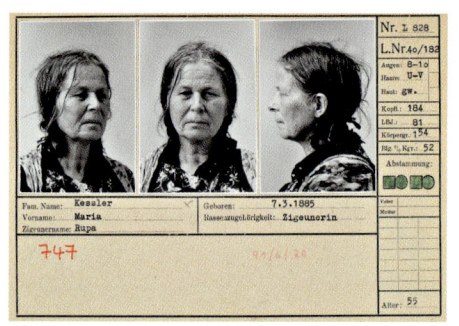

Von der Kriminalinspektion Aachen der Reichskriminalpolizei zu Erfassungszwecken angelegte Karteikarte mit persönlichen und „rassenbiologischen" Daten und Merkmalen der „Zigeunerin" Maria Kessler (erste Abb.), 1936, und Polizeiaufnahmen der erkennungsdienstlichen Behandlung von Maria Kessler (zweite Abb.), Aachen, 8. Oktober 1936.

33003a–b © Bundesarchiv, Berlin, R 165/51, R 165/56

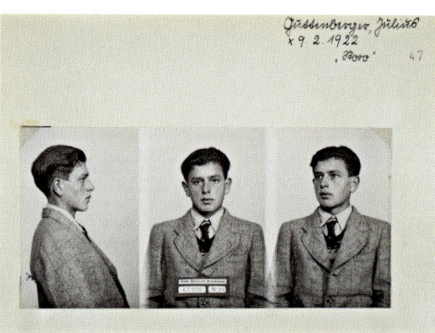

Vom Städtischen Polizeiamt Ravensburg am 6. Januar 1939 angefertigte, erkennungsdienstliche Fotografien von Julius Guttenberger.

Julius Guttenberger, geboren am 9. Februar 1922, wurde von der Kriminalpolizei deportiert und kam im „Zigeunerlager" Auschwitz-Birkenau am 12. April 1943 ums Leben.

33304 © Bundesarchiv, Berlin, R 165/52, 47

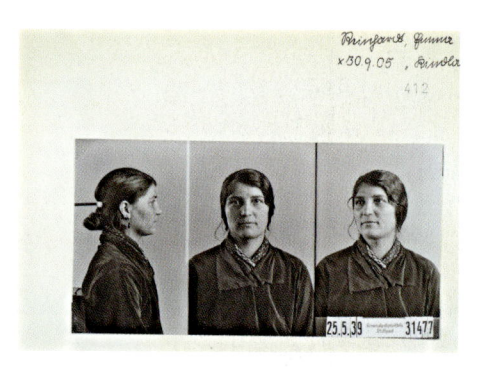

Von der Kriminalpolizeileitstelle Stuttgart am 25. Mai 1939 angefertigte, erkennungsdienstliche Fotografien von Emma Reinhardt.

Emma Reinhardt, geboren am 30. September 1905, wurde von der Kriminalpolizei deportiert und kam am 7. Februar 1943, noch vor Einrichtung des „Zigeunerlagers", in Auschwitz-Birkenau ums Leben.

33704 © Bundesarchiv, Berlin, R 165/52, 412

Vom Badischen Landeskriminalpolizeiamt in Karlsruhe am 20. Februar 1936 angefertigte, erkennungsdienstliche Fotografien von Valentin Kling.

Valentin Kling, geboren in Karlsruhe am 14. Februar 1922, kam bereits am 20. Februar 1943, noch vor Einrichtung des „Zigeunerlagers", in Auschwitz-Birkenau ums Leben. Er gehörte vermutlich zu jenen Karlsruher „Zigeunern", die von der Kriminalpolizei bereits im Mai 1940 im Zuge der ersten Deportation deutscher Sinti und Roma ins „Generalgouvernement" im besetzten Polen verschleppt wurden.

33504 © Bundesarchiv, Berlin, R 165/52, 52

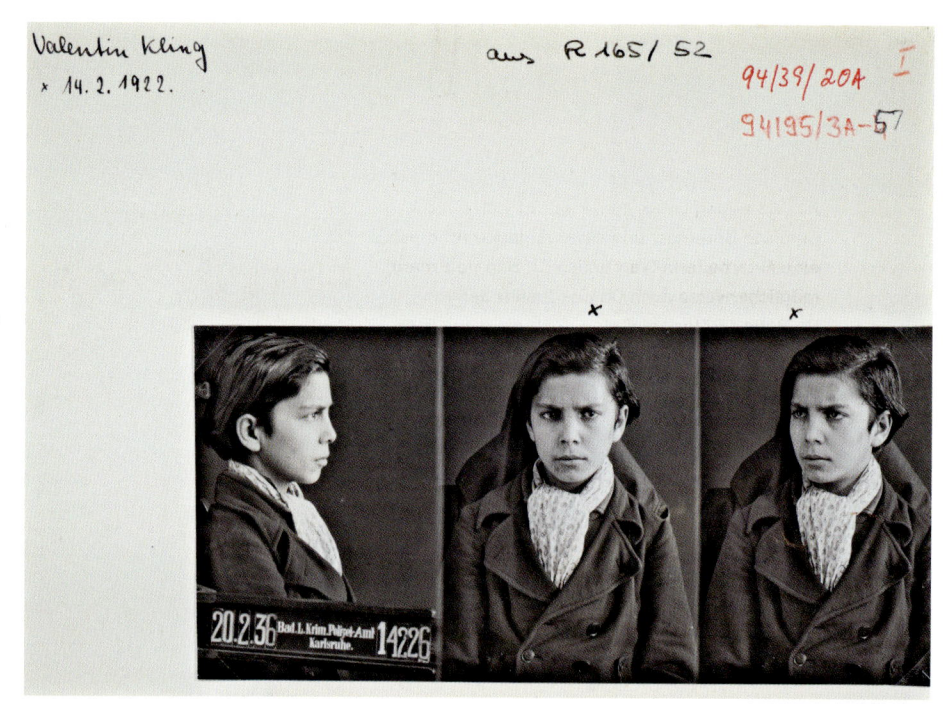

Zur Deportation bestimmte „Zigeuner", darunter viele Kinder, werden von Beamten der Ordnungspolizei und von Kriminalpolizisten in Zivil durch die Straßen von Remscheid zum Bahnhof geführt, März 1943.

33012 © Historisches Zentrum, Remscheid

Zur Erstellung eines „Rassegutachtens" durchgeführte Untersuchung einer „Zigeunerin" durch eine Mitarbeiterin (vermutlich Dr. Sophie Erhardt, möglicherweise auch Dr. Eva Justin) der von Dr. Robert Ritter geleiteten „Rassehygienischen und erbbiologischen Forschungsstelle" im Reichsgesundheitsamt, Aufnahmeort vermutlich Berlin, undatiert (um 1939/40).

In Zusammenarbeit mit der Reichskriminalpolizei untersuchte und begutachtete Ritters Institut bis Kriegsende über 20 000 Menschen „rassenkundlich" und klassifizierte sie unter anderem als „Vollzigeuner" oder „Zigeuner-Mischlinge".

33505 © Bundesarchiv, Koblenz, 244-64

Deportation von „Zigeunern" aus dem provisorischen Sammellager in der Festung Hohenasperg bei Stuttgart in das „Generalgouvernement" im besetzten Polen, 22. Mai 1940.

Das Foto zeigt den von Ordnungspolizei bewachten und von Zuschauern (rechts am Bildrand) verfolgten Fußmarsch der Kolonne der Deportierten durch Asperg.

33009 © Bundesarchiv, Koblenz, 244-42

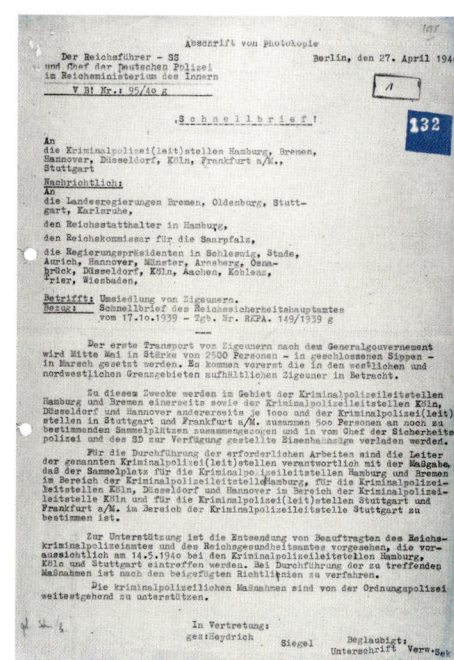

„Die Einweisung erfolgt ohne Rücksicht auf den Mischlingsgrad familienweise in das Konzentrationslager (Zigeunerlager) Auschwitz." Reichssicherheitshauptamt, 29. Januar 1943

33014 Auszug: Schnellbrief des Reichssicherheitshauptamtes (Amt V) an die Leiter der Kriminalpolizei(leit)stellen vom 29.1.1943, Bundesarchiv, Berlin

Beglaubigte Abschrift eines Schnellbriefes des Reichsführers-SS und Chefs der Deutschen Polizei vom 27. April 1940 an die Kriminalpolizei(leit)stellen Hamburg, Bremen, Hannover, Düsseldorf, Köln, Frankfurt am Main und Stuttgart, die „Umsiedlung" von 2 500 „Zigeunern" in das „Generalgouvernement" in Polen betreffend.

33016 Bundesarchiv, Berlin

3.3 | „Zigeuner": Die Sinti und Roma

Bekämpfung der Zigeunerplage
RdErl. des RFSSuChdDtPol. im RMdI. vom
8.12.1938
S-Kr. 1 Nr. 557 VIII/38-2026-6

A. Allgemeine Bestimmungen
I. Inländische Zigeuner
1. (1) Die bisher bei der Bekämpfung der Zigeunerplage gesammelten Erfahrungen und die durch die rassenbiologischen Forschungen gewonnenen Erkenntnisse lassen es angezeigt erscheinen, die Regelung der Zigeunerfrage aus dem Wesen dieser Rasse heraus in Angriff zu nehmen. Erfahrungsgemäß haben die Mischlinge den größten Anteil an der Kriminalität der Zigeuner. Andererseits hat es sich gezeigt, daß die Versuche, die Zigeuner seßhaft zu machen, gerade bei den rassereinen Zigeunern infolge ihres starken Wandertriebes mißlungen sind. Es erweist sich deshalb als notwendig, bei der endgültigen Lösung der Zigeunerfrage die rassereinen Zigeuner und die Mischlinge gesondert zu behandeln.
[...]
(3) Ich ordne deshalb an, daß alle seßhaften und nicht seßhaften Zigeuner sowie alle nach Zigeunerart umherziehenden Personen beim Reichskriminalpolizeiamt – Reichszentrale zur Bekämpfung des Zigeunerunwesens – zu erfassen sind.
(4) Die Polizeibehörden haben demgemäß alle Personen, die nach ihrem Aussehen, ihren Sitten und Gebräuchen als Zigeuner oder Zigeunermischlinge angesehen werden, sowie alle nach Zigeunerart umherziehenden Personen über die zuständige Kriminalpolizeistelle und Kriminalpolizeileitstelle an das Reichskriminalpolizeiamt – Reichszentrale zur Bekämpfung des Zigeunerunwesens – zu melden.
(5) Die Meldung hat auf einer Karteikarte nach näherer Anweisung des Reichskriminalpolizeiamtes zu erfolgen.

2. (1) Vor Erstattung der Meldung sind alle Zigeuner, Zigeunermischlinge und nach Zigeunerart umherziehenden Personen, die das 6. Lebensjahr vollendet haben, erkennungsdienstlich zu behandeln.
(2) Ferner ist vor der Meldung das Personenfeststellungsverfahren durchzuführen. Zu diesem Zwecke kann [...] über vorbeugende Verbrechensbekämpfung durch die Polizei die polizeiliche Vorbeugungshaft verhängt werden. [...]
3. (1) Die endgültige Feststellung, ob es sich um einen Zigeuner, Zigeunermischling oder eine sonstige nach Zigeunerart umherziehende Person handelt, trifft das Reichskriminalpolizeiamt auf Grund eines Sachverständigengutachtens.
(2) Ich ordne deshalb [...] an, daß alle Zigeuner, Zigeunermischlinge und nach Zigeunerart umherziehenden Personen verpflichtet sind, sich der zur Erstattung des Sachverständigengutachtens erforderlichen rassenbiologischen Untersuchung zu unterziehen und die notwendigen Angaben über ihre Abstammung beizubringen. Die Durchführung dieser Anordnung ist mit Mitteln polizeilichen Zwanges sicherzustellen. [...]

II. Ausländische Zigeuner
1. Ausländische Zigeuner sind am Übertritt auf deutsches Gebiet zu hindern. Die Zurückweisung und Zurückschiebung hat auch dann zu erfolgen, wenn die ausländischen Zigeuner im Besitz der zur Einreise berechtigenden Pässe, Paßersatzpapiere und Sichtvermerke sind.
2. Gegen im Deutschen Reich angetroffene ausländische Zigeuner sind [...] Aufenthaltsverbote für das Reichsgebiet zu erlassen. Sie sind über die Reichsgrenze abzuschieben. [...]

B. Maßnahmen der Ortspolizeibehörden
1. Die Ortspolizeibehörden haben jedes Auftreten von Zigeunern, Zigeunermischlingen und nach Zigeunerart umherziehenden Personen der zuständigen Dienststelle der Vollzugspolizei (Staatliche Kriminalpolizei, Gendarmerie, Gemeindekriminalpolizei, Schutzpolizei der Gemeinden) unverzüglich mitzuteilen. [...]

C. Aufgaben der polizeilichen Vollzugsorgane
1. Die Vollzugsbeamten der Polizei haben darüber zu wachen, daß die Zigeuner, Zigeunermischlinge und nach Zigeunerart umherziehenden Personen allen für sie ergangenen Anordnungen Folge leisten. Die Kriminalpolizeistellen sind dabei als Träger des kriminalpolizeilichen Vollzugsdienstes gehalten, die Befolgung der zur Bekämpfung der Zigeunerplage ergangenen Vorschriften zu überwachen.
2. Auffällige Beobachtungen sind unverzüglich der zuständigen Kriminalpolizeistelle zu melden, die sie auszuwerten und erforderlichenfalls über die Kriminalpolizeileitstelle dem Reichskriminalpolizeiamt – Reichszentrale zur Bekämpfung des Zigeunerunwesens – mitzuteilen hat. [...]

E. Maßnahmen der Standesämter
1. Der Standesbeamte hat jede Geburt, jede Eheschließung und jeden Sterbefall eines Zigeuners, eines Zigeunermischlings oder einer nach Zigeunerart umherziehenden Person alsbald nach der Eintragung der für den Sitz des Standesamtes zuständigen Kriminalpolizeistelle unter Übersendung einer beglaubigten Abschrift der Eintragung mitzuteilen [...].

F. Maßnahmen der Gesundheitsämter
Die Gesundheitsämter haben jede ihnen vorkommende Person, die als Zigeuner oder Zigeunermischling angesehen werden muß oder die nach Zigeunerart umherzieht, alsbald der zuständigen Kriminalpolizeistelle gebührenfrei mitzuteilen. [...]

Auszug aus dem Runderlass des Reichsführers-SS und Chefs der Deutschen Polizei (sogenannter Zigeuner-Grunderlass) vom 8. Dezember 1938.
33015 Bundesarchiv, Berlin

Berlin, am 29. Januar 1943
Reichssicherheitshauptamt
V A 2 Nr. 59/43 g

Schnellbrief
An
die Leiter der Kriminalpolizeileitstellen – oder Vertreter im Amt – (ausgenommen KPLStelle Wien), nachrichtlich an
a) den Leiter der Partei-Kanzlei in München, Braunes Haus;
b) den Reichsführer-SS, Reichskommissar für die Festigung deutschen Volkstums, in Berlin;
c) alle Höheren SS- und Polizeiführer (ausgenommen Wien, Salzburg, Metz, Krakau, Oslo, Den Haag, Belgrad, Riga, Kiew, Rußland Mitte, Paris und z. b. V.);
d) alle Inspekteure der Sicherheitspolizei und des SD (ausgenommen Wien und Salzburg);
e) alle Inspekteure (Befehlshaber) der Ordnungspolizei im Reich (ausgenommen Wien und Salzburg);
f) die Leiter der Kriminalpolizeistellen – oder Vertreter im Amt – (ausgenommen KPSt. Linz, Graz, Salzburg, Klagenfurt, Innsbruck);
g) die Leiter der Staatspolizei(leit)stellen – oder Vertreter im Amt – (ausgenommen Wien, Linz, Graz, Salzburg, Klagenfurt, Innsbruck);
h) die Leiter der SD(Leit)-Abschnitte – oder Vertreter im Amt – (ausgenommen, Wien, Linz, Graz, Salzburg, Klagenfurt, Innsbruck);
i) das SS-Wirtschafts-Verwaltungshauptamt – Amtsgruppe D – KL –, z. Hd. von SS-Brigadeführer Glücks in Oranienburg;
k) des [sic!] Konzentrationslager – Kom[m]andantur – in Auschwitz;
l) das Amt I, Ref. B 3, im Hause, zur Verteilung von 13 Überdrucken an die Schulen der Sicherheitspolizei und des SD.;
m) Amt II, Ref A 1, im Hause;
n) das Amt III, im Hause;
o) das Amt IV, Ref. B 4, im Hause;
p) das Hauptamt Ordnungspolizei in Berlin NW 7, Unter den Linden 72–74.

Betrifft: Einweisung von Zigeunermischlingen, Ròm-Zigeunern und balkanischen Zigeunern in ein Konzentrationslager
Anlagen: Drei.

I. Auf Befehl des Reichsführers-SS vom 16.12.1942 – Tgb. Nr. I 2652/42 Ad./RF/V – sind Zigeunermischlinge, Ròm-Zigeuner und nicht deutschblütige Angehörige zigeunerischer Sippen balkanischer Herkunft nach bestimmten Richtlinien auszuwählen und in einer Aktion von wenigen Wochen in ein Konzentrationslager einzuweisen. Dieser Personenkreis wird im Nachstehenden kurz als „zigeunerische Personen" bezeichnet.
Die Einweisung erfolgt ohne Rücksicht auf den Mischlingsgrad familienweise in das Konzentrationslager (Zigeunerlager) Auschwitz. Die Zigeunerfrage in den Alpen- und Donau-Reichsgauen wurde durch besonderen Erlaß geregelt. Die künftige Behandlung der reinrassigen Sinte- und der als reinrassig geltenden Lalleri-Zigeuner-Sippen bleibt einer späteren Regelung vorbehalten. [...]

II. Von der Einweisung bleiben ausgenommen:
1. reinrassige Sinte- und Lalleri-Zigeuner;
2. Zigeunermischlinge, die im zigeunerischen Sinne gute Mischlinge sind u. [...] einzelnen reinrassigen Sinte- und als reinrassig geltenden Lalleri-Zigeunersippen zugeführt werden;
3. zigeunerische Personen, die mit Deutschblütigen rechtsgültig verheiratet sind;
4. sozial angepaßt lebende zigeunerische Personen, die bereits vor der allgemeinen Zigeunererfassung in fester Arbeit standen und feste Wohnung hatten.
Die Entscheidung, ob eine zigeunerische Person sozial angepaßt lebt, hat die zuständige Kriminalpolizei(leit)stelle auf Grund polizeilicher Feststellungen und erforderlichenfalls nach Einholung der Stellungnahmen der zuständigen Dienststellen der NSDAP. (Kreisleiter, NSV., Rassenpolitisches Amt) zu treffen.

Zu berücksichtigen sind auch die Beurteilung durch den Arbeitgeber und die Auskunft der zuständigen Krankenkasse.
Bei allen wandergewerbetreibenden zigeunerischen Personen ist die Frage der sozialen Anpassung zu verneinen, es sei denn, daß sie nachweisbar eigene Erzeugnisse vertreiben. [...]

Ähnliche Regelungen sind getroffen für
Zigeuner des ehemaligen Burgenlandes [...];
Zigeuner Ostpreußens [...];
Zigeuner aus den Alpen- und Donau-Reichsgauen [...];
Zigeuner aus dem Bezirk Byalistok [...];
Zigeunerische Personen aus dem Elsaß, aus Lothringen und Luxemburg [...];
Zigeunerische Personen aus den besetzten Gebieten Belgiens und der Niederlande [...].

Auszug aus dem Schnellbrief des Reichssicherheitshauptamtes (Amt V) an die Leiter der Kriminalpolizei(leit)stellen vom 29. Januar 1943, die „Einweisung von Zigeunermischlingen, Ròm-Zigeunern und balkanischen Zigeunern in ein Konzentrationslager" betreffend.
33017 Bundesarchiv, Berlin

CHRONOLOGIE (AUSWAHL) DER VERFOLGUNG UND VERNICHTUNG DER „ZIGEUNER" (SINTI UND ROMA) UNTER NS-HERRSCHAFT

1933 — 14.7. „Gesetz zur Verhütung erbkranken Nachwuchses" ermöglicht die Zwangssterilisierung verschiedener Bevölkerungsgruppen, darunter auch die „Zigeuner".

1936 — Im Kommentar von Wilhelm Stuckart und Hans Globke zu den antijüdischen „Nürnberger Gesetzen" vom September 1935 heißt es: „Artfremden Blutes sind in Europa regelmäßig nur die Juden und die Zigeuner."

November: Robert Ritter beginnt in der „Rassenhygienischen und erbbiologischen Forschungsstelle" des Reichsgesundheitsamtes mit Untersuchungen über „Zigeuner" und „Zigeunermischlinge", die für die weitere Verfolgung grundlegende Bedeutung erhalten.

1938 — 1.10. Die „Zigeunerpolizeistelle" beim Polizeipräsidium München wird dem Reichskriminalpolizeiamt in Berlin (ab 27. September 1939: Amt V des Reichssicherheitshauptamtes, RSHA) als „Reichszentrale zur Bekämpfung des Zigeunerunwesens" angegliedert.

8.12. Runderlass Heinrich Himmlers zur „Bekämpfung der Zigeunerplage" (sogenannter Zigeuner-Grunderlass).

1939 — 21.9. In einer Besprechung der Amtschefs des RSHA und der Leiter der Einsatzgruppen unter Vorsitz Reinhard Heydrichs wird die Deportation der restlichen 30 000 „Zigeuner" aus dem Reichsgebiet nach Polen angeordnet.

17.10. „Festsetzungserlass" des RSHA: „Zigeuner" und „Zigeunermischlinge" dürfen ihren Wohn- oder Aufenthaltsort nicht mehr verlassen.

1940 — 27.4. Himmler ordnet die Deportation von 2 500 „Zigeunern" aus verschiedenen Teilen des Reichsgebietes in das "Generalgouvernement" in Polen an. Die Deportationen werden im Mai 1940 durchgeführt.

1941 — 7.8. Runderlass Himmlers zur „Auswertung der rassenbiologischen Gutachten über zigeunerische Personen"; es werden „stammesechte Zigeuner" und verschiedene Gruppen von „Zigeunermischlingen" unterschieden.

1942 — Januar: Im Vernichtungslager Chełmno werden etwa 5 000 „Zigeuner" aus dem Ghetto Łódź in sogenannten Gaswagen ermordet.

13.3. Anordnung des Reichsarbeitsministeriums über die Beschäftigung von „Zigeunern": Die für Juden erlassenen „Sondervorschriften" auf dem Gebiet des Sozialrechtes sollen auch auf „Zigeuner" angewendet werden.

1942 — 29.8. Aufzeichnungen des Chefs des Verwaltungsstabes der deutschen Militärverwaltung in Serbien: In Serbien seien die „Judenfrage" und die „Zigeunerfrage" gelöst, so dass der dort eingesetzte „Gaswagen" nach Berlin zurückgeschickt werden könne.

18.9. Vereinbarungen zwischen Reichsjustizminister Otto Thierack und Heinrich Himmler über die Auslieferung „asozialer Elemente" aus dem Strafvollzug an den Reichsführer-SS „zur Vernichtung durch Arbeit". Betroffen sind neben Juden, Russen und anderen auch „Zigeuner".

1943 — 29.1. Ausführungsbestimmungen des RSHA zum Auschwitz-Erlass Himmlers vom 16. Dezember 1942: „Zigeunermischlinge, Röm-Zigeuner und balkanische Zigeuner" sollen in das Konzentrationslager Auschwitz eingewiesen werden. In das in Auschwitz-Birkenau eingerichtete „Zigeunerlager" werden „Zigeuner" aus ganz Europa deportiert.

1943/1944 — Von den etwa 22 600 im „Zigeunerlager" von Auschwitz-Birkenau zusammengepferchten Insassen werden mehr als 5 600 im Gas erstickt, über 13 000 erliegen Hunger, Krankheiten und Seuchen. Von den im Frühjahr 1944 dort noch Überlebenden kommen viele später bei der Zwangsarbeit im thüringischen Lager Dora-Mittelbau (Nordhausen) oder bei medizinischen Experimenten (Sterilisation) im Konzentrationslager Ravensbrück ums Leben. Andere sterben auf den Evakuierungstodesmärschen in den letzten Kriegswochen und im Konzentrationslager Bergen-Belsen.

1945 — Mai: Die Zahl der durch die Nationalsozialisten ermordeten europäischen „Zigeuner" lässt sich nicht präzise bestimmen. Schätzungen reichen von mindestens 220 000 Opfern bis zu über 500 000 Menschen, die als „Zigeuner" ermordet wurden.

Merkblatt herausgegeben vom Rassenpolitischen Amt der Gauleitung Niederdonau

Wer ist gemeinschaftsunfähig (asozial)?

Gemeinschaftsunfähig sind Personen, die auf Grund einer anlagebedingten und daher nicht besserungsfähigen Geisteshaltung nicht in der Lage sind, den Mindestanforderungen der Volksgemeinschaft an ih[r] persönliches, soziales und völkisches Verhalten zu genügen.

Gemeinschaftsunfähig ist also, wer

1. infolge verbrecherischer, staatsfeindlicher und querulatorischer Re[gun]gen fortgesetzt mit den Strafgesetzen, der Polizei u[nd] anderen Behörden in Konflikt gerät; — oder
2. wer **arbeitsscheu** ist (trotz Arbeitsfähigkeit schm[a]rotzend von sozialen Einrichtungen lebt, Rentenjäger, Versi[che]rungsschmarotzer usw. ist); — oder
3. wer den Unterhalt für sich und seine Kinder laufend öffe[nt]lichen oder privaten Wohlfahrtseinrichtungen, der NSV, [dem] WHW aufzubürden sucht; hierunter sind auch solche Famili[en zu] rechnen, die ihre Kinder offensichtlich als Einnahmequelle [be]trachten und sich deswegen für berechtigt halten, einer gerege[lten] Arbeit aus dem Wege zu gehen; — oder
4. wer besonders unwirtschaftlich und hemmungslos ist und [aus] Mangel an eigenem Verantwortungsbewußtsein weder [einen] geordneten Haushalt zu führen noch Kinder zu b[rauch]baren Volksgenossen zu erziehen vermag; — oder weiters
5. **Trinker**, die einen wesentlichen Teil ihres Einkomme[ns in] Alkohol umsetzen und von ihrer Sucht so beherrscht werde[n, daß] sie und ihre Familien darüber zu verkommen drohen; —
6. Personen, die durch unsittlichen Lebenswandel aus der [Volks]gemeinschaft herausfallen bzw. ihren Lebensunterhalt ga[nz oder] teilweise durch ihr **unsittliches Gewerbe** verdienen [; hier]her gehören Straßendirnen, Zuhälter, Sittlichkeitsver[brecher,] Homosexuelle usw.

3.4 Die Verfolgung „Asozialer"

Die Nationalsozialisten propagierten eine „Volksgemeinschaft", in der „unnütze Esser" und „Gemeinschaftsfremde" keinen Platz haben sollten. Sie wollten auf diese Weise den Ausschluss all jener rechtfertigen, die sie nicht zu dieser Gemeinschaft zählten und die sie als „Volksschädlinge", „Asoziale" oder „Gemeinschaftsunfähige" bezeichneten. Sie galten als minderwertig, weil sie die Gesellschaft zu belasten schienen: „Arbeitsscheue", „Landstreicher" und Bettler wurden den unproduktiven „Ballastexistenzen" zugeordnet, die vielen Zwangsmaßnahmen von Kriminalpolizei und Gestapo, aber auch der kommunalen Sozialbehörden ausgesetzt wurden. Eine wichtige Rolle spielten dabei die Gesundheits- und Arbeitsämter, die mit Kripo und Gestapo kooperierten, aber auch Psychiater und Ärzte, die einschlägige Gutachten schrieben.

Viele der als „gemeinschaftsschädlich" oder „gemeinschaftsfremd" stigmatisierten Menschen wurden sterilisiert. Sie galten als „erbkrank" und ihr Nachwuchs als Belastung der NS-„Volksgemeinschaft" und der Volkswirtschaft. Die Kriminalpolizei erfasste „Berufsverbrecher" und Prostituierte, nahm sie in „Vorbeugungshaft" und wies sie in Konzentrationslager ein. Auch abweichendes Verhalten von Jugendlichen sollte in Jugendarbeits- und Jugendverwahrlagern korrigiert werden. Dabei galt als abweichend bereits die Begeisterung für die in der NS-Zeit als „Negermusik" diffamierte Jazz- und Swing-Musik.

Gestapo und Kriminalpolizei wirkten bei der Verhaftung von „Asozialen" zusammen. Massenverhaftungen wie 1938 die „Aktion Arbeitsscheu Reich" fanden in der deutschen Bevölkerung überwiegend positiven Widerhall. Insgesamt wurden etwa 80 000 Menschen als „asoziale" oder kriminelle Vorbeugehäftlinge in Konzentrationslager der SS eingewiesen. Viele von ihnen wurden dort „durch Arbeit vernichtet" und ermordet.

Auszug aus dem Merkblatt „Wer ist gemeinschaftsunfähig (asozial)?", herausgegeben vom „Rassenpolitischen Amt der Gauleitung Niederdonau", 20. Juni 1942.

34339 Institut für Zeitgeschichte, München

„Befristete Vorbeugungshäftlinge"
im Berliner Konzentrationslager „Columbia",
undatiert (um 1935).

Das Foto stammt aus dem „Dienstalbum"
des SS-Lagerkommandanten Karl Otto Koch.
Befristete Vorbeugungshäftlinge („BVer")
trugen einen grünen Winkel an der Häftlingskleidung.

34031 G. Morsch (Hg.), Von der Sachsenburg nach Sachsenhausen.
Bilder aus dem Fotoalbum eines KZ-Kommandanten, Berlin 2007

„Auslieferung asozialer Elemente aus dem Strafvollzug an den Reichsführer SS zur Vernichtung durch Arbeit. Es werden restlos ausgeliefert die Sicherungsverwahrten, Juden, Zigeuner, Russen und Polen über 3 Jahre Strafe, Tschechen oder Deutsche über 8 Jahre Strafe." Reichsjustizminister Otto Thierack, 1942

34051 Protokollnotiz des Reichsjustizministers Thierack, eine Besprechung mit dem Reichsführer-SS betreffend, 18.9.1942, Bundesarchiv, Berlin

„Jeder Krieg führt zu einer negativen Auslese. Das Positive stirbt in Massen. Während der Zeit wird der absolute Gauner seelsorgerisch an Leib und Seele betreut. Gefängnis ist jetzt keine Strafe." Adolf Hitler, 1942

34048 Gekürzter Auszug: L. Gruchmann, Dokumentation: Hitler über die Justiz. Das Tischgespräch vom 20. August 1942, in: Vierteljahrshefte für Zeitgeschichte, H. 1, 1964

Erwin J. (geb. 1911), Elektriker, erkennungsdienstliche Aufnahmen der Lagerverwaltung des Konzentrationslagers Auschwitz, 1941.
J. wurde am 18. Dezember 1941 als homosexueller Vorbeugungshäftling in das KZ Auschwitz eingeliefert und der Gruppe der „Befristeten Vorbeugungshäftlinge" („BVer", grüner Winkel) zugeordnet.

34333 © Staatliches Museum Auschwitz-Birkenau, Oświęcim

Vermerk der Außendienststelle Duisburg der Staatspolizeileitstelle Düsseldorf, gerichtet an die Außendienststelle Duisburg der Kriminalpolizeistelle Essen, die Verhängung der polizeilichen „Vorbeugungshaft" gegen Gerhard A. betreffend, 14. Dezember 1943.
Die Gestapoermittlungen gegen A. wegen „wehrkraftzersetzender" Äußerungen führten nicht zu einem juristisch belastbaren Ergebnis. Wegen mehrerer Vorstrafen wurde er der Kriminalpolizei überstellt, die gegen ihn „Vorbeugungshaft" verhängte, die in den Konzentrationslagern Buchenwald und Neuengamme vollstreckt wurde.

34044 Landesarchiv NRW, Abteilung Rheinland, Düsseldorf

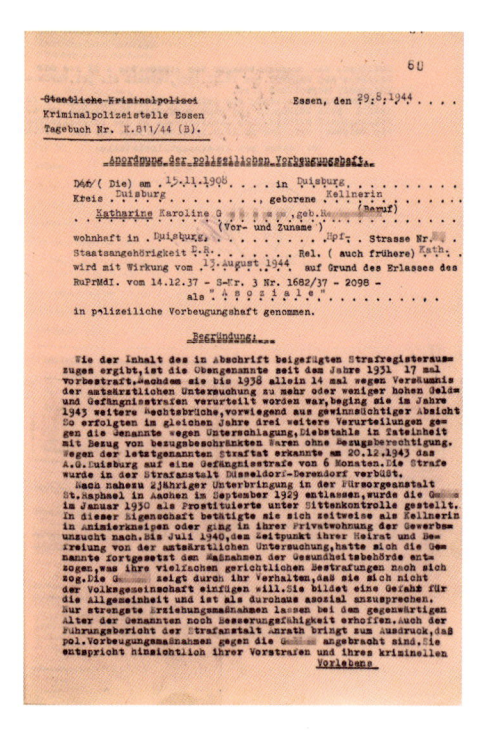

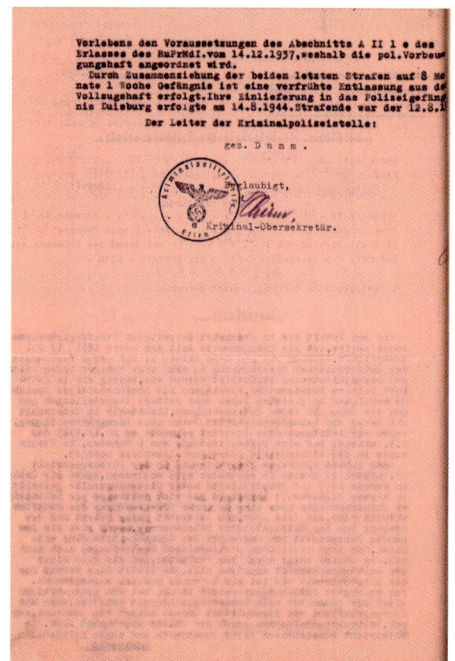

**Anordnung der polizeilichen „Vorbeugungshaft"
gegen Katharine G. durch die Kriminalpolizeistelle Essen mit der Begründung, sie wolle
„sich nicht der Volksgemeinschaft einfügen",
29. August 1944.**

G. wurde nach Verbüßung einer Haftstrafe aufgrund
mehrerer Vorstrafen als „Asoziale" in „Vorbeugungshaft" genommen und in das Konzentrationslager
Ravensbrück überstellt.

34047a–b Landesarchiv NRW, Abteilung Rheinland, Düsseldorf

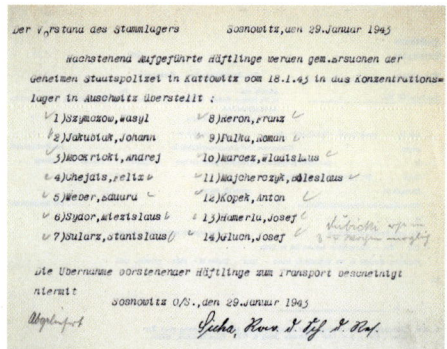

**Vermerk des Vorstandes des Stammlagers
Sosnowitz, Oberschlesien, zur auf „Ersuchen"
der Gestapo in Kattowitz vollzogenen Über-
stellung von 14 polnischen Häftlingen aus dem
Justizstrafvollzug in das Konzentrationslager
Auschwitz, 29. Januar 1943.**

34055 Bundesarchiv, Berlin

**Luftaufnahme des Konzentrationslagers
Moringen, undatiert (um 1933).**

Der Gebäudekomplex diente ab 1933 zeitweise
sowohl als Männer- als auch als Frauenlager, ab
1940 bis zum Kriegsende als Jugendschutzlager
(„SS-Sonderlager") für männliche Jugendliche.
Es war dem Amt V (Reichskriminalpolizeiamt) des
Reichssicherheitshauptamtes unterstellt. Bis 1945
wurden hier etwa 1 400 Jugendliche interniert.

34345 © KZ-Gedenkstätte Moringen

3.4 | Die Verfolgung „Asozialer"

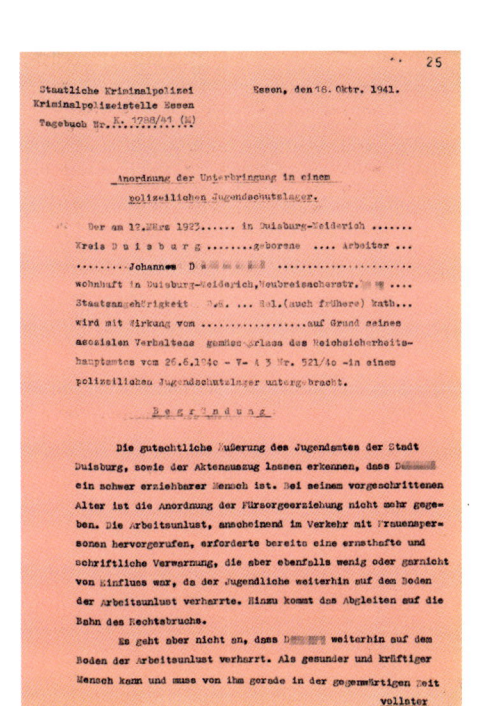

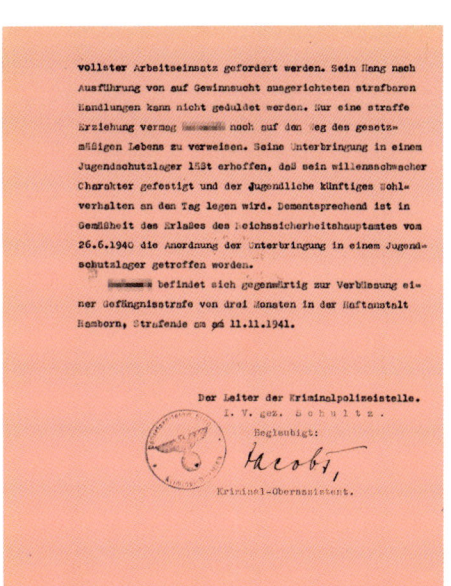

Anordnung der Unterbringung in einem polizeilichen Jugendschutzlager gegen den minderjährigen Johannes D. wegen „asozialen Verhaltens" und „Arbeitsunlust", 18. Oktober 1941.

Gegen D. (geb. 1923) wurde nach Verbüßung einer dreimonatigen Haftstrafe die zeitlich unbefristete Einweisung in das Jugendschutzlager Moringen verfügt.

34046a–b Landesarchiv NRW, Abteilung Rheinland, Düsseldorf

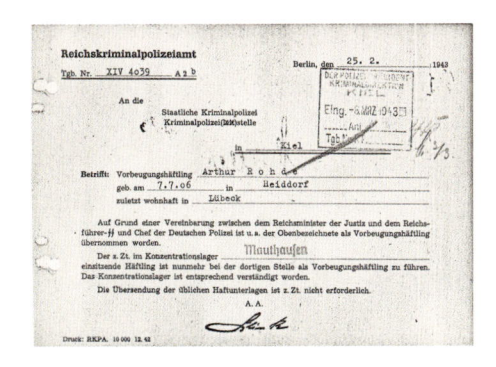

Mitteilung des Reichskriminalpolizeiamtes in Berlin an die Kriminalpolizeistelle Kiel, die Übernahme des bisher im Zuchthaus Hamburg-Fuhlsbüttel inhaftierten Arthur Rohde als Vorbeugungshäftling durch das KZ Mauthausen betreffend, 25. Februar 1943.

34056 Landesarchiv Berlin

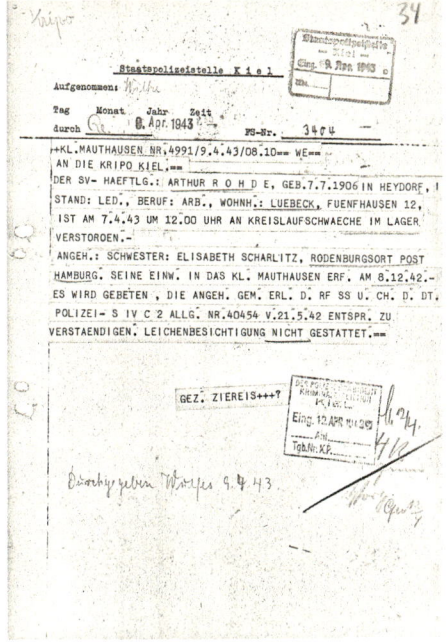

Fernschreiben des Kommandanten des Konzentrationslagers Mauthausen, Franz Ziereis, an die Kriminalpolizeistelle Kiel vom 9. April 1943, der „SV-Haeftlg." (sicherungsverwahrte Häftling) Arthur Rohde sei am 7. April 1943 im Lager an „Kreislaufschwäche" verstorben.

Rohde starb drei Monate nach seiner Einlieferung in Mauthausen im Außenlager Gusen. Die angebliche Todesursache verdeckt euphemistisch die in unmenschlichen Arbeits- und Lebensbedingungen begründeten, tatsächlichen Gründe seines Todes.

34356 Landesarchiv Berlin

Schnellbrief des Chefs der Sicherheitspolizei und des SD, Reinhard Heydrich, an die Kriminalpolizei(leit)stellen, die „vorbeugende Verbrechensbekämpfung durch die Polizei" und die Verhaftung „Asozialer" betreffend, 1. Juni 1938.

34327a–b Hessisches Staatsarchiv, Marburg

Schreiben des Chefs des SS-Wirtschafts-Verwaltungshauptamtes, Oswald Pohl, an den Reichsführer SS Heinrich Himmler, vom 18. März 1943, den „katastrophalen Gesundheitszustand" von der Justizverwaltung überwiesener sicherungsverwahrter Häftlinge betreffend.

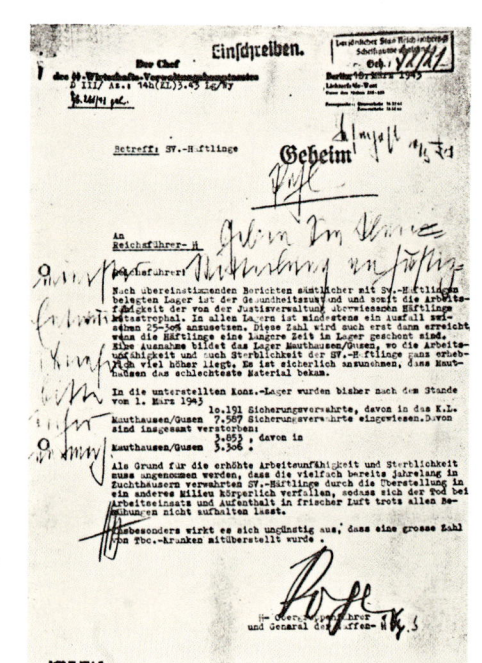

34057 Bundesarchiv, Berlin

Meldung der Kriminalpolizeistelle Kassel über die in ihrem Bezirk bei der „Aktion Arbeitsscheu Reich" verhafteten „asozialen Personen und Juden", 21. Juni 1938.

34029a Hessisches Staatsarchiv, Marburg

Auszug aus einer Protokollnotiz des Reichsjustizministers Otto Thierack über eine Besprechung mit dem Reichsführer-SS Heinrich Himmler, unter anderem die Übergabe von Justizhäftlingen an die SS betreffend, 18. September 1942.

34352 Bundesarchiv, Berlin

„Die straffe Durchführung des Vierjahresplanes erfordert den Einsatz aller arbeitsfähigen Kräfte und läßt es nicht zu, daß asoziale Menschen sich der Arbeit entziehen." Reinhard Heydrich, 1938

34026 Gekürzter Auszug: Schnellbrief Heydrichs, die „vorbeugende Verbrechensbekämpfung durch die Polizei" betreffend, 1.6.1938, Hessisches Staatsarchiv, Marburg

Erklärung!

Ich bin darüber belehrt worden, daß der Führer durch Erlaß vom 15. 11. 1941, um die SS und Polizei von gleichgeschlechtlich veranlagten Schädlingen reinzuhalten, bestimmt hat, daß ein Angehöriger der SS oder Polizei, der mit einem anderen Manne Unzucht treibt oder sich von ihm zur Unzucht mißbrauchen läßt, ohne Rücksicht auf sein Lebensalter mit dem Tode bestraft wird. In minder schweren Fällen kann auf Zuchthaus oder Gefängnis nicht unter 6 Monaten erkannt werden.

Dieser Erlaß des Führers vom 15. 11. 1941 sowie der dazu ergangene Befehl des RFSS und Chefs der Deutschen Polizei im Reichsministerium des Innern vom 7. 3. 1942 sind mir im Wortlaut bekanntgegeben worden. Insbesondere bin ich auch darüber belehrt worden, daß ich jede unsittliche Annäherung, auch wenn sie seitens eines Vorgesetzten erfolgt, sofort zu melden habe.

Es ist mir ferner auch bekanntgegeben worden, daß Mitteilungen über den Erlaß des Führers und den dazu ergangenen Befehl des RFSS und Chefs der Deutschen Polizei an außerhalb der SS oder Polizei Stehende verboten sind.

25.9.42.
(Ort und Datum)

(Vorname, Na...)

3.5 Die Verfolgung Homosexueller

In der Großstadt Berlin hatten sich in der Weimarer Republik erstmals, nach der Verfolgung Homosexueller im Kaiserreich, Ansätze gesellschaftlicher Toleranz gegenüber Homosexuellen entwickelt. Zwar stießen sie nach wie vor auf breite Vorbehalte. Sie konnten sich jedoch in den „Goldenen Zwanzigern" der Weimarer Republik Freiräume schaffen, in denen sie ihren eigenen Lebensstil entfalten durften. Diese Ansätze wurden nach 1933 zunichte gemacht. NS-Parteiideologen hetzten nun gegen Homosexuelle, weil sie auf Kinder verzichteten und deshalb für die Stärkung von Familie und „Volkskraft" verloren seien.

1934 wurde eine Mordaktion von Gestapo und SS – die Schwächung der SA im Zuge der Niederschlagung des angeblichen „Röhm-Putsches" – mit der Homosexualität Röhms und anderer SA-Führer begründet. Eine propagandistische Aktion gegen homosexuelle Männer und die Verschärfung des Homosexuellen-Paragraphen im Strafgesetzbuch waren die Folge. Razzien und Strafverfahren nahmen zu. Im Geheimen Staatspolizeiamt wurde ein Gestaposonderdezernat gebildet. Insgesamt wurden fast 60 000 Homosexuelle aufgrund des § 175 RStGB verurteilt.

1936 befahl Himmler die Gründung einer „Reichszentrale zur Bekämpfung der Homosexualität und Abtreibung". Bis 1940 konnte diese beim Reichskriminalpolizeiamt angesiedelte Zentrale Daten über ca. 40 000 Männer – Vorbestrafte oder Verdächtigte – erfassen und so die Grundlage für eine systematische Verfolgung Homosexueller legen. „175er", wie man sie nannte, wurden in der Regel von der Kriminalpolizei „vorbeugend" verhaftet und als Schutz- oder Vorbeugehäftlinge in Konzentrationslager eingewiesen. Dort waren sie an dem „rosa Winkel" auf ihrer Häftlingskleidung kenntlich. Im Lager wurden sie immer wieder besonders gedemütigt und gequält und standen in der Hierarchie der „Lagergesellschaft" weit unten. Nur die jüdischen Häftlinge standen unter ihnen.

Belehrung von Angehörigen von SS und Polizei, dass homosexuelle Handlungen mit dem Tode bestraft werden, 1942.

34021 Landesarchiv Berlin

Josef Meisinger (1899–1947), um 1940.
Meisinger, bayerischer Kriminalbeamter, war ab 1934 im Geheimen Staatspolizeiamt für Vorgänge der Nationalsozialistischen Deutschen Arbeiterpartei (NSDAP) und ihrer Gliederungen zuständig (II 1 H, Parteiangelegenheiten, unter anderem Korruptionsfälle). Außerdem leitete er zunächst das Referat II S (Homosexualität), dann 1936 zudem die „Reichszentrale zur Bekämpfung der Homosexualität und Abtreibung". 1939 war er stellvertretender Kommandeur der Einsatzgruppe IV in Polen, ab April 1940 Kommandeur der Sicherheitspolizei und des SD in Warschau, ab Oktober 1940 Polizeiattaché in Tokio. Er wurde 1945 verhaftet, 1946 an Polen ausgeliefert und 1947 in Warschau hingerichtet.

34003 © IPN, Warschau

„Wir haben in der SS immer noch Homosexualität. Im Jahr acht bis zehn Fälle. Diese Leute werden degradiert und ausgestoßen und dem Gericht übergeben. Nach Abbüßung der festgesetzten Strafe werden sie in ein Konzentrationslager gebracht und auf der Flucht erschossen. Dadurch hoffe ich, dass ich diese Art von Menschen aus der SS bis zum letzten herausbekomme." Heinrich Himmler, 1937

34322 Gekürzter Auszug: Rede vor den Gruppenführern der SS, 18.2.1937, in: B. F. Smith/ A. F. Peterson, Heinrich Himmler. Geheimreden 1933 bis 1945 und andere Ansprachen, Frankfurt am Main 1974

Alfred W. (geb. 1923), erkennungsdienstliche Aufnahmen des Geheimen Staatspolizeiamtes, 10. Februar 1942.
Alfred W. war bis zum Januar 1941 beim SS-Hauptamt als Telefonist beschäftigt. Anfang 1942 wurde er durch einen Sexualpartner denunziert, von der Gestapo verhaftet und vom 10. bis vermutlich zum 23. Februar im „Hausgefängnis" der Gestapozentrale inhaftiert. Das Landgericht Berlin verurteilte ihn im März 1942 zu vier Monaten Gefängnis.

34016 © Landesarchiv Berlin

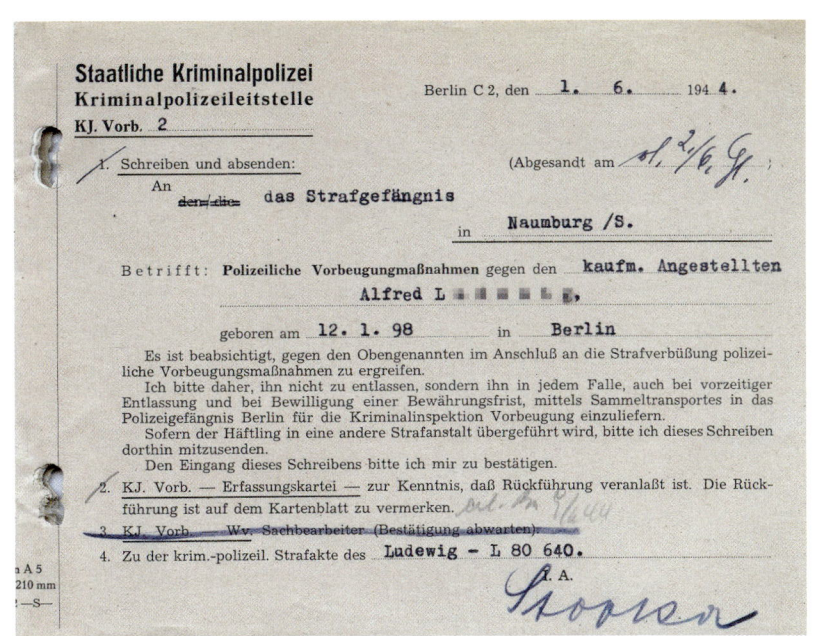

Mitteilung der Kriminalpolizeileitstelle Berlin an das Strafgefängnis in Naumburg/Saale, die Verhängung „polizeilicher Vorbeugungsmaßnahmen" gegen Arthur L. „im Anschluß an die Strafverbüßung" betreffend, 1. Juni 1944.

Analog zum Umgang mit politischen Häftlingen wurden ab Mitte 1939 auch homosexuelle Strafgefangene mit mehreren Vorstrafen nach Strafverbüßung von der Kriminalpolizei zur „Prüfung der Vorbeugungshaft" angefordert.

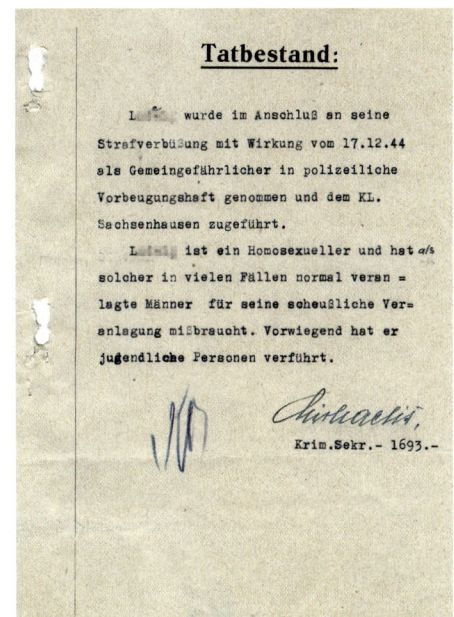

34018 Landesarchiv Berlin

Vermerk der Kriminalpolizeileitstelle Berlin zur Verhängung der „polizeilichen Vorbeugungshaft" gegen Arthur L. als „Gemeingefährlicher", 17. Dezember 1944.

34019 Landesarchiv Berlin

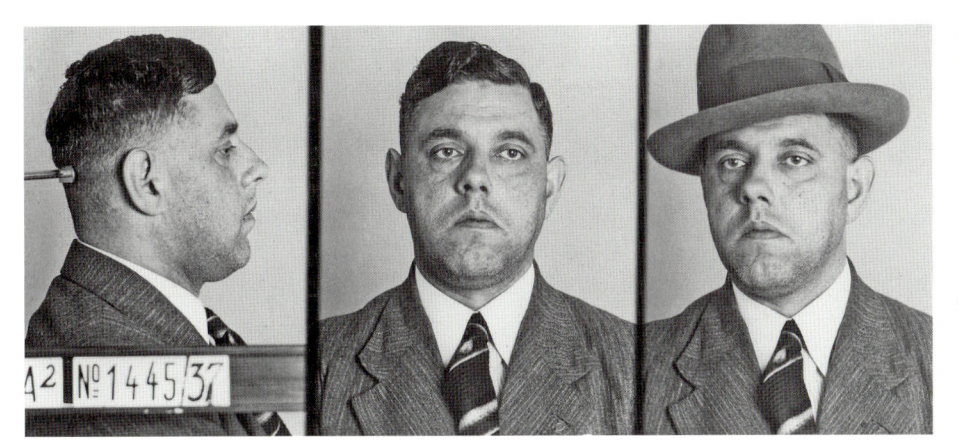

Arthur L. (geb. 1898), erkennungsdienstliche Polizeiaufnahmen, 1937.

Arthur L., kaufmännischer Angestellter, wurde im Juli 1937 verhaftet und der Staatspolizeileitstelle Berlin zur weiteren Ermittlung übergeben. L. wurde im September 1937 wegen Verstoßes gegen den § 175 zu einem Jahr und sechs Monaten Gefängnis verurteilt. 1939 und 1943/44 war er erneut vorübergehend in Haft. Im Dezember 1944 wurde „polizeiliche Vorbeugungshaft" gegen ihn verhängt und L. in das Konzentrationslager Sachsenhausen eingewiesen.

34017 © Landesarchiv Berlin

„Wenn wir dieses Laster weiter in Deutschland haben, ohne es bekämpfen zu können, dann ist das das Ende Deutschlands, das Ende der germanischen Welt." Heinrich Himmler, 1937

34022 Gekürzter Auszug: Rede vor den Gruppenführern der SS, 18.2.1937, in: B. F. Smith/A. F. Peterson, Heinrich Himmler. Geheimreden 1933 bis 1945 und andere Ansprachen, Frankfurt am Main 1974

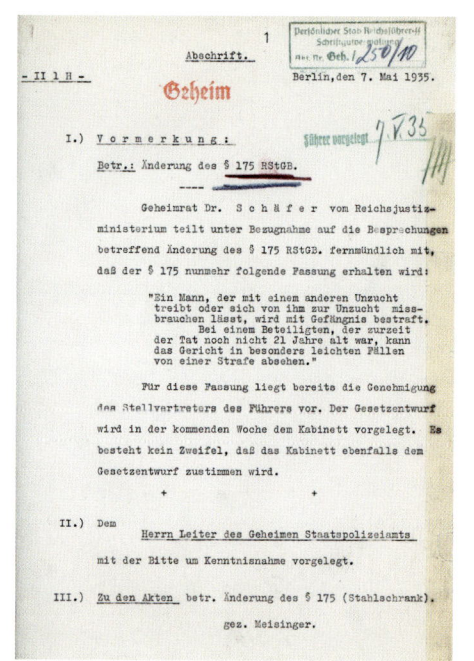

Aktennotiz von Josef Meisinger, Referatsleiter II S (Homosexualität und Abtreibung) im Geheimen Staatspolizeiamt, die Änderung des § 175 Reichsstrafgesetzbuch betreffend, 7. Mai 1935.

Mit der von den Nationalsozialisten betriebenen Neufassung wurde der § 175 erheblich erweitert und verschärft.

34304 Bundesarchiv, Berlin

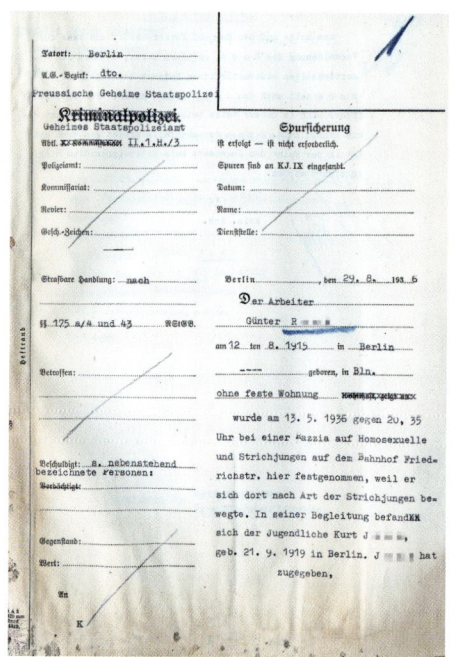

Vermerk des Geheimen Staatspolizeiamtes, Dezernat II 1 H/3 („Staatsfeindliche Erscheinungen"), zur Festnahme von Günter R., 29. August 1936.

Günter R. (geb. 1915) wurde bei einer Razzia gegen Homosexuelle am 13. Mai 1936 in Berlin festgenommen und in „Schutzhaft" genommen. 1937 wurde er vom Landgericht Berlin wegen Verstoßes gegen den § 175 zu einem Jahr und drei Monaten Gefängnis verurteilt.

34006 Landesarchiv Berlin

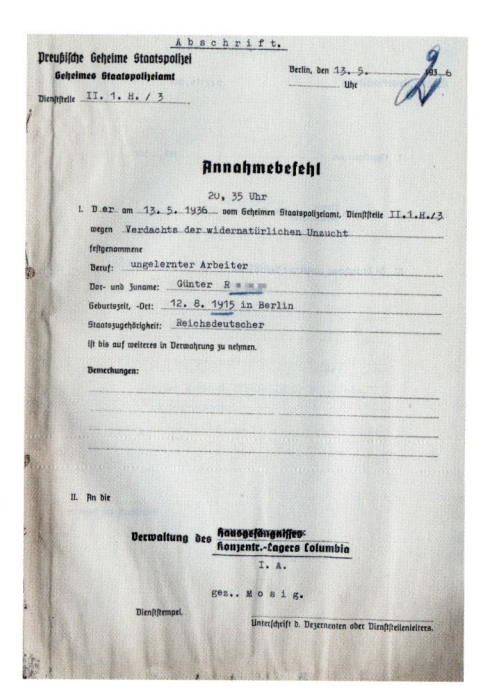

„Annahmebefehl" des Preußischen Geheimen Staatspolizeiamtes, Dezernat II 1 H/3, gerichtet an die Verwaltung des Konzentrationslagers „Columbia" zur Übernahme des wegen „Verdachts der widernatürlichen Unzucht" in „Schutzhaft" genommenen Günter R., 13. Mai 1936.

34306 Landesarchiv Berlin

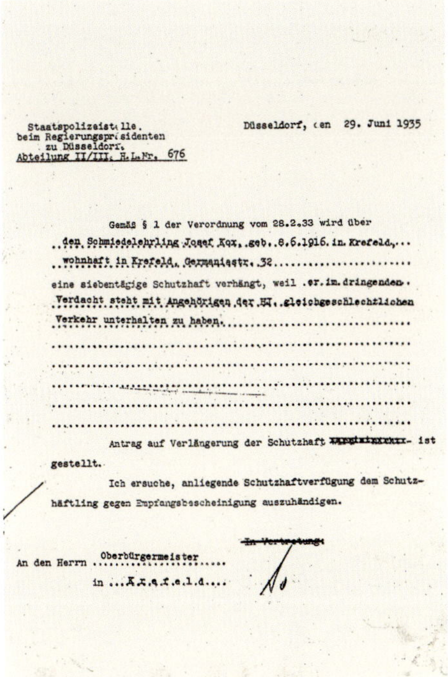

Verhängung der „Schutzhaft" durch die Staatspolizeistelle Düsseldorf gegen einen Jugendlichen, der homosexueller Handlungen verdächtigt wurde, 29. Juni 1935.

34007 Landesarchiv Nordrhein-Westfalen – Hauptstaatsarchiv Düsseldorf

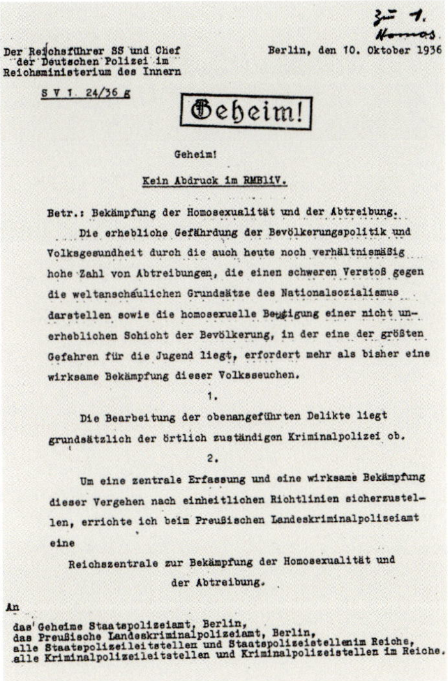

Auszug aus dem Erlass des Reichsführers-SS und Chefs der Deutschen Polizei zur Errichtung der „Reichszentrale zur Bekämpfung der Homosexualität und Abtreibung" beim Preußischen Landeskriminalpolizeiamt, 10. Oktober 1936.

34008 G. Grau (Hg.): Homosexualität in der NS-Zeit: Dokumente einer Diskriminierung und Verfolgung, Frankfurt am Main 1993/ Bundesarchiv, Freiburg

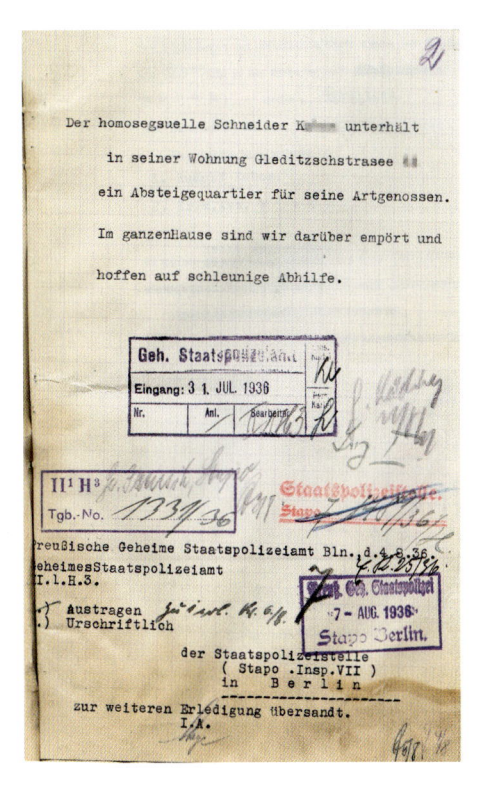

An die Gestapo gerichtete, anonyme Denunziation eines angeblich Homosexuellen, Berlin, Juli 1936.

Der denunzierte Rudolf K. wurde verhaftet und im Februar 1937 zu vier Monaten Gefängnis verurteilt.

34012 Landesarchiv Berlin

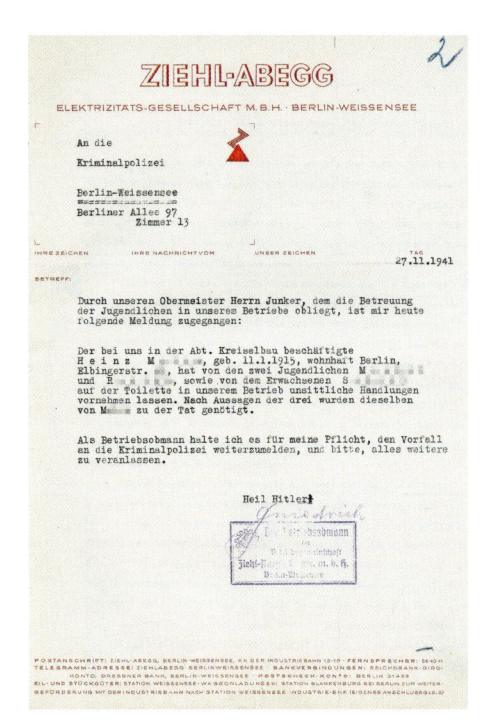

Meldung des „Betriebsobmanns" der Deutschen Arbeitsfront (DAF) der Firma Ziehl-Abegg an die Kriminalpolizeidienststelle Berlin-Weißensee über angebliche „unsittliche Handlungen" männlicher Betriebsangehöriger,
27. November 1941.

Der verdächtigte Heinz M. wurde am 1. Dezember 1941 als vermeintlich Hauptverantwortlicher verhaftet und im März 1942 zu einer Freiheitsstrafe von einem Jahr Gefängnis verurteilt.

34013 Landesarchiv Berlin

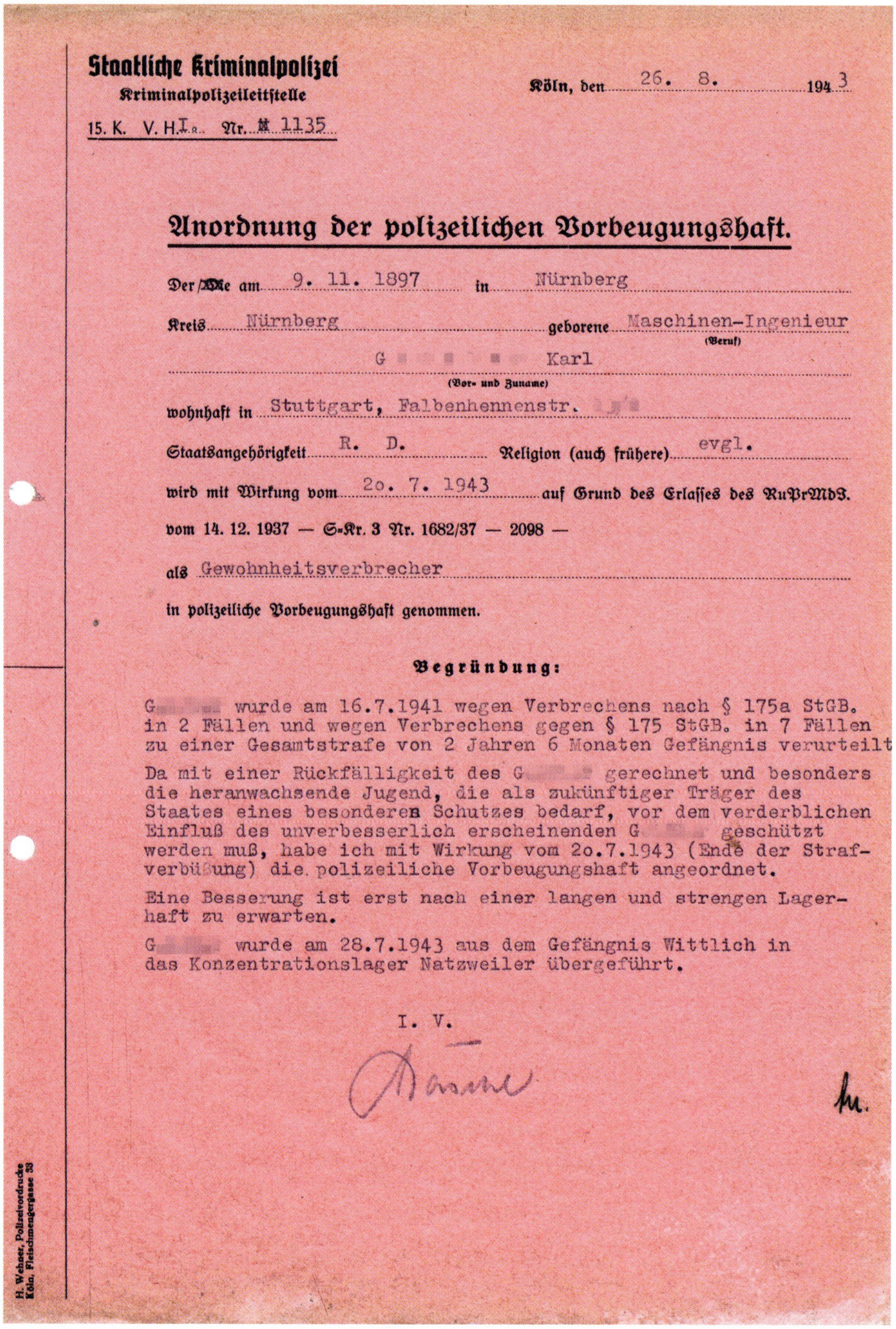

Anordnung der „polizeilichen Vorbeugungshaft" durch die Kriminalpolizeileitstelle Köln gegen Karl G. nach Verbüßung seiner Haftstrafe,
26. August 1943.

34010 Landesarchiv NRW, Abteilung Rheinland, Düsseldorf

Carl Marks Bln.-Lichterfelde, den 11.3.1935
SS Obersturmführer
Leibst. SS Adolf Hitler
11. Sturm

Meldung!

Am 9.3.35 stellte der Sturm unter meiner Führung ein Kommando von 20 Mann, das zur Unterstützung von Kriminalbeamten der Gestapo zur Razzia auf Homosexuelle bestimmt war. Um 21.15 Uhr fuhr das Kommando auf zwei LKW von der Kaserne ab und meldete sich befehlsgemäß um 22 Uhr beim Kriminalkommissar Kanthak. Außer unserem Kommando waren für die geplante Razzia 10–12 Kriminalbeamte bestimmt, die zum Teil zur Sicherung der Durchführung vorher eingesetzt wurden. Einige von diesen kamen vor unserem Einsatz wieder zurück. Während dieser Zeit unterrichtete Kriminalkommissar K. mich über das Vorhaben. Um 22.45 Uhr fuhren wir vom Gestapa ab und begaben uns mit mehreren Transportwagen nach dem Lokal „Weinmeister Klause" in der Weinmeisterstraße, in dem sich viele homosexuell veranlagte Menschen aufhalten sollten. Gemäß der vorherigen Besprechung besetzten je zwei Mann von uns die beiden Ausgänge des Lokals mit dem Auftrag, keinen raus, aber jeden Einlaßbegehrenden reinzulassen. Acht Mann, die vorher bestimmt waren, riegelten den Raum vor dem Schanktisch nach dem anderen Teil des Lokals ab. Zwei Mann durchsuchten die Toiletten. Krimko. K. [Kriminalkommissar K.] holte mit seinen Beamten all die Personen von den Tischen weg, die ihm verdächtig erschienen. Diese mußten sich auch zu denen vor dem Schanktisch stellen, und von hier aus wurden sie dann auf die Transportwagen verladen und unter Bewachung durch unsere Männer in das Gestapa gebracht. Unter diesen Festgenommenen befand sich auch eine Frau, die sowjetrussische Hetzschriften bei sich getragen haben soll. Vom Hof des Gestapa wurden die Festgenommenen wieder unter Bewachung auf den Korridor der sich im vierten Stock befindlichen und für diese Fälle in Frage kommenden Abteilungen gebracht. Hier wurden sie alphabetisch geordnet aufgestellt und mußten mit dem Gesicht zur Wand unter Bewachung durch unsere Männer auf ihre Vernehmung warten, die sofort durch den größten Teil der vorhin erwähnten Kriminalbeamten einsetzte. Nach diesen Vernehmungen kamen diese Leute bis zur Entscheidung ihrer Schuld in einen anderen Teil des Korridors, wo sie auch durch einen anderen Teil unserer Leute bewacht wurden.
Nachdem die Vernehmungen der zuerst Festgenommenen begonnen hatten setzte Krimko. K. mit einigen seiner Leute, die für die Vernehmungen nicht gleich benötigt wurden und dem Rest unserer Männer die Razzia fort. […]

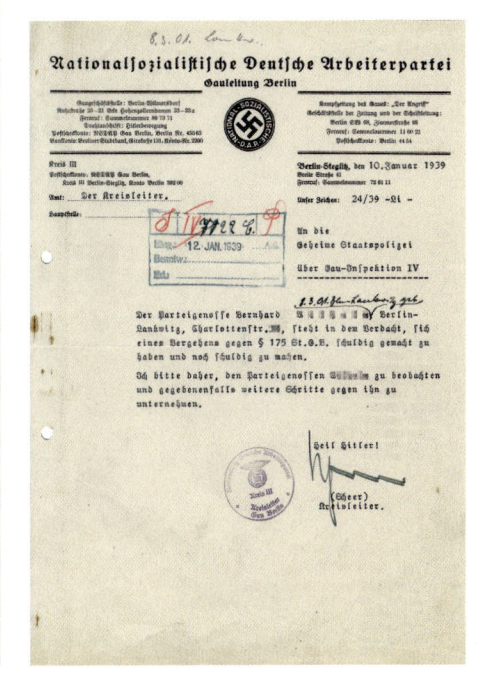

Meldung des SS-Obersturmführers Carl Marks vom 11. März 1935, eine Razzia von Gestapo und SS gegen Homosexuelle in Berlin betreffend.
Die bei der Razzia Festgenommenen wurden in das Gebäude des Geheimen Staatspolizeiamtes (Gestapa) in der Prinz-Albrecht-Straße 8 gebracht und dort verhört.
34009 Bundesarchiv, Berlin

Meldung des NSDAP-Kreisleiters von Berlin-Steglitz, Scheer, an die Gestapo über angebliche homosexuelle „Vergehen" eines „Parteigenossen", 10. Januar 1939.
Die von der Staatspolizeileitstelle Berlin eingeleiteten Ermittlungen gegen den denunzierten Bernhard W. wurden im September 1939 eingestellt, W. jedoch in der Homosexuellen-Kartei erfasst.
34311 Landesarchiv Berlin

60 000 RM

kostet dieser Erbkranke die Volksgemeinschaft auf Lebenszeit

Volksgenosse das ist auch Dein Geld

Lesen Sie **Neues Volk**

3.6 Der Krankenmord

„Wer nicht arbeitet, soll auch nicht essen." So rechtfertigten die Nationalsozialisten die Ermordung geistig und körperlich Behinderter sowie psychisch Kranker. Bereits 1933 hatte das „Gesetz zur Verhütung erbkranken Nachwuchses" die Grundlage für Verfolgungsmaßnahmen geschaffen. Gesundheitsämter, Kommunalverwaltungen, „Nervenärzte" und Polizeidienststellen arbeiteten seitdem zusammen, um Behinderte und psychisch Kranke zu erfassen, zu sterilisieren oder in Heime einzuweisen. Sie galten als „Ballastexistenzen" – als Belastung der Versorgung der Bevölkerung.

Im Oktober 1939 ordnete Hitler in einem auf den 1. September 1939 zurückdatierten Ermächtigungsschreiben die Ermordung Behinderter an. Dieser Mord wurde „Euthanasie" genannt. Euthanasie – ein für viele unverständliches Wort – bedeutet „Gnadentod". Mit diesem Begriff wollte die NS-Führung den Eindruck erwecken, unheilbar Kranken werde lediglich aus Mitleid „Sterbehilfe" geleistet. Alle Krankenmordaktionen zielten jedoch auf die „Ausmerzung" nicht-arbeitsfähiger Menschen, die als „unnütze Esser" bezeichnet wurden. Benannt wurde die „Aktion T4", die Ermordung von etwa 70 000 geistig behinderten und psychisch kranken Menschen aus deutschen Heil- und Pflegeanstalten, nach der sie koordinierenden Stelle in der Berliner Tiergartenstraße 4.

Auf Proteste betroffener Angehöriger der Ermordeten und aus Kreisen der Kirchen musste die Aktion 1941 eingestellt werden. Sie wurde jedoch unter höchster Geheimhaltung fortgesetzt und u. a. auf Strafgefangene, KZ-Häftlinge und Kriegsgefangene ausgedehnt. Unter Einbeziehung von Experten des Reichskriminalpolizeiamtes wurden bei der NS-„Euthanasie" verschiedene Mordmethoden angewendet wie Gaskammern, tödliche Medikamente und Mangelernährung. Teilweise war das bei den Krankenmorden eingesetzte Personal später in den SS-Vernichtungslagern der „Aktion Reinhardt" am Völkermord an den Juden Europas beteiligt. Dem NS-Krankenmord fielen insgesamt 260 000 bis 300 000 Menschen zum Opfer.

Plakatwerbung für die Monatszeitschrift „Neues Volk" des „Rassenpolitischen Amtes" der NSDAP, um 1938.
Das „Rassenpolitische Amt" propagierte auf verschiedenste Weise die NS-„Rassenlehre". In Plakaten und Publikationen stellte es dem Idealbild des gesunden, tüchtigen und „rassereinen" Deutschen das biologistisch-sozialrassistische Zerrbild des die „Schaffens- und Volksgemeinschaft" als unproduktive „Ballastexistenz" belastenden Behinderten und Kranken gegenüber.
34066 © Deutsches Historisches Museum, Berlin

Die Organisationszentrale der Krankenmorde in der Berliner Tiergartenstraße 4, undatiert (um 1940).
„Organisation T4" oder „Zentraldienststelle T4" lauteten die aus der Adresse abgeleiteten Tarnbezeichnungen der Tötungsbehörde, hinter der ein Geflecht staatlicher und halbstaatlicher Einrichtungen unter Kontrolle von Philipp Bouhlers „Kanzlei des Führers" stand, die in Kooperation mit Kommunal- und Medizinalverwaltungen den Krankenmord an über 260 000 Menschen organisierte. Das Gebäude, eine zuvor „arisierte" Stadtvilla, lag am Rande des Tiergartens in der Nähe von Reichskanzlei und Potsdamer Platz.

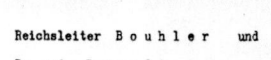

34069 © Landesarchiv Berlin

Auf seinem privaten Briefpapier verfasstes, formloses Schreiben Adolf Hitlers, mit dem er seinen Begleitarzt, den Chirurgen Dr. Karl Brandt, und den Leiter der „Kanzlei des Führers", Reichsleiter Philipp Bouhler, ermächtigte, unter anderem Insassen von Heil- und Pflegeanstalten ermorden zu lassen, 1. September 1939.
Die im Oktober 1939 ausgefertigte Ermächtigung wurde auf den Tag des Kriegsbeginns, den 1. September, rückdatiert, möglicherweise um die „Freimachung" von Krankenanstalten als kriegswichtige Maßnahme firmieren zu lassen. Nachdem die „wilde" Kinder-„Euthanasie" bereits im Sommer 1939 eingeleitet worden war, legitimierte das Schreiben offiziös die Ausweitung des Krankenmordes auf Erwachsene.

Die handschriftliche Randnotiz belegt, dass der Vermerk am 27. August 1940 Reichsjustizminister Franz Gürtner vorlegt wurde.

34067 Bundesarchiv, Berlin

Der von Adolf Hitler mit der Durchführung der NS-„Euthanasie" beauftragte Leiter der „Kanzlei des Führers", NSDAP-Reichsleiter Philipp Bouhler, 1936.

Geboren 1899 als Sohn eines Offiziers, als Kriegsfreiwilliger und Offizier Kriegsteilnahme, 1917 schwer kriegsverletzt. Studium der Philosophie ohne Abschluss. 1922 Eintritt in die Nationalsozialistische Deutsche Arbeiterpartei (NSDAP).

1933 Reichsleiter der NSDAP, ab 1934 Chef der „Kanzlei des Führers", 1936 SS-Obergruppenführer. Bouhler nahm sich nach der Verhaftung im Mai 1945 das Leben.

34070 © Bundesarchiv, Berlin

Der von Adolf Hitler 1939 mit der Durchführung der NS-„Euthanasie" beauftragte Dr. Karl Brandt, langjähriger chirurgischer Begleitarzt Hitlers, undatiert (um 1941).

Brandt, geboren 1904 als Sohn eines Offiziers, zuletzt SS-Obergruppenführer, machte als Angehöriger der engsten Entourage Hitlers schnell Karriere. Als einer der Hauptverantwortlichen für die NS-Krankenmorde wurde er 1947 vom US-Militärgerichtshof im Nürnberger Ärzteprozess zum Tode verurteilt und 1948 im Kriegsverbrechergefängnis Landsberg gehängt.

34568 Foto: Walter Frentz © Hanns-Peter Frentz, Berlin

Victor Brack, als Oberdienstleiter des Hauptamtes II in der „Kanzlei des Führers" der NSDAP einer der für die Durchführung des NS-Krankenmordes maßgeblich Verantwortlichen, undatiert (um 1930).

Brack, geboren 1904 als Sohn eines Arztes, Studium der Wirtschaftswissenschaften. 1929 Eintritt in die Nationalsozialistische Deutsche Arbeiterpartei (NSDAP) und Aufnahme in die SS, 1940 SS-Oberführer.

1936 Stellvertreter Philipp Bouhlers in der „Kanzlei des Führers", 1939 von diesem mit der Organisation der Durchführung der Krankenmorde beauftragt. Brack organisierte 1942 auch den Transfer von „T4"-Personal in die SS-Vernichtungslager der „Aktion Reinhardt". 1947 wurde er vom US-Militärgerichtshof zum Tode verurteilt und 1948 im Kriegsverbrechergefängnis Landsberg gehängt.

34371 © Bundesarchiv, Berlin

„In den vielen Pflegeanstalten des Reichs sind unendlich viele unheilbar Kranke jeder Art untergebracht, die der Menschheit überhaupt nichts nützen. Sie nehmen nur anderen gesunden Menschen die Nahrung weg. Vor diesen Menschen müssen die übrigen Menschen geschützt werden." Viktor Brack, 1940

34072 Auszug aus der Rede Viktor Bracks bei der Geheimsitzung des Deutschen Gemeindetages, Berlin, 3.4.1940/Stadtarchiv Plauen

Landes-Pflegeanstalt **Abschrift.**
Grafeneck.
　　　　　　　　　　　Münsingen, den 3. Juli 1940.
　　　　　　　　　　　　Schließfach 17.

A 30/12 Br.

Herrn
　　Karl Bühner
　　Landwirt
　　　　Spöck.

Sehr geehrter Herr Bühner!

Es tut uns aufrichtig leid, Jhnen mitteilen zu müssen, daß Jhr Sohn Otto Bühner am 2. Juli 1940 in unserer Anstalt plötzlich und unerwartet an einer eitrigen Mandelentzündung und anschließender Blutvergiftung verstorben ist.

Jhr Sohn wurde am 14. Juni 1940 auf ministerielle Anordnung gemäß Weisung des Reichsverteidigungskommissars in die hiesige Anstalt verlegt.

Bei seiner schweren geistigen Erkrankung bedeutete sowohl für den Verstorbenen als auch für Sie das Leben eine Qual. So müssen Sie seinen Tod als Erlösung auffassen.

Da in der hiesigen Anstalt z.Zt. Seuchengefahr herrscht, ordnete die Polizeibehörde die sofortige Einäscherung des Leichnams an.

Wir bitten um Mitteilung, an welchen Friedhof wir die Übersendung der Urne mit den sterblichen Überresten des Heimgegangenen durch die Polizeibehörde veranlassen sollen. An Privatpersonen darf lt. Gesetz eine Urne nicht ausgehändigt werden.

Etwaige Anfragen bitten wir schriftlich hieher zu richten, da Besuche hier gegenwärtig aus seuchenpolizeilichen Gründen verboten sind.

Sollten wir nach Ablauf von 14 Tagen keine Mitteilung von Jhnen erhalten haben, so werden wir die Urne gebührenfrei anderweitig beisetzen lassen.

Die Kleidungsstücke des Verstorbenen haben bei der Desinfektion sehr stark gelitten, so daß sie keinen besonderen Wert mehr darstellen und zum Tragen nicht mehr verwendbar sind. Sie wurden der NSV. zur Stoffverwertung überwiesen.

Zwei Sterbeurkunden, die Sie für eine etwaige Vorlegung bei Behörden sorgfältig aufbewahren wollen, fügen wir bei.

　　　　　　　　　　　　　　Heil Hitler!
　　　　　　　　　　　　　　Dr. Keller.

　　　　　　Für die Abschrift
　　　　　　Bürgermeister [Unterschrift]

Standardisierte Mitteilung der Landes-Pflegeanstalt Grafeneck an die Angehörigen eines ermordeten Patienten, 3. Juli 1940.

34076 Landesarchiv Baden-Württemberg, Abt. Staatsarchiv Ludwigsburg

Denkschrift.

Betrifft: Planwirtschaftliche Verlegung von Insassen der Heil- und Pflegeanstalten.

Im Laufe der letzten Monate ist in verschiedenen Gebieten des Reiches beobachtet worden, daß fortlaufend eine Fülle von Insassen der Heil- und Pflegeanstalten aus "planwirtschaftlichen" Gründen verlegt werden, zum Teil mehrfach verlegt werden, bis nach einigen Wochen die Todesnachricht bei den Angehörigen eintrifft. Die Gleichartigkeit der Maßnahmen und ebenso die Gleichartigkeit der Begleitumstände schaltet jeden Zweifel darüber aus, daß es sich hierbei um eine großzügig angelegte Maßnahme handelt, die Tausende von "lebensunwerten" Menschen durch gewisse Maßnahmen aus der Welt schafft. Man ist der Ansicht, daß es um der Reichsverteidigung willen notwendig sei, diese unnützen Esser zu beseitigen. Ebenso wird die Ansicht vertreten, daß es im den Aufartungsprozeß des Deutschen Volkes unbedingt notwendig sei, die geistesschwachen und sonst hoffnungslosen Fälle, ebenso die anormalen, asozialen und gemeinschaftsunfähigen Menschen so schnell wie möglich auszumerzen. Es wird dabei geschätzt, daß es sich um hunderttausend und mehr Menschen handeln kann. In einem Artikel von Professor Kranz in der Aprilnummer des NS-Volksdienstes, ist die Zahl derer, deren Ausmerzung wahrscheinlich wünschenswert sei, sogar mit 1 Million angegeben. So handelt es sich zur Zeit wahrscheinlich schon um Tausende von deutschen Volksgenossen, die ohne jede Rechtsgrundlage beseitigt sind oder deren Sterben unmittelbar bevorsteht. Es ist dringend notwendig, diese Maßnahmen so schnell wie möglich aufzuhalten, da die sittlichen Grundlagen des Volkganzen dadurch aufs Schwerste erschüttert werden. Die Unverletzlichkeit des Menschenlebens ist einer der Grundpfeiler jeder staatlichen Ordnung. Wenn Tötung angeordnet werden soll, dann müssen geltende Gesetze die Grundlage solcher Maßnahme sein. Es ist untragbar, daß kranke Menschen fortlaufend ohne sorgfältige ärztliche Prüfung und ohne jeden rechtlichen Schutz, auch ohne den Willen der Angehörigen und gesetzlichen Vertreter zu hören, aus reiner Zweckmäßigkeit beseitigt werden.

Folgende Tatsachen sind laufend beobachtet worden:
Zuerst erschien im Oktober 1939 bei vielen Heil- und Pflegean-

Auszug (Seite 1) der Denkschrift von Paul Gerhard Braune, evangelischer Theologe und Leiter der Hoffnungstaler Anstalten in Lobetal, „Betrifft: Planwirtschaftliche Verlegung von Insassen der Heil- und Pflegeanstalten", 9. Juli 1940.
34080 Bundesarchiv, Berlin

„In den vielen Pflegeanstalten des Reichs sind unendlich viele unheilbare Kranke jeder Art untergebracht, die der Menschheit überhaupt nichts nützen. […] Sie nehmen nur anderen gesunden Menschen die Nahrung weg und bedürfen oft der 2 und 3fachen Pflege. Vor diesen Menschen müssen die übrigen Menschen geschützt werden. Wenn man aber heute schon Vorkehrungen für die Erhaltung gesunder Menschen treffen müsse, dann sei es um so notwendiger, daß man diese Wesen zuerst beseitigte […]. Das ganze Problem sei ein sehr schwieriges […], denn die Öffentlichkeit dürfe davon nichts erfahren. […] Praktisch werde die ganze Aktion etwa so vor sich gehen müssen: Daß die in Betracht kommenden Kranken durch die Kommission gesiebt werden, um dann in andere Anstalten evakuiert zu werden, so daß dann die Verbrennung der Leichen in diesen Anstalten vor sich gehen würde. […] Im übrigen entlastet die Aktion die Gemeinden sehr, denn es fallen bei jedem einzelnen Falle die künftigen Unterhalts- und Pflegekosten weg."

Mitschrift einer Rede Viktor Bracks, Oberdienstleiter in der „Kanzlei des Führers" der NSDAP, bei der Geheimsitzung des Deutschen Gemeindetages in Berlin, 3. April 1940.
34073 Stadtarchiv Plauen

01/591

Der Oberlandesgerichtspräsident
313 II E - III 23/41.347 gRs.

Frankfurt (Main), den 16. Mai 1941.

An den
Herrn Reichsminister der Justiz
Berlin W 8
Wilhelmstraße 65.

Geheime Reichssache!

Betr.: Bericht über die allgemeine Lage im Oberlandesgerichtsbezirk Frankfurt a.M. (Erlaß vom 9.12.1936 -Ia 11012-).
Anlagen: 2 weitere Berichtsausfertigungen.

Meinen Lagebericht vom 3.d.M. glaube ich hinsichtlich der Stimmung der Bevölkerung noch zu der Frage der Vernichtung lebensunwerten Lebens ergänzen zu sollen:

In den Orten, in denen sich Heil- und Pflegeanstalten befinden und in benachbarten Orten, teilweise aber schon im größeren Umkreis, z.B. im ganzen Rheingau, wird fortgesetzt über die Frage der Vernichtung lebensunwerten Lebens gesprochen. Die Fahrzeuge, mit denen die Kranken aus ihren Unterbringungsanstalten zu Zwischenanstalten und von da zu Liquidationsanstalten gebracht werden, sind der Bevölkerung bekannt. Wie man mir sagt, rufen schon die Kinder, wenn solche Transportwagen kommen: Da fahren wieder welche vergast. In Limburg sollen auf der Fahrt von Weilmünster nach Hadamar täglich 1 bis 3 große Omnibusse mit verhängten Fenstern durchkommen, die Insassen in die Liquidationsanstalt Hadamar abliefern. Dort sollen nach den Erzählungen die Ankömmlinge sofort nach Eintreffen nackt ausgezogen werden, es werde ihnen ein Papierhemd angezogen und sie würden alsbald in einen Gasraum verbracht, wo sie mit Blausäure und einem betäubenden Zusatzgas liquidiert würden. Die Leichen würden auf einem laufenden Band in einen Verbrennungsraum geschafft, jeweils 6 in einen Ofen, die anfallende Asche würde auf 6 Urnen verteilt und den Angehörigen zugeschickt. Den dicken Rauch der Verbrennungshalle sähe man täglich über Hadamar. Es wird weiter davon gesprochen, daß den Leichen in einzelnen Fällen Köpfe oder sonstige Körperteile abgeschnitten würden, um sie anatomisch untersuchen zu lassen. Das mit der Liquidation befaßte

01/592 - 2 -

Personal dieser Anstalten, das von auswärts abgeordnet sei, werde von der Bevölkerung völlig gemieden. Das Personal sitze abends in den Gastwirtschaften und spreche dem Alkohol auffallend stark zu.

Abgesehen von dem äußeren Hergang, der die Phantasie der Bevölkerung beschäftigt, beunruhigt sich die Bevölkerung vor allem auch über die Frage, ob nicht auch alte Leute, die im Leben Tüchtiges geleistet hätten und jetzt im Alter etwas schwachsinnig geworden seien, mit liquidiert würden. Es wird davon gesprochen, daß auch die Altersheime geräumt werden sollen. Es heißt, die Bevölkerung warte auf eine gesetzliche Regelung mit einem geordneten Verfahren, damit sichergestellt sei, daß insbesondere nicht solche alte, schwachsinnig gewordene Menschen mit in die Aktion einbezogen würden.

Es wird auch behauptet, daß Kranke, die sich in einer Privatpflege befänden, jetzt abgeholt und beseitigt würden. Weiter wird gesagt, daß Kranke, die bisher in der Anstalt noch laufend nutzbringende Arbeit geleistet hätten und deren geistiges Leben noch durchaus nicht erloschen sei, mit liquidiert würden.

Vorstehend habe ich Gerüchte wiedergegeben, wie sie nach mir gewordenen Mitteilungen in der Bevölkerung, auch in der Großstadt Frankfurt a.M., umlaufen. Eine Nachprüfung dieser Mitteilungen ist mir nicht möglich.

Zum Schluß darf ich noch auf folgendes hinweisen: In einer Gaupresse-Konferenz in Frankfurt a.M. vom 30.April 1941 hat der Gaupresseamtsleiter Uckermann die Hauptschriftleiter darauf aufmerksam gemacht, daß in der letzten Zeit in der Tagespresse des Bezirks Todesanzeigen mit einem Text festgestellt worden seien, der künftig nicht mehr zum Abdruck kommen dürfe, z.B.:

a) Nach Mitteilung der Heil- u.Pflegeanstalt verschied..
b) Wie bereits erwartet, erhielten wir die Nachricht...
c) Nach langer Ungewißheit.........

Nebenbei erklärte der Gaupresseamtsleiter in einer abschließenden Bemerkung, daß die Zunahme von Todesfällen infolge

---

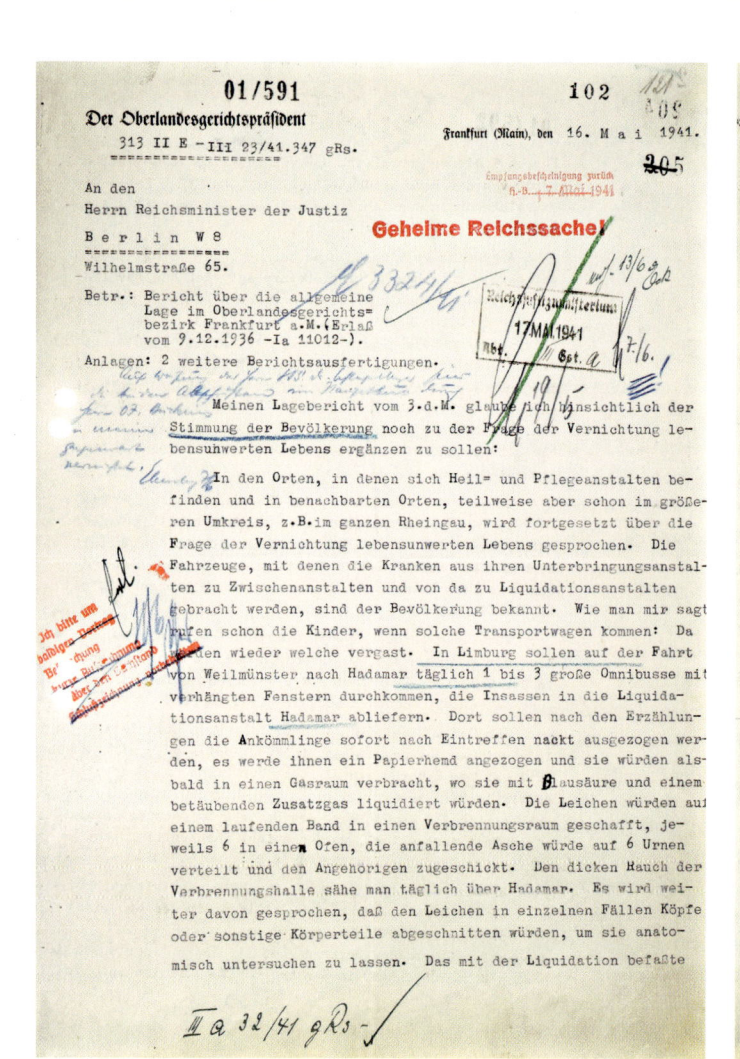

Auszug aus dem Lagebericht des Oberlandesgerichtspräsidenten Frankfurt am Main an den Reichsjustizminister vom 16. Mai 1941, die Stimmung der Bevölkerung und umlaufende Gerüchte zur „Frage der Vernichtung lebensunwerten Lebens" betreffend.

Die als Geheimaktion geplanten „Euthanasie"-Maßnahmen wurde schon bald zuerst gerüchteweise, dann umfassender in der Öffentlichkeit bekannt.

34375 a–b Bundesarchiv, Berlin

Das von der evangelischen Samariterstiftung in Stuttgart als Behindertenheim für „krüppelhafte" Männer betriebene, im Oktober 1939 für „Zwecke des Reichs" requirierte Schloss Grafeneck, eine der überregionalen Tötungsanstalten der „Aktion T4", um 1935. Grafeneck wurde als erste Anstalt der „Aktion T4" mit einer Gaskammer ausgestattet. Der als Inspekteur eingesetzte Kriminalrat Christian Wirth wurde später Inspekteur der zur Ermordung der Juden in Polen eingerichteten Vernichtungslager der „Aktion Reinhardt". In Grafeneck wurden bis Ende 1940 über 10 600 Menschen ermordet.

34077 © Bildarchiv Gedenkstätte Grafeneck

Heimlich gemachte Aufnahme der Landesheilanstalt Hadamar, 1941. Der rauchende Schornstein weist auf die 1940 für den „Betrieb" als eine der überregionalen Tötungsanstalten der NS-„Euthanasie" („Aktion T4") installierten Verbrennungsöfen zur Beseitigung der Körper ermordeter Kranker hin. In der auch als Reservelazarett der Wehrmacht dienenden Anstalt starben von Januar bis August 1941 über 10 113 Opfer in der Gaskammer. Von 1942 bis 1945 wurden dort erneut 4 411 vorwiegend psychisch kranke Menschen durch Hungerkost, medizinische Unterversorgung und Medikamente umgebracht.

34570 © Diözesanarchiv Limburg

In der Heil- und Pflegeanstalt Schloss Liebenau möglicherweise heimlich aufgenommenes Foto des Abtransportes von zur Ermordung bestimmten Patienten (1. v. l., 2. v. l., 5. v. l.) mit einem Bus der „Gekrat", undatiert (wahrscheinlich August 1940).

Hinter der „Gemeinnützigen Krankentransport GmbH" (Gekrat) verbarg sich die Transportabteilung in der Zentraldienststelle der „Aktion T4". Sie beförderte mit ihren Omnibussen, die teils aus dem Fuhrpark der Reichspost kamen und deren Fenster verhängt oder überstrichen worden waren, die „selektierten" Patienten aus den Heil- und Pflegeanstalten in die überregionalen Tötungsanstalten. Ab Juli 1940 wurden insgesamt 512 Patienten aus Liebenau abtransportiert und in Grafeneck ermordet.

34374 © Stiftung Liebenau, Meckenbeuren

Der NS-"Euthanasie"-Arzt Friedrich Mennecke, undatiert (nach September 1940).
Mennecke, Sohn eines Steinhauers, absolvierte zunächst eine Kaufmannslehre, dann ein Medizinstudium; Promotion 1934.

Ab 1939 Direktor der Landesheilanstalt Eichberg bei Eltville (Rhein). 1932 Eintritt in die Nationalsozialistische Deutsche Arbeiterpartei (NSDAP) und Aufnahme in die SS, 1940 SS-Hauptsturmführer. Mennecke war als ärztlicher Gutachter direkt unter anderem an der „Selektion" von Patienten für die „Aktion T4" und von Konzentrationslagerhäftlingen für die „Aktion 14f13" beteiligt.

1946 wurde er vom Landgericht Frankfurt am Main wegen Mordes an mindestens 2 500 Menschen zum Tode verurteilt. Mennecke starb vor der Urteilsvollstreckung im Januar 1947, möglicherweise durch Suizid.

34086 © Hessisches Hauptstaatsarchiv, Wiesbaden

Gutachterliche Notizen Dr. Friedrich Menneckes zur ärztlichen „Ausmusterung" eines Häftlings des Konzentrationslagers Dachau, September 1941.
Den Lagerleitungen oblag die Vorauswahl von Häftlingen, die von Ärzten der „Aktion T4" begutachtet werden sollten. Die Auswahl betraf nicht nur die „Arbeitsunfähigen", sondern auch geistig Behinderte, Juden, politische oder „asoziale" Häftlinge.

34087 © E. Klee, „Euthanasie" im NS-Staat.
Die „Vernichtung lebensunwerten Lebens", Frankfurt am Main 1985

Auszüge aus Briefen des NS-„Euthanasie"-Arztes Friedrich Mennecke an seine Frau, die er während seines Einsatzes in den Konzentrationslagern Ravensbrück und Buchenwald schrieb, 1941.

34088 F. Mennecke. Innenansichten eines medizinischen Täters im Nationalsozialismus. Eine Edition seiner Briefe 1935–1947, bearbeitet von P. Chroust, Forschungsberichte des Hamburger Instituts für Sozialforschung, Hamburg 1988

Fürstenberg [Konzentrationslager Ravensbrück], den 20. November 1941:
„Die Arbeit flutscht nur so, weil ja die Köpfe [der „Meldebögen"] jeweils schon getippt sind und ich nur noch die Diagnose, Hauptsymptome etc. einschreibe. [...] Dr. Sonntag [Lagerarzt] sitzt dabei und macht mir Angaben über das Verhalten im Lager, ein Scharführer holt mir die Patienten herein, – es klappt tadellos. Ich sitze im Lager; heute mittag gab's im Kasino Linsensuppe mit Speckeinlage, als Nachtisch Omlette."

Fürstenberg [Konzentrationslager Ravensbrück], den 20. November 1941, 2. Brief:
„Es heißt einfach in Berlin (Jennerwein) [Deckname von Viktor Brack], es sind 2 000 zu machen, – ob so viel nach den grundsätzlichen Richtlinien überhaupt in Frage kommen, darum kümmert man sich nicht."

Weimar [Konzentrationslager Buchenwald], den 26. November 1941:
„Als 2. Portion folgten nun insgesamt 1 200 Juden, die sämtlich nicht erst ‚untersucht' werden, sondern bei denen es genügt, die Verhaftungsgründe [...] aus der Akte zu nehmen u. auf die Bögen zu übertragen. Es ist also eine rein theoretische Arbeit. [...] Punkt 17.00 h ‚warfen wir die Kelle weg' und gingen zum Abendessen [...]."

Weimar [Konzentrationslager Buchenwald], den 2. Dezember 1941:
„[B]is 11.15 h flott geschafft und 80 Bögen fertiggemacht, somit habe ich gestern + heute zusammen 320 Bögen, die Dr. Müller bestimmt nicht in 2 vollen Tagen geschafft hätte. Wer schnell arbeitet, spart Zeit!"

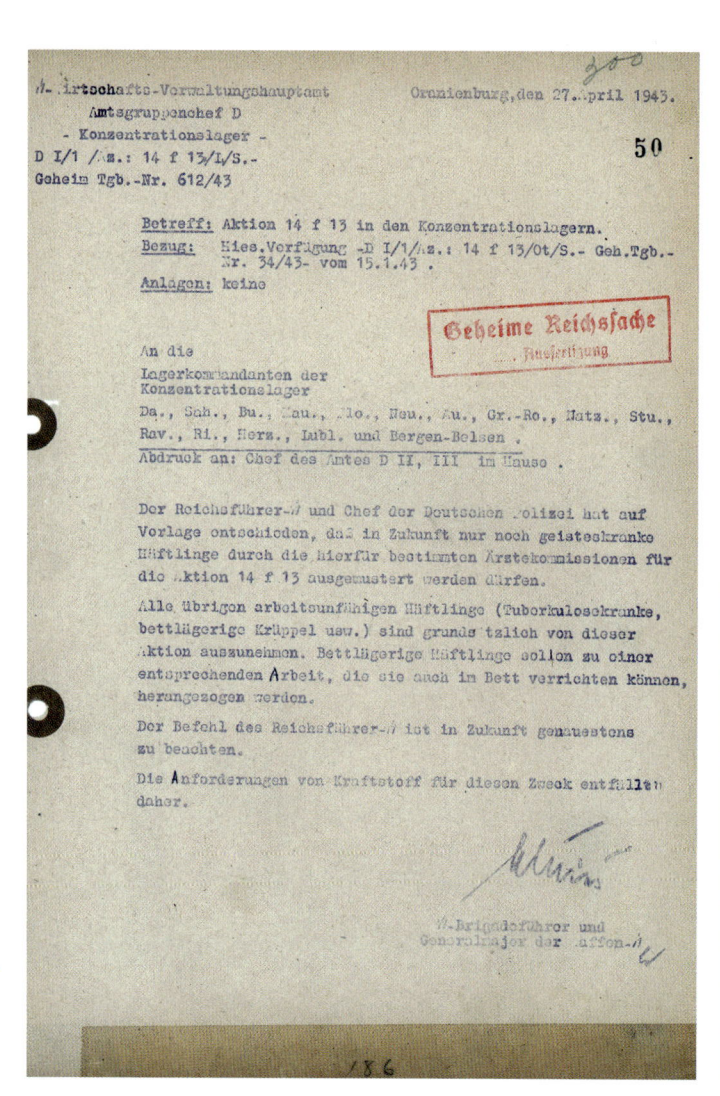

Anweisung des Amtsgruppenchefs D im SS-Wirtschaftsverwaltungshauptamt, Richard Glücks, an die Kommandanten der Konzentrationslager, gemäß Befehl Heinrich Himmlers wegen erhöhten Arbeitskräftebedarfs nur noch „geisteskranke Häftlinge" für die „Aktion 14f13" „auszumustern", Oranienburg, 27. April 1943.

34090 Bundesarchiv, Berlin

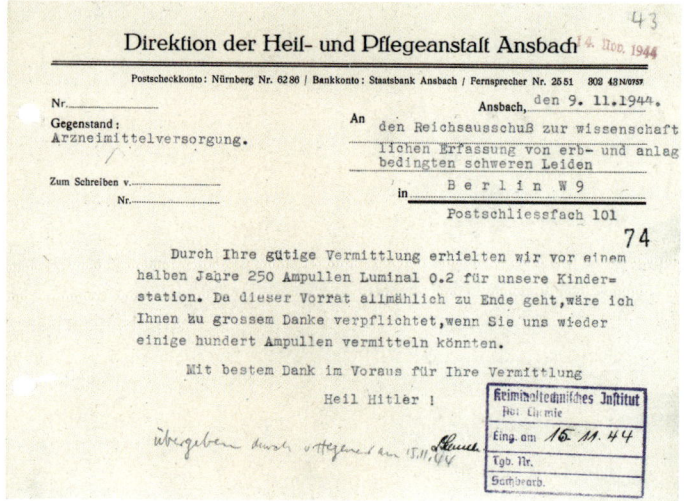

Schreiben der Direktion der staatlichen Heil- und Pflegeanstalt Ansbach an den Berliner „Reichsausschuss zur wissenschaftlichen Erfassung von erb- und anlagebedingten schweren Leiden" mit der Bitte um weitere Ampullen des Schlaf- und Betäubungsmittels Luminal, 9. November 1944.

Der „Reichsausschuß zur wissenschaftlichen Erfassung von erb- und anlagebedingten schweren Leiden" war eine der „T4"-Tarnorganisationen und verantwortlich für die NS-Kinder-„Euthanasie". Bis 1945 wurden in den Kinderfachabteilungen der Heil- und Pflegeanstalten mehr als 5 000 Kinder unter anderem mit überdosierten Barbituraten und mit systematischem Nahrungsentzug ermordet.

34082 Bundesarchiv, Berlin

Übersichtskarte der Orte (Auswahl) des NS-Krankenmordes, 1939–1945.

Die Krankenmorde in den annektierten und besetzten polnischen Gebieten wurden von SS- und Polizeikommandos durchgeführt. Die „geräumten" Anstalten wurden unter anderem der SS und ins Reichsgebiet umgesiedelten Baltendeutschen als Unterkünfte zur Verfügung gestellt.

34091 © Stiftung Topographie des Terrors. Nach: E. Klee, Dokumente zur „Euthanasie", Frankfurt am Main 1986/G. Aly, „Endlösung". Völkerverschiebung und der Mord an den europäischen Juden, Frankfurt am Main 1995

- ● Anstalten mit Gaskammern („Aktion T4")
- ◆ Kinderfachabteilungen
- ▲ Anstalten mit Medikamenten-Tötungen (soweit gerichtsbekannt)
- ✕ Anstalten in polnischen Gebieten mit Tötungen durch Erschießen und mittels „Gaswagen"

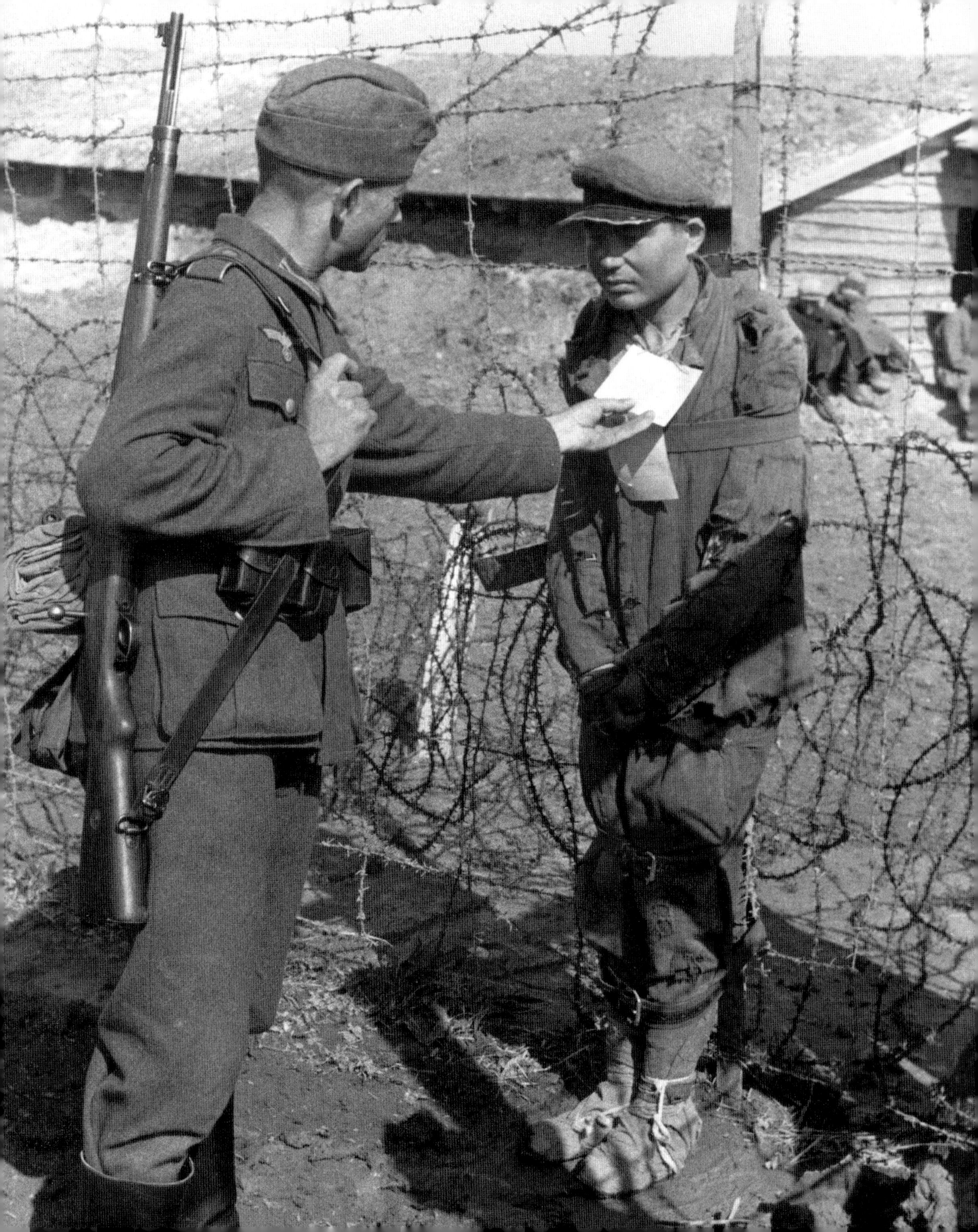

3.7 Zwangsarbeiter und sowjetische Kriegsgefangene

Der Krieg gegen die Sowjetunion wurde von deutscher Seite als Vernichtungskrieg geführt. Gefangene der Roten Armee galten als „slawische Untermenschen" und „Bolschewisten", die als Gegner im Weltanschauungskrieg behandelt werden sollten. Solange man sie nicht als Arbeitskräfte benötigte, war ihr Leben wertlos. Gefangene „Kommissare", d. h. politische Offiziere, wurden meist unmittelbar nach ihrer Gefangennahme erschossen. Systematisch selektierte die Gestapo in den Kriegsgefangenenlagern auch jüdische und andere für sie als „untragbar" geltende Gefangene. Bis zum Sommer 1942 ließ sie mindestens 40 000 in Konzentrationslagern der SS ermorden.

Die Bewachung der Kriegsgefangenenlager lag bei der Wehrmacht. Entwaffnete Soldaten galten nach der Gefangennahme völkerrechtlich nicht mehr als Kombattanten; sie mussten von ihrer „Gewahrsamsmacht" angemessen versorgt werden. Deshalb war der Tod von über drei Millionen sowjetischen Kriegsgefangenen in deutscher Gefangenschaft ein verbrecherischer Bruch des Völkerrechtes. Sie starben an Hunger, Entkräftung und Krankheiten. Ab 1942 wurden sowjetische Kriegsgefangene in der NS-Kriegswirtschaft eingesetzt, zusammen mit fast sechs Millionen ausländischen Zwangsarbeitern. Von ihnen kamen 1944 über 2 Millionen aus der Sowjetunion, etwa 1,7 Millionen aus Polen.

Für die Gestapo waren die arbeitenden Kriegsgefangenen und die ausländischen Arbeitskräfte ein Sicherheitsproblem. Engere Kontakte zur deutschen Zivilbevölkerung waren vor allem „Ostarbeitern" untersagt. Wie auch Verstöße gegen die Arbeitsdisziplin wurden sie drakonisch bestraft. Die Einweisung in „Arbeitserziehungslager", in Konzentrationslager oder die „Sonderbehandlung", wie die Gestapo die Ermordung von Menschen nannte, waren die Folgen. Noch in den letzten Kriegswochen erschossen SS, Gestapo und Kriminalpolizei über 10 000 Insassen deutscher Lager und Gefängnisse, darunter tausende Zwangsarbeiter vor allem aus Osteuropa.

Wachsoldat der Wehrmacht und gefesselter sowjetischer Kriegsgefangener im Stammlager (Stalag) 319 der Wehrmacht, bei Chełm (Polen), undatiert (wohl Herbst 1941).

35307 Foto: Karl Arthur Petraschk © bpk, Berlin

SOWJETISCHE KRIEGSGEFANGENE

Gefesselte sowjetische Kriegsgefangene in dem von der Wehrmacht bei Chełm (Polen) eingerichteten Stammlager (Stalag) 319, Unterlager B, undatiert (wohl Herbst 1941).

35008 Foto: Karl Arthur Petraschk © bpk, Berlin

Mit dem „Gelben Stern" gekennzeichneter, vermutlich von der Gestapo „selektierter" jüdischer Kriegsgefangener der Roten Armee in einem hinter der Front eingerichteten Durchgangslager („Dulag") der Wehrmacht, August 1941.

35012 Foto: August Friedrich © Bundesarchiv, Koblenz, 101I-267-0111-36

„Vor allem gilt es ausfindig zu machen: Funktionäre des Staates und der Partei, Politkommissare in der Roten Armee, Persönlichkeiten des Wirtschaftslebens, Intelligenzler, Juden, Aufwiegler oder fanatische Kommunisten."
Reinhard Heydrich, 17. Juli 1941

35006 Gekürzter Auszug: R. Heydrich, Einsatzbefehl Nr. 8, 17.7.1941, Bundesarchiv, Berlin

Im „Lagerpferch" eingesperrter sowjetischer Kriegsgefangener im Stammlager (Stalag) 319, Unterlager B, bei Chełm (Polen), undatiert (wohl Herbst 1941).
Der Gefangene war entweder wegen Verstößen gegen die Lagerordnung oder weil er an die Gestapo übergeben werden sollte, unter freiem Himmel im Lagergefängnis eingesperrt.
35007 Foto: Karl Arthur Petraschk © bpk, Berlin

Heinrich Himmler (vorne, l.) besichtigt ein Durchgangslager der Wehrmacht für Kriegs- und Zivilgefangene in Minsk, 15. August 1941.
Ganz rechts der Chef des Einsatzkommandos 8 der Einsatzgruppe B, Otto Bradfisch.

Im Lager waren zeitweise 40 000 männliche Zivilgefangene, Juden und Nichtjuden, und bis zu 100 000 Kriegsgefangene unter katastrophalen Bedingungen zusammengepfercht. Himmler nahm am selben Tag als Zuschauer an einer Erschießung von Juden außerhalb von Minsk teil.
35004 Foto: (wohl) Franz Gayk © bpk, Berlin/ Bayerische Staatsbibliothek, München

Sowjetische Kriegsgefangene müssen nach ihrer Ankunft im Konzentrationslager Mauthausen auf dem Appellplatz des Lagers „antreten", Oktober 1941.
Ab September 1941 trafen in Mauthausen von der Gestapo aus politischen, „rassischen" oder anderen Gründen „selektierte" sowjetische Kriegsgefangene ein, die meist in einer eigens dazu konstruierten Genickschussanlage ermordet wurden.
35309 © Bundesarchiv, Koblenz, 192-050

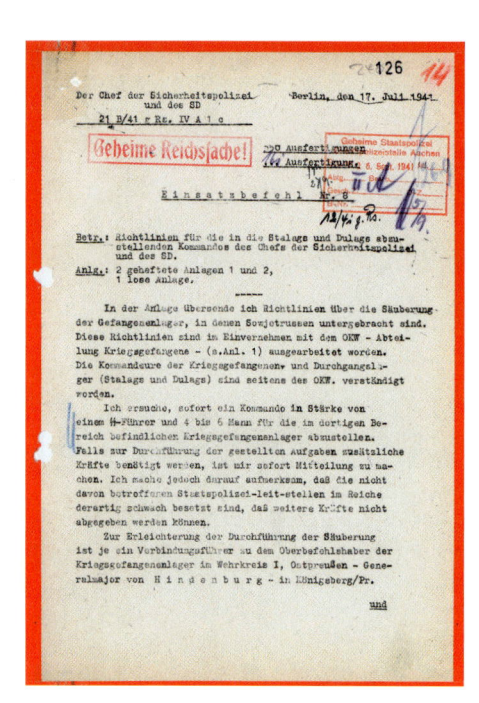

Einsatzbefehl Nr. 8 des Chefs der Sicherheitspolizei und des SD mit Richtlinien für die Einsatzkommandos von Gestapo und SD zur Aussonderung sowjetischer Kriegsgefangener in den Stamm- und Durchgangslagern zur Exekution, 17. Juli 1941.

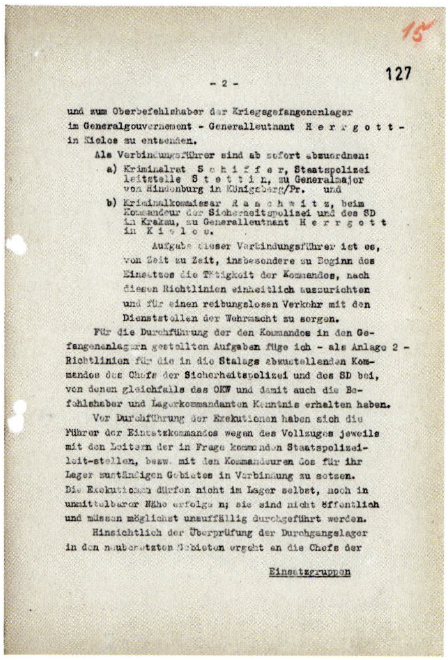

Mit dem Befehl wurde die Aussonderung vor allem von Juden und Kommunisten in Gefangenenlagern der Wehrmacht durch die Gestapo und die Ermordung der Kriegsgefangenen in Konzentrationslagern „geregelt".

35003a–c Bundesarchiv, Berlin

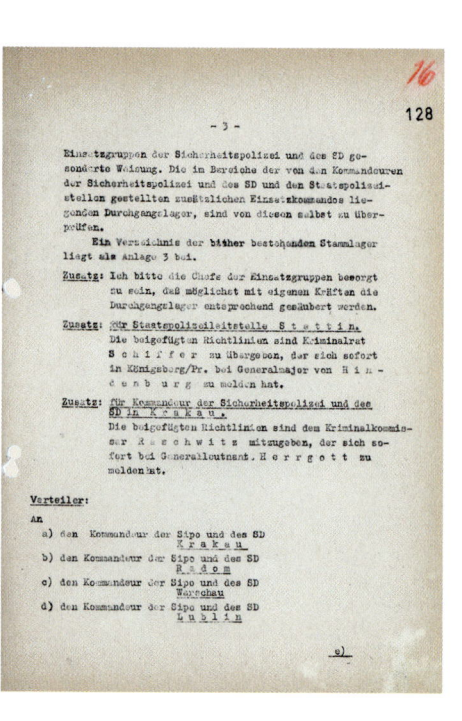

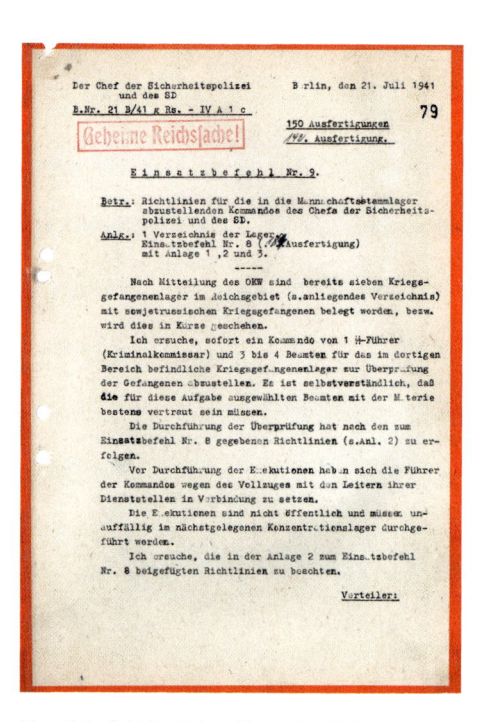

Einsatzbefehl Nr. 9 des Chefs der Sicherheitspolizei und des SD, die Überprüfung der Kriegsgefangenenlager im Reich durch Kommandos der Sicherheitspolizei und des SD betreffend, 21. Juli 1941.

35314 Bundesarchiv, Berlin

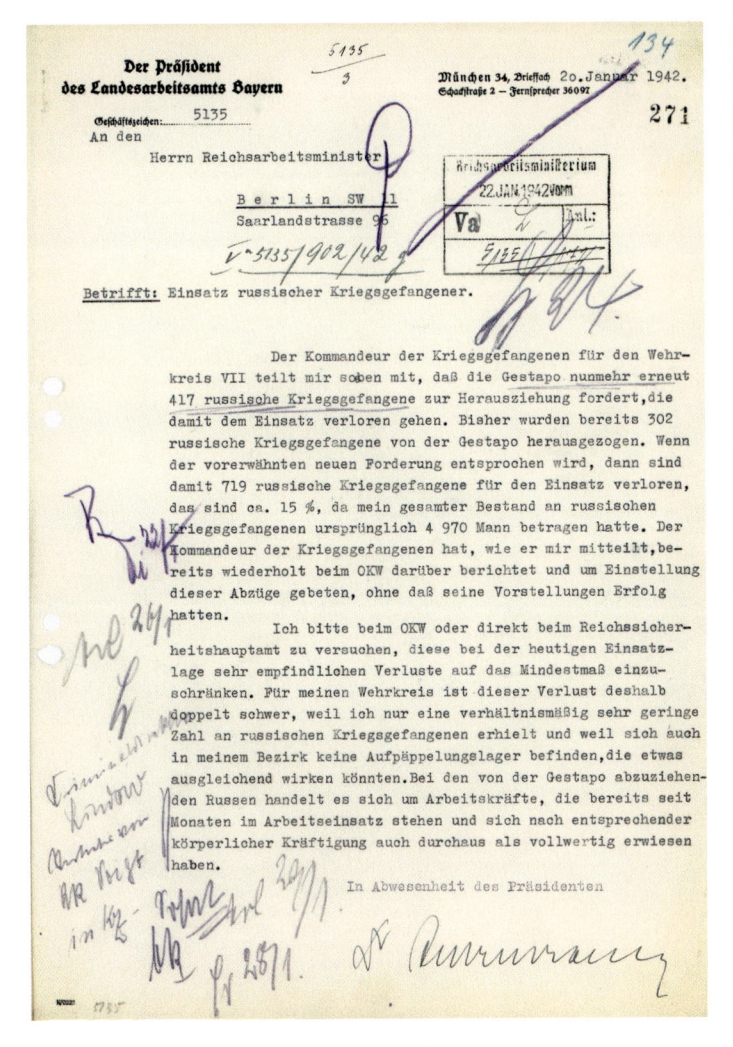

Schreiben des Präsidenten des Landesarbeitsamtes Bayern an den Reichsarbeitsminister Franz Seldte, Selektionen der Stapoleitstelle München unter sowjetischen Kriegsgefangenen betreffend, 20. Januar 1942.

35017 Bundesarchiv, Berlin

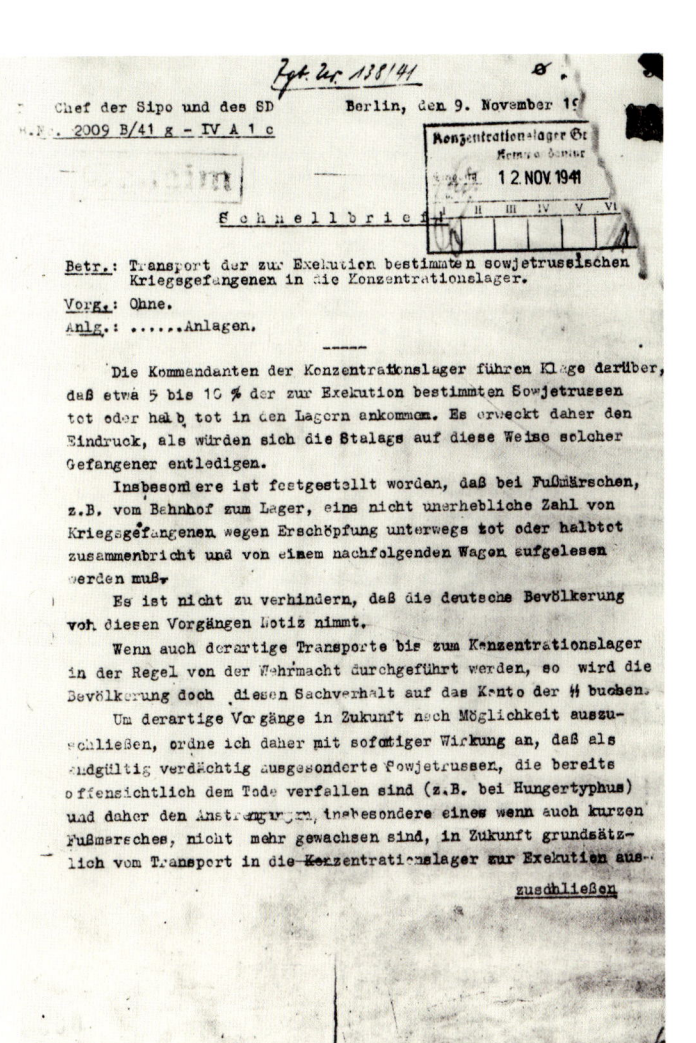

Anordnung des Chefs der Sicherheitspolizei und des SD, in Vertretung gezeichnet vom Chef des Geheimen Staatspolizeiamtes, Heinrich Müller, an die nachgeordneten Dienststellen, künftig schwerstkranke, „zur Exekution bestimmte" Kriegsgefangene vom Transport in die Konzentrationslager auszuschließen, 9. November 1941.

35315a Bundesarchiv, Berlin

Meldung des Kommandanten des Konzentrationslagers Groß-Rosen an den Amtschef IV (Gestapo) im Reichssicherheitshauptamt, Heinrich Müller, über die vollzogene Exekution von 25 sowjetischen Kriegsgefangenen, 10. April 1942.

Die Kriegsgefangenen wurden im März 1942 von einem Einsatzkommando der Gestapo Frankfurt/Oder im Stammlager (Stalag) III B der Wehrmacht in Fürstenberg/Oder „selektiert". Die Exekutionsliste wurde in das Geheime Staatspolizeiamt gesandt und Heinrich Müller zur Genehmigung vorgelegt.

35024a–b Landesarchiv NRW, Abteilung Rheinland, Düsseldorf

ZWANGSARBEITER

Essenausgabe für sowjetische Arbeiter in einem Berliner Zwangsarbeiterlager, undatiert (1943).

35332 Foto: Willy Pragher © Staatsarchiv Freiburg

Russische Kinder und Jugendliche als Zwangsarbeiter der Frank'sche Eisenwerke Aktiengesellschaft, Adolfshütte, Dillenburg-Niederscheld, 1942.

Die Originalbildbeschriftung im Firmenarchiv lautete: „Der erste Lehrgang der Russenjugend in der Adolfshütte".

35337 © Hessisches Wirtschaftsarchiv, Darmstadt

Russische Zwangsarbeiterinnen der Frank'sche Eisenwerke Aktiengesellschaft, Adolfshütte, Dillenburg-Niederscheld, 1943.

35341 © Hessisches Wirtschaftsarchiv, Darmstadt

Auszug aus dem Merkblatt der Staatspolizeileitstelle Düsseldorf für die „sicherheitspolizeiliche Behandlung der sowjetrussischen Arbeitskräfte" durch die Gestapo und andere Stellen, 24. Juni 1942.

35040a–b Landesarchiv NRW, Abteilung Rheinland, Düsseldorf

Der Reichsführer SS
und Chef der Deutschen Polizei z. Zt. Feldkommando-Stelle,
S – IV D – 505/42g – 451 (ausl. Arb.)   den 7. Dezember 1942

Geheim!

An
  alle Staatspolizei – leit – stellen

Nachrichtlich
  dem Reichssicherheitshauptamt – Verteiler B –
  den Höheren SS- und Polizeiführern
  den Inspekteuren und Befehlshabern
    der Sicherheitspolizei und des SD
  den Chefs der Einsatzgruppen
  den Kommandeuren der Sicherheitspolizei
    und des SD
  den SD – Leit – Abschnitten
  den Kriminalpolizei – leit – stellen

Betrifft: Gefahrenabwehr beim Ausländereinsatz.

Die Millionenzahl der im Reich eingesetzten ausländischen Arbeiter und die auch weiterhin steigende Tendenz dieser kriegsnotwendigen Aktion machen es erforderlich, auf Grund der bisher gewonnenen Erkenntnisse die Aufgaben und Grundsätze der Gefahrenabwehr richtungsweisend darzulegen. Die bisher ergangenen, den Ausländereinsatz betreffenden besonderen Weisungen werden von den nachfolgenden Richtlinien nicht berührt, soweit dies nicht ausdrücklich angeordnet ist.

I.

— 3 —

bringt es mit sich, daß zur Abwendung der für die Sicherheit des Reiches erwachsenden Gefahren einerseits und der volkspolitischen Gefahren andererseits nicht jeweils verschiedene Maßnahmen getroffen werden können, die Abwehrmaßnahmen vielmehr ineinander greifen und von einer jeden ein möglichst weiter Gefahrenkreis betroffen werden muß. Dies ist auch für die nachfolgenden Richtlinien maßgebend.

II. Sicherheitspolizeiliche Betrachtung des ausländischen Arbeiters.

1. Sicherheitsmäßig.

Vom sicherheitsmäßigen Standpunkt sind die ausländischen Arbeiter, die unüberprüft oder nur zum Teil oberflächlich überprüft ins Reich hereinkommen, durchweg als Element der Belastung der Sicherungslage anzusprechen.

2. Politisch und volkspolitisch.

Die Abwehr der Gefahren für den rassischen Bestand des deutschen Volkes macht volkstumsmäßige Unterscheidungen notwendig, da volkspolitische Gefahren nur von nicht-stammesgleichen Völkern drohen können. Sowohl für die sicherheitsmäßige wie auch für die volkspolitische Betrachtung der im Reich arbeitenden Angehörigen der einzelnen Nationen ist aber die derzeitige politische Haltung der Nation und ihre Stellung gegenüber dem Reich von Bedeutung. Die ausländischen Arbeiter werden daher nach ihrer Abstammung in folgende Gruppen grob zu gliedern sein, in denen nur die hauptsächlichsten am Arbeitseinsatz beteiligten Völker aufgeführt sind:

Gruppe A – Italiener,

Die Richtschnur für die Behandlung italienischer Arbeitskräfte gibt das enge deutsch-italienische Bündnis, das die Grundlage für die Neuordnung Europas ist. Als Achsenpartner kann Italien mit Recht erwarten, daß die im Reich tätigen italie-

Auszug aus dem Erlass des Reichsführers-SS und Chefs der Deutschen Polizei, Heinrich Himmler, an alle Staatspolizei(leit)stellen über Aufgaben und Grundsätze der „Gefahrenabwehr beim Ausländereinsatz", 7. Dezember 1942.
Westeuropäische Arbeiter waren häufig in Lohn und Verpflegung Deutschen gleichgestellt. Polnische, sowjetische und, nach dem Bruch des Bündnisses mit Italien 1943, auch die italienischen Arbeiter und Militärinternierten standen am Ende der politisch, vor allem aber „rassisch" definierten Hierarchie.
35031a, c Bundesarchiv, Berlin

Anprangerung einer deutschen Frau und eines polnischen Mannes unter dem Vorwurf, eine intime Beziehung unterhalten zu haben, Eisenach, 15. November 1940.
Der Frau wurde anschließend der Kopf kahlgeschoren. Ob es sich bei dem Polen um einen Kriegsgefangenen oder einen Zwangsarbeiter handelte, ist ebenso wenig bekannt wie sein weiteres Schicksal.

35044a–c © Stadtarchiv Eisenach

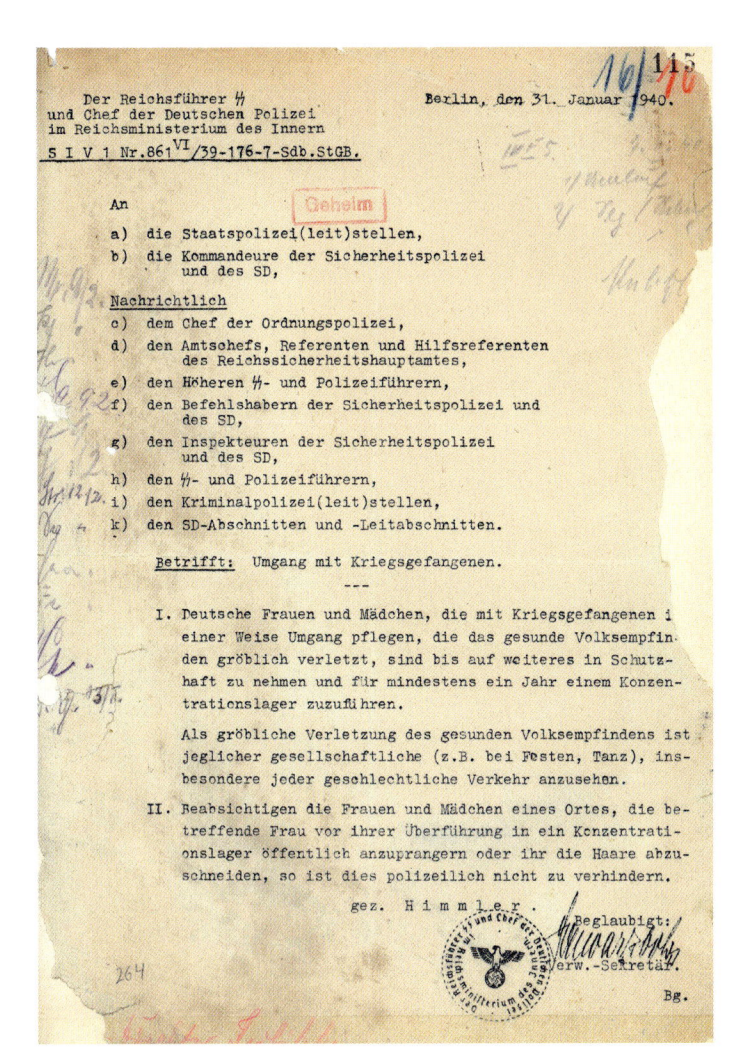

Erlass des Reichsführers-SS und Chefs
der Deutschen Polizei vom 31. Januar 1940,
den Umgang deutscher Frauen und
Mädchen mit Kriegsgefangenen betreffend.

35051 Bundesarchiv, Berlin

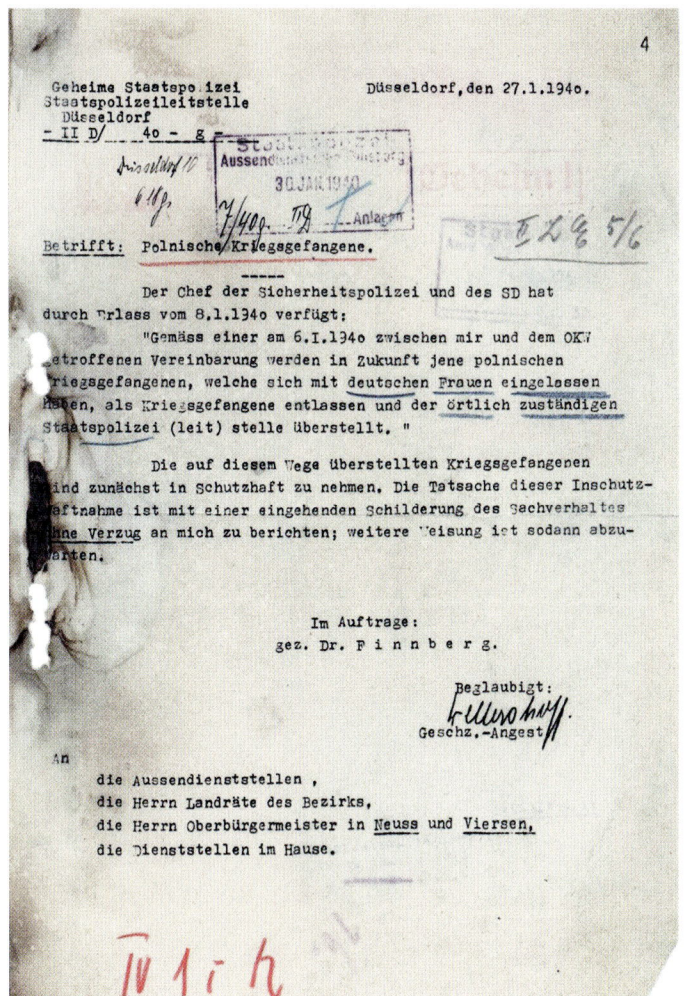

Anordnung der Staatspolizeileitstelle Düsseldorf
an die nachgeordneten Dienststellen zum
Umgang mit polnischen Kriegsgefangenen,
die intime Beziehungen zu deutschen Frauen
eingingen, 27. Januar 1940.

35042 Landesarchiv NRW, Abteilung Rheinland, Düsseldorf

Öffentliche Anprangerung der von der Gestapo in „Schutzhaft" genommenen 31-jährigen Martha V. aus Altenburg auf dem dortigen Marktplatz, 6./7. Februar 1941.

Dem Himmler-Erlass vom Januar 1940 folgend wurde das mit einem Wehrmachtsangehörigen verheiratete Opfer, dem man intime Kontakte zu einem Polen vorwarf, „zur Warnung für alle pflichtvergessenen Frauen und Mädchen" kahlgeschoren und „die Verbrecherin" („Altenburger Zeitung") anschließend durch die Stadt geführt.

35048a–d © Thüringisches Staatsarchiv, Altenburg

3.7 | Zwangsarbeiter und sowjetische Kriegsgefangene

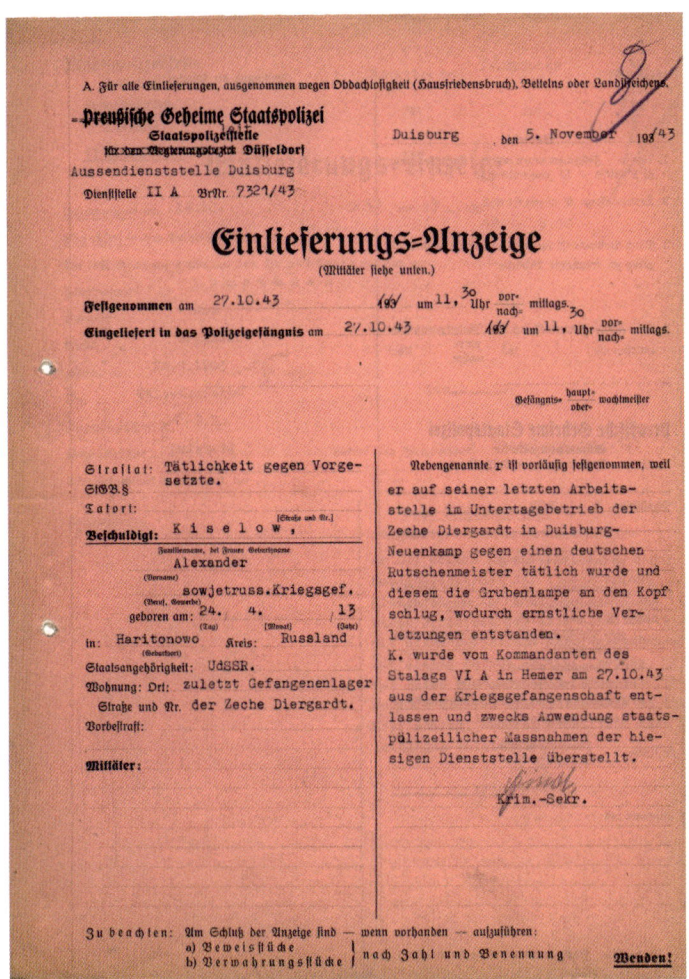

Einlieferungsanzeige der Staatspolizei-
Außendienststelle Duisburg gegen den
sowjetischen Kriegsgefangenen Kiselow
wegen „Tätlichkeit gegen Vorgesetzte",
5. November 1943.

35058 Landesarchiv NRW, Abteilung Rheinland, Düsseldorf

Mitteilung der Staatspolizei-Außendienststelle
Duisburg an die übergeordnete Staatspolizei-
leitstelle Düsseldorf zur Überstellung Alexander
Kiselows in das Konzentrationslager
Buchenwald, 6. Januar 1944.

35059 Landesarchiv NRW, Abteilung Rheinland, Düsseldorf

„Vom sicherheitsmäßigen Standpunkt sind die ausländischen Arbeiter durchweg als Element der Belastung der Sicherungslage anzusprechen."
Heinrich Himmler, 1942

35370 Gekürzter Auszug: Erlass des Reichsführers-SS über „Gefahrenabwehr beim Ausländereinsatz", 7.12.1942,
Nationalarchiv, Prag

In den letzten Monaten, insbesondere seit Jahresanfang ist eine auffallende Zunahme von Strafsachen, die Verstöße gegen das Heimtückegesetz zum Gegenstand haben, zu verzeichnen. Der größte Teil dieser Sachen richtet sich gegen Täter, die im Aufbaugebiet der Reichswerke Hermann-Göring tätig sind; die Mehrzahl der Täter sind Ausländer, insbesondere Polen, in letzter Zeit aber auch Franzosen. Bei den Polen handelt es sich meistens um falsche Berichte und Darstellungen über die Verhältnisse in Deutschland im allgemeinen und im Aufbaugebiet im besonderen, die in Briefen an im Generalgouvernement wohnenden Angehörigen [sic!] gemacht werden. Soweit die Täter Franzosen sind, handelt es sich in der Regel um Anhänger des Generals de Gaulle, die glauben, unter den sonst friedlich und fleißig arbeitenden Franzosen Stimmung für diese Richtung machen zu können. Das Völkergemisch der im Aufbaugebiet eingesetzten ausländischen Arbeiter, die das fünfte Zehntausend bei weitem überschreiten, bildet keinen geringen Gefahrenherd, namentlich dann, wenn, wie auch von den Wehrmachtsdienststellen erwartet wird, im kommenden Frühjahr mit Großangriffen durch die englisch-amerikanische Luftwaffe zu rechnen sein wird. Die verantwortlichen Stellen sind sich darüber klar, daß dann mit aller Rücksichtslosigkeit durchzugreifen ist.

Auszug aus dem Lagebericht der Generalstaatsanwaltschaft in Braunschweig vom 2. Februar 1943, regimekritische Äußerungen ausländischer Arbeiter betreffend.
35057 Bundesarchiv, Berlin

Tätigkeitsbericht des Referates IV 1 c (ausländische Arbeiter/„Bummelanten") der Staatspolizeistelle Köln vom 9. bis zum 15. Oktober 1944.
35061 Landesarchiv NRW, Abteilung Rheinland, Düsseldorf

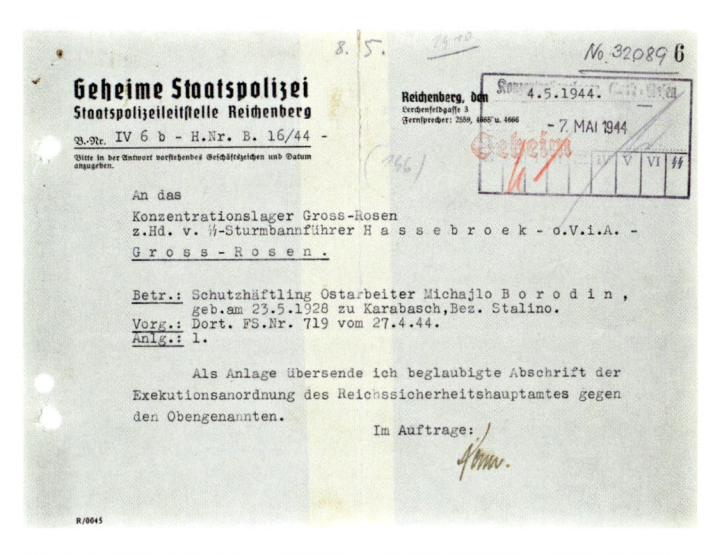

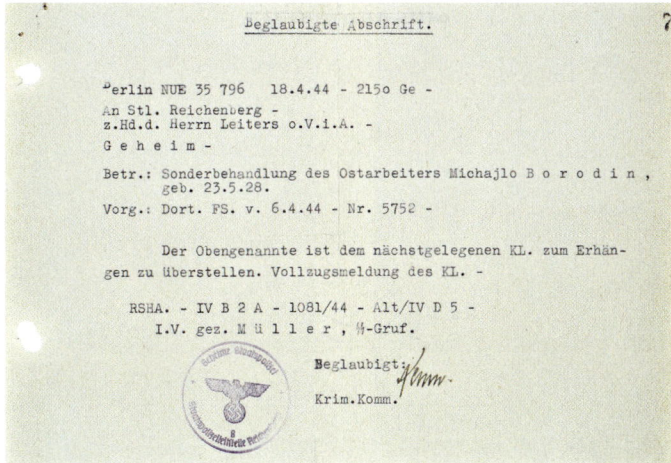

Schreiben der Staatspolizeileitstelle
Reichenberg an den Kommandanten des
Konzentrationslagers Groß-Rosen mit
anliegender Bestätigung der Exekution
des „Ostarbeiters" Michajlo Borodin durch
das Reichssicherheitshauptamt in Berlin,
4. Mai 1944.

Die regionalen Gestapodienststellen ließen
sich ihre Exekutionsanordnungen durch die
Gestapozentrale in Berlin bestätigen.
Borodin wurde am 8. Mai 1944 „exekutiert",
das heißt erhängt.

35062a–b Bundesarchiv, Berlin

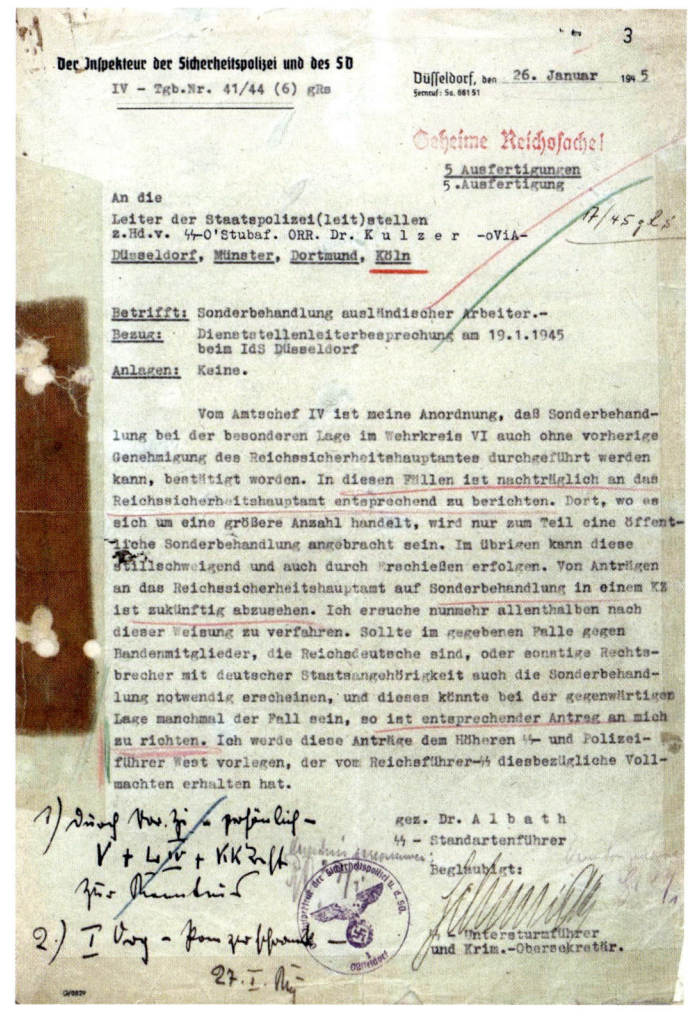

Anordnung des Inspekteurs der Sicherheitspolizei und des SD im Wehrkreis VI an die Leiter
der regionalen Staatspolizei(leit)stellen, bei
der Anwendung der „Sonderbehandlung", das
heißt, bei der Ermordung ausländischer Arbeiter
künftig eigenverantwortlich zu handeln,
26. Januar 1945.

35064 Landesarchiv NRW, Abteilung Rheinland, Düsseldorf

3.7 | Zwangsarbeiter und sowjetische Kriegsgefangene

**Hinrichtung von elf „Fremdarbeitern"
verschiedener Nationalitäten
durch Beamte der Kölner Gestapo,
Hüttenstraße/Schönsteinstraße,
Köln-Ehrenfeld, 25. Oktober 1944.**
Zur Abschreckung wurde die Erhängung öffentlich durchgeführt. Eine Hinrichtung von 13 weiteren Häftlingen führte die Gestapo am 10. November an gleicher Stelle durch.

35052b–l © bpk, Berlin

- 24 Js 115/65 -   Köln, den 14. 9. 1967

Gegenwärtig:
StA Hofmann als Sachbearbeiter,
Justizangestellte Jansen als Protokollführerin.

Auf Vorladung erscheint Herr Georg S_____,
wohnhaft Köln-Ehrenfeld, Innere Kanalstraße
und erklärt zur Sache folgendes:
Ich bin am 25.10.1944 Augenzeuge der Erhängung von 11 Ausländern in Köln - Ehrenfeld gewesen. Die Erhängungsaktion begann um 15.30 Uhr. Der Galgen war bereits Vormittags errichtet worden; von wem weiß ich nicht. Zu der angegebenen Zeit erschien ein geschlossener Polizeimannschaftswagen, der in unmittelbarer Nähe der Richtstätte hielt.
Die Häftlinge wurden gefesselt zum Richtgerät geführt. Keiner von ihnen hat sich gewehrt oder auch nur einen Laut von sich gegeben. Mir sind die Lichtbilder vorgelegt worden. Ich meine, sie stammen alle von der von mir miterlebten Hinrichtung. Die Tötung wurde jedenfalls auf die Art und Weise vollzogen, die auf den Lichtbildern erkennbar ist. Ich hatte den Eindruck, daß der Tod bei dem Delinquenten sofort nach dem Fall von dem Podest eintrat. Die Häftlinge hingen jedenfalls leblos an den Stricken. Lediglich bei einem Häftling ereignete sich ein Zwischenfall. Das Seil mit der Schlinge war offensichtlich etwas zu lang geraten, so daß der Delinquent den Boden mit den Zehenspitzen berührte. Daraufhin ist ein Gestapobeamter hinzugetreten und hat die Beine des Betreffenden hochgehoben, so daß der Tod durch Erdrosseln eintrat. Ich erinnere mich, daß der in Zivil gekleidete Henker den Häftling einmal hochgehoben und ruckartig nach unten gedrückt hat, offensichtlich um den Bruch der Wirbelsäule nachträglich herbeizuführen. Der Häftling hat sich während des grausamen Vorfalls ohnehin nicht bewegt, so daß ich nicht genau sagen kann, ob der Tod auf eine Abschnürung der Kehle oder einen Genickbruch zurückzuführen war.
Über die Stimmung in der zuschauenden Bevölkerung kann ich keine präzisen Angaben machen, weil sich seinerzeit jeder scheute, seine Meinung offen zu sagen.

- 2 -

Während der Hinrichtung flogen feindliche Flieger über den Stadtteil Ehrenfeld. Es wurde auch Alarm gegeben; jedoch ist keiner der Zuschauer in einen Luftschutzbunker gegangen.
Die Leichen mußten bis 7.00 Uhr an den Seilen hängenbleiben. Dann kam ein LKW, auf dem sich - mit Packpapier notdürftig verdeckt - bereits eine Reihe anderer Leichen unbekannter Herkunft befanden. KL-Häftlinge in Sträflingskleidung nahmen die Leichen der Erhängten ab und warfen sie auf das vorgenannte Fahrzeug. Die bereits darauf liegenden Leichen waren unbekleidet. Wo die Leichen verblieben sind, weiß ich nicht.
Während des gesamten Schauspiels ist keine Ansage über den Lautsprecher erfolgt. Ich erinnere mich nur noch, daß das "Urteil" durch einen uniformierten SS-Mann verlesen und in mehreren Sprachen übersetzt wurde. Er war sehr schlecht zu verstehen. Ich war etwa 60 Meter vom Galgen entfernt. Leute in der Uniform eines pol. Leiters sind mir nicht aufgefallen. Die Gebr. Schaller und den Gauleiter Grohé habe ich nicht am Tatort gesehen. Ich habe das gesamte Lichtbildmaterial durchgesehen. Ich erkenne auf keinem Bild eine mir bekannte Person. Die Beamten der Kölner Gestapo waren mir weder persönlich noch dienstlich bekannt. Die erhängten Häftlinge kannte ich ebensowenig.

Vorgelesen, genehmigt und unterschrieben.

Georg J_____

Hofmann   *Jansen*

Aussage eines Augenzeugen der Erhängung von elf ausländischen Arbeitern in Köln-Ehrenfeld am 25. Oktober 1944, Auszug aus Unterlagen des Ermittlungsverfahrens bei der Staatsanwaltschaft Köln, 14. September 1967.

Das Ermittlungsverfahren der Staatsanwaltschaft Köln gegen an der Erhängung beteiligte ehemalige Gestapobeamte wurde 1969 eingestellt, weil keiner der Angeschuldigten einer Straftat überführt werden konnte.

35053a–b Landesarchiv NRW, Abteilung Rheinland, Düsseldorf

– 6 –

Frage: Haben Sie sich über die Frage der Rechtmässigkeit oder Rechtswidrigkeit dieser Exekution Gedanken gemacht, und wenn ja, wann?

Antwort: Ich habe über die Frage der Rechtmässigkeit nicht regelrecht nachgedacht. Eher möchte ich sagen, dass ich an Ort und Stelle einen völlig rechtmässigen Eindruck des Ganzen vorgefunden und innerlich übernommen habe. Ich habe nichts entdeckt, was auf mich den Eindruck machte, als wäre es rechtswidrig. Ich habe im Gegenteil viele Uniformierte der verschiedensten Kategorien gesehen. Ausserdem war viel Zivilbevölkerung da. Ausserdem waren innerhalb des abgesperrten Kreises einige Leute in Zivil, die ich für Leute von irgendwelchen Behörden gehalten habe.

Frage: An welche Behörden dachten Sie?

Antwort: Das weiss ich nicht, die Betreffenden machten jedenfalls so den Eindruck von Behördenmenschen. Es waren ältere Herren und sie machten sehr ernste Gesichter. Mehr kann ich hierzu nicht sagen.

Frage: Habe ich Sie richtig verstanden, dass Sie zu keinem Zeitpunkt versucht oder erwogen haben, die Verlesung des Papiers abzulehnen?

Antwort: Ich habe das weder versucht noch erwogen.

Ich wusste ja auch noch gar nicht, worum es sich bei dem Schreiben überhaupt handelte. Ob Foltis mir das Schreiben auf dem Gang zum Podest oder erst am Podest selbst gegeben hat, weiss ich nicht mehr.

– 7 –

Das Podest hatte etwa Kistenhöhe und Kistengrösse.

Frage: Haben Sie während der Verlesung Bedenken bekommen oder sind Ihnen sonst während der Verlesung irgendwelche Gedanken gekommen?

Antwort: Nein. Ich weiss nur noch, dass ich mich an einem der zu verlesenden Namen verhaspelt habe. Foltis stand während der Verlesung des Papiers durch mich neben oder hinter mir. Von dort aus forderte er mich einmal auf, lauter oder deutlicher zu sprechen.

Frage: Was wäre wohl geschehen, wenn Sie oder irgendein anderer die Mitwirkung an der Exekution abgelehnt hätte?

Antwort: Ich vermute, dass Foltis den Betreffenden an Ort und Stelle niedergeschossen hätte. Er hätte nach meiner Meinung keinen Widerspruch geduldet. In der Dienststelle ist man ihm allgemein nach Möglichkeit aus dem Wege gegangen. Man hatte Angst vor ihm. Ich kann zwar nicht sagen, dass ich in Bezug auf Foltis Konkretes in dieser Richtung gehört hätte, aber man hat ja damals allgemein gewusst, dass in Fällen von Befehlsverweigerung unter Umständen mit der sofortigen Erschiessung zu rechnen war.

Frage von Staatsanwalt Hofmann: Galt das auch schon im Oktober 1944?

Antwort: Nach meiner Meinung ja.

Aussage des ehemaligen Mitarbeiters der Staatspolizeistelle Köln, Otto Langenbach, über seine Beteiligung an der öffentlichen Erhängung in Köln-Ehrenfeld am 25. Oktober 1944, Auszug aus dem Vernehmungsprotokoll, 27. Mai 1969.
Langenbach verlas zu Beginn der Erhängungen die Namen der Opfer und die ihnen zur Last gelegten „Straftaten". Das Verfahren gegen ihn wurde 1969 eingestellt, weil seine Schutzbehauptung, er habe damals angenommen, es handele sich um den Vollzug eines rechtsförmig ergangenen Urteils, nicht widerlegt werden konnte.

In der Aussage wird Richard Foltis, der damalige stellvertretende Leiter der Staatspolizeistelle Köln, erwähnt.

35054b, c Landesarchiv NRW, Abteilung Rheinland, Düsseldorf

Michael Wildt
Polizei der „Volksgemeinschaft"
Terror und Verfolgung im Deutschen Reich 1933–1945

„Jeder Versuch, die Geschlossenheit und den Kampfwillen des deutschen Volkes zu zersetzen", so wies der Chef des Reichssicherheitshauptamtes (RSHA), Reinhard Heydrich, gleich zu Beginn des Krieges am 3. September 1939 seinen Terrorapparat an, „ist rücksichtslos zu unterdrücken. Insbesondere ist gegen jede Person sofort durch Festnahme einzuschreiten, die in ihren Äußerungen am Sieg des deutschen Volkes zweifelt oder das Recht des Krieges in Frage stellt."

In den ersten beiden Kriegsjahren traten etliche neue Strafbestimmungen in Kraft, mit denen Deutsche, die feindliche Sender hörten, die sich kritisch über den Krieg äußerten oder Kontakt zu Kriegsgefangenen aufnahmen, verfolgt werden sollten. Mit der Todesstrafe konnten sogar Diebstähle während der Verdunkelungszeiten oder der Bombenangriffe belegt werden, weil, wie es in der „Verordnung gegen Volksschädlinge" vom 5. September 1939 hieß, „dies das gesunde Volksempfinden wegen der besonderen Verwerflichkeit der Straftat erfordert". Zwischen 1940 und 1945 verhängten die Strafgerichte, insbesondere die Sondergerichte und der „Volksgerichtshof", etwa 15 000 Todesurteile, von denen mehr als drei Viertel vollstreckt wurden. Auch die Zahl der Gefangenen in den Strafanstalten nahm drastisch zu, von 109 685 Ende Juni 1939 auf 196 700 Ende Juni 1944.

Die Furcht der NS-Führung, dass die Deutschen kriegsmüde werden und die Arbeiter wie im Ersten Weltkrieg streiken könnten, saß tief. Und so war die Regierung auf der einen Seite bemüht, die alltägliche Versorgung der „Volksgemeinschaft", vor allem der Arbeiterhaushalte, zu gewährleisten – nicht zuletzt durch rücksichtslose Ausplünderung der besetzten Gebiete. Regte sich Unzufriedenheit, weil Lebensmittelrationen im Laufe des Krieges gekürzt wurden oder Nacht- und Schwerarbeiterzulagen wegfielen, so schreckte das Regime in der Regel sofort zurück und revidierte die Kürzungen. Auf der anderen Seite sollte der brutale Terror dafür sorgen, dass sich – wie seit den ersten Jahren der NS-Herrschaft in Deutschland – auch weiterhin keinerlei wirksame Opposition regte und die Kriegsanstrengungen nicht nachließen.

Von der Verfolgung politischer Gegner zur „rassischen Generalprävention"

Nach dem Machtantritt der Nationalsozialisten standen in erster Linie die politischen Gegner im Mittelpunkt der Verfolgung. Mit brutaler Gewalt gingen SA und SS gegen Kommunisten, Sozialdemokraten, Liberale und andere Regimegegner vor, verschleppten sie in Keller, Vereinslokale, „wilde" Konzentrationslager, prügelten sie dort mit Peitschen, Eisenstangen, Lederriemen, folterten, ermordeten sie. Der Brand des Reichstages am 27. Februar 1933 bot der Hitler-Regierung den Anlass, mittels der „Verordnung zum Schutz von Volk und Staat" am Tag darauf alle wesentlichen Grundrechte wie Freiheit der Person, die Unverletzbarkeit der Wohnung, das Post- und Telefongeheimnis, die Meinungs- und Versammlungsfreiheit, das Vereinigungsrecht sowie die Gewährleistung des Eigentums außer Kraft zu setzen. Bereits in den Morgenstunden des 28. Februar begannen die Verhaftungen nach vorbereiteten Listen. Während der vor allem gegen Kommunisten gerichteten ersten Festnahmewelle des Frühjahres 1933 lag die Gesamtzahl der allein in Preußen in den Monaten März und April durch die Polizei in „Schutzhaft" genommenen Personen sehr wahrscheinlich bei mindestens 25 000. Bezieht man die Verhaftungen politischer Gegner durch SA und SS mit ein, war sie jedoch vermutlich weitaus höher. Nach Angaben des Reichsministeriums des Innern befanden sich am 31. Juli 1933 in den einzelnen Ländern des Reichsgebietes insgesamt 26 789 Personen in „Schutzhaft".

In Bayern war der Reichsführer-SS Heinrich Himmler nicht nur Kommandeur der politischen Polizei geworden, sondern herrschte auch über das neuerrichtete Konzentrationslager in Dachau. Diese Verbindung von SS, Gestapo und KZ setzte sich bald auch in den übrigen Ländern des Deutschen Reiches durch. Im April 1934 wurde Himmler auch Inspekteur der preußischen Geheimen Staatspolizei und übergab deren unmittelbare Leitung sogleich an Reinhard Heydrich. Die blutige „Säuberung" der SA-Führung im Juni 1934 durch SS- und Gestapokommandos, denen auch der ehemalige Reichskanzler und General Kurt von Schleicher, der Vorsitzende der „Katholischen Aktion", Erich Klausener, und andere Konservative zum Opfer fielen, brachte der SS weiteren Machteinfluss. Im Juni 1936 ernannte Hitler Himmler zum Chef der gesamten deutschen Polizei. Er unterstellte damit das wichtigste Gewaltinstrument des NS-Regimes der SS-Führung, die nun auch daran ging, die Konzentrationslager der SS neu zu strukturieren.

1937 waren die bisherigen kleinen, sogenannten Schutzhaftlager aufgelöst worden und neben Dachau zwei weitere, große Konzentrationslager in Sachsenhausen bei Berlin sowie in Buchenwald nahe Weimar errichtet worden. Nachdem 1938 neue Lager in Flossenbürg, Neuengamme und Mauthausen sowie das Frauenkonzentrationslager Ravensbrück hinzugekommen waren, wurde im Krieg das Konzentrationslagersystem erneut erheblich erweitert. 1940 entstanden zusätzliche Lager in Bergen-Belsen, im niederschlesischen Groß-Rosen, in Stutthof bei Danzig, im elsässischen Natzweiler und nicht zuletzt im oberschlesischen Auschwitz. Es waren zunehmend Häftlinge aus den besetzten Ländern Europas, zunächst Polen und Tschechen, dann Russen, die die Konzentrationslager füllten. Bei Kriegsende machte der Anteil der deutschen und österreichischen Häftlinge in den Konzentrationslagern nicht mehr als fünf bis zehn Prozent aus.

Im Fokus der nationalsozialistischen Verfolgung stand nicht mehr allein die Ausschaltung der politischen Opposition, sondern vielmehr eine allumfassende „rassische Generalprävention" (Ulrich Herbert) durch SS und Polizei. „Die nationalsozialistische Idee, die heute das deutsche Volk und das Reich beherrscht, sieht im Volk, nicht im Einzelmenschen, die wirkliche Erscheinungsform des Menschentums", führte Heinrich Himmler 1937 in einem grundsätzlichen Aufsatz über „Aufgaben und Aufbau der Polizei des Dritten Reiches" aus. „Das Volk wird begriffen nicht als zufällige Summe von Einzelnen, nicht einmal als die Gesamtheit der gegenwärtig lebenden Menschen gleichen Blutes, sondern als überpersönliche und überzeitliche Gesamtwesenheit, die begrifflich alle Generationen dieses Blutes – von den frühesten Ahnen bis zu den fernsten Enkeln – umfaßt. Dieser Volkskörper wird als organische Einheit gesehen, die von einem Gestaltungs- und Entwicklungsgesetz eigener Art beherrscht wird. […] Die Aufgaben der Führung und der von ihr geschaffenen Einrichtungen zielen ausschließlich auf die Erhaltung und Entfaltung aller Kräfte des Volkes." Und entsprechend folgerte Himmler daraus für die nationalsozialistische Polizei: „Die Polizei hat das deutsche Volk als organisches Gesamtwesen, seine Lebenskraft und seine Einrichtungen gegen Zerstörungen und Zersetzung zu sichern. Die Befugnisse einer Polizei, der diese Aufgaben gestellt sind, können nicht einschränkend ausgelegt werden."

Öffentliche Demütigung des Bauunternehmers H. L. durch die SS, Rendsburg, Juni 1933.

21011 Foto: privat © Jüdisches Museum, Rendsburg

Boykottposten der SA vor dem Eingang des jüdischen Kaufhauses Wohlwert in der Sülmerstraße 9–11, Heilbronn, 1. April 1933.

32004 Foto: privat © Stadtarchiv Heilbronn

Forderungen nach Einführung erbbiologischer Personalbögen, nach einem Eheverbot für unerwünschte Paare, nach Asylierung von Epileptikern, psychisch Kranken und Kriminellen aus „rassenhygienischen" Gründen bis hin zur Sterilisation „Minderwertiger" waren in Deutschland vor 1933, aber auch in allen anderen europäischen Ländern und den USA gang und gäbe. Die deutschen Ärztevertretungen drängten auf ein Sterilisationsgesetz, nicht nur um damit einer „Verschlechterung des deutschen Erbgutes" vorzubeugen, sondern auch, um die öffentlichen Kassen zu entlasten. Gleich nach ihrem Machtantritt, im Juli 1933, verabschiedete die Hitler-Regierung mit großem publizistischen Aufwand ein Eugenikgesetz, das erstmalig auch die Zwangssterilisation von angeblich erbkranken Menschen vorsah. Bis zum Kriegsbeginn 1939 wurden nach offiziellen Angaben etwa 300 000 Menschen sterilisiert, wobei die Dunkelziffer derjenigen, die außerhalb des Gesetzes, ohne ihren Willen oder gar ihr Wissen sterilisiert wurden, noch um einiges höher liegen dürfte. Allein in den ersten drei Jahren nach Erlass des Gesetzes fällten die neugeschaffenen „Erbgesundheitsgerichte" 224 338 Urteile und entschieden in knapp 90 Prozent auf Sterilisation. Der Mord an kranken und behinderten Menschen, der mit Kriegsbeginn einsetzte und trotz des offiziellen Endes 1941, nachdem es zu Gerüchten und Protesten in der deutschen Bevölkerung gekommen war, im Deutschen Reich und in den besetzten Gebieten fortgeführt wurde, kostete mindestens 200 000, vermutlich jedoch weitaus mehr Menschen das Leben.

Der Begriff der „Asozialität" wurde zu einer zentralen „rassenhygienischen" Kategorie, und kriminalbiologische Prämissen bildeten die Grundlage einer „vorbeugenden Verbrechensbekämpfung" durch die Polizei. Im März 1937 verhaftete die Kriminalpolizei nach vorbereiteten Listen etwa 2 000 sogenannte „Berufs-", „Gewohnheits-" und „Sittlichkeitsverbrecher" und verschleppte sie nach Dachau, Sachsenhausen und Buchenwald, um sie dort für den Ausbau der Lager einzusetzen. Unter den Verhafteten befanden sich vermutlich auch viele Homosexuelle. Bereits 1935 war der § 175 des Strafgesetzbuches verschärft worden, was zu einem drastischen Anstieg von Strafurteilen und zur KZ-Internierung von tausenden Homosexuellen geführt hatte. Im Oktober 1936 war außerdem im Reichskriminalpolizeiamt eine eigene zentrale Stelle zur „Bekämpfung der Homosexualität und Abtreibung" eingerichtet worden.

Anfang 1938 erteilte Himmler den Gestapostellen den Befehl, sogenannte Arbeitsscheue zu verhaften. Diese Aktion, die etwa 1 500 Menschen ins Konzentrationslager brachte, stellte aber nur den Auftakt für eine größere Verhaftungswelle im Juni desselben Jahres dar. Dieses Mal erhielt jeder Leitstellenbezirk der Kriminalpolizei eine feste Verhaftungsquote – mindestens 200 arbeitsfähige, „asoziale" Männer – zugeteilt. Zusätzlich sollten alle männlichen Juden interniert werden, die jemals zu einer Haftstrafe von mindestens einem Monat verurteilt worden waren, was mittlerweile schon bei den geringsten Delikten möglich war. Die Polizei erfüllte das Soll um ein Dreifaches; insgesamt wurden zwischen 9 000 und 10 000 Männer verhaftet und nach Buchenwald und Sachsenhausen gebracht. Der Zweck der Internierung lag darin, die Häftlinge als Arbeitskräfte für den Ausbau der Lager und für die SS-eigenen Betriebe, insbesondere zur Herstellung von Ziegeln für die Baubranche, auszunutzen. Zugleich sorgte das „rassenbiologische" Selektionskriterium für das gewünschte Ziel, „Asoziale" aus dem deutschen „Volkskörper" auszusondern.

Verfolgung der Sinti und Roma

Diese rassistische Politik betraf auch die Roma und Sinti, die sich seit Jahrhunderten überall in Europa im Visier der Polizei befanden. Während sie jedoch früher aufgrund von Ressentiments gegen ihre Lebensweise verfolgt wurden, standen im NS-Regime rassistische Motive im Vordergrund. Die „Regelung der Zigeunerfrage" solle, so Heinrich

Himmler in seinem grundlegenden Erlass vom 8. Dezember 1938, „aus dem Wesen dieser Rasse heraus in Angriff" genommen werden. Vor allem die sogenannten Zigeunermischlinge hätten den größten Anteil an der Kriminalität und müssten deshalb, anders als die „rassereinen Zigeuner", in besonderer Weise verfolgt werden. Es sollten alle in Deutschland befindlichen Roma und Sinti erfasst und durch eine eigens gebildete Kommission, die „Rassenhygienische und Bevölkerungsbiologische Forschungsstelle" (RHF), im „rassenbiologischen" Sinn bestimmt werden. Himmler betonte in seinem Erlass, dass diese Maßnahmen „mit Mitteln polizeilichen Zwanges sicherzustellen" seien.

In den folgenden Jahren reisten Arbeitsgruppen der RHF durch das Deutsche Reich, um Zigeuner anthropometrisch zu erfassen und „rassisch" zu kartographieren. Anhand eines umfangreichen Fragebogens und standardisierter „Verhöre" wurden Roma und Sinti in „Störenfriede/Schmarotzer/Unstete/Unbegabte/Gewaltverbrecher/Gauner/Erblich Geisteskranke" klassifiziert. In enger Verbindung mit der Kriminalpolizei führten die Mitarbeiter der RHF auch in Konzentrationslagern wie Ravensbrück, Auschwitz und Mauthausen ihre „rassenbiologischen" Untersuchungen durch. Später bildeten diese Gutachten die Grundlage für die Selektion zur Deportation in die Vernichtungslager.

Der Krieg verschärfte die Verfolgungspolitik. Ende September 1939 gab Heydrich den Amtschefs seines Apparates bekannt, dass nicht nur geplant sei, die deutschen Juden in ein „Reichsghetto" im besetzten Polen zu verschleppen, sondern dass gleichfalls, wie Heydrich sich ausdrückte, „die restlichen 30 000 Zigeuner auch nach Polen" deportiert werden sollten. Ein RSHA-Erlass vom Oktober 1939 ordnete dementsprechend die „Festsetzung der Zigeuner" an. Sie durften ihren Aufenthaltsort nicht mehr verlassen. Obwohl diese hochfahrenden Pläne angesichts zehntausender Balten- und Wolhyniendeutscher aus der Sowjetunion, die in den annektierten polnischen Gebieten angesiedelt werden sollten, zunächst zerstoben, hielt die SS-Führung an ihren Zielen fest.

Am 27. April 1940 ordnete Himmler die Deportation von insgesamt 2 500 „Zigeunern" aus verschiedenen Gebieten des Deutschen Reiches nach Polen an. Wie in Köln, Frankfurt am Main und Stuttgart nahm die Kriminalpolizei auch in Norddeutschland hunderte Roma und Sinti fest und internierte sie in einem Lagerschuppen im Hamburger Hafen. Am 20. Mai wurden 910 Menschen von dort nach Polen deportiert und in einem Lager bei Bełżec festgehalten. Die Häftlinge mussten schwere Zwangsarbeit leisten und waren nur notdürftig untergebracht, ihre Ernährung war völlig unzureichend und die Todesrate sehr hoch. Im Winter 1940/41 wurden sie gänzlich ihrem Schicksal überlassen. Viele starben an Hunger, Kälte, Krankheiten; einige versuchten sich wieder zu ihren Familien durchzuschlagen, um dann ein Jahr später erneut nach Polen verschleppt zu werden.

Aus dem österreichischen Burgenland wurden im Herbst 1941 etwa 5 000 Roma in das Ghetto Łódź deportiert und, nachdem zahlreiche von ihnen bereits aufgrund der katastrophalen hygienischen Bedingungen Seuchen zum Opfer gefallen waren, die Überlebenden in den „Gaswagen" von Chełmno ermordet. Im Frühjahr 1942 setzten die Deportationen von Roma und Sinti aus den besetzten europäischen Ländern ein, und im Dezember desselben Jahres ordnete Himmler an, dass alle „Zigeunermischlinge, Ròm-Zigeuner und nicht deutschblütige Angehörige zigeunerischer Sippen balkanischer Herkunft" zu verhaften und nach Auschwitz zu bringen seien. Dort wurde ein sogenanntes Zigeuner-Familienlager geschaffen, in dem die SS über 23 000 Männer, Frauen und Kinder zusammenpferchte. Zwar wurden die Roma und Sinti nicht gleich nach ihrem Eintreffen in Auschwitz-Birkenau selektiert, aber die SS erklärte mehrere tausend der Ankommenden für „fleckfieberverdächtig" und ermordete sie noch im Mai 1943 in den

Zur Deportation bestimmte „Zigeuner", darunter viele Kinder, werden von Beamten der Ordnungspolizei und von Kriminalpolizisten in Zivil durch die Straßen von Remscheid zum Bahnhof geführt, März 1943.

33012 © Historisches Zentrum, Remscheid

Gaskammern. Die übrigen litten unter unsäglichen Verhältnissen in dem sogenannten Familienlager und starben an Krankheiten und Entbehrungen. Zahlreiche Menschen wurden Opfer medizinischer Versuche der SS-Ärzte. Im August 1944 wurden dann die überlebenden Roma und Sinti in den Gaskammern von Auschwitz ermordet.

„Rassenpolitischer Hauptfeind": die Juden

Den „rassenpolitischen Hauptfeind" des Nationalsozialismus bildeten jedoch die Juden. Seit den Anfängen der NS-Bewegung gehörte der radikale, gewalttätige Antisemitismus zu ihren unverzichtbaren Politikelementen. Das Konzept der „Volksgemeinschaft", das die NSDAP wie auch die demokratischen Parteien der Weimarer Republik propagierten, war von vornherein weniger von der Frage bestimmt, wer zur „Volksgemeinschaft" dazugehören sollte, als vielmehr davon, wer in jedem Fall ausgeschlossen werden müsse. „Staatsbürger kann nur sein, wer Volksgenosse ist. Volksgenosse kann nur sein, wer deutschen Blutes ist, ohne Rücksicht auf Konfession. Kein Jude kann daher Volksgenosse sein", hieß es klipp und klar bereits im Parteiprogramm der NSDAP von 1920.

Gerade in der Provinz, in den Dörfern und kleinen Orten, wo die Nazis zwar die Führungspositionen erobert, aber noch nicht die politische Macht errungen hatten, war die Verfolgung der jüdischen Nachbarn als „Volksfeinde", als „rassische Gegner des deutschen Volkes" das zentrale politische Instrument, um die bürgerliche Ordnung anzugreifen und die „Volksgemeinschaft" herzustellen. Antisemitismus konstituierte die nationalsozialistische „Volksgemeinschaft"; er befeuerte auch deren Radikalität und deren Destruktionspotential.

So blieb zum Beispiel der Boykott jüdischer Geschäfte keineswegs auf den 1. April 1933 beschränkt. Während in den Großstädten der Boykott danach fürs Erste abgebrochen wurde, eröffnete er in der Provinz, in den Kleinstädten und Dörfern, den örtlichen Partei- und SA-Gruppen eine politische Arena, in der sie die lokale politische Ordnung verändern konnten. Mit dem Boykott ließen sich diverse Aktionsformen erproben. Sie reichten vom Einsatz selbstgefertigter Plakate und Transparente über das einschüchternde Postenstehen direkt vor den Läden, das bloße Auffordern von Kunden, die Geschäfte nicht zu betreten, Beschimpfungen von Boykottbrechern, die man auch fotografierte und in Lokalblättern öffentlich bloßstellte, bis zur Anwendung von körperlicher Gewalt.

Wie ein Lauffeuer verbreiteten sich im Sommer 1935 – also Monate vor der Verabschiedung der „Nürnberger Gesetze" im September – sogenannte Rassenschande-Aktionen im Reich. Junge Paare wurden mit Plakaten um den Hals durch die Straßen getrieben, die von zahlreichen Menschen gesäumt waren. Frauen, Kinder, Jugendliche liefen mit, lachten, verhöhnten, beschimpften, misshandelten die Opfer. Mit den militanten „Rassenschande"-Aktionen des Jahres 1935 hatten die Nationalsozialisten offenbar ein Feld gefunden, um im Alltag wirksam und mit Zustimmung der „Volksgenossinnen" und „Volksgenossen" die Grenzen der „Volksgemeinschaft" zu ziehen. Die „Nürnberger Gesetze", die auf dem Reichsparteitag der NSDAP im September 1935 verabschiedet wurden, machten die deutschen Juden endgültig zu Staatsbürgern zweiter Klasse und stellten rassistisch definierte sexuelle Beziehungen unter Strafe.

Nach der sich zuspitzenden weiteren Entrechtung der Juden befand sich im Jahr 1938 die Enteignung jüdischen Vermögens, das der NS-Staat zur Finanzierung seiner Aufrüstung verwendete, auf dem Höhepunkt. Im Januar zwang ein Gesetz die deutschen Juden, ihre

Mit aufgenähten sogenannten Judensternen gekennzeichnete jüdische Familie, Berlin, undatiert (Ende September 1941).
32025 © SZ Photo, München

Vor- und Familiennamen zu ändern; im März wurde den jüdischen Gemeinden der Status von Körperschaften öffentlichen Rechts entzogen; im April erließ Göring eine Verordnung über die Anmeldung des Vermögens von Juden, mit der systematisch zunächst das Eigentum erfasst wurde, das geraubt werden sollte.

Von den im Januar 1933 existierenden jüdischen Unternehmen gehörten bereits zwei Drittel nicht mehr ihren einstmaligen jüdischen Eigentümern. Besonders der Einzelhandel war von der Enteignung betroffen. Im Deutschen Reich bestanden im Juli 1938 nach offizieller Zählung von ehemals über 50 000 jüdischen Einzelhandelsgeschäften nur noch etwa 9 000. Unzählige „Partei-" und „Volksgenossen", die bislang noch leer ausgegangen waren, traten nun auf den Plan, um die verbleibenden Objekte zum Spottpreis zu erwerben. Der eigentliche Profiteur des Raubes an den jüdischen Vermögen aber war der NS-Staat. Er verdiente sowohl durch besondere Abgaben, die die „arischen" Erwerber zu bezahlen hatten, an der „Arisierung" als auch durch die „Reichsfluchtsteuer" und zahlreiche weitere Zwangsabgaben, mit denen er emigrierende Juden bis auf ein Handgeld, das sie auf ihre Flucht ins Ausland mitnehmen konnten, ausplünderte.

Eine seit dem Frühjahr 1938 schwelende diplomatische Auseinandersetzung mit Polen führte im Oktober zu einer erneuten massenhaften Polizeiaktion gegen Juden. Als Reaktion auf die antisemitische Absicht der polnischen Regierung, den im Ausland lebenden polnischen Staatsangehörigen, vor allem den polnischen Juden, die Staatsangehörigkeit abzuerkennen und durch entsprechende Passvermerke die Wiedereinreise nach Polen zu verwehren, erließ Himmler am 26. Oktober 1938 ein Aufenthaltsverbot für polnische Juden und ordnete an, dass sie innerhalb von drei Tagen das Deutsche Reich zu verlassen hätten. In einer gezielten Großaktion nahm die Gestapo am 28. Oktober etwa 17 000 polnische Juden fest und verfrachtete sie an die polnische Grenze. Da Polen diesen Menschen die Einreise verweigerte, irrten sie im Niemandsland und in den Grenzorten herum, ohne jede Hilfe, Lebensmittel und sanitäre Möglichkeiten. Erst nachdem sich Polen und Deutschland nach einigen Tagen auf eine Verlängerung der Abschiebefrist verständigt hatten, brach Himmler die Aktion ab. Es war diese kalt kalkulierte und brutale Maßnahme, die den jungen Herschel Grynszpan, dessen Eltern zu den Deportierten gehörten, in Paris zum Attentat trieb und ihn am 7. November 1938 auf den deutschen Botschaftsangehörigen Ernst vom Rath schießen ließ.

Bis heute sind die Heftigkeit und Brutalität des Novemberpogroms nicht ausreichend erklärt; Ausschreitungen in einem solchem Ausmaß können nicht befohlen werden, wenn nicht bereits die Bereitschaft zur enthemmten Gewalt vorhanden ist. Überall im Reich wurden Synagogen in Brand gesetzt, Geschäfte und Wohnungen zerstört und geplündert, Juden willkürlich verhaftet, aus ihren Wohnungen getrieben und misshandelt. Wahrscheinlich mehr als hundert Menschen wurden getötet. Ihre Mörder wurden in der Regel nicht zur Rechenschaft gezogen. Der Novemberpogrom zielte nicht mehr allein auf Diskriminierung und Ausplünderung der jüdischen Nachbarn, sondern auf deren gewaltsame Vertreibung und auf die Auslöschung der jüdischen Kultur in Deutschland.

Noch während des Pogroms ordnete Heydrich an, dass die Gestapostellen wohlhabende männliche Juden verhaften und in die nächstgelegenen Konzentrationslager bringen sollten. Rund 36 000 Männer wurden in die Lager verschleppt, dort besonders brutal drangsaliert und zum Jahresende beziehungsweise Anfang 1939 nur unter der Bedingung freigelassen, dass sie der Enteignung ihres Vermögens zustimmten und Deutschland verließen.

Ohne Zweifel hat eine Mehrheit der deutschen Bevölkerung den Pogrom nicht gebilligt – darin sind sich alle wissenschaftlichen Untersuchungen einig. Aber es war weniger das Mitgefühl für die jüdischen Opfer als vielmehr die Zerstörung von Sachwerten, die im Zentrum der Kritik stand. „Moralische Empfindungslosigkeit" gegenüber dem Schicksal der Juden nannte der Historiker David Bankier diese Haltung.

Am 30. Januar 1939 hielt Adolf Hitler dann seine Rede vor dem Reichstag, in dem er die europäischen Mächte aufforderte, für eine „Lösung der Judenfrage" zu sorgen, und schloss mit der Drohung, falls es zum Krieg käme, werde das Ergebnis nicht die „Bolschewisierung der Erde", sondern die „Vernichtung der jüdischen Rasse in Europa" sein. Im März 1939 besetzte Deutschland unter Verletzung des Münchener Abkommens den restlichen Teil der Tschechoslowakei, errichtete das sogenannte Protektorat Böhmen und Mähren und führte sofort alle antijüdischen Verordnungen ein, die im Deutschen Reich galten. Ein halbes Jahr später, im September 1939, überfiel die deutsche Wehrmacht Polen. Im Schatten des Krieges nahm die „Lösung der Judenfrage" nunmehr die Form des systematischen Massenmordes an.

Im Deutschen Reich wurden die Juden mit dem Kriegsbeginn verschärften Drangsalierungen ausgesetzt. Am 10. September 1939 ordnete Himmler ein Ausgehverbot für Juden ab 22 Uhr an. Wenige Tage später folgte eine Verordnung, die Juden untersagte, ein Radiogerät zu besitzen, nachdem bereits lokale Parteigruppen und kommunale Ämter damit begonnen hatten, Ausgehverbote zu dekretieren oder die Radioapparate zu beschlagnahmen. Lebensmittelkarten für Juden wurden von Januar 1940 an generell mit einem „J" gekennzeichnet, die Rationen immer weiter eingeschränkt und Zulagen gestrichen. Juden mussten aus ihren Wohnungen ausziehen und in sogenannten Judenhäusern leben – eine vorbereitende, ghettoisierende Maßnahme, um sie besser erfassen und deportieren zu können.

Darüber hinaus forcierte die NS-Führung Pläne, die noch im Reich lebenden Juden zur Zwangsarbeit heranzuziehen. Männer wie Frauen, im Sommer 1941 etwa 59 000 Menschen, wurden in der Landwirtschaft zur Erntearbeit, in Industriebetrieben, zur Trümmerräumung bei Bombardierungsschäden oder zum Bau von Straßen und Eisenbahngleisen eingesetzt, vielfach ohne jeden Lohn und Versicherungsschutz.

Pläne zur öffentlichen Stigmatisierung der deutschen Juden durch einen „Judenstern" existierten schon seit einigen Jahren. Nun schien der NS-Führung der Zeitpunkt für diese Maßnahme gekommen, weil sie hoffte, dass die deutsche Bevölkerung die nun öffentlich erkennbaren Menschen aktiv ausgrenzen würde. Die Polizeiverordnung vom 1. September 1941 legte detailgenau fest: „Der Judenstern besteht aus einem handtellergroßen, schwarz ausgezogenen Sechsstern aus gelbem Stoff mit der schwarzen Aufschrift ‚Jude'. Er ist sichtbar auf der linken Brustseite des Kleidungsstücks fest aufgenäht zu tragen." Victor Klemperer notierte am 8. September in sein Tagebuch: „Heute morgen brachte Frau Kreidl (die Witwe) aufgelöst und blaß die Nachricht, im Reichsverordnungsblatt stehe die Einführung der gelben Judenbinde. Das bedeutet für uns Umwälzung und Katastrophe. Eva hofft noch immer, die Maßregel werde gestoppt werden, und so will ich noch nichts weiter darüber schreiben", und fuhr eine Woche später fort: „Die Judenbinde, als Davidsstern wahr geworden, tritt am 19. 9. in Kraft. Dazu das Verbot, das Weichbild der Stadt zu verlassen, Frau Kreidl sen. war in Tränen, Frau Voß hatte Herzanfall. Friedheim sagte, dies sei der bisher schlimmste Schlag, schlimmer als die Vermögensabgabe. Ich selber fühle mich zerschlagen, finde keine Fassung." Und am 20. September: „Gestern, als Eva den Judenstern annähte, tobsüchtiger Verzweiflungsanfall bei mir."

Michael Wildt | Polizei der „Volksgemeinschaft"

Mittlerweile drängten zahlreiche Instanzen des NS-Regimes darauf, die Juden loszuwerden. Nachdem Reinhard Heydrich offenkundig seit längerem mit einem Plan zur „Endlösung der Judenfrage", in Abstimmung mit Hermann Göring, beauftragt worden war, ohne dass Einzelheiten dieses Planes überliefert worden sind, erhielt er am 31. Juli 1941 jene bekannte Ermächtigung, „alle erforderlichen Vorbereitungen in organisatorischer, sachlicher und materieller Hinsicht zu treffen für eine Gesamtlösung der Judenfrage im deutschen Einflußgebiet in Europa".

In Paris bestürmte der Judenreferent in der Deutschen Botschaft den Botschafter Otto Abetz mit diversen antisemitischen Vorschlägen, die Abetz bei nächster Gelegenheit mit Reichsaußenminister Joachim von Ribbentrop und Hermann Göring besprechen wollte. Auch aus den annektierten westpolnischen Gebieten kamen Mordinitiativen. Im Ghetto Łódź waren 140 000 Menschen zusammengepfercht, die katastrophale Ernährung und Hygiene ließen Epidemien ausbrechen, die den Deutschen wiederum das Schreckensbild und den Vorwand lieferten, dass die Ghettos Seuchenherde seien, die rücksichtslos „gesäubert" werden müssten. Am 16. Juli 1941 sandte der regionale Posener SD-Chef und Leiter der dortigen „Umwandererzentralstelle", Rolf-Heinz Höppner, an Adolf Eichmann in Berlin als Zusammenfassung der Ergebnisse verschiedener Besprechungen zur „Lösung der Judenfrage" im Reichsgau „Wartheland" folgendes Telegramm: Es bestehe im kommenden Winter die Gefahr, „daß die Juden nicht mehr sämtlich ernährt werden können. Es ist daher ernsthaft zu erwägen, ob es nicht die humanste Lösung ist, die Juden, soweit sie nicht arbeitseinsatzfähig sind, durch irgendein schnellwirkendes Mittel zu erledigen. Auf jeden Fall wäre dies angenehmer, als sie verhungern zu lassen."

Auch die NSDAP-Gauleiter in Deutschland drängten auf eine rasche Deportation der Juden, damit die freiwerdenden Wohnungen nach alliierten Luftangriffen ausgebombten „Volksgenossen" zur Verfügung gestellt werden könnten. „In der Judenfrage", so schrieb Joseph Goebbels in sein Tagebuch über eine Unterredung mit Hitler am 19. August, „kann ich mich beim Führer vollkommen durchsetzen. Er ist damit einverstanden, daß wir für alle Juden im Reich ein großes sichtbares Judenabzeichen einführen, das von den Juden in der Öffentlichkeit getragen werden muß [...]. Im übrigen sagt der Führer mir zu, die Berliner Juden so schnell wie möglich, sobald sich die erste Transportmöglichkeit bietet, von Berlin in den Osten abzuschieben. Dort werden sie dann unter einem härteren Klima in die Mache genommen." Die Behörde des Generalbauinspektors für Berlin, Albert Speer, ging im August davon aus, dass demnächst tausende von Juden bewohnte Wohnungen geräumt würden, und stellte aus seiner Gesamtkartei entsprechende Listen zusammen, die im September der Berliner Gestapo übergeben wurden.

Im September fiel dann die Entscheidung Hitlers, noch vor Kriegsende mit der Deportation der deutschen Juden zu beginnen. Am 18. September teilte Himmler dem Gauleiter des „Warthelandes", Arthur Greiser, mit, der „Führer" wünsche, dass „möglichst bald das Altreich und das Protektorat vom Westen nach dem Osten von Juden geleert und befreit" werde. Am 15., 16. und 18. Oktober verließen auf Anordnung des Chefs der Ordnungspolizei, Kurt Daluege, die ersten Deportationszüge Wien, Prag und Berlin in Richtung Łódź.

Obwohl damit noch nicht ihre Ermordung endgültig beschlossen war, so war doch eine entscheidende Grenze in diese Richtung überschritten. Denn bislang hatte Hitlers politische Linie gegolten, alle Mittel auf die militärische Erringung des Sieges zu konzentrieren und die „Judenfrage" nach dem Ende des Krieges gegen die Sowjetunion zu „lösen". Dass er in diesen Septembertagen frühere Einwände beiseite schob und den Forderungen nach Deportation der deutschen und westeuropäischen Juden „in den

Öffentliche Anprangerung der von der Gestapo in „Schutzhaft" genommenen 31-jährigen Martha V. aus Altenburg auf dem dortigen Marktplatz, 6./7. Februar 1941.

35048b © Thüringisches Staatsarchiv, Altenburg

Osten" zustimmte, obwohl der Krieg gegen die Sowjetunion noch nicht gewonnen war, durchbrach die letzte immanente Schranke in der Radikalisierung der bisherigen Politik. Von diesem Punkt aus waren alle Schritte möglich – auch die systematische Vernichtung.

Am 20. Januar 1942 fand im Gästehaus des Chefs der Sicherheitspolizei und des SD jenes Treffen statt, das als „Wannsee-Konferenz" in die Geschichte eingehen sollte. Auf ihr, an der führende NS- und SS-Funktionäre im Range Heydrichs aus verschiedenen Ministerien und SS-Institutionen teilnahmen, wurde nicht, wie früher angenommen, die „Endlösung" beschlossen, sondern vielmehr, wie das Protokoll es ausdrückte, die „Parallelisierung der Linienführung" vereinbart, das heißt, man verständigte sich auf den Völkermord.

Europa sollte, wie es im Protokoll der Wannsee-Konferenz heißt, „vom Westen nach Osten durchgekämmt" werden, wobei das Reichsgebiet und das Protektorat, „allein schon aus Gründen der Wohnungsfrage und sonstigen sozial-politischen Notwendigkeiten" vorweggenommen werden müssten. Die Juden sollten „in geeigneter Form im Osten zum Arbeitseinsatz kommen", wodurch bereits eine große Zahl sterben werde. „Der allfällig endlich verbleibende Restbestand wird, da es sich bei diesem zweifellos um den widerstandsfähigsten Teil handelt, entsprechend behandelt werden müssen, da dieser, eine natürliche Auslese darstellend, bei Freilassung als Keimzelle eines neuen jüdischen Aufbaues anzusprechen ist (Siehe Erfahrung der Geschichte.)" Fast zwei Jahrzehnte später, auf die Frage des israelischen Verhörbeamten in Jerusalem, was mit dem Begriff „entsprechend behandelt" gemeint gewesen sei, antwortete Adolf Eichmann, der ehemalige Leiter des „Judenreferates" im Reichssicherheitshauptamt, „getötet, getötet, sicherlich ...". Insgesamt elf Millionen europäische Juden hatten die Völkermordplaner im Blick, etliche davon in Gebieten wie Schweden, England, Irland, der Türkei oder der Schweiz, die gar nicht in deutscher Hand waren.

Kriegsgefangene und Zwangsarbeiter

Zu diesem Zeitpunkt war der Krieg, militärisch gesehen, bereits verloren, denn nach der Niederlage der deutschen Wehrmacht vor Moskau im Dezember 1941 konnte das Deutsche Reich gegen die weit überlegene Rüstungsproduktion der USA und der UdSSR einen langandauernden Krieg nicht mehr gewinnen. Die Wehrmacht war gezwungen, die männlichen Jahrgänge stark zu mustern, um Soldaten zu gewinnen, und konnte nur einer Minderheit erlauben, als Industrie- und Facharbeiter in kriegswichtigen Betrieben für den Wehrdienst unabkömmlich zu sein. Wer Soldat wurde, fehlte in der Wirtschaft, deren Produktionskapazität wiederum entscheidend zum Krieg beitrug. Daher versuchte das NS-Regime mit aller Kraft, aus den besetzten Gebieten Arbeitskräfte zu bekommen, entweder auf freiwilliger Basis oder mit Zwang und Gewalt.

Aus Polen wurden sogleich 1939 Arbeitskräfte geworben, später gezwungen, in Deutschland zu arbeiten. Im Frühjahr 1940 kamen britische und vor allem französische Kriegsgefangene hinzu: Ende des Jahres arbeiteten rund 1,2 Millionen Kriegsgefangene ebenfalls überwiegend in der Landwirtschaft, aber auch im Baugewerbe. Damit waren zu diesem Zeitpunkt bereits zehn Prozent aller im Reich beschäftigten Arbeitskräfte Ausländer. Nachdem die Wehrmachtsführung zunächst mit verbrecherischer Absicht den Hungertod von Millionen sowjetischer gefangener Soldaten geplant und herbeigeführt hatte, galt es ab Ende 1941 vermehrt, deren Arbeitskraft für die deutsche Kriegswirtschaft auszunutzen. Für die meisten der sowjetischen Kriegsgefangenen kam die Umorientierung der NS-Führung jedoch zu spät: Von den 3,35 Millionen 1941 gefangengenommenen Soldaten wurden im Januar 1942 nur noch 1,16 Millionen als lebend gemeldet, von denen die wenigsten arbeitsfähig waren.

Michael Wildt | Polizei der „Volksgemeinschaft"

Russische Zwangsarbeiterinnen der Frank'sche Eisenwerke Aktiengesellschaft, Adolfshütte, Dillenburg-Niederscheld, 1943.
35341 © Hessisches Wirtschaftsarchiv, Darmstadt

Anprangerung einer deutschen Frau und eines polnischen Mannes unter dem Vorwurf, eine intime Beziehung unterhalten zu haben, Eisenach, 15. November 1940.
35044c © Stadtarchiv Eisenach

Ende 1942 arbeiteten etwa 4,6 Millionen Ausländer im Deutschen Reich, im September 1944 waren es 5,9 Millionen, darunter knapp zwei Millionen Frauen. Russen stellten mit über 2,1 Millionen den größten Anteil. Damit war etwa jeder zweite Beschäftigte in der Landwirtschaft ein Ausländer, darunter vor allem Polen, aber auch Russen und Franzosen. Im Bergbau, in der Metallindustrie und in der Bauwirtschaft stellten die ausländischen Arbeiter ein Drittel der dort beschäftigten Arbeitskräfte. Insgesamt machten sie einen Anteil von über 26 Prozent aus.

Im Reich unterlagen diese Arbeiter einem drakonischen Zwangsregiment, und das Reichssicherheitshauptamt war sehr bemüht, die Strafgewalt über die ausländischen Arbeiter zu erhalten. Im September 1942 traf Himmler mit dem neuernannten Justizminister Otto Georg Thierack zusammen, um das Verhältnis zwischen SS und Justiz neu zu bestimmen. Beide kamen rasch überein, dass „nicht genügende Justizurteile durch polizeiliche Sonderbehandlung […] korrigiert" werden sollten. Außerdem sollten sämtliche „asozialen Elemente" – wörtlich wurden genannt: „Juden, Zigeuner, Russen und Ukrainer, Polen über 3 Jahren Strafe, Tschechen oder Deutsche über 8 Jahren Strafe" – an die SS zwecks „Vernichtung durch Arbeit" übergeben werden. Mit der Begründung, wie es im Runderlass des RSHA vom 5. November 1942 hieß, diese ausländischen Arbeiter seien „fremdvölkische und rassisch minderwertige Menschen", von denen „für die deutsche Volksordnung erhebliche Gefahrenmomente" ausgingen und deren Taten „nicht unter dem Gesichtswinkel der justizmäßigen Sühne, sondern unter dem Gesichtswinkel der polizeilichen Gefahrenabwehr" zu betrachten seien, wurden Millionen von Menschen der Möglichkeit beraubt, sich vor einem Gericht gegen Beschuldigungen zu wehren. Stattdessen lieferte man sie wehrlos der Willkür der Polizei aus.

Der immense Arbeitskräftemangel führte keineswegs zu einer Änderung der antisemitischen Politik von SS und Polizei. Auch jene jüdischen Zwangsarbeiterinnen und Zwangsarbeiter, die bislang oftmals als Angehörige von sogenannten Mischehen überlebt hatten und insbesondere in einem der Zentren der deutschen Rüstungsindustrie, in Berlin, arbeiteten, sollten in die Vernichtungslager deportiert werden. Ende Februar 1943 verhaftete die Berliner Gestapo in der „Fabrik-Aktion" die meist männlichen jüdischen Zwangsarbeiter auf ihren Arbeitsstellen und verschleppte sie zu einem Sammellager in der Rosenstraße in Berlin-Mitte. Auch wenn die Verhaftungen vor allem aufgrund des Druckes anderer NS-Instanzen, die keinerlei Arbeitskräfte verlieren wollten, zurückgenommen werden mussten, ist der mutige, öffentliche Protest der Ehefrauen der Verhafteten in der Rosenstraße nicht hoch genug zu achten.

Verbrechen der Endphase des Krieges

Die Landung der Alliierten in der Normandie am 6. Juni 1944 veränderte die militärische Lage entscheidend. Der Vormarsch der überlegenen amerikanischen und britischen Truppen im Westen war nicht aufzuhalten. An der Ostfront ging die sowjetische Armee am 22. Juni 1944 zur Offensive über, die zum Zusammenbruch der gesamten Heeresgruppe Mitte führte. Millionen von Menschen flüchteten vor den herannahenden sowjetischen Truppen aus Ostpreußen, Pommern, Schlesien. Nicht bloß die nationalsozialistische Propaganda, die ein Schreckensszenario von den Grausamkeiten des bolschewistischen Feindes gezeichnet hatte, hatte heillosen Schrecken unter der Zivilbevölkerung ausgelöst. Auch die entfesselte Soldateska selbst, die Erschießungen, Massenvergewaltigungen, Plünderungen und Deportationen zur Zwangsarbeit, lösten panikartige Fluchten aus. Die ganze Brutalität des Vernichtungskrieges, den die Deutschen in den besetzten Gebieten der Sowjetunion geführt hatten, schlug jetzt auf Deutschland zurück.

Durch den Vormarsch der Roten Armee sah sich die SS gezwungen, die Konzentrationslager im Osten aufzulösen und die Gefangenen in entsetzlichen Fußmärschen in die westlich gelegenen Lager zu bringen. Hunderttausende waren unterwegs durch das vom Krieg gezeichnete Deutschland; allein aus dem Konzentrationslager Auschwitz wurden Mitte Januar etwa 67 000 Menschen in Marsch gesetzt. Diese „Todesmärsche" erfolgten bei Eis und Schnee, ohne ausreichende Verpflegung, oftmals ohne jede Ruhepause und führten in aller Öffentlichkeit durch die am Weg gelegenen Ortschaften. Zehntausende, die entkräftet nicht mehr weiterkonnten, wurden von den SS-Wachmannschaften erschossen oder starben unterwegs an Erschöpfung. Aber auch deutsche Zivilisten beteiligten sich an den Gewalttaten gegen KZ-Häftlinge. Über die Gesamtzahl der bei den „Todesmärschen" Ermordeten liegen nur Schätzungen vor, die zwischen 200 000 bis 350 000 der gegen Kriegsende noch inhaftierten über 700 000 KZ-Häftlinge schwanken.

Das nationalsozialistische Herrschaftssystem löste sich zunehmend auf. Die zentralen Behörden und Ministerien in Berlin waren entweder evakuiert oder besaßen nur noch eingeschränkten Kontakt zu ihren regionalen Dienststellen. Im Reich errichteten die örtlichen Gestapostellen ein letztes Schreckensregiment und führten Massenerschießungen von Gefangenen, darunter viele ausländische Zwangsarbeiter, durch. Mobile Standgerichte fällten reihenweise Todesurteile gegen Menschen, die, um ihre Stadt oder Gemeinde vor der Zerstörung zu retten, den sinnlosen Kampf beenden wollten. Während noch ein letztes Aufgebot, der NS-„Volkssturm" aus alten Männern und Jugendlichen, für eine völlig aussichtslose Verteidigung des Reichsgebietes aufgeboten wurde, ließen die NS-Verantwortlichen meist ihre Posten im Stich und versuchten, mit ihrem geraubten Hab und Gut zu flüchten.

Am 25. April schloss sich der sowjetische Ring um Berlin, am selben Tag trafen amerikanische und sowjetische Truppen bei Torgau an der Elbe zusammen. Am 2. Mai kapitulierte Berlin, fünf Tage später unterschrieb Generaloberst Alfred Jodl im Hauptquartier von General Dwight D. Eisenhower in Reims die Gesamtkapitulation der Wehrmacht; tags darauf, am 8. Mai, wiederholten Generalfeldmarschall Wilhelm Keitel und andere hohe deutsche Offiziere im sowjetischen Hauptquartier in Berlin-Karlshorst den Kapitulationsakt. Die nationalsozialistische Schreckensherrschaft, die Millionen Menschen in Europa den Tod gebracht hatte, war zu Ende. Der Reichsführer-SS und Chef der deutschen Polizei, Heinrich Himmler, beging am 22. Mai in britischer Gefangenschaft Selbstmord; SS, SD und Gestapo wurden im Nürnberger Prozess 1945/46 zu verbrecherischen Organisationen erklärt, der letzte Chef des Reichssicherheitshauptamtes, Ernst Kaltenbrunner, zum Tode verurteilt und hingerichtet.

Beim Zusammenbruch des Regimes begingen nur wenige Täter Selbstmord; etliche konnten untertauchen und fliehen. Einige wurden wegen ihrer Verbrechen angeklagt und verurteilt. Die meisten konnten sich unbehelligt im Nachkriegsdeutschland wieder einrichten. Ungeahndet sind ihre Taten indessen nicht, denn die nationalsozialistischen Massenverbrechen bleiben unauflöslicher Bestandteil gesellschaftlicher Auseinandersetzung um das eigene, zivilisatorische Selbstverständnis.

Weiterführende Literatur

Wolfgang Ayaß, „Asoziale" im Nationalsozialismus, Stuttgart 1995.

Wolfgang Benz/Barbara Distel (Hg.), Geschichte der Konzentrationslager, Berlin 2001ff.

Jörg Echterkamp (Hg.), Die deutsche Kriegsgesellschaft 1939 bis 1945 (= Das Deutsche Reich und der Zweite Weltkrieg, hg. vom Militärgeschichtlichen Forschungsamt, Bd. 9/1, 2), 2 Bde., München 2004.

Saul Friedländer, Das Dritte Reich und die Juden, Bd. 1: Die Jahre der Verfolgung 1933–1939, München 1999; Das Dritte Reich und die Juden, Bd. 2: Die Jahre der Vernichtung 1939–1945, München 2006.

Robert Gellately, Die Gestapo und die deutsche Gesellschaft. Die Durchsetzung der Rassenpolitik 1933–1945, Paderborn u. a. 1993.

Ulrich Herbert, Fremdarbeiter. Politik und Praxis des „Ausländer-Einsatzes" in der Kriegswirtschaft des Dritten Reiches, überarbeitete Neuaufl., Bonn 1999.

Ders./Karin Orth/Christoph Dieckmann (Hg.), Die nationalsozialistischen Konzentrationslager. Entwicklung und Struktur, 2 Bde., Frankfurt am Main 2002.

Raul Hilberg, Die Vernichtung der europäischen Juden, durchgesehene und erweiterte Taschenbuchausgabe, Frankfurt am Main 1990.

Ernst Klee, „Euthanasie" im NS-Staat, 11. Aufl., Frankfurt am Main 2004.

Peter Longerich, Politik der Vernichtung. Eine Gesamtdarstellung der nationalsozialistischen Judenverfolgung, München 1998.

Ders., „Davon haben wir nichts gewußt!" Die Deutschen und die Judenverfolgung 1933–1945, München 2006.

Gerhard Paul/Klaus-Michael Mallmann (Hg.), Die Gestapo im Zweiten Weltkrieg. „Heimatfront" und besetztes Europa, Darmstadt 2000.

Nikolaus Wachsmann, Gefangen unter Hitler. Justizterror und Strafvollzug im NS-Staat, Berlin 2006.

Michael Zimmermann, Rassenutopie und Genozid. Die nationalsozialistische „Lösung der Zigeunerfrage", Hamburg 1996.

Der Autor

Michael Wildt, geb. 1954, Dr. phil., Professor für Deutsche Geschichte des 20. Jahrhunderts mit Schwerpunkt im Nationalsozialismus an der Humboldt-Universität zu Berlin.

Veröffentlichungen (Auswahl): Frank Bajohr/Michael Wildt (Hg.), Volksgemeinschaft. Neue Forschungen zur Gesellschaft des Nationalsozialismus, Frankfurt am Main 2009; Generation des Unbedingten. Das Führungskorps des Reichssicherheitshauptamtes, 4. Aufl., Hamburg 2008; Geschichte des Nationalsozialismus, Göttingen 2008; Volksgemeinschaft als Selbstermächtigung. Gewalt gegen Juden in der deutschen Provinz 1919 bis 1939, Hamburg 2007.

4 SS UND REICHSSICHERHEITSHAUPTAMT IN DEN BESETZTEN GEBIETEN

Für das NS-System war die Wehrmacht das entscheidende Instrument zur Errichtung und Behauptung der deutschen Besatzungsherrschaft in Europa. Aber auch das Heinrich Himmler unterstehende verzweigte Netz von SS- und Polizeidienststellen, das sich in den besetzten Gebieten etablierte, wurde zum wichtigen Mittel der Herrschaftssicherung.

Von den im Ausland und im Reichsgebiet eingerichteten Gestapo-, Kripo- und SD-Dienststellen des Reichssicherheitshauptamtes (RSHA) in Berlin wurden die Deportationen der europäischen Juden und der Sinti und Roma in die Ghettos und Vernichtungslager „im Osten" organisiert. An das RSHA in Berlin berichteten die Einsatzgruppen der Sicherheitspolizei und des SD über die von ihnen in Polen und der Sowjetunion verübten Massenmorde. Das RSHA koordinierte auch die von Gestapo und Sicherheitsdienst (SD) zusammen mit Polizei- und SS-Verbänden der Höheren SS- und Polizeiführer durchgeführte Überwachung und Bekämpfung der Widerstandsbewegungen in den besetzten Ländern.

Angehörige der Wehrmacht und SS-Männer als Zuschauer und Fotografen der Erhängung russischer Partisanen, Sowjetunion, undatiert (vermutlich 1941/42).

40002 © Bundesarchiv, Koblenz, 101I-287-0872-28A

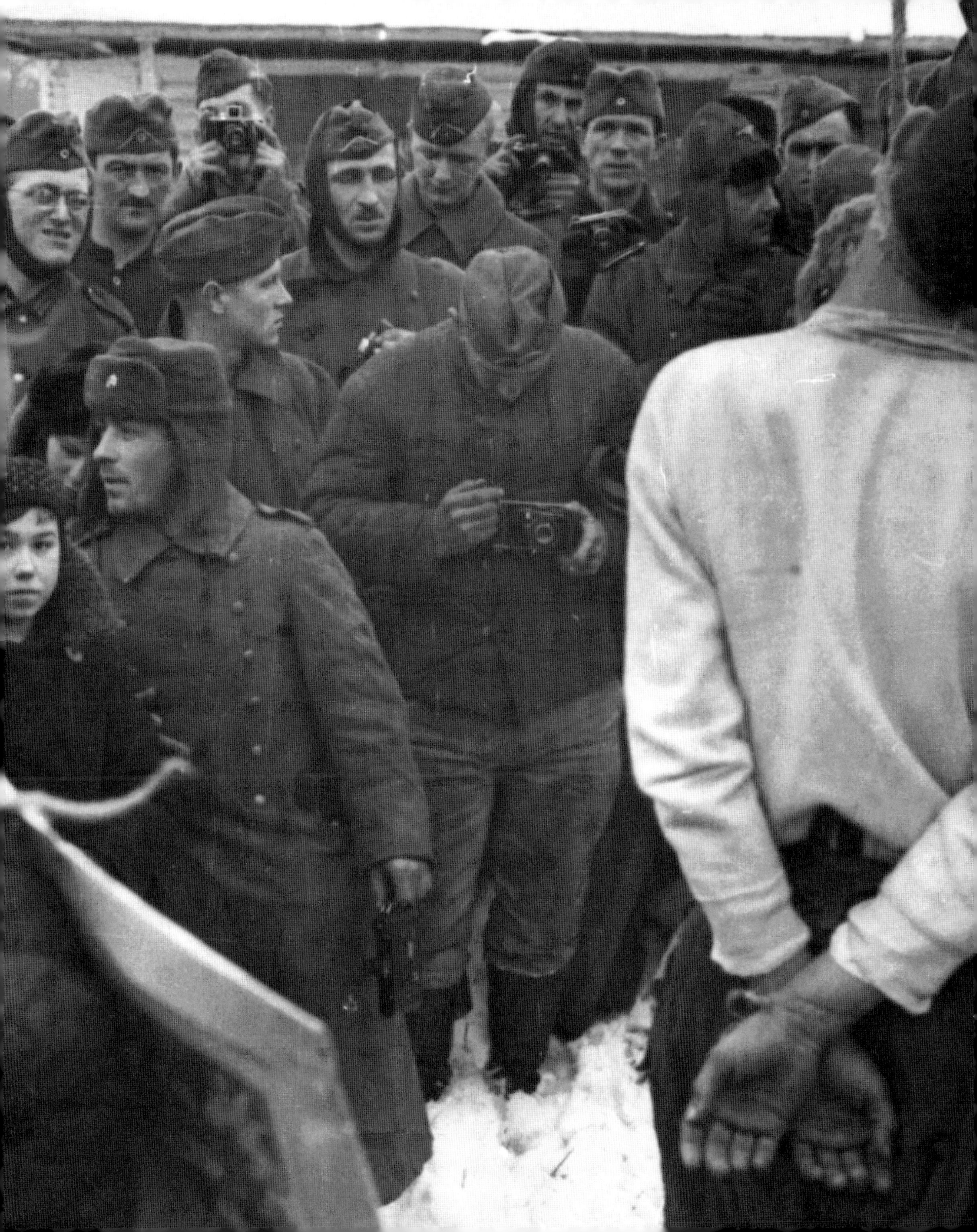

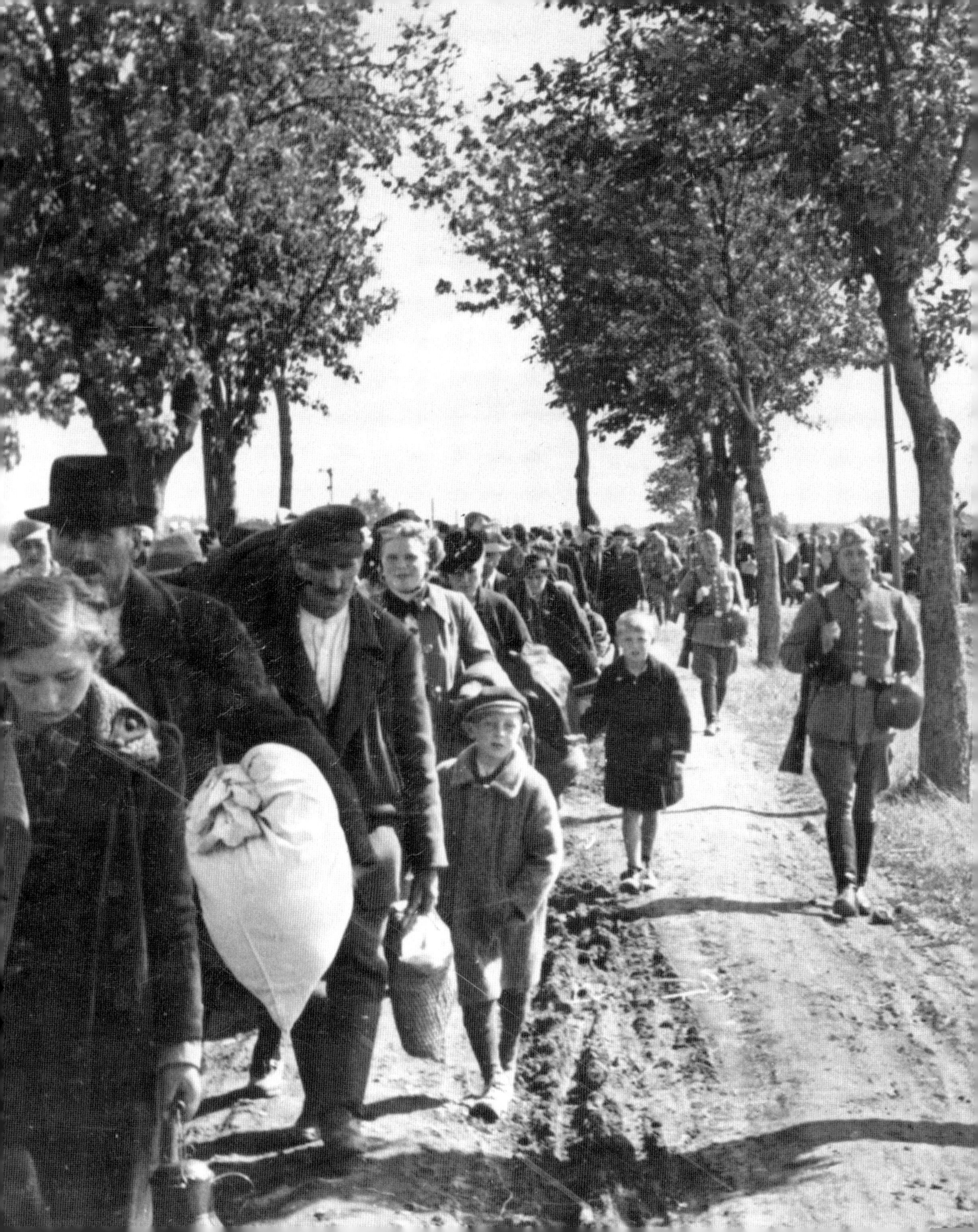

4.1 Polen 1939–1945

Hitler wollte ein „Ostimperium" schaffen, das den umfassenden deutschen Wirtschaftsinteressen und Machtambitionen dienen sollte. Polen wurde 1939 angegriffen und besetzt. Ein großer Teil des Landes wurde dem Deutschen Reich, ein anderer der Sowjetunion, die sich am Überfall auf Polen beteiligt hatte, zugeschlagen. Große Teile der polnischen Führungsschicht – Geistliche, Lehrer, Journalisten, Schriftsteller, Wissenschaftler, Professoren – wurden von Einsatzgruppen der Sicherheitspolizei und des SD ermordet oder in Konzentrationslager verschleppt.

Aus dem auf polnischem Gebiet gegründeten „Warthegau" sollte ein nationalsozialistischer „Mustergau" werden. Die dort lebenden Polen wurden vertrieben, die jüdische Bevölkerung ausgeplündert und deportiert. Die Juden lebten zunächst unter furchtbaren hygienischen Umständen, Zwangsarbeit leistend und mit völlig unzureichender Versorgung, in den großstädtischen Ghettos des in Südostpolen eingerichteten „Generalgouvernements". Von dort wurden die Überlebenden in die Vernichtungslager der SS verschleppt. Nur 6 000 polnische Juden überlebten die nationalsozialistische Herrschaft.

Die deutschen Besatzer ahndeten Widerstand, den die Polen und auch die polnischen Juden im Untergrund leisteten, mit dem Tod. Dennoch kam es zu Aufständen. Die Juden im Warschauer Ghetto wehrten sich im April 1943. Im August 1944 wagten polnische Widerstandsgruppen in Warschau einen Aufstand, um die militärische Befreiung des Landes durch die Rote Armee zu unterstützen. Beide Aufstände wurden von SS, Polizei und Wehrmacht blutig niedergeschlagen. Ein Teil der polnischen Zivilbevölkerung wurde nach Deutschland zur Zwangsarbeit verpflichtet. 1944 waren dort 1,7 Millionen polnische Zwangsarbeiter eingesetzt. Sie wurden von der Geheimen Staatspolizei streng überwacht. Nähere Kontakte mit Deutschen waren ihnen verboten. Polen, die intime Beziehungen mit deutschen Frauen unterhielten, wurden in der Regel mit dem Tod bestraft.

Vertreibung der polnischen Bevölkerung (Originalbildtext: „Polenevakuierung") im sogenannten Reichsgau Posen: Polen auf dem Weg zum Bahnhof unter Bewachung durch Ordnungspolizei, Schwarzenau bei Gnesen/Gniezno, undatiert (1940/41).

41024 Foto: Wilhelm Holtfreter © Bundesarchiv, Koblenz, 0131

POLEN 1939–1945

Friedrich-Wilhelm Krüger (l.), 1939 bis 1943 Höherer SS- und Polizeiführer (HSSPF) „Ost" im „Generalgouvernement", im Gespräch mit dem Reichsführer-SS und Chef der Deutschen Polizei, Heinrich Himmler, bei Krakau, undatiert (um 1941).

41003 © Bundesarchiv, Koblenz

Angehörige des Exekutionskommandos der Ordnungspolizei posieren mit Polen, die auf ihre Erschießung warten, Palmiry bei Warschau, undatiert (um 1940).

41014 © IPN, Warschau

Erschießung polnischer Zivilisten durch ein Exekutionskommando der Ordnungspolizei, Bochnia bei Krakau, 18. Dezember 1939.

41008b–d © IPN, Warschau

„Von dem politischen Führertum sind in den okkupierten Gebieten höchstens noch 3% vorhanden. Auch diese 3% müssen unschädlich gemacht werden und kommen in KZs."

Reinhard Heydrich, 1939

41036 Vermerk des Leiters der Stabskanzlei des Sicherheitshauptamtes der SS, W. Rauff, vom 27.9.1939, Bundesarchiv, Koblenz

Organigramm

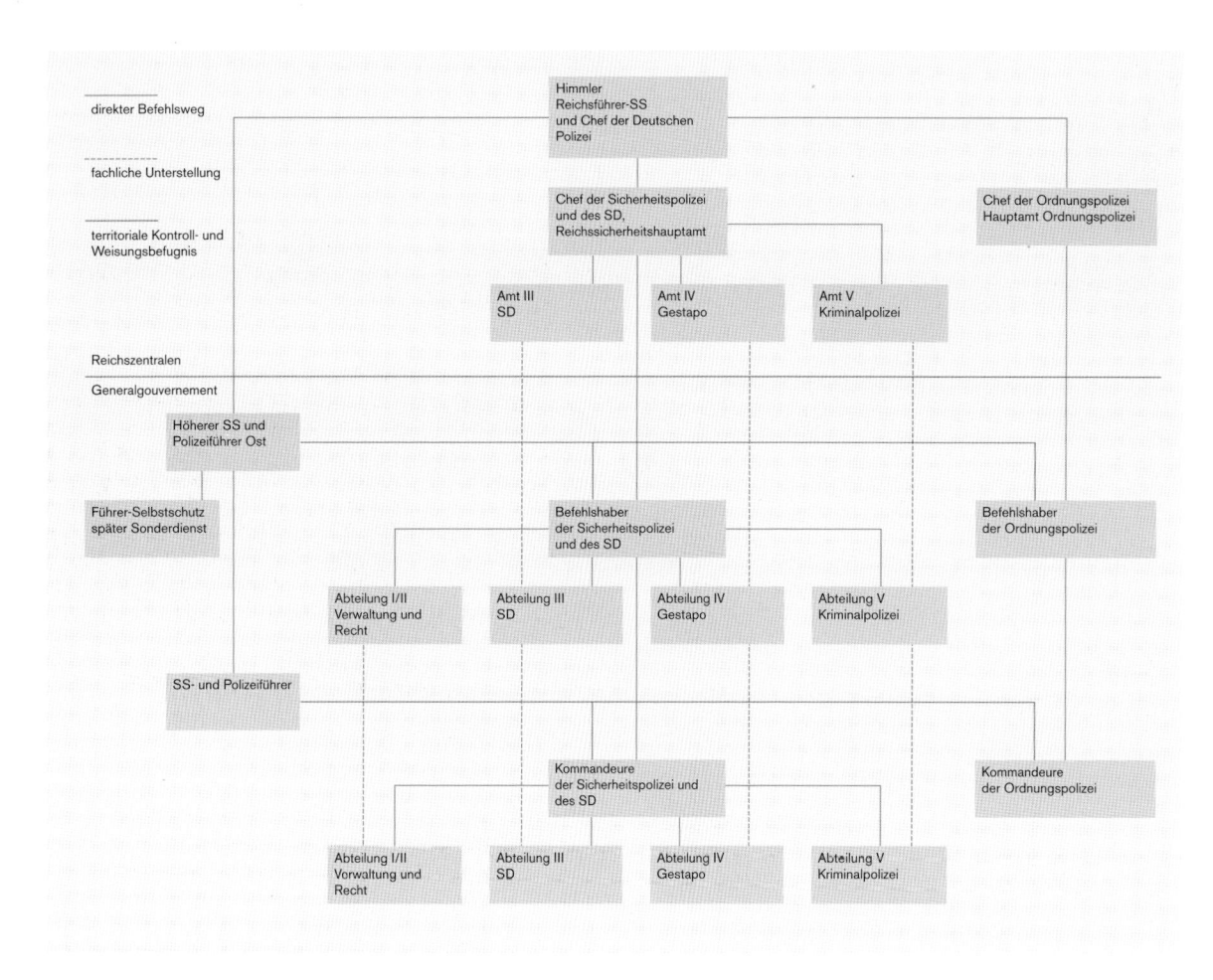

- direkter Befehlsweg
- fachliche Unterstellung
- territoriale Kontroll- und Weisungsbefugnis

Reichszentralen

- Himmler, Reichsführer-SS und Chef der Deutschen Polizei
  - Chef der Sicherheitspolizei und des SD, Reichssicherheitshauptamt
    - Amt III SD
    - Amt IV Gestapo
    - Amt V Kriminalpolizei
  - Chef der Ordnungspolizei Hauptamt Ordnungspolizei

Generalgouvernement

- Höherer SS und Polizeiführer Ost
  - Führer-Selbstschutz später Sonderdienst
  - Befehlshaber der Sicherheitspolizei und des SD
    - Abteilung I/II Verwaltung und Recht
    - Abteilung III SD
    - Abteilung IV Gestapo
    - Abteilung V Kriminalpolizei
  - Befehlshaber der Ordnungspolizei
- SS- und Polizeiführer
  - Kommandeure der Sicherheitspolizei und des SD
    - Abteilung I/II Verwaltung und Recht
    - Abteilung III SD
    - Abteilung IV Gestapo
    - Abteilung V Kriminalpolizei
  - Kommandeure der Ordnungspolizei

Die Organisationsstruktur von SS, SD, Sicherheitspolizei und Ordnungspolizei im sogenannten Generalgouvernement.

41007 © A. Ramme, Der Sicherheitsdienst der SS, Berlin (DDR) 1970 / Stiftung Topographie des Terrors, Berlin

Im Gefängnishof mit dem Gesicht zur Wand aufgestellte Häftlinge im Gestapogefängnis Montelupichstraße (poln.: ulica Montelupich), Krakau, 1941.

Rechts uniformierte Gestapomänner und deren Einsatzfahrzeuge.

41015 © USHMM, Washington

Eine gegen Juden gerichtete Razzia der Gestapo, Warschau, Oktober/November 1939.
Nach der militärischen Besetzung Polens war die öffentlich inszenierte Verhaftung von Juden Teil einer antijüdischen Propagandakampagne. Das Foto Artur Grimms, später Fotograf einer Propaganda-Kompanie der Wehrmacht, entstammt einer Bildserie, die Grimm mit der Gestapo arrangierte.

41010 Foto: Artur Grimm © bpk, Berlin

Als öffentliche Demütigung inszenierte Bartschur eines verhafteten Juden durch Gestapomänner, Warschau, Oktober/November 1939.
Das Foto gehört zu einer Bildserie über die für Propagandazwecke inszenierte Verhaftung von Warschauer Juden.

41011 Foto: Artur Grimm © bpk, Berlin

Wachpersonal der Ordnungspolizei posiert neben Häftlingen im Gestapogefängnis Montelupichstraße (poln.: ulica Montelupich), Krakau, undatiert (1941/42).
Das Foto wurde von einem Fotografen der Berliner Film- und Bildstelle der Ordnungspolizei aufgenommen. Der handschriftliche Originalbildtext lautet: „Poln. Gewaltverbrecher (Krakau)."

41016 © Bundesarchiv, Koblenz, 121-316

„Der Führer hat mir versprochen, daß das Generalgouvernement in absehbarer Zeit von Juden völlig befreit sein werde. Außerdem ist klar entschieden, daß das Generalgouvernement in Zukunft ein deutscher Lebensbereich sein wird." **Generalgouverneur Hans Frank, 1941**

41005 W. Präg/W. Jacobmeyer (Hg.), Das Diensttagebuch des deutschen Generalgouverneurs in Polen 1939–1945, Stuttgart 1975

Angehörige einer Einheit der Ordnungspolizei demütigen einen polnischen Juden, bei Lublin, 1940/41.
Bei der Bildsequenz handelt es sich um private Fotos eines beteiligten Polizisten.

41056a–b Fotos: privat © Stiftung Topographie des Terrors, Berlin

Die Entwicklung im ehemaligen Polen ist zunächst so gedacht, daß die ehemaligen deutschen Provinzen deutsche Gaue werden und daneben ein Gau mit fremdsprachiger Bevölkerung mit der Hauptstadt Krakau geschaffen wird.
[…]
Die Lösung des Polenproblems […] unterschiedlich nach der Führungsschicht (Intelligenz der Polen) und der unteren Arbeiterschicht des Polentums. Von dem politischen Führertum sind in den okkupierten Gebieten höchstens noch 3% vorhanden. Auch diese 3% müssen unschädlich gemacht werden und kommen in KZs. Die Einsatzgruppen haben Listen aufzustellen, in welchen die markanten Führer erfaßt werden, daneben Listen der Mittelschicht: Lehrer, Geistlichkeit, Adel, Legionäre, zurückkehrende Offiziere usw. Auch diese sind zu verhaften und in den Restraum abzuschieben. […]
Die primitiven Polen sind als Wanderarbeiter in den Arbeitsprozeß einzugliedern und werden aus den deutschen Gauen allmählich in den fremdsprachigen Gau ausgesiedelt. Das Judentum ist in den Städten im Ghetto zusammenzufassen, um eine bessere Kontrollmöglichkeit und später Abschubmöglichkeit zu haben.
[…]
Folgende zusammenfassende Anordnung wurde erteilt:
1.) Juden so schnell wie möglich in die Städte,
2.) Juden aus dem Reich nach Polen,
3.) die restlichen 30 000 Zigeuner auch nach Polen,
4.) systematische Ausschickung der Juden aus den deutschen Gebieten mit Güterzügen.

Auszug aus dem Vermerk des Leiters der Stabskanzlei des Sicherheitshauptamtes, Walter Rauff, vom 27. September 1939, eine Besprechung der Amtschefs und Leiter der Einsatzgruppen am 21. September 1939 in Berlin betreffend.
41038 Bundesarchiv, Berlin

An den Oberbefehlshaber Ost Spala

Die sich gerade in letzter Zeit anhäufenden Gewalttaten der polizeilichen Kräfte zeigen einen ganz unbegreiflichen Mangel menschlichen und sittlichen Empfindens, so daß man geradezu von Vertierung sprechen kann. Dabei glaube ich, daß meiner Dienststelle nur ein kleiner Bruchteil der geschehenen Gewaltakte zur Kenntnis kommt.

Es hat den Anschein, daß die Vorgesetzten dieses Treiben im Stillen billigen und nicht durchgreifen wollen.

Den einzigen Ausweg aus diesem unwürdigen, die Ehre des ganzen deutschen Volkes befleckenden Zustand sehe ich darin, daß die gesamten Polizeiverbände einschließlich ihrer sämtlichen höheren Führer und einschließlich aller bei den Generalgouvernementsstellen befindlichen Führer, welche diesen Gewalttaten seit Monaten zusehen, mit einem Schlag abgelöst und aufgelöst werden und daß intakte, ehrliebende Verbände an ihre Stelle treten.

Gez. Ulex

Mitteilung des Oberbefehlshabers im Grenzabschnitt „Süd", General der Infanterie Wilhelm Ulex, an den „Oberbefehlshaber Ost" vom 2. Februar 1940 über Gewalttaten von Polizeiverbänden.
41045 Institut für Zeitgeschichte, München

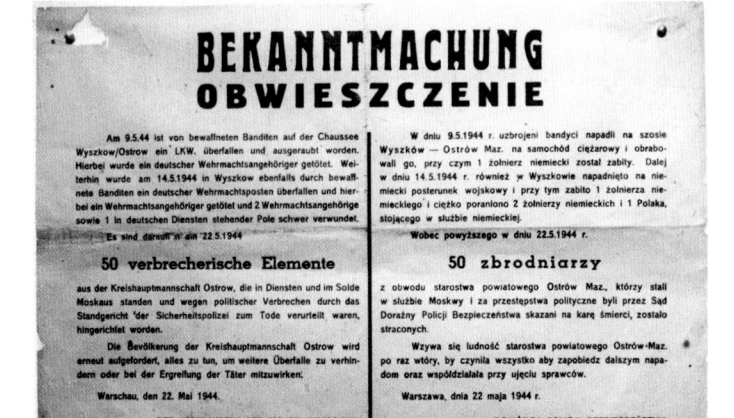

Bekanntmachung des Kommandeurs der Sicherheitspolizei und des SD für den Distrikt Warschau, Ludwig Hahn, über die Hinrichtung von 50 Polen, 22. Mai 1944.
41017 Stiftung Topographie des Terrors, Berlin

„Kameradschaftsabend" von Gestapobeamten und SS-Männern der Staatspolizeistelle Hohensalza, „Warthegau", undatiert (9. Juni 1941 oder 1942).

Es wird vermutet, dass die Aufnahme am Abend nach einer tagsüber durchgeführten Hinrichtung dreier Polen entstand. Es gibt hierfür jedoch keinen sicheren Beleg.

41020 © IPN, Warschau

„Die sich gerade in letzter Zeit anhäufenden Gewalttaten der polizeilichen Kräfte zeigen einen ganz unbegreiflichen Mangel menschlichen und sittlichen Empfindens, so daß man geradezu von Vertierung sprechen kann." General der Infanterie Wilhelm Ulex, 1940

41044 Mitteilung (Auszug) des Oberbefehlshabers im Grenzabschnitt „Süd", Ulex, an den „Oberbefehlshaber Ost", 2.2.1940, Institut für Zeitgeschichte, München

4.1 | Polen 1939–1945

Abtransport festgenommener Polen unter Bewachung durch Gendarmeriebeamte der Ordnungspolizei, Schildberg/„Landkreis Kempen" (Ostrzeszów/Powiat Kępiński), „Warthegau", 5. Mai 1942.

Das Foto wurde heimlich von einer polnischen Anwohnerin aufgenommen.

41054 © IPN, Warschau

Gestapobeamte vermutlich des Einsatzkommandos 3 der Einsatzgruppe V posieren mit gefangenen Polen für die Kamera eines „Kameraden", vermutlich Plonsk, „Regierungsbezirk Zichenau", undatiert (September/Oktober 1939).

Bei den Uniformierten ohne Helme handelt es sich mit einer Ausnahme (4. v. r. Unteroffizier der Wehrmacht) um Gestapobeamte, bei den Posten mit Helmen um Wehrmachtssoldaten. Die drei Polen wurden anschließend wegen angeblichen Waffenbesitzes als „Freischärler" vor ein Standgericht gestellt und dann wahrscheinlich hingerichtet. Die Tafel im Hintergrund trägt (vollständig) den Text: „Einsatz-Kommando der Geheimen Staatspolizei".

41319 © IPN, Warschau

Ein Posten des Einsatzkommandos 3 der Einsatzgruppe V der Sicherheitspolizei und des SD posiert für die Kamera eines „Kameraden" mit verhafteten jüdischen Männern, Plonsk, „Regierungsbezirk Zichenau", 27. September 1939.

41021 © IPN, Warschau

Der Oberbefehlshaber Ost

H. Qu. Spala, den 6.2.1940

Vortragsnotiz für
Vortrag Oberost beim Oberbefehlshaber des Heeres am 15.2. in Spala

Es ist abwegig, einige 10 000 Juden und Polen, so wie es augenblicklich geschieht, abzuschlachten; denn damit werden angesichts der Masse der Bevölkerung weder die polnische Staatsidee totgeschlagen noch die Juden beseitigt. Im Gegenteil, die Art und Weise des Abschlachtens bringt größeren Schaden mit sich, kompliziert die Probleme und macht sie viel gefährlicher, als sie bei überlegtem und zielbewußtem Handeln gewesen wären. Die Auswirkungen sind:

a) Der feindlichen Propaganda wird ein Mittel geliefert, wie es wirksamer in der ganzen Welt nicht geliefert werden kann. Was die Auslandssender bisher gebracht haben, ist nur ein winziger Bruchteil von dem, was in Wirklichkeit geschehen ist. Es muß damit gerechnet werden, daß das Geschrei des Auslandes ständig zunimmt und größten politischen Schaden verursacht, zumal die Scheußlichkeiten tatsächlich geschehen sind und durch nichts widerlegt werden können.

b) Die sich in aller Öffentlichkeit abspielenden Gewaltakte gegen Juden erregen bei den religiösen Polen nicht nur tiefsten Abscheu, sondern ebenso großes Mitleid mit der jüdischen Bevölkerung, der der Pole bisher mehr oder weniger feindlich gegenüberstand. In kürzester Zeit wird es dahin kommen, daß unsere Erzfeinde im Osten – der Pole und der Jude, dazu noch besonders unterstützt von der katholischen Kirche – sich in ihrem Haß gegen ihre Peiniger auf der ganzen Linie gegen Deutschland zusammenfinden werden.

c) Auf die Rolle der Wehrmacht, die gezwungen ist, diesen Verbrechen tatenlos zuzuschauen, und deren Ansehen besonders bei der polnischen Bevölkerung eine nicht wieder gutzumachende Einbuße erleidet, braucht nicht noch mal hingewiesen zu werden.

d) Der schlimmste Schaden jedoch, der dem deutschen Volkskörper aus den augenblicklichen Zuständen erwachsen wird, ist die maßlose Verrohung und sittliche Verkommenheit, die sich in kürzester Zeit unter wertvollem deutschen Menschenmaterial wie eine Seuche ausbreiten wird. Wenn hohe Amtspersonen der SS und Polizei Gewalttaten und Brutalität verlangen und sie in der Öffentlichkeit belobigen, dann regiert in kürzester Zeit nur noch der Gewalttätige. Überraschend schnell finden sich Gleichgesinnte und charakterlich Angekränkelte zusammen, um, wie es in Polen der Fall ist, ihre tierischen und pathologischen Instinkte auszutoben. Es besteht kaum noch die Möglichkeit, sie im Zaum zu halten; denn sie müssen sich mit Recht von Amts wegen autorisiert und zu jeder Grausamkeit berechtigt fühlen. Die einzige Möglichkeit, sich dieser Seuche zu erwehren, besteht darin, die Schuldigen und ihren Anhang schleunigst der militärischen Führung und Gerichtsbarkeit zu unterstellen.

Aufzeichnungen des Generalobersten Johannes Blaskowitz vom 6. Februar 1940, Greueltaten von SS und Polizei an Juden und Polen betreffend.

41043 Staatsarchiv, Nürnberg

1. Einsatz von eindeutschungsfähigen Polen

Die Säuberung der eingegliederten Ostgebiete von fremdrassigen Personen ist mit das wesentlichste Ziel, das im deutschen Osten erreicht werden muß. Es ist dies die kardinale volkspolitische Aufgabe, die der Reichsführer SS, Reichskommissar für die Festigung deutschen Volkstums, in den angegliederten Ostgebieten zu bewältigen haben wird. Bei der Lösung dieser Aufgabe, die aufs engste mit dem Problem der Volkszugehörigkeit in den Ostgebieten zusammenhängt, kommt neben den Gesichtspunkten der Sprache, der Erziehung und des Bekenntnisses der rassischen Auslese die übergeordnete und schlechthin entscheidende Bedeutung zu. So notwendig es für eine dauernde Bereinigung der deutschen Ostgebiete ist, die dort wohnenden fremdstämmigen Elemente nicht seßhaft sein oder werden zu lassen, so unerläßlich ist es auch, das in diesen Gebieten vorhandene deutsche Blut auch dann für das Deutschtum zurückzugewinnen, wenn der Blutsträger in seinem Bekenntnis und in seiner Sprache polonisiert ist. Gerade aus diesen germanischen Blutsträgern erwuchsen dem früheren polnischen Staat jene Führernaturen, die sich letztlich gegen ihr eigenes deutsches Volkstum – sei es in Verblendung, sei es in gewollter oder unbewußter Verkennung ihrer blutlichen Verbundenheit – in schärfste Kampfstellung begaben.

Es ist daher ein absolutes volkspolitisches Erfordernis, die angegliederten Ostgebiete und später auch das Generalgouvernement nach solchen germanischen Blutsträgern „durchzukämmen", um dieses verlorengegangene deutsche Blut wieder dem eigenen deutschen Volk zuzuführen. Es mag von nebengeordneter Bedeutung sein, welche Maßnahmen gegen Renegaten zu ergreifen sind. Entscheidend ist, daß zumindest deren Kinder nicht mehr dem Polentum anheimfallen, sondern inmitten einer deutschen Umgebung erzogen werden. Eine Wiedereindeutschung kann jedoch keinesfalls in der bisherigen polnischen Umgebung, sondern nur im Altreich bzw. in der Ostmark erfolgen.

Es sind also hauptsächlich folgende zwei Gründe, die die Rückgewinnung dieses verlorengegangenen deutschen Blutes zu einem zwingenden Gebot machen:

1. Verhinderung eines weiteren Zuwachses zur polnischen Intellektuellenschicht aus germanisch bestimmten, wenn auch polonisierten Sippen,
2. Vermehrung des rassisch erwünschten Bevölkerungszuwachses für das deutsche Volk und Beschaffung von volksbiologisch unbedenklichen Kräften für den deutschen Aufbau für Landwirtschaft und Industrie.

Diese Aufgabe der Wiedereindeutschung verlorengegangenen deutschen Blutes ist zunächst im Rahmen der Evakuierung derjenigen Polen im Warthegau, die für die Zwecke der Ansiedlung von Balten und Wolhyniendeutschen Platz machen mußten, in Angriff genommen worden.

Auszug aus der für den internen Dienstgebrauch bestimmten Publikation „Der Menscheneinsatz", erarbeitet in Heinrich Himmlers Sonderbehörde des „Reichskommissars für die Festigung deutschen Volkstums", Dezember 1940.

41049 Der Menscheneinsatz. Grundsätze, Anordnungen und Richtlinien, hg. von der Hauptabteilung I des Reichskommissars für die Festigung deutschen Volkstums, 1940

Öffentliche Vollstreckung von Todesurteilen des Sondergerichts Leslau (Wloclawek) gegen drei Polen wegen angeblichen Schwarzhandels auf dem Alten Markt (Plac Wolności) von Kutno, „Warthegau", undatiert (9. Juni 1941 oder 1942).
Bei den die Hinrichtung durchführenden Uniformierten handelte es sich um Gestapobeamte der Staatspolizeistelle Hohensalza.
41022a–c © IPN, Warschau

„Die Säuberung von fremdrassigen Personen ist die kardinale volkspolitische Aufgabe, die der Reichsführer-SS, Reichskommissar für die Festigung deutschen Volkstums, in den angegliederten Ostgebieten zu bewältigen haben wird." Heinrich Himmler, 1940

41048 Gekürzter Auszug: Der Menscheneinsatz. Grundsätze, Anordnungen und Richtlinien, hg. von der Hauptabteilung I des Reichskommissars für die Festigung deutschen Volkstums, 1940

Deportation polnischer Juden in Leslau/ Włocławek in dem nach der militärischen Besetzung Polens neu eingerichteten „Reichsgau Posen (Warthegau)", 6. Oktober 1941.

Bei den Uniformierten handelt es sich um Angehörige der Ordnungspolizei. Das Foto entstammt einer fotografischen Dokumentation der Deportationen im „Warthegau" durch den „Reichskommissar für die Festigung deutschen Volkstums".

41028 Foto: Wilhelm Holtfreter © Bundesarchiv, Koblenz, 1377

Deportation von Juden aus ihren Wohnungen in das jüdische Ghetto in „Litzmannstadt"/Łódź, März 1940.

Das Foto entstand für eine offizielle Bilddokumentation des „Reichskommissars für die Festigung deutschen Volkstums". Es trägt die dort oder im Referat Archiv/Presse des Höheren SS- und Polizeiführers „Warthe" verfasste Bildunterschrift: „Auszug der Juden aus Litzmannstadt".

41029 Foto: „Ostlandbild, Völkischer Bilderdienst"; Rode u. Kiß, „Litzmannstadt" © Bundesarchiv, Koblenz, 1311

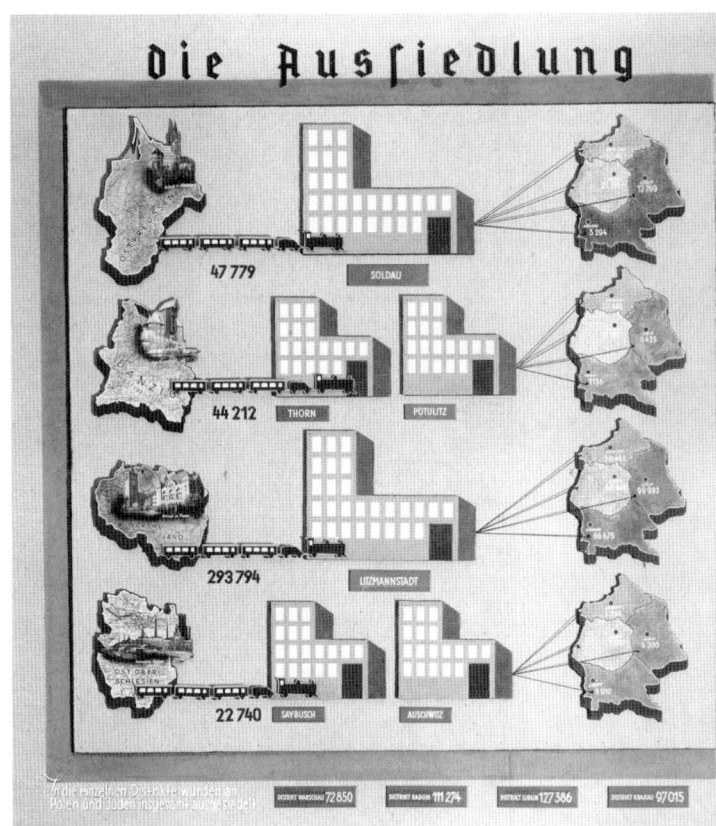

Schaubild zur „Aussiedlung" von Polen und polnischen Juden aus den eingegliederten polnischen Gebieten, März 1941.

Links sind die Distrikte dargestellt, in der Mitte die „Aussiedlungslager", rechts das „Generalgouvernement" mit den Deportationszielorten. Die Tafel wurde für die beim „Reichskommissar für die Festigung deutschen Volkstums" erarbeitete Ausstellung „Planung und Aufbau im Osten" angefertigt.

41023 Foto: M. Krajewsky © Bundesarchiv, Koblenz, 0025

Odilo Globocnik (2. v. r.), der von Heinrich Himmler mit der „Aktion Reinhardt", der Vernichtung der polnischen Juden im sogenannten Generalgouvernement, beauftragte SS- und Polizeiführer (SSPF) des Distriktes Lublin, undatiert (um 1943).

Als SSPF Lublin errichtete Globocnik unter anderem die Vernichtungslager in Bełżec, Sobibór und Treblinka.

41031 © Bundesarchiv, Koblenz

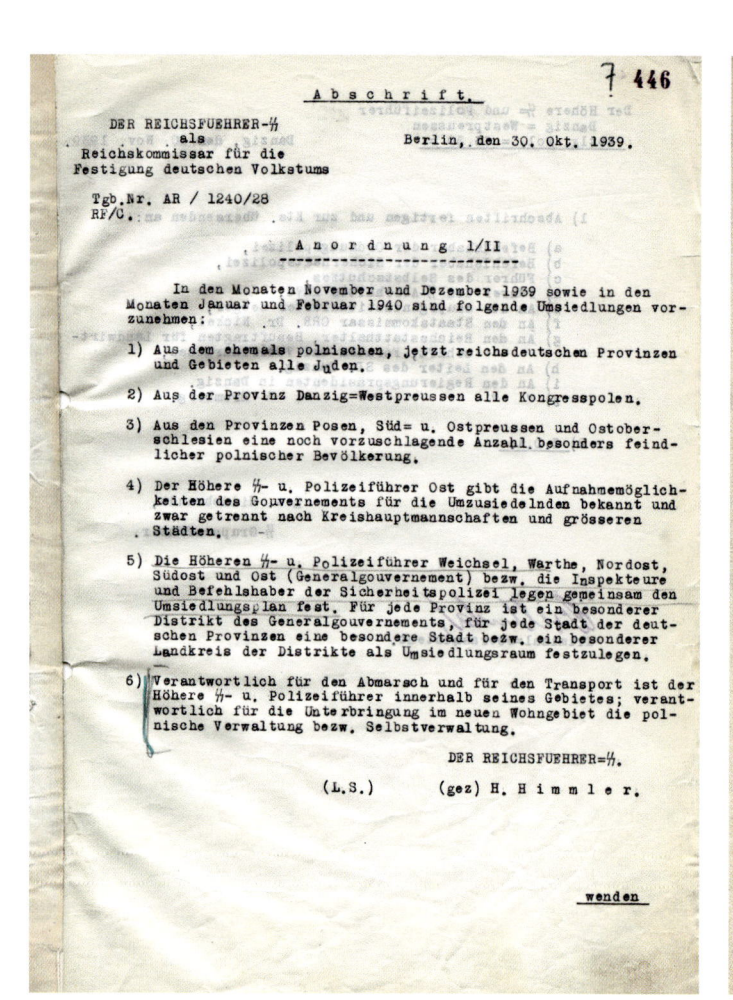

Anordnung des Reichsführers-SS, Heinrich Himmler, zur Deportation von Juden und nichtjüdischen Polen aus den annektierten polnischen Gebieten, 30. Oktober 1939.

Von den geplanten Deportationen war fast eine Million Menschen betroffen. Die praktische Umsetzung dieser „Umsiedlungen" stieß auf logistische Probleme, die einen „planmäßigen Ablauf" behinderten. Hintergrund der Anordnung war die geplante Ansiedlung von Baltendeutschen.

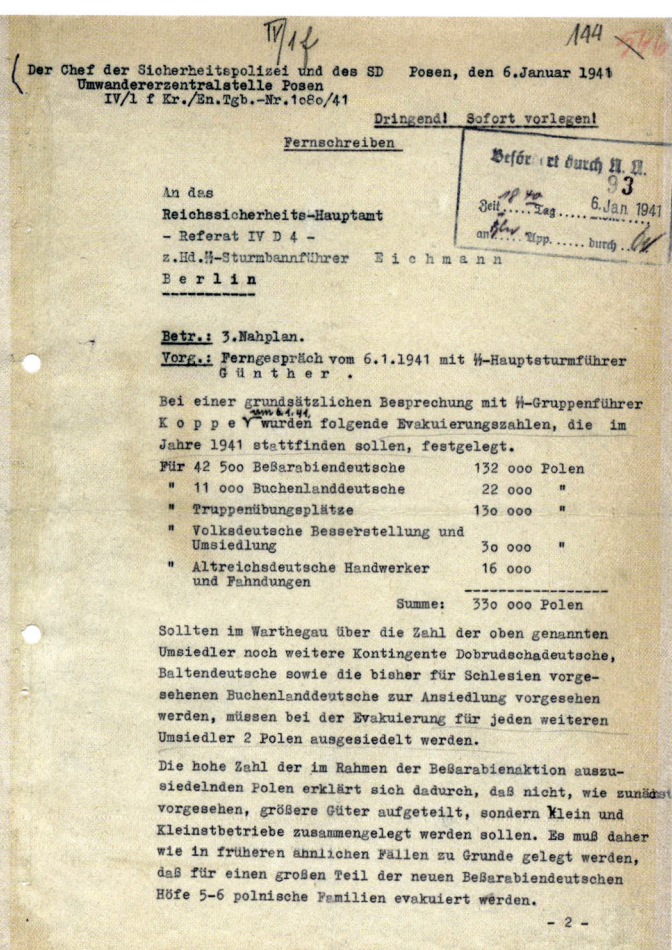

41047 IPN, Warschau

Fernschreiben (Auszug) des Leiters der Dienststelle Łódź der Umwandererzentralstelle Posen, Hermann Krumey, an Adolf Eichmann im Reichssicherheitshauptamt, mit Zahlenangaben zu den geplanten „Evakuierungen" von Teilen der polnischen Bevölkerung des „Warthegaus" im Jahre 1941, 6. Januar 1941.

Die „Evakuierungszahlen" wurden vom Höheren SS- und Polizeiführer „Warthe", Wilhelm Koppe, und dem Stellvertreter Eichmanns, Rolf Günther, gemeinsam festgelegt. Der „3. Nahplan" wurde im März 1941 wegen des vorrangigen Transportmittelbedarfs der Wehrmacht für die Vorbereitungen zum Überfall auf die Sowjetunion faktisch gestoppt.

41026 IPN, Warschau

Abschrift.

Lublin, den 19. Juli 1942

An den
Höheren SS- und Polizeiführer Ost
SS-Obergruppenführer K r ü g e r
K r a k a u.

Ich ordne an, dass die Umsiedlung der gesamten jüdischen Bevölkerung des Generalgouvernements bis 31. Dezember 1942 durchgeführt und beendet ist.

Mit dem 31. Dezember 1942 dürfen sich keinerlei Personen jüdischer Herkunft mehr im Generalgouvernement aufhalten. Es sei denn, dass sie sich in den Sammellagern Warschau, Krakau, Tschenstochau, Radom, Lublin aufhalten. Alle anderen Arbeitsvorkommen, die jüdische Arbeitskräfte beschäftigen, haben bis dorthin beendet zu sein, oder, falls ihre Beendigung nicht möglich ist, in eines der Sammellager verlegt zu sein.

Diese Massnahmen sind zu der im Sinne der Neuordnung Europas notwendigen ethnischen Scheidung von Rassen und Völkern, sowie im Interesse der Sicherheit und Sauberkeit des deutschen Reiches und seiner Interessengebiete erforderlich. Jede Durchbrechung dieser Regelung bedeutet eine Gefahr für die Ruhe und Ordnung des deutschen Gesamtinteressengebietes, einen Ansatzpunkt für die Widerstandsbewegung und einen moralischen und physischen Seuchenherd.

Aus all diesen Gründen ist die totale Bereinigung notwendig und daher durchzuführen. Voraussichtliche Terminüberschreitungen sind mir rechtzeitig zu melden, sodass ich früh genug für Abhilfe sorgen kann. Alle Gesuche anderer Dienststellen um Abänderung sowie Ausnahmegenehmigung sind mir persönlich vorzulegen.

Heil Hitler!

gez. H. H i m m l e r.

F.d.R.d.A.:

SS-Scharführer

Befehl Heinrich Himmlers vom 19. Juli 1942, den Abschluss der Deportation der jüdischen Bevölkerung aus dem sogenannten Generalgouvernement betreffend.

41352 Bundesarchiv, Berlin

Vorläufiger Abschlussbericht der Kasse Aktion „Reinhardt" Lublin per 15. Dezember 1943

Dem Grossdeutschen Reich wurden im Zuge der Aktion „Reinhardt" Lublin in der Zeit vom 1. April 1942 bis einschliesslich 15. Dezember 1943 nachstehende Geld- und Sachwerte zugeführt:

Bargeld:

		Einnahmen
Barbestände	RM	17 470 796,66
an Reichsbank Berlin		
RM-Noten u. Hartgeld	"	3 979 523,50
an Reichsbank Berlin		
Zloty-Noten u. Hartgeld	"	5 000 461,00
SS-Wirtschafter, Krakau	"	50 416 181,37
Darlehen für SS-Wirtschaftsbetriebe	"	8 218 878,35
Einnahmen aus Titel 21/E	"	656 062,40
	RM	85 741 903,28

		Ausgaben
Persönliche Gebührnisse, Titel 21/7a	RM	96 207,28
Sachausgaben (davon ca. 40 % für		
J[uden].-Transporte Titel 21/7b	"	11 756 552,62
Falschgeld (Zlotynoten)	"	28 062,64
	RM	11 889 822,54

Zusammenstellung:
Einnahmen	RM	85 741 903,28	
Ausgaben	RM		11 889 822,54
Reineinnahme	"		73 852 080,74
	RM	85 741 903,28	
		RM	85 741 903,28

[…]

(einzelne Sachwerte und Gesamtzusammenstellung)

Edelmetalle:
236 Stück Goldbarren = 2 909,68 kg		
à RM 2 800,– =	RM	8 147 104,00
2143 Stück Silberbarren =		
18 733,69 kg à RM 40,– =	"	749 347,60
Platin = 15,44 kg		
à RM 5 000,– =	"	77 200,00
	RM	8 973 651,60

Spinnstoffe:
1901 Waggons mit Bekleidung,		
Wäsche, Bettfedern und Lumpen		
im Durchschnittswert von	RM	26 000 000,00
Lagerbestände im Durch-		
schnittswert von	"	20 000 000,00
	RM	46 000 000,00

Gesamtzusammenstellung:
Abgelieferte Geldmittel		
Zl- und RM-Noten	RM	73 852 080,74
Edelmetalle	"	8 973 651,60
Devisen in Noten	"	4 521 224,13
Devisen in gemünztem Gold	"	1 736 554,12
Juwelen und sonstige Werte	"	43 662 450,00
Spinnstoffe	"	46 000 000,00
	RM	178 745 960,59

gez. Rzepa   gez. Wippern
SS-Oberscharführer   SS-Sturmbannführer
und Kassenleiter   und Leiter der Verwaltung

Globocnik

Vorläufiger Abschlussbericht der „Aktion Reinhardt" vom 15. Dezember 1943, die „zugeführten" „Geld- und Sachwerte" vom 1. April 1942 bis zum 15. Dezember 1943 betreffend.

Heinrich Himmler hatte den SS- und Polizeiführer Lublin, Odilo Globocnik, mit der Vernichtung der im sogenannten Generalgouvernement lebenden Juden und „Zigeuner" beauftragt („Aktion Reinhardt"). In den Vernichtungslagern Bełzec, Sobibór und Treblinka wurden bis zum Oktober 1943 etwa zwei Millionen Juden und annähernd 50 000 Sinti und Roma ermordet.

41053 Bundesarchiv, Berlin

Der Oberkommandierende der zur Vernichtung des Warschauer Ghettos eingesetzten SS- und Polizeieinheiten, Jürgen Stroop (2. v. l.), mit Gestapoleibwächtern, Warschau, Mai 1943.
Das Bild entstammt dem sogenannten Stroop-Bericht, der offiziellen fotografischen Dokumentation der Vernichtung des Warschauer Ghettos.
Der Bericht trägt den Originaltitel „Es gibt keinen jüdischen Wohnbezirk in Warschau mehr!".
41034 © IPN, Warschau

Deportation von jüdischen Frauen und Kindern durch die Gestapo während der Vernichtung des Warschauer Ghettos, Mai 1943.
Rechts (mit Maschinenpistole) Josef Blösche, subalterner Dienstgrad der Warschauer Gestapo. Nach sowjetischer Kriegsgefangenschaft lebte Blösche jahrzehntelang unbehelligt in der DDR. Ab 1965 wurde seitens der Staatsanwaltschaft Hamburg und durch das Ministerium für Staatssicherheit der DDR gegen ihn ermittelt. Blösche wurde 1967 in der DDR verhaftet, 1969 dort zum Tode verurteilt und hingerichtet.
41035 © IPN, Warschau

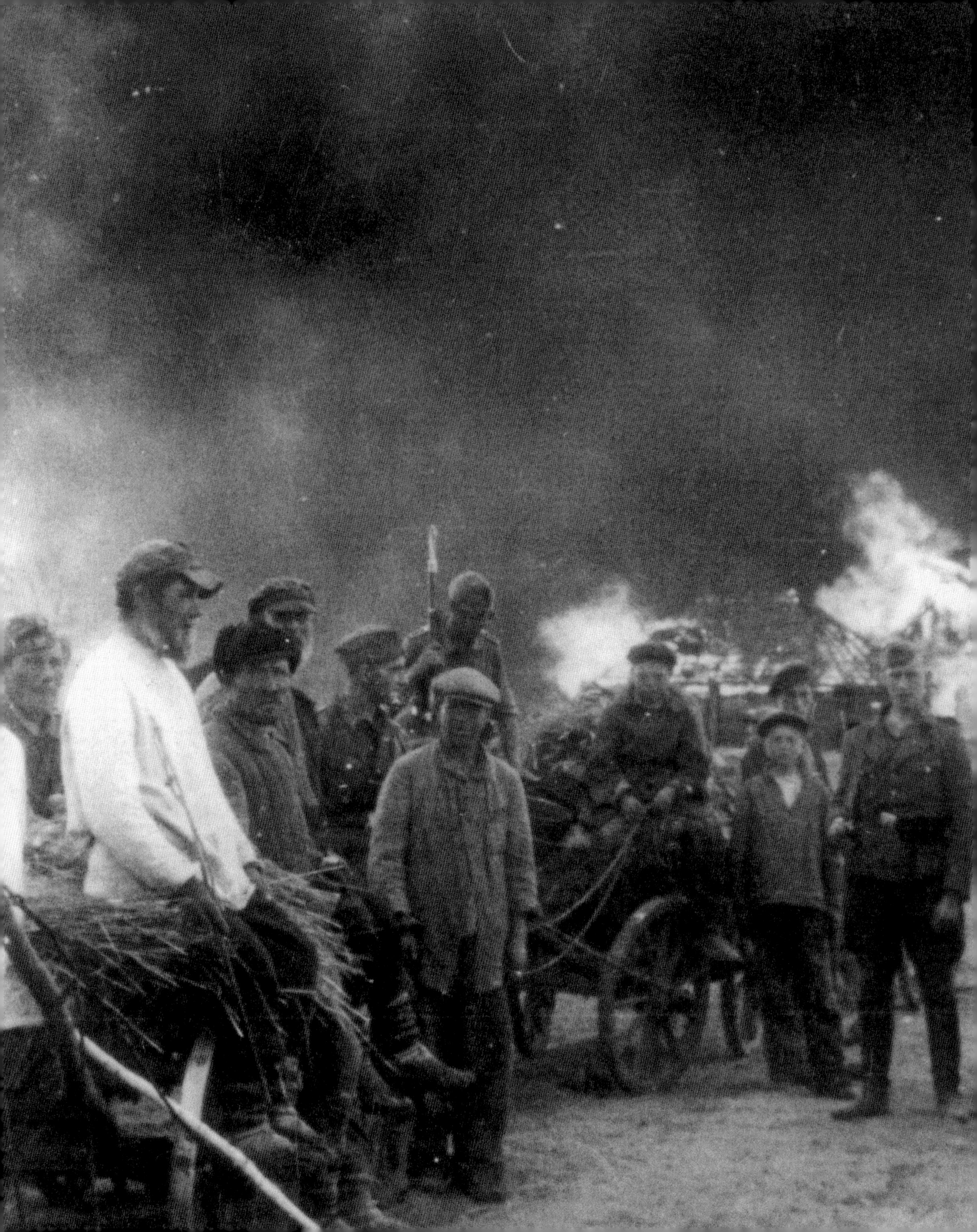

4.2 Sowjetunion 1941–1944

Der Angriff der deutschen Wehrmacht auf die Sowjetunion erklärt sich vor allem aus militärischen Überlegungen und ideologischen Zielen Hitlers. Für ihn waren die Deutschen eine „Herrenrasse", denen „slawische Untermenschen" zu dienen hätten. Seit 1937 strebte er mit dem „Ostimperium" eine deutsche Weltherrschaft an. Die „Endlösung der Judenfrage" wurde 1941 zum wichtigen Kriegsziel und ist vom Kampf gegen die Rote Armee nicht zu trennen. Dabei verschmolzen antijüdische und antibolschewistische Ziele der nationalsozialistischen Aggression. Die kommunistische Sowjetunion sollte zerschlagen und neuer „Lebensraum im Osten" erobert werden.

Mit dem deutschen Vormarsch gerieten bis 1942 immer mehr Juden in die Hände der vom Reichssicherheitshauptamt zusammengestellten Einsatzgruppen der Sicherheitspolizei und des SD. Diese Mordkommandos erschossen hinter der Front, von der Wehrmacht geduldet oder unterstützt, hunderttausende jüdische Männer, Frauen und Kinder, tausende angebliche „jüdisch-bolschewistische Kommissare" und Parteifunktionäre sowie zehntausende „Zigeuner". Verbrechen dieses Ausmaßes ließen sich nicht verheimlichen. Gleichwohl wurde in der Tarnsprache der Täter die Ermordung der europäischen Juden „Endlösung der Judenfrage" genannt. Die Massenerschießungen wurden u. a. als „Sonderbehandlung" bezeichnet oder als gegen Partisanen gerichtete „Bandenbekämpfung" gerechtfertigt. Drakonische Vergeltungsmaßnahmen von Wehrmacht, SS und Polizei wie die Ermordung unschuldiger Geiseln und die Vernichtung ganzer Dörfer sollten Aktionen der Partisanen ahnden und die Zivilbevölkerung einschüchtern.

Weil sich die Nationalsozialisten als Vertreter der den Slawen überlegenen „germanischen Rasse" wähnten, wollten sie die „Volkskraft" der Slawen schwächen und sie als „Arbeitssklaven" ausbeuten. Neben Millionen sowjetischen Kriegsgefangenen wurden auch weit über zwei Millionen Zivilisten als Zwangsarbeiter nach Deutschland verschleppt.

Während eines gegen sowjetische Partisanen gerichteten „Befriedungsunternehmens" von SS, Polizei und Wehrmacht werden die Häuser eines russischen Dorfes in Brand gesetzt, Nordrussland, 1943.
Im Vordergrund als Gefangene vermutlich zur Zwangsarbeit zusammengetriebene Dorfbewohner.
42323 © Bundesarchiv, Koblenz, 146/93/25/15

SOWJETUNION 1941–1944

Massenerschießung durch Angehörige einer Einsatzgruppe der Sicherheitspolizei und des SD, unbekannter Ort (bei Winniza/Winnyzja?), undatiert (1941/42).

Bei den Zuschauern handelt es sich um an der Erschießung nicht direkt beteiligte, unbewaffnete Angehörige der Wehrmacht und des Reichsarbeitsdienstes. Im Hintergrund (Mitte, vorn) und rechts am Bildrand zum Erschießungskommando gehörende Bewaffnete.

42009 © bpk, Berlin

Einsatzgebiete und Standorte der Einsatzgruppen A, B, C und D der Sicherheitspolizei und des SD in den besetzten sowjetischen Gebieten, 1941/42.

42005 © W. Hilgemann, Atlas zur deutschen Zeitgeschichte, München, Zürich 1984, Stiftung Topographie des Terrors, Berlin

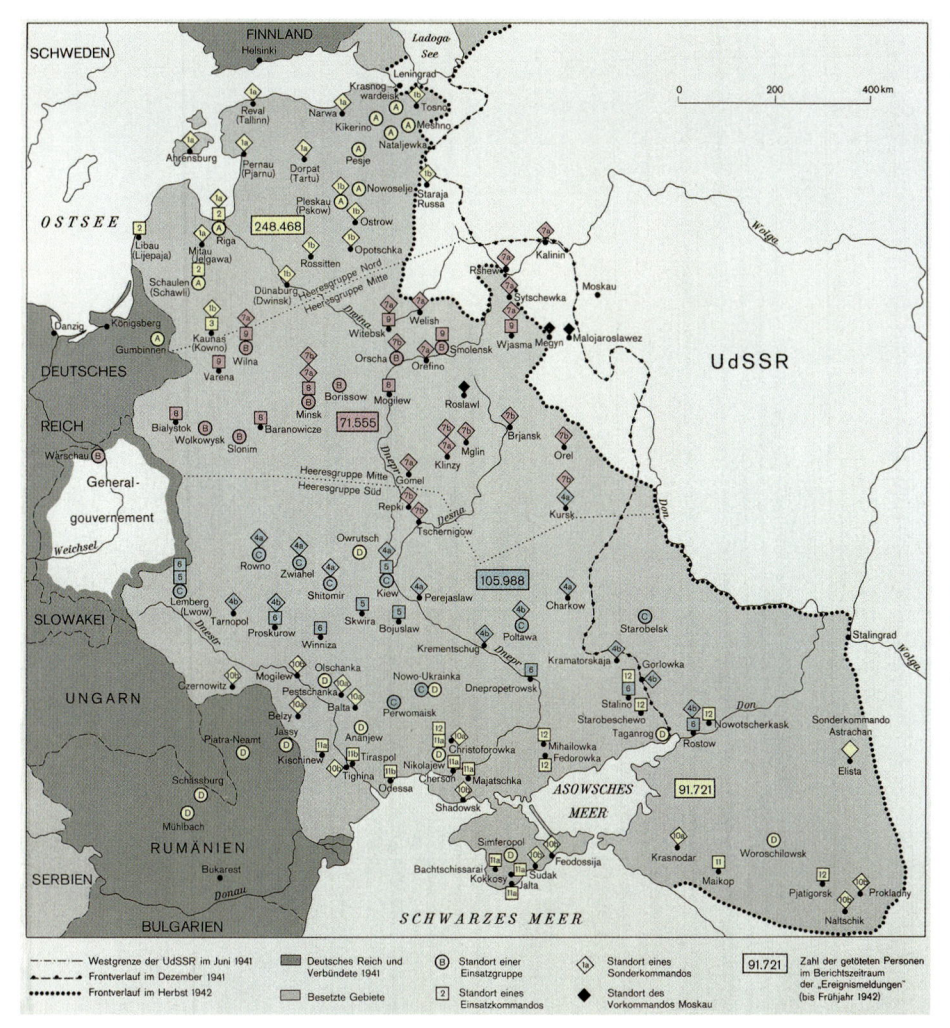

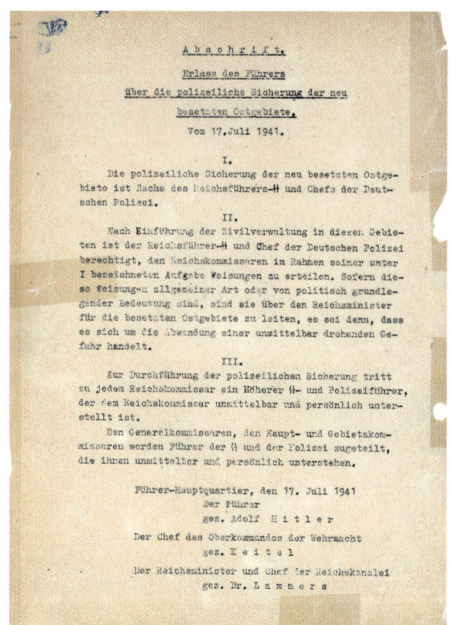

„Führererlass" Adolf Hitlers über die polizeiliche Sicherung der besetzten sowjetischen Gebiete, 17. Juli 1941.

42004 Bundesarchiv, Berlin

„Exekutionen: Zu exekutieren sind alle Funktionäre der Komintern wie überhaupt die kommunistischen Berufspolitiker schlechthin, die höheren, mittleren und radikalen unteren Funktionäre der Partei, des Zentralkomitees, der Gau- und Gebietskomitees, Volkskommissare, Juden in Partei- und Staatsstellungen, alle sonstigen radikalen Elemente (Saboteure, Propagandeure, Heckenschützen, Attentäter, Hetzer)."

Reinhard Heydrich, 1941

42028 Schreiben Heydrichs an die Höheren SS- und Polizeiführer, 2.6.1941, Bundesarchiv, Berlin

Abschrift!
Berlin, den 2. 7. 1941

Chef der Sicherheitspolizei
und des SD
B.Nr. IV – 1180/41 gRs.

Als Geheime Reichssache
a) an den Höheren SS- und Polizeiführer SS-O.
   Gruf. Jeckeln
   (über Bds. Krakau zur sofortigen Weiterleitung)
b) an den Höheren SS- und Polizeiführer
   SS-Gruf. v. d. Bach
   (über Kommandeur der SPSD in Warschau zur
   sofortigen Weiterleitung)
c) an den Höheren SS- und Polizeiführer
   SS-Gruf. Prützmann
   (über Stapostelle Tilsit zur sofortigen
   Weiterleitung)
d) an den Höheren SS- und Polizeiführer SS-
   Oberf. Korsemann (über SS-Staf. Ohlendorf).

Nachdem der Chef der Ordnungspolizei die zum Einsatz Barbarossa befohlenen Höheren SS- und Polizeiführer zu Besprechungen nach Berlin eingeladen hatte, ohne mich hiervon rechtzeitig zu unterrichten, war ich leider nicht in der Lage, Sie ebenfalls mit den grundsätzlichen Weisungen für den Geschäftsbereich der Sicherheitspolizei und des SD zu versehen.
In Nachstehendem gebe ich in gedrängter Form Kenntnis von den von mir den Einsatzgruppen und -kommandos der Sicherheitspolizei und des SD gegebenen wichtigsten Weisungen mit der Bitte, sich dieselben zu eigen zu machen.
[...]

3) Fahndungsmaßnahmen:
An Hand der vom Reichssicherheitshauptamt herausgegebenen Sonderfahndungsliste Ost haben die EK der Sipo und des SD die erforderlichen Fahndungsmaßnahmen zu treffen.
(...)

4) Exekutionen:
Zu exekutieren sind alle Funktionäre der Komintern (wie überhaupt die kommunistischen Berufspolitiker schlechthin) die höheren, mittleren und radikalen unteren Funktionäre der Partei, des Zentralkomitees, der Gau- und Gebietskomitees
Volkskommissare
Juden in Partei- und Staatsstellungen
Alle sonstige radikalen Elemente (Saboteure, Propagandeure, Heckenschützen, Attentäter, Hetzer usw.)
s o w e i t sie nicht im Einzelfall nicht oder nicht mehr benötigt werden [sic!], um Auskünfte in politischer oder wirtschaftlicher Hinsicht zu geben [...].
Den Selbstreinigungsversuchen antikommunistischer oder antijüdischer Kreise in den neu zu besetzenden Gebieten sind keine Hindernisse zu bereiten. Sie sind im Gegenteil, allerdings s p u r e n l o s , zu fördern, ohne dass sich diese örtlichen „Selbstschutz"-Kreise später auf Anordnungen oder gegebene politische Zusicherungen berufen können. [...]
Besonders sorgfältig ist bei Erschiessungen von Ärzten und sonstigen in der Heilkunde tätigen Personen vorzugehen. [...]

Gez. Heydrich
Beglaubigt;
(Siegel) gez. Hellmuth, Reg. Sekr.

Schreiben des Chefs der Sicherheitspolizei und des SD, Reinhard Heydrich, an die Höheren SS- und Polizeiführer über die Aufgaben von Sicherheitspolizei und SD in den sowjetischen Gebieten, 2. Juli 1941.
42031 Bundesarchiv, Berlin

TEIL C
ABGRENZUNG DER SIEDLUNGSRÄUME IN DEN BESETZTEN OSTGEBIETEN UND GRUNDZÜGE DES AUFBAUES

Die Durchdringung der großen Räume des Ostens mit deutschem Leben stellt das Reich vor die zwingende Notwendigkeit, neue Besiedlungsformen zu finden, die die Raumgröße und die jeweilig verfügbaren deutschen Menschen miteinander in Einklang bringen.
Im Generalplan Ost vom 15. Juli 1941 war die Abgrenzung neuer Siedlungsgebiete unter Zugrundelegung einer Entwicklung von 30 Jahren vorgesehen worden. Auf Grund von Weisungen des Reichsführers-SS ist zunächst von einer Besiedlung folgender Gebiete auszugehen:
1) Ingermanland (Petersburger Gebiet)
2) Gotengau (Krim und Chersongebiet, früher Taurien); es wird ferner vorgeschlagen:
3) Memel-Narewgebiet (Bezirk Bialystok und Westlitauen).

Dieses Gebiet gehört mit den eingegliederten Ostgebieten zum Vorfeld und ist ein geopolitischer Schnittpunkt der beiden großen Siedlungsrichtungen. Die Eindeutschung Westlitauens ist durch die Rückführung der Volksdeutschen bereits im Gange. Es erscheint notwendig, diese drei Gebiete als Siedlungsmarken unter besonderes Recht zu stellen (A III), da sie an der vordersten Front des deutschen Volkstums eine besondere Reichsaufgabe haben.

Um diese Marken mit dem Reich in enger Verbindung zu halten und die Verkehrsverbindung zu sichern, werden längs der Haupteisenbahn- und Autobahnlinien 36 Siedlungsstützpunkte (davon 14 im Generalgouvernement) in Vorschlag gebracht. Diese Siedlungsstützpunkte knüpfen an heute vorhandene günstige Zentralpunkte an und decken sich mit SS- und Polizeistützpunkten höherer Ordnung. Der Abstand der Stützpunkte voneinander beträgt rund 100 km. Die Gesamtfläche jedes Stützpunktes ist mit rund 2 000 qkm bemessen und entspricht also der Größe von 1 bis 2 Landkreisen des Altreichs.

Auszug aus dem „Generalplan Ost" (GPO), Juni 1942, die „Germanisierung" der besetzten sowjetischen Gebiete betreffend.
42027 C. Madajczyk, Generalplan Ost, in: Polish Western Affairs 3, 1962

Zur Zwangsarbeit rekrutierte jüdische Bewohner, Mogilew/Mahilëŭ (Weißrussland), Ende Juli 1941.
In Uniform Angehörige der Wehrmacht. Ganz rechts, mit Kittelbluse, ein zur Bewachung eingesetzter weißrussischer sogenannter Hilfswilliger. Das Foto entstammt einer Bildserie eines Bildberichterstatters der Propaganda-Kompanie 689. Die Bildbetextung lautet unter anderem: „Juden lernen arbeiten".

42007 Foto: Rudolf Kessler © Bundesarchiv, Koblenz, 101I-138-1083-26

Von einem Kommando der Sicherheitspolizei und des SD aufgegriffene Männer in Zivilkleidung müssen den Inhalt ihrer Taschen leeren, Kischinew (heute: Chișinău, Moldawien), wohl 15./16. Juli 1941.
Links im Bild ein Offizier der Sicherheitspolizei. Das Foto ist Teil einer für den Fotografen einer Propaganda-Kompanie der Wehrmacht arrangierten Sequenz. Der Propagandabildtext lautete: „Aus den Schlupfwinkeln [...] holte man diese fünf Männer heraus. Der vorderste ist ein jüdischer Heckenschütze, der zweite stand, wie sein Ausweis verriet, in den Diensten der GPU [d.i. Sowjetische Geheimpolizei, auch: NKWD]. Der zweitletzte ist ein Kriegskommissar [d.i. Kommissar/Politoffizier der Roten Armee], überzeugter und fanatischer Kommunist, der in Zivilkleidern aufgegriffen wurde. Ihre Herrschaft ist nun zu Ende [...]."

42006 Foto: Hanns Hubmann © bpk, Berlin

„Ich kann heute feststellen, dass das Ziel, das Judenproblem für Litauen zu lösen, vom EK 3 erreicht worden ist. In Litauen gibt es keine Juden mehr, ausser den Arbeitsjuden incl. ihrer Familien."
SS-Standartenführer Karl Jäger, 1941

42033 Tätigkeitsbericht des Kommandoführers des Einsatzkommandos 3, K. Jäger, an den Chef der Einsatzgruppe A, 1.12.1941, Bundesarchiv, Ludwigsburg

Der Kommandeur   Minsk, den 5. Februar 1943
der Sicherheitspolizei u. d. SD.
Weissruthenien

Kommandobefehl

Am 8. und 9. Februar 1943 wird in der Stadt Sluzk von dem hiesigen Kommando eine Umsiedlung der dortigen Juden vorgenommen. An der Aktion nehmen die unten namentlich aufgeführten Angehörigen des Kommandos sowie rund 110 Angehörige der lettischen Freiwilligenkomp. teil. Die Leitung der Aktion liegt in den Händen von SS-Obersturmführer Müller. Die Teilnehmer der Aktion treten am 7. Februar 1943 um 11.15 Uhr im unteren Korridor des Dienstgebäudes zur Abfahrt an, die um 11.30 Uhr stattfindet. Einnahme des Mittagessens 10.30 Uhr. Die Leitung der Kraftwagenkolonne übernimmt SS-Sturmbannführer Breder. [...]
Durchführung der Aktion in Sluzk:

Ghetto:
Die Sicherung und Bewachung des Ghettos übernimmt die Ordnungspolizei. Die Auswertung des anfallenden Judeneigentums liegt in den Händen von SS-Hauptstuf. Madecker, dem für diese Aufgabe ein Kommando von 2 Beamten (Kruse, Buchner), 2 Dolmetschern (Michelson, Natarow) und 10 Letten zur Verfügung stehen. Die Aufbringung der Juden im Ghetto steht unter der Leitung des SS-Sturmbannführers Graaf, dem hierzu 6 Kommandos in Stärke von je einem Beamten und je 8 Letten zur Verfügung stehen.
Die Aufbringung der Juden im Ghetto steht unter der Leitung des SS-Sturmbannführers Graaf, dem hierzu 6 Kommandos in Stärke von je einem Beamten und je 8 Letten zur Verfügung stehen.

Für diese Kommandos sind folgende Unterführer vorgesehen.
Krause, Nikol, Gennert, Ehrig, Weller, Zeuschel.
Der Abtransport der Juden zum Umsiedlungsplatz geschieht mittels 6 Lkw's, die von je 4 Letten begleitet werden.

Umsiedlungsgelände:
Auf dem Umsiedlungsgelände befinden sich 2 Gruben. An jeder Grube arbeitet je eine Gruppe von 10 Führern und Männern, die sich alle 2 Stunden ablösen. Zeiten 8–10 Uhr, 10–12 Uhr, 12–14 Uhr, 14–16 Uhr.

Grube I:
1. Gruppe:
SS-Sturmbannführer Breder (Leitung)
SS-Oberstuf. Kaul, Merbach, SS-Hauptstuf. Schneider, SS-Unterstuf. Wertholz, SS-Unterstuf. Müller, SS-Unterstuf. Junker, SS-[?]scharführer Fritz, SS-Rottenführer Geiger und Gröner.
2. Gruppe:
SS-Hauptstuf. Schlegel, SS-Oberscharführer Burger, Eschinger, Brandlmeier, SS-Hauptscharführer Rüttner, SS-Oberscharf. Weller, SS-Unterscharf. v. Toll, SS-Scharführer Rexheuser, Zugwachtmstr. Exner und SS-Unterscharführer Hörner.

Grube II
1. Gruppe:
SS-Obersturmführer Müller, SS-Unterstuf. Eck, SS-Hauptstuf. Friedrich, Wachtmstr. Krahnke, SS-Hauptscharführer v. d. Golz, SS-Rottenführer Schramm, Strössinger, Egger, Lehmann, Fischer.
2. Gruppe:
SS-Oberstuf. Oswald, SS-Hauptscharführer Rübe, SS-Unterstuf. Schmidt, SS-Hauptscharführer Kreimann, SS-Oberscharf. Schuth, Gersborger, Pockler, die SS-Unterscharf. Stratmann und SS-Oberscharf. Kramer, SS-Unterscharf. Gethmann.
Die Sicherung auf dem Umsiedlungsgelände übernimmt SS-Untersturmführer Pierre mit 10 Letten. [...]

gez. Strauch
SS-Obersturmbannführer

Auszug aus dem Kommandobefehl des Kommandeurs der Sicherheitspolizei und des SD in Weißruthenien (Weißrussland), Eduard Strauch, zur Ermordung der Juden in Sluzk, 5. Februar 1943.
42052 Bundesarchiv, Berlin

Erschießung lettischer jüdischer Frauen und Kinder durch das Einsatzkommando 2 der Einsatzgruppe A, Libau/Liepāja, 15.–17. Dezember 1941.
Rechts am Bildrand ein Angehöriger der aus lettischen Freiwilligen und Polizisten bestehenden sogenannten Schutzmannschaften der deutschen Ordnungspolizei, die an der Erschießung maßgeblich beteiligt waren. Der lettische Polizist hatte die Körper jener Opfer nachzuschieben, die nach Abgabe der Schüsse nicht in das Massengrab fielen. Die Massenerschießungen mit insgesamt 2746 Opfern fanden bei Skede im Dünengürtel der Ostsee statt. Das Foto ist Teil einer fotografischen Dokumentation der „Judenaktion" durch zwei Angehörige der Sicherheitspolizei und des SD.
42011 Foto: wohl Carl Emil Strott / Sobeck © bpk, Berlin

Während einer Inspektionsfahrt zur Einsatzgruppe B besichtigt Heinrich Himmler die psychiatrische Anstalt von Tscherwen/Nowinki bei Minsk, 15. August 1941.
Während des Besuches, der in seinem Dienstkalender mit dem Vermerk „Irrenanstalt" eingetragen war, gab Himmler unter anderem Befehle zum Krankenmord in sowjetischen Anstalten und zur Ausweitung der Morde an den sowjetischen Juden. V. l. n. r. Karl Wolff (Chef Persönlicher Stab Reichsführer-SS), Otto Bradfisch (Chef Einsatzkommando 8 der Einsatzgruppe B), Erich von dem Bach-Zelewski (Höherer SS- und Polizeiführer „Russland-Mitte"), Himmler, ein russischer Übersetzer, ein Anstaltsarzt. Im Hintergrund bei der Einsatzgruppe B eingesetzte Angehörige des Nationalsozialistischen Kraftfahrkorps (NSKK).
42012 Foto: Walter Frentz © Sammlung Hanns-Peter Frentz, Berlin

Patienten der psychiatrischen Anstalt Tscherwen/Nowinki bei Minsk, 15. August 1941.
Bis November 1941 wurden alle Patienten ermordet. Das Foto entstand bei der Besichtigung der Anstalt durch Heinrich Himmler und wurde von Adolf Hitlers persönlichem Kameramann Walter Frentz aufgenommen, der Himmler nach Minsk begleitete.
42013 Foto: Walter Frentz © Sammlung Hanns-Peter Frentz, Berlin

Angehörige des Einsatzkommandos 8 der Einsatzgruppe B der Sicherheitspolizei und des SD, Mogilew, undatiert (wohl Spätsommer 1941). Bei den Frauen in Zivilkleidung handelt es sich um bei der Gestapodienststelle beschäftigte einheimische Hilfskräfte.

42016 Foto: privat © BStU, Berlin

„In Minsk wurden 632 Geisteskranke, in Mogilew 836 Geisteskranke sonderbehandelt."

Ereignismeldung Nr. 108 der Einsatzgruppe B, 9. Oktober 1941

42015 Bundesarchiv, Berlin

„[…] Teile der West-Krim judenfrei gemacht. Vom 16.11. bis 15.12. wurden 17 645 Juden, 2 504 Krimtschaken, 824 Zigeuner und 212 Kommunisten und Partisanen erschossen. Die Gesamtzahl der Exekutionen 75 881."

Ereignismeldung Nr. 150 der Einsatzgruppe D, 2. Januar 1942

42036 Bundesarchiv, Berlin

Erhängte sowjetische Partisanen,
vermutlich Jalta, Krim, undatiert (1942).

42026 © Bundesarchiv, Koblenz, F016222-0043A

„Es wäre alles sehr schön, wenn nur die Schießerei nicht wäre. Heute morgen waren es wieder 96."
Verwaltungsführer K., Feldpostbrief, 1942

42044 Feldpostbrief des beim Kommandeur der Sicherheitspolizei und des SD in Kiew verwendeten Verwaltungsführers K. an seine Familie, Sept./Okt. 1942, Bundesarchiv, Ludwigsburg

„Am 28.7.: Großaktion im Minsker russ. Ghetto. 6 000 Juden werden zur Grube gebracht. Am 29.7.: 3 000 deutsche Juden werden zur Grube gebracht. Die nächstfolgenden Tage waren wieder mit Waffenreinigen und Sacheninstandsetzen ausgefüllt." SS-Unterscharführer Arlt, Tätigkeitsbericht, 1942

42039 Tätigkeitsbericht des SS-Unterscharführers Arlt über die Ermordung von Juden im Raum Minsk, 3.8.1942, F. Baade u. a. (Hg.), Unsere Ehre heisst Treue, Wien 1965

Erschießung von Zivilisten, deutsch besetzte Gebiete der Sowjetunion, undatiert.

Das Foto lässt nicht eindeutig erkennen, ob es sich bei den Schützen um Angehörige einer Einheit der SS und Polizei oder der Wehrmacht handelt. Als Zuschauer im Hintergrund nicht direkt beteiligte Soldaten der Wehrmacht.

42018 © ullstein bild, Berlin

Angehörige von Ordnungspolizei, Sicherheitspolizei und SD „durchkämmen" ein als „bandenverseucht" geltendes Waldgelände, Weißrussland, Mai 1943.

42320 © Bundesarchiv, Koblenz, 146/93/25/8

SS-Männer und Angehörige der Ordnungspolizei posieren mit bei einer „Bandenbekämpfungsaktion" als „partisanenverdächtig" gefangen genommenen russischen Frauen und Kindern, vermutlich Weißrußland, undatiert (Mai 1943).

42019 © Bundesarchiv, Koblenz, 146/93/25/25

4.2 | Sowjetunion 1941–1944

Während eines Unternehmens im Rahmen der sogenannten Bandenbekämpfung kontrollieren Angehörige eines Kommandos der Sicherheitspolizei und des SD die Ausweispapiere russischer Zivilisten, August 1943.
42021 © bpk, Berlin

Verhör eines Gefangenen während eines gegen sowjetische Partisanen gerichteten „Bandenbekämpfungsunternehmens" von SS und Polizei, undatiert (1943).
Bei den Uniformierten rechts im Bild handelt es sich um Angehörige der Sicherheitspolizei und des SD. Das Foto machte ein „SS-Kriegsberichter" für die Film- und Bildstelle der Ordnungspolizei in Berlin.
42353 Foto: Loos © Bundesarchiv, Koblenz

„Bandenaktion. In der Gemeinde Witonitsch wurden die Einwohner in eine Scheune getrieben, zusammengeschossen und das Gebäude abgebrannt. Da die Leichen nicht völlig verbrannt sind, schleppen die herrenlosen Schweine Leichenteile im Ort herum." Generalkommissariat Weißruthenien, Vermerk, 1943

42056 Interner Vermerk, Generalkommissariat Weißruthenien, 1.6.1943, Bundesarchiv, Berlin

```
Der Befehlshaber der Sicherheitspolizei u. des SD          Kauen, am 1. Dezember 1941
Einsatzkommando 3

Geheime Reichssache!                                        5 Ausfertigungen
                                                            4. Ausfertigung.

       Gesamtaufstellung der im Bereich des EK.3 bis zum 1.Dez.1941
       durchgeführten Exekutionen.

       Übernahme der sicherheitspolizeilichen Aufgaben in Litauen
       durch das Einsatzkommando 3 am 2. Juli 1941.
       (Das Gebiet Wilna wurde am 9.Aug.41, das Gebiet Schaulen
       2.Okt.41 vom EK.3 übernommen. Wilna wurde bis zu diesen Zeit.
       vom EK.9 und Schaulen von EK.2 bearbeitet.)

       Auf meine Anordnung und meinen Befehl durch die
       lit.Partisanen durchgeführten Exekutionen:

4.7.41  Kauen - Fort VII - 416 Juden, 47 Jüdinnen            463
6.7.41  Kauen - Fort VII - Juden                           2 514

       Nach Aufstellung eines Rollkommandos unter Führung
       von SS-Ostuf.Hamann und 8 - 10 bewährten Männern
       des EK.3 wurden nachfolgende Aktionen in Zusammen-
       arbeit mit den lit.Partisanen durchgeführt:

7.41   Mariampole       Juden                                  32
7.41      "             14  "   und 5 komm.Funktionäre         19
7.41   Girkelinei       komm.Funktionäre                        6
9.7.41 Wendziogala      32 Juden, 2 Jüdinnen, 1 Litauerin,
                        2 lit.Komm., 1 russ.Kommunist          38
9.7.41 Kauen - Fort VII - 21 Juden, 3 Jüdinnen                 24
7.41   Mariampole       21 "  , 1 russ. 9 lit.Komm.            31
7.41   Babtei           8 komm.Funktionäre (6 davon Juden)      8
7.41   Mariampole       39 Juden, 14 Jüdinnen                  53
9.7.41 Kauen - Fort VII - 17 "  , 2 "  , 4 lit.Komm.
                        2.komm.Litauerinnen, 1 deutsch.K.      26
21.7.41 Panevezys       59 Juden, 11 Jüdinnen, 1 Litauerin,
                        1 Pole, 22 lit.Komm., 9 russ.Komm.    103
22.7.41    "            1 Jude                                  1
23.7.41 Kedainiai       83 Juden, 12 Jüdinnen, 14 russ.Komm.
                        15 lit.Komm., 1 russ.O-Politruk.      125
25.7.41 Mariampole      90 Juden, 13 Jüdinnen                 103
28.7.41 Panevezys       234 "  , 15 "
                        19 russ.Komm., 20 lit.Kommunisten     288
                                                -Übertrag:   3 834
```

```
                                              Blatt 6.
                                              -Übertrag:                   99 804
12.9.41  Wilna-Stadt    993 Juden,1670 Jüdinnen, 771 J.-Kind.               3 334
17.9.41      "          337   "    687     "     247   "
                        und 4 lit.Kommunisten                               1 271
20.9.41  Nemencing      128 Juden, 176 Jüdinnen,  99   "                      403
22.9.41  Novo-Wilejka   468   "    495     "     196   "                    1 159
24.9.41  Riesa          512   "    744     "     511   "                    1 767
25.9.41  Jahiunai       215   "    229     "     131   "                      575
27.9.41  Eysisky        989   "   1636     "     821   "                    3 446
 .9.41   Trakai         366   "    483     "     597   "                    1 446
4.10.41  Wilna-Stadt    432   "   1115     "     436   "                    1 983
6.10.41  Semiliski      213   "    359     "     390   "                      962
9.10.41  Svenciany     1169   "   1840     "     717   "                    3 726
16.10.41 Wilna-Stadt    382   "    507     "     257   "                    1 146
21.10.41     "          718   "   1063     "     586   "                    2 367
25.10.41     "                    1766     "     812   "                    2 578
27.10.41     "          946   "    184     "      73   "                    1 203
30.10.41     "          382   "    789     "     362   "                    1 533
6.11.41      "          340   "    749     "     252   "                    1 341
19.11.41     "           76   "     77     "      18   "                      171
19.11.41                6 Kriegsgefangene, 8 Polen                             14
20.11.41                3                                                       3
25.11.41                9 Juden, 46 Jüdinnen, 8 J.-Kinder,                     64
                        1 Pole wegen Waffenbesitz u.Besitz
                        von anderem Kriegsgerät

Teilkommando des EK.3
in Minsk
vom 28.9.-17.10.41:

     Pleschnitza,
     Bicholin,
     Scak,
     Bober,
     Usda            620 Juden,1285 Jüdinnen,1126 J.-Kind.
                     und 19 Kommunisten                                     3 050
                                                                          _____
                                                                          133 346

Vor Übernahme der sicherheitspol.Aufgaben durch das EK.3,                   4 000
Juden durch Progrome und Exekutionen - ausschliesslich von
Partisanen - liquidiert.
                                                                          _____
                                                          Sa.             137 346
                                                                          =======
```

Auszüge aus dem Bericht des Kommandoführers des Einsatzkommandos 3, Karl Jäger, an den Chef der Einsatzgruppe A über durchgeführte Exekutionen, 1. Dezember 1941.

Jäger tauchte nach dem Krieg unter und lebte bei Heidelberg. Im April 1959 wurde er identifiziert und verhaftet, am 22. Juni 1959 nahm er sich in der Untersuchungshaft das Leben.

42335a–c Sonderarchiv, Moskau

Blatt 7.

Ich kann heute feststellen, dass das Ziel, das Judenproblem für Litauen zu lösen, von EK.3 erreicht worden ist. In Litauen gibt es keine Juden mehr, ausser den Arbeitsjuden incl. ihrer Familien.

Das sind

        in Schaulen   ca.   4 500
        in Kauen   "   15 000
        in Wilna   "   15 000.

Diese Arbeitsjuden incl. ihrer Familien wollte ich ebenfalls umlegen, was mir jedoch scharfe Kampfansage der Zivilverwaltung (dem Reichskommissar) und der Wehrmacht eintrug und das Verbot auslöste: Diese Juden und ihre Familien dürfen nicht erschossen werden!

Das Ziel, Litauen judenfrei zu machen, konnte nur erreicht werden, durch die Aufstellung eines Rollkommandos mit ausgesuchten Männern unter Führung des SS-Obersturmführer Hamann, der sich meine Ziele voll und ganz aneignete und es verstand, die Zusammenarbeit mit den litauischen Partisanen und den zuständigen zivilen Stellen zu gewährleisten.

Die Durchführung solcher Aktionen ist in erster Linie eine Organisationsfrage. Der Entschluss, jeden Kreis systematisch judenfrei zu machen, erforderte eine gründliche Vorbereitung jeder einzelnen Aktion und Erkundung der herrschenden Verhältnisse in dem betreffenden Kreis. Die Juden mussten an einem Ort oder an mehreren Orten gesammelt werden. An Hand der Anzahl musste der Platz für die erforderlichen Gruben ausgesucht und ausgehoben werden. Der Anmarschweg von der Sammelstelle zu den Gruben betrug durchschnittlich 4 bis 5 km. Die Juden wurden in Abteilungen zu 500, in Abständen von mindestens 2 km, an den Exekutionsplatz transportiert. Welche Schwierigkeiten und nervenaufreibende Arbeit dabei zu leisten war, zeigt ein willkürlich herausgegriffenes Beispiel:

In Rokiskis waren 3208 Menschen 4 1/2 km zu transportieren, bevor sie liquidiert werden konnten. Um diese Arbeit in 24 Stunden bewältigen zu können, mussten von 80 zur Verfügung stehenden litauischen Partisanen über 60 zum Transport, bezw.

Fernschreiben des Kommandoführers des Einsatzkommandos 3, Karl Jäger, an den Chef der Einsatzgruppe A über durchgeführte Exekutionen, 9. Februar 1942.

42534 Bundesarchiv, Ludwigsburg

„Da dieser Krieg nach unserer Ansicht ein jüdischer Krieg ist, spüren die Juden ihn in erster Linie. Es gibt in Russland, soweit der deutsche Soldat ist, keine Juden mehr. Du kannst Dir vorstellen, dass ich erst einige Zeit benötige, um dies zu überwinden. Sprich bitte nicht zu Frau Kern darüber. Krank bin ich auch (Durchfall, Fieber, Schüttelfrost). Es soll hier jeder durchmachen."

„Ich selber habe Glück gehabt, weil wir nur in Anbetracht unserer schweren Arbeit Lebensmittel zukaufen können. Kaufen ist falsch, das Geld gilt nicht, es wird getauscht. Wir sind zufällig im Besitz von Lumpen, die sehr begehrt sind. Hier bekommen wir alles. Die Lumpen gehörten den Menschen, die heute nicht mehr leben. Du brauchst mir also keine Kleidungsstücke oder ähnliches schicken."

„Über die Schießerei habe ich Dir schon berichtet, daß ich auch hier nicht versagen durfte. Im Großen und Ganzen haben sie erklärt, daß sie jetzt endlich als Verwaltungsführer einen Kerl bekommen hätten, nachdem der frühere ein Feigling gewesen sei. So werden hier die Menschen beurteilt. Anders, als bei uns. Ihr könnt aber Vertrauen auf euren Papa haben. Er denkt stets an Euch und schießt nicht über das Maß hinaus."

„Es wäre alles sehr schön, wenn nur die Schießerei nicht wäre. Heute morgen waren es wieder 96. Ich bin noch ganz aufgeregt. Die Kinder wollen wissen, ob ich hier Obst bekomme? Zur Zeit einige Äpfel und die auch nur mit schwerem Kampf."

Auszüge aus Briefen des Verwaltungsführers K., Leiter der Abteilungen I und II beim Kommandeur der Sicherheitspolizei und des SD in Kiew, an seine Frau, September/Oktober 1942.

42045 Bundesarchiv, Ludwigsburg

Tätigkeitsbericht des SS-Unterscharführers Arlt (1. Kompanie des Bataillons der Waffen-SS z. b. V.) über die Ermordung von Juden im Juni und Juli 1942 in Minsk, Baranawitschy, Slonim und anderen Orten, 3. August 1942.

42041a F. Baade u. a. (Hg.), Unsere Ehre heisst Treue, Wien 1965

Der Generalkommissar
in Minsk
Abteilung I Politik

Minsk, am 1.6.1943

An den
Herrn Hauptabteilungsleiter I

im Hause

Betr.: Bandenaktion im Gebiet B o r i s s o w
Bezug: ohne

Der zunächst mündliche Bericht des politischen Referenten von Borissow über Vorkommnisse während der laufenden Aktion ist wenig erfreulich. In der Gemeinde Witonitsch im Rayon Borissow wurden die Einwohner in eine Scheune getrieben, zusammengeschossen und das Gebäude abgebrannt. Da die Leichen nicht völlig verbrannt sind, schleppen die herrenlosen Schweine Leichenteile im Ort herum. Die Erschossenen werden also einfach liegen gelassen.

Es wird als Beispiel angeführt, daß sich Leute nach Tagen im Krankenhaus melden, die nach Ansicht der Akteure erschossen waren, aber nur verwundet wurden und ohnmächtig geworden sind. Sie erhoben sich dann aus der Reihe der Erschossenen und suchten Hilfe.

Ein ausführlicher dienstlicher Bericht folgt von Borissow.

Im Auftrage:

gez. L a n g e

Internes Schreiben eines Mitarbeiters der Abteilung I (Politik) des Generalkommissariats Weißruthenien über eine „Bandenbekämpfungs-aktion" im Gebiet Borissow, 1. Juni 1943.

Das Generalkommissariat Weißruthenien war nachgeordnete Einrichtung des Reichskommissariats „Ostland" (Riga) und umfasste im Wesentlichen weißrussische Gebiete.

42057 Bundesarchiv, Berlin

Der Reichsführer-SS
Feld-Kommandostelle
den 29. Dezember 1942

Betr.: Meldungen an den Führer über Bandenbekämpfung.

M e l d u n g Nr. 51
Russland-Süd, Ukraine, Bialystok.
Bandenbekämpfungserfolge vom 1.9. bis 1.12.1942

1.) Banditen:

a) festgestellte Tote nach Gefechten (x)

August:	September:	Oktober:	November:	insgesamt
227	381	427	302	1337

b) Gefangene sofort exekutiert

125	282	87	243	737

c) Gefangene nach längerer eingehender Vernehmung exekutiert

2100	1400	1596	2731	7828

2.) Bandenhelfer und Bandenverdächtige:

a) festgenommen

1343	3078	8337	3795	16553

b) exekutiert

1198	3020	6333	3706	14257

c) Juden exekutiert

31246	165282	95735	70948	363211

3.) Überläufer a.G. deutscher Propaganda:

21	14	42	63	140

(x) Da der Russe seine Gefallenen verschleppt bzw. sofort verscharrt, sind die Verlustzahlen auch nach Gefangenenaussagen erheblich höher zu bewerten.

Auszug aus Nr. 51 der vom Reichsführer-SS herausgegebenen „Meldungen an den Führer über Bandenbekämpfung", 29. Dezember 1942.

42347 Bundesarchiv, Berlin

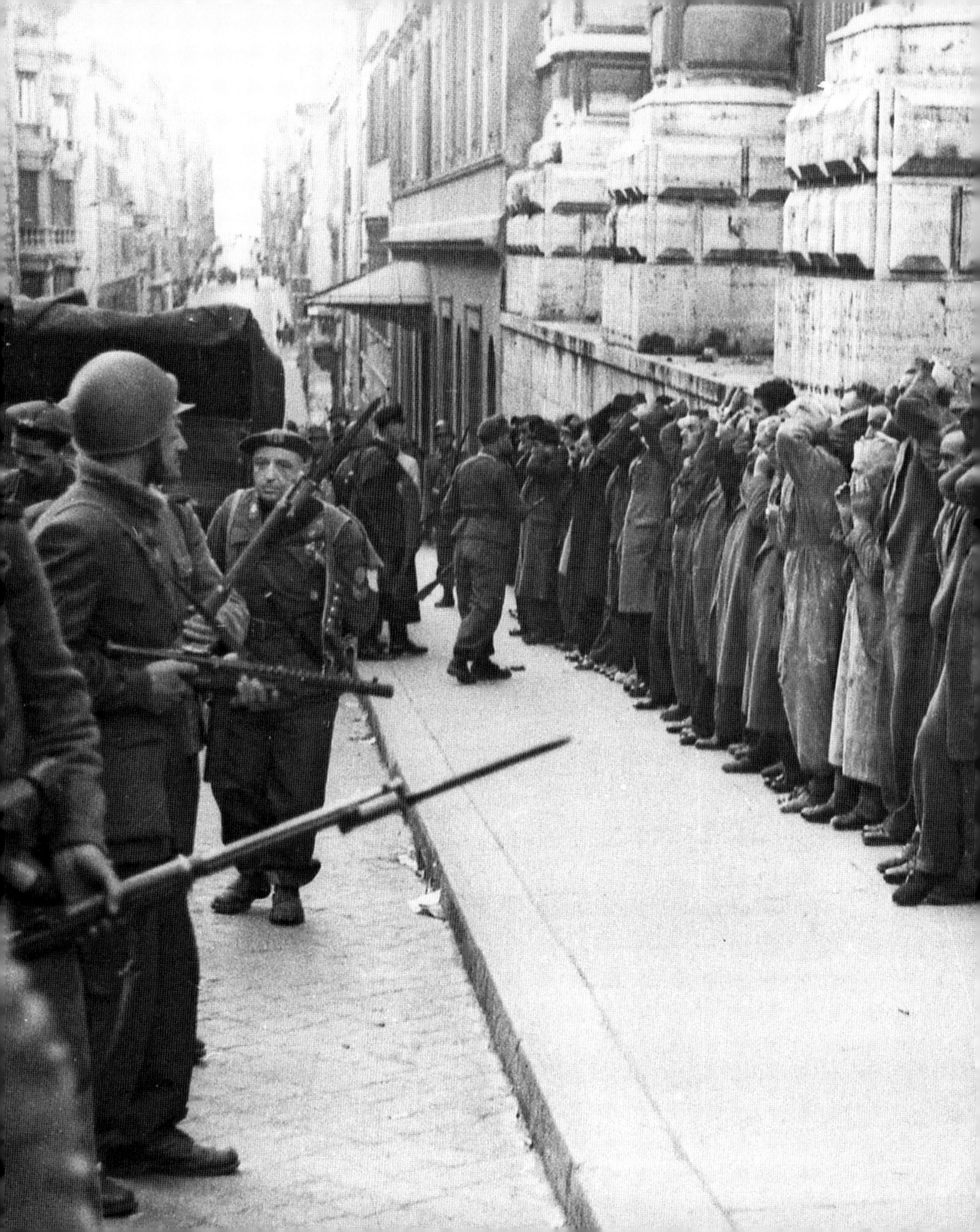

4.3 Nord-, West-, Süd- und Mitteleuropa 1938–1945

Jede territoriale Ausweitung der deutschen Herrschaft vergrößerte den Aktionsradius von SS, SD, Gestapo, Kriminal- und Ordnungspolizei. Nach dem „Anschluss" Österreichs an das Deutsche Reich, der „Eingliederung" des Sudetenlandes im Herbst 1938, der endgültigen Zerschlagung der ČSR und der Bildung eines „Protektorates Böhmen und Mähren" im Frühjahr 1939 übertrugen SS und Ordnungspolizei, Sicherheitspolizei und SD ihre Organisation auf die „angeschlossenen" oder besetzten Gebiete. Die antijüdischen Gesetze des „Altreiches" wurden innerhalb kurzer Zeit auch dort umgesetzt. Eine letzte Massenflucht setzte ein. Vor der „Ausreise" wurden die Flüchtlinge gezwungen, ihren Besitz zu veräußern und Fluchtsteuer zu zahlen.

In Südost- und in Westeuropa wurden die dort lebenden Juden nach dem deutschen Einmarsch nicht in örtliche Ghettos verschleppt, sondern in der Regel über Sammelstellen und -lager „nach Osten" in das „Generalgouvernement" deportiert, wo „Judentransporte" oft unmittelbar nach der Ankunft „liquidiert", d. h. die ankommenden Menschen erschossen oder durch Gas ermordet wurden. Die Vorbereitung und Durchführung der „Endlösung der Judenfrage in Europa" koordinierte im Reichssicherheitshauptamt das „Judenreferat" im Geheimen Staatspolizeiamt unter Adolf Eichmann. Er stützte sich in den besetzten und verbündeten Ländern auf seine „Judenreferenten", die mit den übrigen Stellen der Sicherheitspolizei und des SD antijüdische Maßnahmen vorbereiteten und die Vernichtung des europäischen Judentums koordinierten.

Der Widerstand örtlicher Befreiungsbewegungen wurde von Wehrmacht, Waffen-SS, Ordnungs- und Sicherheitspolizei zusammen mit einheimischen Kollaborateuren rücksichtslos bekämpft. Dabei wurden zehntausende unbeteiligte Angehörige der Zivilbevölkerung der besetzten Länder ermordet. Opfer deutscher „Vergeltungsaktionen" wurden ganze Ortschaften, die dem Erdboden gleichgemacht und deren Bewohner umgebracht oder verschleppt wurden.

Massenverhaftung von Zivilisten nach dem Sprengstoffanschlag auf eine Einheit der deutschen Ordnungspolizei in der Via Rasella, Rom, 23. März 1944.
Links im Bild deutsche Polizisten und italienische Angehörige einer faschistischen Sondereinheit.

Dem Anschlag des italienischen Widerstandes waren 33 deutsche Polizisten und acht italienische Zivilisten zum Opfer gefallen. Am selben Abend ordnete ein „Führerbefehl" Adolf Hitlers „Sühnemaßnahmen" im Verhältnis 1:10 an. Daraufhin wurden vom Außenkommando Rom der Gestapo unter Herbert Kappler am 24. März 1944 in den Ardeatinischen Höhlen bei Rom 335 „todeswürdige Juden und Kommunisten" erschossen.

43112 Foto: Koch (PK 699) © Bundesarchiv, Koblenz, 101I-312-0983-03

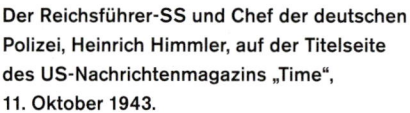

Der Reichsführer-SS und Chef der deutschen Polizei, Heinrich Himmler, auf der Titelseite des US-Nachrichtenmagazins „Time",
11. Oktober 1943.
Die Titelzeile lautet: „Himmler, Polizeichef von Nazi-Europa. Tote revoltieren nicht."

43301 Grafik: Boris Artzybasheff © Time/Life

Der Chef des Reichssicherheitshauptamtes, Reinhard Heydrich, auf der Titelseite des US-Nachrichtenmagazins „Time",
23. Februar 1942.
Die Titelzeile lautet: „Heydrich: Gestapo-Henker. Kann man mit Terror, Hunger und Propaganda 150 Millionen Gefangene beherrschen?" Die Zahl von 150 Millionen Gefangenen bezieht sich vermutlich auf die Bevölkerungszahl der vom „Dritten Reich" Anfang 1942 militärisch beherrschten, besetzten Gebiete Europas.

23326 Grafik: Boris Artzybasheff © Time/Life

„Der Sinn des Krieges ist die Beherrschung und Ordnung des Kontinents, der Europa heißt."
Heinrich Himmler, 1944

43511 Gekürzter Auszug: Rede Himmlers vor Wehrmachtsoffizieren, 26.7.1944/B. F. Smith/A. F. Peterson (Hg.), Heinrich Himmler. Geheimreden 1933 bis 1945 und andere Ansprachen, Frankfurt am Main, Berlin, Wien 1974

TSCHECHOSLOWAKEI 1938–1945

Gruppenaufnahme des aus Beamten der Sicherheitspolizei, der Ordnungspolizei und aus weiblichen Wärterinnen bestehenden Personals des der Gestapo als Haftanstalt und Hinrichtungsstätte dienenden Pankrác-Gefängnisses, Prag, undatiert.

43706 © Militärhistorisches Archiv, Prag

Vor der Prager Burg auf dem Hradschin werden Heinrich Himmler in Prag eingesetzte leitende Beamte der Gestapo vorgestellt, Ende Oktober 1941.

Rechts im Bild der stellvertretende Reichsprotektor im „Protektorat Böhmen und Mähren", Reinhard Heydrich.

43007 © bpk, Berlin / Bayerische Staatsbibliothek, München

Innenansicht des von der Gestapo als Haftanstalt und zentrale Hinrichtungsstätte für das „Protektorat Böhmen und Mähren" genutzten Pankrác-Gefängnisses in Prag, undatiert (1942). Bis 1945 wurden dort mehr als 1 000 Menschen hingerichtet.

43006 © SZ Photo, München

Erschießung tschechischer Geiseln durch das Reserve-Polizei-Bataillon Kolin, Westböhmen, vermutlich auf dem Kasernengelände in Pardubitz/Pardubice, undatiert (wohl 9. Juli 1942).

Die erste Abbildung zeigt Gestapobeamte mit den Opfern, denen die Augen verbunden wurden, am Erschießungsort. Das zweite Foto zeigt das Exekutionskommando, das Dritte den kommandierenden Offizier, der die nach Abgabe der Gewehrsalve noch lebenden Opfer durch Pistolenschüsse tötet.

43505a–c © Militärhistorisches Archiv, Prag

Erschossene Einwohner der Ortschaft Lidice, 10. Juni 1942.

Im Hintergrund Angehörige des Exekutionskommandos der Ordnungspolizei.

43704 © Militärhistorisches Archiv, Prag

NORWEGEN 1940–1945

Der Chef des Reichssicherheitshauptamtes, Reinhard Heydrich (2. v. l., im Profil), inspiziert im Konzentrationslager Grini bei Oslo zum Appell angetretene norwegische Häftlinge, 7. September 1941.
Ganz links der Befehlshaber der Sicherheitspolizei und des SD in Oslo, Heinrich Fehlis. Grini war das größte von mehreren Konzentrationslagern in Norwegen.

43011 © Norges Hjemmefrontmuseum, Oslo

Der Reichskommissar in Norwegen und Gauleiter von Essen, Josef Terboven (2. v. l.), mit dem von Heinrich Himmler als Höherer SS- und Polizeiführer in Norwegen eingesetzten Wilhelm Rediess (2. v. r.), Oslo, 20. April 1944.
1. v. l. der Ministerpräsident der norwegischen Kollaborationsregierung, Vidkun Quisling.

43014 Foto: H. Sanden © bpk, Berlin

Der Chef des Reichssicherheitshauptamtes (RSHA), Reinhard Heydrich, während seines Besuches in Oslo im Gespräch mit leitenden Mitarbeitern der dortigen RSHA-Dienststelle, 7. September 1941.
Links im Bild der Chef des Geheimen Staatspolizeiamtes (Amt IV des RSHA), Heinrich Müller.

43012 © Norges Hjemmefrontmuseum, Oslo

Ankunft eines Bataillons der Ordnungspolizei auf dem Osloer Bahnhof, undatiert (April/Mai 1940).

43017 © Bundesarchiv, Koblenz 121-0650

DÄNEMARK 1940–1945

Von ihren Mannschaftswagen absitzende Besatzungen der deutschen Ordnungspolizei während einer Razzia in Kopenhagen, Sommer 1944.

43021 © Scanpix/Nordfoto, Kopenhagen

Gegen dänische Juden gerichtete Razzia von Gestapo und Ordnungspolizei, Kopenhagen, 1943.

43027 © ullstein bild, Berlin

Der Bevollmächtigte des Deutschen Reiches im besetzten Dänemark, Dr. Werner Best (links) und der Höhere SS- und Polizeiführer Dänemark, Günther Pancke, Dänemark, undatiert (1944/45). Best, bis 1940 Stellvertreter Reinhard Heydrichs im Reichssicherheitshauptamt, war höchster politischer Vertreter des NS-Regimes bei den unter deutscher Besatzung weiteramtierenden dänischen Regierungen. Die Exekutivgewalt übten der deutsche Wehrmachtbefehlshaber in Dänemark und Pancke als Vertreter Heinrich Himmlers aus.

43022 © Scanpix/Nordfoto, Kopenhagen

NIEDERLANDE 1940–1945

Zusammengetriebene Opfer einer gegen Juden gerichteten Razzia von Gestapo und Ordnungspolizei, Amsterdam, 22./23. Februar 1941.

43033 © NIOD, Amsterdam

Ansprache des Leiters der mit den Deutschen kollaborierenden Nationaal-Socialistische Beweging (NSB), Anton Mussert, anlässlich der Vereidigung niederländischer Waffen-SS-Freiwilliger vor ihrer Abfahrt zur Ausbildung nach Deutschland für den späteren Einsatz an der Ostfront, Den Haag, 11. Oktober 1941.

Links vorn der Höhere SS- und Polizeiführer in den Niederlanden, Hans Albin Rauter, 4. v. l. der deutsche Reichskommissar für die besetzten Niederlande, Arthur Seyß-Inquart.

43031 © ullstein bild, Berlin

Inspektion des männlichen Personals des Befehlshabers der Sicherheitspolizei und des SD (BdS) in Den Haag durch den Höheren SS- und Polizeiführer in den Niederlanden, Hanns Albin Rauter, Den Haag, undatiert (um 1942).

43050 © NIOD, Amsterdam

Gruppenaufnahme des uniformierten deutschen Personals der Dienststelle des Kommandeurs der Sicherheitspolizei und des SD in Amsterdam, undatiert (1942/43).

Im Hintergrund das von Gestapo, Kripo und SD genutzte ehemalige Schulgebäude am Adama van Scheltemaplein 1, in dem die für die Deportationen der Juden verantwortliche „Zentralstelle für jüdische Auswanderung" untergebracht war.

43032 © NIOD, Amsterdam

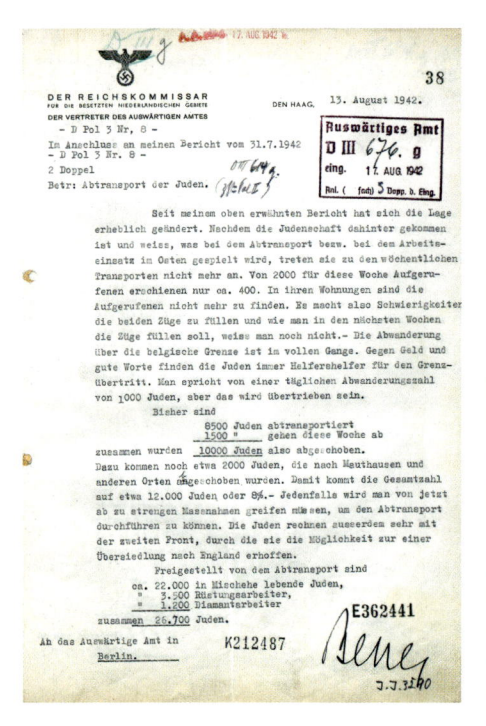

Bericht des Vertreters des Auswärtigen Amtes beim Reichskommissar für die besetzten niederländischen Gebiete in Den Haag, Otto Bene, über die Anzahl der bis dahin deportierten Juden und die dabei aufgetretenen „Schwierigkeiten", 13. August 1942.

43342 Politisches Archiv des Auswärtigen Amtes, Berlin

VOLKSGENOSSEN!
ES IST SOWEIT!
Nach der langen Reihe unmenschlicher Bestimmungen in den letzten Wochen: der gelbe Stern, das Einliefern der Fahrräder, das Verbot, Häuser von Nichtjuden zu betreten, das Verbot, Telefon, Strassenbahn und Zug zu benutzen, das Verbot, in nichtjüdischen Geschäften einzukaufen, ausser in den festgesetzten Stunden usw. ist jetzt das Schlusstück gekommen: DIE ABSCHIEBUNG ALLER JUDEN IM ALTER VON 16 BIS 42 JAHREN!

Am 15.7.42 des Nachts um 1:30 musste die erste Gruppe sich am Zentral-Bahnhof in Amsterdam melden. Hiernach werden täglich 1 200 Juden das gleiche tun müssen. Von Westerbork in Drenthe, wo die Unglücklichen gesiebt werden, werden dann jedesmal ca. 4 000 Juden zugleich abgeschoben. Die Züge stehen dafür bereit. Prager Spezialisten im Henkerwerk sind dorthin gekommen, um die Abschiebung so schnell wie möglich durchzuführen. Insgesamt werden auf diese Art und Weise ca. 120 000 jüdische Niederländer entfernt werden.

Dies sind nüchterne Tatsachen, in Hartheit und Sachlichkeit nur den Aufträgen des ägyptischen Pharao gleichkommend, der alle jüdischen männlichen Kinder umbringen liess und des Herodes, dem Antisemiten, der, um Jesus zu töten, alle Säuglinge von Bethlehem töten liess. Nun, verschiedene Tausend Jahre später, haben Hitler und Henker in dieser Gesellschaft ihren Platz gefunden. Offizielle polnische Berichte nennen die Zahl von 700 000 Juden, die bereits in den Klauen dieser Germanen starben. Unseren jüdischen Mitbürgern wird es ebenso ergehen. Das Los der nichtjüdischen Arbeiter (Niederländer) in Deutschland ist hart, wenn es jedoch um die Juden geht, [geht] es um die Verwirklichung der Drohungen, die die Nazis immer wieder gegen die Juden geschleudert haben, dann geht es um ihre Vernichtung und Ausrottung.

VOLKSGENOSSEN!
Mit Abscheu und Empörung hat das niederländische Volk von den antijüdischen Massnahmen Kenntnis genommen. Wohl muss unser Volk schwer für die Tatsache, dass es sich nicht gegen die so unschuldig vorgestellte Unterzeichnung der Judenerklärung widersetzt hat [, büssen]. Es ist unsere gemeinsame Schuld, die vom Jüdischen Rat nicht ausgenommen, dass unsere Feinde über eine vollständige Judenadministration verfügen. Alle vorhergehenden deutschen Massnahmen hatten zum Ziel, die Juden von den übrigen Niederländern zu isolieren, die Verbindung unmöglich zu machen und unsere Gefühle von Mitleben und Verbundenheit einzuäschern. Es ist ihnen besser gelungen, als wir es selbst wissen und wahrscheinlich zugeben wollen. Im Geheimen müssen die Juden umgebracht werden, und wir, die Zeugen sind, müssen taub, blind und stumm sein. Wir dürfen ihr Stöhnen nicht hören, wir dürfen ihr Elend nicht ansehen, wir dürfen unsere Abscheu und unser Mitleiden nicht aussprechen. Gott und die Geschichte werden uns verurteilen und mitpflichtig erklären an diesem Massenmord, wenn wir jetzt schweigen und zusehen.

Niederland ist hart geschlagen und tief erniedrigt. Jetzt werden wir den Beweis liefern müssen, dass im Druck unsere Ehre nicht verloren ist und unser Gewissen nicht verstummt, das unser Glaube nicht kraftlos gemacht ist. Deshalb erwarten wir, dass alle Bürger die Vorbereitungen und Ausführung dieser Abschiebung sabotieren werden. Gedenkt des Februarstreiks im Jahre 1941, als ein bis zum äussersten gereiztes Volk zeigte, was es kann, wenn es will. Wir erwarten, dass Generalsekretäre, Bürgermeister, hohe Beamte ihr Amt in die Waage werfen und [sich] weigern, noch länger mit der deutschen Besatzungsmacht zusammenzuarbeiten. Wer nun doch an seinem Sitz kleben bleibt, wird nach der Befreiung eine schwere Aufgabe haben, um seine Haltung zu rechtfertigen. Wir rechnen damit, dass alle, die dazu in der Gelegenheit sind, speziell Beamte, Polizei, Eisenbahnpersonal usw. diese sadistischen Nazi-Massnahmen sabotieren werden. […]

Auszug aus einem Protestflugblatt gegen die Deportation niederländischer Juden, Juli 1942.

43041 NIOD, Amsterdam

Heimlich gemachtes Foto von zur Deportation bestimmten jüdischen Männern und Frauen auf dem Weg zur „Sammelstelle" am Daniel Willinkplein, Amsterdam, 20. Juni 1943.
Die Opfer wurden zunächst in das Durchgangslager Westerbork gebracht. Von dort wurden insgesamt über 100 000 Juden in die Vernichtungslager in Polen deportiert.

43036 © NIOD, Amsterdam

Während einer gegen Juden gerichteten Razzia von Gestapo und Ordnungspolizei festgenommene Männer, Amsterdam, 22. Februar 1941.

43049 © NIOD, Amsterdam

Deportation niederländischer Juden und anderer Gefangener des „Polizeilichen Durchgangslagers" Amersfoort unter Bewachung durch Ordnungspolizei, Amersfoort, undatiert (nach Mai 1942).

43034 © SZ Photo, München

BELGIEN 1940–1945

Bei einer Straßenrazzia Verhaftete werden von einer Kaserne der belgischen Gendarmerie (Rijkswacht) in der Kroonlaan unter Bewachung durch deutsche Polizei oder Wehrmacht zur Bahnstation Etterbeek geführt, Brüssel, August 1944.

43062 © SOMA/CEGES, Brüssel

Das Gestapopersonal des „Auffanglagers" Breendonk posiert für den Fotografen, in der Mitte der Lagerkommandant Philipp Schmitt, Breendonk, 13. Juni.

Die Wachmannschaften und das sonstige Personal bestanden aus Angehörigen der Wehrmacht und der flämischen SS. Die Aufnahmen stammen von einem Fotografen der Propaganda-Kompanie 612 der Wehrmacht.

43059 Foto: Otto Kropf © Collectie Otto Spronk, SOMA/CEGES, Brüssel

Zum Appell angetretene Gefangene des „Auffanglagers" Breendonk, 13. Juni 1941.
Die Häftlinge tragen alte Uniformen der belgischen Armee mit aufgenähten Häftlingsnummern. Sie sind nach Unterkunftsräumen („Stuben") aufgestellt.
43061 Foto: Otto Kropf © Collectie Otto Spronk, SOMA/CEGES, Brüssel

Neu eingelieferte Häftlinge des „Auffanglagers" Breendonk müssen auf ihre Registrierung und Einkleidung durch das Lagerpersonal warten, 13. Juni 1941.
Im Hintergrund Wachtposten der Wehrmacht. Den Gefangenen war während dieser Prozedur jede Bewegung verboten. Abweichungen wurden vom Wachpersonal mit körperlicher Misshandlung bestraft.
43060 Foto: Otto Kropf © Collectie Otto Spronk, SOMA/CEGES, Brüssel

Gruppenaufnahme des deutschen Personals der Dienststelle Lüttich der Sicherheitspolizei und des SD, Lüttich, undatiert.
43057 © SOMA/CEGES, Brüssel

FRANKREICH 1940–1944

Gruppenaufnahme des deutschen männlichen Personals der Dienststelle des Befehlshabers der Sicherheitspolizei und des SD in Paris, undatiert (wohl 1943/44).

43075 © SZ Photo, München

Ankunft des Chefs der Sicherheitspolizei und des SD und des Reichssicherheitshauptamtes, Reinhard Heydrich, auf dem Flughafen Le Bourget, Paris, 6. Mai 1942.

Links der Stellvertreter des deutschen Botschafters bei der Vichy-Regierung, Rudolf Schleier, 2. v. r. der Befehlshaber der Sicherheitspolizei und des SD in Paris, Helmut Knochen.

43071 © SZ Photo, München

Bei einer Razzia verhaftete Juden in dem im Vorort Drancy eingerichteten „Sammellager", Paris, August 1941.

Im Vordergrund ein Wachtposten der französischen Polizei. Nach „Durchkämmung" des 11. Pariser Arrondissement wurden 4000 Juden bis zur weiteren Deportation in Drancy interniert.

43374 Foto: Wisch © Bundesarchiv, Koblenz, 183-B 10919

Abtransport jüdischer Männer in Internierungslager der französischen Polizei, Gare d'Austerlitz, Paris, 15. Mai 1941.

Links der als „Judenreferent" des Reichssicherheitshauptamtes eingesetzte Theodor Dannecker, rechts ein weiterer Angehöriger der Sicherheitspolizei und des SD, 3. v. l. (in dunkler Uniform) ein französischer Polizist. Das Foto entstammt einer fotografischen Dokumentation der Aktion durch die deutsche Besatzungsverwaltung.

Die logistische Durchführung unter anderem der Massenverhaftung und der Transporte von Juden in die Internierungslager Pithiviers und Beaune-la-Rolande am 14. und 15. Mai 1941 lag in Händen der französischen Polizei und Verwaltung.

43073 © Bundesarchiv, Berlin

Zwei Hauptverantwortliche der Deportationen der Juden in Frankreich während einer der ersten Massenverhaftungen von Juden in Paris, 14. Mai 1941.

2. v. l. René Bousquet, der damalige Präfekt und spätere Chef (Generalsekretär) der französischen Polizei in der Vichy-Regierung; 2. v. r. (in Uniform) Theodor Dannecker, der als „Judenreferent" des Reichssicherheitshauptamtes eingesetzt war.

43072 © Bundesarchiv, Berlin

Während einer Antipartisanen-Aktion festgenommene Männer, Südfrankreich, undatiert (wohl Juli 1944).

43080 Foto: Koll © Bundesarchiv, Koblenz, 146-1973-029C-70

Bei einer gegen die bewaffnete französische Widerstandsbewegung gerichteten „Bandenbekämpfungsaktion" Festgenommene, vermutlich März 1944.

Im Hintergrund rechts sowie 3. v. l. zwei Angehörige der Sicherheitspolizei und des SD. Bei den übrigen Uniformierten handelt es sich um Wehrmachtsangehörige. Zum Aufnahmeort des Fotos gibt es unterschiedliche, nicht gesicherte Angaben.

43079 © Roger-Viollet, Paris

Bei einer „Bandenbekämpfungsaktion" in Südfrankreich Verhaftete werden von Vichy-Milizionären (Milice française) bewacht, 1944.

Bei der Bekämpfung des bewaffneten französischen Widerstandes war die deutsche Besatzungsmacht zuletzt auf die Unterstützung durch Miliz und Polizei des Vichy-Regimes angewiesen.

Die Aufnahme machte ein Fotograf einer Propaganda-Kompanie der Wehrmacht.

43081 Foto: Koll © Bundesarchiv, Koblenz

Gefangene werden von Angehörigen einer Einheit der deutschen Ordnungspolizei nach einer Großrazzia in der Hafenaltstadt (Vieux Port) zu einem Transportzug gebracht, Marseille, 24. Januar 1943.

Bei dem benutzten Gefangenentransporter handelt es sich um ein Fahrzeug der französischen Polizei. Die Aufnahmen stammen von einem Fotografen einer Propaganda-Kompanie der Wehrmacht.

Nach Attentaten gegen die Wehrmacht war über Marseille der Ausnahmezustand verhängt worden. Ab dem 22. Januar wurden fast 6000 Personen, teils vorübergehend, festgenommen. 1642 Personen wurden deportiert. Die Bewohner des Hafenviertels wurden vorübergehend interniert, der Stadtteil von Pionieren der Wehrmacht gesprengt.

43078a–b Fotos: W. Vennemann (PK 649) © Bundesarchiv, Koblenz, 101I-027-1476-23A/-1477-07

Die wichtigsten Vertreter von SS und Polizei im besetzten Frankreich und führende Vertreter der Vichy-Regierung bei einer Veranstaltung der paramilitärischen Miliz (Milice française) vor dem Invalidendom, Paris, 14. Juli 1944.

In der vorderen Reihe: 1. v. l. (in Zivil), Fernand de Brinon (Generaldelegierter der Vichy-Regierung in Paris), 2. v. l. Carl Oberg (Höherer SS- und Polizeiführer), 3. v. l. Joseph Darnand (Generalsekretär der Milice française, Vichy-Staatssekretär des Inneren), 2. v. r. Helmut Knochen (Befehlshaber der Sicherheitspolizei und des SD).

43083 © Roger-Viollet, Paris

SERBIEN 1941–1944

Angehörige einer Einheit der Ordnungspolizei posieren vor Opfern einer Geiselerschießung, Serbien, undatiert (1942/43).
Die Erschießung wurde vermutlich am Ort eines Partisanenanschlages auf ein deutsches Fahrzeug durchgeführt, das ausgebrannt im Hintergrund zu sehen ist.

43096 © Roger-Viollet, Paris

Erschießung serbischer Geiseln durch ein Exekutionskommando der Wehrmacht (Infanterieregiment „Großdeutschland"), Pantschowa/Pančevo bei Belgrad, 22. April 1941.
Der kommandierende Offizier erschießt noch lebende Opfer mit der Pistole. Nach der Besetzung Pančevos kam es zu Anschlägen auf Angehörige der Waffen-SS-Division „Das Reich". In einem kriegsvölkerrechtswidrigen Standgerichtsverfahren wurden 36 willkürlich verhaftete Zivilisten zum Tode verurteilt. Erhängung und Erschießung der Opfer am 21. und 22. April 1941 wurden zur Abschreckung öffentlich auf und neben dem Gelände des örtlichen Friedhofes, von dem einer der Anschläge ausging, durchgeführt und von einem Fotografen einer Propaganda-Kompanie der Wehrmacht fotografiert.

43091 Foto: Gerhard Gronefeld © bpk, Berlin

Zur Abschreckung öffentlich erhängter Zivilist, Belgrad, undatiert (Herbst 1941).

43095 © Getty Images / Hulton Deutsch Collection

Private Erinnerungsaufnahme des Personals der Gestapo-Außenstelle Jesenice, Slowenien, Dezember 1941.

43097 © DÖW, Wien

4.3 | Nord-, West-, Süd- und Mitteleuropa 1938–1945

Erschießung serbischer Zivilgefangener durch ein Exekutionskommando der Wehrmacht, Oktober 1941.

Nachdem 22 deutsche Soldaten bei Topola einem Angriff serbischer Partisanen zum Opfer gefallen waren, wurden zur „Vergeltung" 2 100 serbische Häftlinge erschossen. Die Opfer, vorwiegend „Juden und Kommunisten", so der Befehlstext, sowie „Zigeuner", wurden von der in Belgrad verantwortlichen SS-Einsatzgruppe ausgesucht.

Die einer Bildserie entstammende Aufnahme entstand wahrscheinlich am 9. oder 11. Oktober 1941 bei der Erschießung von 449 Juden in einem Waldgelände bei Kovin oder in der Umgebung des Schießstandes Belgrad durch einen Fotografen einer Propaganda-Kompanie der Wehrmacht.

43094 Foto: Baier © ECPAD, Paris

Zur Zwangsarbeit rekrutierte jüdische Männer in einem Sammellager, Belgrad, April 1941.

Die Aufnahme wurde von einem Fotografen einer Propaganda-Kompanie der Wehrmacht gemacht.

43092 Foto: Neubauer © SZ Photo, München

GRIECHENLAND 1941–1944

Öffentlich hingerichtete Partisanenverdächtige, Griechenland, 1943.

43104 Foto: Drehsen (PK 690) © Bundesarchiv, Koblenz, 101I-179-1552-10

Jüdische Deportationsopfer warten unter Bewachung auf ihren Abtransport, vermutlich Ioannina, 25. März 1944.

43105 Foto: Wetzel (PK 690) © Bundesarchiv, Koblenz, 101I-179-1575-05

Jüdische Männer müssen sich auf dem Eleftheria-Platz versammeln und auf ihre Registrierung zur Zwangsarbeit für die Wehrmacht warten, Saloniki, 11. Juli 1942.

43101 © USHMM, Washington

UNGARN 1944–1945

Deportation ungarischer Juden, Budapest, undatiert (20.–22. Oktober 1944).

43121 Foto: Faupel (PK) © Bundesarchiv, Koblenz, 101I-680-8285A-07

Deportation ungarischer Juden, Budapest, undatiert (20.–22. Oktober 1944).

43122 Foto: Faupel (PK) © Bundesarchiv, Koblenz, 101I-680-8285A-05

Bei der Ankunft vor der Sammelstelle im Gebäude des Stadttheaters werden jüdische Deportationsopfer in pogromartiger Atmosphäre misshandelt, Budapest, undatiert (20.–22. Oktober 1944).

Ein alter Mann (erste Abb., Bildmitte) wird von einem Angehörigen der Waffen-SS (mit Schirmmütze) geschlagen. Die zweite Abbildung zeigt denselben SS-Mann (links am Bildrand), wie er jüdische Opfer beschimpft.

43123a–b Fotos: Faupel (PK) © Bundesarchiv, Koblenz, 101I-680-8285A-15/-25

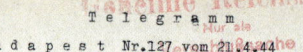

Auszug aus einem Telegramm des Reichsbevollmächtigten in Ungarn, Edmund Veesenmayer, an den Reichsaußenminister Joachim von Ribbentrop, mit Angaben zur Anzahl der bei „Sonderaktionen" festgenommenen ungarischen Juden, 21. April 1944.

43128a Politisches Archiv des Auswärtigen Amtes, Berlin

4.3 | Nord-, West-, Süd- und Mitteleuropa 1938–1945

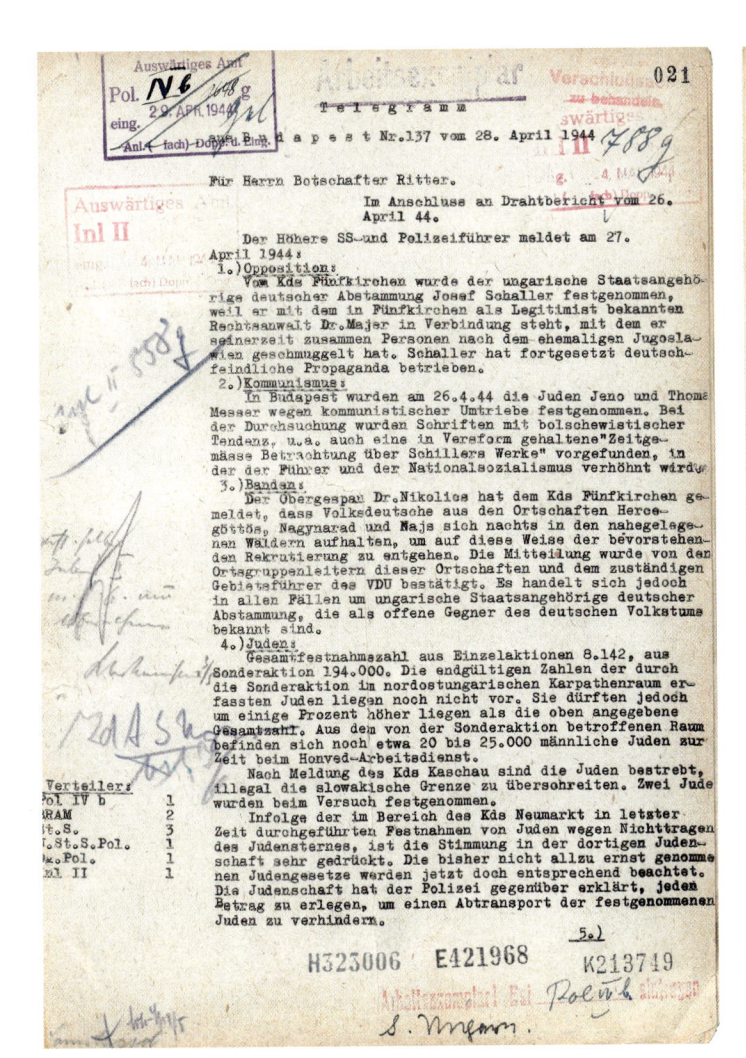

Auszug aus einem Telegramm des Reichsbevollmächtigten Edmund Veesenmayer an den Botschafter z. b. V. im Auswärtigen Amt, Karl Ritter, mit Angaben zur Anzahl der festgenommenen ungarischen Juden, 28. April 1944.

43126a Politisches Archiv des Auswärtigen Amtes, Berlin

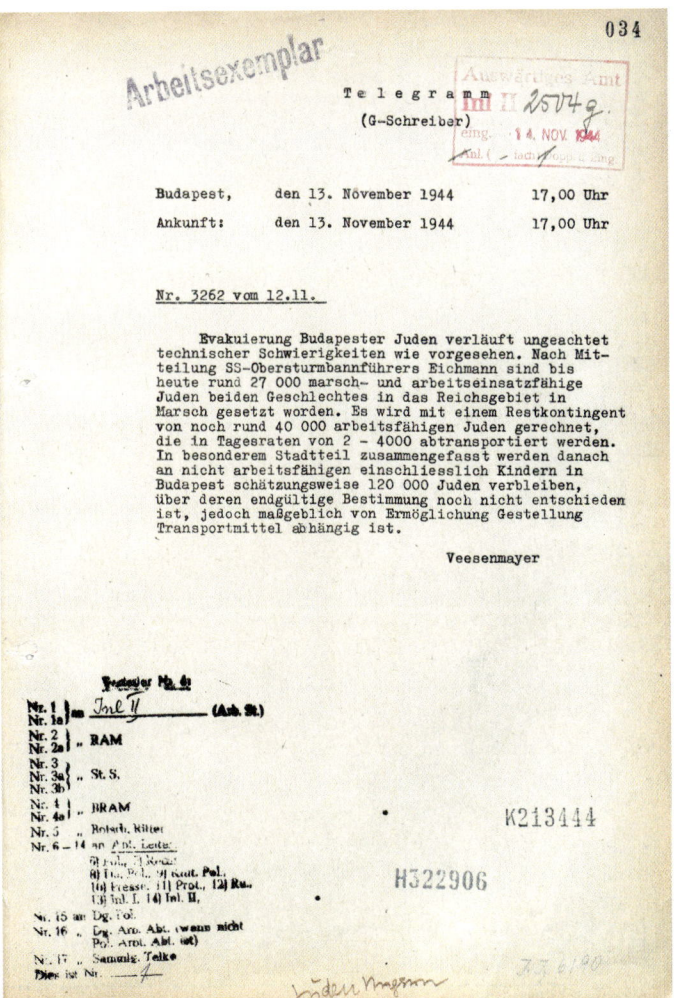

Telegramm des Reichsbevollmächtigten Edmund Veesenmayer an das Auswärtige Amt in Berlin, die Deportation von Juden aus Budapest betreffend, 13. November 1944.

43131 Politisches Archiv des Auswärtigen Amtes, Berlin

ITALIEN 1943–1945

Bei einem deutschen Antipartisanenunternehmen im Val Grande, einem Alpental im Piemont, gefangen genommene „Bandenverdächtige" werden vor ihrer Erschießung öffentlich angeprangert, Pallanza/Lago Maggiore (Verbano), 20. Juni 1944.

Links und rechts am Bildrand deutsche Bewacher. Der italienische Text der Schrifttafel lautet: „Sind dies die Befreier Italiens oder sind es Banditen?"

Im Rahmen des „Unternehmens" wurden anschließend 42 Gefangene im benachbarten Fondotoce erschossen.

43113 © bpk, Berlin

Massenverhaftung von Zivilisten nach dem Sprengstoffanschlag auf eine Einheit der deutschen Ordnungspolizei in der Via Rasella, Rom, 23. März 1944.
Links im Bild deutsche Polizisten und italienische Angehörige einer faschistischen Sondereinheit.

Dem Anschlag des italienischen Widerstandes waren 33 deutsche Polizisten und acht italienische Zivilisten zum Opfer gefallen. Am selben Abend ordnete ein „Führerbefehl" Adolf Hitlers „Sühnemaßnahmen" im Verhältnis 1:10 an. Daraufhin wurden vom Außenkommando Rom der Gestapo unter Herbert Kappler am 24. März 1944 in den Ardeatinischen Höhlen bei Rom 335 „todeswürdige Juden und Kommunisten" erschossen.

43112 Foto: Koch (PK 699) © Bundesarchiv, Koblenz, 101I-312-0983-03

Zusammentreffen Adolf Hitlers (3. v. r.) und Benito Mussolinis (l.), Schloss Kleßheim bei Salzburg, 22. April 1944.
Hitler begrüßt den Höchsten SS- und Polizeiführer Italien, Karl Wolff (2. v. r.). Ihm unterstanden die SS- und Polizeikräfte im vormals mit dem Deutschen Reich verbündeten Italien, das seit September 1943 von der Wehrmacht besetzt war.

43111 Foto: Walter Frentz © ullstein bild, Berlin

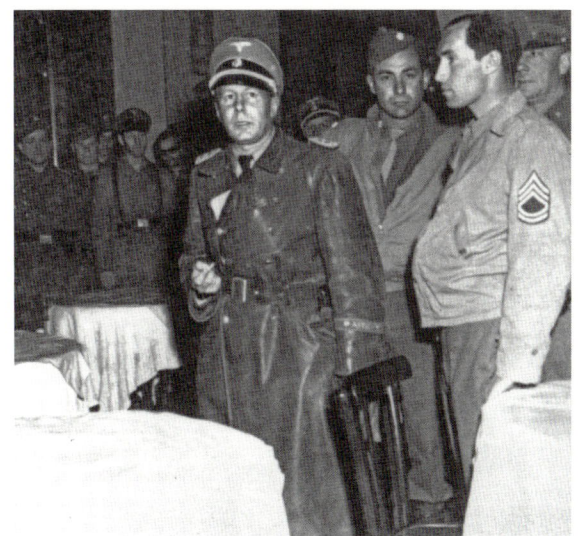

Der Chef der Gruppe Oberitalien West der Sicherheitspolizei und des SD, Walter Rauff (Mitte), nach Kapitulationsverhandlungen mit der US Army, Mailand, 30. April 1945.
Rauff war einer der Hauptverantwortlichen für die Unterdrückung der italienischen Widerstandsbewegung im Raum Mailand – Turin – Genua. Vorher war er im Reichssicherheitshauptamt unter anderem für die Konstruktion sogenannter Gaswagen zur Vernichtung der Juden verantwortlich.

43115 © SZ Photo, München

Dieter Pohl

SS und Reichssicherheitshauptamt in Europa 1938–1945
Polizeiliche Kontrolle – rassistische Umgestaltung – Vernichtungskrieg

Die Herrschaft Hitlers über Europa war zugleich eine Herrschaft des Reichssicherheitshauptamtes (RSHA). Nicht nur in den vom Deutschen Reich besetzten Ländern, auch in den verbündeten Staaten waren Reinhard Heydrichs Männer präsent. Sie knüpften dabei an ihre Praxis im Reich an, radikalisierten diese jedoch insbesondere im östlichen Europa in extremer Weise. Die polizeiliche Kontrolle der unterworfenen Bevölkerung konnte zwar nicht in derselben Dichte wie im Reich ausgeübt werden; die rassistische Umgestaltung dieser Gesellschaften nahm jedoch erheblich größere Ausmaße und brutalere Formen an. Dabei waren nicht allein die Vorgaben aus Berlin entscheidend, sondern auch die Konzeptionen und die Praxis, die sich außerhalb des Reiches entwickelten.

Sicherheitspolizei und SD im deutsch beherrschten Europa

Jede Expansion des „Dritten Reiches" war auch von „auswärtigen Einsätzen" der Sicherheitspolizei und des Sicherheitsdienstes (SD) der SS begleitet. Schon unmittelbar auf den Einmarsch der Wehrmacht im März 1938 in Österreich folgte ein Einsatzkommando der Sicherheitspolizei. Dabei handelte es sich um eine mobile Einheit, die unter der Vorgabe der Sicherung des Hinterlandes sofort mit der Verfolgung von politischen Gegnern und Juden begann. Aus den mobilen Einheiten von Geheimer Staatspolizei (Gestapo), Kriminalpolizei (Kripo) und SD gingen dann stationäre Dienststellen hervor, die in den besetzten Gebieten verblieben.

Dort baute man zwei unterschiedliche Polizeistrukturen auf: Solche Regionen, die annektiert wurden und als Reichsterritorium galten wie Westpolen, Teile Sloweniens oder Elsass-Lothringen, erhielten auch eine Polizeistruktur wie im Reich. Dort residierten Staatspolizei(leit)stellen und SD-(Leit)Abschnitte, die von den sogenannten Inspekteuren der Sicherheitspolizei und des SD (IdS) eher locker zusammengehalten wurden. In den übrigen besetzten Gebieten etablierten sich hingegen zentralisierte Befehlshaber der Sicherheitspolizei und des SD (BdS), die die eigentlichen Schlüsselfiguren in der Gewaltpolitik darstellten. Die BdS wiederum formten die Struktur des Reichssicherheitshauptamtes en miniature nach, mit einer SD-, einer Gestapo- und einer Kripoabteilung. Auch auf regionaler Ebene waren die den BdS unterstellten Kommandeure der Sicherheitspolizei und des SD (KdS) entsprechend gegliedert. In diesen Dienststellen wie auch in deren „Filialen" spielte sich die eigentliche „Polizeiarbeit" ab: Ermittlungen, Verhaftungen, Verhöre wie auch die Organisation von Massenmorden.

Gerade bei den Gewaltmaßnahmen verlor die Trennung des Personals in Gestapo, Kripo und SD an Bedeutung; Razzien und Mordaktionen unternahmen die „Kollegen" zumeist gemeinsam. Zudem wurde der ganze Apparat immer mehr der SS-Formation SD zugeordnet, so dass Außenstehende Gestapo- und Kripobeamte wie auch SD-Angehörige summarisch als „SD" bezeichneten, nicht zuletzt deshalb, weil im In- und Ausland auch Stapo- und Kripoleute die SD-Rauten am Uniformärmel trugen.

Die Männer der Besatzungspolizei hatten ihre Karrieren im Reich begonnen, gerade unter den BdS fanden sich nicht wenige altgediente Nationalsozialisten. Doch immer mehr rückte auch hier die Generation der zwischen 1900 und 1915 Geborenen in den Vordergrund. Unterhalb der Ebene der Polizeichefs waren nicht wenige erst um 1937/38 zur Gestapo gestoßen, etwa aus den Reihen der Schutzpolizei oder aus der österreichischen Polizei. Dennoch verfügten fast alle verantwortlichen Funktionäre schon vor ihrem Einsatz im Ausland über Erfahrungen mit der sogenannten Gegnerbekämpfung. Während des ganzen Krieges ist eine hohe Personalrotation innerhalb des deutsch beherrschten Europas zu beobachten, auch aus den besetzten Gebieten ins Reich, vor allem aber zwischen den besetzten Gebieten. Kaum ein Polizeichef blieb länger als zwei Jahre auf seinem Posten. So konnte jeder Funktionär sich in Osteuropa „bewähren", und es vermischten sich allmählich „östliche" und „westliche" Erfahrungen.

Gerade an den Schlüsselpositionen – BdS, KdS, Außenstellenleiter, aber auch Gestapostellenleiter und „Judenreferenten" – saßen fast durchweg hochgradig überzeugte Nationalsozialisten, die den Ton angaben. Zudem wirkte sich aus, dass die meisten Dienststellen über vergleichsweise wenig deutsches Personal verfügten und deshalb dessen Zusammenhalt sowohl in der ideologischen Überzeugung als auch im Korpsgeist von Polizei und SS sowie in der Abgrenzung gegenüber der ausländischen Umwelt stark wirkte.

Die Sicherheitspolizei war im besetzten Gebiet personell jedoch viel zu schwach, als dass sie die nationalsozialistische Politik flächendeckend hätte durchsetzen können. Im Jahre 1941 waren nur etwa 4 000 Gestapo-Angehörige in den besetzten Gebieten tätig, weit weniger als im Reich. Deshalb waren die Institutionen der Sicherheitspolizei über Heinrich Himmlers Vertreter vor Ort, die Höheren SS- und Polizeiführer (HSSPF) und die ihnen nachgeordneten SS- und Polizeiführer (SSPF), eng mit allen anderen Zweigen von SS und Polizei verklammert. Gerade bei den Deportationen und den großen Mordaktionen übernahmen die HSSPF deshalb eine zentrale Rolle. Doch auch im Alltag war die Sicherheitspolizei auf das zahlenmäßig weit umfangreichere Personal der Ordnungspolizei angewiesen, die Schutzpolizei in den Städten, die Gendarmerie auf dem Lande und die mobilen Polizeibataillone.

Doch das Personal aus dem Reich erschien zahlenmäßig immer noch zu gering, um das besetzte Europa niederhalten und brutal umstrukturieren zu können. Deshalb begann man frühzeitig mit der Anwerbung Einheimischer für die Polizei, vor allem aus den deutschsprachigen Minderheiten, zusehends aber auch aus der Bevölkerungsmehrheit. Lediglich in den annektierten Gebieten versuchte der deutsche Polizeiapparat weitgehend ohne einheimisches Personal auszukommen. Die Masse der Hilfspolizisten arbeitete für die Ordnungspolizei, entweder in einheimischen Polizeiorganisationen beziehungsweise in rechtsextremen Milizen wie in West- und Nordeuropa oder völlig in die deutschen Polizeistrukturen eingebaut wie in Polen und der Sowjetunion. Selbst die Sicherheitspolizei, die sich als Kern der weltanschaulichen Exekutive verstand, wollte nicht auf einheimisches Personal verzichten. In der Regel stand den deutschen Beamten damit ein Vielfaches von einheimischem Hilfspersonal gegenüber. In den besetzten sowjetischen Gebieten verfügte die Sicherheitspolizei über eigene mobile Einheiten, in Lettland und Litauen sogar über regelrechte Mordkommandos, die sich überwiegend aus Einheimischen zusammensetzten. Doch die eigentliche Verantwortung und Befehlsgewalt trug das deutsche Personal, das sich aus Deutschen, Österreichern und teilweise auch aus Angehörigen der deutschsprachigen Minderheiten im Ausland rekrutierte.

Als öffentliche Demütigung inszenierte Bartschur eines verhafteten Juden durch Gestapomänner, Warschau, Oktober/November 1939.
41011 Foto: Artur Grimm © bpk, Berlin

Gestapobeamte, vermutlich des Einsatzkommandos 3 der Einsatzgruppe V, posieren mit gefangenen Polen für die Kamera eines „Kameraden", vermutlich Plonsk, „Regierungsbezirk Zichenau", undatiert (September/Oktober 1939).
41319 © IPN, Warschau

Die Männer der Sicherheitspolizei sahen sich als die Vollstrecker des nationalsozialistischen Programms in einer feindlichen Umwelt, die – insbesondere in Osteuropa – die „schmutzige Seite" der deutschen Herrschaft zu übernehmen hatten: Verhaftung, Folter, Deportation und Mord. Gerade im besetzten Osteuropa bestand der Dienst sowohl aus Büroarbeit als auch in der eigenhändigen Teilnahme an Morden. Obwohl der Dienst in Osteuropa nicht beliebt war, suchten nicht wenige Sipo- und SD-Männer nach einer karrierefördernden „Bewährung im Osten". Dort konnten die Beamten ihre Allmacht ausspielen, sie waren dort wirklich Herren über Leben und Tod der Einheimischen.
Im Alltag verhielten sich die Polizisten wenig anders als das übrige Besatzungspersonal. Man versuchte sich auch im Ausland ein möglichst komfortables Leben fern der Front einzurichten. Angesichts der Raubaktionen, in erster Linie am Eigentum der Juden, grassierte hier die Korruption in besonderem Maße. Solange aber das Ansehen der Besatzungsmacht nicht als beschädigt galt, drohten kaum Sanktionen gegen Verfehlungen oder selbst gegen exzessive Gewalt, die über vorliegende Befehle hinausging.

Die Polizei in der Besatzungspolitik

Der Reichsführer-SS Heinrich Himmler versuchte seit Kriegsbeginn, seine zentralen Ziele im Kontext der Besatzung zu verwirklichen: eine Ausdehnung der SS in alle Politikbereiche, die Ansiedlung von „Germanen" und die Verdrängung oder Ausrottung vermeintlich gefährlicher oder schädlicher Bevölkerungsteile. Das Reichssicherheitshauptamt war eine der wenigen Behörden des NS-Staates, die selbst eine zentrale Funktion für die gesamte Besatzungspolitik übernahm: für die ideologische Ausrichtung der Besatzung, für die polizeiliche Sicherung der besetzten Gebiete, das heißt die brutale Niederhaltung jeglichen Widerstandes, und schließlich für die gesellschaftliche Umgestaltung, insbesondere durch Deportation beziehungsweise Ermordung großer Teile der Bevölkerung. Zwar stammten die großen Leitlinien in diesen Feldern von Himmler selbst, die eigentliche Planung und Ausführung besorgte jedoch das RSHA. Dort existierte zeitweise eine eigene Referatsgruppe IV D, „Besetzte Gebiete". Die Steuerung der Sicherheitspolizei in den einzelnen Ländern erfolgte jedoch zumeist über die Sachreferate.

Eine ähnliche zentrale Funktion oblag nur dem „Reichskommissar für die Festigung deutschen Volkstums", der zwar übergeordnete Funktionen in der Deportationspolitik übernahm, aber eine relativ kleine Behörde blieb, die immer auf Kooperation angewiesen war und nach 1942 zusehends an Bedeutung verlor.

Auch die Sicherheitspolizei im besetzten Europa handelte nur selten für sich allein. Vielmehr war sie in ein enges Netz von NS-Institutionen eingebunden. An ihrer Spitze standen die Besatzungsverwaltungen selbst, meist zivile Administrationen mit exponierten Nationalsozialisten an der Spitze, in Frankreich, Belgien, Serbien und Teilen Griechenlands dagegen Militärs. Letztere dominierten auch in der Osthälfte der besetzten sowjetischen Gebiete. Zwar herrschten auch hier die üblichen Reibereien zwischen den einzelnen Ämtern um Einfluss und Ressourcen, doch in der rassistischen Verfolgung herrschte meist übergreifend Konsens. So stellten Sicherheitspolizei und SD oftmals die Berater der Besatzungsverwaltung in Fragen des „Volkstums". Insbesondere in den besetzten sowjetischen Gebieten, die dem „Reichsministerium für die besetzten Ostgebiete" unterstanden, setzten SS und Polizei ihre weitgehende Eigenständigkeit durch, im „Generalgouvernement" in Polen gelang dies formal erst im Frühjahr 1942. Unter Militärverwaltung in Frankreich und Belgien war der Einsatz von Gestapo- und SD-Personal dagegen lange Zeit nur im Rahmen der Geheimen Feldpolizei der Wehrmacht möglich.

Dieter Pohl | SS und Reichssicherheitshauptamt in Europa 1938–1945

Deportation von jüdischen Frauen und Kindern durch die Gestapo während der Vernichtung des Warschauer Ghettos, Mai 1943.

41035 © IPN, Warschau

Die nationalsozialistische Besatzungspolitik konzentrierte sich auf einige wenige Kernaufgaben: Im Vordergrund stand vor allem die wirtschaftliche Ausbeutung zugunsten der deutschen Kriegsanstrengung, sei es durch Ausplünderung auf verschiedensten Ebenen, durch Abschöpfung der Produktion oder aber durch die Rekrutierung von Arbeitern. Darüber hinaus sollte das besetzte West- und Nordeuropa politisch ganz auf das Reich ausgerichtet werden. Weite Teile Osteuropas wollte man völlig umstrukturieren durch die Deportation angeblich unerwünschter Bevölkerungsteile, aber auch durch die Ermordung der Juden. Die eigentliche Funktion der Polizei im Nationalsozialismus, die Bekämpfung jeglicher Regung gegen die Besatzung, stellte eher eine Voraussetzung für die Verwirklichung der anderen Ziele dar. Sie war weniger ein Ziel für sich. Zugleich dehnte sich das Spektrum „polizeilicher Sicherung" immer weiter aus. Es reichte von der Bekämpfung des Widerstandes über die Verfolgung der Juden bis hin zur Unterdrückung der Bauern bei den Erntekampagnen und zur Sicherung rüstungsrelevanter Betriebe. Wie im Reich oblag dem SD auch in den besetzten Gebieten die Überwachung des gesamten politischen Lebens, das heißt, auch die Beobachtung und Bewertung der Stimmung in der Bevölkerung unter deutscher Besatzung.

Ebenso wie die Besatzungspolitik insgesamt unterschied sich auch die Struktur und Praxis der Polizei im besetzten Osteuropa von der in den übrigen besetzten Gebieten. Besonders Polen und die besetzten sowjetischen Gebiete galten den Funktionären als rechtsfreie Räume, in denen sie schrankenlos Gewalt ausüben konnten. In West- und Nordeuropa hingegen musste deutlich mehr Rücksicht auf außenpolitische Konstellationen und – in engen Grenzen – sogar auf die öffentliche Meinung genommen werden. Hier galt es stärker, Verfahrensförmigkeit zu wahren beziehungsweise vorzutäuschen. Allein in der Politik gegenüber den jüdischen Einwohnern galten überall die gleichen Grundsätze, wenn auch fast ausschließlich Osteuropa zum Schauplatz von Massenmorden wurde.

Polizeiliche Kontrolle und Bekämpfung des Widerstandes

Als Adolf Hitler 1938/39 über die deutschen Grenzen hinausgriff, existierte im Reich kaum noch ein nennenswerter Widerstand gegen den Nationalsozialismus. Dieser wurde auch in Österreich und im Sudetenland bald nach der Annexion unterdrückt. In den Gebieten ohne deutschsprachige Mehrheit erwartete die Polizei hingegen massive Ablehnung und Gegenwehr aus der Bevölkerung. Zwar galt dies nur in relativ geringem Ausmaß für Böhmen und Mähren, wo 1939 das „Protektorat" eingerichtet wurde, aber deutlich stärker in Polen, Jugoslawien und den besetzten Teilen der Sowjetunion.

Deshalb erging an die Sicherheitspolizei die Weisung, binnen kurzem jeglichen tatsächlichen und potentiellen Widerstand auszuschalten. Die Einsatzgruppen der Sicherheitspolizei und des SD in Polen und der Sowjetunion marschierten mit eigens zusammengestellten Sonderfahndungslisten verdächtiger Personen ein, diese erwiesen sich jedoch als wenig hilfreich. Vielmehr suchten die Polizisten pauschal nach Angehörigen der jeweiligen Elite, die als soziale Basis jeden Widerstandes angesehen wurden.

In Polen wurde deshalb seit den ersten Kriegstagen nach antideutschen Aktivisten und Angehörigen der nationalen Elite – Wissenschaftlern, Priestern et cetera – gefahndet. Einsatzgruppen, SS-Einheiten und der „Volksdeutsche Selbstschutz", eine von der SS aus deutschsprachigen Männern aufgestellte Miliz, verhafteten oder ermordeten schon bis Anfang 1940 zehntausende angeblich verdächtiger Polen. Besonders spektakulär wirkte die Massenverhaftung von Krakauer Professoren, „Sonderaktion Krakau" genannt.

Im März/April 1940 begann eine zweite Welle von Massenmorden an der polnischen Elite, zunächst in den eingegliederten Gebieten, ab Mai dann als „AB-Aktion" („Außerordentliche Befriedung") auch im „Generalgouvernement".

Ähnlich wie im Reich waren Gestapo und SD kaum in der Lage, aus erster Hand Informationen über die Bevölkerung und etwaigen Widerstand zu ermitteln. Nur die wenigsten Polizeibeamten kannten die jeweilige Landessprache, aus der Bevölkerung kamen weniger Denunziationen als im Reich. Deshalb waren die Ermittler fast völlig von ihren „V-Leuten", angeworbenen Informanten, abhängig. Unter Letzteren fühlten sich viele durch politische Affinitäten zu Deutschland motiviert, viele aber auch durch materielle Anreize. Schließlich gewann man zahlreiche „V-Leute" durch Erpressung. Nicht selten sahen sich die Informanten in einer schwierigen Situation, da die Mehrheit der Bevölkerung die Besatzungsmacht ablehnte. Insbesondere die Untergrundbewegungen in Osteuropa gingen dazu über, als „V-Leute" der Gestapo identifizierte Personen zu töten oder „umzudrehen", also für eigene Zwecke einzusetzen.

Den Widerstand nahmen die Ermittler vor allem durch ihre ideologische Brille wahr, sie bauten aber auch auf ihre bisherigen Erfahrungen im Reich. Nicht nur in der Sowjetunion und in Jugoslawien, wo bald kommunistische Untergrundgruppen dominierten, auch im übrigen besetzten Europa galten kommunistische Kader als größte Bedrohung für die deutsche Herrschaft. Freilich hatte der Hitler-Stalin-Pakt von 1939 die kommunistische Bewegung in Europa bis Juni 1941 lahmgelegt. Gestapo und SD unterschätzten hingegen eher die bürgerliche und nationalistische Untergrundbewegung, die sich etwa in Polen bis 1944 mit spektakulären Aktionen zurückhielt. Besonderes Augenmerk wurde freilich auf die Rolle der Exilregierungen in London und die Aktionen der alliierten Geheimdienste, insbesondere des britischen Special Operations Executive (SOE) gelegt. Die Rivalität unter den verschieden ausgerichteten Untergrundgruppen erleichterte die Arbeit der deutschen Polizei und ermöglichte sogar punktuelle Absprachen zwischen Widerstandsgruppen und Gestapo/SD.

Die Mittel der Gestapo im Kampf gegen die Widerstandsbewegungen in den besetzten Gebieten unterschieden sich sowohl von der Situation im Reich als auch zwischen den jeweiligen Ländern und Regionen. Schon die Kriege gegen Polen und Jugoslawien waren von Massenverhaftungen und Geiselinternierungen begleitet. Nach einer Phase „präventiver" Widerstandsbekämpfung durch Ausschaltung potentieller Gegner dominierte unter den Besatzungsfunktionären ein „reaktives" Selbstverständnis, man wollte auf Widerstandsregungen mit maximaler Gewalt antworten. Auf Propagandaaktionen des Untergrundes, Streiks, Sabotage oder gar Anschläge folgten Razzien und Massenverhaftungen der Besatzer; in Polen, Jugoslawien und der Sowjetunion exzessive Massenerschießungen, die jedem traditionellen Geiselverfahren Hohn sprachen.

In West- und Nordeuropa wie auch im „Protektorat" war die Besatzungsmacht dagegen bestrebt, ein einigermaßen förmliches Repressionsverfahren anzuwenden, das heißt, in der Regel Verdächtige vor die Sondergerichte zu stellen. In der Anfangsphase der Besatzungsherrschaft, verstärkt dann wieder ab 1943, gelang es der Sicherheitspolizei, die Repression in Form von Standgerichtsverfahren in eigener Hoheit durchzuführen. Auch verfügte sie selbst über eine Vielzahl eigener Gefängnisse. Daneben galt von Anfang an die Einweisung Verdächtiger in die Konzentrationslager als probates Mittel der „Gegnerbekämpfung". Zunächst kamen die Opfer ins Reich, dann richtete die Inspektion der Konzentrationslager zunehmend auch in den besetzten Gebieten solche Lager ein. Die regionale Gestapo war im Lager präsent, sie stellte dort die sogenannten Politischen Abteilungen. Auch wies sie Einheimische direkt in die Lager ein, um sie dort im Rahmen

Angehörige des Einsatzkommandos 8 der Einsatzgruppe B der Sicherheitspolizei und des SD, Mogilew, undatiert (wohl Spätsommer 1941).

42016 Foto: privat © BStU, Berlin

Erschießung von Zivilisten, deutsch besetzte Gebiete der Sowjetunion, undatiert.

42018 © ullstein bild, Berlin

der „Sonderbehandlung" sofort erschießen zu lassen. Doch die Sicherheitspolizei richtete auch Lager unter eigener Regie ein, so vor allem sogenannte Arbeitserziehungslager oder Polizeihaftlager.

Durch die extreme Gewaltanwendung insbesondere seit der zweiten Jahreshälfte 1941, aber auch durch die tiefe Verunsicherung der Bevölkerung, die bis zum Frühjahr 1943 kaum eine Hoffnung auf Befreiung von der deutschen Herrschaft sah, gelang es der Sicherheitspolizei zeitweise, den Widerstand in vielen besetzten Gebieten wenn auch nicht völlig, so doch wirksam zu unterdrücken.

Rassistische Umgestaltung

Während die Niederhaltung jeglicher Widerstandsaktivitäten quasi zu den Routineaufgaben der NS-Polizei gehörte, rückte die gewalttätige Neugestaltung der unterworfenen Gesellschaften immer mehr in den Mittelpunkt der Tätigkeit. Der SD hatte sich schon vor dem Krieg als „Think-Tank" des radikalen Nationalsozialismus verstanden und war zunächst mit Vertreibungsplanungen gegen die Juden in Deutschland hervorgetreten.

Zwar konkurrierte der SD auch nach Kriegsbeginn mit vielen anderen Planungsinstanzen bei den Vorschlägen für eine „Neuordnung der Ostgebiete", doch konnten Sicherheitspolizei und SD im September 1939 die Federführung bei der Ausführung der Deportationsprogramme übernehmen. Adolf Eichmann, der vorher die Vertreibung der Juden aus Österreich organisiert hatte, führte nun das Vertreibungsreferat im neuen RSHA. Bald bildete man aus Sipo- und SD-Personal eine eigene Koordinationsstelle für die Deportationen, die „Umwandererzentralstelle" (UWZ), die die Deportationen organisierte, zunächst aus den eingegliederten Gebieten Polens in das „Generalgouvernement".

Die neue Institution des „Reichskommissars für die Festigung deutschen Volkstums" (RKF) und Heydrichs Spezialisten entwarfen 1939/40 riesige Vertreibungsszenarien, utopische „Fernpläne" für die Deportation von Millionen Polen und Juden, aber auch „Nahpläne", die dann in verheerenden Deportationsaktionen umgesetzt wurden. Etwa 400 000 polnische Bürger, unter ihnen etwa jeder Vierte jüdischer Herkunft, wurden bis zum Frühjahr 1941 vertrieben, bis 1944 nahezu eine Million Polen innerhalb des Landes. Das RSHA zeichnete auch für die andere Seite der Planung, die Ansiedlung deutschsprachiger Minderheiten verantwortlich, und gründete dazu mit dem RKF die „Einwandererzentralstelle" (EWZ), die die „Volksdeutschen" betreute und nach „rassischer Wertigkeit" einstufte.

Die Großplanungen scheiterten im Laufe des Jahres 1940 vor allem am Widerstand jener Besatzungsverwaltungen, die für die Aufnahme der Deportierten zu sorgen hatten. Dennoch wurde weiter an neuen Vertreibungsprojekten gearbeitet. Zunächst betraf dies die neueroberten Gebiete Elsass, Lothringen und Luxemburg, von wo „unerwünschte Bevölkerungsteile" entweder vertrieben oder, sofern sie schon geflüchtet waren, an der Rückkehr gehindert wurden. Das nächste Vertreibungsprogramm traf bestimmte Bevölkerungsgruppen in den im April 1941 annektierten Teilen Sloweniens.

Mit dem Angriff auf die Sowjetunion traten auch das östliche Polen sowie Teile des Baltikums und der Ukraine in das Blickfeld der Umsiedlungsplaner. Um die Jahreswende 1941/42 entwickelte das RSHA daraus den „Generalplan Ost" zur Vertreibung von nicht weniger als 31 Millionen „Slawen". Weitere Entwürfe dieses Konzeptes wurden von

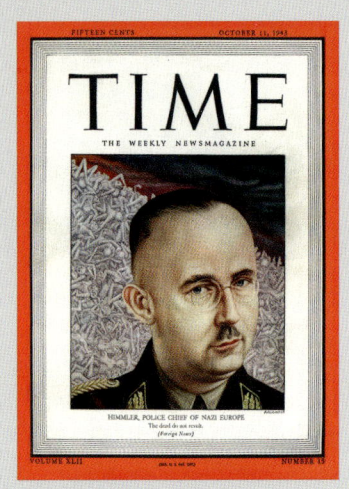

Der Reichsführer-SS und Chef der deutschen Polizei, Heinrich Himmler, auf der Titelseite des US-Nachrichtenmagazins „Time", 11. Oktober 1943.
Die Titelzeile lautet: „Himmler, Polizeichef von Nazi-Europa. Tote revoltieren nicht."

43301 Grafik: Boris Artzybasheff © Time/Life

den Planern des RKF erarbeitet; manche forderten gar die Deportation von 50 Millionen Menschen. Nicht zuletzt wegen der sich für die deutsche Seite verschlechternden Kriegslage und wegen der Widerstände in den Besatzungsverwaltungen kam es nur ansatzweise zur Realisierung dieser Pläne, vor allem im Raum Zamość südlich von Lublin, wo 1942/43 etwa 100 000 Polen durch SS und Polizei vertrieben wurden.

Vernichtungskrieg in der Sowjetunion

Mit dem deutschen Angriff auf die Sowjetunion im Juni 1941 schlug die Stunde von SS und Polizei. Himmler hatte bereits vor Beginn des Krieges von Hitler weitreichende Sondervollmachten erhalten. Mit der Errichtung der deutschen Zivilverwaltung in den besetzten sowjetischen Gebieten gelang es ihm, die Sonderstellung seiner Apparate zu zementieren. Im Krieg gegen den „Bolschewismus", den ideologischen Todfeind des Nationalsozialismus, rückten SS und Polizei, anders als in fast allen bisherigen Feldzügen, ins Zentrum der politischen Kriegführung. Die Einsatzgruppen der Sicherheitspolizei und des SD sollten nicht nur Aktenmaterial beschlagnahmen und kommunistische Funktionäre verhaften, sondern zugleich bestimmte Bevölkerungsgruppen ermorden. Dazu rechnete man bereits unmittelbar nach Beginn des Krieges alle jüdischen Männer im wehrfähigen Alter. Zwar übernahmen die Einsatzgruppen eine führende Rolle bei diesen Verbrechen, doch binnen kurzem wurden auch andere Einheiten zum Massenmord eingesetzt, insbesondere die Bataillone der Ordnungspolizei und zwei Brigaden der Waffen-SS.

Allein diese mobilen Einheiten ermordeten bis zum Frühjahr 1942 etwa 600 000 Menschen, zum allergrößten Teil Juden, aber auch nichtjüdische Verdächtige. Sukzessive richteten die Einsatzgruppen dann ortsfeste BdS- und KdS-Dienststellen ein, während verkleinerte mobile Einheiten weiter in der Nähe der Front tätig waren. Entgegen einer weitverbreiteten Einschätzung waren es nicht die Einsatzgruppen, sondern vor allem die stationären BdS- und KdS-Strukturen, die für die meisten Verbrechen in der Sowjetunion verantwortlich zeichneten. Sie ermordeten insbesondere ab Frühjahr 1942 die meisten Juden in den besetzten sowjetischen Gebieten beziehungsweise in Ostpolen. Ermöglicht wurde auch dies durch die breite Zusammenarbeit mit der Ordnungspolizei und durch den Einsatz zehntausender einheimischer Hilfspolizisten.

Doch nicht nur beim Massenmord an den Juden übernahm die Sicherheitspolizei eine führende Rolle. Frühzeitig vereinbarte sie mit der Wehrmacht, bestimmte Gruppen sowjetischer Kriegsgefangener in den Lagern auszusortieren und zu ermorden, vor allem Politfunktionäre der Roten Armee, aber auch alle Juden und zeitweise sogar Kriegsgefangene mit asiatischem Aussehen. Dabei war die Sicherheitspolizei auf die enge Zusammenarbeit mit der Wehrmacht angewiesen. Oftmals übernahmen deren Lagerleitungen selbst die Selektion und sogar die Ermordung der Opfer. Unvermindert führte die Sicherheitspolizei ihre Kampagne gegen echte oder vermutete kommunistische Kader weiter. Bis zum Ende der Besatzungszeit 1943/44 organisierte man immer wieder konzertierte Massenrazzien und Verhaftungsaktionen.

Seit dem Frühjahr 1942 trat die Bekämpfung der Partisanen immer mehr ins Zentrum der Besatzungspolitik, insbesondere in Weißrussland und den russischen Gebieten. Zwar lag der sogenannte Bandenkampf unter ziviler Besatzung in Händen der Höheren SS- und Polizeiführer, im Militärgebiet jedoch bei der Wehrmacht. Die Sicherheitspolizisten wurden überall als „Spezialisten" in der Feindbekämpfung geschätzt, bei der Planung der Großunternehmen, aber auch beim Verhör von Gefangenen und einzelnen Mordaktionen. Der Versuch des Reichssicherheitshauptamtes, auch das unbesetzte Gebiet der Sowjetunion

Dieter Pohl | SS und Reichssicherheitshauptamt in Europa 1938–1945

zu infiltrieren, scheiterte weitgehend. Im „Unternehmen Zeppelin" wurden ausländische Agenten, die man unter Kriegsgefangenen geworben oder gepresst hatte, hinter die sowjetischen Linien gebracht. Doch die sowjetische Geheimpolizei konnte die meisten von ihnen aufgreifen.

Zwar erscheint es so, als hätten SS und Polizei in der besetzten Sowjetunion das Maximum ihres Einflusses erreicht. Dennoch sollte dieser Eindruck nicht darüber hinwegtäuschen: Auch dort beruhte die Gewaltherrschaft auf einer engen Zusammenarbeit mit der zivilen und militärischen Besatzungsverwaltung und auf der Gemeinsamkeit im Feindbild. Man schätzte einander als mit unterschiedlichen Aufgaben agierende Teile einer gemeinsamen Kriegsanstrengung.

Der Mord an den Juden, Sinti und Roma

Während die Realisierung der pauschalen rassistischen Neuordnungspläne für Europa 1942/43 immer mehr steckenblieb, entwickelte sich die Verfolgung der Juden zum größten Massenmord der Geschichte. Gestapo und SD hatten schon 1938/39 allmählich die Kompetenz für die Politik gegen die Juden an sich gezogen. Damals hatte die Vertreibung aus dem Reich noch oberste Priorität. Mit dem Krieg gegen Polen begann sich dies zu ändern. Nicht nur ermordeten SS- und Polizeieinheiten bereits während der Kampfhandlungen tausende von Juden. Sofort entwickelte die Gestapo auch das Konzept für ein „Reichsghetto", eine Art Reservat östlich von Krakau. In dieses sollte die Mehrheit der Juden unter deutscher Herrschaft abgeschoben werden, um langsam zugrunde zu gehen. Obwohl Gestapostellen in Wien und im „Protektorat" alsbald mit den Vertreibungen begannen, musste das Projekt abgebrochen werden. Stattdessen trat im Mai/Juni 1940 ein anderer, älterer Plan europäischer Antisemiten in den Mittelpunkt der Diskussion: eine Massendeportation europäischer Juden auf die französische Inselkolonie Madagaskar. Auch dieses Vorhaben scheiterte schon im Ansatz. Schließlich wurde im Frühjahr und Sommer 1941 zeitweise auch noch die Bildung eines Sterbereservates in den neubesetzten sowjetischen Gebieten in Erwägung gezogen.

Vor der Prager Burg auf dem Hradschin werden Heinrich Himmler in Prag eingesetzte leitende Beamte der Gestapo vorgestellt, Ende Oktober 1941.

43007 © bpk, Berlin/Bayerische Staatsbibliothek, München

Tatsächlich sah es aber so aus, als ob der Sicherheitspolizei in den besetzten Gebieten zunächst die Kompetenz in „Judenfragen" eher entglitt. Nach der Etablierung der Besatzungsverwaltungen machten diese ihre eigene Zuständigkeit geltend. SS und Polizei terrorisierten die Juden nun vor allem dadurch, indem sie sie zu kriminalisieren versuchten oder in eigene Zwangsarbeitslager sperrten. Den schleichenden Völkermord, vor allem das frühe Massensterben in den Ghettos in Polen, organisierte die Besatzungsverwaltung jedoch selbst.

Erst mit dem Angriff auf die Sowjetunion trat die Sicherheitspolizei ins Zentrum der Judenverfolgung. Heydrich ließ sich dies von Hermann Göring schriftlich absegnen und auf der berüchtigten Wannsee-Konferenz im Januar 1942 auch von anderen Instanzen bestätigen. Seit Ende Juni 1941 ermordeten SS- und Polizeieinheiten Juden in der Sowjetunion (beziehungsweise in den von ihr annektierten Territorien), zunächst vor allem Männer im wehrfähigen Alter, ab August zusehends auch Frauen und Kinder; schließlich alle Juden. Gleichzeitig bereitete das RSHA die Deportation der Juden aus Mitteleuropa in die besetzten Gebiete vor. Seit Oktober fuhren die Deportationszüge nach Polen, ins Baltikum und nach Minsk. In Theresienstadt in Böhmen richtete die Sicherheitspolizei ein eigenes „Altersghetto" ein, um die Weltöffentlichkeit zu täuschen. In Wirklichkeit war das Ghetto eine Durchgangsstation für ältere deutsche Juden und die meisten böhmischen Juden auf ihrem Weg in die Todesorte.

Der systematische Mord an den Juden außerhalb der Sowjetunion begann dann im Oktober 1941. In Serbien ermordete die Wehrmacht mit Hilfe der Sicherheitspolizei zunächst, unter dem Vorwand militärischer Repressalien, die jüdischen Männer. Frauen und Kinder brachte die Sicherheitspolizei in das Lager Semlin in Belgrad und ermordete sie Anfang 1942. Im annektierten Teil Polens organisierten Polizei und Besatzungsverwaltung im Oktober 1941 die Errichtung eines ersten Vernichtungslagers in „Kulmhof"/Chełmno, wo zwei Monate später die Morde begannen. Hingegen übernahm im „Generalgouvernement" der SS- und Polizeiführer von Lublin, Odilo Globocnik, die Organisation des Massenmordes, der hier „Aktion Reinhardt" genannt wurde. Die Sicherheitspolizei blieb jedoch weiterhin federführend bei den brutalen Ghettoräumungen. In den mittleren und kleineren Städten im „Generalgouvernement" organisierten Sipo und SD das Zusammentreiben der Opfer und ihre Deportation ins Vernichtungslager, seit Anfang 1943 zunehmend auch wieder Massenerschießungen in der Nähe der Wohnorte.

Der Mord an den europäischen Juden, die außerhalb der sowjetischen Gebiete und des „Generalgouvernements" wohnten, wurde zentral vom „Judenreferat" IV B 4 des RSHA unter Adolf Eichmann koordiniert. Dieses stellte die Deportationspläne auf, verhandelte mit der Deutschen Reichsbahn, schickte seine „Spezialisten" in die besetzten und verbündeten Länder und verhandelte mit den dortigen Instanzen der Kollaboration. Im März 1942 begannen die Deportationen aus den anderen besetzten Staaten, zunächst noch in die Lager der „Aktion Reinhardt", dann in zunehmenden Maße in das Vernichtungslager Auschwitz-Birkenau. Seit Frühjahr 1943 entwickelte sich Auschwitz zum Zentrum des Massenmordes an den europäischen Juden. Auch die mit Deutschland verbündeten Staaten lieferten die jüdische Minderheit aus, frühzeitig geschah dies beispielsweise in der Slowakei, oder ermordeten sie selbst, wie in Kroatien. Rumänien beteiligte sich massiv am Massenmord innerhalb der von ihm besetzten sowjetischen Gebiete, stoppte seine Zusammenarbeit jedoch im September 1942; Bulgarien deportierte die Juden aus den von ihm besetzten Teilen Jugoslawiens und Griechenlands noch 1943.

Die meisten Juden unter deutscher Herrschaft hatte man bereits bis zum Herbst 1943 ermordet. Als Hitler dann im März 1944 überraschend den Einmarsch in Ungarn befahl, folgte den deutschen Truppen ein großes Sonderkommando des RSHA unter Eichmann. In kürzester Zeit, bis zum Juli 1944, organisierte das Kommando, zusammen mit anderen Polizeieinheiten und ungarischen Instanzen, die Deportation von 438 000 Juden aus Ungarn beziehungsweise aus den von Ungarn annektierten Gebieten. Der Mord an den Juden ging weiter. Noch bis in die letzten Tage der Besatzung fahndeten deutsche und ungarische Polizei und Miliz nach versteckten Opfern.

Auch für die Verfolgung der Sinti und Roma zeichnete die Sicherheitspolizei verantwortlich, insbesondere die Kripo. Hier markiert erneut der Angriff auf die Sowjetunion den Wendepunkt zum Massenmord. Wehrmacht und Sicherheitspolizei ermordeten die sowjetischen Roma nahezu systematisch, während in den anderen besetzten Gebieten noch über deren Schicksal diskutiert wurde. In Polen verübte die Sicherheitspolizei an vielen Orten Massaker an Roma oder steckte sie in Ghettos, wo sie das Schicksal der Juden teilten. Schließlich organisierte die Sicherheitspolizei ab Februar 1944 die Deportation tausender Sinti und Roma nicht nur aus dem Reich, sondern auch aus besetzten Ländern. Die Opfer kamen nach Auschwitz.

Zusammengetriebene Opfer einer gegen Juden gerichteten Razzia von Gestapo und Ordnungspolizei, Amsterdam, 22./23. Februar 1941.
43033 © NIOD, Amsterdam

Die Radikalisierung des Terrors in Europa und der Rückzug

Nach der Niederlage der Wehrmacht in Stalingrad erfuhr der europäische Widerstand gegen den Nationalsozialismus einen bedeutenden Aufschwung. Nicht mehr nur in Norwegen, in Jugoslawien und der Sowjetunion, auch in anderen Gebieten gingen Untergrundgruppen nun zu verstärkter Aktivität und zu bewaffnetem Widerstand über. Hitler und Himmler hatten schon im August 1942 eine Neuordnung der Widerstandsbekämpfung gefordert. Erst die Aufwertung des Höheren SS- und Polizeiführers Erich von dem Bach-Zelewski zum „Chef der Bandenkampfverbände" im Juni 1943 erbrachte eine Zentralisierung, weil ihm nun zugleich der Anti-Partisanenkrieg in den zivilverwalteten Gebieten der Sowjetunion, im „Generalgouvernement" und in Slowenien übertragen wurde. Damit erreichte Himmler eine weitere deutliche Machterweiterung seines eigenen Apparates.

Wieder spielten Sicherheitspolizei und SD eine zentrale Rolle in den „Bandenkampfstäben", bei der Analyse des Widerstandes, aber auch in der praktischen Durchführung der Gewaltaktionen. Der bewaffnete Widerstand hatte sich 1943 auch auf Teile Griechenlands und Frankreichs ausgedehnt. Zudem besetzte die Wehrmacht sukzessive einzelne einst verbündete Länder wie Italien, Ungarn und die Slowakei. Damit dehnte sich auch der Aktionsradius der Sicherheitspolizei massiv aus. Insbesondere in Italien und in der Slowakei, wo der Aufstand vom August 1944 ja den Vorwand für den Einmarsch geliefert hatte, sah man sich mit massivem Widerstand konfrontiert. In allen Gebieten kooperierte die Wehrmacht mit SS und Polizei bei der Unterdrückung des Widerstandes. Meist jedoch traten letztere deutlich gewalttätiger auf, insbesondere durch Massaker an der Bevölkerung. Die größte Widerstandsaktion in Europa, den Aufstand des polnischen Untergrunds in Warschau im August 1944, schlugen SS und Polizei mit äußerster Gewalt nieder. Insbesondere an zwei Tagen, dem 5. und 6. August, massakrierten SS- und Polizeieinheiten in Warschau die Bewohner ganzer Straßenzüge.

Inzwischen sahen sich jedoch die Organe der deutschen Besatzungsherrschaft in Europa durch den Vormarsch der Alliierten an fast allen Fronten zum Rückzug gezwungen, so auch SS und Polizei. Die Sicherheitspolizei bemühte sich nun darum, die Spuren deutscher Verbrechen in Osteuropa, insbesondere die Massengräber, schnell zu verwischen. In sogenannten „Sonderkommandos 1005" mussten Häftlinge die Leichen der Opfer ausgraben und verbrennen. Trotz dieser schrecklichen Tätigkeit gelang es den Tätern nicht, die Spuren ihrer Verbrechen zu tilgen.

In der Sowjetunion und in Polen war der deutsche Rückzug von zahllosen neuen Verbrechen begleitet. Die Sicherheitspolizei ermordete in vielen Städten unmittelbar vor dem Abzug ihre Häftlinge, damit diese nicht von der Roten Armee befreit wurden, so etwa in Charkow, Minsk, Lublin und Łódź. Der Terror von SS und Polizei hielt buchstäblich bis zur letzten Minute an, in den noch besetzten Gebieten genauso wie im Reich.

Weiterführende Literatur

Ruth Bettina Birn, Die Höheren SS-und Polizeiführer. Himmlers Vertreter im Reich und in den besetzten Gebieten, Düsseldorf 1986.

Philip H. Blood, Hitler's Bandit Hunters. The SS and the Nazi Occupation of Europe, Washington, D.C. 2006.

Der Dienstkalender Heinrich Himmlers 1941/42, hg. von Peter Witte u. a., Hamburg 1999.

Die Einsatzgruppen in der besetzten Sowjetunion. Die Tätigkeits- und Lageberichte des Chefs der Sicherheitspolizei und des SD 1941/42, hg. von Peter Klein, Berlin 1997.

Die Gestapo im Zweiten Weltkrieg: Heimatfront und besetztes Europa, hg. von Gerhard Paul/Klaus-Michael Mallmann, Darmstadt 2000.

Europa unterm Hakenkreuz. Die Okkupationspolitik des deutschen Faschismus (1938–1945). 7 Bde., Berlin, Heidelberg 1988–93.

Christian Gerlach, Kalkulierte Morde. Die deutsche Wirtschafts- und Vernichtungspolitik in Weißrußland 1941–1944, Hamburg 1999.

Isabel Heinemann, „Rasse, Siedlung, deutsches Blut". Das Rasse- und Siedlungshauptamt der SS und die rassenpolitische Neuordnung Europas, Göttingen 2003.

Raul Hilberg, Die Vernichtung der europäischen Juden. 3 Bde., Frankfurt am Main 1990.

Karrieren der Gewalt. Nationalsozialistische Täterbiographien, hg. von Klaus-Michael Mallmann/Gerhard Paul, Darmstadt 2004.

Helmut Krausnick/Hans-Heinrich Wilhelm, Die Truppe des Weltanschauungskrieges. Die Einsatzgruppen der Sicherheitspolizei und des SD 1938–1942, Stuttgart 1981.

Dieter Pohl, Verfolgung und Massenmord in der NS-Zeit, 2. Aufl., Darmstadt 2007.

Regimekritik, Widerstand und Verfolgung in Deutschland und den besetzten Gebieten. Meldungen und Berichte aus dem Geheimen Staatspolizeiamt, dem SD-Hauptamt der SS und dem Reichssicherheitshauptamt 1933–1945, hg. von Heinz Boberach, München 2003.

Michael Zimmermann, Rassenutopie und Genozid. Die nationalsozialistische „Lösung der Zigeunerfrage", Hamburg 1996.

Der Autor

Dieter Pohl, geb. 1964, PD Dr. phil., Mitarbeiter am Institut für Zeitgeschichte in München und Privatdozent an der Ludwig-Maximilians-Universität München.

Veröffentlichungen (Auswahl): Die Herrschaft der Wehrmacht. Deutsche Militärbesatzung und einheimische Bevölkerung in der Sowjetunion 1941–1944, München 2008; Mitherausgeber von: Die Verfolgung und Ermordung der europäischen Juden durch das nationalsozialistische Deutschland 1933–1945, München 2007ff.; Justiz in Brandenburg 1945–1955, München 2001; Nationalsozialistische Judenverfolgung in Ostgalizien 1941–1944, München 1996.

Andrej Angrick

Verlängerter Arm des Reichssicherheitshauptamtes
Das mittlere und untere Führungspersonal lokaler
Mordkommandos von Sicherheitspolizei und SD „im Osten"

Aus dem letzten überlieferten Personalbestandsverzeichnis des Reichssicherheitshauptamtes (RSHA) ist bekannt, dass im Februar 1944 exakt 31 374 Personen etatmäßig im Dienste der Geheimen Staatspolizei (Gestapo) standen. Weitere 12 792 zählten zur Reichskriminalpolizei. 6 482 waren hauptamtliche Angehörige des Sicherheitsdienstes (SD). Insgesamt waren es 50 648 Männer und auch einige Frauen, die den alltäglichen Betrieb des Terrorapparates von Polizei und SS im Reichsgebiet und in den besetzten Gebieten Europas garantierten. Ihre „dienstliche" Tätigkeit stand für Überwachung, Entrechtung, Folterhaft, Mord und Massenmord sowie – dem kollektiven Gedächtnis besonders schmerzhaft verhaftet – für den Völkermord an den Juden Europas. Gerade bei dem im auswärtigen Einsatz stehenden Personal handelte es sich nicht um eine kleine Gruppe besonders ausgewählter, altgedienter Gestapo- oder SD-Angehöriger. Vielmehr ging es um einen routinemäßigen Einsatz, den früher oder später das Gros des Personals, insbesondere des nachrückenden Führernachwuchses des RSHA, absolvieren sollte. Er konnte sich karrierefördernd auswirken, winkten doch häufig Dienstauszeichnungen, Auslandszulagen und positive Vermerke in der Personalakte.

Einsatzgruppen, Einsatzkommandos, Kommandeure der Sicherheitspolizei und des SD

Die ersten Vollstrecker des nationalsozialistischen Genozids waren – neben den bisher in der historischen Forschung noch zu wenig wahrgenommenen SS-Brigaden sowie den Polizeiregimentern und einheimischen Hilfsverbänden der Höheren SS- und Polizeiführer (HSSPF) – mit Einsetzen des systematischen Massenmordes beim Überfall auf Polen 1939 in sogenannten Einsatzgruppen der Sicherheitspolizei und des SD mit zugehörigen Sonder- und Einsatzkommandos zusammengefasst worden. Die Einsatzgruppen waren ein schlagkräftiges, machtpolitisches Instrument Reinhard Heydrichs, des ersten Chefs der Sicherheitspolizei und des SD sowie des RSHA, das bei der Besetzung fremder Territorien erstmals beim „Anschluss" Österreichs 1938 Verwendung fand. Die Angehörigen der Einsatzgruppen aus den Reihen von Gestapo, Kriminalpolizei und Sicherheitsdienst (SD) der SS bildeten, nach dem Abschluss der mobilen Phase ihres Einsatzes, den personellen Kernbestand der anschließend eingerichteten, regionalen Dienststellen sogenannter Kommandeure der Sicherheitspolizei und des SD (KdS). In der Regel der zentralen Dienststelle eines sogenannten Befehlshabers der Sicherheitspolizei und des SD (BdS) unterstellt, spannten sie in jedem besetzten Land ein Netz von Überwachungs- und Kontrollpunkten zur „Gegnerbekämpfung".

Kaum erforscht – das (Führungs-) Personal der Mordkommandos „im Osten"

Doch wer verrichtete tagtäglich den „Dienst" bei den Einsatzgruppen und -kommandos zum Beispiel in den Ländern „im Osten"? Wer traf die Entscheidungen vor Ort, wenn man den Blick einmal nicht auf historisch prominente und ideologisch profilierte „Führer" und Amtschefs des RSHA wie Arthur Nebe, Otto Ohlendorf, Bruno Streckenbach oder Franz Six richtet? Ihnen war es unmöglich, im Alltag die Kontrolle über ihre weit auseinanderliegenden Kommandos auszuüben. Erließen sie nicht vielmehr nur allgemeine Richtlinien für den Einsatz, die die ihnen nachgeordneten Entscheidungsträger im „kameradschaftlichen", „weltanschaulich gefestigten" Geiste und „sicherheitspolizeilichen Sinne" richtig auszudeuten wussten? War dieser Personenkreis der – im Gegensatz zu den gruppenweise eingesetzten Mannschaftsdienstgraden der den Einsatzgruppen zugeteilten Bataillone der Ordnungspolizei – individuell und teilautonom handelnden Referatsleiter, Teilkommandoführer und Sachgebietsreferenten, aber auch der am Ende der Hierarchie stehenden Fahrer der „Gaswagen" frühzeitig in besonderer Weise auf das NS-Regime und seine Ziele eingeschworen worden? Konnten sie deshalb ohne innere Zweifel und wirksame moralische Bedenken morden? Ist diese Gruppe von in die Einsatzgruppen abgestellten, meist direkt Tatbeteiligten in der Unbedingtheit ihrer ideologischen Ausprägung und der daraus resultierenden persönlichen Unerbittlichkeit im „Einsatz" mit den älteren, ranghöheren Gestapo-, Kripo- und SD-Angehörigen des RSHA in ihrer lebensgeschichtlichen Entwicklung gleichzusetzen? Oder sind signifikante Unterschiede bei diesem nach wie vor weitgehend unerforschten Täterkreis zu verzeichnen?

Materielle Sicherheit zuerst: Neuanwärter und Aufsteiger bei Gestapo und SD

Schon anhand einiger exemplarisch untersuchter Biographien wird deutlich, dass das politisch-ideologische, „völkische" Motiv, gepaart mit dem Willen, selbst Politik zu gestalten und zu exekutieren, weniger stark ins Gewicht fällt, als man zunächst annehmen mag. Nein, hinter den Uniformen von SS, SD und Sicherheitspolizei stößt man auf Lebensgeschichten, die wenig mit einer negativen politischen Romantik des „Schwarzen Korps" zu tun haben. Vielmehr trifft man auf Männer, die in den letzten Krisenjahren der Weimarer Republik und in den ersten Jahren des „Dritten Reiches" geradezu krampfhaft und nachdrücklich versuchten, ihr Leben vor allem in finanzieller Hinsicht in den Griff zu bekommen. Meist wechselten sie von einer prekären Anstellung zur nächsten Aushilfstätigkeit, immer auf der Suche nach dauerhafter erwerbsmäßiger Sicherheit.

Die tiefe Frustration über die eigene soziale Lage während der Jahre der Weimarer Republik bis 1933 brachte zum Beispiel Dr. Johannes Leetsch, ab Sommer 1942 für ein Jahr stellvertretender Chef der Einsatzgruppe D, ansonsten RSHA-Referatsleiter im Amt III D für Arbeits- und Sozialwesen, mit der Formulierung vom „akademischen Proletariat", dem er angehört habe, auf den Punkt. Bei Leetsch, einem in der RSHA-Hierarchie Etablierten, handelte es sich um einen Akademiker mit gebrochener Erwerbsbiographie, Absolvent eines Studiums der Volkswirtschaft, promoviert, der auch Jura und Staatswissenschaften studiert hatte. Nach Abschluss des Studiums 1931 war er zunächst erwerbslos und musste sich als Hauslehrer verdingen. Sein Eintritt in die NSDAP im Mai 1932 erscheint vor diesem Hintergrund stärker als Versuch, über Kontakte in der NS-Bewegung eine adäquate Anstellung zu finden, denn als engagiertes Eintreten für die politische Sache des Nationalsozialismus. Selbst als es ihm, jedoch erst 1935, gelang, als SS-Angehöriger hauptamtlich vom Sicherheitsdienst (SD) der SS bezahlt zu werden, ging seine Identifikation mit dem Nationalsozialismus offenbar noch nicht so weit, dass der Protestant Leetsch deshalb, wie es normalerweise „erwartet" wurde, aus der Kirche austrat. Allerdings stellte er in diesem Punkt eine Ausnahme dar. Denn dem Gros des RSHA-Mittelbaus wie der nachrückenden Anwärter des leitenden Dienstes war gemein, dass die Anstellung bei der Kriminalpolizei, der Gestapo oder die hauptamtliche Tätigkeit beim SD um jeden Preis vor allem der eigenen materiellen Sicherheit diente. Sie ging damit einher, eine Familie gründen und nach den Erwartungen der Zeit ernähren zu können.

Johannes Leetsch, 1942/43 stellvertretender Chef der Einsatzgruppe D, RSHA-Referatsleiter, undatiert (um 1934).
© Bundesarchiv, Berlin

Einen Extremfall mag der SS-Hauptsturmführer Werner Kleber darstellen. Er war zeitweise als Führer beim Einsatzkommando 12 im Kaukasus und dem Vorkommando Banja Luka der Einsatzgruppe E verwendet worden. Ansonsten gehörte er als Sachbearbeiter der RSHA-Amtsgruppe VI E, Nachrichtendienst in Mitteleuropa, an. Kleber war über mehrere Jahre auf finanzielle Unterstützung durch seine Lebensgefährtin angewiesen. Beide heirateten erst nach siebenjähriger Verlobungszeit und der Geburt zweier Töchter, als Klebers Auskommen im März 1934 endlich auf Dauer gesichert war. Dieselbe Tendenz weisen auch die Lebenswege der nachfolgenden SS-Führer auf.

Auch bei Waldemar Krause waren es finanzielle Beweggründe, die ihn 1927 zur Polizei gehen ließen, wo er die Kommissarslaufbahn einschlug. Ein Studium, das ihm die Erfüllung des ursprünglichen Berufswunsches des Ingenieurs ermöglicht hätte, vermochte er nicht zu finanzieren. Trotzdem erfolgte – wohl aus vorsichtiger Abwägung, um das einmal materiell Erreichte nicht durch eine zu frühe politische Festlegung zu gefährden – seine Aufnahme in die NSDAP erst im Mai 1933, als das NS-Regime bereits endgültig konsolidiert schien. Krause brachte es im Sommer 1943 zum Leiter des Sonderkommandos 4b. Er war einer der Hauptverantwortlichen bei der Auslöschung des Handwerker-Ghettos von Wladimir-Wolynsk in der Nordukraine.

Auch Johannes Schlupper, der im elterlichen Betrieb aus wirtschaftlichen Gründen zunächst nicht beschäftigt werden konnte und dem es nach Übernahme des Familienbetriebes nicht gelang, diesen am Leben zu halten, sicherte sich wirtschaftlich erst durch seine Anstellung bei der Gestapo in Plauen 1937. In „weltanschaulicher Hinsicht" hatte er sich als frühes SS-Mitglied des Jahres 1930 bereits qualifiziert. Schlupper, Kriminalsekretär der Gestapo, führte auf der Krim das Teilkommando Karasubazar und im Kaukasus das Teilkommando Tscherkessk des Sonderkommandos 11b, bevor er im Herbst 1943 die Außendienststelle Grójec des KdS Warschau übernahm.

Der aus einer deutsch-national eingestellten Familie stammende Jurist Dr. Heinrich Bolte avancierte zum SS-Sturmbannführer. Zeitweise war er stellvertretender Kommandoführer beim Einsatzkommando 12 und Leiter des SD-Abschnitts-„Litzmannstadt"/Łódź. Der Ertrag des ererbten elterlichen Bauernhofes reichte nur für den Unterhalt seines Bruder aus. Er selbst trat mit der Aufnahme des Jurastudiums den Weg ins materiell Ungewisse an. Politisch trat er erst 1932 aktiv für die NSDAP ein, damals bereits die stärkste Fraktion unter anderem im Reichstag, als er sich, trotz der bei ihm zweifellos vorhandenen völkischen Gesinnung, auch materiell handfeste Vorteile durch die Anstellung im Staatsdienst versprach.

Ganz ähnlich liegt der Fall von Theodor Christensen, der sich bereits im Dezember 1930 in die NSDAP aufnehmen ließ. Einer Kaufmannsfamilie entstammend, gelang es ihm nicht, im erlernten Beruf des Bankkaufmannes zu bestehen. Ab Mitte der zwanziger Jahre war er gezwungen, immer wieder Gelegenheitsarbeiten zu verrichten. Erst die Fortbildung zum Sparkassensekretär in Kombination mit seiner Bewerbung beim Nachrichtendienst der SS und der NSDAP, dem Sicherheitsdienst (SD), im Juli 1933 ebnete ihm als „Verwaltungsspezialisten" den späteren Aufstieg zum Kommandeur der Sicherheitspolizei und des SD im ukrainischen Tschernigow von Januar 1942 bis zum Spätherbst 1943.

Werner Kleber, Einsatzkommando 12 und RSHA-Sachbearbeiter, undatiert.
© Bundesarchiv, Berlin

Waldemar Krause, 1943 Leiter Sonderkommando 4b, undatiert.
© Bundesarchiv, Berlin

Heinrich Bolte, stellvertretender Kommandoführer Einsatzkommando 12, undatiert.
© Bundesarchiv, Berlin

Andrej Angrick | Verlängerter Arm des Reichssicherheitshauptamtes

Theodor Christensen, 1942/43 Kommandeur der Sicherheitspolizei und des SD in Tschernigow, Ukraine, undatiert (um 1934).
© Bundesarchiv, Berlin

Karl Kosmehl, Mitarbeiter im Schutzhaftreferat des Geheimen Staatspolizeiamtes, undatiert.
© Bundesarchiv, Berlin

Claus Hüser, Kommissar u. a. bei den Gestapostellen Hamburg, Kassel und Halle a. d. S., undatiert.
© Bundesarchiv, Berlin

Polizeiroutiniers und Laufbahnbeamte, Mobilität und Korpsgeist

Ein anderer Teil dieser heterogenen Gruppe der „Aufsteiger" hatte 1933 bereits, teils längere Zeit, im Polizeidienst gestanden. Er nutzte aber im Rahmen der Expansion und insbesondere der sicherheitspolizeilichen Neuausrichtung des NS-Polizeisystems, bei der es neue plan- wie außerplanmäßige Stellen zu besetzen gab, die Möglichkeit, von der lokalen Schutzpolizei zur „Stapo", der Geheimen Staatspolizei, zu wechseln.

Wilhelm Kunde beispielsweise ging erst 1938 zur Gestapo, nachdem er die längste Zeit seiner polizeilichen Laufbahn in Bremen als Revieroberwachtmeister verbracht hatte. Beim KdS Krakau wurde er, im Range eines Kriminalsekretärs einen Dienstgrad des unteren Mittelbaus bekleidend, „Referent für jüdische Angelegenheiten" und war somit maßgeblich an den Vernichtungsmaßnahmen gegen die jüdische Bevölkerung des Distrikts beteiligt.

Mag auch die politische Loyalität gegenüber dem NS-Regime, als bereits vorhandene oder als mit der NS-Machtübernahme 1933 angenommene Haltung, die Grundvoraussetzung für die Aufnahme erst spät zum Gestapoapparat gestoßener Funktionsträger gewesen sein, so waren Kriterien der individuellen, persönlichen Eignung wie Arbeitsfleiß, Mobilität, Flexibilität und Pragmatismus im Dienstalltag fernab ideologischer Orthodoxie, zusätzlich auch die kadermäßige Eigenformung in dem SS-Konstrukt „kameradschaftlicher Gemeinschaft", mindestens ebenso bedeutsam. Dass RSHA-Funktionäre ihren Posten ohne zeitweise Freistellung oder anderweitige Verwendung während der Kriegszeit dauerhaft bekleideten, war eher die Ausnahme.

In dieser Hinsicht untypisch war das Personal des von Kriminalrat Dr. Emil Berndorff geleiteten, wichtigen Schutzhaftreferates in der Reichszentrale der Gestapo, dem Geheimen Staatspolizeiamt. Es verblieb größtenteils statisch an seinen Schreibtischen, ohne sich im auswärtigen Einsatz „bewähren" zu müssen. Darunter waren auch einzelne Polizeiangehörige, zum Beispiel der SS-Untersturmführer Karl Kosmehl und der SS-Hauptsturmführer Paul Kubsch, die vor 1933 als Sozialdemokraten Mitglieder des Verbandes Preußischer Polizeibeamter e. V. („Schrader-Verband") gewesen waren. Von diesen aus Sicht des neuen Regimes politisch Belasteten der „Systemzeit" hätte man ein Engagement im auswärtigen Dienst als sichtbares Zeichen eigentlich erwarten dürfen. Hier überwog aber der auf langjährige Polizeizugehörigkeit und fachliche Routine gegründete Korpsgeist den „weltanschaulichen" Faktor.

Die „Polizeieleven", die jüngeren Quereinsteiger ohne polizeifachlichen Hintergrund, mussten sich dagegen in jeder Hinsicht beweisen. Der spätere SS-Obersturmführer und Kriminalkommissar Claus Hüser wurde zum Beispiel erst 1936 von der Gestapo angestellt. Anschließend wurde er bei der Staatspolizei Harburg-Wilhelmsburg, Hamburg und Lüneburg sowie bei verschiedenen Referaten – unter anderem „Überprüfung von Personen in Rüstungsbetrieben" und „Heimtücke und Wirtschaftssabotage" – verwendet. Während des Krieges kam er unter anderem als Leiter des Teilkommandos Demodow des Sonderkommandos 7 zum Einsatz. Später übernahm er Führungsaufgaben bei den Gestapostellen in Wilhelmshaven, Kassel und Halle an der Saale. Dieses Rotationssystem stellte, auch weil keine dienstliche Kumpanei gefördert und keine klientelistische Bindung an den jeweiligen Ort entstehen sollte, die Regel dar. Zugleich zeigte es auf, dass die Personaldecke des RSHA für die Besetzung ihrer zahlreichen, neu etablierten lokalen

Ableger zu dünn war. Dies ist ein deutlicher Hinweis darauf, dass die Zentralbehörden des Himmler'schen „Staatsschutzkorps" mit der territorialen Expansion der NS-Herrschaft in Europa und der damit verbundenen Aufgabenakkumulation vor allem personell nur schwer zurechtkamen, auch weil gleichzeitig bewährtes Personal an die Wehrmacht, zum Beispiel an die Geheime Feldpolizei, abzugeben war.

Indes schätzten die nachgewachsenen Führungskräfte, vielleicht gerade wegen der Unstetigkeit ihrer vorherigen Erwerbsbiographien und der damit verbundenen sozialen Statusverunsicherung, die Aura persönlicher Autorität, die mit der Übertragung der ihnen dienstlich anvertrauten Funktionen verbunden war. Gerade im Milieu kleinerer, überschaubarer und häufig im „Osteinsatz" auf sich gestellter lokaler Dienststellen der Sicherheitspolizei und des SD entwickelte sich ein besonderes, „kameradschaftliches Verhältnis" zwischen „Führer" und „Gefolgschaft". Ohne dieses bei „kameradschaftlichem Beisammensein" rituell gepflegte, nicht zuletzt auch alkoholgestützte Milieu wäre die „vertrauensvolle Pflichterfüllung", die Bereitschaft, beim Massenmord „seinen Mann zu stehen", kaum denkbar gewesen. Allein aus Karrierestreben sind „Pflichterfüllung" und oft darüber hinausgehendes „Engagement" dieses Personenkreises bei der Organisation des Terrors jedenfalls schwer erklärlich. Mancher, der sich als kompetent auf ganz anderen Spezialgebieten verstand, wie zum Beispiel der Fachmann für Brandermittlungen Hans Haase, der zwar schon ab 1929 der NS-„Bewegung" angehört, aber erst 1935 die Kommissarsprüfung abgelegt hatte, mag seine Abstellung zu Führungsaufgaben bei einem Sonderkommando als Form der „Bewährung" innerhalb des „Staatsschutzkorps" von SS und Polizei, somit als persönliche Chance empfunden haben. Männer wie Haase hofften auf Tapferkeitsauszeichnungen und eine positive Beurteilung in der Personalakte bei dem Bestreben, auf der Karriereleiter weiter nach oben zu kommen. Typisch für das Empfinden und die Erwartungshaltung der nachwachsenden unteren und mittleren Führungsschicht der Gestapo mag hier die Tagebuchnotiz der Ehefrau des zeitweiligen Chefs des Einsatzkommandos 8, Heinz Richter, nach verschiedenen Auslandseinsätzen ihres Mannes stehen: „Freitag, den 9.4.43: Heinz geht zur Behörde und erfährt, dass seine Beförderung perfekt ist. 70 RM netto gibt's nun mehr. Eine Gestapoleitstelle ist zur Zeit nicht frei, so dass er vorläufig noch in Paris bleibt. Das ist sehr schade, ich hatte so damit gerechnet, eine andere Wohnung zu finden."

Herren über Leben und Tod: Gestapo-Tätertypen „im Osten"

Unabhängig von den sozialen Interessenlagen des unteren und mittleren Führungspersonals der RSHA-Mordkommandos stellt sich die Frage der persönlichen Haltung dieser Täter zu Gewalt und Mord als ihren dienstlichen Alltag wesentlich prägenden Faktoren. In einzelnen Fällen zeigten sich selbst bei den Unerbittlichen, „Hartgesottenen" unter ihnen letzte Rudimente von Gewissensregungen, häufig gepaart mit Allmachtsphantasien. Günter Fuchs, „Judenreferent" der Gestapo „Litzmannstadt"/Łódź, ein vielfacher Mörder, der eigenhändig zu töten verstand, entwickelte beispielsweise nervöse Ticks und wurde von Albträumen geplagt, in denen ihm ermordete Kinder erschienen. Er versuchte dies zu verheimlichen, doch seine „Kameraden" bemerkten seine emotionale Verfassung sehr wohl.

Auch SS-Hauptsturmführer Lothar Heimbach, Teilkommandoführer beim Sonderkommando 10a und Kriminalrat beim KdS Białystok, war im Jahr 1944 nicht mehr Herr seiner Sinne. Er randalierte volltrunken auf der Straße, beschimpfte Wehrmachtsangehörige, drang in ein Verwundetenheim ein und beleidigte jeden Uniformierten. Er sah sich als „Herr über Leben und Tod" und schrie heraus, wenn es ums Töten ginge, solle man ihm von 300 Kindern ruhig 150 überlassen. Für sein dienstliches Umfeld und das zuständige SS-Gericht war offenkundig, dass er unter „Ostkoller" litt. Man zeigte Verständnis und verurteilte ihn zu zehn Monaten Gefängnis, von denen er im Idealfall nur drei Monate absitzen sollte. Dazu kam es nicht, da die Haft im Februar 1945 zur Bewährung ausgesetzt wurde und Heimbach sich bei den Endkämpfen um das „Reich" bewähren sollte. In einem anderen Fall gestand ein Angehöriger des leitenden Dienstes seinem Vorgesetzten, er leide seit seiner Teilnahme an Massenerschießungen an Depressionen und wolle, auch um kein „negatives Beispiel" zu geben, in die Heimat zurückversetzt werden. Dem Wunsch wurde entsprochen, der weiteren Karriere des betreffenden Beamten schadete sein Verhalten nachweislich nicht.

Nahezu völlig außer Kontrolle geratene Gestapotäter wie Lothar Heimbach mögen zwar eher die Ausnahme gewesen sein. Im Vergleich charakterlicher Eigenschaften der direkt am Massen- und Völkermord beteiligten Täter wiesen viele jedoch eine starke psychische und soziale Labilität auf. Dabei konnte auch das teils rigide Regelwerk der SS mitunter – da die persönliche Machtposition auf Dauer keiner wirksamen Kontrolle mehr unterlag und ein Grundvertrauen der Führung in ihre ausgewählten Männer bestand – außer Kraft gesetzt werden. Alkoholismus war in einem klassischen Männermilieu weit verbreitet. Gehäuft kam es zur Bereicherung an Wertsachen der Opfer sowie zu anderen Veruntreuungs- und Unterschlagungsdelikten im Rahmen der Dienstausübung. Selbst höhere Dienstgrade wurden auffällig, wie die Einsatzkommandoführer Heinz Seetzen vom Sonderkommando 10a durch Diebstahl seltener Briefmarken und Albert Filbert vom Einsatzkommando 9, dem eine Innenrevision des RSHA die Aneignung von Devisen nachweisen konnte. Besonders bedenklich und deshalb vor der Berliner Zentrale im Rahmen der Abkommandierung zum auswärtigen Einsatz unbedingt zu verbergen waren sexuelle Auffälligkeiten. Dazu gehörten weniger die intimen Kontakte zu den als „slawische Untermenschen" gebrandmarkten einheimischen Frauen. Gemeint waren primär sexuelle Kontakte zu Jüdinnen, die, über längere Zeit oder unmittelbar vor deren Ermordung, unter oft fadenscheinigsten „dienstlichen" Vorwänden sexuell missbraucht wurden. Diese Beispiele belegen, dass „charakterliche Festigkeit" selbst nach kruden SS-Maßstäben häufig nicht gewährleistet war. Oft bedurfte es nur einer Gelegenheit, um die von Heinrich Himmlers „germanischem Orden" verordnete Selbstdisziplin aus niedrigsten Beweggründen fahren zu lassen.

Arbeitsteilig organisierte Verbrechen: Amt, Amtsträger, persönliche Tatverantwortung

Ob und wie ein Angehöriger der Gestapo auf der mittleren Entscheidungsebene agierte, hing weniger von seiner Persönlichkeit ab als von den spezifischen Möglichkeiten der Machtentfaltung in der Dienststellung, die er bekleidete. Das Amt mit seiner vielfältigen Struktur und der sich daraus ergebenden umfassenden Prägung bestimmte das Handeln des Funktionsträgers ganz wesentlich. Umgekehrt prägten altgediente Nationalsozialisten wie Reinhard Heydrich, Werner Best oder Otto Ohlendorf ihre Ämter und ihr dienstliches Umfeld persönlich in signifikanter Weise, auch wenn milieubetonte, professionelle Traditionslinien, vor allem bei bewährten Kriminalpolizisten, durchaus noch wirksam blieben.

Je schwächer und defizitärer die personelle Ausstattung der regionalen oder lokalen Dienststellen oder der mobilen Kommandos von Sicherheitspolizei und SD war, desto mehr verschwammen jedoch die Unterschiede zwischen älteren Laufbahnbeamten der Kriminalpolizei, SD-Akademikern oder den Kommandos beigegebenen Ordnungspolizisten. Die verwaltungs- und polizeifachlich vorgegebene, arbeitsteilige Spezialisierung wurde dann durch die Notwendigkeit überlagert oder substituiert, Generalist zu sein, alles tun zu dürfen, zu können und zu müssen. Die Abfassung eines Lageberichtes über das kulturelle Leben am Einsatzort, die Fahndung nach Untergrundkämpfern, die Durchführung von Spionagetätigkeit hinter der Front, Anweisungen an die örtlichen Bürgermeister zum wirtschaftlichen Aufbau, die Erfassung von Bibliotheksbeständen und die Teilnahme an einer Massenexekution konnten theoretisch alle als Anforderungen an jeden Führerdienstgrad der Gestapo „im Osten" gestellt werden, so unterschiedlich sie auch ausfielen. Erwartet wurden allein geistige Flexibilität und praktisches Engagement des Beamten.

Mit dem Ausbau der aus den mobilen Kommandos entstandenen stationären Dienststellen glichen sich diese im Laufe der Zeit in Verwaltungsgliederung und -betrieb dem Reichssicherheitshauptamt an. Sie waren, in reduzierten Proportionen, die lokale Wiedergabe der RSHA-Zentrale in Berlin. Damit ging einher, dass jeder Entscheidungsträger nach bürokratischen Kriterien möglichst sein Sachgebiet zu bearbeiten hatte. All dies entlastet aus heutiger Sicht keinen Gestapoangehörigen von persönlicher Tatverantwortung. Es erklärt jedoch, warum in den Nachkriegsprozessen besonders die verwaltungshierarchische Ebene der Referenten mit exekutiven Aufgaben – vornehmlich Sachgebiete, die „Juden-, Zigeuner-, Polen- oder Kommunistenfragen" bearbeiteten – und deren Mitarbeiter zur Verantwortung gezogen wurden. Dagegen blieben ihre „Kameraden", die häufig einen vergleichbaren privaten und professionellen Werdegang aufwiesen, sich aber zum Beispiel mit Wirtschaftsdelikten, Kulturpolitik, Presseüberwachung oder Kirchenfragen beschäftigt hatten, zumeist unbehelligt. Ja, letztere wurden vor bundesdeutschen Gerichten in den Ermittlungsverfahren der Nachkriegszeit verstärkt als Zeugen befragt, da sie nicht in „sensiblen", für die Organisation von Massen- oder Einzelexekutionen zuständigen Referaten als Entscheidungsträger agiert hatten.

Bilanz

Allein aus diesem Grund muss die Zahl der zum Beispiel in der Bundesrepublik nach ihrer Gründung eingeleiteten Verfahren, vor allem aber der erfolgten Verurteilungen, als ungenügend angesehen werden. Doch im Strafrecht galt und gilt es damals wie heute, den Beschuldigten ihre individuelle Schuld im Zusammenhang mit den Morden nachzuweisen. Es war somit insgesamt ungeeignet, den für große, arbeitsteilig organisierte NS-Verbrechenskomplexe verantwortlichen Apparat von Sicherheitspolizei und SD und seine ehemaligen Funktionsträger in toto wirkungsvoll zur Verantwortung zu ziehen. Vor dem Hintergrund des Kalten Krieges zwischen den Systemen in Ost und West und der teils restaurativ verlaufenden Entwicklung insbesondere der frühen Bundesrepublik war es vielmehr zum Beispiel den „Charlottenburgern", dem Kreis ehemaliger Absolventen der „Führerschule" der Sicherheitspolizei in Berlin, schon bald möglich, eine intensive Netzwerkarbeit zu entfalten und sich quasi professionell zu „rehabilitieren". Die in den fünfziger Jahren herrschenden Rahmenbedingungen genügten, um einer Vielzahl belasteter ehemaliger Angehöriger von Gestapo und Kriminalpolizei, Ordnungspolizei, SS und Sicherheitsdienst (SD) die Rückkehr in den Polizeiapparat, in die Geheimdienste oder ersatzweise in die freie Wirtschaft zu ermöglichen.

Weiterführende Literatur

Hinweis: Die mittlere und untere Funktionärsebene des RSHA, der regionalen BdS- wie KdS-Dienststellen sowie der Einsatzgruppen und -kommandos ist bislang in keiner Gruppenbiographie dargestellt und analysiert worden. Der interessierte Leser wird deshalb zwangsweise verstärkt auf Monographien zur Regionalgeschichte des Massenmordes, der Organisationsgeschichte des RSHA-Apparates sowie dessen lokaler Ableger zurückgreifen müssen, um so die ihn interessierenden Informationen zu einzelnen rangniederen Protagonisten oder Tätergruppen herauszufiltern. Einen guten Einstieg in der deutschsprachigen Fachliteratur bieten beispielsweise:

Andrej Angrick, Besatzungspolitik und Massenmord. Die Einsatzgruppe D in der südlichen Sowjetunion 1941–1943, Hamburg 2003.

Jens Banach, Heydrichs Elite. Das Führungskorps der Sicherheitspolizei und des SD 1936–1945, Paderborn 1998.

Christian Gerlach, Kalkulierte Morde. Die deutsche Wirtschafts- und Vernichtungspolitik in Weißrußland 1941 bis 1944, Hamburg 1999.

Helmut Krausnick/Hans-Heinrich Wilhelm, Die Truppe des Weltanschauungskrieges. Die Einsatzgruppen der Sicherheitspolizei und des SD 1938–1942, Stuttgart 1981.

Klaus-Michael Mallmann/Jochen Böhler/Jürgen Matthäus, Einsatzgruppen in Polen. Darstellung und Dokumentation, Darmstadt 2008.

Klaus-Michael Mallmann/Andrej Angrick, Die Gestapo nach 1945. Karrieren, Konflikte, Konstruktionen, Darmstadt 2009.

Jacek Andrzej Mlynarczyk, Judenmord in Zentralpolen. Der Distrikt Radom im Generalgouvernement 1939–1945, Darmstadt 2007.

Dieter Pohl, Nationalsozialistische Judenverfolgung in Ostgalizien 1941–1944. Organisation und Durchführung eines staatlichen Massenverbrechens, München 1996.

Andreas Theo Schneider, Die Geheime Staatspolizei im NS-Gau Thüringen. Geschichte, Struktur, Personal und Wirkungsfelder, Frankfurt 2008.

Michael Wildt, Generation des Unbedingten. Das Führungskorps des Reichssicherheitshauptamtes, Hamburg 2002.

Ders. (Hg.), Nachrichtendienst, politische Elite, Mordeinheit. Der Sicherheitsdienst des Reichsführers SS, Hamburg 2003.

Der Autor

Andrej Angrick, geb. 1962, Dr. phil., als Historiker bei der Hamburger Stiftung zur Förderung von Wissenschaft und Kultur beschäftigt und Autor verschiedener Monographien, Aufsätze und Quelleneditionen zur NS-Zeit.

Veröffentlichungen (Auswahl): Klaus-Michael Mallmann/Andrej Angrick (Hg.), Die Gestapo nach 1945. Karrieren, Konflikte, Konstruktionen, Darmstadt 2009; „Unternehmen Zeppelin", in: Einvernehmliche Zusammenarbeit? Wehrmacht, Gestapo, SS und sowjetische Kriegsgefangene, hg. von Johannes Ibel, Berlin 2008, S. 59–69; Andrej Angrick/Peter Klein, Die „Endlösung" in Riga. Ausbeutung und Vernichtung, Darmstadt 2006; Besatzungspolitik und Massenmord. Die Einsatzgruppe D in der südlichen Sowjetunion 1941–1943, Hamburg 2003.

5 KRIEGSENDE UND NACHKRIEGSZEIT

Deutsche Emigranten und Widerstandskämpfer forderten früh, nationalsozialistische „Rechtsschänder" vor Gericht zu stellen. 1943 kündigten die Alliierten an, NS-Täter am Ort ihrer Untaten zur Verantwortung zu ziehen. Seit 1944 wurden systematisch Unterlagen gesammelt, um führende Nationalsozialisten vor einem Internationalen Militärtribunal anzuklagen, das seit Ende 1945 in Nürnberg tagte. In den Nürnberger Prozessen klagten die Alliierten nicht nur politisch Hauptverantwortliche an, sondern auch Mediziner, Juristen, Diplomaten, Militärs und Industrielle. In zahlreichen weiteren Prozessen wurden in den alliierten Besatzungszonen und im Ausland viele Täter insbesondere aus den Reihen von SS und Gestapo verurteilt.

Keineswegs alle wurden jedoch zur Verantwortung gezogen. Viele konnten später sogar ihre Karriere fortsetzen. Gestapo, SS und SD waren im Nürnberger Hauptkriegsverbrecherprozess zu verbrecherischen Organisationen erklärt worden – nicht aber die Ordnungs- und die Kriminalpolizei.

Zusammenbruch des NS-Regimes: Infanteristen der US Army schwenken auf der Rednertribüne der Luitpoldarena des Reichsparteitagsgeländes amerikanische Fahnen, Nürnberg, 20./21. April 1945.
In der Luitpoldarena fanden während der Nürnberger Reichsparteitage der Nationalsozialisten unter anderem die Aufmärsche von SS und SA vor Adolf Hitler statt.
50002 © Getty Images/Hulton Deutsch Collection

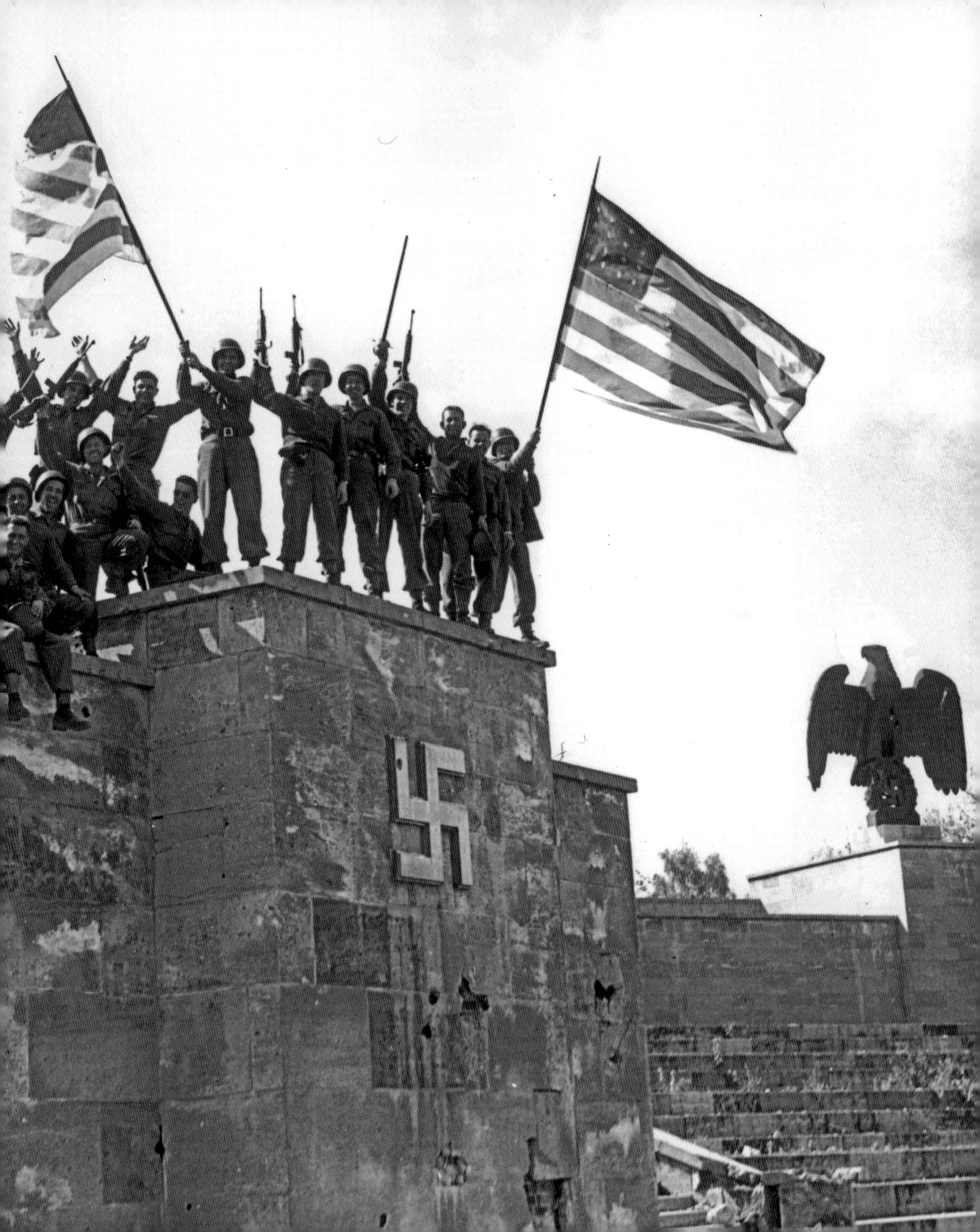

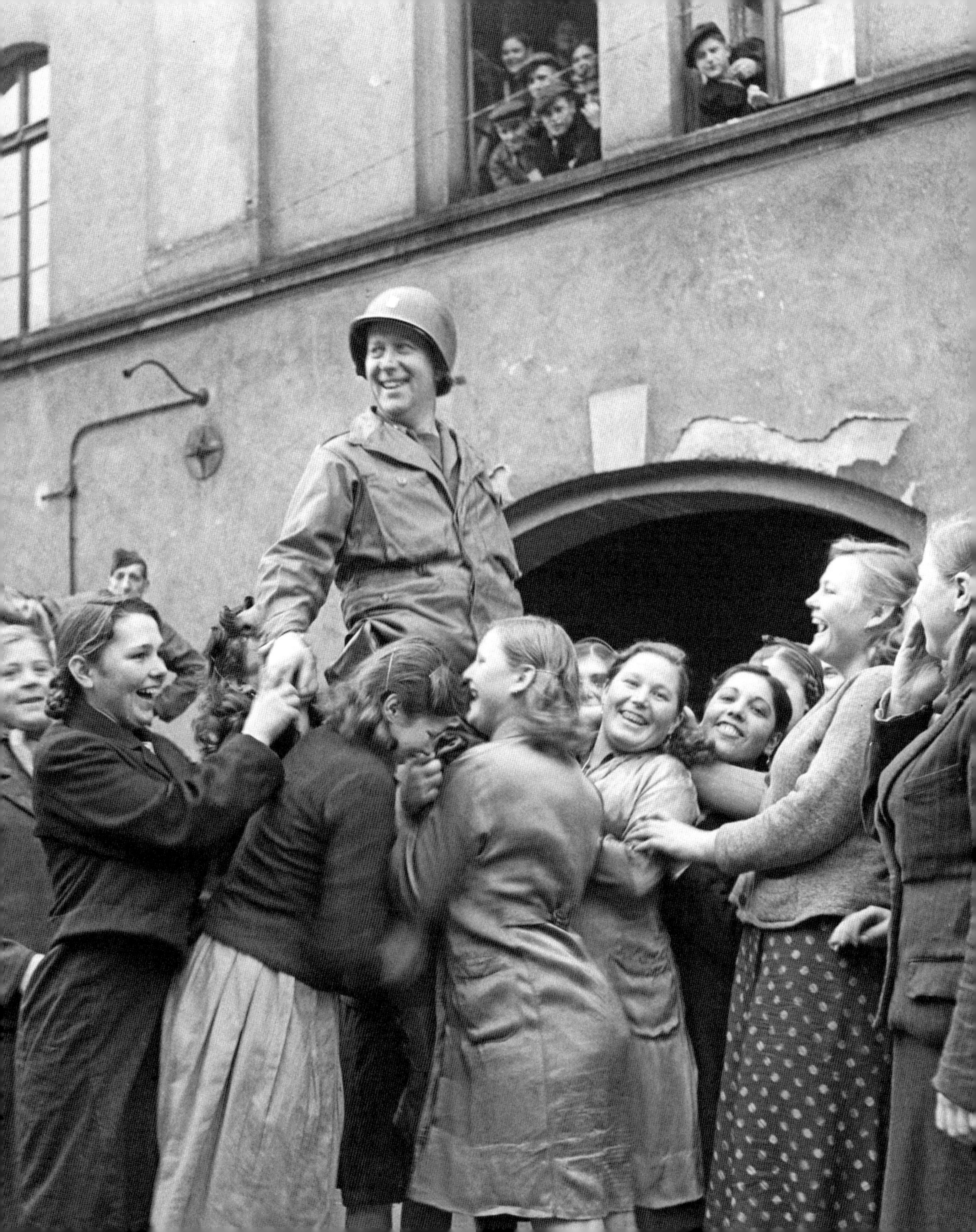

5.1 1945: Das Ende des SS-Staates

Mit den Niederlagen der deutschen Wehrmacht an allen Fronten begann seit 1943 die Räumung der besetzten Gebiete. SS, Polizei und NS-Verwaltungen zogen sich zurück. Konzentrationslager und Haftanstalten wurden aufgegeben und oftmals zerstört, die Insassen in das Reichsgebiet „verlegt". Auf „Todesmärschen" kamen zehntausende Häftlinge zu Tode. Gegen Kriegsende verschärfte sich der Terror von Gestapo und SS noch einmal. Er gipfelte in einer Kette von Exekutionen von Insassen von Gestapogefängnissen und Justizstrafanstalten. Einzelne Regimegegner wie Hans von Dohnanyi, Dietrich Bonhoeffer oder Georg Elser wurden noch in den letzten Kriegswochen in Konzentrationslagern hingerichtet.

Die zentralen Berliner Dienststellen des Reichssicherheitshauptamtes (RSHA) waren zum Teil ab 1943 in Ausweichquartieren untergebracht. In den letzten Kriegswochen vernichteten Gestapobeamte dort und in den meisten übrigen Gestapostellen belastende Unterlagen, um Spuren ihrer Verbrechen zu beseitigen. Viele hochrangige SS-Führer und Angehörige von Sicherheitspolizei und SD versuchten, häufig mit Erfolg, unterzutauchen. Andere, wie der Reichsführer-SS Heinrich Himmler und der Chef des RSHA, Ernst Kaltenbrunner, flohen zunächst in Landesteile, die noch von der Wehrmacht gehalten wurden. Weil einzelne derjenigen, die den SS-Staat geprägt hatten, wie der Chef des Geheimen Staatspolizeiamtes Heinrich Müller, bis heute als verschollen gelten, wird vermutet, sie hätten unter falschem Namen überlebt.

Viele Täter wurden bei Kriegsende von den Alliierten gefangen genommen und teils für längere Zeit interniert. Zahlreiche Angehörige von SS und Gestapo nahmen sich vor oder nach der Gefangennahme das Leben oder wurden von den Alliierten zum Tode verurteilt und hingerichtet. Und im Zeichen des Kalten Krieges wurden nicht wenige ehemalige Mitarbeiter von SS, SD und Gestapo bereits kurze Zeit nach Kriegsende für die Geheimdienste der Siegermächte tätig.

Ein Offizier der US Army wird von befreiten russischen Zwangsarbeiterinnen gefeiert, Schirmeck, Elsass, Dezember 1944.

51315 © Hulton Deutsch Collection/Getty Images

Ein amerikanischer Militärpolizist durchsucht
einen während der Kämpfe an der Invasionsfront
gefangen genommenen Angehörigen
der Waffen-SS, Normandie, bei Granville,
31. Juli 1944.

Panzerdivisionen der Waffen-SS waren dort bis
zum Zusammenbruch der deutschen Westfront ab
Ende Juli 1944 die kampfkräftigsten Verbände
der Wehrmacht.

51309 Foto: Robert Capa © Cornell Capa, New York / Magnum Photos, Paris

Angehörige der 3. Panzerdivision „Totenkopf"
der Waffen-SS in amerikanischer Gefangenschaft,
nach der Kapitulation der Einheit bei Linz,
9. Mai 1945.

51307 © National Archives, Washington

5.1 | 1945: Das Ende des SS-Staates

Panzergrenadiere einer Einheit der Waffen-SS während der deutschen Ardennenoffensive, Belgien, Dezember 1944.
51503 © bpk, Berlin

Von einer Einheit der SS-Panzerdivision „Leibstandarte-SS Adolf Hitler" am 17. Dezember 1944, während der deutschen Ardennenoffensive, ermordete amerikanische Kriegsgefangene, bei Malmedy, Belgien, Januar 1945.
Kommandeur der Einheit war der ehemalige Adjutant Heinrich Himmlers, Joachim Peiper.
51012 Foto: John Florea © Life/Getty Images

DAS ENDE DES SS-STAATES 1944/45

1944/1945   Juni 1944 – März/April 1945: Rückzug von SS und Polizei im Zuge der Räumung der meisten besetzten Länder durch die Wehrmacht. Aufgabe der dortigen Lager und Gefängnisse, begleitet von Massakern und blutigen „Evakuierungen".

1945   Bis 2./4./9.5. In Teilen Oberitaliens, Dänemark, Norwegen und Teilen der Tschechoslowakei bleibt das Terrorsystem von SS und Polizei teils intakt.

Januar – Mai: Parallel zum militärischen Zusammenbruch Auflösung des Terrorsystems von SS und Polizei im Reichsgebiet. Hunderte Massaker von Gestapo und SS an Häftlingen.

April: Flucht fast des gesamten (Führungs-)Personals der Zentralen von SS, SD, Gestapo, Kriminalpolizei und Ordnungspolizei aus Berlin.

30.4. Selbstmord Adolf Hitlers in Berlin.

2.5. Kapitulation der Wehrmacht in Berlin vor der Roten Armee. Bekanntgabe der Kapitulation vor den Westalliierten in Norditalien.

4./7./9.5. Bedingungslose Kapitulation der Deutschen Wehrmacht einschließlich der Verbände der Waffen-SS vor den Westalliierten und der Sowjetunion im Reichsgebiet und allen noch besetzten Ländern.

11.5. Festnahme des Chefs des Reichssicherheitshauptamtes, Ernst Kaltenbrunner, bei Altaussee, Steiermark.

Frühjahr – Sommer: Gefangennahme hunderter Hauptverantwortlicher von SS und Polizei, zahlreiche Suizide. Tausende Angehörige von SS, SD und Gestapo werden interniert.

21.5. Festnahme des Reichsführers-SS und Chefs der Deutschen Polizei, Heinrich Himmler, bei Bremervörde.

23.5. Giftsuizid Himmlers in britischer Haft.

Exhumierung und Bestattung der Leichen ermordeter Konzentrationslagerhäftlinge durch deutsche Zivilisten unter Bewachung durch Soldaten der US Army, Gardelegen bei Magdeburg, 16./17. April 1945.
Am 13. April 1945 hatte die SS über 1000 aus frontnahen Konzentrationslagern evakuierte Häftlinge in einer großen Feldscheune ermordet, indem sie das Gebäude in Brand setzte, beschoss und Handgranaten hineinwarf.

51323 Foto: William Vandivert © Life/Getty Images

Die Einwohner von Solingen-Ohligs müssen auf Anweisung der US Army an den in einem Massengrab vor dem Ohligser Rathaus feierlich notbestatteten, von der Gestapo am 13. April 1945 ermordeten Häftlingen entlangdefilieren, Solingen, 1. Mai 1945.
Bei den Opfern handelte es sich um 71 Insassen des Zuchthauses Remscheid-Lüttringhausen und der Polizeigefängnisse Wuppertal-Bendahl und Ronsdorf, die aus politischen Gründen, aufgrund krimineller Delikte und als ausländische Zwangsarbeiter inhaftiert waren. Wie tausende andere Insassen frontnaher Haft- und Strafanstalten waren sie, kurz vor dem Einmarsch der Amerikaner, in der Wenzelnbergschlucht bei Solingen von einem aus Wuppertaler und Solinger Gestapo- und Kripobeamten bestehenden Kommando der Sicherheitspolizei durch Genickschüsse ermordet und verscharrt worden. Die Opfer wurden am 30. April 1945 geborgen.

51019 © bpk, Berlin

5.1 | 1945: Das Ende des SS-Staates

Der Oberkommandierende der amerikanischen Streitkräfte in Nordwesteuropa, General Dwight D. Eisenhower (Mitte, mit Schirmmütze), vor den Leichen von der SS ermordeter Häftlinge bei der Besichtigung des Lagers Ohrdruf, Thüringen, 12. April 1945.

Annähernd 20 000 Häftlinge waren in Ohrdruf, einem Außenlager des Konzentrationslagers Buchenwald, von der SS zur Zwangsarbeit beim Bau unterirdischer Anlagen eingesetzt. Mehr als 7 000 fielen bis zum April 1945 den grausamen Arbeits- und Lagerbedingungen zum Opfer. Über 1 000 ermordete die SS vor Beginn und während der Evakuierung des Lagers.

51324 © USHMM/National Archives, Washington

Insassen des Konzentrationslagers Dachau nach ihrer Befreiung durch die US Army am 29. April 1945, undatiert (Anfang Mai 1945).

51330 © Getty Images/Hulton Deutsch Collection

Angehörige des SS-Wachpersonals des Konzentrationslagers Bergen-Belsen müssen nach der Befreiung des Lagers, bewacht von britischen Infanteristen, die Leichen umgekommener Häftlinge bergen, undatiert (18./19. April 1945).

Bei der Befreiung fanden die Briten in dem Lager, das durch die Aufnahme zumeist erschöpfter Häftlinge aus evakuierten, frontnahen KZ völlig überbelegt war, tausende verhungerte und durch Seuchen umgekommene Gefangene vor. Bis Mitte April waren so circa 35 000 Häftlinge ums Leben gekommen. Circa 14 000 weitere Menschen starben nach ihrer Befreiung.

51731 © bpk, Berlin

Von der US Army befreite politische Häftlinge des Zentralgefängnisses „Klingelpütz", Köln, undatiert (März/April 1945).
Die Kölner Gestapo nutzte seit 1944 einen Gefängnistrakt des „Klingelpütz" zur Unterbringung ihrer Häftlinge.

51025 Foto: Lee Miller © Lee Miller, Der Krieg ist aus. Deutschland 1945, Berlin 1996

SS-Aufseherinnen des Konzentrationslagers Bergen-Belsen nach ihrer Gefangennahme durch die britische Armee, 19. April 1945.
Im Hamburger Bergen-Belsen-Prozess verurteilte ein britisches Militärgericht unter anderem die hier abgebildeten Frauen zu Freiheitsstrafen. Drei andere SS-Wärterinnen wurden zum Tode verurteilt und hingerichtet.

51026 Foto: H. Oakes © bpk, Berlin

Das verlassene Gebäude des Geheimen Staatspolizeiamtes (Amt IV des Reichssicherheitshauptamtes, RSHA) in der Prinz-Albrecht-Straße 8, Berlin, Juli 1945.
Die Gestapozentrale und das umgebende Gelände gehörten während der Schlacht um Berlin zum inneren Verteidigungsring um die Reichskanzlei. Das Personal des RSHA einschließlich seiner Führung hatte sich fast ausnahmslos vor Beginn der Kämpfe in die von den Alliierten noch nicht besetzten Teile Nord- und Süddeutschlands und Österreichs „abgesetzt".

51310 Foto: William Vandivert © Life/Getty Images

Sowjetische Soldaten in der Gestapozentrale in der Prinz-Albrecht-Straße 8 mit dort gefundenen Knebelketten und Handfesseln, wie sie von der Gestapo für Gefangene benutzt wurden, Berlin, 2. Mai 1945.

51304 © ullstein bild, Berlin

Die gefallene Besatzung eines bei einem Ausbruchsversuch abgeschossenen und aufgegebenen Schützenpanzers der Waffen-SS, Berlin, vermutlich 1. Mai 1945.

51514 © Bundesarchiv, Koblenz

Kriegsgefangener Angehöriger einer Einheit der Waffen-SS, Berlin, undatiert (Ende April/ Anfang Mai 1945).

51013 © bpk, Berlin

Von der US Army festgenommene und bewachte, mutmaßliche Angehörige von Gestapo und Kriminalpolizei, Anfang 1945.

Zum Ort, an dem das Foto aufgenommen wurde, liegen keine Angaben vor. Die britische und die US-Armee hatten im Oktober 1944 Vorbereitungen getroffen, bei der militärischen Besetzung Deutschlands unter anderem alle Gestapoangehörigen unmittelbar festzunehmen („automatic arrest"). In der Regel dauerte deren Internierung zwei bis drei Jahre. So waren zum Beispiel in Lagern der US-Zone Ende Februar 1947 noch 1367 Angehörige der Gestapo interniert.

51332 © Associated Press

„Abtauchen in den Untergrund war 1945 ein Massenphänomen. Es dürften einige Zehntausend – darunter viele Gestapo-Angehörige – gewesen sein, die diesen Weg wählten. Im Gewirr umherirrender Flüchtlinge, Ausgebombter, Displaced Persons und zurückströmender Soldaten war es einfach, mit einer erfundenen Lebensgeschichte neu anzufangen. Gefälschte Kennkarten waren auf dem Schwarzmarkt leicht zu erwerben, falls man nicht wie viele Gestapo-Bedienstete ohnehin über ‚echte' falsche Papiere verfügte."

KLAUS-MICHAEL MALLMANN UND ANDREJ ANGRICK, HISTORIKER, 2009

51537 Gekürzter Auszug: K.-M. Mallmann/A. Angrick, Die Mörder sind unter uns. Gestapo-Bedienstete in den Nachfolgegesellschaften des Dritten Reiches, in: Dies. (Hg.), Die Gestapo nach 1945. Karrieren, Konflikte, Konstruktionen, Darmstadt 2009

5.1 | 1945: Das Ende des SS-Staates

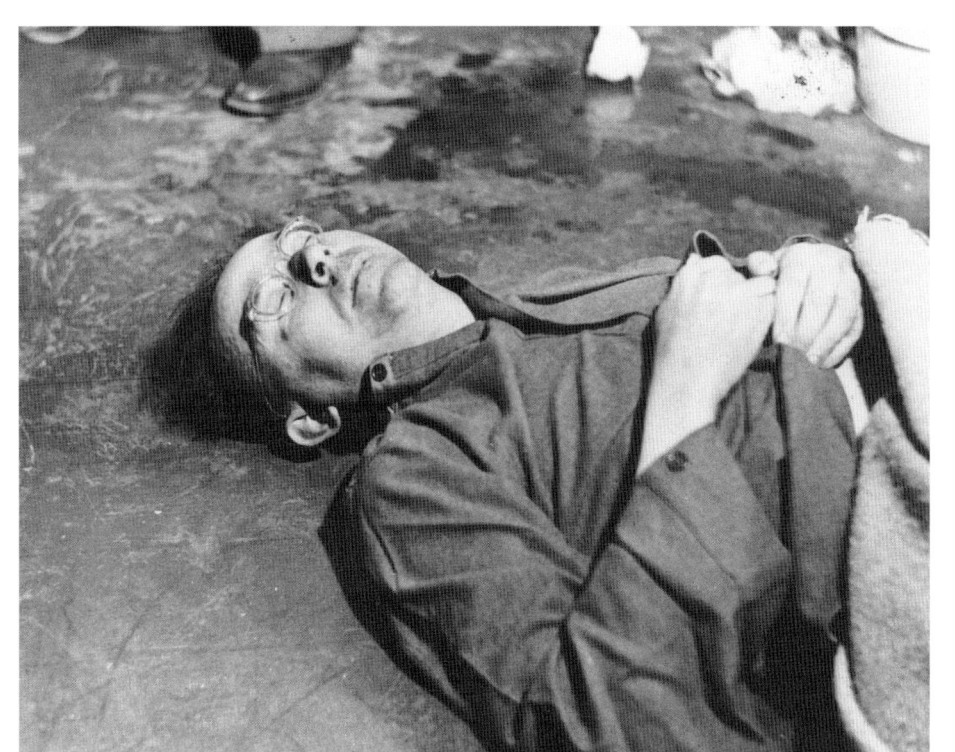

Aufnahme der Leiche Heinrich Himmlers nach seinem Suizid in britischer Gefangenschaft, Lüneburg, 23. Mai 1945.

Himmler war am 6. Mai 1945 von Großadmiral Karl Dönitz, den Adolf Hitler zu seinem Nachfolger bestimmt hatte, als Reichsinnenminister entlassen worden. Am 11. Mai verließ er Flensburg unter falscher Identität und in Begleitung einer kleinen Gruppe enger Mitarbeiter. Am 21. Mai wurde er an einem Brückenkontrollposten in der Nähe von Bremervörde festgenommen und durchlief anschließend mehrere britische Gefangenenlager, bis schließlich seine wahre Identität festgestellt wurde. Angesichts einer bevorstehenden Leibesvisitation zerbiss er dann im letzten Moment eine in seinem Mund verborgene Zyankalikapsel.

51017 © bpk, Berlin

Von der US Army festgenommene, mutmaßliche Nationalsozialisten werden in ein Internierungslager gebracht, undatiert (Mai 1945).

51334 © akg-images, Berlin

Einlieferung festgenommener, mutmaßlicher Angehöriger der Geheimen Staatspolizei in ein Internierungslager der britischen Armee, bei Flensburg, Mai 1945.

51020 © Stadtarchiv Flensburg

suchszeit
gen einschl. Freitag
10^{30} u. 13^{00} – 15^{30} Uhr
gs von 8^{00} – 10^{30} Uhr

5.2 Verfolgt, verschont, integriert: Täter von SS und Polizei nach 1945

Nach dem Ende des NS-Regimes konfrontierten die Siegermächte die Deutschen mit der Realität der NS-Herrschaft. Die Neigung von Zeitgenossen, sich als „Verführte" zu betrachten und die Verantwortung auf die „Hauptkriegsverbrecher" zu schieben, sollte korrigiert werden. Dokumentarfilme, Ausstellungen und Strafverfahren erinnerten an die Verbrechen, die in der Ermordung von etwa sechs Millionen Juden, von bis zu 500 000 Sinti und Roma, von hunderttausenden Kranken und dem Tod von mehr als drei Millionen sowjetischen Kriegsgefangenen gegipfelt hatten.

Die Alliierten machten die Bestrafung der Täter zunächst zu ihrer Sache. Sie überprüften Millionen Deutsche, die in Fragebögen Auskunft über sich geben mussten. Schrittweise übernahmen die Deutschen selbst Verantwortung. Vor Spruchkammern mussten sich viele rechtfertigen und wurden als Belastete, Minderbelastete, Mitläufer oder Unbelastete eingestuft. Wichtige NS-Funktionsträger auch aus den Reihen von Gestapo, SS und SD wurden interniert.

Im Laufe der Zeit schwächte sich der Wille ab, NS-Täter zu bestrafen. Der Kalte Krieg teilte Europa und Deutschland; die Westdeutschen wurden in das westliche, die Ostdeutschen in das östliche Bündnissystem integriert. Im Westen wurden viele verurteilte NS-Täter begnadigt, unerkannt Gebliebene immer seltener verfolgt. An Krankenmord-Aktionen beteiligte Mediziner praktizierten wieder; NS-Richter sprachen Recht; ehemalige Angehörige von SS, SD und Gestapo fanden sich als Verfassungsschützer wieder oder arbeiteten, wie auch viele ehemalige Kriminal- und Ordnungspolizisten, erneut im Polizeiapparat. Selbst einzelne ehemalige Leiter von Einsatzkommandos strebten in den öffentlichen Dienst. Erst Ende der fünfziger Jahre wurden systematisch Strafverfahren gegen NS-Täter von deutschen Staatsanwaltschaften eingeleitet. Der Frankfurter Auschwitz-Prozess bereitete den Boden für weitere Verfahren vor, die große NS-Verbrechenskomplexe vor das Auge der deutschen Nachkriegsgesellschaft rückten.

In der Festung Landsberg inhaftierte, rechtskräftig verurteilte Nationalsozialisten werden wegen „guter Führung" vorzeitig entlassen, 25. August 1950.
Es handelte sich (v.l.n.r.) um Karl Rasche (ehemaliger Vorstandssprecher der Dresdner Bank und Mitglied von Himmlers „Freundeskreis Reichsführer-SS"), Generaloberstabsrichter Rudolf Lehmann (ehemaliger Leiter der Rechtsabteilung im Oberkommando der Wehrmacht), Curt Rothenberger (ehemaliger Staatssekretär im Reichsjustizministerium), Fritz ter Meer (ehemaliges Vorstandsmitglied IG-Farben), Richard Walther Darré (zeitweise Leiter des „Rasse- und Siedlungshauptamtes" der SS und Reichslandwirtschaftsminister), der Industrielle Friedrich Flick (Flick-Konzern).
52357 © Popperfoto/Getty Images

STRAFVERFOLGUNG

Verhandlung gegen SS, Gestapo und Sicherheitsdienst (SD) der SS als verbrecherische Organisationen im Hauptkriegsverbrecherprozess vor dem Internationalen Militärgerichtshof, Nürnberg, Dezember 1945.

Im Hintergrund ein Organigramm des Systems von SS und Polizei im „Dritten Reich", in dem auch die Position des in Nürnberg angeklagten Chefs der Sicherheitspolizei und des SD, Ernst Kaltenbrunner, dargestellt wurde.

52008 © ullstein bild, Berlin

5.2 | Verfolgt, verschont, integriert: Täter von SS und Polizei nach 1945

Der letzte Chef der Sicherheitspolizei und des SD sowie des Reichssicherheitshauptamtes, Ernst Kaltenbrunner (stehend), vor dem Internationalen Militärgerichtshof in Nürnberg, 10. Dezember 1945.
Im Prozess gegen die Hauptkriegsverbrecher erklärte sich Kaltenbrunner für „nicht schuldig".
52307 © Getty Images/Hulton Deutsch Collection

Der ehemalige Stellvertreter Reinhard Heydrichs und zeitweise Chef des Amtes I des Reichssicherheitshauptamtes, Werner Best, als Zeuge im Hauptkriegsverbrecherprozess, Nürnberg, August 1946.
Best wurde zeitnah in Dänemark wegen seiner Tätigkeit als Reichsbevollmächtigter in den letzten Jahren der deutschen Besatzung angeklagt.
52011 © ullstein bild, Berlin

„Gestapo und SD wurden für Zwecke verwandt, die verbrecherisch waren; dazu gehören Verfolgung und Ausrottung der Juden, Grausamkeiten und Morde in Konzentrationslagern, Ausschreitungen in der Verwaltung der besetzten Gebiete, Durchführung des Zwangsarbeitsprogrammes und Mißhandlung und Ermordung von Kriegsgefangenen."
Internationaler Militärgerichtshof, Urteil, 1. Oktober 1946

52009 Gekürzter Auszug: Der Prozess gegen die Hauptkriegsverbrecher vor dem Internationalen Militärgerichtshof, Bd. 1, Nürnberg 1947

Schlussfolgerung

Die Gestapo und der SD wurden für Zwecke verwandt, die gemäß Statut verbrecherisch waren; dazu gehören die Verfolgung und Ausrottung der Juden, Grausamkeiten und Morde in Konzentrationslagern, Ausschreitungen in der Verwaltung der besetzten Gebiete, die Durchführung des Zwangsarbeitsprogrammes und Mißhandlung und Ermordung von Kriegsgefangenen. Der Angeklagte Kaltenbrunner, der ein Mitglied dieser Organisation war, gehörte zu denjenigen, die sie für diese Zwecke verwandten. Bei der Gestapo schließt der Gerichtshof alle Exekutiv- und Verwaltungsbeamten des Amtes IV des RSHA oder solche, die sich mit Gestapo-Angelegenheiten in anderen Abteilungen des RSHA befaßten, sowie alle örtlichen Gestapo-Beamten ein, die innerhalb oder außerhalb Deutschlands ihren Dienst versahen, eingeschlossen die Angehörigen der Grenzpolizei […]. Auf Vorschlag der Anklagevertretung schließt der Gerichtshof das von der Gestapo für reine Büroarbeiten, stenographische Arbeiten, Pförtner-, Boten- und andere nicht amtliche Routineaufgaben beschäftigte Personal dabei nicht ein. Was den SD anbelangt, schließt der Gerichtshof die Ämter III, VI und VII des RSHA und alle anderen Mitglieder des SD ein, unter Einbeziehung der örtlichen Vertreter und Agenten, gleichgültig, ob sie ehrenhalber tätig waren oder nicht, und gleichgültig, ob sie nominell Mitglieder der SS waren oder nicht. […] Der Gerichtshof erklärt für verbrecherisch im Sinne des Statuts die Gruppe, die sich zusammensetzt aus jenen Mitgliedern der Gestapo und des SD, welche die im vorhergehenden Absatz aufgezählten Stellungen innehatten und Mitglieder der Organisation wurden oder blieben, in Kenntnis des Umstandes, daß diese für die Ausführung von Taten benützt wurde, die gemäß Artikel 6 des Statuts für verbrecherisch erklärt worden sind, oder die als Mitglieder der Organisation persönlich an der Verübung solcher Verbrechen beteiligt waren. Die Grundlage für diese Urteilsfindung ist die Beteiligung der Organisation an Kriegsverbrechen und Verbrechen gegen die Menschlichkeit im Zusammenhang mit dem Krieg; diese, als verbrecherisch erklärte Gruppe, soll daher keine Personen umfassen, die vor dem 1. September 1939 aufgehört haben, die in dem vorhergehenden Absatz aufgezählten Stellungen zu bekleiden.

Schlussfolgerung

Die SS wurde zu Zwecken verwandt, die nach dem Statut verbrecherisch waren. Sie bestanden in der Verfolgung und Ausrottung der Juden, Brutalitäten und Tötungen in den Konzentrationslagern, Übergriffen bei der Verwaltung besetzter Gebiete, der Durchführung des Zwangsarbeiterprogramms und der Mißhandlung und Ermordung von Kriegsgefangenen. Der Angeklagte Kaltenbrunner war ein Mitglied der SS, die in alle diese Handlungen verwickelt war. Bei Behandlung der SS, schließt der Gerichtshof alle Personen ein, die offiziell als Mitglieder in die SS aufgenommen worden waren, einschließlich der Mitglieder der Allgemeinen SS, der Mitglieder der Waffen-SS, der Mitglieder der SS-Totenkopfverbände und der Mitglieder aller verschiedenen Polizeikräfte, welche Mitglieder der SS waren. Der Gerichtshof schließt die sogenannte Reiter-SS nicht ein. Der Sicherheitsdienst des Reichsführers SS (allgemein bekannt als SD) wird im Urteil des Gerichtshofes über die Gestapo und den SD behandelt. Der Gerichtshof erklärt für verbrecherisch im Sinne des Statuts die Gruppe, die sich aus jenen Personen zusammensetzt, die offiziell als Mitglieder, wie im vorhergehenden Absatz aufgezählt, in die SS aufgenommen waren, Mitglieder der Organisation wurden oder blieben in Kenntnis des Umstandes, daß sie für die Begehung von Handlungen verwendet wurden, die von Artikel 6 des Statuts für verbrecherisch erklärt sind, oder die als Mitglieder der Organisation in die Begehung solcher Verbrechen verwickelt waren, jedoch unter Ausschluß derer, die vom Staate zur Mitgliedschaft in solcher Weise herangezogen wurden, daß ihnen keine andere Wahl blieb, und die keine solchen Verbrechen begingen. Grundlage dieses Urteils ist die Teilnahme der Organisation an Kriegsverbrechen und Verbrechen gegen die Menschlichkeit im Zusammenhange mit dem Kriege; diese, als verbrecherisch erklärte Gruppe, kann daher nicht solche Personen umfassen, die vor dem 1. September 1939 aufgehört haben, einer der im vorangehenden Absatz aufgezählten Organisationen anzugehören.

Auszüge aus dem Urteil des Internationalen Militärgerichtshofs in Nürnberg, das SS, SD, Gestapo und Reichssicherheitshauptamt zu verbrecherischen Organisationen erklärte, 1. Oktober 1946.
Bestimmte Angehörige dieser Organisationen konnten demzufolge auch ohne individuellen Schuldnachweis mit Strafen belegt werden.

52010a, b Gekürzter Auszug: Der Prozess gegen die Hauptkriegsverbrecher vor dem Internationalen Militärgerichtshof, Bd. 1, Nürnberg 1947

Vollstreckung des vom US-Militärgerichtshof in Dachau verhängten Todesurteils gegen den ehemaligen SS-Sturmbannführer Friedrich Wilhelm Ruppert, Kriegsverbrechergefängnis Landsberg, 28. Mai 1946.
Ruppert war im Konzentrationslager Dachau unter anderem Schutzhaftlagerführer und dort sowie im Konzentrationslager Majdanek bei Lublin auch für persönliche Exzesstaten verantwortlich.

52306 © akg-images, Berlin

Titelseite der „Süddeutschen Zeitung" mit den Urteilen des Internationalen Militärgerichtshofes in Nürnberg gegen die Hauptkriegsverbrecher, 1. Oktober 1946.

52903 Süddeutsche Zeitung, Sonderausgabe, 1.10.1946

Friedrich Jeckeln (links, stehend), als Höherer SS- und Polizeiführer in den besetzten Gebieten der Sowjetunion 1941 bis 1944 einer der Hauptverantwortlichen für den Mord an den Juden durch Polizei und SS, während des gegen ihn vor einem sowjetischen Kriegsgericht geführten Prozesses, Riga, undatiert (Januar/Februar 1946).

Jeckeln wurde zum Tode verurteilt und am 3. Februar 1946 gehängt.

52013 © USHMM, Washington

„Die Mindestzahl von rund 100 000 Deutschen und Österreichern, die seit 1944/45 in allen Teilen Europas zur Rechenschaft gezogen wurden, beeindruckt nicht nur im Vergleich mit den zwei Dutzend Angeklagten des Internationalen Militärtribunals von Nürnberg. Vielmehr verdeutlicht die Zahl einen gesamteuropäischen Ahndungswillen, der zurückverweist auf die Dimensionen der nationalsozialistischen Besatzungsverbrechen und des Völkermords. Schließlich ist daran zu erinnern, daß die hohe Gesamtzahl der Verurteilungen weder etwas über die Sorgfalt bei der Urteilsfindung noch über das verhängte Strafmaß besagt. Vermutlich geht man nicht fehl, die Zahl der Deutschen und Österreicher, die sich wegen mutmaßlicher Kriegs- oder NS-Verbrechen zumindest zeitweilig unter Verdacht gestellt sahen, mit annähernd 400 000 zu veranschlagen."

NORBERT FREI, HISTORIKER, 2006

52516 N. Frei (Hg.), Transnationale Vergangenheitspolitik. Der Umgang mit deutschen Kriegsverbrechern in Europa nach dem Zweiten Weltkrieg, Göttingen 2006

Ehemalige SS-Aufseherinnen und weitere Angeklagte im ersten Prozess vor einem britischen Militärgericht gegen 45 Angehörige des SS-Lagerpersonals und gegen Häftlingskapos des Konzentrationslagers Bergen-Belsen, Lüneburg, September 1945.
Vorn, 2. v. l., die auch in den Konzentrationslagern Ravensbrück und Auschwitz-Birkenau eingesetzte Irma Grese, die zum Tode verurteilt und hingerichtet wurde. 1. v. l. die zu 15 Jahren Haft verurteilte Herta Ehlert. Neben hohen Freiheitsstrafen wurden elf Todesurteile verhängt und vollstreckt.
52316 © Popperfoto / Getty Images

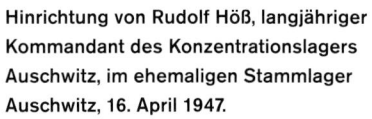

Hinrichtung von Rudolf Höß, langjähriger Kommandant des Konzentrationslagers Auschwitz, im ehemaligen Stammlager Auschwitz, 16. April 1947.
Höß, bei Kriegsende untergetaucht, wurde im März 1946 gefasst. Er sagte im Nürnberger Hauptkriegsverbrecherprozess aus, wurde an Polen ausgeliefert und zum Tode verurteilt.
52314 © DÖW, Wien

Wegen der Ermordung von aus einem Kriegsgefangenenlager der Wehrmacht entflohenen südafrikanischen, neuseeländischen und britischen Luftwaffenoffizieren angeklagte, ehemalige Münchener und Kieler Gestapobeamte im sogenannten Stalag-Luft-III-Prozess vor einem britischen Militärgericht in Hamburg, 2. Juli 1947.
Erste Reihe v. l. Eduard Geith, Johann Schneider, Oskar Schmidt, Wilhelm Struve, Johannes Post. Bis auf Struve (Haftstrafe) wurden alle Angeklagten zum Tode verurteilt, die Urteile im Februar 1948 vollstreckt.
52016 © ullstein bild, Berlin

Otto Ohlendorf (stehend) vor dem US-Militärgerichtshof im Einsatzgruppenprozess, Nürnberg, 15. September 1947.
Ohlendorf, Amtschef SD-Inland im Reichssicherheitshauptamt, war 1941/42 als Chef der Einsatzgruppe D verantwortlich für den Mord an rund 90 000 überwiegend jüdischen sowjetischen Zivilisten. Mit 23 anderen Chefs von Einsatzgruppen und Einsatz- oder Sonderkommandos wurde er wegen Verbrechen gegen die Menschlichkeit, Kriegsverbrechen und Mitgliedschaft in verbrecherischen Organisationen angeklagt, am 10. April 1948 zum Tode verurteilt und am 7. Juni 1951 in Landsberg hingerichtet.

52321 © SZ Photo, München

Der ehemalige Höhere SS- und Polizeiführer in Frankreich, Carl Oberg (stehend) und der ehemalige Befehlshaber der Sicherheitspolizei und des SD in Paris, Helmut Knochen (r.), vor einem französischen Militärgericht, Paris, 22. Februar 1954.
Knochen wurde in diesem und einem anderen Verfahren zum Tode verurteilt, begnadigt und Ende 1962 aus französischer Haft entlassen. Er starb 2003. Auch Oberg wurde vor zwei Gerichten zum Tode verurteilt, begnadigt und 1963 entlassen. Er starb 1965.

52029 © ullstein bild, Berlin / Roger Viollet, Paris

„Insgesamt wurden auf dem späteren Gebiet der ‚alten' Bundesrepublik seit dem 8. Mai 1945 gegen 106 496 Personen Ermittlungen wegen NS-Verbrechen eingeleitet, lediglich 6 498 Angeklagte wurden rechtskräftig verurteilt."
NORBERT FREI, HISTORIKER, 2006

52916 N. Frei (Hg.), Transnationale Vergangenheitspolitik. Der Umgang mit deutschen Kriegsverbrechern in Europa nach dem Zweiten Weltkrieg, Göttingen 2006

Adolf Eichmann während des Gerichtsverfahrens in Jerusalem, 1961.
Eichmann war als Leiter des „Judenreferates" der Gestapo im Reichssicherheitshauptamt einer der Hauptverantwortlichen für den Mord an den europäischen Juden. In US-Gefangenschaft unter der falschen Identität eines „Untersturmführers Otto Eckmann" unentdeckt, gelang ihm Anfang 1946 die Flucht aus dem Internierungslager. Er floh 1950 nach Argentinien. 1960 entführte ihn der israelische Geheimdienst. Er wurde in Jerusalem vor Gericht gestellt, im Dezember 1961 zum Tode verurteilt und am 1. Juni 1962 hingerichtet.

52333 © SZ Photo, München

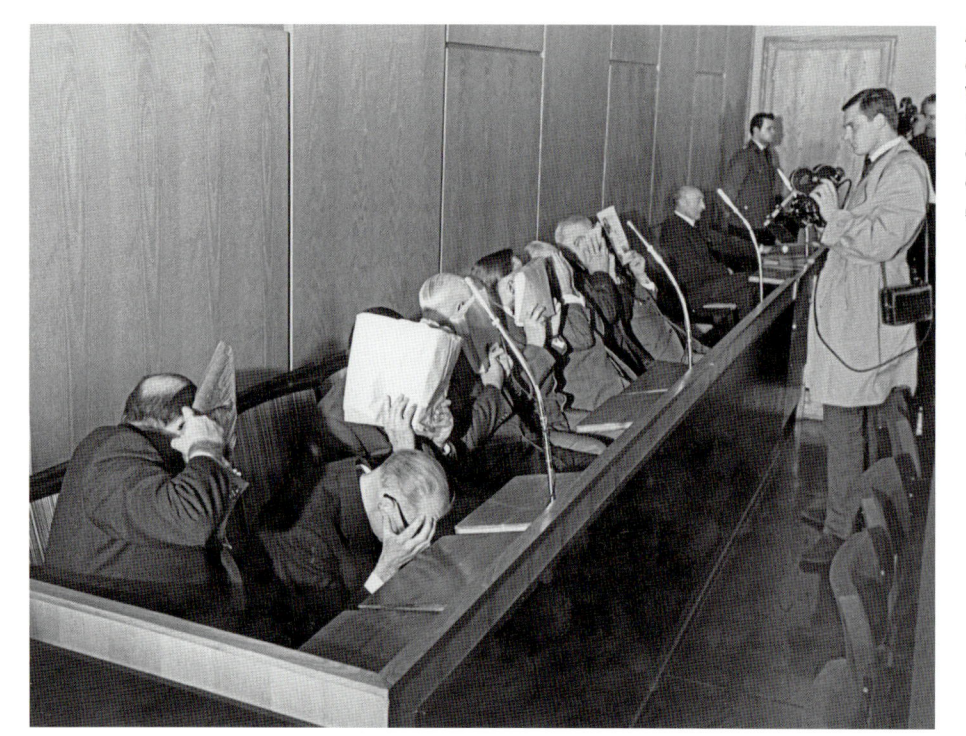

Angeklagte im 2. Treblinka-Prozess vor dem Landgericht Düsseldorf am ersten Verhandlungstag, 12. Oktober 1964.
Insgesamt kam es zu drei Prozessen gegen ehemalige Angehörige der SS-Wachmannschaften des Vernichtungslagers Treblinka.
52035 © Popperfoto / Getty Images

„Aus der Perspektive der Opfer betrachtet, war die weitgehend unbehelligte Rückkehr der ehemaligen RSHA-Führungsangehörigen in bürgerliche Normalität zweifellos ein Skandal. Daß diese Täter, die nicht nur den Kommentar zu den Nürnberger Rassegesetzen geschrieben haben, wie der Kanzleramtschef Hans Globke, sondern radikal die Konzeption in der Praxis Wirklichkeit werden ließen, erst in den sechziger Jahren mit Ermittlungsverfahren wegen Mord und Beihilfe zum Mord konfrontiert wurden, macht den politischen Preis deutlich, der für die Akzeptanz demokratischer Institutionen gezahlt wurde."
MICHAEL WILDT, HISTORIKER, 2002

52770 M. Wildt, Generation des Unbedingten. Das Führungskorps des Reichssicherheitshauptamtes, Hamburg 2002

Walter Rauff, im Reichssicherheitshauptamt einer der Hauptverantwortlichen unter anderem für die technische Entwicklung sogenannter Gaswagen, in seinem Haus in Porvenir, Chile, undatiert (1965).
Rauff floh 1946 aus einem US-Internierungslager. Er hielt sich in Syrien, Ecuador und ab 1958 in Chile auf und arbeitete für den syrischen sowie vermutlich auch für andere Geheimdienste. Angestoßen durch das Eichmann-Verfahren verlangte unter anderem die Bundesrepublik ab 1962 Rauffs Auslieferung oder Abschiebung, der bis zuletzt nicht stattgegeben wurde. Rauff starb 1984 in Chile.
52339 © SZ Photo, München

Bernhard Fischer-Schweder (l.), ehemaliger SS-Oberführer und Polizeidirektor von Memel, 1941 als Chef des „Einsatzkommandos Tilsit" der Einsatzgruppe A unter anderem verantwortlich für die Ermordung tausender sowjetischer Juden, im sogenannten Ulmer Einsatzkommandoprozess, 28. April 1958.
Fischer-Schweder, der bis 1956 unter falschem Namen in Baden-Württemberg gelebt hatte, wurde wegen Beihilfe zum gemeinschaftlichen Mord 1958 zu einer Freiheitsstrafe von zehn Jahren verurteilt.
52326 © ullstein bild, Berlin

Wilhelm Harster (r.), Wilhelm Zoepf und Gertrud Slottke auf der Anklagebank vor dem Landgericht München, 23. Januar 1967.
Wilhelm Harster gehörte ab 1934 der Gestapo an, war 1938/39 Leiter der Staatspolizeistelle Innsbruck, 1939 Befehlshaber der Sicherheitspolizei und des SD (BdS) in Krakau, 1940–1943 in Den Haag, 1943–1945 in Verona.

Er wurde am 10. Mai 1945 verhaftet. 1949 verurteilte ihn der Sondergerichtshof in Den Haag zu zwölf Jahren Gefängnis. Nach vorzeitiger Entlassung 1956 von der Regierung Oberbayerns als Regierungsrat eingestellt, 1959 zum Oberregierungsrat befördert. 1963 trat er unter dem Druck staatsanwaltschaftlicher Ermittlungen vorzeitig in den Ruhestand.

Harster wurde mit Gertrud Slottke, der ehemaligen Sachbearbeiterin im „Judenreferat" der Gestapo beim BdS Den Haag, und Wilhelm Zoepf, 1941–1945 ihr Referatsleiter, im Januar 1967 wegen Beihilfe zum Mord an zehntausenden niederländischen Juden angeklagt und am 24. Februar 1967 zu 15 Jahren Zuchthaus verurteilt, worauf seine Haftzeit in den Niederlanden angerechnet wurde. 1969 wurde Harster vorzeitig entlassen. Er starb 1991.

52043 © Keystone, Hamburg

Blick auf die Angeklagten am ersten Prozesstag im Frankfurter Auschwitz-Prozess gegen 22 ehemalige Angehörige des SS-Lagerpersonals des Konzentrationslagers Auschwitz, 20. Dezember 1963.
Das zum damaligen Zeitpunkt größte Schwurgerichtsverfahren der deutschen Justizgeschichte endete im August 1965. Zwei weitere Auschwitz-Prozesse und verschiedene Nachfolgeverfahren folgten.

52041 © SZ Photo, München

Prozess gegen einen der ehemaligen SS-Standortärzte des Konzentrationslagers Auschwitz, Horst Fischer (sitzend, vorn rechts), vor dem Obersten Gericht (OG) der DDR, Berlin, 10. März 1966.
Fischer war 1942 bis 1944 unter anderem verantwortlich für die „Selektion" von Häftlingen. Nach 1945 praktizierte er als Landarzt, bevor er 1965 verhaftet, im März 1966 zum Tode verurteilt und am 8. Juli 1966 hingerichtet wurde.

52343 © picture alliance/dpa

Werner Best als Untersuchungshäftling, Berlin, März 1969.
Best – bis 1940 Stellvertreter Reinhard Heydrichs im Reichssicherheitshauptamt – war 1948 in Kopenhagen wegen seiner Tätigkeit als Reichsbevollmächtigter in Dänemark zunächst zum Tode, dann zu zwölf Jahren Haft verurteilt und 1951 begnadigt worden.

In Deutschland engagierte er sich für die Amnestierung von NS-Tätern. Im März 1969 wurde er verhaftet. Von Frühjahr bis Herbst 1971 erhielt er Haftverschonung. Im Februar 1972 wurde Anklage erhoben. Im gleichen Jahr wurde das Verfahren vorübergehend wegen Verhandlungsunfähigkeit eingestellt, ein Wiederaufnahmeverfahren 1982 verworfen. Best starb 1989.

52044 © ullstein bild, Berlin

Otto Bovensiepen auf der Anklagebank im Schwurgericht Berlin-Moabit, Dezember 1969.
Bovensiepen, Jurist, ab 1934 Leiter verschiedener Staatspolizeistellen, ab 1941 der Staatspolizeileitstelle Berlin. Im September 1944 wurde er Befehlshaber der Sicherheitspolizei und des SD in Dänemark und nach Kriegsende durch ein dänisches Gericht zum Tode verurteilt. 1953 begnadigt, kehrte er nach Deutschland zurück.

1967 war er einer der Angeklagten im Verfahren gegen ehemalige Angehörige der Staatspolizeileitstelle Berlin. Als deren Leiter wurde er für die Deportation von 35 000 Berliner Juden verantwortlich gemacht. Im August 1971 wurde das Verfahren wegen dauernder Verhandlungsunfähigkeit eingestellt. Er starb 1979.

52046 © ullstein bild, Berlin

Paul Zapp (vorn, 4. v. l.), und seine mitangeklagten ehemaligen Untergebenen (v. l.) Leo von der Recke, Georg Möhlmeyer und Karl Heinrich Noa, vor dem Landgericht München, 20. Januar 1970.
Zapp, Instrukteur in der „Führerschule" der Sicherheitspolizei und des SD in Bernau, war 1941–1943 als Führer des Sonderkommandos 11a der Einsatzgruppe D verantwortlich für die Ermordung tausender sowjetischer Juden, „Zigeuner" und politischer Funktionäre. Er hatte bis zu seiner Verhaftung 1967 unter falschem Namen im hessischen Bebra gelebt und wurde im Februar 1970 zu lebenslänglicher Haft verurteilt.

52345 © Keystone, Hamburg

Karl Wolff, langjähriger Chef des Persönlichen Stabes Heinrich Himmlers, ab 1943 als SS-Obergruppenführer und General der Polizei Höchster SS- und Polizeiführer in Italien, als Angeklagter vor dem Schwurgericht München II, 13. Juli 1964.

Nach Kriegsende sagte Wolff als Zeuge vor alliierten Gerichten aus und blieb bis 1948 in Gewahrsam des britischen und des US-Militärs. 1948 im Entnazifizierungsverfahren zu fünf Jahren Gefängnis verurteilt, erreichte er in Revision eine Reduktion des Strafmaßes und wurde 1949 entlassen, da die Strafe unter Anrechnung der Internierungszeit als verbüßt galt. Bis zur erneuten Verhaftung 1962 war er als Werbekaufmann tätig. Im September 1964 wurde er wegen Beihilfe zum Mord an 300 000 Juden rechtskräftig zu 15 Jahren Zuchthaus verurteilt. 1971 wurde aus gesundheitlichen Gründen Haftverschonung gewährt. Wolff starb 1984.

52040 © ullstein bild, Berlin

Prozess gegen Albert Widmann (im Vordergrund), Stuttgart, 15. August 1967.

Widmann, Chemiker des Kriminaltechnischen Institutes der Reichskriminalpolizei, war an der Organisation der NS-„Euthanasie"-Verbrechen und der Ermordung der Juden beteiligt, indem er die Tötung der Opfer durch Gas technisch maßgeblich mitplante sowie Giftgas und Medikamente als Mordmittel beschaffte. Er wurde 1959 verhaftet und 1962 und 1967 vor Gerichten in Düsseldorf und Stuttgart in zwei unterschiedlichen Anklage- und Verfahrenskomplexen zu insgesamt zehn Jahren Haft verurteilt. Die Verbüßung eines Teiles der Strafe wurde ausgesetzt und Widmann unter Anrechnung bereits verbüßter Haft Ende 1967 entlassen.

52342 © Foto: Helmut Morell © picture-alliance/dpa, Frankfurt a. M.

Ehemalige SS-Wärterinnen des Konzentrations- und Vernichtungslagers Majdanek im Prozess vor dem Landgericht Düsseldorf, Januar 1979.
Das Verfahren nahm über sechs Jahre in Anspruch und war eines der aufwendigsten in der westdeutschen Justizgeschichte. Die Hauptverhandlung begann im November 1975, die Urteile wurden am 30. Juni 1981 verkündet.

52050 © SZ Photo, München

Die Angeklagten (v. l.) Kurt Lischka, Herbert Hagen und Ernst Heinrichsohn im Prozess vor dem Landgericht Köln am Tag der Urteilsverkündung, 11. Februar 1980.
Lischka, ehemaliger Gestapochef von Köln und stellvertretender Befehlshaber der Sicherheitspolizei und des SD in Paris, wurde zu zehn Jahren Haft verurteilt; Hagen, führender Mitarbeiter des Sicherheitsdienstes (SD) und persönlicher Referent des Höheren SS- und Polizeiführers in Frankreich, Carl Oberg, zu zwölf Jahren; Ernst Heinrichsohn, Mitarbeiter des „Judenreferates" der Pariser Gestapo, zu sechs Jahren.

52052 © SZ Photo, München

Protestveranstaltung französischer und deutscher Demonstranten vor dem Landgericht Köln, während des Prozesses gegen den ehemaligen stellvertretenden Befehlshaber der Sicherheitspolizei und des SD in Paris, Kurt Lischka, Köln, 29. Januar 1980.

52347 © picture alliance/dpa

Der ehemalige Gestapochef von Lyon, Klaus Barbie, nach seiner Verurteilung zu lebenslanger Haft vor einem französischen Gericht in Lyon, 4. Juli 1987.
Barbie war nach Kriegsende für den US-Geheimdienst des Heeres CIC (Counter Intelligence Corps) und die bolivianische Geheimpolizei tätig und wurde zwei Mal in Abwesenheit zum Tode verurteilt. Mittlerweile bolivianischer Staatsbürger, wurde er 1970 aufgespürt, aber erst 1983 an Frankreich ausgeliefert.

52054 © ullstein bild, Berlin

Erich Priebke, 1944 als Gestapobeamter in Rom an der Erschießung von 335 italienischen Geiseln in den Ardeatinischen Höhlen beteiligt, auf dem Weg zur Verhandlung vor einem Militärgericht in Rom, 15. Juli 1996.
Priebke lebte nach Kriegsende in Argentinien, wurde 1995 an Italien ausgeliefert und dort zunächst freigesprochen. Nach Protesten erneut vor Gericht gestellt, wurde er zu einer Strafe von 15 Jahren Haft verurteilt, die später reduziert wurde. 1998 wurde der 1913 geborene Priebke von einem Berufungsgericht zu lebenslanger Haft verurteilt, die er in Hausarrest verbüßt, der ihm 2007 kurzzeitig unter Auflagen freien Ausgang ermöglichte. (Stand Juli 2009)

52055 © ullstein bild, Berlin

Friedrich Engel (l.), ehemaliger Gestapochef in Genua, vor Gericht in Hamburg, 7. Mai 2002.
Engel war unter anderem 1944 für die Repressalerschießung von 59 italienischen Häftlingen verantwortlich. Bis dahin weitgehend unbehelligt, wurde er 1999 von einem italienischen Militärgericht in Abwesenheit zu lebenslänglicher Haft verurteilt. Das Landgericht Hamburg verurteilte den 1909 geborenen Angeklagten 2002 zu sieben Jahren Haft. Der Bundesgerichtshof hob das Urteil auf. Wegen seines hohen Alters wurde das Verfahren 2004 eingestellt. Engel starb 2006.

52056 © ullstein bild, Berlin

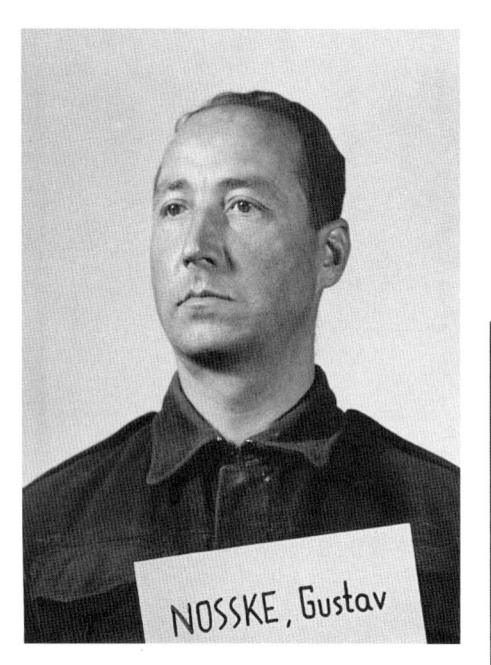

REINTEGRATION

Einer der Angeklagten im Nürnberger Einsatzgruppenprozess 1947/48, Gustav Adolf Nosske, als Häftling der US Army, undatiert (1948).
Geboren 1902, Jurist, trat 1933 in die NSDAP ein und wurde im selben Jahr in die SS aufgenommen. 1935 war er stellvertretender Leiter der Gestapo in Aachen, 1936 bis 1941 der Gestapo in Frankfurt (Oder). Er war als Kommandeur des Einsatzkommandos 12 der Einsatzgruppe D der Sicherheitspolizei und des SD unter Otto Ohlendorf 1941/42 verantwortlich für die Ermordung tausender sowjetischer Zivilisten: Juden, „Zigeuner", Kommunisten und Partisanen. Nach seinem Einsatz bei der Einsatzgruppe D war er im Reichssicherheitshauptamt als Referats- und Gruppenleiter in führenden Positionen tätig. 1944 wurde er Gestapochef in Düsseldorf.

Im April 1948 wurde er in Nürnberg zu lebenslanger Haft verurteilt. Als Folge der umfassenden Amnestie des Hohen Kommissars der US-Militäradministration in Deutschland, John McCloy, wurde auch Nosske im Dezember 1951 zusammen mit zahlreichen weiteren verurteilten NS-Kriegsverbrechern vorzeitig entlassen. Er praktizierte später als Anwalt und Syndicus verschiedener Firmen in Düsseldorf.
52059 © USHMM, Washington

Entlassung des ehemaligen Kommandeurs des Einsatzkommandos 12 der Einsatzgruppe D der Sicherheitspolizei und des SD, Gustav Adolf Nosske (l.), aus der Haft in der Festung Landsberg, 15. Dezember 1951.
Rechts der 1948 noch zu 15 Jahren Haft verurteilte, ebenfalls entlassene ehemalige General der Luftwaffe und Wehrmachtsbefehlshaber in Südgriechenland, Hellmuth Felmy.
52073 © ullstein bild, Berlin

Martin Sandberger, als Führer des Einsatzkommandos 1a der Einsatzgruppe A einer der Hauptverantwortlichen für die Ermordung der Juden im Baltikum, als Häftling der US Army, März 1948.

Geboren 1911 als Sohn eines Direktors des Chemiekonzerns IG Farben, war Sandberger ab November 1931 an der Universität Tübingen politisch aktiv und einer der führenden Funktionäre des NS-Studentenbundes.

Nach der Promotion zum Dr. iur. wurde er 1936 in die SS aufgenommen und machte im Sicherheitsdienst (SD) Karriere. Im Reichssicherheitshauptamt war er zeitweise unter anderem Gruppenleiter im Amt VI (SD-Ausland).

Im Nürnberger Einsatzgruppenprozess 1947/48 wurde Sandberger zum Tode verurteilt, später jedoch zu lebenslänglicher Haft begnadigt. Unter anderem durch Fürsprache einflussreicher Politiker, Juristen und Honoratioren vor allem aus Württemberg, unter ihnen Theodor Heuss und Carlo Schmid, kam Sandberger, glänzender Jurist mit hervorragenden Examensnoten und versehen mit einem Netz bester gesellschaftlicher Kontakte, am 9. Mai 1958 nach 13 Jahren Haft wieder auf freien Fuß.

52060 © USHMM, Washington

Georg Heuser, ehemaliger Chef des Landeskriminalamtes von Rheinland-Pfalz, wird von der Untersuchungshaftanstalt zum Landgerichtsgebäude gebracht, Koblenz, 26. Oktober 1962.

Geboren 1913 als Sohn eines Kaufmanns. Jurastudium, erstes juristisches Examen 1936. Nach Abbruch des Referendariates Ausbildung bei der Kriminalpolizei, 1941 Abschluss des Lehrganges für Kriminalkommissare an der „Führerschule" der Sicherheitspolizei in Berlin-Charlottenburg. 1941 Aufnahme in die SS und Abkommandierung zur Einsatzgruppe A nach Riga, ab Dezember 1941 beim Kommandeur der Sicherheitspolizei und des SD. 1943 beim Befehlshaber der Sicherheitspolizei und des SD in Minsk Abteilungsleiter und an zahlreichen Erschießungen sowjetischer Zivilisten direkt beteiligt.

Ab 1954 Kriminaloberkommissar bei der Kriminalpolizei in Rheinland-Pfalz. 1956 kommissarischer Leiter der Polizeidirektion Kaiserslautern, 1958 Leiter des Landeskriminalamtes Rheinland-Pfalz. Heuser wurde im Juli 1958 verhaftet und 1963 wegen Beihilfe zum Mord in über 10 000 Fällen zu 15 Jahren Zuchthaus verurteilt. 1969 wurde er vorzeitig aus der Haft entlassen. Ein später eingeleitetes weiteres Ermittlungsverfahren gegen ihn wurde eingestellt, weil Heuser 1989 verstarb.

52037 © ullstein bild, Berlin

Plakatwerbung für Wolfgang Staudtes DEFA-Produktion „Die Mörder sind unter uns", 1946.

Drehbuchautor und Regisseur Staudte thematisierte die bittere Konfrontation eines überlebenden Opfers der Nationalsozialisten mit jenen sich nach Kriegsende rasch in den neuen Verhältnissen einrichtenden NS-Tätern, die nicht zur Rechenschaft gezogen wurden.

52061 © akg-images, Berlin

EHEMALIGE
NATIONALSOZIALISTEN
IN
PANKOWS DIENSTEN

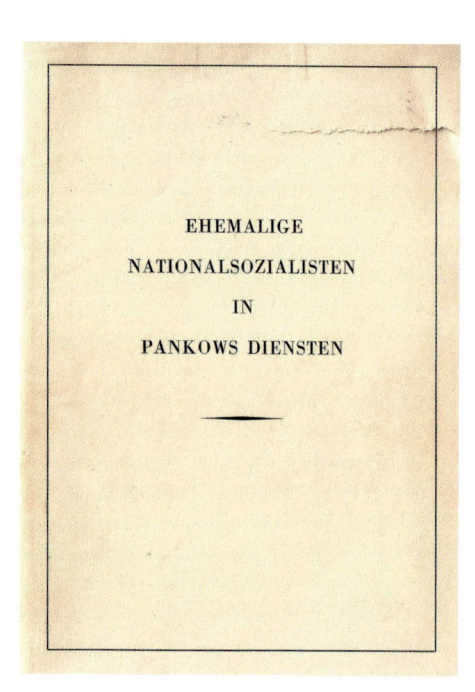

Auszug aus der Broschüre „Ehemalige Nationalsozialisten in Pankows Diensten" des Westberliner „Untersuchungsausschusses Freiheitlicher Juristen" über die Verwendung ehemaliger NSDAP-Mitglieder und Funktionäre in gehobenen Positionen in der DDR, 1958.

Der „Untersuchungsausschuss Freiheitlicher Juristen", zunächst vom US-amerikanischen Geheimdienst CIA, später vom Bundesministerium für gesamtdeutsche Fragen finanziell unterstützt, agierte im Zeichen der politischen Propagandakampagnen des Kalten Krieges und widmete sich in diesem Kontext vor allem der Aufdeckung und Dokumentation von Menschenrechtsverletzungen in der DDR.

Das vorliegende Dossier muss als Reaktion auf politische Propagandakampagnen der DDR, die sich ihrerseits gegen die Wiederverwendung ehemaliger NS-Täter in der Bundesrepublik richteten („Braunbuch"), gesehen werden.

52301a, b Ehemalige Nationalsozialisten in Pankows Diensten, hg. Untersuchungsausschuss Freiheitlicher Juristen, Berlin, o. J. [1958]

Dr. Karl Heinrich Barthel (NDPD)
Mitglied der „Volkskammer"
Kreisarzt in Wittenberg
vor 1945:
Eintritt in die NSDAP am 1. 8. 1932
(Mitgliedsnummer: 1 277 229)
Sanitätssturmbannführer der SA
Kreisschulungsleiter und Kreisredner der NSDAP
Vorsitzender des Kreisparteigerichts Fraustadt der NSDAP (1938—41)
Vorsitzender des Kreisparteigerichts Jauer der NSDAP (1941—42)

*

Professor Hans Beyer (NDPD)
Mitglied der „Volkskammer"
Professor mit Lehrstuhl¹) an der Universität Greifswald
vor 1945:
Eintritt in die NSDAP am 1. 5. 1933
(Mitgliedsnummer: 2 648 084)

*

Professor Heinrich Borriss (SED)
Rektor der Universität Greifswald
vor 1945:
Eintritt in die NSDAP am 1. 5. 1937
(Mitgliedsnummer: 4 619 842)

---
¹) Ordinarius

Karl Brossmann (CDU)
Vorsitzender der CDU-Fraktion in der „Länderkammer"
Vorsitzender des Bezirksverbandes Magdeburg der CDU
Mitglied des Hauptvorstandes der CDU
Mitglied des Zentralvorstandes der „Gesellschaft für Deutsch-Sowjetische Freundschaft"
Stellvertretender Vorsitzender des Bezirksverbandes Magdeburg der „Gesellschaft für Deutsch-Sowjetische Freundschaft"
vor 1945:
Eintritt in die NSDAP am 1. 4. 1933
(Mitgliedsnummer: 1 834 775)
Studienrat

*

Siegfried Dallmann (NDPD)
Mitglied der „Volkskammer"
Vorsitzender des Rechtsausschusses der „Volkskammer"
Mitglied des Hauptvorstandes der NDPD
Mitglied des Präsidialrates des „Deutschen Kulturbundes"
Mitglied des „Komitees der Interparlamentarischen Gruppe der DDR"
„Vaterländischer Verdienstorden" in Silber
vor 1945:
Eintritt in die NSDAP am 1. 11. 1934
(Mitgliedsnummer: 2 910 766)
NS-Gaustudentenführer von Thüringen (1940)

*

Dr. Gerhard Dengler (SED)
Chefredakteur des SED-Organs „Leipziger Volkszeitung" (1948)
Bonner Korrespondent des SED-Zentralorgans „Neues Deutschland"
vor 1945:
Eintritt in die NSDAP am 1. 5. 1937
(Mitgliedsnummer: 5 470 128)
Mitglied des „Nationalkomitees Freies Deutschland", Moskau

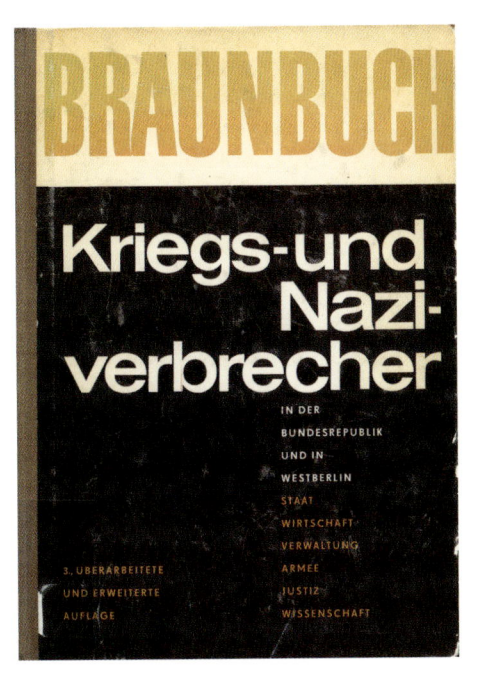

Auszug aus dem „Braunbuch. Kriegs- und Naziverbrecher in der Bundesrepublik und in Westberlin", 3., überarbeitete und erweiterte Auflage, Berlin o. J. (1968).

Die erste Auflage wurde 1965 von dem für Propaganda zuständigen Mitglied des SED-Politbüros, Albert Norden, der Öffentlichkeit präsentiert. Die Publikation polarisierte nachhaltig die Debatte über die NS-Vergangenheit respektive die gesellschaftliche Reintegration ehemaliger NS-Täter und die Restauration nationalsozialistischer Funktionseliten in der Bundesrepublik. Abgesehen von einzelnen, in propagandistischer Absicht gezielt gefälschten Angaben werden die 1800 Einträge heute als in der Regel sachlich weitestgehend zutreffend bewertet.

52103a–b Braunbuch. Kriegs- und Naziverbrecher in der Bundesrepublik und in Westberlin, 3., überarbeitete und erweiterte Auflage, Berlin 1968

SS-Mörder und Nazi-Führer

Listen weiterer SS-, SD- und Gestapo-Mörder sowie Nazi-Führer, die den Staats-, Polizei- und Wirtschaftsapparat Westdeutschlands und des besonderen Territoriums Westberlin durchsetzen oder angesehene Stellungen im öffentlichen Leben bekleiden.

Ahlborn, Hermann
vor 1945: SS-Hauptsturmführer (Nr. 421 625); 1933 NSDAP
nach 1945: In Norwegen bis 1956 wegen Kriegsverbrechen interniert; Polizeihauptkommissar in Hannover

Albrecht, Benno
vor 1945: Major der Feldgendarmerie in Litzmannstadt (Lodz); NSDAP
nach 1945: Gendarmerie-Bezirkschef in Koblenz

Altmeyer, Josef
vor 1945: SS-Unterführer in der „Leibstandarte Adolf Hitler" (Nr. 326 109)
nach 1945: Ministerialrat und Leiter der Polizeiabteilung im Innenministerium Rheinland-Pfalz

Amthor, Paul
vor 1945: SS- und Polizeigebietsführer im besetzten Stalino
nach 1945: Bezirkshauptmann der Gendarmerie in Bayern

Appen, Hermann von
vor 1945: SS-Hauptsturmführer; Adjutant des SS- und Polizeiführers in Charkow; Kommandeur im SS-Polizeiregiment „Todt" und beim SS-Polizeibataillon Dänemark
nach 1945: Polizeihauptkommissar in Hamburg

Auerswald, Heinz
vor 1945: NSDAP (Nr. 4 830 479); Oberwachtmeister der Schupo, Unterscharführer der SS (Nr. 216 399); beteiligt an der Annexion des Sudetenlandes und am Überfall auf Polen; 1940 aus der Schutzpolizei ausgeschieden, um in die Zivilverwaltung zu gehen; ab April 1941 Kommissar des „Warschauer Ghettos", mitverantwortlich für die Vernichtung von über 300 000 Juden
nach 1945: Rechtsanwalt in Düsseldorf, Königsallee 40

Bach-Zelewski, Erich von dem
vor 1945: SS-Obergruppenführer (Nr. 9 831) und General der Polizei; NSDAP (Nr. 489 101); bis 1933 Abschnittsführer des SS-Abschnittes XII, dann Oberabschnittsführer des SS-Oberabschnittes Nordost in Königsberg, später des SS-Oberabschnittes Südost in Breslau (Wroclaw); 1941 höherer SS- und Polizeiführer in Breslau, später Rußland-Mitte; 1943 von Himmler zum „Chef der Bandenkampfverbände" ernannt; Oktober 1943 bis August 1944 kommandierender General des Raumes Warschau; übernahm den Auftrag, Warschau dem Erdboden gleichzumachen, und führte diesen Auftrag bis zum Einmarsch der sowjetischen Truppen durch
nach 1945: 1951 zu zehn Jahren Sonderarbeit verurteilt; das Urteil wurde aufgehoben und B. aus der Haft entlassen; 1960 wegen Mordes aus dem Jahre 1934 (Röhm-Affäre) angeklagt und 1961 zu viereinhalb Jahren und 1962 vom Nürnberger Schwurgericht zu lebenslangem Zuchthaus verurteilt

Banneck, Max
vor 1945: Aktives Mitglied der NSDAP; 1938 SD; für Kolonialeinsatz vorgesehen
nach 1945: Kriminalobersekretär in Kiel

Bartmann, Fritz, Dr.
vor 1945: SS-Sturmbannführer (Nr. 308 192); Kriminalrat; NSDAP (Nr. 5 919 716); Lehrer an der Polizeioffiziersschule Berlin-Charlottenburg und der Führerschule in Wien (1941); Mitarbeiter des RSHA
nach 1945: Leiter der Kriminalpolizei in Krefeld

Barz, Heinz
vor 1945: SS-Hauptsturmführer (Nr. 45 536) bei Einsatzgruppen
nach 1945: Polizeirat, Kommando V, Schupo-Amt Hamburg 13

Bauer, Lorenz
vor 1945: Angehöriger des Einsatzkommandos 8
nach 1945: Polizeimeister in Amberg

Beck, Friedrich
vor 1945: SS-Sturmbannführer; Kommandeur einer „Bandenkampfschule"
nach 1945: Polizeirat in Darmstadt

Benecke, Adolf
vor 1945: „Osteinsatz" bei der SS-Polizeidivision, 2. Polizeischutzmannschaftsregiment
nach 1945: Polizeihauptkommissar in Hamburg

Benkmann, Adolf
vor 1945: SS-Hauptsturmführer und Referent im Hauptamt Ordnungspolizei; Ordonnanzoffizier beim Befehlsstab des Sonderbeauftragten Minsk
nach 1945: Leiter des Gendarmeriekreises Oberwesterwald

Berger, Gottlob
vor 1945: SS-Obergruppenführer und General der Waffen-SS; 1940 Chef des SS-Führungshauptamtes; Chef des SS-Hauptamtes Erbwesen für die Waffen-SS in Berlin; 1932 NSDAP (Nr. 426 875); 1936 SS (Nr. 275 991)
nach 1945: Vom alliierten Militärtribunal zu 25 Jahren Gefängnis verurteilt, 1951 jedoch entlassen; in Westdeutschland Mitarbeiter der Monatszeitschrift „Nation Europa", Coburg

Berger, Heinz
vor 1945: 1931 NSDAP, SA und SS
nach 1945: Polizeisekretär in Darmstadt

Besekow, Arno
vor 1945: SS-Hauptsturmführer beim SD (Sonderverband Skorzenys) und bei der Gestapo Magdeburg
nach 1945: Kriminalkommissar in Kiel und Leiter der Abteilung I des Kriminalamtes Schleswig-Holstein

Best, Werner, Dr.
vor 1945: SS-Gruppenführer (Nr. 23 377); NSDAP (Nr. 341 338); Verfasser des berüchtigten „Boxheimer Dokuments"; 1934 beim SD des „Reichsführers SS"; Chef des Amtes II des RSHA; Kriegsverwaltungschef beim Militärbefehlshaber in Frankreich; Bevollmächtigter des Reiches in Dänemark
nach 1945: In Dänemark wegen mehrfachen Mordes zum Tode verurteilt, auf Drängen der Bonner Regierung begnadigt und freigelassen; leitende Tätigkeit als Wirtschaftsjurist beim Hugo-Stinnes-Konzern in Mülheim/Ruhr; Gutachter beim westdeutschen Auswärtigen Amt

Biberstein, Ernst
vor 1945: SS-Obersturmbannführer (Nr. 272 692); NSDAP (Nr. 40 718); Leiter des Einsatzkommandos 6; Biberstein hieß ursprünglich Szymanowsky und war Pfarrer der evangelischen Kirche in Kating/Schleswig-Holstein; 1935 trat er in das Reichsministerium für kirchliche Angelegenheiten ein und wurde 1936 zum Oberregierungsrat im Staatsdienst, 1940 zum SS-Sturmbannführer befördert; im Oktober 1940 begann er seine Tätigkeit als Chef der Gestapo Oppeln (Opole); vom September 1942 bis Juni 1943 leitete er das Einsatzkommando 6 der Einsatzgruppe C in der Sowjetunion. In seiner eidesstattlichen Erklärung vom 25. Juni 1947 gab er die Zahl der unter seinem Befehl getöteten Menschen mit „zwei- bis dreitausend" an
nach 1945: 1948 zum Tode verurteilt; 1958 aus der Haft entlassen; lebt heute unbehelligt in Westdeutschland

Bilfinger, Rudolf, Dr.
vor 1945: SS-Obersturmbannführer (Nr. 335 627); NSDAP (Nr. 5 892 661); Stellvertretender Chef des Amtes II im RSHA, juristischer Fachmann; maßgeblich beteiligt an der „Endlösung der Judenfrage"
nach 1945: Oberverwaltungsgerichtsrat beim Verwaltungsgerichtshof Baden-Württemberg in Mannheim; März 1965 vom Dienst suspendiert, Juni 1965 in den Ruhestand versetzt

Blankenbach, Johann
vor 1945: SS-Unterführer, Gestapo Karlsruhe
nach 1945: Kriminalinspektor in München

Blings, Josef
vor 1945: SS-Obersturmführer und Polizeiführer in Lodz; Oberleutnant der Schutzpolizei
nach 1945: Gendarmerieoberrat im Ministerium des Innern Rheinland-Pfalz und verantwortlich für Einsatz und Schulung der Polizei in Rheinland-Pfalz

Blümlein, Georg
vor 1945: NSDAP und SS; Bezirksleiter der Gendarmerie in Radom
nach 1945: Gendarmerie-Oberinspektor in Neustadt a. d. Weinstraße

Boeddecker, Werner
vor 1945: SS-Unterscharführer (Nr. 421 449)
nach 1945: Polizeihauptkommissar in Hamburg

Boldt, Berthold
vor 1945: SS-Obersturmführer; Einsätze im Polizeibataillon 104, Lublin, Polizeiregiment „Todt" und Polizei-Freiwilligen-Regiment Schlauders
nach 1945: Polizeihauptkommissar in Hamburg

Nach der Welle antisemitischer Schmierereien im Winter 1959/60 demonstrieren Berliner Studenten und Professoren gegen aufkeimende neonazistische Aktivitäten in der Bundesrepublik, 18. Januar 1960.

Auf Plakaten die Namen NS-belasteter führender Beamter und Politiker wie Hans Globke, Staatssekretär im Kanzleramt, und Theodor Oberländer, 1953 bis 1960 unter anderem Bundesvertriebenenminister und Abgeordneter des Bundestages.

52081 © ullstein bild, Berlin

„Ich meine, wir sollten jetzt mit der Naziriecherei Schluß machen. Denn verlassen Sie sich darauf: wenn wir damit anfangen, weiß man nicht, wo es aufhört." Bundeskanzler Konrad Adenauer, 1952

52079 Gekürzter Auszug: Rede Adenauers vor dem Deutschen Bundestag am 22.10.1952, Bundestagsberichte, 1. Wahlperiode, 234. Sitzung

5.2 | Verfolgt, verschont, integriert: Täter von SS und Polizei nach 1945

Bundeskanzler Konrad Adenauer (l.) und sein Staatssekretär im Bundeskanzleramt, Hans Globke (r.), Bonn, 5. Januar 1962.

Obwohl der Jurist Globke, bis 1933 Mitglied der katholischen Zentrumspartei, nach 1933 als Ministerialrat im Reichs- und Preußischen Ministerium des Innern unter anderem an der Ausarbeitung der ersten Ausführungsbestimmungen der „Nürnberger Rassengesetze" von 1935 und anderen antijüdischen Maßnahmen des NS-Staates beteiligt war, wurde er nach Gründung der Bundesrepublik zunächst Ministerialdirigent, 1953 dann Staatssekretär im Bundeskanzleramt. Adenauer hielt Globke trotz gegen diesen gerichteter, massiver politischer Kampagnen bis zum Ende seiner Kanzlerschaft im Amt.

52378 © SZ Photo, München

Der ehemalige Höhere SS- und Polizeiführer „Warthe", Heinz Reinefarth, Sylt, April 1954.

Reinefarth war 1944 an der blutigen Niederschlagung des Warschauer Aufstandes der Polnischen Heimatarmee beteiligt. Von 1951–1964 war er Bürgermeister von Westerland/Sylt und zeitweise Abgeordneter des Schleswig-Holsteinischen Landtages für den GB/BHE („Gesamtdeutscher Block/Bund der Heimatvertriebenen und Entrechteten"). Nach staatsanwaltschaftlichen Ermittlungen gegen ihn gab er seine politischen Ämter auf und war als Anwalt tätig. Er starb 1979, ohne vor Gericht angeklagt worden zu sein.

52087 © Hulton Deutsch Collection / Getty Images

Von der „Hilfsgemeinschaft auf Gegenseitigkeit der ehemaligen Angehörigen der Waffen-SS (HIAG)" veranstaltetes Veteranentreffen ehemaliger Waffen-SS-Männer in Karlburg (Niederbayern), 27. Juli 1957.

Stehend der ehemalige SS-Brigadeführer Kurt Meyer („Panzermeyer"), vorn der maßgeblich am Aufbau der SS-Verfügungstruppe und der Waffen-SS beteiligte ehemalige SS-Oberstgruppenführer Paul Hausser.

52077 © ullstein bild, Berlin

„Sei es über den Artikel 131, per gerichtlicher Verfügung oder auf dem Wege der ‚Neueinstellung' – seit 1953/54 gelang es einem erheblichen Teil der ehemaligen Gestapo-Beamten, im öffentlichen und dabei vor allem im Polizeidienst wieder Planstellen zu besetzen. Wie weit dieser Reintegrationsprozeß vorangeschritten war, wurde dann Anfang der sechziger Jahre offenbar, als die ersten Verfahren gegen die Einsatzgruppen-Kommandeure und Judenmörder begannen, unter denen die jetzt wieder aktiven und zum Teil hohe und höchste Positionen besetzenden Polizeibeamten überdurchschnittlich vertreten waren."

ULRICH HERBERT, HISTORIKER, 1996

52572 U. Herbert, Best. Biographische Studien über Radikalismus, Weltanschauung und Vernunft 1903–1989, Bonn 1996

Karl Wolff, als ehemaliger Chef des Persönlichen Stabes Heinrich Himmlers und als dessen Verbindungsoffizier im „Führerhauptquartier" einer von Himmlers engsten Mitarbeitern, 1943 bis 1945 Höchster SS-und Polizeiführer Italien, im Garten seines Hauses am Starnberger See, 1955.

52088 Foto: A. Strobel © SZ Photo, München

Der ehemalige Kommandeur der Waffen-SS-Panzerdivision „Leibstandarte-SS Adolf Hitler", Josef („Sepp") Dietrich, mit anderen Ritterkreuzträgern bei einem SS-Veteranentreffen, Regensburg, 25. Oktober 1959.

Dietrich (l.) wurde 1946 im Dachauer Malmedy-Prozess wegen Mitverantwortung für die Erschießung amerikanischer Kriegsgefangener während der sogenannten Ardennen-Offensive 1944/45 zu lebenslanger Haft verurteilt. Die Strafe wurde 1951 auf 25 Jahre reduziert, 1955 wurde er begnadigt und entlassen. 1957 wurde Dietrich wegen seiner Beteiligung an der Ermordung des Chefs der SA der NSDAP, Ernst Röhm, zu 18 Monaten Gefängnis verurteilt, die er nur zum Teil verbüßte. Er starb 1966.

52082 © ullstein bild, Berlin

Presseschlagzeilen zum Verbleib des ehemaligen Gestapochefs Heinrich Müller, 1963/64.

Ähnlich Hitlers ehemaligem engen Mitarbeiter Martin Bormann war Müller einer der prominentesten „Phantom-Nazis" der Medien in den ersten Jahrzehnten nach dem Zusammenbruch des NS-Regimes. Sein bis heute ungeklärtes Schicksal war Gegenstand zahlreicher Spekulationen. Eine 1963 auf Veranlassung der Berliner Staatsanwaltschaft durchgeführte Öffnung der Berliner Ruhestätte und Obduktion ergab, dass sich die im Grab befindlichen Gebeine nicht eindeutig dem angeblich im April/Mai 1945 in Berlin ums Leben gekommenen Müller zuordnen ließen. Sein Verbleib bei Kriegsende ist bis heute ungeklärt.

52086a–c Von oben: BILD, 26.9.1963; Stern, Nr. 2, 12.1.1964

KONTINUITÄTEN

Theodor Saevecke (1911–2000), SS-Hauptsturmführer und Kriminalrat, 1944 als Angehöriger der Sicherheitspolizei und des SD in Mailand unter anderem für die Erschießung italienischer Geiseln verantwortlich, ab 1956 leitender Beamter des Bundeskriminalamtes, undatiert (1942/43).
Ab 1934 Ausbildung zum Kriminalkommissar in Lübeck und in Berlin-Charlottenburg, 1937 Kriminalpolizeileitstelle Berlin. 1939 Einsatzgruppe VI in Polen, dann Staatspolizeileitstelle Posen. 1940/41 Aufnahme in die SS, 1941 im Amt V (Reichskriminalpolizeiamt) des Reichssicherheitshauptamtes. 1942/43 Angehöriger eines Einsatzkommandos unter Walter Rauff in Tunesien. 1943 als Führer des Außenkommandos Mailand der Gestapo verantwortlich für die Bekämpfung der Widerstands- und Partisanenbewegung im Großraum Mailand und für die öffentliche Erschießung von 15 Geiseln in Mailand am 10. August 1944.

Während der Internierung durch die Amerikaner Anwerbung durch den US-Geheimdienst CIA oder CIC. Ab 1951 beim Bundeskriminalamt (BKA) als „freier Mitarbeiter", dann als Kommissar tätig. 1956 als Kriminalrat Leiter des Referates Hoch- und Landesverrat. Als stellvertretender Leiter der „Sicherungsgruppe Bonn" des BKA leitete er 1962 die gegen das Nachrichtenmagazin „Der Spiegel" unter dem Vorwurf des Landesverrates angeordnete Durchsuchungs- und Verhaftungsaktion. Im Kontext der „Spiegel-Affäre" wurde Saeveckes Gestapo-Vergangenheit öffentlich, die zur Einleitung eines Disziplinarverfahrens führte, das 1964 eingestellt wurde.

Ein schon 1954 gestelltes Auslieferungsbegehren Italiens hatte lediglich zur Einleitung eines 1955 eingestellten, ersten Disziplinarverfahrens durch das Bundesinnenministerium geführt. Bis 1989 wurden in der Bundesrepublik drei Ermittlungsverfahren gegen ihn angestrengt, die sämtlich nicht zur Anklage führten. 1971 schied Saevecke regulär aus dem Dienst. 1999 verurteilte ihn ein Militärgericht in Turin in Abwesenheit zu lebenslanger Haft. Saevecke lebte bis zu seinem Tod 2000 in der Bundesrepublik.
52095 © Bundesarchiv, Koblenz, 183-B0221-0056-001

Heinz Felfe (1918–2008), zeitweiliger Referatsleiter im Amt VI (SD-Ausland) des Reichssicherheitshauptamts und späterer Doppelagent von Bundesnachrichtendienst und KGB, 1980.
Geboren als Sohn eines Kriminalbeamten, Feinmechanikerlehre ohne Abschluss. 1936 Aufnahme in die SS, zuletzt SS-Obersturmführer. Felfe holte im Rahmen der „Langemarck"-Förderung das Abitur nach und nahm, begleitend zur Ausbildung als Anwärter des leitenden Dienstes der Sicherheitspolizei, ein Studium auf. 1942/43 Absolvent der Kommissarsausbildung der Sicherheitspolizei. 1943 im Amt VI (SD-Ausland) des Reichssicherheitshauptamtes, Gruppe VI B (Westeuropa), Referatsleiter VI B 3 (Schweiz/Liechtenstein). Ab 1944 beim Befehlshaber der Sicherheitspolizei und des SD in den Niederlanden. Nach Kriegsende in britischer Kriegsgefangenschaft.

Anschließend zeitweise für den britischen Geheimdienst MI 6 tätig. Ab 1950 Agent des sowjetischen KGB. 1951 wurde Felfe für den Auslandsgeheimdienst der Bundesrepublik, den Bundesnachrichtendienst (BND), angeworben. Er avancierte dort zum Leiter der Abteilung „Gegenspionage, Sowjetunion". 1961 enttarnt, wurde er zu 14 Jahren Haft verurteilt und ging 1969 im Wege des Agentenaustausches in die Sowjetunion. Felfe hatte anschließend als verdienter „Kundschafter" eine Professur für Kriminalistik an der Humboldt-Universität in Berlin (Ost) inne. Er starb 2008.
52096 © Heinz Felfe, Im Dienst des Gegners. 10 Jahre Moskaus Mann im BND, Hamburg/Zürich 1986

Reinhard Gehlen (1902–1979), erster Präsident des Bundesnachrichtendienstes (BND), 1942 bis 1945 Leiter der Abteilung „Fremde Heere Ost" im Stab des Oberkommandos des Heeres (OKH), 30. Januar 1975.

Gehlen, Berufsoffizier, gehörte ab 1936 dem Generalstab des Heeres an und übernahm während des Krieges die Organisation der militärischen Gegnerspionage in Osteuropa.

Für die CIA baute er die geheimdienstliche Vorläuferorganisation des späteren BND, die sogenannte Organisation Gehlen, auf. Aus ihr ging 1956 der BND als Auslandsnachrichtendienst der Bundesrepublik hervor, dessen Präsident Gehlen bis 1968 blieb. Beim Aufbau der Organisation Gehlen und des BND griff er auch auf Personal der Abwehr der Wehrmacht sowie ehemalige Angehörige von SD und Gestapo zurück.

52090 © ullstein bild, Berlin

„Eine gleichsam logische Karrierefortsetzung bot sich für ehemalige SD-Leute nach 1945 als Mitarbeiter der Geheimdienste an. Die Öffnung von CIA-Akten nach dem ‚War Crimes Disclosure Act' kann nur ein Zwischenschritt auf dem Weg zur Erhellung jener Beschäftigungsverhältnisse sein, die vor allem CIC, CIA, BND, auch KGB und DDR-Staatssicherheit, mit Spezialisten aus SD und Sicherheitspolizei eingingen."
LUTZ HACHMEISTER, MEDIENFORSCHER, 2003

52590 Gekürzter Auszug: L. Hachmeister, Die Rolle des SD-Personals in der Nachkriegszeit. Zur nationalsozialistischen Durchdringung der Bundesrepublik, in: Michael Wildt (Hg.), Nachrichtendienst, politische Elite und Mordeinheit. Der Sicherheitsdienst des Reichsführers-SS, Hamburg 2003

Das Dienstgebäude des Bundeskriminalamtes (BKA) in Wiesbaden, 1969.
Das BKA wurde in erheblichem Umfang von Kriminalisten aufgebaut und mit Beamten besetzt, die im „Dritten Reich" ihre Ausbildung in der Berliner „Führerschule" der Sicherheitspolizei absolviert und der Gestapo oder der NS-Kriminalpolizei, häufig auch beiden Sparten, angehört hatten. Viele waren gleichzeitig Angehörige der SS gewesen. 1959 war die Mehrzahl der Beamten des Leitenden Dienstes im BKA diesbezüglich einschlägig vorbelastet.
52091 © ullstein bild, Berlin

Paul Dickopf (1910–1973), Präsident des Bundeskriminalamtes (BKA) in Wiesbaden, undatiert (1969).
Dickopf war ab 1950, zunächst als Kriminalrat, am Aufbau des BKA beteiligt. Ab 1952 war er ständiger Vertreter des amtierenden BKA-Präsidenten und von 1965 bis 1971 Präsident des BKA. Er stand für teils weitgehende personelle und fachliche Kontinuitäten im BKA zur Reichskriminalpolizei der NS-Zeit. Er hatte dem NS-Studentenbund angehört und ab 1937 die Kommissarsausbildung bei der NS-Sicherheitspolizei durchlaufen. Später auch in die SS aufgenommen, wurde er kurzzeitig bei den Kriminalpolizeileitstellen in Frankfurt am Main und Karlsruhe verwendet. Ab 1940 war der zur Wehrmacht kommandierte Dickopf für deren Nachrichtendienst, die „Abwehr", tätig.
52592 © ullstein bild, Berlin

Die Einfahrt zur langjährigen Zentrale des Bundesnachrichtendienstes (BND) in Pullach bei München, 1979.
Die BND-Zentrale nutzte ab 1947 die Gebäude und verzweigten Anlagen der ehemaligen „Reichssiedlung Rudolf Heß" der NSDAP und eine während des Krieges als Ausweichquartier „Siegfried" für das Oberkommando der Wehrmacht errichtete, teils unterbunkerte Kommando- und Nachrichtenzentrale.
52390 © ullstein bild, Berlin

5.2 | Verfolgt, verschont, integriert: Täter von SS und Polizei nach 1945

„SS-Seilschaften prägten das BKA bis weit in die sechziger Jahre hinein": Beitrag von Peter Carstens zur Wiederverwendung ehemaliger Angehöriger von SS, Gestapo und Reichssicherheitshauptamt beim Aufbau des Bundeskriminalamtes, „Frankfurter Allgemeine Zeitung", 30. September 2007.

Nach Jahrzehnten der Tabuisierung des brisanten Themas zeigten sich sowohl die Führung des BKA als auch die politisch Verantwortlichen zuletzt zusehends sensibilisiert hinsichtlich einer kritischen Aufarbeitung der Geschichte des BKA.

52102 Frankfurter Allgemeine Zeitung, Nr. 39, 30. 9. 2007

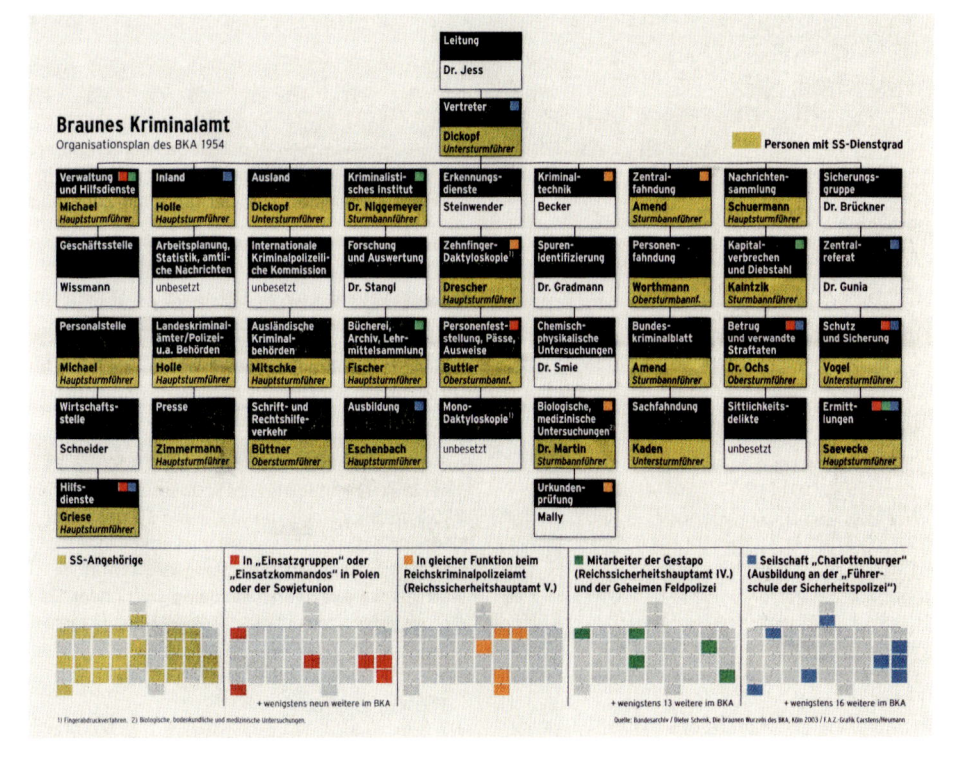

Verfolger wurden zu Jägern

Spät kümmert sich das BKA um seine NS-Vergangenheit

Als nach dem Krieg die Kommandohöhen der deutschen Polizei neu besetzt wurden, waren die alten Kameraden sofort wieder zur Stelle: Der Chef-Fahnder des Berliner Reichskriminalpolizeiamts (RKPA) Kurt Amend, Ex-Mitglied im Sicherheitsdienst der SS, der im Großdeutschen Reich nach „Elementen" hatte jagen lassen, wurde Chef-Fahnder des Wiesbadener Bundeskriminalamts (BKA). Sein Kollege, der Chef-Biologe Otto Martin, der sich unter anderem in der SS-Forschungsgemeinschaft „Das Ahnenerbe e.V." bewährt hatte, wurde wieder Chef bei den Biologen. Und der Chef der Personenfeststellungszentrale und der Fingerabdrucksammlung im RKPA Heinz Drescher wurde Chef des Erkennungsdienstes des BKA. Ihre Lebensläufe weisen Unterschiede auf, aber jede Kritik, die sich ans scheinbar Individuelle heftet, würde in die Irre führen: Die moralische Schieflage war beim Aufbau des BKA die Norm.

Noch Ende der fünfziger Jahre waren fast alle leitenden Positionen der im März 1951 gegründeten Behörde mit ehemaligen Nazis besetzt: Von den 47 Beamten auf der Führungsetage hatten nur zwei eine weiße Weste. Die anderen waren bei der Geheimen Staatspolizei (Gestapo) gewesen, bei marodierenden Einsatzgruppen oder bei der Geheimen Feldpolizei. Allein 33 der Führungsbeamten hatten zum Führungspersonal der SS gehört. Der Neuaufbau war also ein Wiederaufbau. Organisator der Seilschaften war der frühere SS-Mann Paul Dickopf gewesen, der sich erst eine Widerstands-Legende zugelegt hatte, dann als graue Eminenz im Bundesministerium des Innern wirkte und 1965 vierter BKA-Präsident wurde. Hochgeehrt ging er in Pension: Der Strippenzieher der Polizei-Kameradschaft wurde von Politikern als „Vorbild für die gesamte deutsche Polizei" gewürdigt.

Ungebrochene Überzeugungen

Mit Hilfe von drei öffentlichen Fachtagungen versucht in diesen Tagen die Hausspitze des BKA die dunkle Gründungsgeschichte der Behörde aufzuhellen. Die Polizei sei, so hatte es BKA-Präsident Jörg Ziercke bei seinem Einführungsvortrag am 8. August gesagt, „Stütze" des menschenverachtenden Systems der Gewaltherrschaft gewesen. Polizeiverbände seien „in den Vernichtungskrieg und Völkermord systematisch einbezogen" worden: Juden, Sinti und Roma, Homosexuelle, politisch Andersdenkende wurden von der Polizei verfolgt, ermordet. Die Täter kamen zumeist ungestraft davon. Nach dem Krieg hätten sich „Cliquen und Seilschaften" von SS- und Gestapo-Leuten „gegenseitig bei der Wiedereinstellung in die Polizei geholfen". Es waren Spezialisten, die dort teils ihren Kommissarlehrgang an der „SS-Führungsschule – Schule der Sicherheitspolizei" in Berlin Charlottenburg gemacht hatten und im BKA meist „die Charlottenburger" genannt wurden. Ein verschworener Haufen von Leuten, die Pflicht und Gehorsam auch dem Bösen gegenüber praktiziert hatten. „Altkriminalisten" wurden sie auch genannt: Staatsdiener ohne Staatsgefühl.

Das letzte Kolloquium, auf dem BKA-Mitarbeiter auch über Führungsgrundsätze und Ausbildungsinhalte in den fünfziger und sechziger Jahren sprechen werden, findet am heutigen Mittwoch in Wiesbaden statt. Konsequenz aller Befragungen wird vermutlich die Einsetzung einer unabhängigen Kommission aus Wissenschaftlern verschiedener Fachrichtungen sein, die die Verflechtungen früherer Spitzenbeamter mit dem Naziregime untersuchen soll.

Nun hat sich die junge westdeutsche Republik nach 1949 in fast allen Sparten auf Täter, Mittäter und rasende Mitläufer gestützt. Die Funktionsträger des alten Regimes saßen in der Politik, in den Chefetagen der Wirtschaft, in Medien, Behörden, Kirchen und Verbänden – und den praktischerweise Kommunistenjäger; wer beispielsweise Sinti und Roma verfolgt hatte, konnte munter weiter verfolgen.

Der Hauptorganisator der „Zigeuner-Transporte" im Dritten Reich beispielsweise übernahm nach dem Krieg das „Zigeuner-Referat" beim bayerischen Landeskriminalamt. Einer seiner Kollegen stellte als Referent im BKA fest: „Alle Maßnahmen und Verfolgungen haben den Lebenswillen der Zigeuner nicht zu brechen vermocht". Der Nazi-Jargon, die alten Feindbilder blieben bis in die siebziger Jahre. Verheerender noch als die ungebrochenen Karrieren waren die Mentalitäten und Überzeugungen, die der Verbrechensbekämpfung auch nach dem Krieg zugrunde lagen.

Ein strenger deutscher Beigeschmack haftet dieser Geschichtsaffäre an. So suchte Hans Globke, der Kommentator der Nürnberger Rassengesetze, das Spitzenpersonal der Polizei mit aus. „Wir sollten jetzt mit der Nazi-Riecherei Schluss machen", hatte 1951 sein Chef Konrad Adenauer, der erste Kanzler der Republik, erklärt. Im Gründungsjahr des BKA wurde der Artikel 131 des Grundgesetzes verabschiedet, der die Wiedereinstellung von Beamten regelte, die wegen ihrer NS-Vergangenheit entlassen worden waren. Der Ost-West-Konflikt eskalierte, kalte Krieger waren gefragt.

Ignoranz und Besserwisserei

Diese Welle der heimlichen Amnestie erfasste auch den jungen Rudolf Augstein, der eine Weile SS-Leute und NS-Propagandisten beschäftigte. In der längsten Serie, die jemals im *Spiegel* erschien, „Das Spiel ist aus – Arthur Nebe" (30 Folgen), hatte sich das Blatt ab 1949 mit den Kriminalgeschichten des SS-Gruppenführers und ehemaligen Chefs des Reichskriminalpolizeiamtes Nebe beschäftigt. Der Autor der Serie, die anonym erschien, war ein Ex-Hauptsturmführer der SS Bernhard Wehner, der Nebe einen „anständigen, ehrlichen Ausrottungshäuptling" nannte und sich für die Wiedereinstellung der „alten Sherlock Holmes" einsetzte. Augstein kommentierte 1950 die Serie: Den „heutigen Polizei-Verantwortlichen" sei „vor Augen geführt worden", dass die Kriminalpolizei „auf ihre alten Fachleute zurückgreifen muss, auch wenn diese mit einem SS-Dienstrang angeglichen worden waren".

Warum hat es so lange gedauert, bis das BKA mit den Ermittlungen in eigener Sache beginnt? Ein paar Versuche hatte es schon vor Ziercke gegeben. Der sechste BKA-Präsident, Heinrich Boge, bat 1984 einen Mitarbeiter der Behörde, die „belastende und stürmische Entwicklung des Amtes" aufzuarbeiten. Große Verdienste um Aufklärung hat sich der frühere Kriminaldirektor des BKA, Dieter Schenk, erworben, der in einer Monographie 2001 „die braunen Wurzeln des BKA" beschrieb. Prompt warfen ihm Kritiker eine „Überdosis Moralin" oder „die Anmaßung eines normativen Absolutheitsanspruches" vor. Eher auf Ignoranz und Besserwisserei deutete eine Antwort, die 2001 das damals SPD-regierte Bundesinnenministerium auf eine einschlägige Anfrage im Bundestag gab. O-Ton: Das BKA hat „keine nationalsozialistische Vergangenheit. Es ist im Jahre 1951 gegründet worden".

Die neuen Ermittlungen des BKA in eigener Sache sind aus vielerlei Gründen verdienstvoll. Hausinterne Untersuchungen, Forschungsprojekte und öffentliche Erörterungen müssten jetzt auch bei anderen Sicherheitsbehörden wie dem Bundesnachrichtendienst (BND) und dem Bundesamt für Verfassungsschutz (BfV) folgen, aber das kann dauern. Der Auslandsnachrichtendienst plant schon seit etwa einem Jahrzehnt angeblich die Aufarbeitung seiner Geschichte, und beim 1950 gegründeten Inlandnachrichtendienst fehlt es angeblich an Akten. Ob die branchenübliche Mimikry durchzuhalten sein wird, ist ungewiss.

HANS LEYENDECKER

„Weiße Flecken in der Geschichte des Bundesnachrichtendienstes": Der Medienforscher Lutz Hachmeister über die Verwendung ehemaliger Angehöriger von SS, SD und Gestapo beim Aufbau des Bundesnachrichtendienstes (BND), „Frankfurter Allgemeine Zeitung", 13. Mai 2008.

Sybille Steinbacher
Strafverfolgung, Schonung, Reintegration
Vom Nach- und Überleben der Täter von SS und RSHA
in den deutschen Nachkriegsgesellschaften

Der Krieg endete für die Häftlinge der Konzentrationslager zu unterschiedlichen Zeiten, abhängig davon, wie nah die Front bereits herangerückt war. Ganz im Osten und ganz im Westen, wo die Armeen der Anti-Hitler-Koalition die Reichsgrenzen zuerst erreichten, keimte am frühesten Hoffnung auf Befreiung auf. Doch zugleich nahm die Lebensgefahr dramatisch zu. Denn die SS setzte alles daran, die Spuren ihrer Verbrechen zu beseitigen. Die Lager wurden aufgelöst, Dokumente systematisch vernichtet und die Häftlinge auf tage- und wochenlangen Transporten, den Todesmärschen, ins Landesinnere geschickt. Wie viele in der Schlussphase des Zweiten Weltkrieges noch getötet wurden, lässt sich nur annähernd schätzen. Vermutlich waren es zwischen 200 000 und 350 000 Personen, was bedeutet, dass etwa ein Drittel bis die Hälfte aller Lagerinsassen noch umgekommen ist; womöglich lag ihre auch Zahl höher.

Welche Ziele das NS-Regime mit der Räumung der Lager verfolgte, ist unklar. Die eklatanten Widersprüche, die sich in den einschlägigen Anordnungen ausmachen lassen, deuten darauf hin, dass in der Konfusion der letzten Kriegswochen nicht annähernd eine Vorstellung davon bestand, was mit den Konzentrationslagern zu tun sei, dem zentralen Terrorinstrument des „Dritten Reiches". Während Adolf Hitler bis zum Schluss daran festhielt, Häftlinge lieber zu töten als in die Hände der Alliierten fallen zu lassen, versuchte Heinrich Himmler, über Kontaktpersonen vom Internationalen Komitee des Roten Kreuzes mit den Westmächten Verhandlungen aufzunehmen, um einen Separatfrieden auszuhandeln. Die Häftlinge dienten ihm dabei als Manövriermasse zur Sicherung seiner politischen Nachkriegszukunft. Für Hitler waren die Geheimverhandlungen indes der Grund, noch am Tag vor seinem Selbstmord im Führerbunker den Reichsführer-SS und Chef der Deutschen Polizei, Heinrich Himmler, aller Ämter zu entheben und aus der NSDAP auszustoßen. Himmler hatte sich da bereits aus Berlin abgesetzt, ebenso wie fast das gesamte Führungspersonal von SS, Sicherheitsdienst (SD), Gestapo, Ordnungs- und Kriminalpolizei.

Das Ende des SS-Staates

Auf den beiden Routen, auf denen die Todesmärsche aus den Konzentrationslagern verliefen, suchte auch die NS-Sicherheitselite Zuflucht: die Südroute führte zur „Alpenfestung" im Ötztal in Tirol und die Nordroute über Mecklenburg und Schleswig-Holstein, zur „Festung Nord". Oswald Pohl, der Leiter des für die Konzentrationslager zuständigen SS-Wirtschafts- und Verwaltungshauptamtes (WVHA), seine Mitarbeiter und deren Familien flüchteten nach Süden. Die SS-Führer der Amtsgruppe D im WVHA, ferner die Angehörigen des Reichssicherheitshauptamtes (RSHA), der Sicherheitspolizei (Sipo) und des Sicherheitsdienstes der SS machten sich mit ihren Angehörigen zur „Festung Nord" auf. Himmler, der sich in der Gegend um Flensburg aufhielt, übertrug von dort aus die polizeilichen Befehlsbefugnisse über Süddeutschland Ernst Kaltenbrunner, seit 1943 Leiter des RSHA und Chef von Sipo und SD. Aber schon bald, nachdem die Wehrmacht und die Verbände der Waffen-SS bedingungslos kapituliert hatten, wurden die beiden Spitzenvertreter des SS- und Polizeiapparates von den Alliierten gefasst: Kaltenbrunner am 11. Mai 1945 bei Altaussee in der Steiermark, Himmler am 21. Mai an einem Brückenkontrollposten bei Bremervörde. Die Briten erkannten den Reichsführer-SS nicht gleich, der, als sie nach zwei Tagen doch seine Identität herausfanden, eine Zyankalikapsel zerbiss. Zahlreiche Angehörige von SS und Gestapo nahmen sich ebenfalls das Leben, um ihrer Bestrafung zu entgehen. Dennoch und obwohl auch viele auf den berüchtigten „Rattenlinien" fliehen konnten, den Fluchtrouten für NS-Verbrecher, die über Österreich, Italien – namentlich den Vatikan – und Spanien nach Südamerika und in den Nahen Osten führten, gelang es den Alliierten, SS- und Polizeibedienstete in großer Zahl zu internieren.

Die Siegermächte machten die Bestrafung der Täter umgehend zu ihrer Sache und griffen nach Kriegsende zunächst mit aller Härte durch. Treibende Kraft waren die Amerikaner, die zwischen Mai 1945 und Dezember 1946 im Zuge der Entnazifizierung rund 170 000 Personen verhafteten. Im Frühjahr 1947 hielten sie noch immer etwa 1 400 ehemalige Angehörige von SS und Gestapo gefangen. Ganz bewusst internierten sie die Täter in Dachau und anderen ehemaligen Konzentrationslagern, den zentralen Orten der nationalsozialistischen Terrorherrschaft. Leichenberge und zehntausende Sterbende, die die Befreier dort vorgefunden hatten, prägten ihr Bild nachhaltig, das sie sich von Deutschland und den Deutschen machten. Sie verhehlten ihr Entsetzen und ihre Empörung darüber nicht.

Die Entnazifizierung war der Versuch, die deutsche Bevölkerung auf systematische Weise politisch zu säubern. Auch die versprengte Opposition im Lande und Teile der Publizistik erachteten die Ahndung der NS-Verbrechen zunächst noch als Bedingung für die neue rechtsstaatlich-demokratische Ordnung. Millionen Deutsche wurden in Fragebögen überprüft, mussten Selbstauskunft über ihr politisches Verhalten geben und sich vor Spruchkammern verantworten, den Laiengerichten, die 1946 zunächst in der amerikanischen, später auch in der britischen und französischen Zone eingeführt und meist mit Vertretern der wiedergegründeten deutschen Parteien besetzt wurden. Die Bestrafung der Täter diente dem Ziel, den Nationalsozialismus zu zerschlagen, seinen ehemaligen Funktionären jeden gesellschaftlichen Einfluss zu entziehen und die Gefahr einer NS-Untergrundbewegung auf Dauer abzuwenden. Hunderttausende NS-Belastete verloren kurzzeitig oder für länger ihre Anstellung oder wurden mit empfindlichen Strafen belegt. Im ersten Halbjahr 1946 büßten in den Westzonen rund 150 000 Personen ihre Posten im öffentlichen Dienst ein, etwa 73 000 schieden aus Industrie und Handel aus. Die Westmächte nahmen bis zur Auflösung der Internierungslager 1948 insgesamt mehr als 200 000 Personen in Haft. Auch die Sowjets wandelten die Konzentrationslager auf ihrem Terrain in Haftstätten für NS-Täter um, darunter Buchenwald, Sachsenhausen und dessen einstiges Außenlager Jamlitz. Dies waren die bis 1950 bestehenden sowjetischen Speziallager, über die in der DDR von oben verordnetes Schweigen herrschte.

In der deutschen Bevölkerung im Westen wie im Osten war die unmittelbare Nachkriegszeit angesichts von Kriegszerstörungen und materieller Not, von Bombenkrieg, Kriegsgefangenschaft und Vertreibung geprägt vom Rückzug in die Privatheit und von Bemühungen um die eigene Existenzsicherung. Anders als die Verfolgten des NS-Regimes hatte das Gros der Deutschen das Kriegsende nicht als Befreiung, sondern als Niederlage erlebt. Auch war die Neigung weit verbreitet, sich den Status von politisch „Verführten" zuzubilligen und sich selbst als Opfer zu fühlen. Die ehemalige „Volksgemeinschaft" des „Dritten Reiches" fand denn auch rasch in einer gemeinsamen Opferhaltung wieder zusammen. Unter den Massen, die dem „Führer" zugejubelt hatten, waren am Ende des Krieges tatsächlich viele auch zu Opfern geworden. Mit den Überlebenden von politischer

Verfolgung, Holocaust und Zwangsarbeit konkurrierten sie gewissermaßen um den Opferstatus, was psychologisch umso leichter fiel als Hunger, Wohnungsnot und Flüchtlingsströme den Besatzungsalltag bestimmten.

Die Urteile im Nürnberger Prozess gegen die Hauptkriegsverbrecher wurden vor diesem Hintergrund als „Siegerjustiz" erachtet und abgelehnt. Dies galt auch für den Richterspruch über Gestapo, SS und SD, die der Internationale Militärgerichtshof als „verbrecherische Organisationen" eingestuft hatte. Vielfältige Entschuldigungs- und Relativierungsstrategien prägten fortan die Mechanismen der rasch wachsenden deutschen Schuldabwehr. Dass NS-Belastete, die nach Kriegsende ihre Identität wechselten und sich gefälschte Papiere verschafften, was weit verbreitet war und in den Wirren der Nachkriegsjahre nicht weiter auffiel, in der Bevölkerung „U-Boote" und „Braunschweiger" hießen, verweist auf die Tendenz zur Verharmlosung der Verbrechen. Vermutlich lebten nach dem Krieg 80 000 bis 100 000 Personen unter falschem Namen im Land. Dazu gehörte auch Rudolf Höß, der Kommandant von Auschwitz, der sich Franz Lang nannte und als Landarbeiter auf einem Bauernhof in der Nähe von Flensburg untergetaucht war. Erst im März 1946 wurden die Briten auf ihn aufmerksam und nahmen ihn fest, nachdem sie ihn schon einmal wieder hatten laufen lassen. Zwei Monate später, Höß hatte zuvor noch als Zeuge der Verteidigung im Verfahren gegen Kaltenbrunner in Nürnberg ausgesagt, wurde er an Polen ausgeliefert, wo im März 1947 vor dem neugegründeten Obersten Volksgerichtshof in Warschau, dessen Aufgabe die Rechtsprechung über deutsche Kriegs- und NS-Verbrecher war, der Prozess gegen ihn begann. Anders als niedrige Chargen der Konzentrationslager-SS wurden die Kommandanten der Lager als Repräsentanten des NS-Terrorsystems von den Justizbehörden der Alliierten und anderer Länder umfassend zur Verantwortung gezogen. Gegen Höß erging das Todesurteil, das im April 1947, unweit seiner einstigen Villa, auf dem Gelände des Stammlagers Auschwitz vollzogen wurde. Sein Nachfolger Arthur Liebehenschel stand zusammen mit 39 weiteren Mitgliedern der Lager-SS von Auschwitz Ende 1947 ebenfalls vor dem Obersten Volksgerichtshof. Obwohl die Angeklagten eine gemeinsame Strategie verfolgten und jede Verantwortung auf den hingerichteten Höß abwälzten, endete das Verfahren für die meisten von ihnen, auch für Liebehenschel, mit dem Todesurteil.

Noch während des Krieges fasste Frankreich umfassende Pläne zur strafrechtlichen Ahndung deutscher Verbrechen. Das Land begann damit weitaus früher als andere Exilregierungen, früher auch als die USA und Großbritannien, die erst nach dem Krieg einschlägige Gesetze auf den Weg brachten. Erste Verfahren wurden schon Ende 1944 eingeleitet; gleich nach Kriegsende nahmen französische Militärgerichte ihre Tätigkeit erneut auf. Verhandelt wurden anfangs die eher leichten Fälle, da die schweren lange und komplizierte Ermittlungen erforderten. Die Urteile fielen zunächst hart aus, zahlreiche Todesurteile waren darunter, da in der französischen Gesellschaft, gerade gegenüber Kollaborateuren, das Bedürfnis nach Vergeltung hoch war. Die justitielle Ahndung der deutschen Verbrechen vermengte sich mit der politischen Säuberung der kompromittierten Eliten in Politik, Verwaltung, Justiz und Militär. Deutlich zeichnete sich ab, was fortan für den strafrechtlichen Umgang mit NS-Verbrechen auch in Deutschland galt: die Interdependenz von Justiz, Politik und öffentlicher Meinung.

Plakatwerbung für Wolfgang Staudtes DEFA-Produktion „Die Mörder sind unter uns", 1946.

52061 © akg-images, Berlin

Verfolgt, verschont, integriert: Täter von SS und Polizei

Im Sommer 1947 vollzogen die USA und Großbritannien einen Kurswechsel. Wegen des sich rasch verschärfenden Ost-West-Gegensatzes beendeten beide Siegermächte ihre anfangs mit Nachdruck verfolgte Strafverfolgung und brachen ihre überaus rege Auslieferungspraxis ab, in die gerade auch die von Deutschland überfallenen osteuropäischen Länder einbezogen worden waren. Der Kalte Krieg war die Ursache dafür, dass die Westalliierten fortan viele Taten nicht mehr ahndeten. Selbst verurteilte Verbrecher wurden ausgesprochen milde behandelt, begnadigt und nach kurzer Haftzeit wieder entlassen. Ziel der Westmächte war es, die Integration der späteren Bundesrepublik in das westliche Lager zu forcieren. Selbst hochrangigen NS-Funktionären wurde von den Spruchkammern bestätigt, sie hätten im „Dritten Reich" lediglich sozialem Konformitätsdruck nachgegeben. Die ehemals von hochgesteckten moralischen Zielen getragenen Entnazifizierungsmaßnahmen verloren jede Wirkung. Solchermaßen entstellt, verkam das Projekt Entnazifizierung, wie der Historiker Lutz Niethammer pointiert feststellt, zur „Mitläuferfabrik". Mittels sogenannter Persilscheine und anderer Exkulpationsdokumente gelang es vielen NS-Tätern, jede Verantwortung von sich zu weisen. Die Spruchkammerverfahren wurden 1952 eingestellt. Schwerbelastete mussten sich ihnen ohnehin nicht stellen, da zunächst nur die leichteren Fälle behandelt wurden. Maßnahmen wie der in der amerikanischen Zone praktizierte „automatische Arrest" für bestimmte NS-Tätergruppen und die systematische Erfassung und Überprüfung großer Teile der Bevölkerung per Fragebogen waren de facto auch nicht die geeigneten Mittel, um die Schuldigen zuverlässig ausfindig zu machen und zu bestrafen. Hinzu kam, dass die Maßnahmen von deutscher Seite entschieden abgelehnt und, sofern möglich, unterlaufen und behindert wurden.

Dem in weiten Teilen der Gesellschaft vorhandenen Wunsch nach kollektiver Entschuldung und Blockierung der Ahndung von NS-Verbrechen trug die Politik umfassend Rechnung. Das Engagement der Ministerialbürokratie und der Spitzenvertreter fast aller Parteien einschließlich der Bundesregierung konzentrierte sich auf die Exkulpation und Amnestierung der einstigen Täter. Es gehörte zum fast einhelligen Gründungskonsens der Bundesrepublik Deutschland, den sogenannten Rechtsfrieden durch Einstellung der Ermittlungen gegen beschuldigte NS-Täter „wiederherzustellen". Das Bedürfnis nach Amnestie ging im öffentlichen Bewusstsein mit der festen Überzeugung einher, die NS-Verbrechen seien von Hitler und einer kleinen Clique fanatischer Täter begangen worden, deren Befehlen die Funktionseliten des Staates hilflos ausgeliefert gewesen seien. Dass die, oftmals akademisch gebildeten und Doktortitel tragenden, Funktionäre im SS- und Polizeiapparat in der Regel hochgradig ideologisierte und von der NS-Rassenpolitik nachhaltig motivierte Überzeugungstäter waren, die die weltanschauliche Konzeption des Regimes in die Tat umgesetzt hatten und die radikalsten Repräsentanten des NS-Staates gewesen waren, wurde indes bis weit in die fünfziger Jahre verdrängt und beschönigt. Amnestiegesetze, die seit 1949 erlassen wurden, bestärkten die NS-Belasteten in ihrer Selbstgerechtigkeit und erleichterten es ihnen, sich als politisch verfolgte Opfer zu verstehen. Wer aus untadeligen, gutbürgerlichen Verhältnissen kam, hatte ohnehin ausgezeichnete Chancen auf gesellschaftliche Integration, genauer: Reintegration. Die Forderung nach einem Schlussstrich unter die justitiellen Ermittlungen – gerade auch im Ausland – wurde binnen kurzem immer lauter. Es ging darum, die Strafverfolgung zu entschärfen und die Folgen zu mildern. Im Verhältnis zum Nachbarn Frankreich kristallisierte sich heraus, dass die dauerhafte Aussöhnung davon abhing, die Prozesse gegen NS-Funktionäre einzustellen. Auch in französischen Regierungskreisen galten sie zunehmend als Störfaktor für die politischen Beziehungen, zumal für die mit großem Engagement betriebene europäische Einigung. Die Annäherung der ehemaligen Erbfeinde ging unmittelbar mit der Ausblendung der deutschen Verbrechen einher. Im Februar 1953 ergingen denn auch in Frankreich Amnestiegesetze.

Dass selbst überführte Massenmörder fortan begnadigt und auf freien Fuß gesetzt wurden, zeigt besonders eindrücklich der Fall des Führungsduos der deutschen Sicherheitspolizei in Frankreich: Carl Oberg war als Höherer SS- und Polizeiführer (HSSPF) der ranghöchste SS-Funktionär im Lande; Helmut Knochen, ein Doktor der Philosophie, bekleidete als Befehlshaber von Sipo und SD in Paris ebenfalls eine Spitzenposition. Beide waren Schlüsselfiguren der Besatzungsherrschaft und Exponenten der NS-Rassenpolitik. Als Mitverantwortliche unter anderem für die Deportationen sollen sie rund 80 000 Menschen auf dem Gewissen gehabt haben, wie die Anklage in dem Verfahren gegen sie lautete, das vor einem Militärgericht in Paris stattfand und im Oktober 1954 mit dem Todesurteil endete. Allerdings blieb die Urteilsvollstreckung aus. Oberg und Knochen saßen weiterhin in Haft, bis sie 1958 begnadigt wurden. Dass sie Schutz vor weiterer Strafverfolgung und überdies umfassende Hilfe bei der gesellschaftlichen Wiedereingliederung erfuhren, verdankten sie in hohem Maße der „Zentralen Rechtsschutzstelle". Dies war eine eigens geschaffene, dem Auswärtigen Amt angegliederte Institution, die NS-Belastete in ausländischen Gefängnissen unterstützte und betreute. Die Behörde kümmerte sich um die Erstattung ihrer Anwaltskosten, sorgte für Rechtshilfe und half ihnen auf vielfältige Weise, sich untereinander zu vernetzen, in Strafverfahren füreinander auszusagen, in der neugewonnenen Freiheit wieder Fuß zu fassen und ihre Berufskarriere voranzutreiben. Die Entlassung von Oberg und Knochen war seit dem Staatsbesuch von Präsident Charles de Gaulle in der Bundesrepublik Deutschland im September 1962 beschlossene Sache. Zwei Monate später, kurz vor der Unterzeichnung des deutsch-französischen Freundschaftsvertrages, kamen beide frei – unter dem Protest ehemaliger Résistancekämpfer. Sie kehrten in ihre Heimatstädte zurück, Oberg nach Flensburg, Knochen nach Offenbach. Als sie sich von den westdeutschen Behörden als sogenannte Spätheimkehrer anerkennen lassen wollten, um Übergangsgelder, Entschädigungsleistungen und Ausgleichszahlungen für erlittene Nachteile bei der Sozialversicherung kassieren zu können – was viele ehemalige Funktionäre von Sipo und SD erfolgreich taten – misslang ihnen dies zwar. Wegen ihrer in Frankreich bereits verbüßten Haftzeit konnten sie allerdings nicht mehr juristisch belangt werden.

„Vergangenheitspolitik"

Die Verwandlung der NS-„Volksgemeinschaft" in die Gesellschaft der Bundesrepublik war mit hohen politischen und moralischen Kosten verbunden. In auffallend kurzer Zeit setzte sich die Politik der Verdrängung der nationalsozialistischen Massenverbrechen durch. Der Verfolgungs- und Bestrafungswille, der anfangs noch bestanden hatte, flaute im Kalten Krieg und im Klima der bevorstehenden Wiederbewaffnung der Bundesrepublik ab, um schließlich ganz zu verschwinden. Mit dem staatlich-institutionellen Neuanfang Westdeutschlands ging auch die kollektiv ersehnte Selbstbestimmung in Sachen NS-Vergangenheit einher. Ab 1949 nahm der bundesdeutsche Staat die Ahndung von NS-Straftaten selbst in die Hand. Die Säuberungspraxis der Westmächte wurde nun schnellstens beendet, ja umgekehrt. Die Folge war die rasch fortschreitende weitere Delegitimierung der Verfolgung von NS-Straftaten. Trotz der Bindung an die Grundrechte und der Berufung auf die rechtsstaatlich-demokratische Ordnung agierte die Regierung Adenauer – von der Sozialdemokratie überwiegend unterstützt – bis Mitte der fünfziger Jahre in vielerlei Hinsicht zugunsten der Täter und zu Lasten der Opfer. Der fundamentale

Unrechtscharakter des NS-Regimes blieb ausgeblendet. Der Historiker Norbert Frei spricht diesbezüglich von „Vergangenheitspolitik". Er zeigt in seiner gleichnamigen Studie eindrücklich den politischen Prozess, der infolge vergangenheitsbezogener Gesetzgebung und Entscheidungsbildung zur Exkulpation, Amnestierung und umfassenden gesellschaftlichen Integration von Repräsentanten der NS-Funktionseliten führte. Selbst schwerbelastete Kriegsverbrecher fanden mühelos ihren Platz in der Gesellschaft.

Die kriminellen ehemaligen Trägerschichten des NS-Staates hatten Politik und Öffentlichkeit der Bundesrepublik auf ihrer Seite. Bis Mitte der fünfziger Jahre musste tatsächlich fast niemand mehr befürchten, wegen seiner NS-Vergangenheit noch strafrechtlich belangt zu werden. Beamte und Berufssoldaten konnten vielmehr aufgrund von Artikel 131 des Grundgesetzes mit ihrer Wiedereingliederung in den öffentlichen Dienst rechnen. Zehntausende, die erheblich belastet waren, darunter viele, die durch die Entnazifizierung ihre Posten verloren hatten, wagten sich unter dem Schutz dieses Paragraphen hervor, um Ansprüche auf Versorgung einzufordern. Arbeitgeber waren gesetzlich verpflichtet, 20 Prozent ihrer Personalausgaben für die „131er-Fälle" aufzuwenden. Ausgeschlossen von den Begünstigungen waren zunächst nur die ehemaligen Beamten der Gestapo und alle, die laut Spruchkammerurteil „Hauptschuldige" waren. Jedoch wurde diese Regelung in mehreren Gesetzesnovellen und richterlichen Urteilen so stark aufgeweicht, dass auch die meisten der anfangs noch ausgeschlossenen Personen in den Genuss von Begünstigungen und großzügigen Wiedereinstiegshilfen kamen.

Amnestiebefürworter sammelten sich schon bald um Ernst Achenbach, die zentrale Figur im Netz ehemaliger NS-Funktionäre. Der Anwalt, der in Essen eine gutgehende Kanzlei betrieb, hatte sich in Nürnberger Nachfolgeprozessen einen Namen gemacht als Verteidiger eines Manager der IG Farben Werke und eines ehemaligen Bediensteten im Auswärtigen Amt, für das er während des Krieges selbst tätig gewesen war. Lobbyarbeit für einstige NS-Größen wurde zur Lebensaufgabe für den FDP-Abgeordneten, der von 1950 an sieben Jahre im nordrhein-westfälischen Landtag saß. Als Achenbach 1957 in den Bundestag gewählt wurde, brachte er es schnell zum außenpolitischen Sprecher seiner Partei und zum Berichterstatter des Auswärtigen Ausschusses. Diese Ämter hatte er bis zu seinem unfreiwilligen Rückzug aus der Politik Mitte der siebziger Jahre inne. Mit aufwendigen Kampagnen legte Achenbach es darauf an, die Öffentlichkeit durch Aufrufe und Unterschriftensammlungen zu mobilisieren und Einfluss auf führende Politiker zu nehmen, um die Generalamnestie für NS-Täter durchzusetzen. Sein Partner war Werner Best, bis 1940 der Stellvertreter Reinhard Heydrichs als Chef des Reichssicherheitshauptamtes. Best war ein ideologischer Vordenker und, wie sein Biograph Ulrich Herbert schreibt, der „Schöpfer der Gestapo". In Dänemark war er wegen seiner Funktion als Reichsbevollmächtigter 1948 zunächst zum Tod, dann zu zwölf Jahren Haft verurteilt worden. Schon nach drei Jahren wurde er aber begnadigt. Seither betrieb Best in Achenbachs Anwaltsbüro eine Nebenkanzlei, von der aus er die Arbeit in Sachen Vergangenheitspolitik vorantrieb. Es gelang den beiden mit verblüffendem Erfolg, Zeugenaussagen zu koordinieren und die Strafverfolgung von NS-Tätern zu hintertreiben. Beide standen auch im Zentrum des Versuches ehemals hochrangiger Funktionäre des „Dritten Reiches", durch Unterwanderung der FDP in Nordrhein-Westfalen in politische Machtzentren der Bundesrepublik vorzudringen. Allerdings kamen die Machenschaften durch Ermittlungen des britischen Geheimdienstes ans Licht, der den Kreis um den ehemaligen Staatssekretär im Reichsministerium für Volksaufklärung und Propaganda, Werner Naumann, 1953 aushob. Der Naumann-Skandal markierte eine klare Grenze: Ehemalige NS-Führungskräfte mussten erkennen, dass ihnen ein offenes Bekenntnis zum Nationalsozialismus nicht nur keinerlei politischen Einfluss sicherte, sondern sie im Gegenteil auf

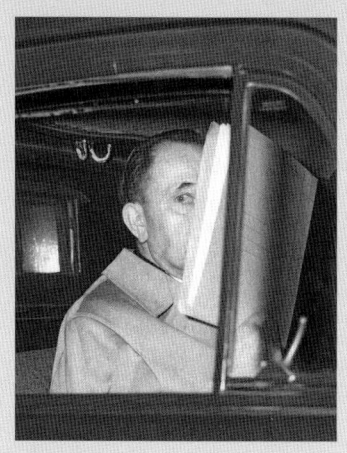

Georg Heuser, ehemaliger Chef des Landeskriminalamtes von Rheinland-Pfalz, wird von der Untersuchungshaftanstalt zum Landgerichtsgebäude gebracht, Koblenz, 26. Oktober 1962.

Karl Wolff, als ehemaliger Chef des Persönlichen Stabes Heinrich Himmlers und als dessen Verbindungsoffizier im „Führerhauptquartier" einer von Himmlers engsten Mitarbeitern, 1943 bis 1945 Höchster SS- und Polizeiführer Italien, im Garten seines Hauses am Starnberger See, 1955.

politischer Ebene stigmatisierte. Die zumindest verbale Abkehr vom Nationalsozialismus war deshalb eine entscheidende Voraussetzung, um im öffentlichen Leben der Bundesrepublik eine neue Rolle zu spielen.

Best verließ nun Achenbachs Kanzlei und machte Karriere in der freien Wirtschaft. Wie er konzentrierten sich fortan viele NS-Täter auf ihr berufliches Fortkommen und den Ausbau ihres Besitzstandes. Dank der finanziellen Hilfe und praktischen Unterstützung, die sie genossen, fanden sie gute Ausgangsbedingungen vor und konnten sich in den neuen Verhältnissen mühelos einrichten. In der euphorischen Atmosphäre des „Wirtschaftswunders" stand dem Wiederaufstieg der „Ehemaligen" in hohe berufliche Positionen auch nichts entgegen. Ulrich Herbert spricht in einem Aufsatz über NS-Eliten treffend von deren „Ausgrenzung in den Wohlstand". In vielen Berufsgruppen war ausgeprägte personelle Kontinuität gang und gäbe. Mediziner, die Kranke ermordet und über Leben und Tod in den Vernichtungslagern entschieden hatten, praktizierten wieder. Richter sprachen erneut Recht. Und ehemalige Angehörige von Ordnungs- und Kriminalpolizei, von Gestapo, SS und SD traten wieder in den Polizeidienst ein, kamen zu Ansehen und Wohlstand.

Gustav Adolf Nosske, Referats- und Gruppenleiter im RSHA und Leiter der Gestapoleitstelle Düsseldorf sowie als Kommandeur eines Einsatzkommandos der Einsatzgruppe D mitverantwortlich für den Massenmord an den sowjetischen Juden, musste die lebenslängliche Haft nicht abbüßen, zu der er in Nürnberg verurteilt worden war. Nach seiner Entlassung 1951 war er als Anwalt in Düsseldorf und als Syndicus gleich mehrerer Firmen tätig. Georg Heuser, als Angehöriger der Einsatzgruppe A und Abteilungsleiter unter anderem beim Kommandeur von Sipo und SD in Minsk an Massenexekutionen beteiligt, wurde 1954 Kriminaloberkommissar in Kaiserslautern und stieg schließlich bereits 1958 zum Chef des Landeskriminalamtes Rheinland-Pfalz auf. Friedrich Beck, ehemaliger Adjutant des Höheren SS- und Polizeiführers Carl Oberg in Paris und zeitweise Kompaniechef eines Polizeiregiments im Raum Minsk, das dort für die brutale Niederschlagung der Partisanenbewegung zuständig war, ging in Bayern wieder in den Polizeidienst und brachte es als kommissarischer Leiter der Grenzpolizei alsbald zum Spitzenbeamten. Hellmuth Retzek, ehemals stellvertretender Kommandeur der Sicherheitspolizei in Toulouse und Bordeaux, avancierte in der Bundesrepublik zum Chef der Wasserschutzpolizei Duisburg. Heinz Reinefarth, ehemaliger Höherer SS- und Polizeiführer „Warthe" und unter anderem 1944 an der Bekämpfung des Warschauer Aufstandes beteiligt, war von 1951 bis 1964 Bürgermeister von Westerland auf Sylt. Als Abgeordneter des Gesamtdeutschen Blocks/Bund der Heimatvertriebenen und Entrechteten (GB/BHE) saß er im Landtag von Schleswig-Holstein. Theodor Saevecke, bei der Sicherheitspolizei Mailand einst verantwortlich für Partisanen- und Geiselerschießungen, stieg bis 1956 zum leitenden Beamten im Referat Hoch- und Landesverrat des Bundeskriminalamtes auf. Die fünf Jahre zuvor gegründete Behörde wurde in erheblichem Umfang von Kriminalisten aufgebaut und mit Beamten besetzt, die im SS- und Polizeiapparat leitende Funktionen eingenommen hatten.

In Industriekreisen, deren NS-belastete Repräsentanten im Kalten Krieg für die wirtschaftliche und rüstungstechnische Sicherung Westeuropas gebraucht wurden, war die Expertise von einstmals führenden Funktionären der Sicherheitspolizei und des Sicherheitsdienstes ebenfalls gefragt. Franz Alfred Six, Amtschef im RSHA und Leiter eines Vorkommandos der Einsatzgruppe B, machte sich nach seiner vorzeitigen Haftentlassung 1952 als Dozent der Akademie für Führungskräfte der Wirtschaft in Bad Harzburg rasch einen Namen. Leiter der Institution war Reinhard Höhn. 1939 zum Ordinarius und Direktor des Institutes für Staatsforschung der Universität Berlin ernannt, ging es ihm darum, die

Staatsrechtslehre Carl Schmitts weiterzuentwickeln, um das NS-Führerprinzip rechtsphilosophisch zu begründen. Höhn, ehemals Abteilungsleiter im RSHA, übernahm in der Bundesrepublik eine leitende und einflussreiche Position bei der Ausbildung der neuen Eliten in Wirtschaft und Politik. Seit 1956 vermittelte er in Bad Harzburg sein Wissen an Generationen von Managern.

Die einstigen Spezialisten der Sicherheitspolizei und des Sicherheitsdienstes waren teilweise bereits in der unmittelbaren Nachkriegszeit als Mitarbeiter der Geheimdienste ebenfalls besonders gefragt – und dies gleich in mehreren Staaten. Für die USA zeigten deren Dienste CIC und CIA Interesse, an Klaus Barbie beispielsweise, dem einstigen Gestapochef von Lyon, der mit amerikanischer Hilfe schließlich in Bolivien Zuflucht fand, wo er sich bis zu seiner Auslieferung 1983 den französischen Justizbehörden entziehen konnte. Auch der sowjetische KGB und der Staatssicherheitsdienst der DDR warben einstige SS- und Polizeifunktionäre an. Beim Bundesnachrichtendienst (BND) und seiner geheimdienstlichen Vorläufereinrichtung, der sogenannten Organisation Gehlen, machten viele ebenfalls Karriere. Reinhard Gehlen, ehemaliger Chef der Wehrmachtsspionage („Fremde Heere Ost") für den Krieg im Osten, baute im Auftrag der Amerikaner den Auslandsnachrichtendienst der Bundesrepublik auf; 1956 wurde er Gründungspräsident des BND. Während seiner zwölfjährigen Amtszeit rekrutierte er sein Personal auch aus hunderten von SD- und Gestapoleuten. Die ehemalige NS-Sicherheitselite war im Kalten Krieg besonders wichtig. Treue zum Grundgesetz und ein guter Leumund hatten als Voraussetzung für die Tätigkeit beim BND keine entscheidende Bedeutung. Was zählte, waren Erfahrung in der nachrichtendienstlichen Arbeit und eine antikommunistische Überzeugung. Auch das 1950 gegründete Bundesamt für Verfassungsschutz (BfV) stellte ehemalige Gestapo- und SD-Mitarbeiter ein. Erich Wenger, einst Führer eines Einsatzkommandos, brachte es dort zum Gruppenleiter. Gustav Halswick, SS-Sturmbannführer beim Kommandeur der Sicherheitspolizei und des SD in Paris und von einem französischen Militärgericht in Abwesenheit verurteilt, war viele Jahre als „Sicherheitsbeauftragter" der Behörde tätig.

Systematische Ermittlungen

Wie weit fortgeschritten der soziale Reintegrationsprozess der NS-Verbrecher schon war, zeigte sich, als Ende der fünfziger Jahre überraschend ein Umdenken einsetzte und sich ein erstaunlicher Wandel des gesellschaftlichen Klimas abzeichnete. Die geschlossene Front der Erinnerungsverweigerer begann zu bröckeln. Die Öffentlichkeit interessierte sich mit einem Mal für die Geschichte der Opfer des NS-Systems, und es zeigte sich, dass der vergangenheitspolitische Konsens langfristig einem kritischeren Umgang weichen würde. Für den Umschwung spielte die Verschiebung des Generationengefüges in Politik und Justiz eine wichtige Rolle, denn mit den Angehörigen der jüngeren Jahrgänge bestimmte eine politisch unbelastete Generation mehr und mehr das Meinungsspektrum. Die DDR legte überdies propagandaträchtig den Finger in die offene Wunde der verdrängten Vergangenheit, als sie Ende der fünfziger, Anfang der sechziger Jahre eine Fülle belastender Materialien präsentierte. In einer Reihe von Broschüren und einem eigenen „Braunbuch" erschienen hunderte von Namen ehemaliger SA-, SS- und NSDAP-Mitglieder, die in Justiz, Verwaltung und Militär des westdeutschen Staates, im Pressewesen und in anderen Bereichen tätig waren. Viele Betroffene kamen dadurch in arge Bedrängnis, manche auch zu Fall.

In Ost-Deutschland hatten ehemalige NS-Täter kaum eine zweite Chance erhalten, da Führungspositionen mit linientreuen, langjährigen Parteikadern besetzt wurden. Zum Totalaustausch der Funktionseliten kam es dort besonders konsequent in Polizei und Justiz, wo der Kontrast zum Westen kaum schärfer hätte sein können. Schon etwas weniger deutlich fiel er beim Aufbau der Nationalen Volksarmee aus. Allerdings praktizierte auch die DDR, die sich programmatisch auf ihren antifaschistischen Gründungskonsens berief, vergangenheitspolitische Rücksichtnahmen. Zum Schutz „gewendeter", loyaler Bürger kamen Ermittlungsverfahren gegen ehemalige KZ-Wächter, Angehörige der SS-Einsatzgruppen und Gestapomitarbeiter in vielen Fällen erst gar nicht in Gang oder wurden rasch wieder eingestellt. Es zählt zu den Paradoxien des deutsch-deutschen Verhältnisses, dass die DDR jedoch mit ihrer Propaganda von der „renazifizierten" Bundesrepublik gerade dort wichtige Anstöße unter anderem auch für die Aufnahme systematischer Ermittlungen gegen NS-Täter lieferte.

Der entscheidende Impuls für die zunehmende Sensibilisierung der westdeutschen Gesellschaft ging vom Ulmer Einsatzkommandoprozess aus. Das Verfahren kam im Frühjahr 1958 eher zufällig in Gang, als ein Zeitungsleser den ehemaligen Polizeidirektor von Memel wiedererkannte, der auch Chef des „Einsatzkommandos Tilsit" gewesen war. Die Presse berichtete, dass er gerichtlich auf seine Wiedereinstellung in den Staatsdienst klagte. Der rasch eingeleitete, aufsehenerregende Prozess rückte das Ausmaß der NS-Verbrechen, aber auch die massiven Versäumnisse der bundesdeutschen Strafverfolgung ins Bewusstsein der Öffentlichkeit. Die unmittelbare Konsequenz aus dem Verfahren war noch im Oktober 1958 die Gründung der Zentralen Stelle der Landesjustizverwaltungen zur Aufklärung nationalsozialistischer Verbrechen. Aufgabe der Ludwigsburger Behörde waren die systematische, bundesweit koordinierte strafrechtliche Aufdeckung von NS-Verbrechen und die Vorermittlung gegen die Täter. Damit begann – geraume Zeit nach Kriegsende – die systematische Strafverfolgung der Untaten durch die westdeutsche Justiz.

Adolf Eichmann während des Gerichtsverfahrens in Jerusalem, 1961.
52333 © SZ Photo, München

Die öffentliche Aufmerksamkeit für die NS-Verbrechen nahm noch zu, als 1961 der Eichmann-Prozess begann. Adolf Eichmann, im RSHA für die Organisation der europaweiten Deportationstransporte in die Vernichtungslager verantwortlich, war es seit seiner Flucht aus einem amerikanischen Internierungslager gelungen, unerkannt in Argentinien zu leben. Dort machte ihn der israelische Geheimdienst 1960 ausfindig. Nach seiner spektakulären Entführung durch den Mossad wurde er in Jerusalem vor Gericht gestellt, wo er ein halbes Jahr nach dem Todesurteil im Sommer 1962 hingerichtet wurde. Als unter dem Eindruck des Eichmann-Prozesses in Frankfurt am Main, auf Initiative des hessischen Generalstaatsanwaltes Fritz Bauer, Ende 1963 der Auschwitz-Prozess begann, rückten die NS-Verbrechen erst recht in den Blick. Der Prozess gegen ehemalige Angehörige des SS-Lagerpersonals war begleitet von der Aufmerksamkeit der Weltöffentlichkeit. Die Medien berichteten intensiv darüber; etwa 20 000 Besucher wohnten dem Prozess im Laufe seiner zwanzigmonatigen Dauer bei, darunter viele Schulklassen. Für Schlagzeilen sorgte der Ostberliner Strafrechtsprofessor Friedrich Karl Kaul, der als Nebenkläger auftrat und viele Male auf die Unterlassungssünden der westdeutschen Justiz im Umgang mit NS-Tätern aufmerksam machte. Zwar blieben die Urteile am Ende erheblich unter dem von der Staatsanwaltschaft geforderten Strafmaß, was im In- und Ausland Unverständnis hervorrief. Jedoch kam dem Verfahren im Umgang mit der NS-Vergangenheit zentrale Bedeutung zu. Der Auschwitz-Prozess gab den entscheidenden Anstoß für die politische und gesellschaftliche Auseinandersetzung mit den Massenverbrechen. Die Vernichtung der europäischen Juden und anderer Verfolgtengruppen wurde fortan intensiv öffentlich thematisiert.

Der ehemalige Kommandeur der Waffen-SS-Panzerdivision „Leibstandarte-SS Adolf Hitler", Josef („Sepp") Dietrich, mit anderen Ritterkreuzträgern bei einem SS-Veteranentreffen, Regensburg, 25. Oktober 1959.

52082 © ullstein bild, Berlin

Der ehemalige Gestapochef von Lyon, Klaus Barbie, nach seiner Verurteilung zu lebenslanger Haft vor einem französischen Gericht in Lyon, 4. Juli 1987.

52054 © ullstein bild, Berlin

Der Wandel im Umgang mit der NS-Vergangenheit erfasste Rechtspolitik und Rechtspraxis. Viele Verfahren wegen Mord und Beihilfe zum Mord kamen im Zuge der Dynamisierung der strafrechtlichen Ahndung nun in Gang oder wurden neu aufgerollt. Davon betroffen war beispielsweise Karl Wolff, Chef des Persönlichen Stabes des Reichsführers-SS und im Krieg Himmlers „Höchster SS- und Polizeiführer (HöSSPF) Italien". Er lebte nach seiner Haftentlassung 1949 unbehelligt in seinem Haus am Starnberger See und war als Werbekaufmann tätig, ehe er im Juli 1964 wegen Beihilfe zum Mord zu 15 Jahren Haft verurteilt wurde. Wilhelm Harster, ehemals Leiter der Staatspolizeistelle Innsbruck und Befehlshaber der Sicherheitspolizei und des Sicherheitsdienstes in Krakau, Den Haag und Verona, von einem niederländischen Gericht verurteilt, gelang nach der vorzeitigen Haftentlassung die Rückkehr in den öffentlichen Dienst. 1963 wurde er unter dem Druck staatsanwaltschaftlicher Ermittlungen als mittlerweile führender Beamter der Regierung von Oberbayern vorzeitig in den Ruhestand versetzt. Anfang 1967 erging ein Urteil gegen ihn, allerdings musste er nur zwei von 15 Jahren absitzen, weil die in den Niederlanden teilweise verbüßte Strafhaft angerechnet wurde.

Wenngleich die Strafverfolgungsbehörden ihren Willen zum verantwortungsvollen Umgang mit der NS-Zeit deutlicher zeigten und nachhaltiger bemüht waren, die Verbrechen zu sühnen, erfolgten viele Maßnahmen zögerlich und inkonsequent oder kamen zu spät. Das Gros der Verfahren endete mit Einstellung oder Freispruch. Kam es doch zur Verurteilung, standen die Strafen oft im Unverhältnis zu den verhandelten Taten, was an der Prozesstaktik der Beschuldigten, aber auch an dem Umstand lag, dass die Justiz gehalten war, die Massenverbrechen in individuelle Taten aufzuspalten und den subjektiven Täterwillen nachzuweisen. Die Urteile in den Verfahren gegen das Personal der Vernichtungslager der „Aktion Reinhardt" im besetzten Polen, die zwischen 1964 und 1966 gefällt wurden, fielen denn auch relativ milde aus. Es gelang den Verteidigern sowohl im Treblinka-Prozess vor dem Landgericht Düsseldorf als auch im Bełżec-Prozess in München und im Sobibór-Prozess in Hagen, für die Täter angeblichen „Befehlsnotstand" geltend zu machen.

Der große, von der Generalstaatsanwaltschaft in (West-)Berlin intensiv vorbereitete Prozess gegen einen Teil des Personals des RSHA scheiterte am Ende infolge neuer Regelungen durch eine Strafrechtsreform im Rahmen des neuen Ordnungswidrigkeitengesetzes. Die vom Bundestag verabschiedete Amnestie trat im Oktober 1968 in Kraft, wenige Monate vor der geplanten Eröffnung des Prozesses gegen insgesamt rund 300 Angeklagte. Sie verhinderte die Durchführung und damit den Versuch, die Strafverfolgung erstmals systematisch über die direkt Tatbeteiligten hinaus auf Funktionäre auszuweiten, die in der Entscheidungszentrale der Vernichtungspolitik als Verwaltungsfachleute und Sachbearbeiter auch vom Schreibtisch aus den Massenmord organisiert hatten. Viele Bundestagsabgeordnete und auch Bundesjustizminister Gustav Heinemann („Ich bin auf solche Tücken nicht gekommen.") beteuerten später, sich über die Auswirkungen der Amnestie nicht im Klaren gewesen zu sein, die verhinderte, dass hochrangige NS-Täter noch zur Verantwortung zu ziehen waren. Dem einstigen Chefideologen und Amtschef im RSHA, Werner Best, gelang es bis an sein Lebensende, sich wirksamer deutscher Strafverfolgung zu entziehen.

Im Jahr 1981 endete mit dem Majdanek-Prozess nach sechs Jahren eines der aufwendigsten Verfahren in der Geschichte der Bundesrepublik. Zur selben Zeit kam auch Kurt Lischka vor Gericht, einst Gestapochef in Köln und stellvertretender Befehlshaber von Sipo und SD in Paris. Das Landgericht Köln verurteilte ihn 1980 zu sieben Jahren Haft. Herbert Hagen, der persönliche Referent des Höheren SS- und Polizeiführers Oberg in Frankreich, erhielt im selben Prozess eine Strafe von zwölf Jahren und Ernst Heinrichsohn,

Mitarbeiter im „Judenreferat" der Gestapo Paris, sechs Jahre. Alle drei waren für die Deportation der Juden aus Frankreich in die Vernichtungslager verantwortlich gewesen und lebten seit Jahrzehnten unbehelligt in der Bundesrepublik: Lischka als Prokurist in Köln, Hagen war Geschäftsführer einer Maschinenbaufirma in Warstein und Heinrichsohn, der eine Anwaltskanzlei hatte, amtierte viele Jahre als Bürgermeister der fränkischen Ortschaft Bürgstadt. Dass sie am Ende doch vor Gericht kamen, ging wesentlich auf die Initiative von Beate und Serge Klarsfeld zurück, die nicht müde geworden waren, Beweismittel gegen sie zu sammeln. Das deutsch-französische Ehepaar machte in öffentlichen, teils spektakulären Aktionen seit den ausgehenden sechziger Jahren auch in vielen weiteren Fällen auf den skandalösen Zustand aufmerksam, dass die meisten NS-Verbrecher in der Bundesrepublik nicht zur Rechenschaft gezogen wurden und sogar öffentliche und andere Ämter bekleideten. Einige Zeit wurden sie dabei von Ost-Berlin unterstützt, ehe ihre Kritik am wachsenden Antisemitismus in vielen Ostblockstaaten zum Konflikt mit den dortigen Machthabern führte. Die Klarsfelds, die in der Bundesrepublik lange isoliert blieben, setzten ganz auf die Öffentlichkeit, deren kritische Beobachtung vergangenheitspolitischer Entscheidungen allmählich immer wichtiger wurde. Gerade weil der Einstellungswandel im Umgang mit der NS-Vergangenheit entscheidend von der Öffentlichkeit getragen wurde, lässt sich der gesellschaftliche und (rechts-)politische Umgang damit auf lange Sicht nicht auf eine Kette von Skandalen, Defiziten und strukturellen Versäumnissen reduzieren. Von einer Erfolgsgeschichte ist gleichwohl ebensowenig zu reden.

Fazit

Nach jüngsten Forschungsergebnissen, veröffentlicht in den „Vierteljahrsheften für Zeitgeschichte", kam es zwischen 1945 und 2005 in (West-)Deutschland im Zusammenhang mit Kriegs- und NS-Verbrechen zu strafrechtlichen Ermittlungen gegen insgesamt rund 172 000 Verdächtige. Gerichtsurteile ergingen in 14 000 Fällen, die Hälfte davon waren Freisprüche. Über 6 750 Personen wurden für schuldig befunden. Nur relativ wenige von ihnen mussten mit der Höchststrafe rechnen. Die meisten kamen mit weniger als fünf Jahren Gefängnis davon. Ihr Alter und die mittlerweile verstrichene lange Zeit schützen die Täter bis heute nicht vor der Verurteilung. Die NS-Prozesse bleiben bis in die Gegenwart wichtig, denn sie waren und sind nicht nur Bestrafung der verantwortlichen Täter, sondern zugleich Schutz und Bestätigung der moralischen Grundnormen der deutschen Gesellschaft.

Weiterführende Literatur

Bernhard Brunner, Der Frankreich-Komplex. Die nationalsozialistischen Verbrechen in Frankreich und die Justiz der Bundesrepublik Deutschland, Göttingen 2004.

Norbert Frei, Vergangenheitspolitik. Die Anfänge der Bundesrepublik und die NS-Vergangenheit, München 1999 (zuerst 1996).

Ders. (Hg.), Hitlers Eliten nach 1945, München 2003 (unter dem Titel „Karrieren im Zwielicht" zuerst 2001).

Kerstin Freudiger, Die juristische Aufarbeitung von NS-Verbrechen, Tübingen 2002.

Michael Greve, Der justitielle und rechtspolitische Umgang mit den NS-Gewaltverbrechen in den sechziger Jahren, Frankfurt am Main 2001.

Lutz Hachmeister, Der Gegnerforscher. Die Karriere des SS-Führers Franz Alfred Six, München 1998.

Ders., Die Rolle des SD-Personals in der Nachkriegszeit. Zur nationalsozialistischen Durchdringung der Bundesrepublik, in: Michael Wildt (Hg.), Nachrichtendienst, politische Elite, Mordeinheit. Der Sicherheitsdienst des Reichsführers SS, Hamburg 2003, S. 349–369.

Georg M. Hafner/Ester Shapira, Die Akte Alois Brunner. Warum einer der größten Naziverbrecher noch immer auf freiem Fuß ist, Frankfurt am Main 2002 (zuerst 2000).

Ulrich Herbert, Best. Biographische Studien über Radikalismus, Weltanschauung und Vernunft 1903–1989, Bonn 2001 (zuerst 1996).

Ders., NS-Eliten in der Bundesrepublik. Bestrafung – Tolerierung – Integration, in: Karl Teppe/Hans-Ulrich Thamer (Hg.), 50 Jahre Nordrhein-Westfalen. Land im Wandel, Münster 1998, S. 7–22.

Serge Klarsfeld, Vichy – Auschwitz. Die Zusammenarbeit der deutschen und französischen Behörden bei der „Endlösung der Judenfrage" in Frankreich, Darmstadt 2007.

Henry Leide, NS-Verbrecher und Staatssicherheit. Die geheime Vergangenheitspolitik der DDR, Göttingen 2006 (zuerst 2005).

Claudia Moisel, Frankreich und die deutschen Kriegsverbrecher. Politik und Praxis der Strafverfolgung nach dem Zweiten Weltkrieg, Göttingen 2004.

Lutz Niethammer, Die Mitläuferfabrik. Die Entnazifizierung am Beispiel Bayerns, Bonn/Berlin 1982.

Mary Ellen Reese, Organisation Gehlen. Der Kalte Krieg und der Aufbau des deutschen Geheimdienstes, Berlin 1992.

Markus Roth, Herrenmenschen. Die deutschen Kreishauptleute im besetzten Polen. Karrierewege, Herrschaftspraxis und Nachgeschichte, Göttingen 2009.

Sybille Steinbacher, Auschwitz. Geschichte und Nachgeschichte, München 2007 (zuerst 2004).

Patrick Wagner, Hitlers Kriminalisten. Die deutsche Kriminalpolizei und der Nationalsozialismus, München 2002.

Michael Wildt, Generation des Unbedingten. Das Führungskorps des Reichssicherheitshauptamtes, Hamburg 2002.

Die Autorin

Sybille Steinbacher, geb. 1966, PD Dr. phil., Akademische Rätin am Lehrstuhl für Neuere und Neueste Geschichte der Friedrich-Schiller-Universität Jena, Feodor-Lynen-Stipendiatin der Alexander von Humboldt-Stiftung.

Veröffentlichungen (Auswahl): Sybille Steinbacher (Hg.), „Volksgenossinnen". Frauen in der NS-Volksgemeinschaft. Göttingen 2007 (zuerst 2007); Auschwitz. Geschichte und Nachgeschichte, München 2007 (zuerst 2004); „Musterstadt" Auschwitz. Germanisierungspolitik und Judenmord in Ostoberschlesien, München 2000; Norbert Frei/Sybille Steinbacher (Hg.), Beschweigen und Bekennen. Die deutsche Nachkriegsgesellschaft und der Holocaust, Göttingen 2001; Dachau. Die Stadt und das Konzentrationslager in der NS-Zeit. Die Untersuchung einer Nachbarschaft, Frankfurt am Main u.a. 1994 (zuerst 1993).

EPILOG: DER HISTORISCHE ORT NACH 1945

Das Areal zwischen Prinz-Albrecht-Straße (heute: Niederkirchnerstraße) und Wilhelmstraße beherbergte mit dem Geheimen Staatspolizeiamt, der Reichsführung-SS und dem Reichssicherheitshauptamt die Planungs- und Organisationszentralen der meisten Massenverbrechen und Terrorakte des nationalsozialistischen Regimes in Deutschland und in Europa. Hier standen die Schreibtische des Reichsführers-SS Heinrich Himmler, seiner engen Mitarbeiter Reinhard Heydrich, Ernst Kaltenbrunner, Werner Best, Heinrich Müller und vieler anderer Protagonisten des nationalsozialistischen Terrorapparates von SS und Polizei.

Nach 1945 geriet dieser historische Ort rasch in Vergessenheit. Die baulichen Überreste der NS-Vergangenheit wurden bereits vor dem Bau der Berliner Mauer 1961 schrittweise beseitigt. In exemplarischer Weise wurden hier die Spuren eines sehr lange von den meisten Deutschen verdrängten, nicht angenommenen Teils ihrer Geschichte unsichtbar gemacht und entsorgt. Zu Beginn der achtziger Jahre wurde dieser dauerhaft historisch kontaminierte „Ort der Täter" wiederentdeckt. In einem langwierigen, mühsamen und konfliktreichen Prozess der „Spurensuche" und kritischen Aufarbeitung wurde er im historischen Gedächtnis Berlins und der Bundesrepublik Deutschland neu thematisiert und schließlich wieder verankert. Das Projekt „Topographie des Terrors" bemüht sich, die besondere Geschichte dieses authentischen Ortes im Zentrum des wiedervereinigten Berlin adäquat aufzuarbeiten. Neben der Vermittlung essentieller historischer Informationen zu den verantwortlichen Tätern und ihren singulären Verbrechen bedeutet dies nicht zuletzt auch, die Erinnerung an die Leiden der Opfer von Gestapo und SS in Deutschland und Europa wach zu halten.

Luftaufnahme der Berliner Innenstadt, undatiert (um 1947).
In der Bildmitte das heute als „Topographie des Terrors" bezeichnete Areal mit der Ruine des Geheimen Staatspolizeiamtes (ehemalige Kunstgewerbeschule, Prinz-Albrecht-Straße 8) und des Reichssicherheitshauptamtes (ehemaliges Prinz-Albrecht-Palais, Wilhelmstraße 102). Am unteren Bildrand rechts der Anhalter Bahnhof und die Europahaus-Anlage, am Bildrand links der Potsdamer Bahnhof und der Potsdamer Platz.
10003 © Senator für Bau- und Wohnungswesen (Hrsg.), Planungsgrundlagen Ideenwettbewerb „Hauptstadt Berlin", Berlin 1957

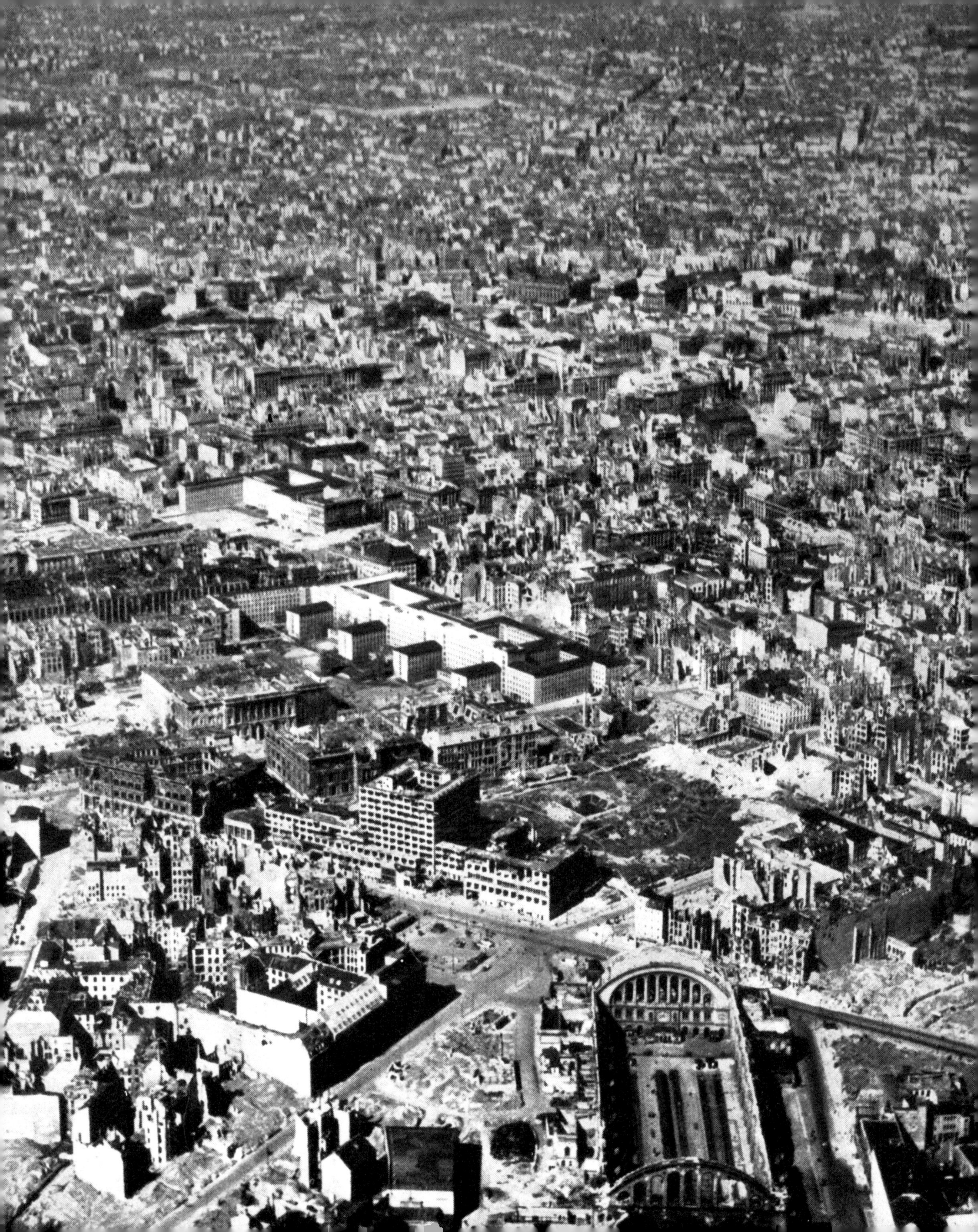

Die ehemalige Gestapozentrale in der Prinz-Albrecht-Straße 8, Winter 1945/46.

53002 Foto: Heinz Badekow © Stiftung Topographie des Terrors, Berlin

Der gesprengte Luftschutzbunker des ehemaligen Reichssicherheitshauptamtes kurz vor der Abräumung, 1954.

Rechts ein Teil der noch erhaltenen Straßenfassade der ehemaligen Gestapo-Zentrale, im Hintergrund die Ruine des Kunstgewerbemuseums (heute: Martin-Gropius-Bau).

53004 © Bezirksamt Friedrichshain-Kreuzberg, Stadtplanungsamt

Gartenansicht der Ruine des Prinz-Albrecht-Palais, der ehemaligen Zentrale des Sicherheitsdienstes (SD) der SS und des Reichssicherheitshauptamtes (RSHA), 1948.

53003 Foto: Norbert Leonard © SZ Photo, München

Die Berliner Mauer an der Grenze zwischen dem amerikanischen und dem sowjetischen Sektor entlang der Niederkirchnerstraße (ehemalige Prinz-Albrecht-Straße), Blick von der Wilhelmstraße, Mai 1977.
Auf Westberliner Gebiet (links) die Ruine des heutigen Martin-Gropius-Baus und das brache ehemalige Gestapo-Gelände, rechts das Haus der Ministerien der DDR (früher Reichsluftfahrtministerium, heute Bundesministerium der Finanzen), im Hintergrund das ehemalige Preußische Abgeordnetenhaus (heute: Abgeordnetenhaus von Berlin).

53005 © Landesarchiv Berlin

Zwischennutzung des ehemaligen Gestapo-Geländes durch eine Bauschuttverwertungsfirma, Blick vom Martin-Gropius-Bau in Richtung Wilhelmstraße, 1981.

53006 Foto: Gerhard Ullmann © Stiftung Topographie des Terrors, Berlin

Spurensuche: Aktion „Nachgegraben" auf dem Gestapo-Gelände, initiiert vom Verein „Aktives Museum Faschismus und Widerstand in Berlin" und der „Berliner Geschichtswerkstatt", 5. Mai 1985.
Mit der symbolischen Grabung sollte der Grundriss der ehemaligen Gestapozentrale markiert werden.
53007 Foto: Jürgen Henschel © Stiftung Topographie des Terrors, Berlin

Blick auf das Gelände der ehemaligen Gestapozentrale, Juli 1986.
Die Hinweistafel wurde 1981 anlässlich der Preußen-Ausstellung im Martin-Gropius-Bau in Höhe des ehemaligen Gestapo-Hausgefängnisses aufgestellt.
53008 © Landesarchiv Berlin

Freilegungsarbeiten entlang der Niederkirchnerstraße (ehemalige Prinz-Albrecht-Straße), September 1986.
Zu erkennen sind die Kellerreste des Nordflügels der ehemaligen Gestapozentrale. Hinter dichtem Bewuchs die Berliner Mauer im „Ostsektor" (Bezirk Mitte).
53009 © Landesarchiv Berlin

Blick vom Dach des Martin-Gropius-Baus auf die freigelegten Fundamente von Zellen des ehemaligen Hausgefängnisses der Gestapozentrale, September 1986.
Die Kränze markierten 5 von insgesamt 20 Zellen des südlichen Zellentrakts.

53010 Foto: Margret Nissen © Stiftung Topographie des Terrors, Berlin

Die Ausstellung „Topographie des Terrors" in den Ausgrabungen entlang der Niederkirchnerstraße, April 2005.
Im Hintergrund links der erhaltene innerstädtische Abschnitt der Berliner Mauer.

53011 Foto: Hans-Dietrich Beyer © Stiftung Topographie des Terrors, Berlin

ORTSREGISTER

Nicht erfasst sind Einführung, Dokumente, Listen und Grafiken.

A

Aachen 59, 136, 220, 392
„Alpenland" 145
Altaussee 371, 407
Altenburg 266, 279
Amersfoort 331
Amsterdam 145, 329, 331, 355
–, Adama van Scheltemaplein 1: 329
–, Daniel Willinkplein: 331
Ansbach 252
Ardeatinische Höhlen 323, 345, 391
Ardennen 371, 398
Argentinien 140, 385, 391, 414
Auschwitz (Konzentrations-/Vernichtungslager) 138, 143, 144, 152, 164, 165, 215, 217, 222, 225, 229, 230, 275, 277, 278, 284, 354, 384, 408, 408
Auschwitz-Birkenau (Vernichtungslager) 141, 157, 219, 220, 225, 277, 354, 384
Auschwitz (Prozess) 379, 387, 414

B

Bad Harzburg 412, 413
Baden 25, 103, 190, 217, 220
Baden-Baden 100
Baden-Württemberg 386
Baltikum 135, 205, 351, 353
Banja Luka 360
Baranawitschy 320
Bayern 29, 37, 77, 93, 133, 157, 171, 275, 387, 397, 412, 415
Beaune-la-Rolande (Internierungslager) 143, 335
Bebra 388
Belgien 138, 332f., 348, 371
Belgrad 338, 339, 354
Bełżec (Vernichtungslager) 115, 277, 301, 304
Bełżec (Prozess) 415
Berchtesgaden 44, 108, 127
Beregszász/Berehovo (Ghetto) 141
Bergen-Belsen (Konzentrationslager) 225, 275, 373, 374, 384
Berlin 14, 17, 18, 19, 23, 26, 27, 31, 34, 36, 42, 46, 49, 52, 59, 60, 61, 62, 66, 80, 85, 86, 89, 90, 98, 99, 101, 109, 125, 134, 135, 137, 140, 144, 145, 147, 157, 172, 174, 184, 187, 188, 190, 191, 196, 197, 205, 208, 211, 213, 214, 219, 221, 225, 230, 235, 236, 237, 238, 239, 241, 247, 260, 269, 275, 281, 283, 284, 286, 295, 317, 343, 346, 364, 369, 375, 399, 400, 406, 412, 418
–, Alt-Moabit: 26
–, Am Großen Wannsee 56–58: 139, 219
–, Anhalter Straße: 10
–, Bebelplatz: 27
–, Bezirk Mitte 22, 26, 283, 422
–, Bezirk Charlottenburg 26, 96, 114, 120, 175, 176, 393, 400
–, Bezirk Dahlem 196
–, Bezirk Karlshorst 284
–, Bezirk Köpenick 26
–, Bezirk Kreuzberg 26
–, Bezirk Lichterfelde 33
–, Bezirk Moabit 388
–, Bezirk Prenzlauer Berg 26
–, Bezirk Spandau 26
–, Bezirk Steglitz 241
–, Bezirk Tempelhof 26
–, Bezirk Tiergarten 26, 209
–, Bezirk Weißensee 240
–, Bezirk Zehlendorf 33, 207
–, Carl-Schurz-Straße: 26
–, „Columbia" siehe „Columbia" (Konzentrationslager)
–, Columbiastraße 1–3: 26
–, Friedrichstraße 234: 26
–, General-Pape-Straße 26
–, „Groß-Berlin" (Gau) 205
–, Hedemannstraße 5/6: 26
–, Hedemannstraße 24: 85
–, Hedemannstraße 31/32: 26
–, Hohenzollernplatz 26
–, Invalidenstraße: 26
–, Knaackstraße: 26
–, Kolmarer Straße: 26
–, Lehrter Straße (Untersuchungsgefängnis) 196
–, Lindenthaler Allee: 207
–, Loschmidtstraße 6–8: 26
–, Lustgarten: 42, 48
–, Mandrellaplatz 6: 26
–, Mexikoplatz: 207
–, Niederkirchnerstraße (siehe auch Berlin, Prinz-Albrecht-Straße) 418, 421, 422, 423
–, Niklasstraße: 207
–, Opernplatz: 27
–, Ost 400, 414, 416, 422
–, Plötzensee (Strafanstalt) 196, 197
–, Potsdamer Platz 244, 428
–, Potsdamer Straße (Bezirk Spandau) 26
–, Potsdamer Straße 26 (Bezirk Tiergarten) 209
–, Prinz-Albrecht-Straße: 10, 418, 421, 422
–, Prinz-Albrecht-Straße 8: 12, 13, 29, 30, 37, 42, 70, 77, 91, 101, 171, 172, 193–203, 241, 375, 418, 420
–, Prinz-Albrecht-Straße 9: 13
–, Rosenstraße („Sammellager") 283
–, Rosinenstraße 4: 26
–, Saarlandstraße: 42
–, Schloßstraße 1: 114
–, Stresemannstraße: 10, 42
–, Theodor-Fritsch-Allee: 207
–, Tiergartenstraße 4: 243, 244
–, Voßstraße 19: 26
–, Werderscher Markt 5–6: 113
–, Werner-Voß-Damm 54a: 26
–, West 394, 395, 415, 421
–, Wilhelmplatz: 42
–, Wilhelmstraße: 10, 13, 17, 127, 418
–, Wilhelmstraße 102: 12, 13, 70, 129, 418

Bernau 120, 388
Bessarabien 85
Białystok 362
Bielefeld 121, 214
Bochnia 291
Bonn 397
Bordeaux 412
Börgermoor (Konzentrationslager) 36
Borissow 321
Bottrop 184
Brandenburg/Havel („Euthanasie"-Tötungsanstalt) 115
Brandenburg/Havel 124
Brandenburg-Görden (Zuchthaus) 197
Braunschweig 46, 75, 268
Breendonk („Auffanglager") 332, 333
Breitenau (Konzentrationslager) 149
Bremen 222, 361
–, Obernstraße: 166
Bremervörde 377, 407
Breslau 43, 61, 121, 144, 184
Brünn/Brno 121
Brüssel, Kroonlaan: 332
Buchenwald (Konzentrationslager) 64, 151, 161, 164, 167, 229, 251, 275, 276, 373, 407
Buchenwald, „Dora", Dora-Mittelbau (Außenlager von B., Konzentrationslager) 167, 225
Buchenwald, Ohrdruf (Außenlager von B.) 373
Bückeberg 43
Budapest 341, 342, 343
Bulgarien 135, 144, 196, 354
Burgenland 277
Bürgstadt 416

C
Charkow 355
Chełm 255, 256, 257
Chełmno (Vernichtungslager) 219, 225, 277, 354
Chile 386
Coburg 54
„Columbia" (Konzentrationslager) 26, 193, 196, 228, 238

D
Dachau 398
Dachau (Konzentrationslager) 29, 149, 157, 196, 197, 251, 275, 276, 373, 382
Dachau (SS-Übungslager) 137
Dänemark 133, 328, 371, 381, 388, 411
Danzig 61, 206, 275
Darmstadt 133
Demodow 361
Den Haag 136, 145, 329, 330, 387, 415
Deutschland („Altreich", Deutsches Reich, „Großdeutsches Reich", Reichsgebiet) 18, 29, 51, 54, 58, 60, 62, 63, 65, 66, 68, 69, 70, 76, 85, 109, 113, 120, 124, 133, 134, 135, 158, 174, 178, 179, 182–188, 190–273, 197, 206, 217, 258, 274–284, 286, 289, 307, 323, 345, 346, 347, 349, 350, 351, 355, 358, 363, 371, 376, 379, 401, 406, 408, 409, 418
–, amerikanische Zone 376, 407, 409
–, britische Zone 407
–, Bundesrepublik Deutschland (BRD) (ab 1949) 97, 144, 145, 188, 364, 385, 386, 388, 394, 396, 397, 400, 409, 410, 411, 412, 413, 414, 415, 416, 418
–, Deutsche Demokratische Republik (DDR) (1949–1990) 197, 305, 387, 394, 407, 413, 414, 421
–, französische Zone 407
–, Ostdeutschland (1945–1949) 379, 414
–, Westdeutschland (1945–1949) 144, 379, 416
Dillenburg-Niederscheld 261, 262, 284
Dortmund 22, 45
–, Bezirk Dorstfeld 45, 48, 49, 78
–, Bezirk Hörde 121
Drancy („Sammellager") 335
Dresden 121, 187
Duisburg 25, 229, 267, 412
Düsseldorf 59, 115, 121, 136, 152, 154, 187, 222, 229, 239, 265, 386, 389, 390, 392, 412, 415

E
Eberbach am Neckar 149
Ecuador 386
Eichberg 251
Eisenach 211, 264, 283
Elsass-Lothringen 217, 346, 351, 369
Eltville (Rhein) 251
England siehe Großbritannien
Erfurt 187
Erlangen 209
Essen 51, 229, 230, 327, 411
Esterwegen (Konzentrationslager) 36, 196
Etterbeck 332

F
Flensburg 94, 135, 377, 406, 408, 410
Flossenbürg (Konzentrationslager) 166, 275
Fondotoce 344
Franken 105, 106, 212
Frankfurt am Main 135, 222, 248, 249, 277, 379, 387, 402, 414
Frankfurt/Oder 260, 392
Frankreich 52, 58, 83, 103, 138, 144, 145, 190, 217, 334–337, 348, 355, 385, 390, 391, 408, 409, 410, 413, 415, 416
Fürstenberg/Havel 175
Fürstenberg/Oder 260

G
Galatz/Galaţi 85
Gardelegen 372
„Generalgouvernement" 68, 105, 121, 134, 219, 220, 222, 225, 289, 290, 292, 293, 301, 303, 304, 323, 348, 350, 351, 354, 355
Genua 344, 391
Giengen an der Brenz 136

Gießen 136
Gleiwitz 120
Gnesen/Gniezno 85, 289
Göppingen 55
Grafeneck („Euthanasie"-Tötungsanstalt) 115, 246, 249, 250
Granville 370
Griechenland 340, 348, 354, 355, 392
Grini (Konzentrationslager) 327
Grójek 360
Großbritannien 58, 282, 408, 409
Groß-Rosen (Konzentrationslager) 260, 269, 275
Gurs (Lager) 103, 190

H
Hadamar („Euthanasie"-Tötungsanstalt) 115, 249
Hagen 415
Halle/Saale 133, 361
Hamburg 46, 80, 134, 186, 187, 222, 277, 305, 361, 381, 384, 391
Hamburg-Fuhlsbüttel (Zuchthaus) 231
Hameln 43
Hanau 210
Hannover 80, 222
Harburg-Wilhelmsburg 361
Hartheim/Linz („Euthanasie"-Tötungsanstalt) 115
Heidelberg 67, 137, 318
Heilbronn, Sülmerstraße 9–11: 206, 276
Hessen 133, 136, 196
Hildesheim 135
Hinzert (Konzentrationslager) 168
Hof an der Saale 81
Hofgeismar 24
Hohenasperg („Sammellager") 222
Hoheneggelsen 135
Hohenlinden 120
Hohensalza 296, 299
Hohenzollern 103
Holzhausen 136
Homberg 136
Hradschin 325, 353

I
Ioannina 340
Irland 282
Italien 144, 344f., 355, 371, 389, 398, 400, 415

J
Jalta 315
Jamlitz (ehem. Außenlager von Sachsenhausen, sowjetisches Speziallager) 407
Jerusalem 140, 282, 385, 414
Jesenice 338
Jugoslawien 349, 350, 354, 355

K
Kaiserslautern 393, 412
Karasubazar 360
Karlburg 397
Karlsruhe 25, 136, 220, 402

Kärnten 145
Karpatho-Ruthenien 141
Kassel 144, 233, 361
Kassel, Opernplatz: 56
Kattowitz 230
Kaukasus 360
Kiel 56, 135, 180, 231
Kiew 136, 320
Kischinew (heute: Chișinău, Moldawien) 311
Kislau (Konzentrationslager) 25
Koblenz 121, 136, 393, 412
Köln 59, 144, 145, 222, 268, 271, 272, 273, 277, 374, 390, 415, 416
–, Bezirk Ehrenfeld 180, 271, 272, 273
–, Hüttenstraße: 271
–, Schönleinstraße: 271
Königsberg 197
Konstanz 74
Kopenhagen 133, 186, 328, 388
Kovin 339
Kowno 217
Krakau 290, 291, 349, 353, 361, 387, 415
–, Montelupichstraße (Gefängnis) 292, 293
Krasniczyn 105
Krasnystaw 105
Krim 315, 360
Kroatien 354
„Kulmhof" siehe Chełmno
Kutno 299

L

Landsberg (Kriegsverbrechergefängnis) 245, 379, 382, 385, 392
Leipzig 137, 197
Lemgo 67
Leslau/Włocławek 299, 300
Lettland 187, 313, 347
Libau/Liepāja 313
Lidice 326
Liebenau 250
Liegnitz 79, 183
Linz 57, 141, 370
Litauen 62, 311, 347
„Litzmannstadt" siehe Łódź
Lobetal 247
Łódź 302, 355, 360, 362
Łódź (Ghetto) 87, 210, 214, 217, 219, 225, 277, 281, 281, 300
London 350
Lörrach 102, 190
Lorsch 136
Lublin 122, 123, 217, 294, 301, 304, 352, 354, 355, 382
Ludwigsburg 414
Lüneburg 361, 377, 384
Lüttich 332
Luxemburg 351
Lyon 391, 413, 415

M

Madagaskar 353
Magdeburg 121, 186, 373
Mailand 344, 400, 412
Majdanek (Konzentrations-/Vernichtungslager) 382
Majdanek (Prozess) 390, 415
Malmedy 371
Malmedy (Prozess) 398
Maly Trostinec (Vernichtungslager) 216
Mannheim 137
Marburg 54
Marseille 337
Mauthausen (Konzentrationslager) 160, 167, 231, 257, 275, 277
Mauthausen, Gusen (Außenlager von M.) 231
Mecklenburg 406
Memel 386, 414
Minsk 136, 216, 217, 257, 313, 314, 315, 320, 353, 355, 393, 412
Mittelfranken 59
Mittweida 137
Mogilew/Mahilëŭ (Weißrussland) 311, 314, 351
Molingen (Konzentrationslager) 230
Mosbach 208
Moskau 134, 135, 196, 282
München 14, 37, 42, 60, 73, 74, 77, 93, 101, 102, 121, 133, 134, 135, 137, 145, 147, 172, 184, 197, 225, 259, 387, 388, 389, 402, 415
–, Feldherrnhalle 45
–, Odeonsplatz: 45, 81, 172
Münster 121, 214

N

Nagold 54
Naher Osten 407
Nassau 196
Natzweiler (Konzentrationslager) 275
Naumburg/Saale (Strafgefängnis) 237
Neuengamme (Konzentrationslager) 166, 169, 229, 275
Neumünster 145
Neustadt bei Coburg 27
Niederdonau (Gau) 227
Niederlande 138, 145, 329–331, 400, 415
Niederschlesien 59
Nordbukowina 85
Nordhausen 167, 225
Nordrhein-Westfalen 411
Normandie 282, 370
Norwegen 128, 327, 355, 371
Nürnberg 39, 41, 49, 133, 137, 245, 284, 366, 380, 381, 383, 384, 385, 392, 393, 408, 411, 412
–, Luitpoldarena 79, 366, 382

O

Ober-Ramstadt 65, 207
Obersalzberg 44, 108, 127
Oberschlesien 230
Offenbach 410

Oldenburg 209
Opladen 144
Oranienburg (Konzentrationslager) 60, 158, 252
Oslo 128, 136, 327
Osnabrück 214
Österreich 51, 124, 140, 177, 184, 323, 346, 349, 351, 358, 375
„Ostland" 135, 136, 321
„Ostmark" 184, 217
Ostpreußen 59, 283
Ötztal 406

P

Pallanza/Lago Maggiore 344
Palmiry 290
Pantschowa/Pančevo 338
Pardubitz/Pardubice 326
Paris 82, 133, 143, 144, 145, 279, 281, 334, 335, 337, 385, 390, 410, 412, 413, 415, 416
Piemont 344
Pithiviers (Internierungslager) 335
Plauen 121, 360
Płońsk 297, 348
Polen 58, 62, 65, 68, 73, 86, 115, 120, 127, 133, 134, 136, 144, 164, 177, 205, 217, 219, 220, 222, 225, 236, 249, 253, 255, 277, 279, 280, 282, 286, 288–305, 331, 346, 347, 348, 349, 350, 351, 352, 353, 354, 355, 358, 384, 400, 408, 415
Pommern 59, 283
Porvenir 386
Posen 188, 281, 288, 302, 400
Potsdam 60
Prag 116, 125, 133, 136, 140, 176, 325, 353
Pretzsch 175
Preußen 14, 17, 18, 29, 30, 31, 32, 33, 34, 35, 36, 38, 39, 89, 91, 93, 98, 118, 125, 133, 134, 148, 149, 157, 171, 172, 174, 239, 275, 397
„Protektorat (Böhmen und Mähren)" 121, 125, 133, 144, 178, 215, 217, 280, 281, 282, 323, 325, 349, 350, 353
Pullach 402

R

Ravensbrück (Konzentrationslager) 152, 225, 230, 251, 277, 384
Ravensburg 220
Regensburg 398, 415
Reichenbach/Vogtland 57, 63, 78
Reichenberg 269
„Reichsgau Wartheland" 85, 188, 281, 289, 296, 297, 299, 300, 302
Remscheid 221, 277
Remscheid-Lüttringhausen (Zuchthaus) 372
Rendsburg 75, 276
„Rest-Tschechei" siehe Tschechoslowakei
Rheinland-Pfalz 393, 412
Rhein-Pfalz 217
Ried (Innkreis/Österreich) 133
Riga 103, 187, 188, 217, 321, 383, 393

Riga (Ghetto) 154, 155, 214
Rom 345, 391
–, Via Rasella: 345
Ronsdorf (Gefängnis) 372
Rothenburg ob der Tauber 59
Rumänien 354
Russland siehe Sowjetunion

S
Saarbrücken 135
Saargebiet 61, 62
Saarland 62, 217
Sachsenhausen (Konzentrationslager) 64, 115, 155, 157, 162, 164, 193, 196, 197, 237, 275, 276
Sachsenhausen (Haftstätte für NS-Täter) 407
Sachsenhausen, Jamlitz (Außenlager von S., Haftstätte für NS-Täter) 407
Saloniki, Eleftheria-Platz: 340
Salzburg 345
San Sabba (Konzentrationslager) 115
Schaumburg-Lippe 93
Schildberg/Ostrezeszów 297
Schirmeck 369
Schlesien 79, 183, 283
Schleswig-Holstein 59, 136, 144, 397, 406, 412
Schwarzenau 289
Schweden 135, 282
Schweiz 282
Semlin (Lager) 354
Serbien 225, 338f., 348, 354
Singen 210
Skede 313
Slonim 320
Slowakei 354, 355
Slowenien 338, 346, 351, 355
Smolensk 210
Sobibór (Vernichtungslager) 115, 301, 304
Sobibór (Prozess) 415
Sofia 135
Solatal 164, 165
Solingen 140, 372
Solingen, Bezirk Ohligs 372
Sosnowitz 230
Sowjetunion 58, 62, 66, 68, 73, 82, 85, 86, 125, 134, 135, 137, 139, 154, 164, 187, 193, 277, 283, 286, 289, 302, 307–321, 347, 348, 349, 350, 351, 352f., 353, 354, 400
Spanien 407
Stalingrad 53, 58, 355
Starnberger See 397, 415
Steiermark 371, 407
Stettin 186
Stuttgart 103, 111, 115, 144, 187, 220, 222, 249, 277, 389
Stutthof (Konzentrationslager) 275
Südamerika 407
Sudetenland 177, 323, 349
Südtirol 196
Sylt 397, 412
Syrien 386

T
Tannenberg 59
Theresienstadt 187, 213, 217, 353
Thüringen 373
Tirol 406
Tokio 236
Topola 339
Torgau/Elbe 284
Toulouse 412
Treblinka (Vernichtungslager) 115, 301, 304
Treblinka (Prozess) 386, 415
Trier 168
Triest 115
Tschechoslowakei 62, 125, 144, 177, 280, 323, 325f., 371
Tscherkessk 360
Tschernigow 360, 361
Tscherwen/Nowinki 313
Tübingen 136, 144, 393
Tunesien 400
Turin 135, 344, 400
Türkei 282

U
Ukraine 351, 360, 361
Ulm 55, 386, 414
Ungarn 83, 141, 144, 341–343, 354, 355
USA 276, 282, 408, 409, 413

V
Val Grande 344
Vatikan 407
Verbano 344
Verona 144, 415

W
Warschau 136, 236, 289, 290, 293, 295, 348, 355, 360, 397
Warschau (Ghetto) 289, 305, 349, 412
Warstein 416
„Warthegau", „Wartheland" siehe „Reichsgau Wartheland"
Weimar 164, 187, 275
Weißrussland 115, 205, 316, 352
Weißruthenien (Weißrussland) 312, 317, 321
Wenzelnbergschlucht 372
Westerbork (Durchgangslager) 331
Westerland 397, 412
Westfalen 59
Wien 117, 124, 136, 140, 187, 281, 353
Wiesbaden 104, 144, 211, 402
–, Friedrichstraße 104, 211
Wilhelmshaven 361
Winniza/Winyzja 177, 308
Witonitsch 317
Wladimir-Wolynsk (Ghetto) 360
Worms 136
Wuppertal 153, 372
Wuppertal-Bendahl (Gefängnis) 372
Württemberg 103, 115
Würzburg 67, 105, 106, 121
Würzburg-Aumühle 105, 212

Z
Zamość 352
„Zichenau, Regierungsbezirk" 297, 348

PERSONENREGISTER

Nicht erfasst sind Einführung, Dokumente, Listen und Grafiken.

A

Abetz, Otto 281
Achenbach, Ernst 411, 412
Ackermann, Kurt 195
Adenauer, Konrad 396, 397, 410
Agatz, Wilhelm 198
Alvensleben, Ludolf von 80
Arnheim, Dorothea 213

B

Bach-Zelewski, Erich von dem 313, 355
Baer, Richard 165
Banasch, Georg 198
Barbie, Klaus 391, 413, 415
Bauer, Erich 195
Bauer, Fritz 414
Bauerschäfer, Johanna 198
Beck, Friedrich 412
Beck, Ludwig 193
Bene, Otto 330
Bereisch, Mordechei 25
Bernadotte, Graf Folke 135
Berndorff, Emil 361
Bergtel, Rudolf 195
Best, Werner 39, 80, 95, 96, 133, 172, 173, 175, 178, 183, 328, 363, 381, 388, 411, 412, 415, 418
Bischoff, Helmuth 183
Blaskowitz, Johannes 296
Blösche, Josef 305
Bobzien, Franz 194
Böhme, Ernst, 76
Bolte, Heinrich 360
Bolz, Eugen 201
Bonhoeffer, Dietrich 201
Bormann, Martin 87, 106, 399
Borodin, Michajlo 269
Boßhammer, Friedrich 144
Bouhler, Philipp 244, 245
Bousquet, René 335
Bovensiepen, Otto 186, 388
Brack, Victor 245, 247
Bradfisch, Otto 257, 313
Brandt, Rudolf 84, 213, 244, 245
Braun, Eva 127
Braune, Paul Gerhard 198
Breitscheid, Rudolf 199
Brill, Hermann 194
Brinon, Fernand de 337
Bürckel, Josef 124

C

Canaris, Wilhelm 201
Carstens, Peter 403

Chomlow, Alexander 200
Christensen, Theodor 360, 361

D

Daluege, Kurt 73, 80, 89, 92, 93, 124, 125, 174, 281
Dannecker, Theodor 143, 144, 335
Darnand, Joseph 337
Darré, Richard Walter 14, 379
de Gaulle, Charles 410
Dickopf, Paul 402
Diels, Rudolf 31, 32, 36, 37, 93
Dietrich, Josef 398, 415
Dimitroff, Georgi 197
Dittel, Paul 137
Dohnanyi, Hans von 201, 369
Dönitz, Karl 377

E

Ehrlinger, Erich 136
Eichmann, Adolf 117, 140, 144, 281, 282, 302, 323, 351, 354, 385, 414
Eicke, Theodor 157
Eisenhower, Dwight D. 284, 373
Elser, Georg 101, 102, 110, 193, 197, 369
Engel, Friedrich 391
Erhardt, Sophie 221
Erler, Fritz 198

F

Fehlis, Heinrich 128, 327
Felfe, Heinz 400
Felmy, Hellmuth 392
Filbert, Albert 363
Finck, Werner 197
Fischer, Horst 387
Fischer-Schweder, Bernhard 386
Flick, Friedrich 379
Foltis, Richard 273
Frank, Hans 293
Frentz, Walter 167, 313
Frick, Wilhelm 14, 90, 93
Fricke, Ella 194
Friedensburg, Ferdinand 198
Fritsch, Theodor 207
Fuchs, Günter 362

G

Gehlen, Reinhard 401, 413
Geith, Eduard 384
Gerstenmaier, Eugen 201
Gleitze, Willi 194
Globke, Hans 225, 386, 396, 397
Globocnik, Odilo 301, 304, 354
Glücks, Richard 252
Goebbels, Joseph 14, 53, 60, 281
Goerdeler, Carl Friedrich 193, 197
Göring, Hermann 14, 29, 30, 31, 35, 37, 38, 39, 80, 174, 279, 281, 353

Göttsche, Claus 187
Greiser, Arthur 281
Grimme, Adolf 199, 293
Groscurth, Anneliese 200
Groscurth, Georg 200
Grynszpan, Herschel 217, 279
Günther, Rolf 302
Gürtner, Franz 244
Guttenberger, Julius 220

H

Haase, Hans 362
Hachmeister, Lutz 405
Hagen, Herbert 145, 390, 415, 416
Hahn, Ludwig 295
Halswick, Gustav 413
Hanke, Erich 195, 202
Harnack, Arvid 193, 198
Harnack-Fish, geb. Fish, Mildred 198
Harster, Wilhelm 145, 387, 415
Hassell, Ulrich von 201
Haubach, Theodor 197
Hausser, Paul 397
Havemann, Robert 197
Hecker, Ewald 80
Heimbach, Lothar 362f.
Heinemann, Gustav 415
Heinrich, Karl 195
Heinrichsohn, Ernst 145, 390, 415f.,
Heißmeyer, August 80
Herkel, Gerhard 194
Herslow, Carl 198
Heß, Rudolf 14, 87, 118, 160
Hesse, Eberhard 148
Hesse, Helmut Johannes 153
Hesse, Hermann Albert 153
Heuser, Georg 393, 412
Heuser, Peter 154
Heuss, Theodor 383
Heydrich, Reinhard 29, 37, 38, 39, 70, 73, 80, 87, 89, 92, 93, 94, 95, 96, 97, 102, 116, 118, 119, 124, 125, 127, 128, 129, 132, 133, 139, 140, 147, 148, 154, 162, 170, 171, 172, 173, 174, 176, 177, 179, 182, 183, 184, 185, 187, 188, 190, 205, 216, 225, 232, 233, 256, 274, 275, 277, 279, 281, 282, 291, 309, 310, 324, 325, 327, 328, 334, 346, 351, 354, 358, 363, 381, 388, 411, 418
Himmler, Heinrich 14, 17, 18, 29, 31, 37, 38, 39, 70, 73, 74, 77, 79, 80, 81, 82, 85, 86, 87, 89, 90, 92, 93, 97, 102, 108, 124, 127, 132, 136, 147, 157, 160, 162, 170, 171, 172, 173, 174, 176, 186, 187, 188, 190, 219, 225, 232, 233, 235, 236, 238, 252, 257, 263, 266, 267, 275, 276, 277, 279, 280, 283, 284, 286, 290, 296, 297, 301, 303, 304, 313, 324, 325, 328, 347, 348, 352, 355, 362, 363, 369, 371, 377, 379, 398, 406, 407, 415, 418
Hindenburg, Paul von 18, 42, 59, 60
Hitler, Adolf 14, 17, 18, 24, 30, 36, 41, 42, 43, 44, 45, 46, 48, 51, 52, 54, 58, 59, 60, 61, 62, 65, 69,

73, 77, 81, 84, 89, 90, 100, 102, 106, 108, 110, 120, 121, 127, 157, 167, 174, 176, 188, 193, 197, 211, 229, 243, 244, 245, 274, 275, 280, 281, 307, 309, 323, 345, 346, 349, 352, 354, 355, 363, 366, 371, 377, 389, 399, 406, 409
Höcker, Karl 165
Höhn, Reinhard 412
Honecker, Erich 198
Höppner, Rolf-Heinz 281
Höß, Rudolf 165, 384, 408
Huber, Franz-Josef 102, 184
Hundt, geb. Thiele, Charlotte 199
Hüser, Claus 361

J
Jacob, Berthold 198
Jacobssohn, Edith 195
Jaeger, Friedrich Gustav 201
Jäger, Karl 311, 318, 319
Jahn, Käthe 195
Janka, Albert 78
Jeckeln, Friedrich 383
Jodl, Alfred 284
Jost, Heinz 136
Justin, Eva 221

K
Kaasch, Wienand 195
Kalenytschenko, Alexej R. 200
Kaltenbrunner, Ernst 70, 93, 106, 109, 111, 124, 127, 133, 282, 369, 371, 380, 381, 406, 408, 418
Kappler, Herbert 323, 345
Kardorff, Ursula von 203
Karl, Albin 195
Kaul, Friedrich Karl 414
Keitel, Wilhelm 284
Kerll, Hans 14
Kessler, Maria 220
Kielpinski, Walter von 106
Kieselow, Alexander 267
Kiesewetter, Karl 27
Kind, Elisabeth 200
Klarsfeld, Beate und Serge 416
Klausener, Erich 275
Kleber, Werner 360
Klein, Fritz 165
Klemperer, Victor 280
Kling, Valentin 220
Knochen, Helmut 334, 337, 385, 410
Koch, Karl Otto 228
Koch, Robert 121
Koppe, Wilhelm 302
Kosmehl, Karl 361
Kossack, Walter 98
Kramer, Josef 165
Krause, Waldemar 360
Krebs, Helene 154, 155

Kreiten, Karlrobert 198
Krogmann, Carl Vincent 80
Krüger, Friedrich-Wilhelm 290
Krumey, Hermann 302
Kube, Wilhelm 14
Kubsch, Paul 361
Kuckhoff, Adam 199
Kuckhoff, geb. Lorke, Greta 199
Kunde, Wilhelm 361

L
Landmesser, August 46
Lange, Franz 201
Lange, Rudolf 187f.
Langenbach, Otto 273
Leber, Julius 201
Lecher, Linda 195
Leetsch, Johannes 359
Lehmann, Rudolf 379
Leonard, Norbert 203
Levy, Wilhelm 203
Leyendecker, Hans 404
Liebehenschel, Arthur 408
Lischka, Kurt 144, 145, 390, 415, 416
Lorenz, Werner 70, 80

M
Marks, Carl 241
Marum, Ludwig 25
Meer, Fritz ter 379
Meisinger, Josef 236, 238
Mengele, Josef 165
Mennecke, Friedrich 251
Metzger, Max Josef 200
Meyer, Konrad 87
Meyer, Kurt 397
Mierendorff, Karl (Carlo) 198
Miertschke, Walter 195
Möhlmeyer, Georg 388
Moltke, Helmuth James Graf von 193, 201, 210
Müller, Heinrich 102, 109, 128, 134, 135, 154, 176, 184, 260, 327, 369, 399, 418
Müller, Josef 201
Mussert, Anton 329
Mussolini, Benito 345

N
Nau, Alfred 194
Naumann, Werner 411
Nebe, Arthur 37, 80, 93, 101, 102, 113, 115, 134, 173, 358
Neumann, Franz 170, 194
Niemöller, Martin 197
Noa, Karl Heinrich 388
Nockemann, Hans 136
Norden, Albert 395
Nosske, Gustav Adolf 392, 412

O
Oberg, Carl 145, 337, 385, 390, 410, 412, 415
Oberländer, Theodor 396
Ohlendorf, Otto 117, 135, 358, 363, 385, 392
Ossietzky, Carl von 31
Oster, Hans 201

P
Pancke, Günther 328
Panzinger, Friedrich 101, 135
Paquet, Alfons 198
Pauly, Max 169
Peiper, Joachim 87, 371
Pieper, Karl 195
Plücker, Elisabeth 152, 175
Pohl, Oswald 232, 406
Popitz, Johannes 201
Post, Johannes 384
Priebke, Erich 391
Prützmann, Hans Adolf 125
Pünder, Werner 194
Pütz, Georg 187

Q
Quisling, Vidkun 136, 327

R
Rasche, Karl 80, 379
Rath, Ernst vom 217, 279
Rauff, Walter 295, 345, 386, 400
Rauter, Hans Albin 329
Recke, Leo von der 388
Rediess, Wilhelm 327
Reichwein, Adolf 201
Reimer, Max 50
Reinefarth, Heinz 397, 412
Reinhardt, Emma 220
Remmele, Adam 25
Renn, Ludwig 31
Rentsch, Margarete 200
Rentsch, Paul 200
Retzek, Hellmuth 412
Ribbentrop, Joachim von 281, 342
Richter, Heinz 362
Richter, Herbert 199
Ritter, Karl 343
Ritter, Robert 221
Rohde, Arthur 231
Röhm, Ernst 14, 73, 235, 398
Romanowa, Galina 200
Rosterg, August 80
Rothenberger, Curt 379
Ruppert, Friedrich Wilhelm 382
Ruthen, Rudolf aus den 213

S
Saefkow, Anton 201
Saevecke, Theodor 400, 412
Sandberger, Martin 393

Sattler, Bruno 202
Schabbel, Klara 199
Scharpwinkel, Wilhelm 184
Scheel, Heinrich 199
Schellenberg, Walter 117, 128, 135
Schlabrendorff, Fabian von 201
Schleicher, Kurt von 275
Schleier, Rudolf 335
Schlupper, Johannes 360
Schmid, Carlo 393
Schmidt, Henry 187
Schmidt, Oskar 384
Schmitt, Carl 413
Schmitt, Kurt 80
Schmitt, Philipp 332
Schneider, Johann 384
Schröder, Kurt Freiherr von 80
Schulenburg, Friedrich Werner Graf von der 201
Schulze-Boysen, Harro 193, 197
Schulze-Boysen, geb. Haas-Heye, Libertas 198
Schumacher, Kurt (SPD) 198
Schumacher, Kurt (Bildhauer) 199
Schütze, Karl 194
Schweder, Alfred 173, 178
Seetzen, Heinz 363
Seldte, Franz 259
Seyß-Inquart, Arthur 124, 329
Sieg, John 199
Six, Franz Alfred 137, 358, 412
Slottke, Gertrud 145, 387
Sosulja, Peter 200
Spacil, Josef 137
Speer, Albert 43, 281
Staudte, Wolfgang 393, 409
Stauffenberg, Claus Schenk Graf von 193
Strauch, Eduard 312
Streckenbach, Bruno 134, 358
Streicher, Julius 206
Stroop, Jürgen 305
Struve, Wilhelm 384
Stuckart, Wilhelm 225

T

Taglicht, Edith 195
Terboven, Josef 327
Tesmer, H. J. 151
Thälmann, Ernst 194
Thierack, Otto 225, 228, 233, 283
Torgler, Ernst 31
Trott zu Solz, Adam von 201

U

Ulex, Wilhelm 295

V

Veesenmayer, Edmund 141, 342, 343

W

Wagener, Otto 14
Walz, Edith 194
Weidemann, Hermann 24
Weisenborn, Günther 199
Weiss, Viktor 208
Wellmann, Arthur 207
Wenger, Erich
Werner, Paul 112
Wessel, Horst 45, 46, 47
Widmann, Albert 115, 389
Wirth, Christian 115, 249
Wirths, Eduard 165
Wolff, Karl 70, 77, 79, 80, 84, 124, 127, 160, 313, 345, 389, 398, 415

Y

Yorck von Wartenburg, geb. Winter, Marion Gräfin 201
Yorck von Wartenburg, Peter Graf 201

Z

Zadkevic, Konstantin 200, 202
Zander, Bernhard 198
Zapp, Paul 388
Zarthe, Elfriede 194
Ziereis, Franz 231
Zoept, Wilhelm 145, 387

DANKSAGUNG

Für ihre freundliche Unterstützung danken wir:

American Jewish Joint Distribution Committee (AJJDC), New York
Archiv der Hoffnungstaler Anstalten, Lobetal
Archiv der sozialen Demokratie, Bonn
Archiv der Stabsstelle Presse- und Öffentlichkeitsarbeit der Stadt Marburg
Archiv des Hamburger Instituts für Sozialforschung
Archiv des Museums Ober-Ramstadt
Archiv für Bilder zur Zeitgeschichte, Berlin
Archiv für Kunst und Geschichte (akg-images), Berlin
Associated Press

Bauhausarchiv, Berlin/Baudenkmal Bundesschule Bernau e.V.
Bayerische Staatsbibliothek, Archiv Heinrich Hoffmann, München
Bezirksamt Friedrichshain-Kreuzberg, Stadtplanungsamt
Bildarchiv Gedenkstätte Grafeneck
Bildarchiv Preussischer Kulturbesitz (bpk), Berlin
Bildstelle Hanau
Brandenburgisches Landesamt für Denkmalpflege/Meßbildarchiv, Zossen
Brandenburgisches Landeshauptarchiv, Potsdam
Bulgarska Nacionalna Filmoteka, Sofia
Bundesarchiv, Berlin
Bundesarchiv, Dahlwitz-Hoppegarten
Bundesarchiv, Koblenz
Bundesarchiv, Ludwigsburg
Bundesarchiv-Filmarchiv, Berlin
Bundesarchiv-Militärarchiv, Freiburg

Centre de Documentation Juive Contemporaine (CDJC), Paris
Centre for Historical Research and Documentation on War and Contemporary Society (CEGES-SOMA), Brüssel
Collectie Otto Spronk, SOMA/CEGES, Brüssel
Cornell Capa, New York

Deutsche Wochenschau GmbH, Hamburg
Deutsches Historisches Museum, Berlin
Deutsches Rundfunkarchiv, Frankfurt am Main
Deutsches Rundfunkarchiv, Potsdam-Babelsberg
Diakonie Neuendettelsau
Die Bundesbeauftragte für die Unterlagen des Staatssicherheitsdienstes der ehemaligen DDR (BStU), Berlin
Diözesanarchiv Limburg
Dokumentationsarchiv des österreichischen Widerstandes (DÖW), Wien
Dokumentationsstelle Hartheim – Oberösterreichisches Landesarchiv, Alkoven
dpa Picture-Alliance, Frankfurt am Main

Établissement de Communication et de Production Audiovisuelle de la Défense (ECPAD), Paris

Föderaler Sicherheitsdienst Russlands/Stiftung Brandenburgische Gedenkstätten
Rotraut Forberg/bpk, Berlin
Foto Rudolph/Zeitgeschichtliches Bildarchiv, Wiesbaden
Franz-Neumann-Archiv, Berlin
Fritz-Bauer-Institut, Frankfurt am Main

Gedenkstätte Haus der Wannsee-Konferenz, Berlin
Georg Elser Gedenkstätte, Königsbronn

Geschichtsarchiv der Zeugen Jehovas, Selters/Taunus
Getty Images/Hulton Deutsch Collection
Ghetto Fighter's House Museum, Beit Lohamei Hagethaot
Willi Gleitze, Berlin

Hauptstaatsarchiv Stuttgart
Heimat- und Geschichtsverein Markt Goldbach e.V.
Hessischer Rundfunk, Wiesbaden
Hessisches Hauptstaatsarchiv, Wiesbaden
Hessisches Staatsarchiv, Marburg
Hessisches Wirtschaftsarchiv, Darmstadt
Historisches Zentrum, Remscheid

Imperial War Museum, London
Institut für Zeitgeschichte, München
Institut für Zeitgeschichte, Universität Wien
Instytut Pamięci Narodowej (IPN), Warschau
Interfoto, München
Internationaler Suchdienst des Roten Kreuzes, Arolsen

Krafft Werner W. Jaeger, Bad Rappenau
Jüdisches Museum, Frankfurt am Main
Jüdisches Museum, Rendsburg

Keystone, Hamburg
KZ-Gedenkstätte Moringen
KZ-Gedenkstätte Neuengamme

Landesarchiv Baden-Württemberg, Abt. Staatsarchiv Ludwigsburg
Landesarchiv Berlin
Landesarchiv NRW, Abteilung Rheinland, Düsseldorf
Life/Getty Images

Magnum Photos
Militärhistorisches Archiv, Prag
Museum für Zeitgeschichte (ehem. Revolutionsmuseum), Moskau

National Archives & Records Administration, Washington
Nationalarchiv, Prag
NDR-Fernsehen, Hamburg
Nederlands Instituut voor Beeld en Geluid, Hilversum
Nederlands Instituut vor Oorlogsdocumentatie (NIOD), Amsterdam
Niedersächsischer Verband Deutscher Sinti e.V., Hannover
Niedersächsisches Landesarchiv – Hauptstaatsarchiv Hannover
Norges Hjemmefrontmuseum, Oslo

Österreichische Nationalbibliothek, Bildarchiv Austria

Politisches Archiv des Auswärtigen Amtes, Berlin
Popperfoto/Getty Images
Albrecht Pünder, Frankfurt am Main

Marianne Reiff-Hundt, Berlin
Roger-Viollet, Paris
Rossijskij Gosudarstvennyj Voennyj Archiv (RGVA/Russisches Staatliches Militärarchiv), Moskau

Sammlung Hanns-Peter Frentz, Berlin
Scanpix/Nordfoto, Kopenhagen
Senatsbibliothek, Berlin

Sammlung Gerhard Paul, Flensburg
Sonderarchiv (RGVA), Moskau
Staatliches Museum Auschwitz-Birkenau, Oświęcim
Staatsarchiv Bremen
Staatsarchiv Coburg
Staatsarchiv Freiburg
Staatsarchiv Hamburg
Staatsarchiv Ludwigsburg
Staatsarchiv Nürnberg
Staatsarchiv Würzburg
Staatsbibliothek zu Berlin
Stadt- und Landesbibliothek Dortmund – Institut für Zeitungsforschung, Dortmund
Stadtarchiv Baden-Baden
Stadtarchiv Brandenburg an der Havel
Stadtarchiv Braunschweig
Stadtarchiv Bruchsal
Stadtarchiv Duisburg
Stadtarchiv Eberbach
Stadtarchiv Eisenach
Stadtarchiv Erlangen
Stadtarchiv Flensburg
Stadtarchiv Heilbronn
Stadtarchiv Hof/Saale
Stadtarchiv Karlsruhe
Stadtarchiv Konstanz
Stadtarchiv Lörrach
Stadtarchiv Mosbach
Stadtarchiv München, Historisches Bildarchiv
Stadtarchiv Nagold
Stadtarchiv Plauen
Stadtarchiv Reichenbach
Stadtarchiv Singen, Archiv der „Poppele"-Zunft
Stadtarchiv Stuttgart
Stadtarchiv Ulm
Stadtarchiv und Stadthistorische Bibliothek Bonn
Stadtarchiv Worms
Stadtmuseum (Abt. Judaica Hassiaca, Bildarchiv), Hofgeismar
Stiftung Brandenburgische Gedenkstätten, Gedenkstätte und Museum Sachsenhausen
Stiftung Brandenburgische Gedenkstätten, Mahn- und Gedenkstätte Ravensbrück
Stiftung Haus der Geschichte der Bundesrepublik Deutschland, Bonn
Stiftung Liebenau, Meckenbeuren
Stiftung Niedersächsische Gedenkstätten, Celle
Stiftung Topographie des Terrors, Berlin
Süddeutsche Zeitung Photo (SZ Photo), München
Südwest Presse, Ulm
Südwestrundfunk-Fernsehen, Baden-Baden

Thüringisches Hauptstaatsarchiv, Weimar
Thüringisches Staatsarchiv, Altenburg

ullstein bild, Berlin
United States Holocaust Memorial Museum (USHMM), Washington
Universitätsbibliothek der TU Berlin
University of Southern California, Shoah Foundation Institute, Los Angeles

Edith Walz, Berlin
Wiener Library, London

Yad Vashem Photo Archives, Jerusalem
Marion Gräfin Yorck von Wartenburg, Berlin

Willy Zahlbaum, Berlin
Zentralrat der Sinti und Roma, Heidelberg

Unser Dank gilt auch:

Hans Werner Althoff, Dr. Linde Apel, Dr. Miriam Yegane Arani, Sybille Bauer, Hans van den Berg, Kurt Blank-Markard, Erika Bucholtz, Manuela Buenning, Peter Eckel, Hanns-Peter Frentz, Heike Geisler, Martin Guse, Christiane Hardt, Dr. Ingrid Heeg-Engelhart, Dr. Siegfried Heimann, Dr. Tobias Herrmann, Dr. Rolf Keller, Margot Klingsporn, Antonia Kovacheva, Brigitte Kuhl, Susanne Lathe, Dr. Almut Leh, Helga Lieser, Norbert Ludwig, Matthias Mann, Wolf-Dieter Mattausch, Dr. Jürgen Matthäus, Peter Moorkens, Günther Mühlhausen, Uwe Neumärker, Dr. Reinhard Otto, Prof. Dr. Gerhard Paul, Silvio Peritore, Dr. Kathrin Pilger, Steven Queener, Werner Renz, Frank Reuter, Sven Riepe, Isabelle Sampieri, Anne-Marie Sana, Dr. Oliver Sander, Alfred Satter, Britta Scherer, Dr. Axel Schmidt, Margret Schmitt, Bernd Schnarr, Henning Schroeder, Dr. Jana Splichalova, Dr. Claudia Steur, Henry Tafelmayer, Ulrich Tempel, Dr. Daniel Uziel, Bianca Welzing-Bräutigam, Andreas Wenzel